# 正易眞經註解

정역진경주해

正易眞經註解

# 정역진경주해

素陽 **이규일** 지음

맵씨터

## 文義문의

文明史문명사 이래 숫자로써 가장 잘 표현한 숫자는 아라비아 숫자요 事物사물의 뜻을 가장 잘 표현한 문자는 漢字한자이며 소리의 형태를 가장 잘 나타낸 글자는 한글이니, 이로써 현재의 가장 理想的이상적인 學文학문의 문자 표현은 이 셋을 혼용하여 쓰는 것이라 생각한다. 고로 이 셋을 함께 하였다.

文段문단 중에 한자를 표기해 넣은 것은 정확한 이해를 도모하기 위함이며 한자 표기가 없어도 충분히 문맥의 이해가 되는 곳은 넣지 않았다.

## 緣法연법

나의 평생 스승은 伏羲氏복희씨와 釋迦世尊석가세존과 普照國師보조국사 知訥지눌과 聖賢성현이신 金一夫김일부 선생과 金呑虛김탄허 큰스님이시다. 결정적 證師증사는 呑虛탄허 큰스님이시니 대략 아래에 그 緣法연법의 跡적을 述술한다.

서기 1976년 丙辰年병진년 봄에 서울 안암동에 있는 開運寺개운사 大圓庵대원암을 찾아 呑虛탄허 큰스님을 친견하니 내 나이 19세라, 아직 寺院사원의 법도를 몰라 선채로 인사도 없이 바로 여쭙되 "楞嚴經능엄경에 이 六根육근을 안으로 돌이켜 됩 더 보라 하였는데 이 六根육근을 어떻게 하여야 안으로 됩 더 보는 것이 되겠습니까?" 하니 마침 옆에 있던 젊은 스님 한분이 이르되 "스승께 법을 청할 때에는 마땅히 예를 갖추어 법을 물을 것이다"라 하시니 곧 옷을 여미어 큰절 삼배를 올리고 단정히 하여 전에 言句언구를 다시 물은대, 큰 스님께서 꼿꼿이 가부좌를 하시고 이르시되 "일어났다 꺼졌다 하는 것만 보면 되지 뭘 그래" 이러히 한마디 一喝일갈하시고 전화를 받으러 가신 중에 옆에 있던 젊은 스님이 대신 법을 설하여 주시니 곧 華嚴經화엄경의 전체를 要約요약한 설이라, 그 설이 長廣장광하되 요점은 "생각으로도 할 수 없고 말로도 할 수 없는 경계"임을 識식하고 약 30분정도 공손히 경청하다가 젊은 스님이 법문을 마치신대 내가 곧 묻기를 "생각으로도 할 수 없고 말로도 할 수 없는 그러한 법을 스님께서는 어떻게 생각과 말로써 그렇게 하십니까?"라 물으니 그 젊은 스님께서 홍안이 되시며 당황하심에 다시 그 자리에서 일어나 탄허 큰스님 앞에 공손히 무릎 꿇고 여쭙되 "일어났다 꺼졌다 하는 것만 보면 됩니까?" 하고 물으니 다시 꼿꼿이 가부좌를 하시고 默言묵언하시더라.

이에 "이만 돌아가겠습니다."라고 한마디 말씀드리고 나올제 갑자기 스님께서 "누구한테서 배웠나?" 물으신대 "저는 스승이 없고 집에서 首楞嚴經수능엄경과 普照國師보조국사 法語錄법어록 이렇게 두 권을 읽었습니다."라고 말씀 드리니 큰 스님께서 이르시되 "오, 그런가!" 하시며 당부 하시되 "더 가르칠게 없으니 다시는 어떠한 스승도 찾지 말라." 하시고 일어나 맞절을 하시더라. 그 이후로 다시는 善知識선지식을 찾지 않고 오로지 스님의 血汗혈한이 어리신 新華嚴經合論신화엄경합론을 비롯한 모든 著述書저술서를 耽讀탐독하다가 周易禪解주역선해의 正易八卦정역팔괘에 이르러 아직 못 다 하심을 간파하고, 이어서 일생을 통하여 연구하였으나 正易정역을 이해하려면 일체 儒佛仙유불선 三道삼도의 설을 섭렵하여야만 能능한 고로 60이 지난 이제야 조금 이해가 되어 一夫正易일부정역을 말할 수 있게 되었다. 약 19년 전에 素陽正易註解소양정역주해를 잠깐 내놓아 펼친 적이 있으나 極圖극도를 제외한 모든 論론이 미비한 곳이 많아 모두 수정하여 다시 쓰노니 이로써 同學同修동학수학하는 여러 학자들에게 마른 땅에 갈증을 겨우 해소할 수 있는 한 모금의 물이라도 된다면 더 바람이 없겠노라.

## 序義서의

크다! 乾건과 坤곤의 道도와 德덕이여!

乾건을 乾건하면 이미 乾건이 아니요, 坤곤을 坤곤하면 이미 坤곤이 아니라.

乾건에 分別相분별상이 없으면 곧 乾건이요 坤곤에 分別相분별상이 없으면 곧 坤곤이니, 이 乾坤건곤에 不落불락한 乾坤건곤을 그 누가 通통하여 達달하며, 言언함이 있으랴!

슬프다! 世세가 末말에 當당하여 人인이 變天변천의 時시를 깨닫지 못하며 人인이 化地화지의 變角변각을 알지 못하니, 平生평생 妄慾處망욕처를 向향하여 그 苦고를 스스로 受수하며 非道處비도처를 向향하여 스스로 깨우침이 없도다.

다행이 今世금세에 이르러 艮方간방에 五運星오운성이 照조하니, 天천이 그 氣기를 下하하고 地지가 이에 順應순응하여 神物신물을 出출하시니, 곧 一夫神人일부신인이시라.

龍馬용마와 神龜신구도 神物신물이시나 一夫일부는 兩具양구한 神人신인이시니 天道천도와 地德지덕을 雙쌍으로 갖춤은 그 오직 一夫일부이신저!

世세의 末말은 地지의 始시이니, 이른바 正易정역이란 것은 日일과 月월의 運行운행이 正정함을 밝힌 것이다. 子會자회의 運운이 다하고 丑會축회의 運운이 始시함을 밝힌 것이니, 天地日月천지일월의 運行운행이 이와 같음에 人인도 스스로 그 法度법도에 順應순응하여 苦고에서 出출하여 그 害해를 멀리하게 하고자 하며, 道도와 德덕의 法理법리를 깨달아 修수하며 證증하여 自자와 他타와 此方차방과 他方타방이 모두 琉璃世界유리세계를 成성하게 하고자 함일새, 이로써 正易정역 한 卷권의 書서가 나오게 된 것이다.

天地천지의 成熟성숙은 반드시 人인을 待대하여 成성함이니 이미 河하와 洛락과 一夫일부의 三才삼재가 立입하였다면 이는 곧 天地천지의 成성이며 熟숙이다.

三道삼도의 八卦팔괘의 象상이 伏羲복희와 文王문왕의 內내에서 外외로 向향함은 天地천지의 生長생장을 法법함이요, 一夫일부의 外외에서 內내로 向향함은 곧 地天지천의 成熟성숙을 法법한 것이다. 그 詳細상세한 理리와 文문은 解說해설에서 이미 밝혔다.

이 글은 약 三十年삼십년 前전에 南美남미 볼리비아와 아르헨티나에 移住이주하면서 틈이 나는 대로 써 놓았다가, 十五年십오년 前전 멕시코에 와서 未生미생 表石煥표석환을 遇우하여 비로소 今금에 이르러 整理정리가 되어 出刊출간을 하게 된 것이니, 만약 未生미생이 아니었다면 이러한 出刊출간도 能능히 하지 못하였을 것이다. 이에 未生미생의 勞力노력과 勞苦노고와 격려에 深深심심한 謝意사의를 表표한다.

2022. 3. 28. 壬寅年임인년 癸卯月계묘월 庚辰日경진일에 素陽소양 序서.

## 解義해의

一念일념을 세우면 前전, 後후가 現현하니 곧 三世삼세(過去과거 現在현재 未來미래)다.

爻효라는 것은 時시이니 三爻삼효를 세우면 곧 八卦팔괘(乾건 坤곤 離리 坎감 震진 巽손 艮간 兌태)가 列열한다.

三爻삼효는 三世삼세요, 八卦팔괘는 八方팔방이다.

伏羲八卦복희팔괘는 天地천지의 象상을 그대로 보인 것이다.

河圖하도는 北북에 七칠이요 東동에 十一십일이요 南남에 九구요 西서에 十三십삼이요 中중에 十五십오이니 각 方所방소의 數수가 不均불균하다.

文王八卦九宮數문왕팔괘구궁수는 天地천지의 動用동용인 水火수화를 現현하여 對對대대로써 하여 十五십오의 无極무극과 皇極황극에 歸귀하게 함이다.

이른바 十십이란 것은 十世십세(過去과거 現在현재 未來미래로 分분하고 다시 過去과거 現在현재 未來미래로 分분하면 九世구세가 되며 다시 九世구세에 當今一念당금일념을 加가하여 十世십세가 된다)요, 五오란 것은 五方오방(東동 西서 南남 北북 中중)이니 四方사방을 들어서 써 그 中중에 位위함이라, 이런 故고로 時間시간의 成道성도가 无極무극이요 空間공간의 成道성도가 皇極황극이 된다.

正易八卦정역팔괘는 地天지천의 神用신용을 보인 것이니 方位방위의 對對대대가 모두 合합이요(象상과 數수가 모두 合합이다),

極圖극도는 五方오방이 모두 十一십일의 體체와 用용을 갖추니 각 方所방소의 數수가 모두 均平균평하다.

河圖하도는 龍馬용마이니 天道천도요

洛書낙서는 神龜신구이니 地道지도요

八卦팔괘는 一夫일부이니 人道인도다.

2001. 1. 3. 己卯年기묘년 丙子月병자월 庚申日경신일에 素陽소양 識식.

## 書頭서두

大哉대재라, 乾坤건곤의 物물됨이여 無爲功用무위공용의 極극이니 비록 象상은 二이이나 理리는 一일이로다. 理리가 一일됨이여 理事리사가 不二불이로다. 理事리사가 不二불이여 可가히 그 象상을 찾아볼 수 없도다. 그 象상을 찾아볼 수 없음이여 夜半야반이 虛明허명함이로다. 夜半야반이 虛明허명함이여 事事사사가 無碍무애로다. 事事사사가 無碍무애여 乾건은 乾건이요 坤곤은 坤곤이로다.

己亥年기해년 丁卯月정묘월 戊申무신에 素陽소양 識식.

# 목차

제1장

# 原文懸吐 원문현토

# 1. 正易정역

## 大易序

聖哉라 易之爲易이여 易者는 曆也니 無曆이면 無聖이오 無聖이면 無易이라

是故로 初初之易과 來來之易을 所而作也니라

夫子親筆吾己藏하니 道通天地無形外라

伏羲粗劃文王巧하니 天地傾危二千八百年이라

嗚呼聖哉라 夫子之聖乎여

知天之聖은 聖也시오 樂天之聖도 聖也시나

親天之聖은 其惟夫子之聖乎신저

洞觀天地无形之景은 一夫能之하고

方達天地有形之理는 夫子先之시니

嗚呼聖哉라 夫子之聖乎여

文學宗長은 孔丘是也시오 治政宗長은 孟軻是也시니

嗚呼라 兩夫子시여 萬古聖人也시니라

## 一夫事實

淵源은 天地無窮化无翁이요 來歷은 新羅三十七王孫이라 淵源無窮來歷長遠兮여

道通天地無形之外也라 我馬頭通天地第一元은 金一夫로다

## 一夫事蹟

三千年積德之家에 通天地第一福祿云者는 神告也시오

六十年率性之工에 秉義理大著春秋事者는 上敎也시니라

一夫敬書하니 庶幾逃罪乎인저

辛巳 六月 二十二日 一夫

## 十五一言

嗚呼라 盤古化하시니 天皇无爲시고 地皇載德하시니 人皇作이로다

有巢旣巢하시고 燧人乃燧로다 神哉伏羲劃結하시고 聖哉神農耕市로다

黃帝甲子星斗요 神堯日月甲辰이라 帝舜七政玉衡이요 大禹九疇玄龜로다

殷廟可以觀德이오 箕聖乃聖이시니 周德在玆하야 二南七月이로다

麟兮我聖이여 乾坤中立하사 上律下襲하시니 襲于今日이로다

嗚呼라 今日今日이여 六十三 七十二 八十一은 一乎一夫로다

擧便无極이니 十이니라 十便是太極이니 一이니라

一이 无十이면 无體요 十이 无一이면 无用이니 合하면 土라 居中五니 皇極이니라

地는 載天而方正하니 體니라

天은 包地而圓環하니 影이니라

大哉라 體影之道여 理氣囿焉하고 神明萃焉이니라

天地之理는 三元이니라 元降聖人하시고 示之神物하시니 乃圖乃書니라

圖書之理는 后天先天이요 天地之道는 旣濟未濟니라

龍圖는 未濟之象而倒生逆成하니 先天太極이니라

龜書는 旣濟之數而逆生倒成하니 后天无極이니라

五는 居中位하니 皇極이니라

易은 逆也니 極則反하느니라

土極하면 生水하고 水極하면 生火하고 火極하면 生金하고 金極하면 生木하고 木極하면 生土하고 土而生火하느니라

金火互宅은 倒逆之理니라

嗚呼至矣哉라 无極之无極이여 夫子之不言이시니라

不言而信은 夫子之道시니라

晩而喜之하사 十而翼之하시고 一而貫之하시니 儘我萬世師신져

天四면 地六이오 天五면 地五요 天六이면 地四니라 天地之度數는 止乎十이니라

十은 紀요 二는 經이요 五는 綱이요 七은 緯니라

戊位는 度順而道逆하야 度成道於三十二度하니 后天水金太

陰之母니라

己位는 度逆而道順하여 度成道於六十一度하니 先天火木太陽之父니라

太陰은 逆生倒成하니 先天而后天이요 旣濟而未濟니라

一水之魂이요 四金之魄이니 胞於戊位成度之月初一度하고 胎於一九度하고 養於十三度하고 生於二十一度하니 度成道於三十이니라

終于己位成度之年初一度하고 復於戊位成度之年十一度니라

復之之理는 一八七이니라

五日一候요 十日一氣요 十五日一節이요 三十日一月이요 十二月一朞니라

太陽은 倒生逆成하니 后天而先天이요 未濟而旣濟니라

七火之氣요 八木之體니 胞於己位成度之日一七度하고 胎於十五度하고 養於十九度하고 生於二十七度하니 度成道於三十六이니라

終于戊位成度之年十四度하고 復於己位成度之年初一度니라

復之之理는 一七四니라

十五分一刻이요 八刻一時요 十二時一日이니라

天地合德三十二요 地天合道六十一을

日月同宮有无地요 月日同度先后天을

三十六宮先天月이 大明后天三十日을

四象分體度는 一百五十九니라

一元推衍數는 二百一十六이니라

后天은 政於先天하니 水火니라

先天은 政於后天하니 火水니라

金火一頌

聖人垂道하시니 金火明이로다

將軍이 運籌하니 水土가 平이로다

農夫洗鋤하니 歲功成이로다

畵工이 却筆하니 雷와 風이 生하도다

德이 符天皇하니 不能名이로다

喜好라 一曲瑞鳳鳴이로다 瑞鳳鳴兮여 律呂聲이로다

金火二頌

吾皇大道가 當天心하니 氣는 東北而固守하고 理는 西南而交通이라

庚金九는 而氣盈이요 丁火七은 而數虛로다

理는 金火之互位가 經天地之化權이니라

風雲動於數象이요 歌樂章於武文이니라

喜라 黃河之一淸이여 好라 一夫之壯觀이라

風三山而一鶴이요 化三碧而一觀이로다·

觀於此而大壯하니 禮는 三千이요 而義는 一이로다

## 金火三頌

北窓淸風에 暢和淵明无絃琴하고 東山第一三八峰에 次第登臨하니 洞得吾孔夫子 小魯意로다

脫巾掛石壁하고 南望靑松架短壑하니 西塞山前에 白鷺飛로다

懶搖白羽扇하고 俯瞰赤壁江하니 赤赤白白互互中에 中有學仙侶하여 吹簫弄明月이로다

## 金火四頌

四九二七金火門은 古人意思不到處라

我爲主人次第開하니 一六三八이 左右分列하야 古今天地 一大壯觀이요 今古日月 第一奇觀이로다

歌頌七月章一篇하고 景慕周公聖德하니 於好라 夫子之不言이 是今日이로다

金火五頌

烏呼라 金火互易은 不易正易이니 晦朔弦望進退屈伸律呂度數와 造化功用이 立이라 聖人所不言이시니 豈一夫敢言이리오마는 時요 命이니라

嗚呼라 日月之德이여 天地之分이니

分을 積十五하면 刻이요 刻을 積八하면 時요 時를 積十二하면 日이요 日을 積三十하면 月이요 月을 積十二하면 朞니라

朞는 生月하고 月은 生日하고 日은 生時하고 時는 生刻하고 刻은 生分하고 分은 生空하니 空은 无位니라

帝堯之朞는 三百有六旬有六日이니라

帝舜之朞는 三百六十五度四分度之一이니라

一夫之朞는 三百七十五度니 十五를 尊空하면 正吾夫子之朞니 當朞三百六十日이니라

五度而月魂生申하니 初三日이오 月弦上亥하니 初八日이오 月魄成午하니 十五日이 望이니 先天이니라

月分于戌하니 十六日이오 月弦下巳하니 二十三日이요 月窟于辰하니 二十八日이요 月復于子하니 三十日이 晦니 后天이니라

月合中宮之中位하니 一日朔이니라

六水九金은 會而潤而律이요

二火三木은 分而影而呂이니라

一歲周天律呂度數라
分은 一萬二千九百六十이니라
刻은 八百六十四니라
時는 一百八이니라
日은 一九니라
理會本原原是性이라 乾坤天地雷風中이로다
歲甲申六月二十六日戊戌에 校正書頌하노라

水土之成道가 天地요 天地之合德이 日月이니라
太陽恒常은 性全理直이니라
太陰消長은 數盈氣虛니라
盈虛는 氣也니 先天이니라
消長은 理也니 后天이니라
后天之道는 屈伸이오 先天之政은 進退니라
進退之政은 月盈而月虛요
屈伸之道는 月消而月長이니라
抑陰尊陽은 先天心法之學이요

調陽律陰은 后天性理之道니라

天地가 匪日月이면 空殼이요 日月이 匪至人이면 虛影이니라

朝汐之理는 一六壬癸水가 位北하고 二七丙丁火가 宮南하야 火氣는 炎上하고 水性은 就下하여 互相衝激하며 互相進退하야 而隨時候氣節은 日月之政이니라

嗚呼라 日月之政이여 至神至明하니 書不盡言이로다

嗚呼라 天何言哉시며 地何言哉시리요마는 一夫能言하노라

一夫能言兮여 水潮南天하고 水汐北地로다

水汐北地兮여 早暮難辨이로다

水火旣濟兮여 火水未濟로다

大道從天兮여 天不言가

大德從地兮여 地從言이로다

天一壬水兮여 萬折必東이로다

地一子水兮여 萬折于歸로다

歲甲申流火六月七日에 大聖七元君은 書하노라

嗚呼라 天地无言이시면 一夫何言이리요마는 天地有言하시니 一夫敢言하노라

天地가 言一夫言하시니 一夫가 言天地言하노라

大哉라 金火門이여 天地出入하고 一夫出入하니 三才門이로다

日月星辰이 氣影하고 一夫氣影하니 五元門이로다

八風이 風하고 一夫風하니 十无門이로다

日月大明乾坤宅하니 天地壯觀雷風宮이로다

誰識先天復上月이 正明金火日生宮가

化无上帝言이시니라

復上에 起月하면 當天心이오 皇中에 起月하면 當皇心이니 敢將多辭

古人月을 幾度復上이라가 當天心일고

月起復上하면 天心月이오 月起皇中하면 皇心月이니 普化一天化翁

心이 丁寧分付皇中月이로소이다

化无上帝重言이시니라

推衍에 无或違正倫하라 倒喪天理하면 父母危시니라

不肖敢焉推理數리오마는 只願安泰父母心하노이다

歲甲申七月十七日己未에 不肖子金恒은 感泣奉書하노라

化翁親視監化事니라

嗚呼라 金火正易하니 否往泰來로다

嗚呼라 己位親政하니 戊位尊空이로다

嗚呼라 丑宮得旺하니 子宮退位로다

嗚呼라 卯宮用事하니 寅宮謝位로다

嗚呼라 五運이 運하고 六氣가 氣하여 十一歸體하니 功德無量이로다

无極體位度數라

己巳 戊辰 己亥 戊戌이니라

度는 逆하고 道는 順하니라

而數는 六十一이니라

皇極體位度數라

戊戌 己亥 戊辰 己巳니라

度는 順하고 道는 逆하니라

而數는 三十二니라

月極體位度數라

庚子 戊申 壬子 庚申 己巳니라

初初一度는 有而无니라

五日而候니라

而數는 三十이니라

日極體位度數라
丙午 甲寅 戊午 丙寅 壬寅 辛亥니라
初初一度는 无而有니라
七日而復이니라
而數는 三十六이니라

化翁은 无位시고 原天火시니 生地十己土니라
己巳宮은 先天而后天이니라
地十己土는 生天九辛金하고
天九辛金은 生地六癸水하고
地六癸水는 生天三乙木하고
天三乙木은 生地二丁火하고
地二丁火는 生天五戊土니라

戊戌宮은 后天而先天이니라
天五戊土는 生地四庚金하고
地四庚金은 生天一壬水하고

天一壬水는 生地八甲木하고
地八甲木은 生天七丙火하고
天七丙火는 生地十己土니라

地十己土는 生天九庚金하고
天九庚金은 生地六癸水하고
地六癸水는 生天三甲木하고
天三甲木은 生地二丙火하고
地二丙火는 生天五戊土니라

天五戊土는 生地四辛金하고
地四辛金은 生天一壬水하고
天一壬水는 生地八乙木하고
地八乙木은 生天七丁火하고
天七丁火는 生地十己土니라

地十己土는 成天一壬水하고
天一壬水는 成地二丁火하고
地二丁火는 成天九辛金하고

天九辛金은 成地八乙木하고

地八乙木은 成天五戊土니라

天五戊土는 成地六癸水하고

地六癸水는 成天七丙火하고

天七丙火는 成地四庚金하고

地四庚金은 成天三甲木하고

天三甲木은 成地十己土니라

丙甲庚三宮은 先天之天地니라

丁乙辛三宮은 后天之地天이니라

先天은 三天兩地니라

后天은 三地兩天이니라

子寅午申은 先天之先后天이니라

丑卯未酉는 后天之先后天이니라

上元丑會干支圖라

己丑宮은 庚寅 辛卯 壬辰 癸巳 甲午 乙未 丙申 丁酉 戊戌이니라

己亥宮은 庚子 辛丑 壬寅 癸卯 甲辰 乙巳 丙午 丁未 戊申이니라

己酉宮은 庚戌 辛亥 壬子 癸丑 甲寅 乙卯 丙辰 丁巳 戊午이니라
己未宮은 庚申 辛酉 壬戌 癸亥 甲子 乙丑 丙寅 丁卯 戊辰이니라
己巳宮은 庚午 辛未 壬申 癸酉 甲戌 乙亥 丙子 丁丑 戊寅이니라
己卯宮은 庚辰 辛巳 壬午 癸未 甲申 乙酉 丙戌 丁亥 戊子이니라

二十八宿運氣圖라

癸未 - 軫 - 癸丑

甲申 - 翼 - 甲寅

乙酉 - 張 - 乙卯

丙戌 - 星 - 丙辰

丁亥 - 柳 - 丁巳

戊子 - 鬼 - 戊午

己丑 - 井 - 己未

庚寅 - 參 - 庚申

辛卯 - 觜 - 辛酉

壬辰 - 畢 - 壬戌

癸巳 - 昴 - 癸亥

甲午 - 胃 - 甲子

乙未 - 婁 - 乙丑

丙申 - 奎 - 丙寅

丁酉 - 壁 - 丁卯

戊戌 - 室 - 戊辰

己亥 - 危 - 己巳

庚子 - 虛 - 庚午

辛丑 - 女 - 辛未

壬寅 - 牛 - 壬申

癸卯 - 斗 - 癸酉

甲辰 - 箕 - 甲戌

乙巳 - 尾 - 乙亥

丙午 - 心 - 丙子

丁未 - 房 - 丁丑

戊申 - 氐 - 戊寅

己酉 - ○ - 己卯

庚戌 - ○ - 庚辰

辛亥 - 亢 - 辛巳

壬子 - 角 - 壬午

亢角二宿尊空詩라

何物이 能聽角인고

神明氏不亢을

室張三十六은 莫莫莫無量을

武功은 平胃散이요 文德은 養心湯을 正明金火理하니 律呂調陰陽을

九九吟이라

凡百滔滔儒雅士아 聽我一曲放浪吟하소

讀書學易先天事라 窮理修身后人誰오

三絶韋編吾夫子는 不言无極有意存을

六十平生狂一夫는 自笑人笑恒多笑라

笑中有笑笑何笑오 能笑其笑笑而歌를

三百六十當朞日과 大一元三百數를 九九中에 排列하고

无无位六十數는 一六宮에 分張하야

單五를 歸空하면 五十五點이 昭昭하고

十五를 歸空하면 四十五點이 斑斑하다

我摩道正理玄玄眞經이 只在此宮中이니

誠意正心하야 終始无怠하면

丁寧我化化翁이 必親施敎하시리니

是非是好吾好아

十五哥라

水火旣濟兮여 火水未濟로다

旣濟未濟兮여 天地三元이로다

未濟旣濟兮여 地天五元이로다

天地地天兮여 三元五元이로다

三元五元兮여 上元元元이로다

上元元元兮여 十五一言이로다

十五一言兮여 金火而易이로다

金火而易兮여 萬曆而圖로다

萬曆而圖兮여 咸兮恒兮로다

咸兮恒兮兮여 十兮五兮로다

先后天正閏度數라

先天은 體方用圓하니 二十七朔而閏이니라

后天은 體圓用方하니 三百六旬而正이니라

原天은 无量이니라

先后天周回度數라

先天은 二百一十六萬里니라

后天은 三百二十四萬里니라

先后天合計數는 五百四十萬里이니라

盤古五化元年壬寅으로 至大淸光緖十年甲申이 十一萬八千六百四十三年이니라

余年三十六에 始從蓮潭李先生하니 先生이 賜號二字曰觀碧이라하시고 賜詩一絶曰

觀淡은 莫如水요 好德은 宜行仁을 影動天心月하니 勸君尋此眞하소

立道詩라

靜觀萬變一蒼空하니 六九之年始見工을 妙妙玄玄玄妙理는 无无有有有无中을

无位詩라

道乃分三理自然이니 斯儒斯佛又斯仙이라 誰識一夫眞踏此오 无人則守有人傳을

歲甲申月丙子日戊辰二十八에 書正하노라

正易詩라

天地之數數日月이니 日月不正易非易이라

易爲正易易爲易이니 原易何常用閏易인가

布圖詩라

萬古文章日月明하니 一張圖書雷風生이라

靜觀宇宙无中碧하니 誰識天工待人成인가

十一一言

十土六水는 不易之地니라

一水五土는 不易之天이니라

天政은 開子하고 地政은 闢丑이니라

丑運은 五六이요 子運은 一八이니라

一八은 復上月影生數요 五六은 皇中月體成數니라

九七五三一은 奇니라

二四六八十은 偶니라

奇偶之數는 二五니 先五는 天道요 后五는 地德이니라

一三五次는 度天이요 第七九次는 數地니 三天兩地니라

天地地天하니 后天先天이니라

先天之易은 交易之易이니라

后天之易은 變易之易이니라

易易九宮하고 易易八卦니라

卦之離乾은 數之三一이니 東北正位니라

卦之坎坤은 數之六八이니 北東維位니라

卦之兌艮은 數之二七이니 西南互位니라

卦之震巽은 數之十五니 五行之宗이요 六宗之長이니 中位正易이니라

干之庚辛은 數之九四니 南西交位니라

洛書九宮生成數라

天一生壬水하고 地一成子水니라

天三生甲木하고 地三成寅木이니라

天七生丙火하고 地七成午火니라

天五生戊土하고 地五成辰土니 戊五는 空이니라

天九生庚金하고 地九成申金이니라

三五錯綜三元數라

甲己夜半에 生甲子하고 丙寅頭하나니라

乙庚夜半에 生丙子하고 戊寅頭하나니라

丙辛夜半에 生戊子하고 庚寅頭하나니라

丁壬夜半에 生庚子하고 壬寅頭하나니라

戊癸夜半에 生壬子하고 甲寅頭하나니라

河圖八卦生成數라

地十生己土하고 天十成丑土니라

地四生辛金하고 天四成酉金이니라

地六生癸水하고 天六成亥水니라

地八生乙木하고 天八成未木하니 卯八은 空이니라

地二生丁火하고 天二成巳火니라

九二錯綜五元數라

己甲夜半에 生癸亥하고 丁卯頭하나니라

庚乙夜半에 生乙亥하고 己卯頭하나니라

辛丙夜半에 生丁亥하고 辛卯頭하나니라

壬丁夜半에 生己亥하고 癸卯頭하나니라

癸戊夜半에 生辛亥하고 乙卯頭하나니라

十一歸體라

火入金鄕하니 金入火요 金入火鄕하니 火入金하도다 火金金火는 原天道라 誰遣龍華歲月今고

政令己庚壬甲丙이요 呂律戊丁乙癸辛이니라 地十爲天-天五地요

卯兮歸丑-戌依申이니라

十은 十九之中이요

九는 十七之中이요

八은 十五之中이요

七은 十三之中이요

六은 十一之中이니라

五는 一九之中이요

四는 一七之中이요

三은 一五之中이요

二는 一三之中이요

一은 一一之中이니

中은 十十一一之空이니라

堯舜之厥中之中이요

孔子之時中之中이며

一夫所謂包五含六과 十退一進之位이니

小子아 明聽吾一言하라 小子아

雷風正位用政數라

己位는 四金一水八木七火之中이니 无極이니라

无極而太極이니 十一이니라

十一은 地德而天道니라

天道는 圓하니 庚壬甲丙이니라

地德은 方하니 二四六八이니라

戊位는 二火三木六水九金之中이니 皇極이니라

皇極而无極이니 五十이니라

五十은 天度而地數니라

地數는 方하니 丁乙癸辛이니라

天度는 圓하니 九七五三이니라

四正七宿用中數라

先天은 五九니 逆하야 而用八하니 錯이라 閏中이니라

后天은 十五니 順하야 而用六하니 合이라 正中이니라

五九는 太陰之政이니 一八七이니라

十五는 太陽之政이니 一七四니라

易은 三이니 乾坤이요 卦는 八이니 否泰損益咸恒旣濟未濟니라

嗚呼라 旣順旣逆하야 克終克始하니 十易萬曆이로다

十一吟이라

十一歸體兮여 五八尊空이로다

五八尊空兮여 九二錯綜이로다

九二錯綜兮여 火明金淸이로다

火明金淸兮여 天地淸明이로다

天地淸明兮여 日月光華로다

日月光華兮여 琉璃世界로다

世界世界兮여 上帝照臨이로다

上帝照臨兮여 于于而而로다

于于而而兮여 正正方方이로다

正正方方兮여 好好无量이로다

乙酉歲 癸未月 乙未日 二十八에 不肖子 金恒은 謹奉書하노라

## 十二月二十四節氣候度數

卯月初三日乙酉酉正一刻十一分 元和

十八日庚子子正一刻十一分 中化

辰月初三日乙卯卯正一刻十一分 大和

十八日庚午午正一刻十一分 布化

巳月初三日乙酉酉正一刻十一分 雷和

十八日庚子子正一刻十一分 風化

午月初三日乙卯卯正一刻十一分 立和

十八日庚午午正一刻十一分 行化

未月初三日乙酉酉正一刻十一分 建和

十八日庚子子正一刻十一分 普化

申月初三日乙卯卯正一刻十一分 淸和

十八日庚午午正一刻十一分 平化

酉月初三日乙酉酉正一刻十一分 成和

十八日庚子子正一刻十一分 入化

戌月初三日乙卯卯正一刻十一分 咸和

十八日庚午午正一刻十一分 亨化

亥月初三日乙酉酉正一刻十一分 正和

十八日庚子子正一刻十一分 明化

子月初三日乙卯卯正一刻十一分 至和

十八日庚午午正一刻十一分 貞化

丑月初三日乙酉酉正一刻十一分 太和

十八日庚子子正一刻十一分 體化

寅月初三日乙卯卯正一刻十一分 仁和

十八日庚午午正一刻十一分 性化

## 2. 天符經천부경

一始無始一이니 析三極無盡本이로다

天一一이요 地一二요 人一三이니 一積十鉅한 無匱化니라

三天二요 三地二요 三人二이니 三大三合하야 六生이니라

七八九가 運三하고 四成하여 環五하니

七一妙衍하야 萬往萬來로다

用變은 不動本이요 本은 心이 本이니 太陽昂明이로다

人中天地一이니 一終無終一이니라

## 3. 地符經지부경

十終有終十이니 靜九抱一이도다

一九百宏하니 動十生一이니라

析化三三하니 天一은 貫五七이요 地一은 貫四八이요 人一은 貫六九이니라

神龜負九五는 極圖本이니 七八化象하야 行三八政이니라

乾坤配合하야 通約九六하니 六六大化로다

十十理機는 三十六宮이요 十三月國은 神人百八이니 十十行道大神機로다

漏盡一九하야 宏同化十하니

十始有始十이로다

제2장

# 卦圖괘도

# 河圖하도

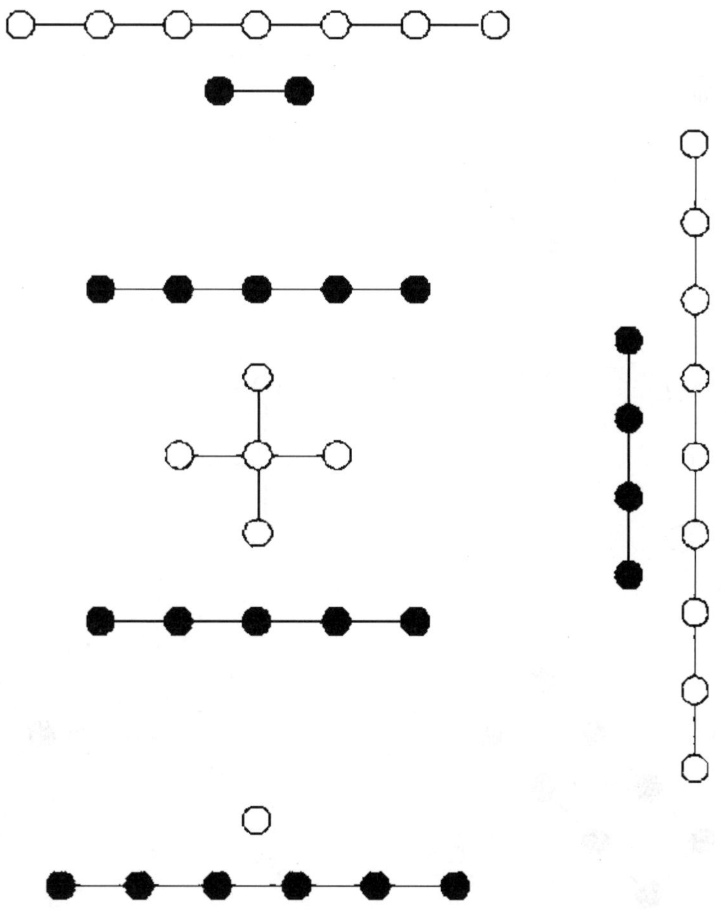

# 洛書낙서

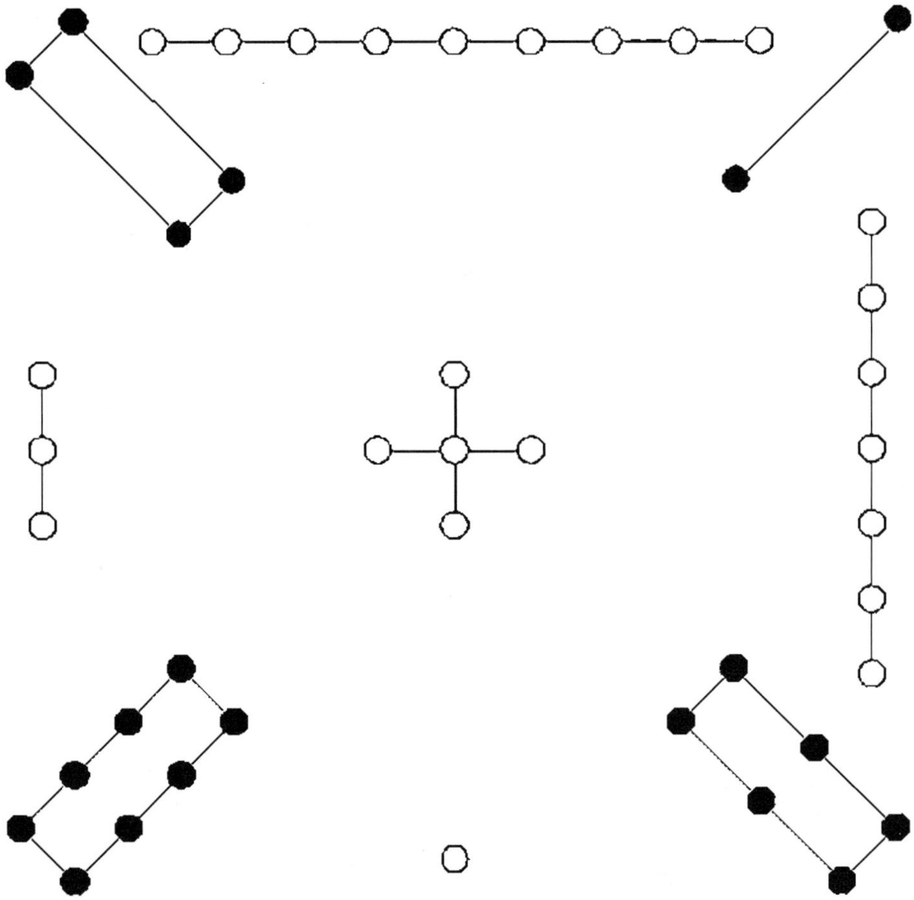

# 極圖극도

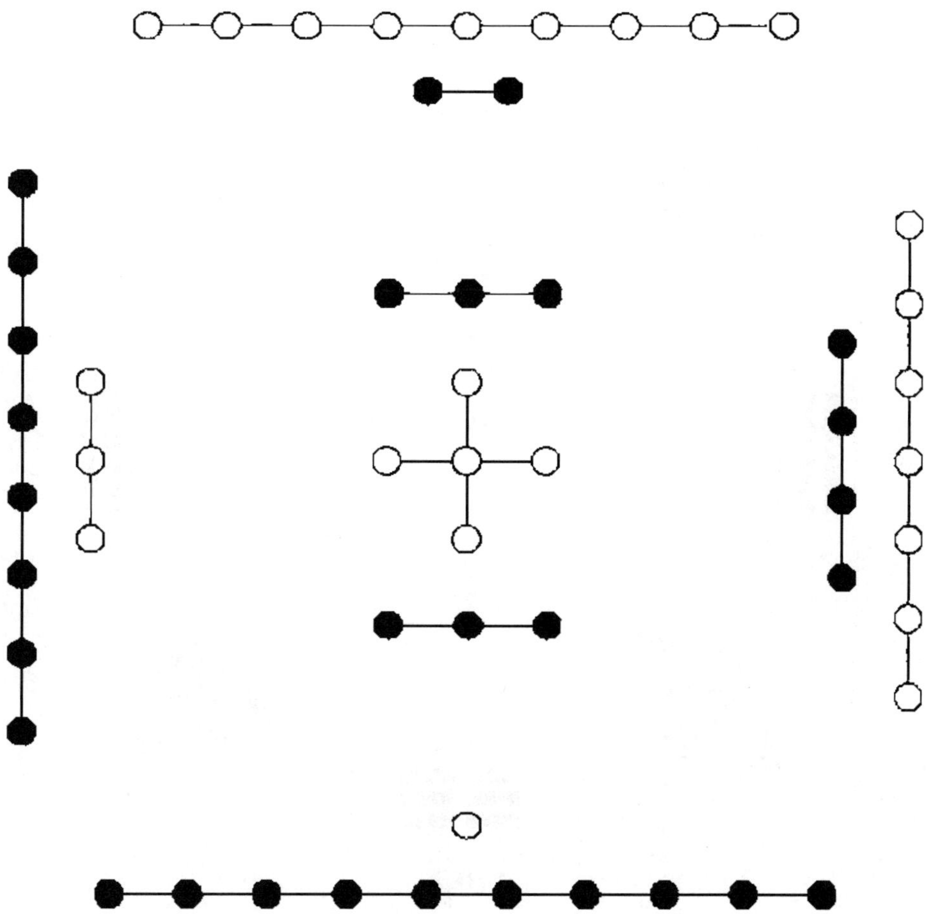

## 伏羲八卦圖 복희팔괘도

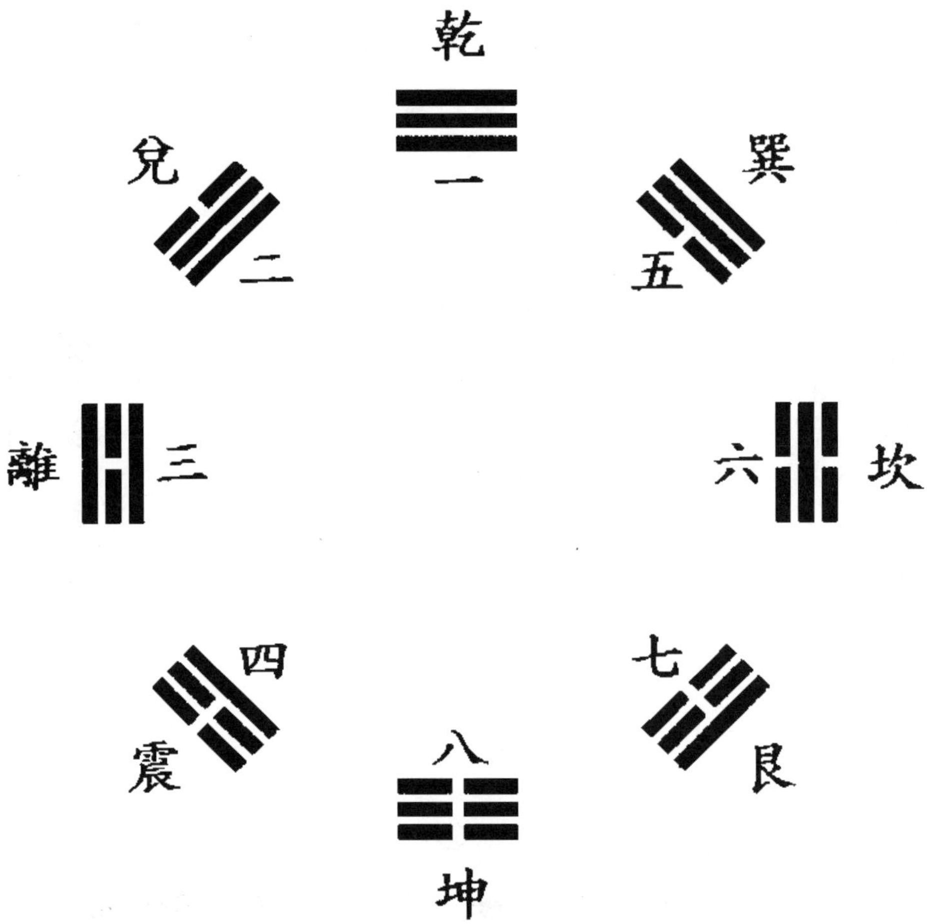

# 文王八卦圖문왕팔괘도

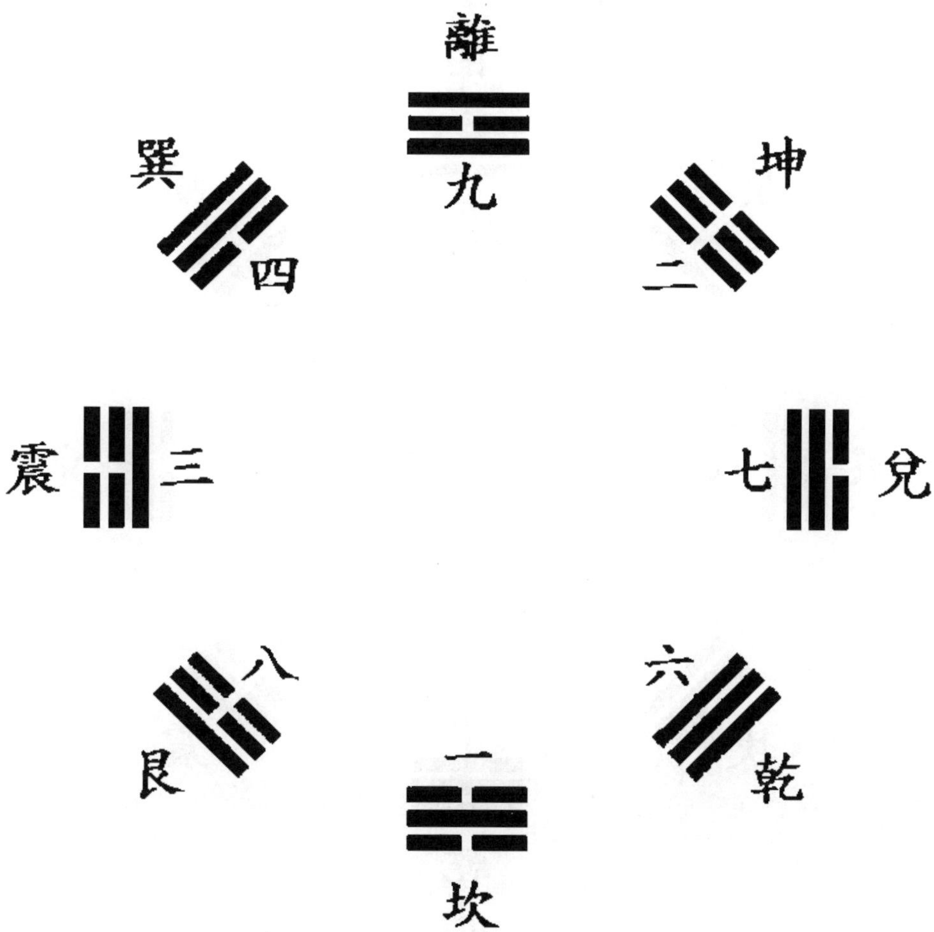

## 一夫八卦圖 일부팔괘도

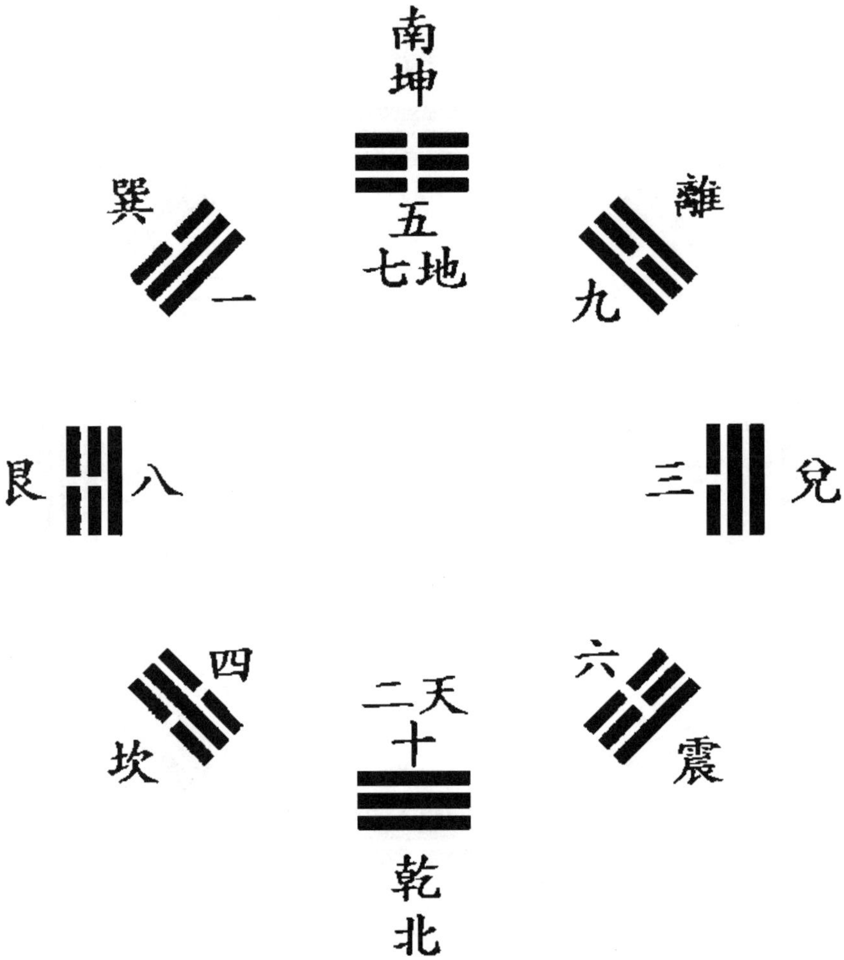

# 伏羲八卦次序복희팔괘차서

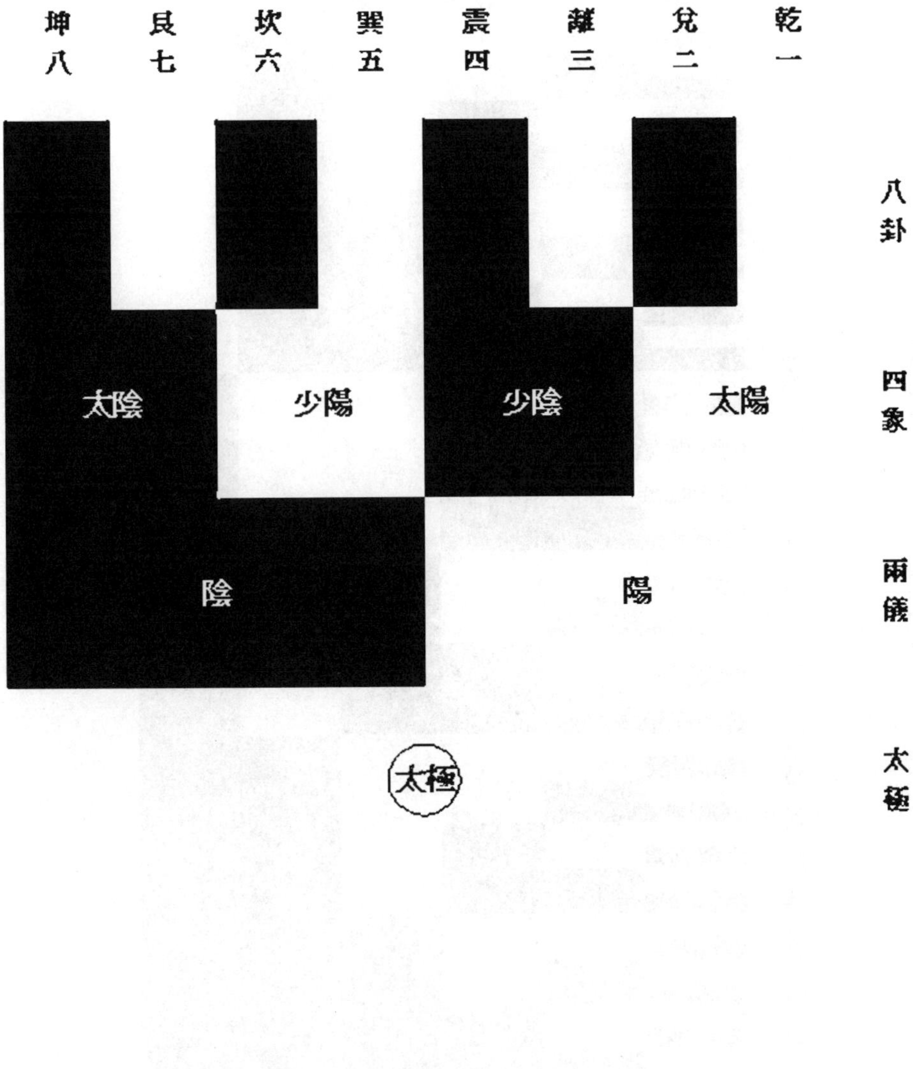

# 伏羲六十四卦次序복희 육십사괘 차서

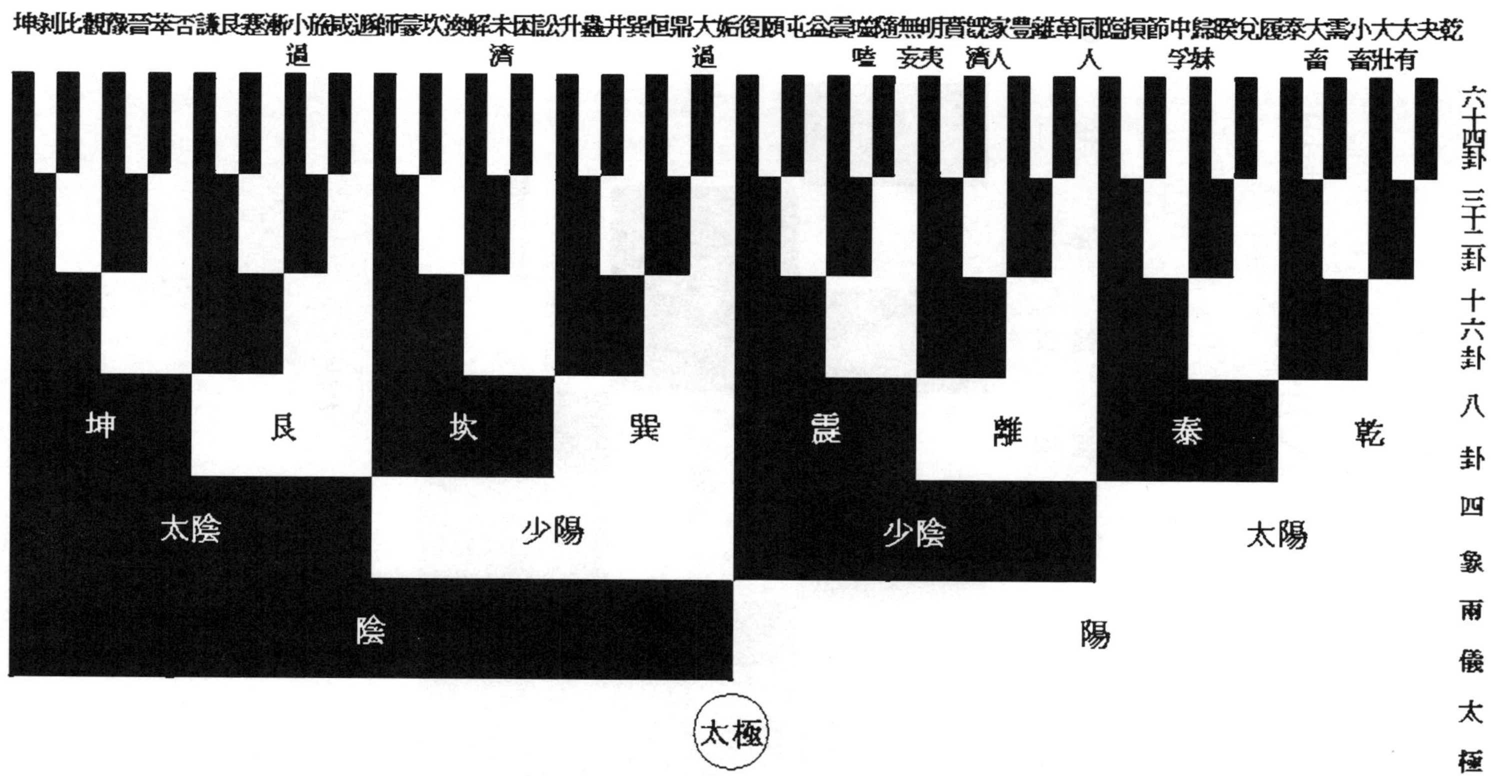

# 文王八卦次序문왕팔괘차서

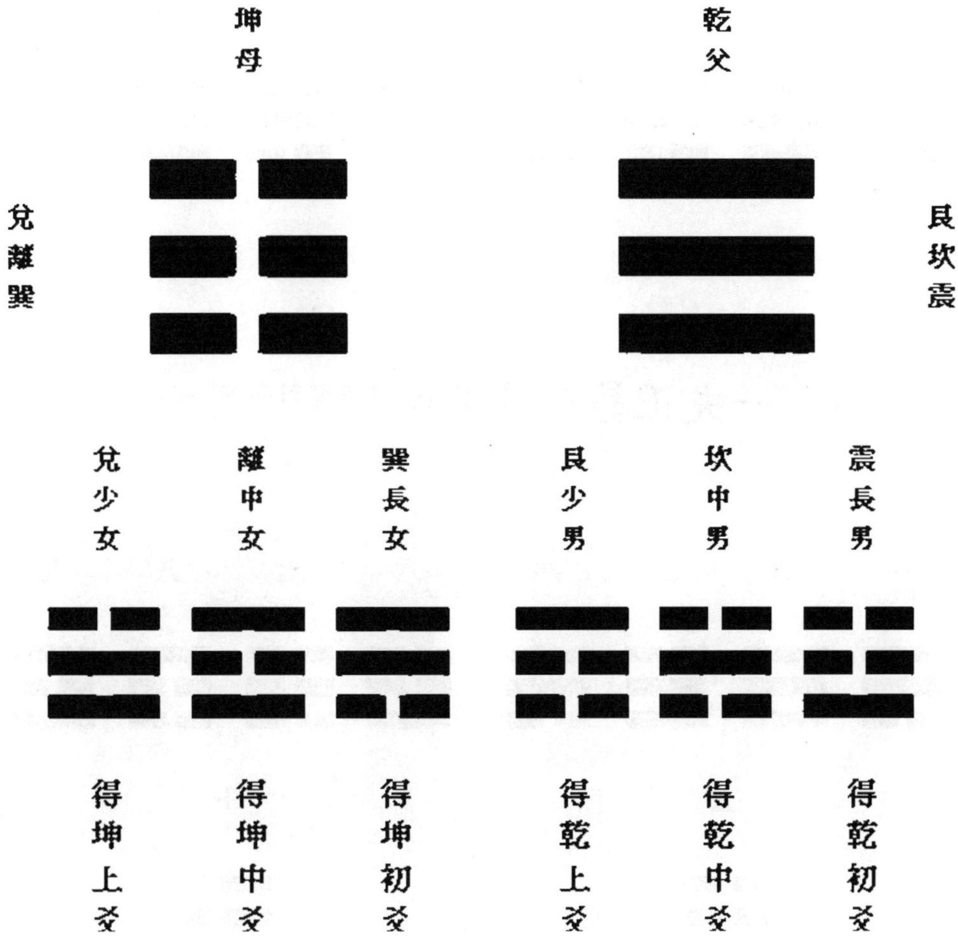

## 素陽四象八卦次序소양사상팔괘차서

一　二　三　四　六　七　八　九

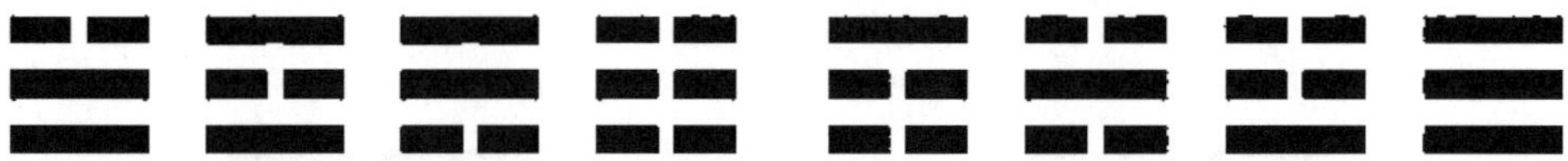

## 一夫正易八卦次序일부정역팔괘차서

一　二　三　四　六　七　八　九

五　十

# 伏羲六十四卦方位圖 복희육십사괘방위도

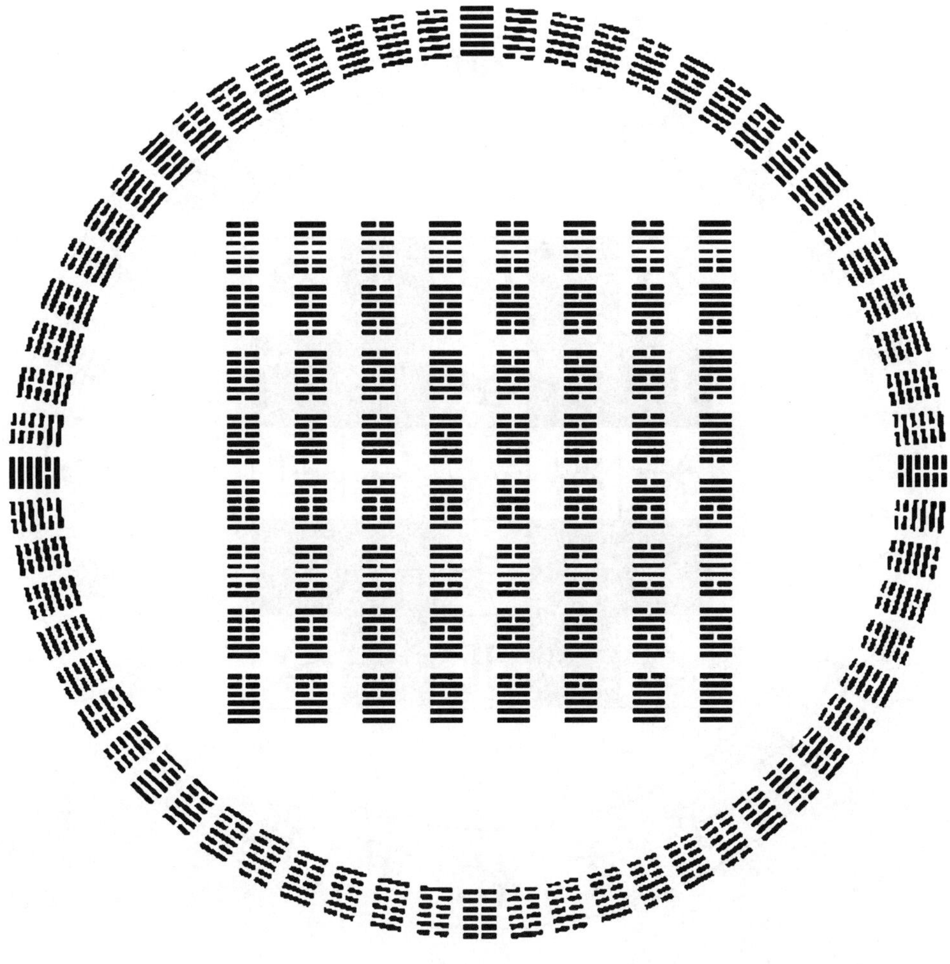

## 金火正易圖금화정역도

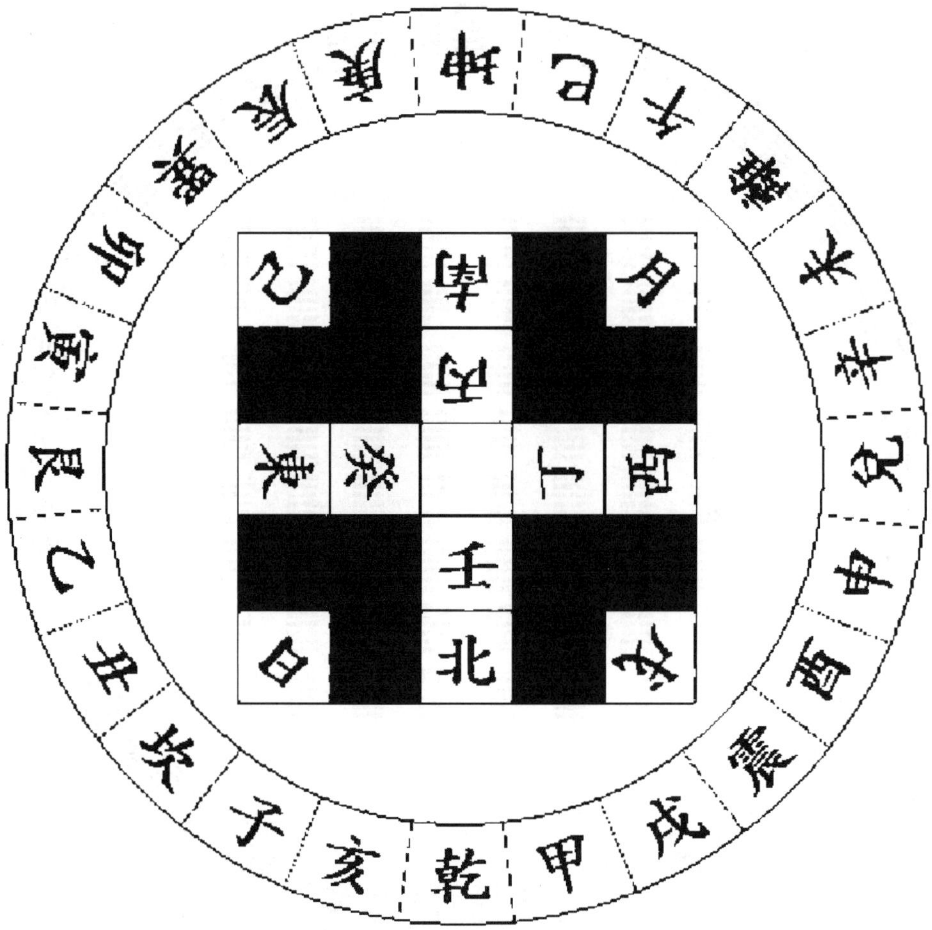

## 十干原度數십간원도수

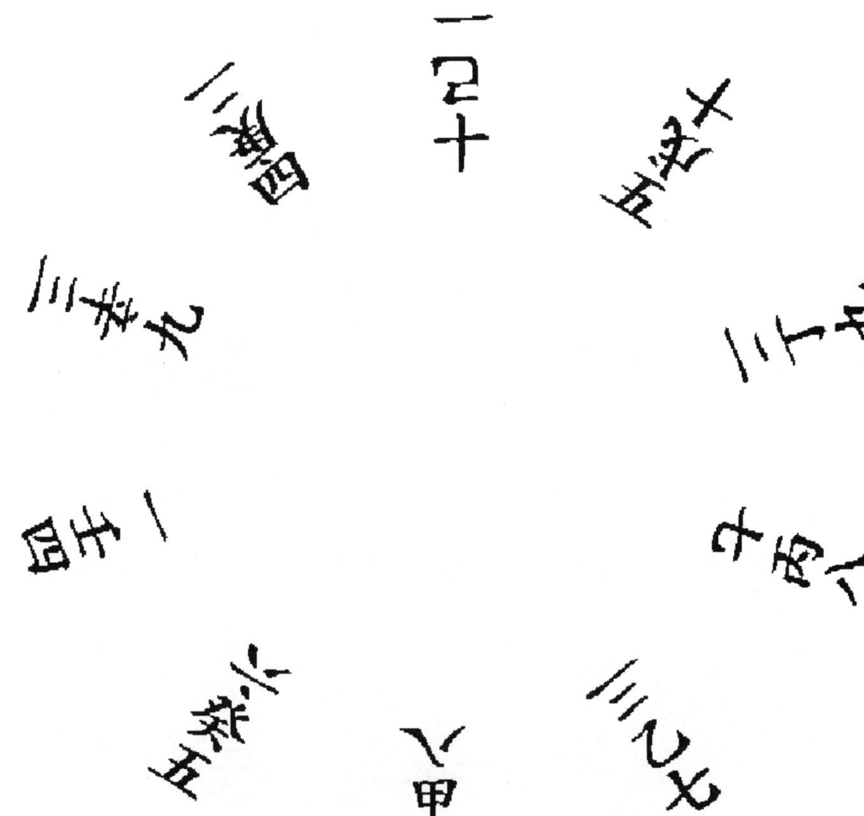

# 三極海印圖 삼극해인도

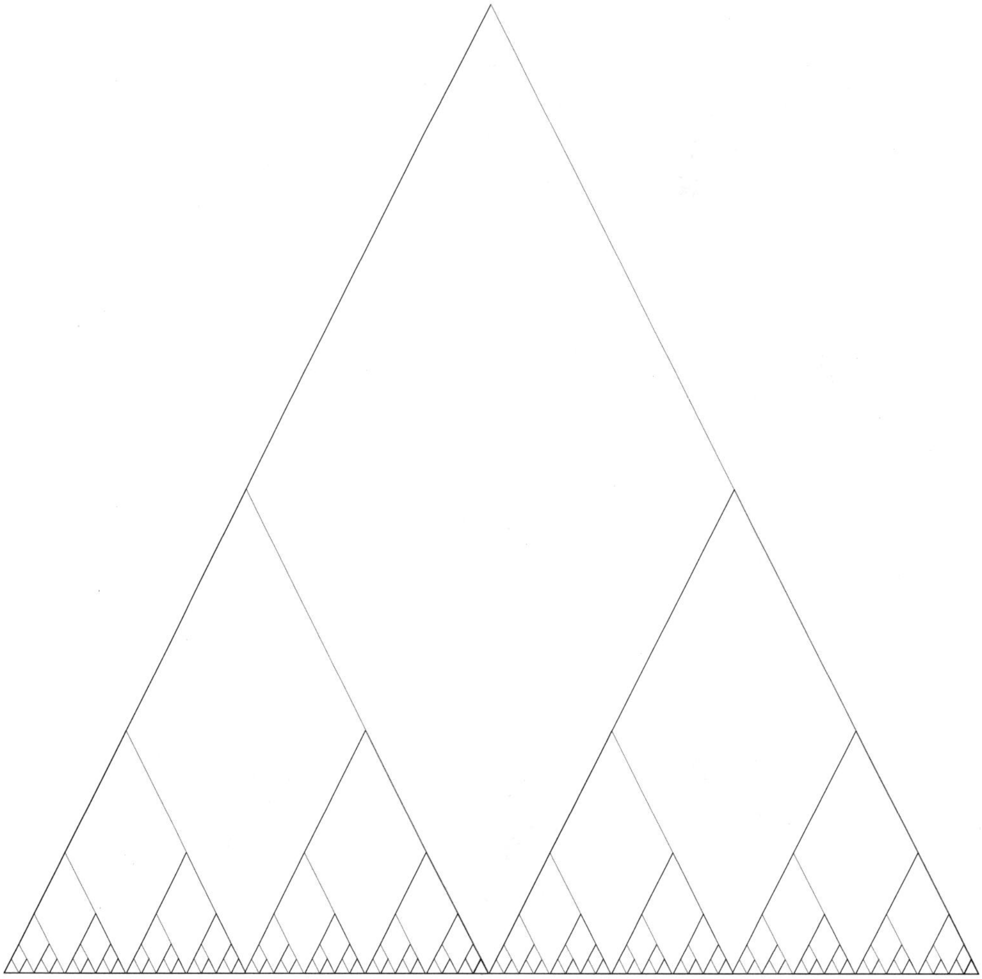

# 圓象場海圖원상장해도

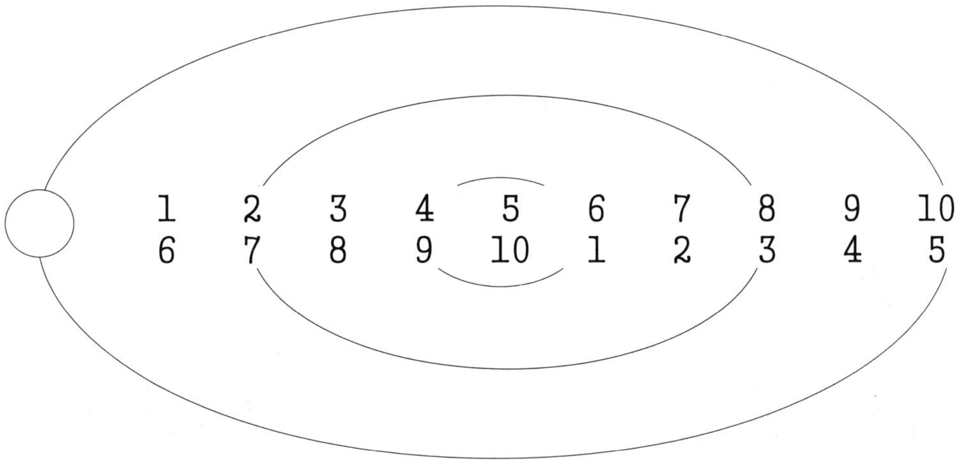

# 十五模型圖 십오모형도

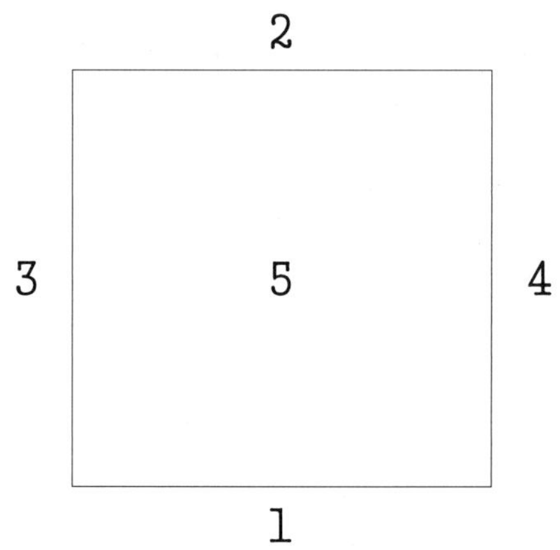


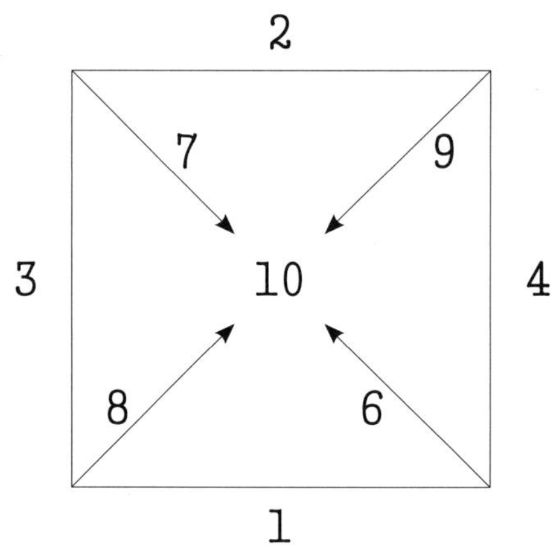

## 朱子太極圖

주자태극도

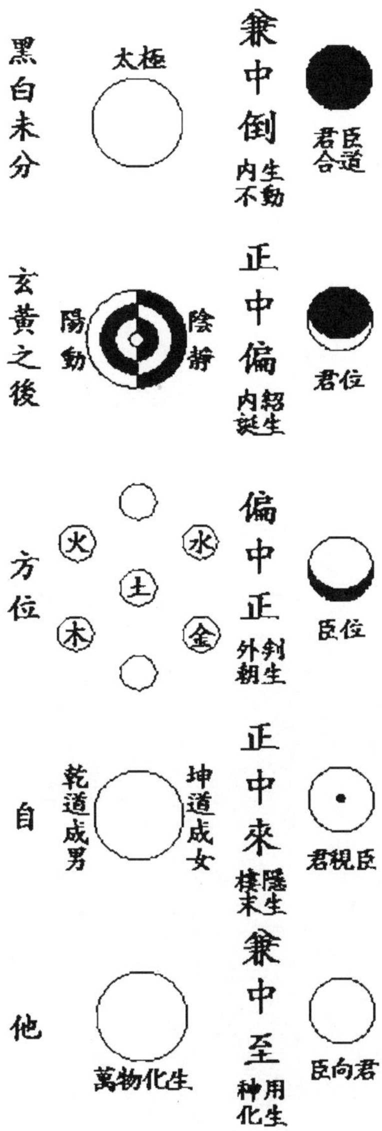


## 曹洞五位君臣圖

조동오위군신도

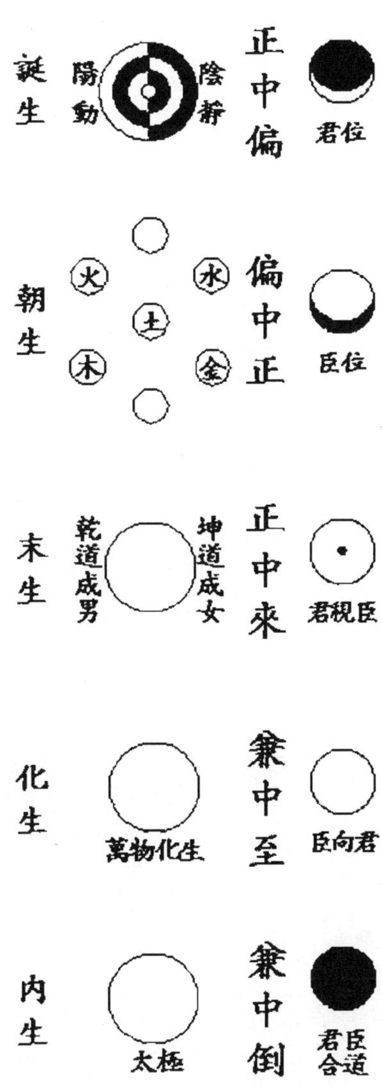

제3장

# 序章서장

# 1. 正易序정역서

## 1章장

1은 0을 여의지 않은 1이라 一始無始一일시무시일이요 一終無終一일종무종일이다.

0은 1을 여의지 않은 0이라 十終有終十십종유종십이요 十始有始十십시유시십이다.

1은 1이요 0은 0이로되

0이 아니면 1도 點점할 수 없고 1이 아니면 0도 나타낼 수 없을 것이니

1은 0을 여의지 않은 1이라 1이면서 1이 아니요 0은 1을 여의지 않은 0이라 0이면서 0이 아니로다.

이로써 1은 0과 다르지 않고 0은 1과 다르지 않아서 1이 곧 0이요 0이 곧 1이로되

0은 0이요 1은 1이다.

## 2章장

宇宙萬物우주만물 最初최초의 始作시작인 1을 點점하고 線선할 수 있다는 것은 本來본래 이미 空공의 儀의인 0이 있었기 때문이니, 0이 아니면 1도 點점하고 線선할 수 없고 1이 아니면 0인 空間공간의 儀의도 나타내지 못함이라, 故고로 1과 0은 同時동시요 하나이면서 둘이며 둘이면서 하나라, 이르되 兩儀一太極양의일태극이라 한다.

## 3章장

一点일점을 天陽천양이라 하고 分二분이의 相상을 地陰지음이라 하며 一点일점의 天陽천양과 分二분이의 相상인 地陰지음을 同時동시에 갖춤을 人三인삼이라 하나니, 이로써 三才삼재의 儀의가 立입함에 이것은 三元삼원이요 構造的구조적 관점에서 觀察관찰한 것이다.

## 4章장

〈四象〉

| 1,1 | 1,0 | 0,1 | 0,0 |
|---|---|---|---|
| 太陽 | 少陰 | 少陽 | 太陰 |
| ⚌ | ⚍ | ⚎ | ⚏ |

純陽순양이 一陰일음의 0을 得득하여 비로소 分분의 儀의를 나타내나니 이르되 少陰소음이라 하고 純陰순음의 0이 一陽일

양을 得득하여 비로소 合합의 儀의를 나타내나니 이르되 少陽소양이라 한다. 이로써 1,1과 1,0과 0,1과 0,0의 相상이 生생하여 1,1은 太陽태양이요 1,0은 少陰소음이요 0,1은 少陽소양이요 0,0은 太陰태음이라 하나니, 이것을 이르되 四象사상이라 한다.

## 5章장

四象사상이 立입함에 最初최초 第1位제일위의 純陽순양인 1의 象상을 天道천도라 하고 第4位제사위의 純陰순음인 0의 象상을 地德지덕이라 하며 天道천도와 地德지덕의 1象상과 0象상을 同時동시에 갖춤을 居中五皇極거중오황극이라 한 것이니, 이것은 곧 少陰소음과 少陽소양의 象상이며 1이 0을 包포하고 0이 1을 含함한 1과 0의 同時性동시성 中중5인지라, 이것은 5元원이요 相對的상대적 관점에서 觀察관찰한 것이다.

## 6章장

0이 없는 純粹순수한 1과 1이 없는 純粹순수한 0을 絶對性절대성이라 한다.

이것은 宇宙萬物우주만물의 生생하고 滅멸하는 以前이전의 時시이며 一念不生일념불생의 時시이니, 認識인식 外외의 境경인지라 본래 相상이 없음으로써 象상한 것이다. 天地有形천지유형의 理리도 아니며 天地無形천지무형의 境경도 아니니 可가히 分疏분소할래야 下하하지 못하며 可가히 見견할래야 볼 수도 없음이라, 一切일체를 含함하고 包포하되 그 相상이 없으며 그 相상이 없으되 能능히 化화하는지라 思사와 口구로써 能능히 達달하지 못하며 그 體체를 立입할 수도 없나니, 이르되 道通天地無形外도통천지무형외라 한다.

絶對性절대성의 한 点점은 純粹순수한 1象상이거나 純粹순수한 0象상일 것이니, 일체 分別相분별상이 끊어진 一念不生일념불생의 時시인지라 能능히 測量계량치 못함이로되 1象상을 認識인식하는 0과 0象상을 認識인식하는 1을 인하여 能능히 斟酌짐작할 수 있나니, 이에 純粹순수한 1象상을 天천이라 하고 純粹순수한 0象상을 地지라고 하며 1을 認識인식하는 0象상과 0을 認識인식하는 1象상을 人인이라 한다.

1線선은 1과 0을 이은 參合삼합의 義의인 1線선인 것이니, 이미 參合삼합하면 곧 1点점이라 이르되 天천의 體체라 하고 이에 參合삼합의 義의를 天천의 用용이라 한다.

이미 1과 0에 二分이분하면 1은 0을 對대하고 0은 1을 對대하나니, 곧 4方방의 義의인지라 이르되 地지의 體체라 하고 이에 二分이분의 行행을 地지의 用용이라 한다.

이로써 天천의 體체는 1이요 地지의 體체는 4이니 이러한 1과 4를 同時동시에 갖춤에 5이며, 天천의 用용은 3이요 地지의 用용은 2이니 이러한 3과 2를 同時동시에 갖춤도 또한 5인지라, 이것을 이르되 5皇極황극이라 한다.

5皇極황극은 天地천지의 體체로써 그 體체를 삼으며 天地천지의 用용으로써 그 用용을 삼나니, 이러한 天地천지의 體체와 用용을 一時일시에 모두 합하여 하나가 됨을 이르되 10无極무극이라 한다.

〈十五一言〉

| 天體 | 地體 | 天用 | 地用 |
|---|---|---|---|
| 1 | 4 | 3 | 2 |
| 5 | | 5 | |
| 10 | | | |

이로써 5皇極황극과 10无極무극은 하나인 것이니 이것을 十五一言십오일언이라 하고, 이러한 5와 10이 비록 같은 하나로되 5皇極황극은 天地體用천지체용의 別相별상이요 10无極무극은 天地體用천지체용의 總相총상이 된다.

만물은 3才재를 모두 갖춘 연후에야 비로소 운행된다.

天천의 用용인 1線선의 象상은 이미 1 2 3의 義의를 갖춘 1線선이니 合道합도함에 곧 6이다.

故고로 만물이 3才재를 모두 갖춘 6에서 시작되고 人中인중의 5가 최초의 제1위인 天천1을 얻은 6에서 시작됨이니 그 影영이 天心천심에 動동함이라 이로써 作작하여 간다.

人中인중의 5가 최초의 제1위인 天천1을 얻은 6에서 시작한다는 것은 곧 屈伸굴신의 相상이며 道도이니 이르되 包五含六포오함육의 位위라 한다.

一圓일원의 개념은 始시와 終종이 이어진 線선의 개념이니 3角각의 形형은 一圓일원의 가장 기본적 圓원의 形형이다. 3才재의 合道합도는 3角각의 形형이니 線선의 始시와 終종이 連연하여 合一합일된 1圓相원상이다.

1이 2에 分節분절되어 3을 生생하며, 3이 4에 分節분절되어 5를 生생하며, 5가 6에 分節분절되어 7을 生생하나니 7은 최초의 1과 合합하여 다시 시작하는지라 이에 7은 虛허하다. 이것을 七一妙衍칠일묘연이라 하나니 기독교에 7일에 休居휴거함은 此차를 模倣모방한다.

〈三角一圓相〉

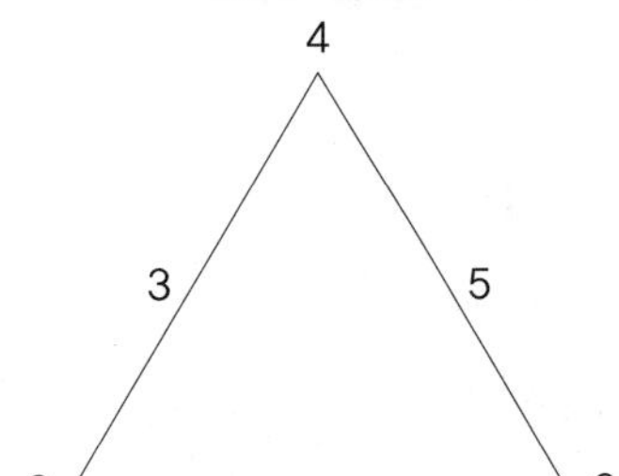

## 7章장

5皇極황극이란 것은 1과 0을 同時동시에 갖춘 나의 주관적 一念일념의 根근이다. 故고로 5皇極황극은 1과 0의 重疊중첩된 象상이다.

1과 0을 同時동시에 갖춘 一念일념은 極緖극서의 動동이라, 動동은 곧 1이 0으로 因인해 動동하여 分節분절된 線선의 相상이므로 分節분절된 線선은 곧 0과 1에 屈伸굴신하는 相상이라 할 수 있다.

〈中5 11歸體〉

| | | |
|---|---|---|
| 中5 0象 | 1相 | 生6水 |
| 中5 1象 | 2分相 | 發7火氣 |
| 中5 0象 | 3合相 | 成8方木體 |
| 中5 1象 | 4方角相 | 現9金世 |
| 中5 | 屈伸 | 生6合相 |

이로써 上下상하 2分분의 槪念개념이 생하며 上下상하를 이은 대칭의 1線선인 3의 槪念개념이 생하며 1線선의 上下상하와 左右좌우에 4방의 義의가 생하는지라, 이에 中중5의 0象상이 1相상을 因인하여 最初최초의 6水수를 生생하며 中중5의 1象상이 2分相분상을 因인하여 7火화의 氣기를 發발하며 中중5의 0象상이 3合相합상을 因인하여 8方방의 木體목체를 成성하며 中중5의 1象상이 4方角방각의 相상을 因인하여 9金금의 世세를 나타내나니, 中중5는 스스로 屈伸굴신하여 6合相합상을 생하여 11歸體귀체한다.

이 無形무형의 屈伸굴신하는 振動진동이 宇宙萬物우주만물을 生생하고 形成형성할새 비록 宇宙萬物우주만물을 生생하고 形成형성함이 있으나, 最初최초 1線선의 槪念개념인 1動동은 0으로 말미암은 1動동인 것이니 본래 나온 곳이 없음으로써 그 本본이 된지라, 故고로 佛家불가에 이르되 "因虛塵인허진이라 하고 無始以來무시이래"라 하였다.

振動진동의 槪念개념은 나의 一念일념 중에 있는 1과 0의 連續연속된 屈伸之道굴신지도다.

## 8章장

河圖하도를 觀관함에 天地천지의 體체는 1과 4요 天地천지의 用용은 3과 2라, 이로써 4方방의 義의가 立입하고 이에 5는 4方방의 中宮중궁인 中位중위에 居거한다.

中宮중궁의 5는 이미 天地천지의 體체와 用용을 含함한 位위이니 곧 合합하여 反相반상의 影영을 發발함에 6과 9이며 8과 7이라 이로써 1 4 3 2와 더불어 6 9 8 7에 8方방과 9世세의 義의가 立입한다. 故고로 4方방의 中宮중궁은 5이며 9世세의 中位중위는 10이다.

1이 2에 分節분절해 3을 生생하며, 3이 4에 分節분절해 5가 生생하며, 5가 6에 分節분절해 7이 生생하며, 7이 8에 分節분절해 9를 生생하니 9는 최초의 1과 合합하여 一圓相일원상을 이룬다. 이러한 一圓相일원상은 圓원과 方방인 時空시공의 완성인 것이니, 3角각의 形형도 또한 時空시공의 一圓相일원상이나 180도에 그치므로 時空시공의 偏편이며, 4角각의 一圓相일원상은 360도에 온전한 時空시공의 一圓相일원상이라 곧 時空시공의 正정이다.

〈四角一圓相〉

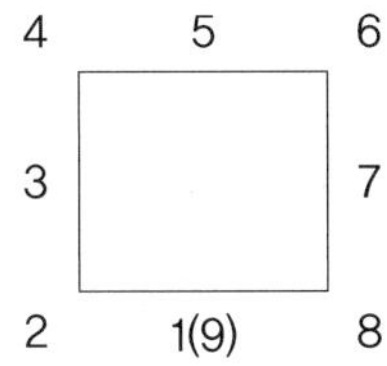


乾건은 온전하고 순수하며 直직하고 무한한 1線선의 象상이라 可가히 大대하다.

이러한 1線선에 分節분절의 數수가 많을수록 그 圓相원상의 度數도수는 많아지되 그 개개의 相상은 작아지고, 分節분절의 數수가 적을수록 그 圓相원상의 度數도수는 적어지되 그 개개의 相상은 커진다.

圓相원상의 度數도수가 많아짐은 상대적 시간의 흐름이 빠름이요 圓相원상의 度數도수가 적어짐은 상대적 시간의 흐름이 느려짐이다.

單단1과 單단0은 宇宙萬物우주만물 最初최초의 振動진동이요 5와 10은 4方방과 9世세를 含함하고 包포한 空공과 時시의 場장이다. 萬物만물의 數수와 形형은 이러한 最初최초의 振動진동으로 인해 萬變萬形만변만형한다.

## 9章장

1線선을 그음에 4方방의 義의가 同時동시에 나타나고 이로써 天地천지의 體체와 用용의 位위가 定정해지며 이에 天地천지의 體체를 合합함에 5요 天地천지의 用용을 合합함에 또한 5인지라 體체와 用용이 모두 각각 5皇極황극의 성품이요, 5의 體체가 스스로 밝아 返照반조함에 5의 用용을 發발하여 合합하나니 곧 10无極무극의 성품이라, 이 10无極무극의 성품이 乾卦之象건괘지상인 1線선에 伸신하여 9世세의 圓宜원의를 立입하며 離卦之象리괘지상인 上下상하 分二분이의 宜의를 取취하여 8方방의 角宜각의를 세우며 坎卦之象감괘지상인 1線선의 左右좌우의 宜의를 1로 三合삼합하는 相상을 取취하여 7火화의 氣기를 發발하며 坤卦之象곤괘지상인 第4位제사위의 0象상에 屈굴하여 6을 影영하며, 皇極之象황극지상인 中중

〈一九百宏〉

| 乾卦象☰ | 1線伸 | 立9世圓宜 |
|---|---|---|
| 離卦象☲ | 取分二宜 | 立8方角宜 |
| 坎卦象☵ | 取三合相 | 發7火氣 |
| 坤卦象☷ | 0象屈 | 影6 |
| 皇極之象 | 中5返照 | 合10无極 |

5는 스스로 返照반조해 天地천지의 用용을 發발하여 天地천지의 體체로 돌아와 合합함에 곧 10无極무극인지라, 10은 靜九정구하여 抱一포일한 象상이요 一九일구에 百宏백굉한 象상이라 이에 다시 10에서 시작해 10을 動동하여 一일을 生생하나니 9世세의 極극은 自然자연히 0의 宜의를 갖춤이 된다. 一九일구에 百宏백굉은 一九일구가 이어져 終종과 始시가 동시인 10의 象상이라 10은 전체를 含함하고 廣大광대히 넓힌 象상이니 이것을 百宏백굉이라 한다.

이로써 十无極而一太極십무극이일태극인 最初최초의 1太極태극은 第一位제일위가 되며, 四象사상은 第二位제이위가 되며, 八卦팔괘는 第三位제삼위가 되어서 이에 三才삼재가 立입하며 八卦팔괘가 列열한다.

10은 最初최초의 1을 여의지 않을 새 妙無묘무요 最初최초의 1은 10을 여의지 않을 새 곧 妙有묘유라 하나니, 이것을 이르되 十一一言십일일언이라 한다.

## 10章장

10은 1,9의 9를 包포한 1圓相원상이니 이미 宇宙全體우주전체를 包포한 1이요 비록 黑白흑백이 未分미분이나 이미 動靜變化동정변화의 形형이 그중에 모두 갖춘 것이라, 晦朔弦望회삭현망 進退屈伸진퇴굴신 律呂度數율려도수 造化功用조화공용이 이미 다 成성하고 立한 것이다.

故고로 呑虛탄허 大宗師대종사께서 이르시되 "鷄子계자가 未化미화했을 때에 羽毛우모와 皮骨피골의 理리가 이미 다 갖추어 있으되 可가히 形相형상으로써 論논하지 못하며 可가히 思慮사려로써 會논하지 못한다." 하시니 宇宙우주의 起原기원과 形相형상이 이에 벗어남이 없는 것이다.

## 11章장

最初최초의 陽양과 陰음으로부터 四象사상 八卦팔괘 六十四卦육십사괘 乃至내지는 無限무한에 이르기까지 모두 十一歸體십일귀체하나니 最初최초의 1点점인 陽양과 陰음에서 벗어남이 없어서 비록 時間시간은 같으나, 그 位위인 空間공간의 數수가 增증하고 遠원할수록 微細미세하여 相對的상대적 時間시간의 概念개념이 더욱 빠르며, 그 位위가 根原근원에 가까울수록 簡易간이하여 相對的상대적 時間시간의 概念개념이 더욱 느리게 됨을 可가히 觀관할지로다.

이로써 觀관할진대 最初최초의 하나인 一陽일양과 一陰일음은 無限무한에 이르는 起기와 滅멸을 이미 모두 包포하고 含함한 것이니, 곧 옛 聖人성인이 이르시되 "一微塵中일미진중에 含十方함시방이요 一卽一切일즉일체 多卽一다즉일"이라 하였다.

## 12章장

宇宙우주는 天地人천지인 三才삼재와 四方사방의 四象사상에 지나지 않는다.

〈極終極始〉

| | 合而合 | 分而分 |
|---|---|---|
| 位 | 4321 (1分始) | 1234 (5分極終) |
| 數 | 6789 (10合極終) | 9876 (6合始) |

이에 最初최초의 1을 天천이라 하고 4方방 空間공간의 4를 地지라 하며 天地천지를 모두 갖추어 作작함을 人인5라 한다. 故고로 이 宇宙우주의 終結종결과 始作시작은 곧 人인이다.

合합하고 合합하여 더 이상 合합할 수 없는 境界경계에 到達도달함을 十一십일이라 하고, 分분하고 分분하여 더 이상 分분할 수 없는 境界경계에 至지함을 五六오육이라 하나니, 十십은 合합의 極終극종이요 一일은 分분의 始시요 五오는 分분의 極終극종이요 六육은 合합의 始시라, 合합하면 合합할수록 四方사방의 공간은 4 3 2 1에 減감하되 그 數수는 6 7 8 9에 增증하여 더욱 重중하며, 分분하면 分분할수록 四方사방의 공간은 1 2 3 4에 增증하되 그 數수는 9 8 7 6에 減감하여 더욱 輕경하나니, 極輕극경의 因인이 極重극중이며 極重극중의 因인이 極輕극경이라 이르되 極終極始극종극시라 하고 이에 비록 進退진퇴의 相상이 있어서 不均불균한 듯하나 陰음과 陽양의 數수는 20과 20에 均等균등하여 우주는 平衡평형을 유지함이 된다.

水土수토의 成道성도가 天地천지이니 10土토 1水수가 合道합도하여 2經경을 내며 5土토 6水수가 合道합도하여 7緯위를 내는지라, 2天천 7地지는 水土수토의 成道성도로부터 分化분화된 天地천지이다.

6位위에 時시가 成성하니 乾天건천이요 分분함에 坤地곤지이니 이로써 6位위의 時시가 天地천지의 軸축 2經경에 分분하여 十二時십이시를 이루며, 4方방에 공간이 成성하는지라 7緯위가 4方방에 흘러 二十八宿이십팔수의 義의를 세운다.

主觀的주관적 5가 스스로 돌아봄을 屈伸之道굴신지도라 하고 屈伸之道굴신지도에 5,6으로부터 10,1에 이르기까지 主觀주관과 客觀객관이 모두 屈伸굴신하여 道도를 이루는지라 이르되 雙照쌍조의 行행이라 한다.

極體극체에 兩儀양의가 있으니 太極태극이라 하고 이로써 陰界음계와 陽界양계가 分분하며 이에 陰界음계와 陽界양계를 同時동시에 雙照쌍조함을 皇極황극의 性성이라 한다.

그러나 能능히 兩界양계를 동시에 雙照쌍조하지 못하고 이미 나라고 하는 分분의 相상을 執집하였다면 이미 어느 한쪽의 한 界계에 決定결정지어진 것이니, 이것은 陰음과 陽양을 同時동시에 雙照쌍조하지 못함이라 언제 그 根源근원을 達달할수 있으랴.

나라는 것이 宇宙우주로부터 生産생산된 것이라면 나 自體자체의 觀察관찰하는 者자가 곧 宇宙우주의 眞相진상일 것이니 더 찾을 바가 없거늘, 當今당금에 虛妄허망히 一念일념을 일으켜 主觀주관을 세움에 곧 因虛塵인허진의 妄佞망녕된 形相世界형상세계라, 能능히 陰음과 陽양을 同時동시에 雙照쌍조하지 못하여 어느 한쪽에 偏在편재해 陰음과 陽양에 自由自在자유자재치 못할 것이니 언제 그 窮極궁극의 끝을 볼 수 있으랴.

그 根源근원을 알고자할진대 먼저 스스로 돌이켜 主觀的주관적 認識인식을 비워야 할지니 主觀주관을 虛허함에 客觀相객관상도 따라서 空공한지라, 비로소 宇宙우주와 내가 陰陽음양에 自由自在자유자재한 無形波動무형파동의 場장일 뿐임을 알게 될 것이요, 또한 一切形相일체형상이라는 것은 곧 主觀的주관적 나의 一念일념으로 因인하여 나타난 無形무형의 그림자일 뿐임을 알게 될 것이다.

다만 이렇게 알고 이렇게 行행하면 이것이 宇宙우주의 根源근원으로 가는 길이니 부디 學者학자는 힘을 들여 밖을 向향하여 追求추구치 말고, 먼저 스스로 돌이켜 나의 主觀的주관적 槪念개념이 본래 虛妄허망한 줄 觀관하여 宇宙우주의 眞相진상을 깨칠 것이다.

## 13章장

陽域양역은 이미 나타난 卦괘이니 過去과거의 相상이요 陰域음역은 장차 나타날 卦괘이니 未來미래의 數수다. 故고로 易역은 曆也역야라 順순하여 過去과거를 알며 逆역하여 來知래지하나니 易역은 逆역하여 數수하는 것이다.

〈陽域과 陰域〉

| 陽域(一) | 陰域(--) |
|---|---|
| 나타난 卦 | 나타날 卦 |
| 過去相 | 未來數 |
| 順 | 逆 |
| 知往 | 來知 |

또한 過去과거의 果과가 現在현재의 因인이며, 現在현재의 果과가 未來미래의 因인이며, 未來미래의 果과가 過去과거의 因인인 것이니, 三世삼세의 因果인과가 서로 사무치고 果因과인이 圓融원융한지라 故고로 三世삼세는 곧 當今당금 一念일념에 있는 것이다.

現在현재의 當今당금 一念일념이 滅멸하면 過去과거와 未來미래의 相상도 同時동시에 함께 滅멸하나니 故고로 千手經천수경에 이르시되 "百劫積集罪백겁적집죄 一念頓蕩盡일념돈탕진 如火焚枯草여화분고초 滅盡無有餘멸진무유여 罪無自性從心起죄무자성종심기 心若滅時罪亦亡심약멸시죄역망 罪亡心滅兩俱空죄망심멸양구공 是則名爲眞懺悔시즉명위진참회"라 하였다.

最初최초의 陽양과 陰음은 전체를 包포한 陽양이며 전체를 含함한 陰음이니 서로 取취하여 無限무한히 分列분열하여 가서 無限무한한 陽양과 陰음에 起기하고 滅멸하여 過去과거와 未來미래도 또한 無限무한한지라, 만약 어떤 學人학인이 있어 스스로 돌이켜 비추어 보아 最初최초의 陽양과 陰음으로 돌아오면 無限무한한 過去과거와 未來미래를 同時동시에 包포하고 含함하여 能능히 모두 通통하여 보게 될 것이니, 故고로 現在현재는 물론 過去과거와 未來미래를 알고자 할진대 根源근원에 가까우면 가까울수록 더욱 많은 過去과거와 未來미래를 보게 될 것이요, 더 나아가 根源근원에 至지하고 極극하여 陽양과 陰음에 自由自在자유자재함을 얻으면 모든 過去과거와 現在현재와 未來미래가 當今당금에 다 現前현전하여 同時동시에 보며 同時동시에 알 수가 있을 것이니, 이 境界경계는 位置위치와 距離거리와 速度속도와 時間시간의 槪念개념이 없어서 우리가 計算계산하는 時空시공의 槪念개념은 無所用무소용일 것이니 이것을 이르되 神신이라 한다.

## 14章장

主體주체인 내가 1의 天道천도를 識식함에 6이요 4方방의 0象상인 地德지덕을 識식함에 9이니, 이것은 陽양이 陰음을 包포하며 陰음이 陽양을 含함한 것이라 곧 極卽反극즉반의 槪念개념이다.

極卽反극즉반의 理리는 中宮中位중궁중위의 5와 10으로 因인함이니, 中중5는 分분의 極극이라 合합하여가서 1 2 3 4가 中중5에 附부하여 6 7 8 9를 成성하고, 中중10은 合합의 極극이라 中중10을 體체로 하여 相對的상대적 位置위치에 分분하여가서 1 2 3 4가 中중10을

體체로 한 相對的상대적 位置위치에 9 8 7 6을 成성함이라, 萬物만물이 中중5에 附부함은 生成次第생성차제의 序서가 되고 萬物만물이 10에 附부함은 相對性상대성 對稱대칭의 位위를 成성함이 된다. 故고로 1 2 3 4는 宇宙全體우주전체의 體成數체성수인 無形무형의 氣기와 場장이 되고 6 7 8 9는 宇宙全體우주전체의 顚倒전도된 影生數영생수인 有形유형의 形相형상이 된다.

이러히 6 7 8 9는 主觀的주관적 觀察者관찰자인 中중5의 나로 因인하여 反射반사된 虛影허영인 줄 알아서 中중5가 宇宙우주는 다만 1線선일뿐임을 識식함에 이르되 天心月천심월이라 하고, 비로소 1線선에 屈伸굴신하여 6에서 動동함을 影動영동이라 하나니 곧 이르되 影動天心月영동천심월이라 한다.

## 15章장

〈天地와 皇極〉

| 主觀5虛 | 5皇極昭昭 |
| --- | --- |
| ↓ | ↓ |
| 6水9金<br>14天地體歸 | 陰2陽3<br>7火發8木分 |

6水수와 9金금은 影生數영생수의 老陰노음과 老陽노양이니 主觀的주관적 나의 5를 虛허함에 드디어 1과 4인 天地천지의 體체로 歸귀한다. 나를 虛허하고 天地천지의 體체를 達달하여 合합함에 5皇極황극의 性성이 昭昭소소하여 1陰음의 數수인 2와 1陽양의 數수인 3의 相상에 다시 地지와 天천의 用용을 發발하여 分분하나니 그 作用작용이 有形유형의 7火화 8木목에 나타난다. 이렇듯 主觀的주관적 나라는 것을 虛허함에 眞我진아가 스스로 昭昭소소한지라 비로소 天地천지의 體체와 用용을 體達체달하고 發발하여 能능히 萬物만물을 養양하고 滋자한다. 故고로 6 9 7 8의 有形界유형계는 나를 虛허함에 다만 이 虛影空殼허영공각의 波動파동일 뿐이요 1 2 3 4는 다만 이 無形무형의 場장인 波場파장에 지나지 않아서, 主주가 空공함에 客객도 따라 空공하나니 이르되 眞性진성이라 한다.

## 16章장

1 4와 3 2는 生位생위니 物물의 體位체위이다.

6 9와 8 7은 成位성위니 物물의 影相영상이다.

五오와 十십의 主觀주관과 客觀객관을 모두 虛허하면 生位생위가 10이요 成位성위가 30이니, 合합하면 20과 20에 陰陽음양이 均等균등하여 宇宙우주가 穩全온전한 平衡평형을 이룬다.

體체가 陽양이면 影영은 반드시 陰음이며 體체가 陰음이면 影영은 반드시 陽양으로 나타난다.

이것은 모두 客體객체인 中十중십과 主體주체인 中五중오로 因인함이니 故고로 모든 萬物만물은 中宮中位중궁중위의 5와 10에 이르러 極극하여 反반한다.

또한 宇宙우주는 中五중오의 내가 아니면 한갓 空殼虛影허영공각인 波動파동과 波長파장에 지나지 않고, 나라는 것은 客體객체인 宇宙우주의 中十중십이 아니면 能능히 存在존재하지 못한다.

## 17章장

卦괘와 爻효의 物물됨이 初爻초효에 陰陽음양이니 世時세시의 義의요, 第2爻제이효에 四象사상이니 方角방각의 義의요, 第3爻제삼효에 八卦팔괘이니 八卦팔괘는 天地천지를 體체로 하여 天地천지를 觀察관찰하는 六子육자의 用용이라 이로써 天地人천지인 三才삼재가 旣成기성한다.

三才삼재가 비로소 成성함에 다시 人인의 位위를 體체로 하여 第3爻제삼효는 第4爻제사효의 義의를 나타내고, 第2爻제이효는 第5爻제오효의 義의를 나타내며, 初爻초효는 第6爻제육효의 義의를 나타냄이라, 無限무한한 萬物만물의 第6爻제육효의 義의가 다시 根本근본의 初爻초효에 돌아와 合합함이니 이로써 一夫八卦일부팔괘가 外외에서 內내로 向향하는 緣故연고다.

〈三才와 六位〉

| | | | | |
|---|---|---|---|---|
| 人 | 3爻 | —— | 4爻 | 人 |
| 地 | 2爻 | —— | 5爻 | 地 |
| 天 | 1爻 | —— | 6爻 | 天 |

故고로 第5位제오위의 32度도에 分분이 極극하여 坤地곤지의 0象상을 成성하고 極而反극이반함에 屈伸굴신하여 陽양에 合합하여 가서 乾天건천의 1象상을 成성하나니, 곧 0과 1의 位위가 正정하여 天地地天천지지천에 萬物만물의 理리와 事사를 畢필해 다함이 된다.

## 18章장

伏羲氏복희씨가 龍馬용마를 觀관하시고 이에 兩儀양의 四象사상 八卦팔괘에 三才삼재의 爻효를 立입하시며 重중하여 6位위에 64卦괘를 發顯발현하시니, 後후에 文王문왕이 神龜신구를

觀관하시고 5元원의 陰음과 陽양을 九宮구궁에 分列분열하여 그 變변에 通통하게 하시니, 乾6爻건육효와 坤6爻곤육효에 天地交易천지교역의 象상과 數수와 義의를 이미 다하셨도다.

〈三卦 比較〉

| 區分 | 觀 | 內容 |
|---|---|---|
| 伏羲 | 龍馬 | 八卦64卦 |
| 文王 | 神龜 | 交易之易 |
| 一夫 | 一夫八卦 | 變易之易 |

後후에 우리의 一夫일부께서 一夫八卦일부팔괘를 觀관하시고 乾6爻건육효와 坤6爻곤육효의 變易변역을 밝히시니, 乾건의 3陽양과 三男삼남의 3陽양과 三女삼녀의 6陽양을 合합한 12陽양의 36과 坤곤의 3陰음과 三男삼남의 6陰음과 三女삼녀의 3陰음을 合합한 12陰음의 24에 天地천지를 合합하여 无无位무무위 60數수를 發現발현하시고, 이에 다시 主觀주관의 5와 客觀객관의 10을 虛허하여 55數수와 45數수에 龍圖용도와 龜書귀서의 意의를 다하시며 비로소 天地천지가 天地천지의 노릇을 하여 天地천지의 體체와 用용을 100數수에 다하게 하시니,

이로써 마땅히 알라.

一夫八卦일부팔괘와 素陽極圖소양극도에 이르러 비로소 三才삼재가 모두 成성하여 萬物만물의 性성과 理리와 事사를 畢필함이 된 것이다.

## 19章장

〈卦圖 出現 意義〉

| 時 | 出現 | 人所作 | 法相 | 主 |
|---|---|---|---|---|
| 上古 | 龍馬 | 伏羲八卦 | 天地 | 聖賢帝王 |
| | 龜書 | 文王八卦 | | |
| 今 | 一夫八卦 | 素陽極圖 | 人 | 凡人 |

上古상고에 龍圖용도와 龜書귀서가 먼저 나타나고 後후에 伏羲氏복희씨와 文王문왕이 이를 法법하여 卦괘를 그으심은 天地천지의 法相법상이라 모두 聖賢성현 帝王제왕이 主주가 되어 八卦팔괘를 劃획하였거니와, 今금에 이르러 一夫八卦일부팔괘가 먼저 나타나고 後후에 素陽소양이 이를 象상하여 極圖극도를 그려내니 이것은 人인의 法相법상이라 天地천지가 人인에 極극하여 反반하고 倒도하여 그 卦괘의 相상이 거꾸로 나타난 것이니, 이로써 凡人범인이 主주가 되어 八卦팔괘가 먼저 나타나고 極圖극도가 後후에 出現출현한 것이다.

素陽소양의 序章서장은 이미 마치다.

## 2. 三極海印圖삼극해인도

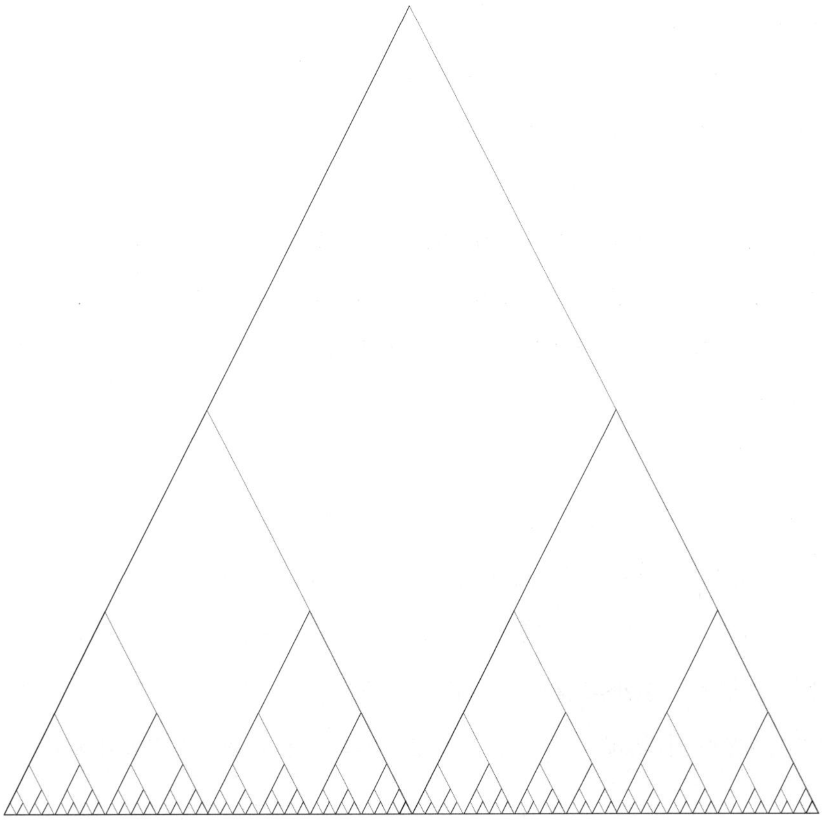

三極삼극이란 것은 天地人천지인의 太極태극 無極무극 皇極황극이요, 海印해인이란 것은 三極삼극의 分化분화가 비록 바다의 물결처럼 多樣다양한 모양이나 그 根本근본은 다만 바닷물인 것이니, 萬象만상이 곧 바닷물이요 바닷물이 곧 萬象만상이라 萬象만상이 바닷물의 한맛으로 돌아와 根本근본 바다에 印인쳐서 萬象만상이 곧 眞진이요 眞진이 곧 萬象만상임을 드러내는 고로 이르되 海印해인이라 한다.

最初최초의 極點극점은 제1위의 1陽양1陰음 線선의 合합이다.

最初최초의 1陽양의 線선은 전체를 包포한 純粹순수한 1陽양의 線선이다.

最初최초의 1陰음의 線선은 전체를 含함한 純粹순수한 1陰음의 線선이다.

제1위의 1陽양1陰음의 線선은 제2위의 2陽양2陰음의 線선과 같다.

제2위의 2陽양2陰음의 線선은 제3위의 4陽양4陰음의 線선과 같다.

제3위의 4陽양4陰음의 線선은 제4위의 8陽양8陰음의 線선과 같다.

제4위의 8陽양8陰음의 線선은 제5위의 16陽양16陰음의 線선과 같다.

제5위의 16陽양16陰음의 線선은 제6위의 32陽양32陰음의 線선과 같다.

故고로 제6위의 32陽양32陰음의 64線선은 最初최초의 極點극점과 같다.

이것을 古人고인인이 이르되 "一卽一切일즉일체 多卽一다즉일이요 一中一切일중일체 多中一다중일"이라 하였다.

陽線양선의 用數용수는 3이요 陰線음선의 用數용수는 2이다.

陽線양선은 天時천시의 義의요 陰線음선은 地空지공의 義의이다.

제1위의 陽線양선은 전체를 包포한 太極태극의 象상이니 一卽一切일즉일체 多卽一다즉일이다.

제1위의 陰線음선은 전체를 含함한 无極무극의 象상이니 一中一切일중일체 多中一다중일이다.

제1위의 陽線양선과 陰線음선의 合합인 極點극점과 밑변은 數수의 5이니 皇極황극의 性성이다.

陰線음선이 2 4 6 8 10의 제5위에 마치고 反반하여 제6위의 12에 純陰순음을 이루니 곧 坤곤이다. 제6위의 坤곤을 尊空존공하고 이것을 體체로 하여 1陽양을 生생하니 곧 山地剝산지박이요 倒도함에 곧 地雷復지뢰복이다. 이것은 만물이 제5위에 極극하고 反반하여 제6위에 陰음이 陽양으로 變변하여 나타나는 연고다.

陽線양선이 1 3 5 7 9의 제5위에 마치고 反반하여 제6위의 11에 純陽순양을 이루니 곧 乾건이다. 제6위의 乾건을 尊空존공하고 이것을 體체로 하여 1陰음에 消소하니 곧 澤天夬택천쾌요 倒도함에 곧 天風姤천풍구이다. 이것은 만물이 제5위에 極극하고 反반하여 제6위에 陽양이 陰음으로 化화하여 나타나는 연고다.

6位위의 陽양과 6位위의 陰음이 合합하여 12地支지지를 成성하며 제6位위의 陽양과 陰음을 尊空존공한 5位위의 陽양과 5位위의 陰음이 合합하여 10天干천간을 이루니, 이로써 時시가 12支지에 흐르며 空공이 10世세에 應응하여 12時시와 10方방을 成성한다.

純粹순수한 1의 義의는 0의 概念개념이 없는 1象상이니 能능히 찾아볼 수도 없고 認識인식할 수도 없다. 故고로 次元차원의 概念개념도 없다.

純粹순수한 0의 義의는 1의 概念개념이 없는 0象상이니 이 또한 能능히 찾아볼 수도 없고 認識인식할 수도 없다. 故고로 次元차원의 概念개념도 없다.

그러나 純粹순수한 1象상과 0象상이 아니면 認識인식도 할 수 없음이라 點점과 線선의 義의도 나타내지 못할 것이니, 故고로 우리가 認識인식하는 최초의 點점은 이미 1과 0의 兩儀양의를 갖춘 包含性포함성인 것이다.

이로써 1을 인식함에 곧 0이니 1,0의 象상이요 0을 인식함에 곧 1이니 0,1의 象상이다.

1은 數수의 3이요 0은 數수의 2이다.

1象상은 2分相분상의 0이 1에 合합한 相상이니 0,1의 相상이라 數수의 5다.

0象상은 1이 2分분한 相상이니 1,0의 相상이라 또한 數수의 5다.

0,1도 5요 1,0도 5이니 合합함에 10이라 이로써 5와 10이 하나라 하여 이르되 十五一言십오일언이라 한다.

이에 10은 全體전체가 하나인 總相총상이요 5는 全體전체의 別相별상이니 人인은 合합과 分분의 義의를 同時동시에 갖춘 相상이라 곧 皇極而无極황극이무극의 位위가 된다.

最初최초의 點점은 이미 陰음과 陽양을 包포하고 含함한 同時性동시성 極극의 性品성품이다.

一切일체의 有無유무와 動靜동정과 起滅기멸의 相상인 1과 0象상을 모두 含함하고 包포한 包含性포함성이로되 그 相상이 없어서, 一切일체에 벗어나되 또한 一切일체에 卽즉하여 등짐도 없나니 이르되 極극이라 한다.

極극이 三삼에 析석함이 理리의 自然자연이니 이르되 太極태극 無極무극 皇極황극이라 한다.

左邊좌변의 實線실선은 陽양이며 1의 象상이니 太極태극이다.

右邊우변의 虛線허선은 陰음이며 0의 象상이니 無極무극이다.

밑변 波動파동의 場장은 1과 0을 모두 갖춘 象상이니 곧 皇極황극이다.

이미 1과 0을 모두 갖춘 相상이 皇極황극이라면 皇極황극은 太極태극과 無極무극을 同時동시에 갖춘 包含相포함상일 것이니 故고로 최초의 極點극점과 같아서 皇極而無極而太極而皇極황극이무극이태극이황극인 것이다. 波動파동의 場장이란 것은 圓원과 方角방각의 宜의를 모두 包含포함한 相상이다.

이를 觀관하건대 陽양의 極극이 곧 陰음의 始點시점이라 곧 極終극종이요 陰음의 極극이 곧 陽양의 始點시점이라 곧 極始극시이니, 極終極始극종극시의 位위는 最初최초의 極극과 더불어 곧 皇極황극의 性성임을 可가히 알지로다.

最初최초의 陽線양선인 1象상의 太極태극과 陰線음선인 0象상의 無極무극은 아직 分節분절과 合點합점의 相對的상대적 相상이 없는 非對稱的비대칭적 純粹순수한 1과 0의 象상이다.

最初최초의 1線선은 이미 全體전체를 包포한 1象상이라 全直전직하고 恒常항상하다.

最初최초의 0線선은 이미 全體전체를 含함한 0象상이라 角각하며 無所常무소상하다.

恒常항상하고 無所常무소상한 極點극점은 곧 絶對性절대성 尊空존공의 位위다.

道家도가의 老莊思想노장사상은 太極태극 以前이전의 象상을 無極무극이라 하였으니 後學후학들이 以前이전이란 言句언구에 執집하여 前後전후를 計계함이라 참으로 迷惑미혹된 見解견해로다. 이것은 後學후학들이 三極삼극은 본래 前後전후의 相상이 없는 同體동체요 同時性동시성임을 알지 못한 것이다.

〈析三極의 特性〉

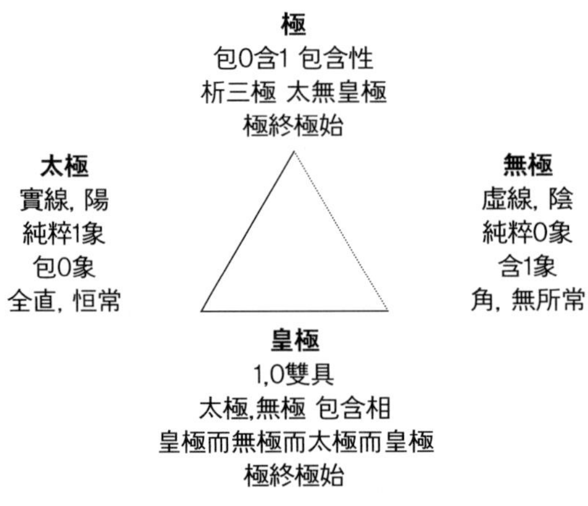

左邊좌변의 陽線양선이 6이요 陰線음선이 5가 된 것은 陽양을 先선하여 陰음에 分節분절한 것이니 곧 天地천지의 分분이다.

右邊우변의 陰線음선이 6이요 陽線양선이 5가 된 것은 陰음을 先선하여 陽양에 合합하여 간 것이니 곧 地天지천의 合합이다.

陰線음선과 陽線양선이 모두 제6위에 이르러 非對稱비대칭을 이루는지라 이것은 최초의 陰陽線음양선과 같음이 된다. 이로써 左邊좌변과 右邊우변의 6과 6을 합하여 12時시를 이루며 左邊좌변과 右邊우변의 5와 5를 합하여 10方방을 이루니, 이로써 時시에 낮과 밤이 생하며 方位방위에 陰分음분과 陽分양분의 義의가 생한다.

時시와 空공이 서로 6을 依의해 5를 나타내며 5를 依의해 6을 나타내는지라 時空시공이 서로 屈伸굴신하여 波動相파동상을 이루며 波動相파동상의 각 位위가 11의 位위를 이루는지라, 이에 10과 1이 하나임을 나타내니 이것을 이르되 十一一言십일일언이라 한다.

〈時空屈伸 十一一言〉

| 陽線6 | 1 | 3 | 5 | 7 | 9 | 11 | 10 | 2 | 4 | 6 | 8 | 10 | 陰線6 |
|---|---|---|---|---|---|---|---|---|---|---|---|---|---|
| 陰線5 | 10 | 8 | 6 | 4 | 2 | | | 9 | 7 | 5 | 3 | 1 | 陽線5 |

陽6陰5 天地之分 陰6陽5 地天合道
左邊6 + 右邊6 = 12時, 左邊5 + 右邊5 = 10方
6依5 5依6 時空屈伸

〈四角形과 十一一言〉

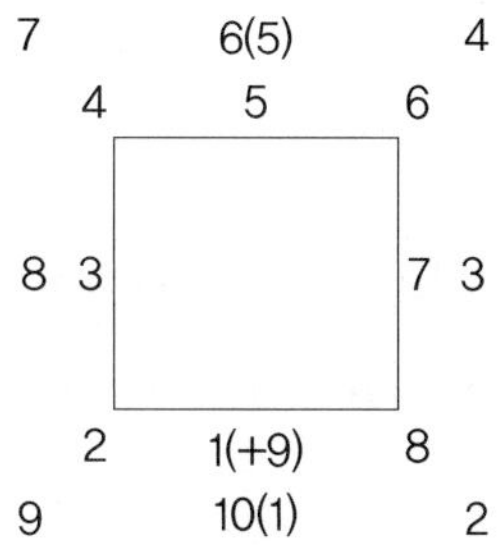


方位방위의 가장 기본적 개념은 4角각의 形형이니 4方방의 線선이며 4角각의 空공이다.

이를 觀관하건대 1이 2에 分節분절해 3을 생하며, 3이 4에 分節분절해 5를 생하며, 5가 6에 分節분절해 7을 생하며, 7이 8에 分節분절해 9를 생하니 이에 9는 최초의 1에 合합하여 10을 成성하는지라, 이에 10은 최초의 1과 같아서 10과 1이 하나가 된 것이니 이 또한 이르되 十一一言십일일언이라 한다.

이로부터 최초의 제1위는 10,1이요 제2위는 9,2요 제3위는 8,3이요 제4위는 7,4요 제5위는 6,5이니 6,5는 5,6에 屈伸굴신하여 가서 다시 최초의 10,1의 位위에 合합한다.

實線실선은 陽양이니 相상은 1象상이며 用數용수는 3이다.

虛線허선은 陰음이니 相상은 0象상이며 用數용수는 2이다.

陽양은 起기이며 伸신이며 世時세시의 槪念개념인 線선의 1象상이다.

陰음은 滅멸이며 屈굴이며 方角방각의 宜의인 空間공간의 0象상이다.

左邊좌변 實線실선의 分節분절된 線선이 6이요 右邊우변 虛線허선의 0象상이 또한 6이로되, 마지막 제6위의 實線실선과 虛線허선은 無對稱무대칭이니 곧 尊空존공의 位위이다.

最初최초 第1位제일위의 陽線양선이 5에 分節분절하니 각 分節분절된 線선은 6이며 각각 數수의 3을 得득하는지라 3이 6에 乘승함에 18이요 右邊우변 陰線음선이 또한 6이니 2가 6에 乘승함에 12인지라 모두 合합하면 30이로되, 空공의 義의로써 하면 2를 虛허한 28이요 時시의 義의로써 하면 3을 虛허한 27이 된다.

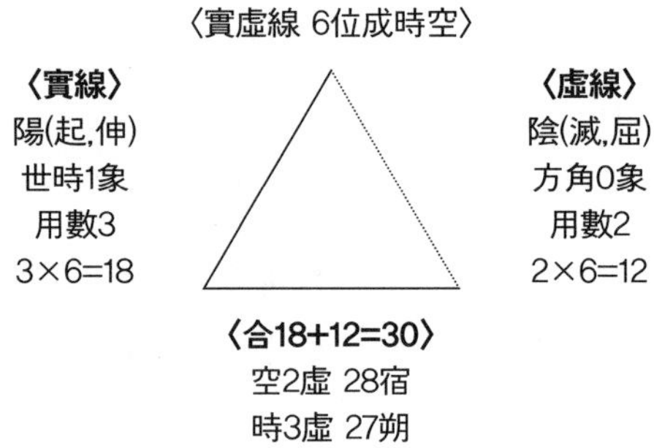


陽양과 陰음이 각각 6位위를 비로소 滿成만성하니 第1位제일위의 陽線양선과 陰線음선의 數수를 合합함에 30이라 이것은 第2位제이위의 陽陰陽陰양음양음의 4線선인 數수의 50과 같다. 第3位제삼위의 8線선인 數수의 80은 第2位제이위의 4線선인 50과 같다. 第4位제사위의 16線선인 120은 第3位제삼위의 8線선인 80과 같다. 第5位제오위의 32線선인 160은 第4位제사위의 120과 같다. 第6位제육위의 64線선인 160은 第5位제오위의 160과 같다. 故고로 各位각위의 數수는 다르되 模型모형의 數수는 서로 같음이니 이로써 最初최초의 30과 最終최종의 160은 같음이 된다. 然연이나 第5位제오위와 第6位제육위는 位위의 數수와 模型모형의 數수가 같은 同數동수인지라 萬物만물이 이곳에 屈伸굴신하여 反반하는 相상이 있다. 이렇듯 萬物만물이 分化분화하여 萬象만상을 形成형성함이 있으나 그 始시와 終종이 같아서 모두 同體동체 同相동상인 것이니, 一일이 곧 一切일체요 一切일체가 곧 一일인 것이다.

30 50 80 120 160 160을 單數化단수화하여 모두 合합(3+5+8+3+7+7=33⇒6)하면 다만 6位위 時空시공의 界계에 지나지 않는다.

| | | | | | | 陽線之數 | | 對稱之數 | | 陰線之數 |
|---|---|---|---|---|---|---|---|---|---|---|
| **第1位** | (18+12) | × | 1 | = | 30 | 18 | = | 25 | = | 12 |
| **第2位** | (15+10) | × | 2 | = | 50 | 15 | = | 20 | = | 10 |
| **第3位** | (12+8) | × | 4 | = | 80 | 12 | = | 15 | = | 8 |
| **第4位** | (9+6) | × | 8 | = | 120 | 9 | = | 10 | = | 6 |
| **第5位** | (6+4) | × | 16 | = | 160 | 6 | = | 5 | = | 4 |
| **第6位** | (3+2) | × | 32 | = | 160 | 3 | = | 0 | = | 2 |

제1위로부터 제6위까지 各界각계의 位위에 따라서 相對的상대적 世時세시의 흐름이 빠르고 늦는 相상이 生생하는지라, 이것을 三極海印圖삼극해인도의 位위에 따라 計계하면 能능히 位置위치에 따른 相對的상대적 時시의 槪念개념을 計계할 수 있으리니 그 계산법을 상세히 밝힘은 後學후학에게 미룬다.

單數化단수화한다는 것은 數止乎十수지호십이니 萬物만물의 數수가 無限무한이나 萬物만물이 다시 根本근본으로 돌아옴은 理리의 自然자연이라, 故고로 萬物만물의 無限數무한수를 10數수 內내의 根本근본으로 돌이켜 單數化단수화함은 數理수리의 自然자연이다.

第5位제오위가 32線선에 數수의 160이요 第6位제육위가 64線선에 또한 數수의 160이니 第6位제육위의 64相상은 對稱之數대칭지수가 없는 相상이라 對稱대칭이 없다면 純粹순수한 1과 純粹순수한 0의 絶對性절대성일 것이니, 이로써 第6位제육위는 尊空존공의 位위가 되어서 이에 戊位무위의 位위가 第5位제오위의 32度도에 止지하여 成道성도하고 第6位제육위와 더불어 屈伸굴신한다. 이로부터 屈伸굴신해 다시 5 4 3 2 1의 位위에 32 16 8 4 2의 模型모형의 數수가 合道합도하여 61度도를 成성하나니 곧 己位기위의 成道數성도수다. 본래 模型모형의 度數도수가 第2位제이위의 4象상의 度數도수에 止지하여 60度도에 萬物만물의 度數도수가 다 成성함이거늘 第1位제일위의 陽線양선과 陰線음선은 對稱대칭이 없는 尊空존공의 位위인고로, 이로써 萬物만물이 合道합도된 最初최초의 1點점을

〈三極海印圖와 戊 · 己位〉

| 1위 | 2 | 己位61度 | 十退一進 |
|---|---|---|---|
| 2위 | 4 | | |
| 3위 | 8 | | |
| 4위 | 16 | | |
| 5위 | 32 | 戊位32度 | 五屈六伸 |
| 6위 | 64 | | |

잡아 61度도를 삼는 것이니 곧 十退一進십퇴일진의 位위다.

第1位제일위의 1象상과 0象상은 본래 對稱대칭의 相상이 없음이로되 第2位제이위의 四象사상의 位위를 引인하여 비로소 對稱대칭의 相상이 나타남이라, 이로써 第2位제이위의 對稱대칭의 數수 25를 이끌어 그 對稱대칭의 數수를 삼은 것이다.

第1位제일위에 對稱대칭의 數수가 본래 없음이 第6位제육위의 對稱대칭의 數수가 없음과 같아서 第6位제육위는 곧 第1位제일위의 象상과 같은지라, 이로써 萬物만물의 始와 終이 無對稱무대칭의 位위에서 같음이 되는 것이다. 占筮法점서법에 去頭絶尾거두절미하여 그 卦象괘상을 취함도 이러한 槪念下개념하에 의한 것이다.

또 第1位제일위로부터 第6位제육위는 1,0의 相상이니 少陰소음 弱力약력의 相상이라 分분하여가는 중에 그 힘의 量양이 160數수에 極극하여 反반하고, 第6位제육위로부터 第1位제일위는 0,1의 相상이니 少陽소양 强力강력의 相상이라 合합하여 오는 중에 그 힘의 量양이 440數수에 極극하고 600數수에 다한다. 160+120+80+50+30=440, 160+120+80+50+30+160=600.

最初최초의 陽양과 陰음은 그 象상이 大대하여 이미 全體전체를 包포하고 含함한 陽양과 陰음이며, 最終최종의 陰음과 陽양은 그 象상이 極微극미하되 最初최초의 陽양과 陰음으로 더불어 그 象상이 같음이니, 그 極點극점은 相對的상대적 相상이 끊어진 이 둘을 包포하고 含함한 包含性포함성인 極體극체다.

兩儀양의에 陽域양역과 陰域음역의 分분이 生생하여 四象사상의 對稱대칭의 位위가 成성하고, 陰陽음양이 각각 5,6위에 屈伸굴신하여 12時시와 10方방을 成성함에 宇宙우주의 體체와 用용의 義의를 다한다.

陰域음역의 0상을 體체로 하여 1陽양의 子자를 잉태해 자라나서 5위를 지나 6위의 戌술에 이르러 純陽순양의 乾건을 이루어 尊空존공되고 反반하여 純陰순음이 되어서 申신에 依의하니, 이에 子자가 純陰순음으로 化화한 戌술의 位위에 入입하여 제10위가 된다.

陽域양역의 1상을 體체로 하여 1陰음의 丑축에 소멸해 가서 5위를 지나 6위의 卯묘에 이르러 純陰순음의 坤곤을 이루어 尊空존공되고 反반하여 純陽순양이 되어서 丑축에 歸귀하니, 이에 丑축은 純陽순양의 제1위가 된다.

이것은 만물이 제5위에 極극하고 反반하여 제6위에 反象반상으로 나타남으로 인함이니 제6위는 陰음이 陽양으로 變변하며 陽양이 陰음으로 化화하는 位위가 되는 연고다.

故고로 丑축은 純陽순양의 제1위이니 寅 辰 午 申 戌에 각각 2 4 6 8 10의 位위를 얻어 다시 虛허하여 가고, 子자는 純陰순음의 제10위이니 亥 酉 未 巳 卯에 각각 9 7 5 3 1의 位위를 얻어 다시 合합하여 간다.

이것은 戌술이 申신에 依의함에 子자가 戌술10의 位위에 入입하며 이에 卯묘1의 位위는 丑축에 歸귀한 것이니 이것을 이르되 卯兮歸丑戌依申묘혜귀축술의신이라 한다.

子자1을 제1위로 삼음은 先天선천이요 丑축10을 제1위로 삼음은 后天후천이다.

만물은 제6위에 이르러 陽양이 陰음으로 陰음이 陽양으로 轉變전변한다.

故고로 先天선천이 陽양을 用용하여 제6위에 순수한 1象상의 陽양을 成성함에 極극하고 反반하여 陰음으로 轉變전변하나니 곧 戌宮술궁이요, 后天후천이 陰음을 用용하여 제6위에 순수한 0象상의 陰음을 成성함에 極극하고 反반하여 陽양으로 轉變전변하니 곧 卯宮묘궁이다. 極극하고 反반한다는 것은, 陽양이 제5위에 極극하고 제6위에 陰음으로 化화하여 나타나며 陰음이 제5위에 極극하고 제6위에 陽양으로 變변하여 나타남을 말한다. 故고로 제6위의 陽양과 陰음은 純粹순수한 1象상인 乾건과 純粹순수한 0象상인 坤곤의 相상이로되 이곳에 反반의 相상이 나타남으로 인해 우주는 다시 시작하고 끊임없이 순환하는 것이다.

제6위의 純陰순음이 陽양으로 變변함에 陽양은 進진하는 성질이 있으니 卯묘는 進진하여 丑宮축궁에 歸귀하고, 제6위의 純陽순양이 陰음으로 化합에 陰음은 退퇴하는 성질이 있으니 戌술은 退퇴하여 申宮신궁에 依의함에 자연히 卯戌묘술의 位위는 尊空존공된다.

**〈陰陽 先后天 變化〉**

| 先天 | 后天 |
|---|---|
| • 用陽 제6위 純陽 戌宮 尊空<br>– 제5위陽極屈伸 제6위陰化<br>– 陰退 戌依申 子入戌宮 | • 用陰 제6위 純陰 卯宮 尊空<br>– 제5위陰極屈伸 제6위陽變<br>– 陽進 卯歸丑宮 |

최초 제1위의 1象상인 子자는 제6위의 전체가 1象상인 戌술에 이르러 極극하고 反반하여 0象상의 果과를 成성하며, 최초 제1위의 0象상인 丑축은 제6위의 전체가 0象상인 卯묘에 이르러 極극하고 反반하여 1象상의 果과를 成성한다.

이렇듯 陰陽음양의 位위가 易역함에 子0 寅2 辰4 午6 申8 戌空 子10이요 丑1 亥9 酉7 未5 巳3 卯空 丑1이 되나니 이로써,

己丑기축 乾卦건괘의 1象상이 2庚寅 4壬辰 6甲午 8丙申의 位위에 分분하여 감이 있으니 곧 戊位무위를 政令정령함이며,

戊子무자 坤卦곤괘의 0象상이 9丁亥 7乙酉 5癸未 3辛巳의 位위에 合합하여 옴이 있으니 곧 己位기위를 呂律여율함이다.

이러히 陰음은 陽양의 位위에 자리하고 陽양은 陰음의 位위에 자리하여 1象상과 0象상이 서로 여의지 않아서 同時동시에 雙行쌍행하여 가니 이르되 物之雙照물지쌍조라 한다.

| 1 | 2 | 4 | 6 | 8 | 0 | 0 | 9 | 7 | 5 | 3 | 1 |
|---|---|---|---|---|---|---|---|---|---|---|---|
| 己 | 庚 | 壬 | 甲 | 丙 | 戊 | 戊 | 丁 | 乙 | 癸 | 辛 | 己 |
| 丑 | 寅 | 辰 | 午 | 申 | 子 | 子 | 亥 | 酉 | 未 | 巳 | 丑 |

三極海印圖삼극해인도의 最初點최초점은 陽양과 陰음을 同時동시에 갖춘 極點극점이니 곧 萬物만물의 中중이요 包含性포함성인 十十一一십십일일의 空공이다. 戊位무위 己位기위 太陰태음 太陽태양에 6子자의 行행하는 各各각각의 位위가 十一십일의 數수를 得득하는 고로 十十一一십십일일이요 이에 10은 本來본래의 10과 1에 卽즉한 10이라 곧 十十십십이며 1은 本來본래의 1과 10에 卽즉한 1이라 곧 一一일일인 것이다. 然연이나 十十一一십십일일은 비록 萬物만물의 根本근본이나 또한 數수의 象상이며 概念개념이라 이것마저 놓아야 곧 中중의 性品성품이라 할 수 있는 것이니 곧 一夫일부께서 이르시되 "中중은 十十一一之空십십일일지공"이라 하였다.

이 最初최초의 根本性근본성인 中중은 天地천지가 合一합일된 極點극점이니 陽線양선과 陰線음선이 合합하고 이어진 밑변 圓角象원각상의 屈伸굴신하는 波動파동의 場장과 같음이라,

〈十十一一之空〉

• 極點 : 陰(10)陽(1)雙具, 包含性 十十一一之空
• 四象分體

| 戊位 | 1,10乾 | 2,9兌 | 3,8離 | 4,7震 | 5,6巽 | 6,5坤 |
|---|---|---|---|---|---|---|
| 己位 | 5,6坤 | 4,7艮 | 3,8坎 | 2,9巽 | 1,10震 | 10,1乾 |

| 太陰 | 10,1乾 | 9,2兌巽 | 8,3離 | 7,4巽兌 | 6,5坤 |
|---|---|---|---|---|---|
| 太陽 | 6,5坤 | 7,4艮震 | 8,3坎 | 9,2震艮 | 10,1乾 |

〈極點 = 밑변〉

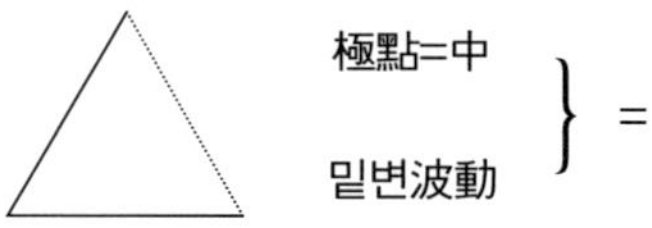


一卽全體 全體卽一
極微卽極大 極大卽極微

고로 이 最初최초의 極點극점은 비록 極微극미한 한 點점이나 이미 全體전체를 包포한 極大극대의 象상인 것이니, 하나가 곧 全體전체요 全體전체가 곧 하나이며 極微극미가 곧 極大극대요 極大극대가 곧 極微극미인 것이다.

位위가 增加증가할수록 起滅기멸의 相상도 增加증가함에 時시의 概念개념이 상대적으로 빠르며 根本근본의 位위에 가까울수록 起滅기멸의 相상은 減少감소함에 時시의 概念개념이 상대적으로 느리게 됨이니, 이를 觀관할진대 時시의 概念개념이란 것은 결국 相對的상대적 概念개념에 不過불과한 것이요, 根本근본 全體전체의 形형과 支末지말의 分化분화된 微細미세한 形형이 三角삼각 三極삼극의 形형에 같아서 一念일념이 곧 萬年만년이요 萬年만년이 곧 一念일념인 것이다.

天地人천지인 三極삼극의 形형이 無限大무한대로 分化분화하여 나아감이 있으나 物物물물이 같은 三極삼극의 形형이니 極微극미한 티끌까지도 그 根本근본의 形형과 같음이라 곧 이르되 物物물물이 各具각구 一太極일태극이라 하고, 微細미세한 티끌까지도 이미 三極삼극을 갖춘 것이라면 物物물물이 三才삼재를 갖춘 것이니 構造的구조적으로 觀관하면 數수의 3이요 三才삼재가 合一합일된 象상으로 觀관하면 數수의 6이 되는지라, 物物물물이 이미 6數수를 갖춤이 되어서 第5位제오위의 方방의 概念개념 位위에 乘승하면 30이요 第6位제육위의 時시의 概念개념 位위인 線선에 乘승하면 36이라, 空공과 有유의 相對的상대적 對稱대칭의 位위에 항상 6度도를 지난 1,7度도와 36度도의 휘어짐이 있는 것이니 이로써 太陰태음과 太陽태양의 度數도수에 다름이 있는 것이다.

天地천지 陰陽性質음양성질의 數수로써 觀관하여 論논하건대, 太陰태음은 第5位제오위의 空概念공개념인 10 8 6 4 2를 主管주관하여 合합함에 30度도에 成道성도하고, 太陽태양은 第6位제육위의 時概念시개념인 1 3 5 7 9 11을 主管주관하여 合합함에 36度도에 成道성도하는 意의가 있다.

三極海印圖삼극해인도를 의거함에 1次位차위는 線선이니 上下상하의 義의가 있고 2次位차위는 四象사상이니 4方방의 義의가 있으며 3次位차위에 八卦팔괘와 8方방의 義의가 나타나고 4次位차위의 16數수에 7火화(1+6)의 氣기가 運운하며 5次位차위에 分분의 極극인 32象상에 5空공(3+2)을 達달하여 伸신함에 6次位차위의 64義의가 生생하는지라 10(6+4)에 歸귀하여 다시 1(1+0)을 세움에 곧 上下상하 2經경의 義의가 나타나 4方방의 義의를 세운다.

이러히 비록 各각 次位차위가 다름이 있는듯하나 三極海印삼극해인의 내에서 그 幾何學的기하학적 模型모형에 모두 같은지라 極微극미와 極大극대는 同一동일한 것이다.

三極海印圖삼극해인도를 계속해 推論추론하여 나아가면 그 論논이 無量무량하여 다함이 없으나 理致이치는 이에 지나지 않으니, 學者학자는 이 根本근본의 理致이치를 잃지 않아서 推論추론해 간다면 큰 過失과실에 이르지 않을 것이다.

三極海印圖삼극해인도의 해설을 마치다.

# 3. 圓象場海圖원상장해도

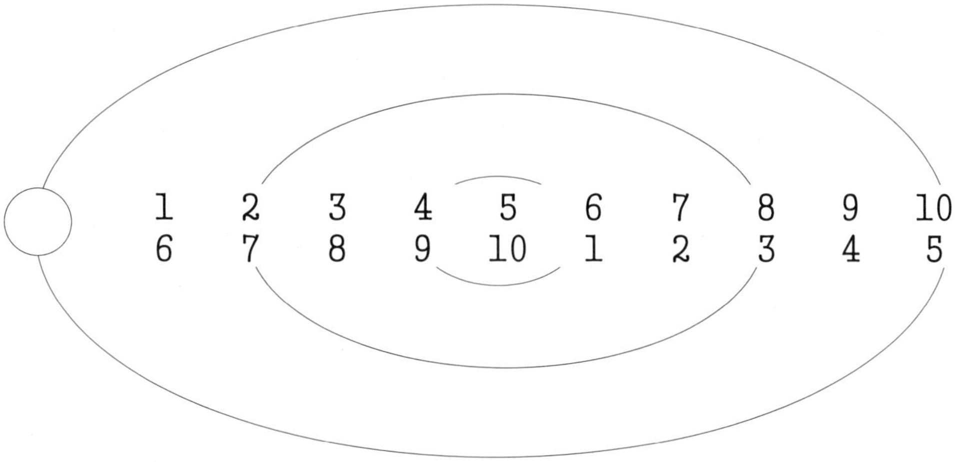


三極海印圖삼극해인도가 垂直수직으로 觀관하여 論논한 것이라면 圓象場海圖원상장해도는 水平수평으로 觀관하여 論논한 것이다. 잔잔한 바다의 場장에 認識인식의 돌을 던지면 그 모양이 圓相원상으로 擴張확장되어 가므로 이르되 圓象場海圖원상장해도라 하였다. 바다라 한 것은 全體전체의 根本相근본상이 바닷물과 같아서 하나를 던짐에 하나의 圓相원상이 나타나며, 둘을 던짐에 둘의 圓相원상이 나타나며, 내지는 百萬億백만억을 던짐에 百萬億백만억 圓相원상이 나타나 서로 交교하며 서로 干涉간섭하여 그 相상이 無量무량이로되, 그러나 그 바닷물의 體체는 항상 같아서 본래 움직임도 없고 하는 바도 없으며 할 바도 없는 오직 한 맛인지라 可가히 더 할게 없는 것이다.

波動相파동상의 線선은 1의 象상이니 起기와 伸신의 相상이요 線선과 線선의 間간은 0의 象상이니 滅멸과 屈굴의 相상이다. 즉 이것은 起滅기멸과 屈伸굴신의 象상인 波動파동과 波長파장의 相상인 것이다.

中중5는 1象상이 0象상으로 化화한 位위이니 0象상이로되 이미 6子자의 과정을 지난 전체적 0象상이요, 中중10은 0象상이 1象상으로 變변한 位위이니 1象상이로되 이미 6子자의 과정을 지난 전체적 1象상이다. 故고로 屈伸굴신의 波動파동과 波長파장의 相상은 다만 5와 10의 屈伸굴신의 道도에 지나지 않는 것이다. 전체적 0象상과 전체적 1象상이란 것은, 비유컨대 바다 전체의 바닷물과 같아서 可가히 찾아 볼 수가 없음이요 다만 이러히 바닷물의 출렁이는 起기와 滅멸의 相상으로 인해 전체적 0象상과 전체적 1象상이 있다는 것을 짐작하는 것이니, 이로써 各位각위가 生생하며, 度數도수가 生생하며, 萬象만상이 成성하는지라 이르되 圓象場海원상장해라 한다.

**〈圓象場海圖 要約〉**

線 1象, 起伸, 間 0象, 滅屈
中5 1象化0象, 全體0象
中10 0象變1象, 全體1象
波動 · 波長相 = 5 · 10屈伸之道
파도 바닷물 전체

5가 屈伸굴신함에 5,6이요 이로부터 그 波長파장의 位위가 4,7 3,8 2,9 1,10이 되어서 對稱대칭의 相상이 끊어진 絶對절대의 10을 成성하며, 10이 屈伸굴신함에 10,1이요 이로부터 그 波動파동의 位위가 9,2 8,3 7,4 6,5가 되어서 對稱대칭의 相상이 끊어진 絶對절대의 5를 成성하는 것이니, 비록 우주가 無限무한에 확장되어 가는 相상이 있는듯하나 다만 제자리에서 屈伸굴신하는 相상인지라 실로 가고 옴이 없음이니 곧 極圖극도의 法相법상이다.

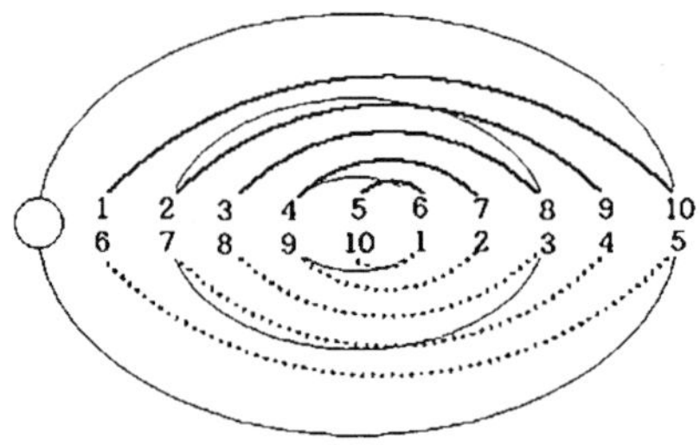


이로부터 5를 中중으로 하면 1,6 2,7 3,8 4,9 5,10이요 10을 中중으로 하면 6,1 7,2 8,3 9,4 10,5이니, 이것은 波動파동과 五元오원이 생성되는 次第차제의 序서라 곧 河圖하도의 法相법상이다.

다시 5를 中중으로 하여 4,6 3,7 2,8 1,9에 10空공을 成성하며 10을 中중으로 하여 9,1 8,2 7,3 6,4에 5空공을 成성함은, 波長파장의 상대적 대칭의 法법을 세움이니 곧 洛書낙서의 法相법상이다.

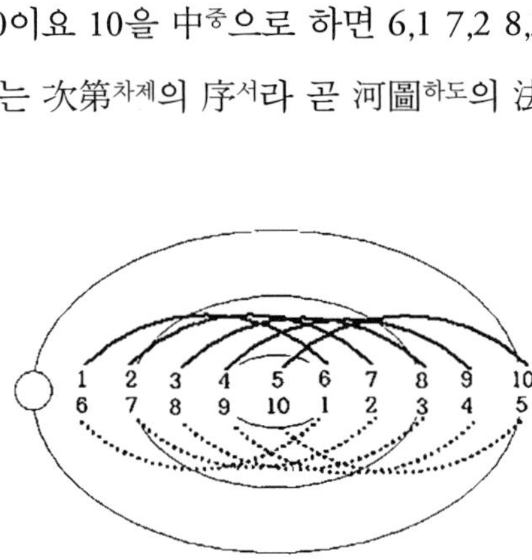

波長파장의 圓相원상을 觀관하건대, 線선은 6이니 제6의 位위에 無對稱무대칭이 되어서 10과 5가 尊空존공되는 相상이 있고, 空間공간은 5이니 상대적 대칭의 位위에 陰陽음양이 平평하여 비로소 우주의 平衡평형을 이룬다.

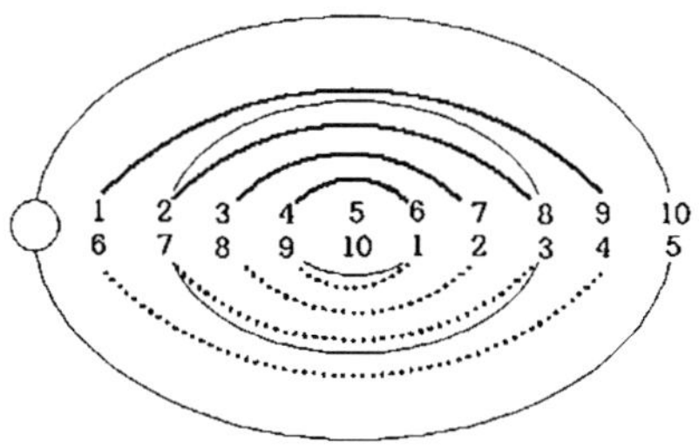


이를 관하건대 波長파장의 圓相원상이 비록 百萬億백만억 圓相원상에 나아감이 있으나 極圖극도와 河圖하도와 洛書낙서의 法相법상에서 벗어남이 없는 것이다.

圓象場海圖원상장해도의 해설을 마치다.

## 4. 十五模型圖십오모형도

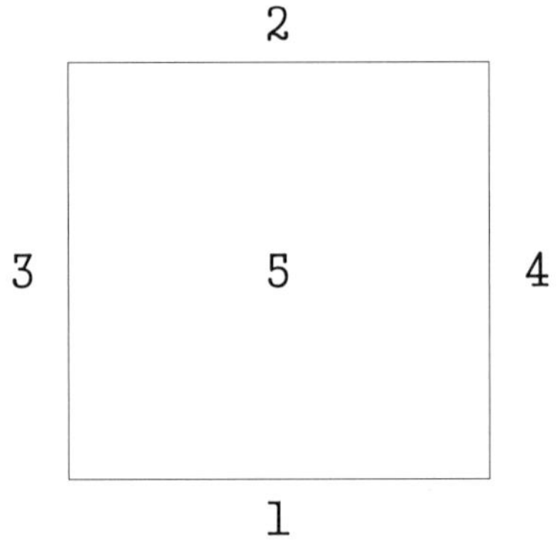

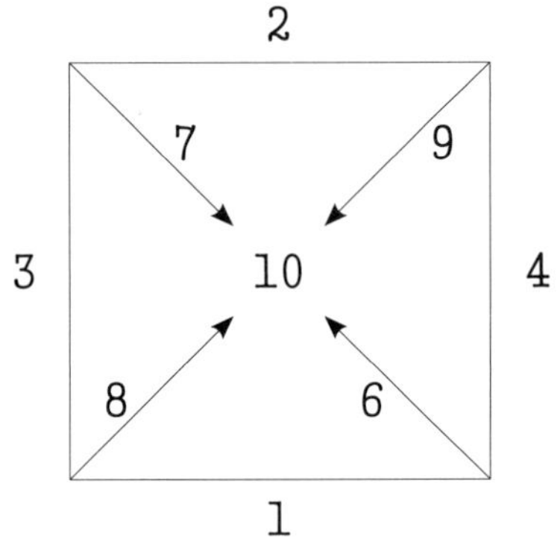

四象사상의 4方방을 成성함에 中중은 空虛공허한 相상이니 곧 中宮중궁 5의 空相공상이다.

1 2 3 4가 각각 中宮중궁 5의 空相공상을 得득하고 反반하여 휘어짐에 6 7 8 9가 되어서 中중의 根本근본 1点점으로 歸귀함은 理致이치의 自然자연함이니 곧 中位중위 10의 1点점이다.

故고로 5와 10은 中宮중궁의 中位중위에서 合합하여 하나가 된다.

宅택의 中중이 空공함을 中宮중궁이라 하고 線선과 線선의 交叉교차된 合點합점을 中位중위라 한다.

四象사상의 4方방을 成성했다는 것은 이미 天地천지의 體체와 用용을 모두 成성했다는 것이니, 1을 分분하여 4方방을 세우며 4方방을 合합하여 10에 歸귀한다.

中중5의 空相공상은 1 2 3 4가 合一합일된 1象상의 10이 아니면 나타낼 수 없고, 中1点중일점의 10은 中중5의 空相공상이 아니면 能存능존치 못할 것이니, 이르되 十五一言십오일언이라 한다.

**〈十五模型圖 要約〉**

1234 四方成 ⇒ 中虛 ⇒ 中5空相
1234 + 中5 ⇒ 反影 ⇒ 6789
根本1点歸 ⇒ 中位10의 1点
5中宮 = 10中位
中5空 : 中位10点의 존재 근거
中位10点 : 中5空의 인식 근거

十五模型圖십오모형도의 해설을 마치다.

제4장

# 正易眞經정역진경 註解주해

# 1. 解義해의

正정을 正정이라 執집하면 이미 正정이 아니요 偏편이 偏편인 줄 알면 이미 偏편이 아니니, 이렇듯 본래 正정과 偏편이 둘이 아닌 줄 알아서 雙쌍으로 비추고 雙쌍으로 잊되 偏편은 그대로 偏편이요 正정은 그대로 正정인 줄 알면, 이것을 이르되 眞진이라 한다.

본래 이름은 正理玄玄眞經정리현현진경[1]이니 正理玄玄정리현현이 곧 眞진인 고로 줄여서 正易眞經정역진경이라 이름 한다.

正易眞經정역진경 內내에 素陽四象八卦次序소양사상팔괘차서는 正易一夫八卦정역일부팔괘의 나타난 緣由연유를 밝힌 것이요, 極圖극도는 河하와 洛낙의 天地천지를 承승하여 人인의 道도를 밝힌 것이요, 三極海印圖삼극해인도와 圓象場海圖원상장해도는 河圖하도 洛書낙서 極圖극도와 모든 卦象괘상과 爻효와 數수의 理致이치를 綜合종합하여 幾何學的기하학적 模型모형으로 나타낸 것이다.

"至人無己지인무기요 神人無功신인무공이며 聖人無名성인무명[2]이로되,

나(吾)는 깨침도 없고 닦음도 없으니 臨濟임제의 방망이 또한 한낱 舞臺무대 위의 歌姬가희로다."

戊戌年무술년 壬戌月임술월 甲申갑신에 素陽소양 識식.

1 正易 九九吟 참조
2 壯子 內篇 逍遙遊 참조

# 2. 要約요약

약 200년 전 우리나라의 대철학자이며 사상가이신 김일부金一夫 선생께서 저술하신 정역正易은 동양학 고금을 통해 참다운 근본 성품性品과 그 운행運行의 묘妙를 숫자로써 밝혀 놓은 이론이다. 정역진경正易眞經은 모든 철학, 사상, 종교 심지어는 물리학적인 영역까지 총망라해서 아주 간명簡明하고 간이簡易하게 그 이치를 밝힌 것이니, 옛 선현先賢들도 여기에는 도달치 못한 새로운 혁신적인 이론이므로 앞으로의 세계는 이러한 전혀 예상치 못한 새로운 사상을 바탕으로 움직여 갈 것임을 나는 확신한다.

만물의 모양을 숫자로써 가장 잘 표현한 숫자는 아라비아 숫자라고 생각한다. 때문에 앞으로의 모든 상象과 수數의 숫자개념을 이 상형象形숫자를 이용해 논論하여 가도록 하겠다.

역경易經을 이해하는 데는 먼저 양陽과 음陰의 개념부터 확실하고 정확하게 알아야 할 것이다. 고로 이것부터 논論한다.

역경易經에 양효陽爻(—)는 그 상象이 일자一字모양의 횡橫으로 그어진 또한 하나로 이어진 1선線의 상象이다. 이것을 종縱으로 세우면 1이라는 숫자의 모양이 될 것이다.

음효陰爻(--)는 둘로 갈라진 분리된 모양이다. 분리된 모양은 1선線이 분절되어 끊어진 상相의 공空과 이어진 상相의 유有가 동시에 존재하는 둥근 선線의 모양이므로 이것은 0이라는 모양의 숫자가 될 것이다. 이것은 외곽에 이어진 둥근 선線과 가운데 비워져 있는 공간의 둘로 나누어진 상象이므로 이것을 모방하여 숫자로써 0이라 표현한 것이다.

그러므로 역경易經의 모든 양효陽爻는 1상象이며 음효陰爻는 0상象이라 할 수 있다.

이러한 1과 0은 동시성同時性이라 할 수 있는데 예를 들어 여기에 아직 아무것도 그려지지 않은 하얀 백지가 있다. 이 하얀 백지로만은 이게 백지인지 무언지 아무 의미가 없다가 드디어 이 백지에 그림을 그리려고 최초의 한 점點을 찍는 순간 비로소 하얀 백지의 상象도 동시에 나타나게 된다. 이렇듯 최초의 한 점點을 찍을 수 있었다는 것은 이미 백지라는 상象이 존재했었기 때문이고 이 백지가 존재했었다는 것을 아는 것은 최초의 한 점點을 찍음으로 인해 알게 된 것이기 때문에, 이것은 최초의 1점點인 1상象과 백지인 0상象이 시작과 동시에 함께 나타나게 된 것이므로 최초의 1상象과 0상象은 하나로되 둘이요 둘이로되 하나라 할 수 있는 것이다. 고로 1상의 근根은 0이요 0상의 근根은 1인 것이니 1은 0상을 포包한 1이요 0은 1상을 함含한 0이라, 이것을 역경易經에서는 태극太極이라 하였다.

이렇듯 양陽과 음陰인 1과 0이 이미 존재한 것이라면 1은 0으로 향하고 0은 1로 향하는 상相이 그중에 자연히 있어서 그 사이에 상대적 대칭의 개념인 선線의 개념이 나타난다. 이러한 선線의 개념은 이미 1이 0을 싸고 0은 1을 머금은 포함상包含象이 될 것이므로, 이에 1과 0을 동시성同時性이라 하여 1과 0이 동시에 존재하는 10이라는 숫자의 모양을 세워서 우주 전체의 모양을 표현한 것이다. 이를 관하건대 우주는 다만 모두 1과 0으로 이루어져 있으며 이러한 1선線과 10은 같다고 할 수 있다. 1선線과 10이 같다는 의미는 우주가 최초로 시작될 때 이미 우주는 다 이루어져 있다는 것이다.

여기서 말하는 1과 0은 단순한 숫자만의 의미가 아니다.

이것은 우주 전체가 꽉 차있다는 1상象이라는 것과 우주 전체가 완전히 비어있다는 0象상의 의미인 것이니 곧 건乾의 상象이며 곧 곤坤의 상象이다.

이로써 우주는 꽉 차있다는 건乾을 인식하는 순간 거기엔 이미 0의 개념이 붙어있는 것이고 우주는 완전히 비어 있다는 곤坤을 인식하는 순간 거기엔 이미 1의 개념이 붙어있는 상相인 것이니, 만약에 우리의 이러한 인식의 분별을 모두 놓아 버릴 것 같으면 우주는 그대로 순수한 1상象의 건乾이며 그대로 순수한 0상象의 곤坤인 것이다. 순수한 1상象이란 것은 1에 0이 붙어있지 않음이요 순수한 0상象이란 것은 0에 1이 붙어있지 않은 상象을 말함이니, 이것을 우리는 절대성絶對性의 건곤乾坤이라 한다. 이것은 결국 우리의 인식하는 분별을 모두 놓아버려야만 비로소 상대성이 끊어진 절대성絶對性의 건곤乾坤의 경지에 도달할 수 있다는 것을 뜻한다.

여기서의 1과 0은 단순한 숫자만의 1과 0의 의미가 아니다. 우주전체의 본래 모습인 1상象과 0상象의 의미인 것이니, 이에 1상象과 0상象은 곧 우주의 양陽과 음陰이며 합合과 분分이며, 일어났다 꺼졌다 하는 생生과 멸滅이며, 나아가고 물러서는 진進과 퇴退이며,

펴졌다 굽혔다 하는 신伸과 굴屈이며, 색色과 공空이며, 생生과 사死이며, 천天과 지地이며, 요즘 현대물리학에서 말하는 시時와 공空이며, 또 동動과 정靜이며, 유有와 무無 등등의 일인 것이다.

고로 앞으로는 양효陽爻와 음효陰爻의 상象을 1과 0이라는 숫자로 표현한다.

**〈陽爻와 陰爻〉**

| | |
|---|---|
| **象形숫자** | • 陽爻 : 橫으로 이어진 1線(—)으로 縱으로 세우면 1象<br>• 陰爻 : 분리된 相(--)으로 空과 有가 동시에 존재하는 둥근 線의 0象 |
| **同時性** | • 白紙로 인해 한 點이 존재하고, 한 點으로 인해 白紙 인식<br>• 최초의 1象과 0象은 一而二 二而一인 太極 |
| **包含性** | • 1包0 0含1(1⇄0)의 包含性 1線은 1과 0의 同時性 10과 같음<br>• 우주가 최초로 시작될 때 이미 우주는 다 이루어져 있음 |
| **絶對性** | • 絶對性 乾坤 : 全一한 純粹 1象의 乾, 全虛한 純粹 0象의 坤<br>• 認識 分別을 놓아 버려야 相對性이 끊어진 乾坤 경지에 도달 |

| 1象 | 陽 | 合 | 生 | 進 | 伸 | 色 | 生 | 天 | 時 | 動 | 有 |
|---|---|---|---|---|---|---|---|---|---|---|---|
| 0象 | 陰 | 分 | 滅 | 退 | 屈 | 空 | 死 | 地 | 空 | 靜 | 無 |

정역正易을 정역진경正易眞經이라고 이름 한 것은 정역正易 본문 중에 구구음九九吟의 장章에 정리현현진경正理玄玄眞經이라 하였으니, 이 정리현현正理玄玄이라는 말이 곧 진眞이므로 줄여서 정역진경正易眞經이라 이름 한 것이다. 직역하면 올바른 이치는 현현玄玄하다는 것이다.

현현玄玄이 올바른 이치라는 것은

정리현현正理玄玄의 정正은 바를 정正자인데, 이 정正을 정正이라고 고집하면 이미 정正이 아니며 편偏이 편偏인 줄을 알면 이미 편偏이 아닌 것이니, 정正을 정正이라 하여 고집하면 이미 정正이 아닌 편偏이며 편偏이 편偏인 줄 알아 그것을 고쳐 나가면 이미 그것은 정正인 것이므로, 본래 이 둘은 둘인 동시에 둘이 아니라는 것이다.

이렇듯 본래 정正과 편偏이 둘이 아닌 줄 알아서 정正과 편偏을 쌍雙으로 비추고(雙照) 쌍雙으로 잊어버리면(雙忘), 편偏은 그대로 편偏이요 정正은 그대로 정正인 것이니 이것이 곧 현현玄玄의 의義인 것이다. 고로 이러한 현현玄玄이 곧 진眞이므로 이로써 정역진경正易眞經이라 이름 한다.

정역진경正易眞經은 크게 두 문단으로 나뉜다.

그 하나는 십오일언十五一言이며 또 하나는 십일일언十一一言이다.

십오일언十五一言은 천지天地와 내가 동체同體이며 객체와 주체가 같다는 것을 상象과 숫자로 나타낸다.

십일일언十一一言은 이미 우주전체가 하나인 이것이 곧 1이며 만물이 이곳에 종終함과 동시에 이곳에 다시 시작해 만물의 작용이 바르게 된다는 것을 나타낸다.

이를 관觀하건대 우주의 시작은 이미 우주가 다 완성된 한 점點으로부터 시작된 것이며 이것이 우주의 기원이 된다는 것을 뜻한다.

한 점點이 찍히기 이전의 우주는 순수한 0과 순수한 1일뿐이라 막막莫莫하여 그 상象을 찾아 볼 수 없더니, 드디어 최초의 분별이 일어나 한 점點을 찍음에 1과 0의 상象이 동시에 나타나고 이에 1상象과 0상象인 천지天地가 합하여 나라는 주체主體가 만들어지며, 이에 나라는 주관적 개념은 이미 천지天地의 1과 0이 합하여 나타난 상象이라 1과 0, 0과 1을 동시에 갖춘 상象이 되어서 이로 인해 문득 사상四象의 상象이 나타나 그 위치를 정함에, 순수한 1상象은 제1위요 1,0의 상象은 제2위요 0,1의 상象은 제3위요 순수한 0상象은 제4위가 되어서 드디어 사방의 개념을 이룬다.

이로써 제1위의 순수한 1상象과 제4위의 순수한 0상象인 천天1과 지地4가 합해 나라는 주체主體를 5라 한 것이니 이것을 천지天地의 중中이라 하여 거중5居中五라고 한 것이다.

나라는 중中5의 관찰자가 1상象의 천天을 관함에 둘을 하나로 합쳐서 순수한 1상象으로 돌아오는 상相이라 3합合하는 상相이 있고, 지地의 0상象을 관함에 지地는 하나를 둘로 분리해 가는 상相이라 2분分하는 상相이 있어서, 이로써 3합合하는 상相을 0,1로 하고 2분分하는 상相을 1,0으로 하여 0,1은 천天의 씀씀이 즉 천天의 용用이라 하고 1,0은 지地의 씀씀이 즉 지地의 용用이라 해서, 사상四象의 위位에 1로써 천天의 체體를 삼고, 4로써 지地의 체體를 삼으며, 3으로써 천天의 용用을 삼고, 2로써 지地의 용用을 삼는 것이다. 이로써 천지天地의 체體인 1과 4를 합함에 5이며 천지天地의 용用인 3과 2를 합함에 또한 5인 것이니 이렇듯 천지天地의 체體와 용用이 각각 나라는 5의 숫자와 다르지 않은 하나인지라 이르되 "十五一言십오일언"이라 하는 것이다. 천지체용天地體用은 1,4와 2,3이니 합하면 10이라 우주전체의 객관적 상象이며, 나라는 것은 천지의 체體와 용用을 판별해 천지天地가 천지天地라는 노릇을 하게 하는 주관적 상象의 숫자인 5라, 비록 주관적 관찰자인 5와 객관적 우주의 10은 확연히 다름이로되 이 둘은 천지天地의 체體와 용用의 상象과 수數에서 같음이 되는지라, 이로써 "十五一言십오일언"이라 한 것이니 이것은 우주와 내가 동체同體요 하나라는 것을 의미한다.

이로써 관하건대 일대 고금古今을 통하여 그동안의 선현先賢과 철학자 이론가 종교인 등등이 비록 수많은 이론과 말로써 우주와 내가 동체同體라는 것을 논論함이 있었으나, 이렇듯 숫자로써 간단명료하고 확실하게 밝힌 것은 오직 일부一夫이시니 옛 선현先賢들이 미처 생각지 못하고 이르지 못한 위대한 상수학적象數學的 이론이라 할 수 있다.

최초의 한 점點을 찍음에 음양陰陽과 사상四象이 동시에 나타난다. 사상四象은 우주 천지天地의 체體와 용用이다. 합하면 10이니 10은 곧 우주 전체의 합일合一된 수數다.

한 점點을 찍음과 동시에 바로 우주 전체인 것이니 이것을 "十一一言십일일언"이라 한다.

이를 관하건대 우주는 시작과 동시에 이미 다 이루어진 것이며 다 이루어진 이곳으로부터 다시 시작된다는 것을 알 수 있다. 고로 최초 우주의 시작은 어느 한곳에서 한 점點이 폭발해 시작되어 차제대로 우주가 생성된 것이 아니니다.

이미 다 이루어진 10과 최초의 1점點이 이렇듯 동시이며 같은 것이니 종終과 시始가 같으며 시始와 종終이 동시인지라 또한 이르되 "十一一言십일일언"이라 한다.

10을 수數함과 동시에 곧 1이니 굴신지도屈伸之道라 하고 이에 굴신屈伸의 도道는 곧 파장波長의 상相과 같아서 비록 제 자리에서 굴신屈伸할 뿐이로되 그 파장波長은 무한히 펴져 나감이 있다. 고로 무한하고 광활한 우주는 다만 최초 한 점點의 파동波動과 파장波長일 뿐이며 그러나 최초의 한 점點은 제 자리에서 굴신屈伸할 뿐이니 본래 가고 옴이 없다.

비유컨대 잔잔한 연못이나 물가에 돌을 하나 던지고 그 수면 위에 나뭇잎을 하나 띄우면 물의 파동波動은 무한히 퍼지지만 나뭇잎은 제자리에서 상하운동만 한다는 것을 알 수가 있다. 이에 연못의 물은 10이며 던진 돌은 10을 수數한 1을 비유한다.

십오일언十五一言과 십일일언十一一言의 논論을 간략히 마친다.

# 3. 大易序대역서

다음의 대역서大易序는 일부一夫선생의 친필이신지라 가히 쉽게 가벼이 못하므로 소양素陽의 원문해설을 그대로 옮긴다.

**聖哉성재 易之爲易역지위역 易者曆也역자력야 无曆无聖무력무성 无聖无易무성무역 是故시고 初初之易초초지역 來來之易래래지역 所以作也소이작야**

聖성스럽도다 易역의 易역됨이여 易者역자는 曆력이니 曆력이 없으면 聖人성인도 없음이요 聖人성인이 없으면 易역도 없음이니 이런 故고로 初初초초의 易역과 來來래래의 易역이 이로써 지어진 바니라.

易역은 日일과 月월의 合字합자이니 日일과 月월이 天地천지에 運行운행하여 天地천지의 度數도수를 生생할 새 易者曆也역자력야라 한다. 日月일월은 곧 時空시공의 宜의이니 時空시공이 없으면 人인도 存在존재할 수 없고 人인이 없으면 時空시공도 다만 空殼공각일 뿐이라, 故고로 現在현재의 一念일념인 人인을 세움에 過去과거의 易역인 初初초초의 易역과 未來미래의 易역인 來來래래의 易역이 同時동시에 나타나는 것이니, 過去과거 現在현재 未來미래가 同時동시에 나타난 故고로 이르되 "初初之易초초지역 來來之易래래지역 所以作也소이작야"라 한다.

**夫子親筆吾己藏부자친필오기장 道通天地无形外도통천지무형외**

夫子공부자의 親筆친필을 내 몸에 藏장하니 道도가 天地천지 无形무형의 밖에 通통하도다.

孔夫子공부자께서 體得체득하시고 親친히 쓰신 聖道성도의 理致이치를 一夫일부선생이 心심과 身신에 직접 맛을 보아 깨쳐 간직하고 그대로 修行수행하여 聖道성도를 다 이루니 그 道도가 天地無形천지무형의 밖에 通통한 것이라 하였다.

天地천지는 有形유형이요 無形무형은 天地천지의 氣기이니 모두 이 生滅相생멸상인 有爲法

유위법이라, 一夫일부가 能능히 生滅생멸이 滅멸한 境地경지에 通통하여 達달하시니 故고로 이르되 "道通天地无形外도통천지무형외"라 하였다.

**伏羲粗劃복희조획 文王巧문왕교 天地傾危천지경위 二千八百年이천팔백년**

伏羲복희가 劃획을 粗조하시고 文王문왕이 巧교하시니 天地傾危천지경위 二千八百年이천팔백년이로다.

粗조는 組也조야다. 劃화의 音음은 획이다. 巧교는 交也교야다.

伏羲氏복희씨가 龍圖용도를 觀관하고 象상하여 劃획을 그으시니 곧 伏羲八卦복희팔괘다. 後후에 文王문왕이 龜書귀서를 觀관하고 象상하여 그 數수와 象상에 이미 交易교역의 理致이치가 있음을 看破간파하시고 이에 또한 卦괘의 相交상교를 나타내시니 故고로 이르시되 "伏羲粗劃복희조획 文王巧문왕교"라 하였다. 河圖하도의 55數수와 洛書낙서의 45數수를 合합함에 100이 되고 이 100數수에 28宿수 乾坤건곤의 位위가 모두 成성하여 今금에 이르러 비로소 天地천지가 正位정위하니, 故고로 이르되 "天地傾危천지경위 二千八百年이천팔백년"이라 하였다.

**嗚呼聖哉오호성재 夫子之聖乎부자지성호 知天之聖聖也지천지성성야 樂天之聖聖也락천지성성야 親天之聖친천지성 其惟夫子之聖乎기유부자지성호**

嗚呼오호라 聖성스럽도다 夫子부자의 聖人성인이시여 天천을 아는 聖人성인도 聖人성인이시고 天천을 즐기는 聖人성인도 聖人성인이시나 天천에 親附친부한 聖人성인은 그 오직 夫子聖人부자성인이신저.

天천의 理致이치를 알면 자연히 地지의 理致이치에도 通達통달한다. 天천의 理致이치를 앎을 知天지천이라 하고, 天천의 理致이치를 알아서 그대로 실천함을 樂天낙천이라 하며, 天천의 理致이치를 그대로 體得체득하여 達달함을 親天친천이라 한다. 이곳에 이르러 一夫일부께서 그 오직 孔夫子공부자만이 親天之聖친천지성이라 하시니, 一夫일부선생의 元祖원조 스승이신 孔夫子공부자에 대한 恭敬공경과 孝心효심이 至極지극하신 것이다.

**洞觀天地无形之景**통관천지무형지경 **一夫能之**일부능지 **方達天地有形之理**방달천지유형지리 **夫子先之**부자선지 **嗚呼聖哉**오호성재 **夫子之聖乎**부자지성호 **文學宗長**문학종장 **孔丘是也**공구시야 **治政宗長**치정종장 **孟軻是也**맹가시야 **嗚呼**오호 **兩夫子**양부자 **萬古聖人也**만고성인야

天地无形천지무형의 境地경지를 洞達통달해 觀徹관철함은 一夫일부가 能능히 하였고 天地有形천지유형의 理致이치를 모두 洞達통달함은 夫子부자가 먼저 하시니 嗚呼오호라 聖성스럽도다 夫子聖人부자성인이시여 文學문학의 宗長종장은 孔丘공구가 이분이시고 治政치정의 宗長종장은 孟軻맹가가 이분이시니 嗚呼오호라 두 夫子부자시여 萬古만고의 聖人성인이신저.

宇宙우주 萬物만물의 根本근본과 理致이치를 밝힘에 더 이상 배우고 밝힐게 없음을 文學宗長문학종장이라 하고, 이러한 理致이치를 行행함에 더 이상 더할게 없음을 治政宗長치정종장이라 한다. 故고로 萬古聖人만고성인이라 하였다. 萬古聖人만고성인이라는 것은 性品성품을 達달하여 時시의 흐름과 生死생사에 끄달림이 없어서 恒常항상한 性品성품에 住주하여 世間세간을 弘益홍익하되, 그러나 變변하고 滅멸함이 없는 無爲境地무위경지의 聖人성인을 말한다.

大易序대역서는 이미 마치다.

# 4. 十五一言십오일언

천지天地의 체體인 1과 4가 합하여 주체主體인 인人5를 생하고 이에 인人5는 2와 3에 지천地天의 용用을 발현해 천지체용天地體用의 합수合數인 10객관客觀과 더불어 하나가 되므로, 이것을 십오일언十五一言이라 한다.

〈十五一言〉

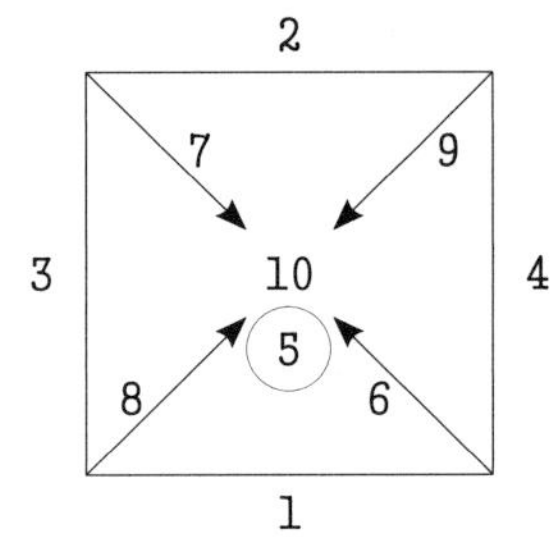


5는 4방의 중中이니 4방의 1 2 3 4가 각각 중中5에 반영해 6 7 8 9의 영影을 발현하고 다시 중中의 한 점點으로 귀歸함에 곧 위位의 10인지라, 4방에 중中의 공空은 곧 5의 위位이며 4방 대칭의 교차된 중궁中宮의 한 점點은 곧 10의 위位인 것이니, 중궁中宮의 중위中位에서 10과 5가 하나가 되는지라, 이것을 또한 십오일언十五一言이라 한다. 이를 관觀하건대 십오일언十五一言은 우주의 구조체構造體가 주主와 객客이 동체同體이며 하나라는 것을 밝힌다.

십오일언十五一言을 선線과 방方과 점点으로써 관觀하여 논論하면 다음과 같다.

| | 十五一言십오일언 | | | 十一一言십일일언 | |
|---|---|---|---|---|---|
| 1線은 | 2方이니 | 二一一言이요 | 2方의 中은 | 3인 一点이니 | 三一一言이다. |
| 2線은 | 4方이니 | 四二一言이요 | 4方의 中은 | 5인 一点이니 | 五一一言이다. |
| 3線은 | 6方이니 | 六三一言이요 | 6方의 中은 | 7인 一点이니 | 七一一言이다. |
| 4線은 | 8方이니 | 八四一言이요 | 8方의 中은 | 9인 一点이니 | 九一一言이다. |
| 5線은 | 10方이니 | 十五一言이요 | 10方의 中은 | 11인 一点이니 | 十一一言이다. |

**嗚呼오호라 班固化반고화하심에 天皇无爲천황무위시고 地皇載德지황재덕하시니 人皇作인황작이로다.**

오호라 반고班固가 화化함에 천황天皇은 무위无爲시고 지황地皇은 재덕載德하시니 인황人皇이 작作하도다.

반고班固는 원원元元의 상象이다.

원원元元에 앞의 원元은 순수한 1상과 순수한 0상을 의미하고 이에 무대칭無對稱이며 무상대無相對인 절대絶對의 성품을 말하며, 뒤의 원元은 1이 0을 포하고 0이 1을 머금은 상대적 성품을 가리킨다. 이러한 절대의 성품은 상대성의 성품을 인하여 비로소 존재한다는 개념이 입立한 것이니 이미 상대적 대칭의 상象이 포함된 성품인 것이다. 그러므로 절대성이 아니면 상대성이 나올 수 없고 상대성이 아니면 절대성을 밝히지도 못할 것이니 이것을 반고班固가 화化한다고 하는 것이다. 이것을 소양素陽은 이렇게 해설한다.

"班固반고는 元元원원이니 宇宙萬物우주만물이 生생하고 滅멸하는 以前이전의 時시이며 곧 一念不生일념불생의 時시이니 본래 名명을 할 수가 없음으로써 名명한 것이다. 천지유형天地有形의 리理도 아니며 天地無形천지무형의 境경도 아니니 可가히 分疏분소할래야 下하하지 못하며 可가히 見견할래야 볼 수도 없음이니, 一切일체를 含함하고 包포하되 그 相상이 없으며 그 相상이 없으되 能능히 化화하는지라, 思사와 口구로써 能능히 達달하지 못하며 그 體체를 立입할 수도 없나니 이르되 班固化반고화라 한다."

반고班固가 명明함에 화化하고 화化함에 동動하는지라 이것을 천天이라 하고, 화化하여 동動함에 이미 양분兩分의 의義가 그중에 존재하므로 이르되 지地라 하며, 이에 동動의 1상과 양분兩分의 0상을 동시에 갖추어 지어 감을 인人이라 한다. 이렇듯 우주만물은 3재才를 갖추어야 그 체體와 용用이 능히 운행되므로 천지인天地人 3재才는 우주만물의 근본구조가 된다.

천지인天地人을 하나로 꿰고 이러히 하나로 관통해 통달했다는 상相마저 두지 않음을 황皇이라 한다. 천지인天地人이 하나인지라 서로 같아서 천天도 1이요, 지地도 1이며, 인人도 1인 것이니, 비록 화化하여 분分함이 있으나 항상 하나인 근본을 여의지 않으므로 천지만물에 이보다 더 존귀함이 없을새, 천지인天地人 각각이 모두 이 황皇의 체體가 되는지라 고로 천황天皇 지황地皇 인황人皇이라 이름 한 것이다.

황皇은 왕王과 백白의 합자合字다.

왕王이란 것은 천지인天地人을 하나로 관통하여 오직 1임을 체달한 자를 말하며, 백白이란 것은 천지인天地人 이전의 소식이니 천지인天地人을 하나로 꿰뚫어 통달했다는 상相마저 놓아 일체 만물의 상相과 정구淨垢에 물듦이 없음을 백白이라 한다. 이것은 천지인天地人을 하나로 꿰어 통달함과 동시에 그 도道는 천지天地의 유형有形과 무형無形의 경지 밖에 통通했다는 것이니 이것을 황皇이라 한다.

천황天皇은 1상에 아직 0이 붙어있지 않은 순수한 1상이다. 순수한 1상이므로 그 자체만으로는 방향과 위치의 의미가 없어서 능히 계량할 수 없으며 계측할 수가 없음에 무위無爲라 하고, 일체 행行과 위位에 그 상相과 자취의 적跡이 없으므로 이것을 천황무위天皇无爲라 한다.

지황地皇은 이러한 순수한 1상이 0상을 인해 최초로 동動한 선線의 상하개념이니, 상하개념이라면 이미 양분兩分의 상相이 있어서 최초 방향의 개념이 서게 되고, 이로부터 계속 분리해 나가 일체의 상相을 형성하며 일체 유위有爲의 사물을 싣고 자양滋養함이라 이것을 지황재덕地皇載德이라 한다.

인황人皇은 천지天地의 이러함을 관觀하여 포包하고 함含해서 능히 쌍雙으로 비추어 운행하고 지어 가는지라, 비로소 천지天地의 천지天地라는 노릇을 하게 함이니 이것을 인황작人皇作이라 한다.

이것은 원원元元이 천지인天地人의 3에 분分하여 능히 3재才의 의義를 세운 것이다.

有巢旣巢유소기소하시고 燧人乃燧수인내수로다.

神哉伏義劃結신재복희획결하시고 聖哉神農耕市성재신농병시로다.

黃帝甲子星斗황제갑자성두요 神堯日月甲辰신요일월갑진이시라

帝舜七政玉衡제순칠정옥형이요 大禹九疇玄龜대우구주현귀로다.

殷廟可以觀德은묘가이관덕이요 箕聖乃聖기성내성이시니

周德在玆주덕재자하야 二南七月이남칠월이로다.

麟兮我聖린혜아성이여 乾坤中立건곤중립하사

上律下襲상율하습하시니 襲于今日습우금일이로다.

유소기소有巢旣巢하시고 수인내수燧人乃燧로다.

신재神哉라 복희伏義가 획결劃結하시고 성재聖哉라 신농神農은 병시耕市로다.

황제黃帝는 갑자甲子로 성두星斗요 신요神堯는 일월日月에 갑진甲辰이시라

제순帝舜은 칠정옥형七政玉衡이요 대우大禹는 구주현귀九疇玄龜로다.

은묘殷廟에 가可히 관덕觀德이요 기성箕聖도 내성乃聖이시니

주덕周德이 재자在玆하야 이남칠월二南七月이로다.

린혜아성麟兮我聖이여 건곤乾坤에 중립中立하사

상율하습上律下襲하시니 습우금일襲于今日이로다.

이것은 일부一夫께서 15성인聖人을 들어서 써 그 역易의 내력來歷을 밝히신 것이다.

비록 하나하나의 성인聖人들의 내력來歷과 업적이 있으나 여기서는 일부一夫께서 말씀하시고자 하는 요지의 이치만을 논論하도록 한다.

일부一夫께서 15성인聖人을 들어서 써 그 역易의 내력來歷을 밝히신 것은 1태太로부터 2음양陰陽 4사상四象하여 8괘卦를 성함에 그 위位의 수數를 모두 합하면 15가 되어서 내괘內卦의 성함이 된지라, 이에 공부자孔夫子께서 15의 위位에 당하여 위로는 8괘의 생성의 법칙에 율律하시고 아래로는 15를 체體로 한 11의 용정用政이 마땅히 출현됨을 습襲하심

이니, 일부一夫가 이에 능히 그 법을 받아서 지금의 역수曆數가 금일今日에 당當함을 관하시고 이에 일부정역팔괘一夫正易八卦를 발명하신 것이다.

이상의 15성인聖人의 행적行蹟과 내력來歷은 상고上古의 유가경서儒家經書에 모두 나타나 있으니 그 완미玩味를 얻고자 할진대 마땅히 일체 경서經書를 차분히 섭렵涉獵하여 갈 것이로되, 그러나 일부一夫께서 밝히시고자 하는 이치는 여기에서 벗어나지 않음을 알지로다.

**嗚呼오호라 今日今日금일금일이여 六十三육십삼 七十二칠십이 八十一팔십일은 一乎一夫일호일부로다**

오호嗚呼라 금일금일今日今日이여 63 72 81은 일호일부一乎一夫로다.

모든 만물의 운행과 움직임은 다만 현재 현재일 뿐이니 현재 현재가 쌓여 금일今日에 이르러 본원本元의 하나로 귀결歸結함에 일호일부一乎一夫라 한다.

순수한 1상은 괘卦의 상象으로 건괘乾卦의 상象이다.

건괘乾卦는 삼효三爻 삼재三才의 위位가 모두 순수한 양陽의 상象이니, 이것은 아직 공간空間 상上에 이동이 전혀 없는 무동無動 무위無爲의 경지라, 1상에 아직 0상이 붙어있지 않은 순수한 1상이며 전체가 다 차있는 절대성絶對性이다. 절대성絶對性은 일체 모든 대대對對의 상相이 끊어진 성품이다.

이러한 절대성絶對性은 무동無動 무위無爲이며 우주만물의 근원이니 이것을 인식하여 분별하려 함에 0상이라는 공간의 개념이 나타나게 되고, 이로부터 1상의 시時가 0상의 공空에 움직여가서 온갖 분별상分別相인 만물의 형상形象을 이루게 된다.

순수한 1상을 순수한 1상이라고 인식함은 인식하는 자체가 이미 0상인 것이니, 0상은 비어있는 상相이라 이로써 순양純陽이 비로소 음陰에 소消하여 비워가는 상相이 나타난다.

음陰에 소消하여 비워가는 상相의 괘卦는 태리손兌離巽의 괘이니 이것을 천지天地의 분分이라 한다. 이것은 사상분체四象分體의 설說에 이르러 다시 상세히 하리라.

순수한 0상을 순수한 0상이라고 분별하고 인식하려면 인식하는 자체가 이미 1상이라야 능能할 것이니, 1상은 차있는 상相이라 이로써 순음純陰이 비로소 양陽을 잉孕하여 채워가는 상相이 나타난다.

양陽을 잉孕하여 채워가는 상相의 괘卦는 간감진艮坎震의 괘이니 이것을 지천地天의 합도合道라 한다. 이것 또한 사상분체四象分體의 설說에 이르러 다시 상세히 하리라.

만물의 운행이 이러히 제3위位에 변화가 되는 것은 만물은 삼재三才를 갖춘 연후에야 비로소 그 운행의 묘妙를 발휘하는 연고이니, 천지天地가 인人이 아니면 공각空殼에 불과하고 인人이 천지天地가 아니면 능히 존재치 못하는지라, 고로 천지인天地人 삼재三才 중에 하나만 빠져 있어도 만물은 성립되지 못하며 능히 운행되지도 못한다.

이로써 3위位의 변화를 차례대로 하여 획劃을 그음에 여덟 가지 상象이 나타나고 이것을 복희씨伏羲氏가 법法하여 8괘卦를 그리시니, 이 8괘卦 중에 건乾과 곤坤은 부모父母가 되고 나머지 여섯 개의 괘상卦象은 건乾과 곤坤을 체體로 하여 나타난 6자子의 괘卦가 된다.

이러한 변화의 과정을 차제로 배열하면 그 위位의 순서가 1건乾 2태兌 3리離 4진震 5손巽 6곤坤 7간艮 8감坎 9손巽 10진震 1건乾이 된다.

일부一夫께서 만물의 운행이 1이 0이 되는 과정에 즉 천天이 지地에 분리되는 과정에 2 3 4의 위位가 나타나고, 또 0이 1이 되는 과정에 즉 지地가 천天에 응應하여 합하여 가는 과정에 7 8 9의 위位가 나타남을 관觀하시고, 선천의 2 3 4위位를 합한 9를 차례대로 후천의 7 8 9위位에 승乘하여 63 72 81의 수數를 얻어 합하여 가서 216의 순수한 1상의 건乾이 일원수一元數가 됨을 밝히시니, 이를 관觀하건대 만물은 결국 본원本原의 하나로 귀결歸結해 다시 시작됨이라 드디어 이르시되 "一乎一夫일호일부"라 하신 것이다.

〈一元推衍數〉

| 1 | 2 | 3 | 4 | 5 | 6 | 7 | 8 | 9 | 10 | 1 |
|---|---|---|---|---|---|---|---|---|---|---|
| 乾 | 兌 | 離 | 震 | 巽 | 坤 | 艮 | 坎 | 巽 | 震 | 乾 |
| ☰ | ☱ | ☲ | ☳ | ☴ | ☷ | ☶ | ☵ | ☴ | ☳ | ☰ |
| | 1 ⇒ 0 天地分 | | | | | 0 ⇒ 1 地天合 | | | | |

(2+3+4) × (7+8+9) = 63+72+81 = 216

일호一乎라는 것은 만물이 하나인 1이며 일부一夫라는 것은 10이니 이미 만물의 운행과정을 지나 합하여 하나가 된 순수한 1상의 10이다. 이것은 우주의 천지체용天地體用인 1 2 3 4를 다 합하면 10에 하나가 되어서 전체가 곧 하나이며 하나가 곧 전체임을 가리킨다. 고로 10은 1상과 0상이 분명 둘이로되 동시에 존재하는 불이不二의 상象이다.

전일全一한 천天의 1상이 비로소 지地의 공간상인 0상에 분절됨으로 인해 드디어 시간이 나뉘어져 간다는 개념이 생기고 이로써 시간이 간다고 착각하는 상相을 갖는다.

1상이 연속해 쪼개어져서 더 이상 쪼갤 수 없는 분分의 극極에 이르러 5,6위位에 완전한 공간상空間相을 이루니 곧 곤괘坤卦의 상象이다.

이를 관觀하건대 우주는 서로 멀어져 공간이 팽창하는 듯 보이지만 실로 팽창하는 것이 아니요 순수한 1상이 쪼개지고 쪼개져서 점점 더 미세해지므로 상대적으로 공간이 팽창하는 것처럼 보이는 것일 뿐이다.

만물은 일어나면 반드시 꺼지고 꺼지면 반드시 일어난다. 이것은 우리의 생각이 일어나면 꺼지고 꺼지면 다시 일어나며, 태어나면 반드시 죽고 죽으면 다시 태어나며, 생生하면 반드시 멸滅하고 멸滅하면 다시 생生한다는 것이니, 이것을 일음일양지위도一陰一陽之謂道라 하며 굴신지도屈伸之道라 한다. 즉 한번 꺼지고 한번 일어나 가는 길이며 굴신屈伸하여 가는 길이라는 것이다. 이로써 만물은 분分에 극極하면 다시 합合하여 가고 합合에 극極하면 다시 분分하여 간다.

만물이 분分의 극極인 순수한 0상을 이루면 합合의 상象인 1상에 다시 합하여 가서 합合의 극極인 하나라는 상象에 도달하고, 이로 인해 공간이 수축하는 것처럼 보이며 더 이상 합할 수 없는 제10위位에 그 합合의 극極인 건乾의 상象을 이루니, 건乾의 상象은 공간의 의義인 0상이 전혀 붙지 않은 순수한 1상의 절대성인지라 그 상대속도가 0이며 그 질량이 무한한 1이 된다. 상대속도가 0이라면 일체가 정지靜止하며 질량이 무한이면 우주전체의 힘과 같다.

1상의 시간상이 0상의 공간상에 분分하여가는 위位는 2 3 4이니 합하여 9에 극極하며, 0상의 공간상이 1상의 시간상에 응應하여 합하여가는 위位는 7 8 9이니 각각 9에 승乘하여 63 72 81에 다시 하나가 되므로 이것을 일호일부一乎一夫라 한다.

건乾의 상象을 이룬다는 것은 지금의 학설로는 빛과 하나가 된다는 것이니, 건괘乾卦는 순수한 1상이라 0상이 전혀 없으며 이러한 공간상인 0이 전혀 없다면 거리라는 개념이 존재할 수 없으므로 질량과 속도가 무한대인지라 결국 빛과 같다는 것이다.

건乾의 상象은 제10위位이며 하나이니 우주전체 천지의 체體와 용用이 하나로 합쳐진 수數와 상象이므로, 온 우주를 싸고 있는 빛과 같다 하여 건乾의 상象에 도달해 빛과 하나가 된다고 한 것이다. 빛에 입자와 파동이 동시에 존재하는 것은 1과 0이 동시인 연고이니 곧 10의 상象이다.

여기서 합合한다는 의미는 물물物物마다 그 개수를 정해서 그것들이 한데 모여 있는 숫자의 의미이니 요즘 산수의 개념으로는 더하기가 될 것이고, 승乘한다는 것은 물물物物이 한데 모여 있는 수數를 하나의 숫자로 하여 그 대상의 각위에 하나하나마다 이 모여 있는 숫자의 합을 갖추고 있다는 의미이니 요즘 산수의 개념으로는 곱하기가 될 것이다.

금일금일今日今日이라는 것은 오직 현재 현재일 뿐이라는 것이니, 1상의 선線이 0상에 분절하는 현재의 굴신屈伸하는 상相일뿐이라는 뜻이다. 이것이 쌓여 과거가 되며 현재의 굴신屈伸하는 상相을 이끌어 미래를 예측하는 것이니 과거를 보는 것도 현재일 뿐이며 미래를 예측함도 현재일 뿐인 것이다. 고로 이것은 항상 현재의 이 시점에서 일어났다 꺼졌다 하는 굴신屈伸의 상象만 존재한다는 것이요, 이러히 현재의 굴신屈伸하는 상相이 없으면 과거와 미래도 존재할 수 없다는 것을 나타낸다. 지금 나의 한 생각이라는 것도 이와 같아서 당장 현재에 한 생각이 일어났다 꺼졌다하는 이것이 연속해 과거와 미래라는 개념을 만들어낸 것이니, 과거를 연상하는 것도 과거를 연상하는 현재의 생각일 뿐이고 미래를 추측하는 것도 미래를 추측하는 현재의 생각일 뿐이라 이러히 과거와 미래라는 것은 지금 내 한 생각 속에 만들어진 개념에 불과한 것이므로, 만약에 지금 당장 현재의 일어났다 꺼졌다 하는 한 생각이 멸滅해 사라지면 과거와 미래의 개념상도 존재하지 못하여 과거의 모든 행상이 함께 멸滅해 사라지고 미래에 장차 나타날 모든 일들도 현재의 한 생각과 더불어 동시에 모두 사라짐이니, 이것을 불가佛家에서는 심약멸시죄역망心若滅時罪亦亡이라 하여 진참회眞懺悔라 하였다. 법상法相이 이러하여 현재의 일어나는 분별 망상을 소진消盡해 멸滅해서 지금 당장 한 생각을 일으키지 않는다면 이것이 진참회眞懺悔인 것이니, 지금의 당장 일어나는 한 생각을 소진消盡해 멸滅하면 그 동안 지어왔던 악업과 선업들이 일시에 문득 다 녹아 사라질 것이며 나아가 생사生死의 수레바퀴에서도 벗어나게 될 것이다.

고로 금일금일今日今日이란 것은 오직 당장 지금의 한번 일어났다 꺼졌다하는 현재의 일시一時일 뿐임을 가리킨 것이니, 비록 만물이 한번 일어났다 꺼졌다하는 음陰과 양陽의 파동波動으로 인해 사상四象과 팔괘八卦와 육십사괘六十四卦와 내지는 무량수無量數에 나아감이 있으나, 오직 당장 지금의 한번 일어났다 꺼졌다하는 현재의 일시一時일 뿐이라 당금 일념一念이 곧 무량한 시간인 것이니 고로 일념만년一念萬年이요 만년일념萬年一念인 것이다.

이것을 소양素陽은 전에 이렇게 해설하였다.

"一起一滅일기일멸의 連續相연속상을 今日今日금일금일이라 하나니 나의 一念일념은 오직 한번 일어났다 한번 꺼지는 現在현재에만 存在존재한다. 故로 現在현재의 나의 一念일념이 空공하면 現在현재의 相상이 없어서 過去과거와 未來미래의 相상 또한 存在존재할 수 없는지라, 그 習습과 相상이 同時동시에 함께 共滅공멸할 것이니 이것을 이르되 眞懺悔진참회라 한다.

故로 一起一滅일기일멸하여 四象사상 八卦팔괘 六十四卦육십사괘 내지는 無量數劫무량수겁에 나아가도 오직 當今당금 一起一滅일기일멸의 一時일시요 나의 當今一念당금일념이 곧 無量數劫무량수겁인 줄 可히 알지로다.

1과 10은 合합의 極극이니 乾體건체에 두고 5와 6은 分분의 極극이니 坤體곤체에 두어서 그 體체를 삼고, 2 3 4와 7 8 9는 그 用位용위에 두어서 合합하고 乘승하여 온전한 乾體건체로 돌아감을 數수로 表표하되 63 72 81이라 한 것이니, 이른바 一乎일호라는 것은 1이요 一夫일부라는 것은 곧 10을 일컬음이라 이로써 乾體건체의 數수를 삼으니 合하면 216이라 이르되 一元推衍數일원추연수라 한다.

**216 一元推衍數**

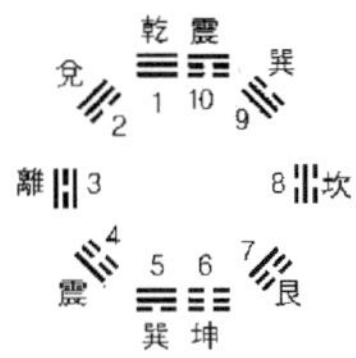


2+3+4=9
9×7=63
9×8=72
9×9=81
63+72+81=216

素陽소양에게 또 다른 一說일설이 있으니 이른바 四象사상 중에 第1位제일위는 太陽태양으로서 純粹순수한 1象상이요 第4位제사위는 太陰태음으로서 純粹순수한 0象상이니, 第1位제일위의 純粹순수한 1象상을 尊空존공하고 2 3 4位위의 合합인 9를 用용하여 7 8 9에 乘승하여 가면 63 72 81이 되어서 合합함에 216의 乾策數건책수를 得득함이요, 다시 第4位제사위의 純粹순수한 0象상을 尊空존공하고 1 2 3位위의 合합인 6을 用용하여 9 8 7에 乘승하여 가면 54 48 42가 되어서 合합함에 144의 坤策數곤책수를 得득함인지라, 이 또한 推算추산하여 감에 다른듯하나 그 뜻은 같음이 되는 緣故연고다."

**〈乾策數와 坤策數 算法〉**

乾策數 : 제1위 존공尊空 2+3+4=9, 9×(7+8+9)=63+72+81=216
坤策數 : 제4위 존공尊空 1+2+3=6, 6×(9+8+7)=54+48+42=144

**擧便거변하면 无極무극이니 十십이니라. 十便십변하면 是太極시태극이니 一일이니라. 一일이 无十무십이면 无體무체요 十십이 无一무일이면 无用무용이니 合합하면 土토라 居中五거중오하니 皇極황극이니라.**

변便을 거擧하면 무극无極이니 십十이니라. 십十을 변便하면 이 태극太極이니 일一이니라. 일一이 십十이 없으면 체體도 없음이요, 십十이 일一이 없으면 용用도 없음이니, 합合하면 토土라 중中에 거居한 오五이니 황극皇極이니라.

모든 만물은 현재 속에서만 존재한다.

과거를 생각하는 것도 현재일 뿐이며 미래를 추측하는 것도 현재일 뿐이니, 과거는 이미 지나간 것이므로 없는 것이며 미래는 아직 오지 않은 것이니 또한 없는 것이다.

금일금일今日今日은 비록 그 시時에 이동移動이 있으나 현재일 뿐이라는 것이니, 이렇듯 금일금일今日今日에 1로부터 10을 모두 성함이 있으나 각각의 위位는 다만 굴신屈伸하는 현재일 뿐이라는 것이다.

1로부터 10을 모두 성한다는 것은 1건乾의 체體가 비로소 소消하여 감에 2태兌 3리離 4진震 5손巽에 6곤坤의 위位와 상象을 이루며, 다시 이것을 체體로 하여 7간艮 8감坎 9손巽 10진震에 1건乾의 위位와 상象을 이룬다는 것이니, 1건乾에 시작하여 1건乾에 종終하고 다시 1건乾에서 시작됨이라 시始와 종終이 같으며 종終과 시始가 같아서 우주의 시始와 종終은 다만 1시時일뿐이라는 것이다.

1이 10을 성하며 10이 1을 성하는지라 일부一夫께서 이렇듯 금일금일今日今日에 1과 10이 모두 성함을 관하시고 이것을 근본으로 하여 다시 삼극三極의 도道를 밝히시는 것이다.

변便은 순수한 1상을 인식認識함에 곧 0상의 인식認識이요 순수한 0상을 인식認識함에 곧 1상의 인식認識이 붙어있는 상相을 말한다.

거擧는 거去이며 멸滅이니 이에 인식認識의 변便을 거去하여 멸滅하면 곧 순수한 절대성인 1상이거나 순수한 절대성인 0상일 것이므로, 고로 이르시되 "便변을 擧거하면 곧 순수한 1상과 0상의 无極象무극상인 10이다"라고 하였다. 절대성絶對性이란 것은 일체 상대성이 끊어진 자리를 말한다. 이에 다시 10을 인식認識하는 순간을 십변十便이라 하고 이것이 곧 태극의 상象이니 이로부터 만물이 생성되어 가는 것이다.

10은 순수한 절대의 1상임과 동시에 순수한 절대의 0상이므로, 최초 절대의 0상이 아니면 1점點도 찍을 수 없고 존재할 수도 없으며 최초의 1점點을 찍지 않으면 그 0상도 나타낼 수가 없어서 그 작용도 없는 것이니, 고로 일一이 십十이 없으면 체體도 없음이요 십十이 일一이 없으면 용用도 없다고 하신 것이다.

절대絶對라는 것은 상대적 대대對對의 상相이 끊어진 순수한 1상과 0상을 말하며, 순수한 1상은 무위無爲하고 순수한 0상은 그 위치를 찾아 볼 수가 없는 무위無位이므로 이 둘은 자연히 존공尊空되는 상相이 그중에 있는 것이다. 순수한 1상이라는 것은 전체가 모두 순수하게 다 차있다는 것이며 순수한 0상이라는 것은 전체가 모두 순수하게 다 비워져있다는 것이니, 전체가 차있는 곳에 한 점點을 찍는다면 그 찍은 한 점點은 0상의 한 점點일 것이며 전체가 비워져 있는 곳에 한 점點을 찍는다면 그 찍은 한 점點은 1상의 한 점點일 것이므로, 이러한 상相을 또한 이르되 "一일이 十십이 없으면 體체도 없음이요 十십이 一일이 없으면 用용도 없다."고 하는 것이다.

이렇듯 1과 0이 서로 체體와 용用이 되어서 그 지어가는 바가 되고 이 둘을 동시에 모두 갖추어 그 지어가는 바를 인人이라 하여 중中에 거居한다 하는 것이다. 이를 관하건대 이른바 인人이라는 것은 곧 인식認識의 개념이다.

십十과 일一의 모양을 합하면 토土의 상象이 되고 이러한 체體와 용用을 동시에 갖추어 천지天地의 체體와 용用을 지어감은 인人이니 인人은 천지天地의 중中에 거居하여 삼재三才를 하나로 관貫하는지라, 이것을 "居中五거중오하니 皇極황극이니라."라고 하신 것이다.

1은 삼합三合의 상象이니 수數의 3이며 0은 분이分二의 상象이니 수數의 2인지라 합하면 5가 되므로 이로써 5가 중中에 거居하는 것이다.

12지지地支에 자궁子宮은 거변무극擧便无極의 위位이니 일一이로되 십十이며 축궁丑宮은 십변시태극十便是太極의 위位이니 십十이로되 일一이다. 자궁子宮은 전체가 비워져 있다는 상象을 체體로 하여 1상의 한 점點을 찍은 상象이요, 축궁丑宮은 전체가 다 차있다는 상象을 체體로 하여 0상의 한 점點을 찍은 상象이니, 이러한 최초의 한 점點을 거擧함을 무극无極이라 하고 이러한 무극无極에 한 점點을 찍어 수數함을 곧 태극太極이라 하는지라, 이것을 무극이태극无極而太極이라 하나니 이것이 곧 10의 의義이다.

순수한 1상의 건乾을 제1위位에 두어 도순이도역度順而道逆하여 즉 도度에는 순順하고 도道에는 역逆하여, 2태兌 3리離에 4진震을 성하고 5손巽에 분分이 극極하여 굴屈하니 제5,6위

位에 순수한 0상의 곤坤을 성하는지라, 이것을 천지天地의 분分이라 한다. 이로부터 순수한 0상의 곤坤을 제6위位에 두고 도역이도순度逆而道順하여 즉 도度에는 역逆하고 도道에는 순順하여, 4를 굴屈함에 7간艮의 위位이며 3을 굴屈함에 8감坎의 위位이며 2를 굴屈함에 9손巽의 위位이며 마지막 1을 굴屈하고 거擧함에 10진震의 위位에 합合이 극極하여 합合의 극極인 10을 세어 신伸하니 제10,1의 위位에 순수한 1상의 건乾인지라, 이것을 지천地天의 합合이라 한다. 고로 5는 분分의 극極이요 6은 합合의 시작이며 10은 합合의 극極이요 1은 분分의 시작이다.

〈天地分 地天之合〉

| 戊位 | 1乾☰ | 2兌☱ | 3離☲ | 4震☳ | 5巽☴ | 제5,6位 坤☷ | 度順而道逆 天地之分 |
|---|---|---|---|---|---|---|---|
| 己位 | 5,6坤☷ | 4,7艮☶ | 3,8坎☵ | 2,9巽☴ | 1,10震☳ | 제10,1位 乾☰ | 度逆而道順 地天之合 |

5 分極 6 合始 10 合極 1 分始

洛書

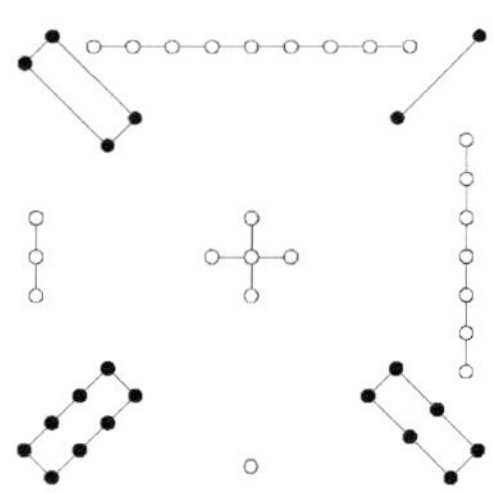

10은 우주전체의 상相과 수數를 모두 포包하고 함含한 그 극極도 찾아 볼 수 없는 무극无極의 상象이니, 이것을 보려고 인식함에 문득 1상과 0상이 함께 나타나 이에 허망하게 9양陽과 9음陰의 영影이 발생하고 9양陽과 9음陰은 각각 수數의 27과 18이 되어서 합함에 45인지라, 낙서洛書의 수數를 이루며 이에 낙서洛書의 수數는 9에 그쳐 머물러 편偏하므로 이것을 변便이라고 한다.

낙서洛書의 상대성 대칭적 수數를 하나로 합하면 서로 대대對對가 없는 무대칭성無對稱性의 절대성絶對性을 이루게 되는데 이것이 곧 10의 성품이다.

10의 절대성絶對性을 이루고 이러한 절대성絶對性을 문득 인식함에 드디어 수數가 일어나 10이 곧 1이 되어서 이로부터 나아가 6을 수數함에 곧 5이며 5를 수數함에 곧 6인지라, 그 수數를 세어가는 상相이 굴신屈伸의 상相과 같아서 비록 그 수數가 무한에 나아감이 있으나 실로 제자리의 굴신屈伸하는 상相일뿐인 것이다.

1로부터 10의 위位를 다 성하여 그 위位를 모두 합하면 55위位가 되고 이것을 괘卦의 상象으로 보면 건곤乾坤과 6자子를 모두 쓴 것이니 곧 12양陽과 12음陰이라, 36과 24의 수數가 되어서 합하면 60수數에 그 위位와 수數와 상象을 다하므로 이것을 정正이라고 한다.

이로써 정正과 편偏이 서로 왕래하여 끊임이 없는 것이니 단하자순선사丹霞子淳禪師가 이르시되 "正不坐正정부좌정이요 偏不坐偏편부좌편"이라 하였다. 이를 보건대 천지天地의 정正은 건곤乾坤이요 천지天地의 편偏은 6자子의 용用이니 하도河圖는 정正이요 낙서洛書는 편偏이요 극도極圖는 합合이라 할 수 있다.

이것을 단수화單數化하면 정위正位의 수數 55는 5+5=10=1+0=1이요 편위偏位의 수數 45는 4+5=9이며 정편正偏의 합수는 55+45=100=1+0+0=1이니, 정正과 합合이 같은 1이로되 정正은 다만 10수數인 1이요 합合은 100수數인 십십행도十十行道의 위位를 이미 지난 1이다.

〈偏正合〉

| 구분 | 數 | 卦象 | 단수화 | 合 |
|---|---|---|---|---|
| 偏 | 洛書 Σ1~9*=45 | 9陽9陰(六子)=27+18=45 | 45=9 | 極圖<br>55+45=100=1 |
| 正 | 河圖 Σ1~10**=55 | 12陽12陰(乾坤)=36+24=60 | 55=10=1 | |

*1,9 2,8 3,7 4,6 5 (相對性 對稱數, 無對稱性 絕對性 10)

**10,1 9,2 8,3 7,4 6,5 5,6 4,7 3,8 2,9 1,10 (10,1 5,6 屈伸相)

**地지는 載天재천하야 而方正이방정하니 體체이니라.**

**天천은 包地포지하야 而圓環이원환하니 影영이니라.**

지地는 천天을 재載하여 방方하고 정正하니 체體이니라.

천天은 지地를 포包하여 원圓하고 환環하니 영影이니라.

지地는 방위이며 각角이며 공간이며 장場 등의 개념이니 상相은 0상象이요 위位는 제4위位이다.

〈天과 地의 구분〉

| 天 | 一線 | 圓 | 時間 | 粒子 | 相1 | 제1위 |
|---|---|---|---|---|---|---|
| 地 | 方位 | 角 | 空間 | 場 | 相0 | 제4위 |

천天은 일선이며 원圓이며 시간이며 입자粒子 등의 개념이니 상相은 1상象이요 위位는 제1위位이다.

지地의 체體는 4방이요 천天의 체體는 1이다. 4지地가 재載1천天하니 4방方5정正이라 이것으로 우주의 체體를 삼는다.

〈4方5正〉

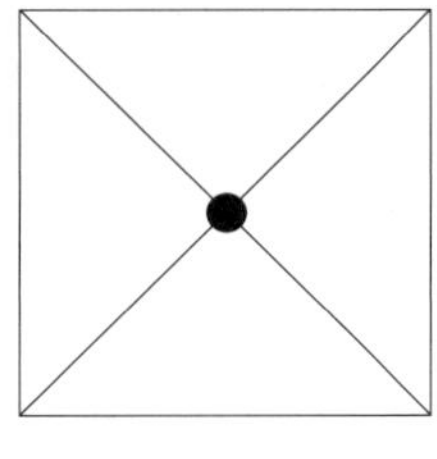

선線의 상象은 직直하며 전일全一하다.

이러한 선線이 0상에 네 번 분절해 4방의 각角을 형성하니 4각형의 중中은 비어 있는 공상空相임과 동시에 대칭선對稱線의 교차점이기도 하다.

고로 4방의 중中인 5정正의 위位는 곧 공空과 유有를 동시에 갖춘 포함성包含性이다.

천天이 지地를 포包하였다는 것은 1선線의 개념인 천天이 0상에 분절해 4방의 공허空虛한 중궁中宮을 포包하였다는 것이니 곧 시간時間의 개념이다. 시時는 직直한 선線이며 간間은 직直한 선線이 분절된 각角의 공간이다.

직直한 선線이 무한히 분절되어 꺾이고 휘어져 결국 다시 최초의 시작점에 합하는지라 그 상相이 둥근 고리와 같다하여 원환圓環하다 하고, 원환圓環하다면 이미 공간상을 싸고 있는 상相이므로 이르되 "包地포지"라 한다.

직直한 선線이 무한히 분절되어 미세한 분절의 극極에 이르러 마치 원圓의 형태를 형성함이 있으나, 원圓은 미세한 각角에 분절되고 휘어진 상相이요 원圓은 아닌 것이니 이로써 원상圓相은 다만 미세한 각角의 그림자일 뿐이라, 이것을 영影이라고 한다.

미세한 분分의 극極은 곧 0상이요 이러한 분극分極의 0상이 다시 최초의 시작점에 합하는지라 이로써 원圓의 1상을 이룬다.

이것을 하도河圖의 수數로써 관하건대 1로부터 5의 위位는 4방方5정正이니 곧 만물의 체위體位요 4방의 위位가 중中5의 공상空相에 반영해 6 7 8 9의 반영된 그림자를 생하니, 곧 만물의 용위用位라 이것을 영影이라 한다.

**大哉대재라 體影之道체영지도여 理氣囿焉리기유언하고 神明萃焉신명췌언이로다.**

대재大哉라 체體와 영影의 도道여, 리理와 기氣가 들어 있고 신명神明이 모여 있도다.

〈體影之道〉

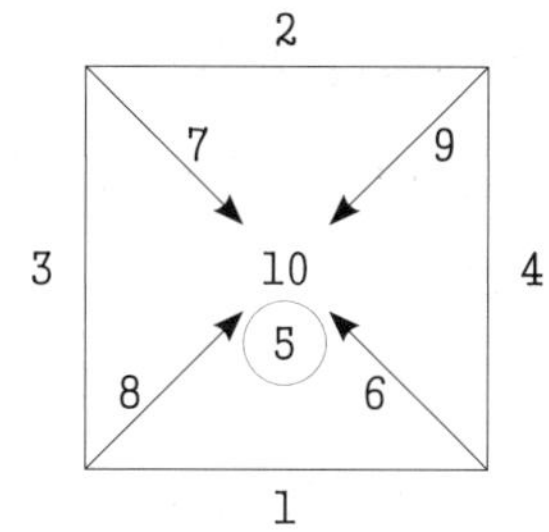


체영지도體影之道란 것은 달에 비유컨대 달의 본 모습은 체體요 달의 빛은 영影이라 할 수 있다.

4방方5정正의 리理는 체體이며 6 7 8 9의 기氣는 영影이며 신명神明은 이러한 리기理氣 즉 지리地理와 천기天氣의 흐름이다.

리理가 아니면 능히 기氣를 발현할 수 없고 기氣가 아니면 그 리理도 나타내지 못함이니, 이로써 체영지도體影之道에 리理와 기氣가 들어 있고 신명神明이 모여 있다 한다.

4방方5정正은 지地의 리理이니 4방을 포包하고 함含한 중中5의 포함성包含性이다. 4방의 중궁中宮은 공상空相임과 동시에 4방의 대칭선의 교차점이기도 하다. 고로 위位의 중궁中宮인 5정正은 0상과 1상을 동시에 갖춘 포함성包含性이다.

시始와 종終이 이어져 합일合一된 상相의 개념을 원圓이라 한다.

전일全一한 천기天氣가 0상에 분절돼 휘어져 0상의 위位와 더불어 8방을 이루고 이에 제9위의 천기天氣는 최초 시작점의 1천天과 합하는지라 이로써 1원圓9환環이라 한다. 고로 1,9의 합合인 10은 종終과 시始가 하나가 된 일원一圓의 상相이다.

이것을 또 달리 관하건대 1원圓9환環은 천天의 기氣이니 전일全一한 천기天氣가 0상에 분절돼 휘어서 4방을 이루고, 이에 4방의 위位가 각각 중中5에 반영해 6 7 8 9의 그림자를 발현하여 다시 중궁中宮에 합하니 곧 위位의 10이며 원환圓環의 상相이라, 이로써 5와 10은 중궁中宮의 중위中位에서 하나이다.

〈神明萃焉〉

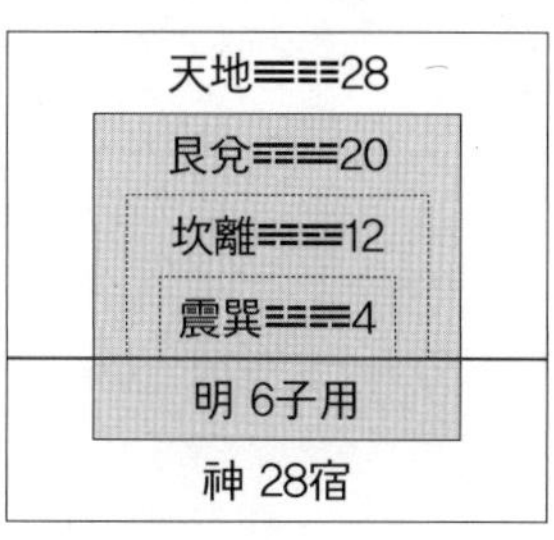


다만 4방의 의義로써 하면 5는 최초의 1과 합하여 6이 되고, 각角과 선線을 포함한 8방의 의義로써 하면 9는 최초의 1과 합하여 10이 된다. 고로 6과 10은 후천의 제1위가 되어 다시 이곳에서 시작됨이 있다.

신명神明은 천지天地의 묘용妙用이니 곧 6자子 36궁괘宮卦의 행상이다. 신神은 건곤乾坤의 체體이며 명明은 6자子의 묘용妙

用이다. 6자子의 괘卦는 태리손兌離巽의 3녀女괘와 간감진艮坎震의 3남男괘이다. 음陰과 양陽이 함께하여 능히 음陰과 양陽을 쌍조雙照해 건곤乾坤의 체體로 돌아오며, 이에 건곤乾坤의 체體는 다시 6자子의 용用을 발현해 천지출입天地出入에 자유자재自由自在하니 이것을 신명神明이라 한다.

4방方은 정각正角의 기본 각角이다.

4는 360도이며 8은 1080도이며 12는 1800도이다.

2는 반원半圓이며 7은 900/7이니 비정각非正角이다.

7일을 1주일로 잡으면 비정각非正角이므로 윤閏이 발생한다.

7은 최초의 1과 이어져 다시 제1위가 되므로 허虛하다. 이것은 3각의 모형으로 관觀한 것이다.

9는 최초의 1과 이어져 다시 제1위가 되므로 허虛하다. 이것은 4각의 모형으로 관觀한 것이다.

만물은 3재才를 갖춘 연후에야 운행된다.

3재才가 4방方에 흘러 12지지地支를 성하며, 5방方에 승乘하여 15황극이무극皇極而無極을 체달하며, 6방方에 승乘하여 18계界를 형성하며, 7위緯에 승乘하여 21기氣를 발산하며, 8방方의 체體에 승乘하여 24절節이 되며, 9세世에 승乘하여 27에 삭朔이 됨을 밝히며, 10방方에 승乘하여 30에 후候하여 드디어 만물이 세世와 계界에 그 시時와 절節을 다한다. 이 중에 21기氣는 3남男의 기氣이며 24절節은 3녀女의 체體이니 합하여 45수數의 상대성 이

〈七一妙衍 · 靜九包一〉

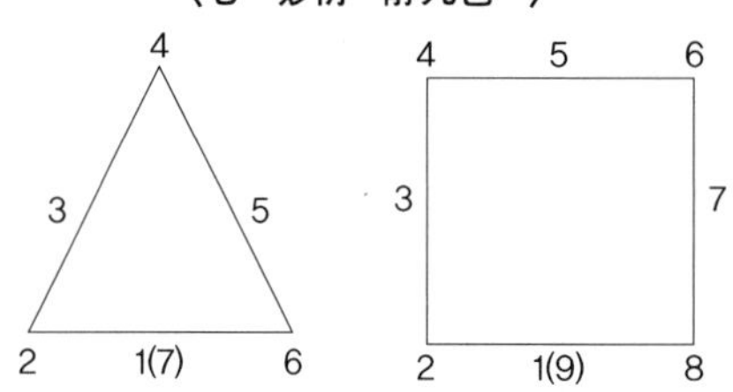


〈三才 運行〉

| | |
|---|---|
| 4方 | 12地支 |
| 5方 | 15皇極而無極 |
| 6方 | 18界 |
| 7緯 | 21氣 |
| 8方 | 24節 |
| 9世 | 27朔 |
| 10方 | 30候 |

치인 낙서洛書를 법한다.

모든 각角의 합을 단수화單數化하면 모든 각角은 단單9로 귀결한다.

단單9는 곧 0이니 수數는 허虛하되 기氣는 영盈하다.

기氣가 영盈함에 곧 십자十字의 상相인 2경經 7위緯에 분分하여 그 기氣를 발산한다.

| 角形 | 2 | 3 | 4 | 5 | 6 | 7 | 8 | 9 | 10 | 12 |
|---|---|---|---|---|---|---|---|---|---|---|
| 內角合* | 半圓 | 180 | 360 | 540 | 720 | 900 | 1,080 | 1,260 | 1,440 | 1,800 |
| 內角 | | 60 | 90 | 108 | 120 | 900/7 | 135 | 140 | 144 | 150 |

* 內角合 算式 = (각형−2)×180 예) (8각형−2)×180=1,080

※ 內角合 單數化 : 180=9, 360=9, 540=9, 720=9, 900=9, 1,080=9, 1,260=9, 1,440=9, 1,800=9

이것을 괘卦로써 관觀하면 천지체용天地體用이 64괘에 지나지 않으므로, 64괘 중 건곤乾坤의 28괘는 천지부모天地父母의 리理이며 체體이며 진손감리간태震巽坎離艮兌의 36괘는 그 6자子의 용用이며 기氣이며 영影이다.

신명神明은 묘무妙無이며 묘유妙有다.

신神은 건곤乾坤이니 무무위无无位이며 명明은 6자子의 묘용妙用이다.

무無는 유有를 여의지 않은 무無이니 묘무妙無요, 유有는 무無를 여의지 않은 유有이니 묘유妙有다.

무無가 유有를 여의지 않는다는 것은 0이 1을 여의지 않음이요 유有가 무無를 여의지 않는다는 것은 1이 0을 여의지 않는다는 것이다. 이것이 36괘의 묘행妙行이니 이러한 묘행妙行이 능히 건곤천지乾坤天地의 택宅을 밝힘이 되므로 이르되 "神明신명"이라 한다.

묘행妙行이란 것은 양陽과 음陰인 1과 0을 쌍雙으로 동시에 비추어 행行함이다.

6자子의 괘卦는 음양陰陽이 잡雜한 상相이다.

그 행상行狀이 항상 내괘內卦와 외괘外卦에 음양陰陽이 함께하여 잡雜한 상相이므로 1은 0을 여의지 않고 0은 1을 여의지 않아서 본래 생生과 사死가 둘이 아니며 기起와 멸滅이 둘이 아니라, 이렇듯 행行하여 가서 건곤乾坤을 이루니 이르되 "妙行묘행"이라 한다.

天地之理천지지리는 三元삼원이니라. 元降聖人원강성인하시고 示之神物시지신물하시니 乃圖乃書내도내서이니라.

천지天地의 리理는 삼원三元이니라. 원元에서 성인聖人을 내리시고 신물神物을 보이시니 이에 하도河圖이며 이에 낙서洛書이니라.

삼원三元은 0무극无極 1태극太極 1,0황극皇極이다.

원元은 극極이요 삼三은 무无 태太 황皇이다.

원元의 극성極性이 황皇 태太 무无를 내시니 곧 성인聖人과 용도龍圖와 귀서龜書다.

용도龍圖는 태극太極의 상象이다.

귀서龜書는 무극无極의 상象이다.

성인聖人은 황극皇極의 상象이다.

고로 원元의 성性은 이미 무无 태太 황皇을 모두 갖춘 극極의 성품이다.

1태극太極은 극極의 시始이다.

0무극无極은 극極의 종終이다.

1,0황극皇極은 극시極始와 극종極終을 동시에 갖춘 극極이다.

이것을 도형圖形하면 3각角의 모형模型이니 곧 삼극해인도三極海印圖의 모형模型이다.

삼극해인도三極海印圖의 좌측 선線의 하나로 이어진 선線은 1태극太極이다.

우측 선線의 분리된 점선點線은 0무극无極이다.

좌우의 두 선線을 동시에 갖춘 밑변의 선線은 이어지고 분리되는 파장波長의 형形이라 1과 0을 모두 갖춘 황극皇極이다.

고로 우주의 원元은 황극皇極이다.

〈三角의 三極〉

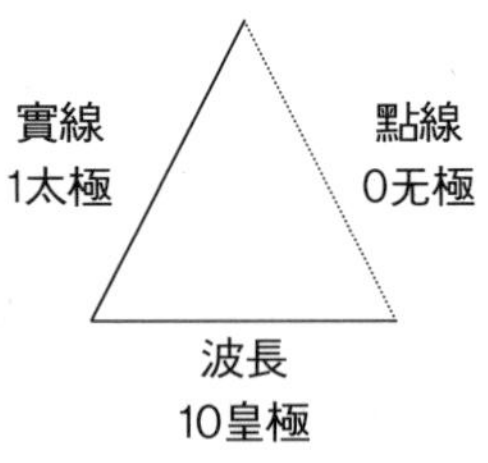


우주만물은 외경外境인 천지天地의 객관과 내경內境인 나의 주관이 있은 연후에야 비로소 운행된다. 이중에 하나라도 결缺하면 우주만물은 존재할 수 없고 운행될 수도 없다. 고로 우주는 3재才를 갖춘 연후에야 존재한다 할 수 있고 비로소 운행될 수도 있는 것이니 3재才는 동시에 존재함이라 이것을 천지인天地人 삼재三才라고 한다.

천天은 오직 1기氣인 1동動이며 1시時일뿐이니 동動하되 무위無爲이다.

지地는 이미 1이 0에 분分한 사상四象의 리체理體이니 천天을 싣고 있는 덕德의 체體이다.

인人은 천지天地의 체體인 1과 4의 합으로써 자신의 체體를 삼고 3과 2에 천지天地의 용用을 작作하여 간다.

이것을 이르되 "天皇천황 地皇지황 人皇인황"이라 한다.

성인聖人은 복희씨伏羲氏와 문왕文王이며 신물神物은 용마龍馬와 신구神龜다.

극極에서 용마龍馬와 신구神龜를 보이시니 복희씨伏羲氏가 이를 법法하여 괘卦를 그으시며 문왕文王이 그 괘卦의 변變을 구궁九宮에 궁통窮通하시니, 일부一夫가 두 성인聖人의 법法에 자연히 교역交易와 변역變易의 이치가 있음을 관觀하시고 일부팔괘一夫八卦를 획劃하시다.

이후에 소양素陽이 이를 법法하여 극도極圖를 내어서 드디어 비로소 천지인天地人 3재才의 도道를 모두 갖춤이 되었다.

용마龍馬와 8괘卦는 천문天文의 역易이며 신구神龜와 9궁宮은 지리地理의 역易이며 일부팔괘一夫八卦와 소양素陽의 극도極圖는 인도人道의 역易이다.

용도龍圖는 만물의 생성生成이치이며, 구궁九宮은 물물物物의 상대성相對性이치이며, 극도極圖는 만물의 생성과 물물物物의 상대성相對性을 동시에 운運하여 극성極成하는 이치다.

伏羲八卦

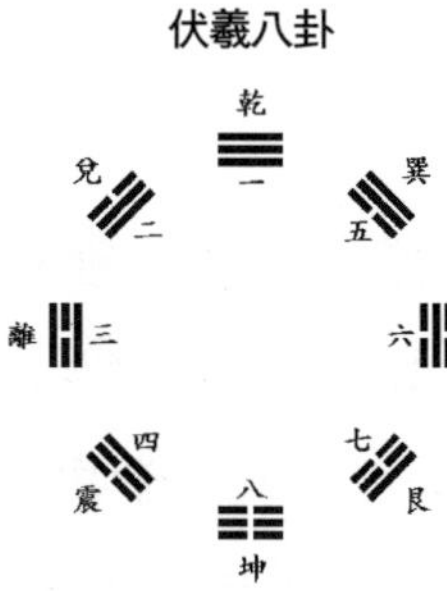


복희씨伏羲氏 팔괘八卦를 관觀함에 건곤乾坤을 상하의 중궁中宮에 두고 리감離坎을 좌우의 중위中位에 두어서 사정四正을 삼으시니, 이에 건乾이 비로소 곤坤의 중中을 득得함에 리괘離卦이며 곤坤이 비로소 건乾의 중中을 득得함에 감괘坎卦라 곧 문왕팔괘文王八卦 상하의 중中이다. 이것은 복희팔괘伏羲八卦의 좌우의 위位가 문왕팔괘文王八卦에서는 상하의 위位가 됨을 의미한다.

문왕팔괘文王八卦 리괘離卦의 궁宮에 복희팔괘伏羲八卦 유위維位인 태괘兌卦와 손괘巽卦의 음陰이 궐厥하여 곤괘坤卦가 되며, 감괘坎卦의 궁宮에 간괘艮卦와 진괘震卦의 양陽이 명明하여 건괘乾卦를 이루니 곧 일부팔괘一夫八卦의 중中이다. 이것은 복희팔괘伏羲八卦와 더불어 상하가 도치倒置된 상相이니 이로써 북北과 남南에 기氣와 장場의 바뀜이 있다.

문왕팔괘文王八卦를 관觀함에,

동방東方의 진괘震卦는 순음純陰이 비로소 1양陽을 잉태한 것이다.

서방西方의 태괘兌卦는 순양純陽이 비로소 1음陰에 소消한 것이다.

진괘震卦는 음陰이 비로소 상上한 것이다.

태괘兌卦는 양陽이 비로소 하下한 것이다.

文王八卦

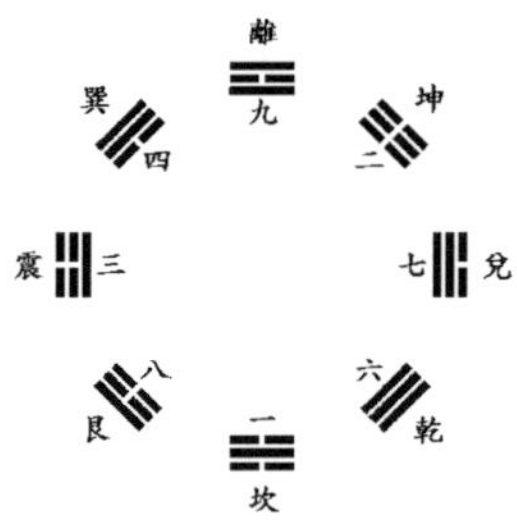


음陰이 상上하고 양陽이 하下한 것은 리괘離卦와 감괘坎卦로부터 온 것이다.

비로소 양陽을 잉태하며 비로소 음陰에 소消하는 것은 순음純陰의 곤괘坤卦와 순양純陽의 건괘乾卦로부터 온 것이다.

이것은 건곤乾坤이 서로 그 중中을 득得함에 천지天地의 운행이 드디어 좌우에 행行하는 연고다.

이렇듯 천지天地가 서로 교交하고 운행하여 지천地天을 이룸에 상하와 좌우가 바뀌니, 곤坤이 비로소 1양陽을 잉태함에 간艮이요 건乾이 비로소 1음陰에 소消함에 태兌인지라, 이로써 사정四正에 노음老陰과 노양老陽을 안치하시고 사유四維에 소양少陽과 소음少陰을 배치하시니, 곧 일부팔괘一夫八卦이다.

文王八卦

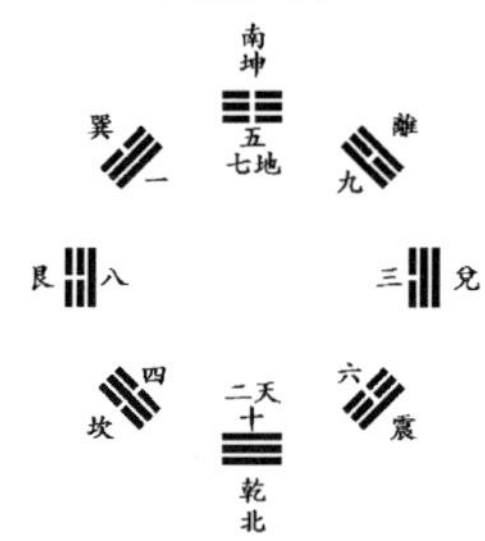


복희팔괘伏羲八卦의 북방北方 곤坤이 건乾의 중中을 득得하니 감坎이요 동북방東北方의 간艮과 동방東方 진괘震卦의 상하 양陽의 효爻를 취하여 감坎에 부쳐 명明하니 곧 건乾의 체體라, 이러한 건乾의 체體가 서북방西北方에 유위維位함은 비록 양陽이 하下하였으나 아직 정위正位에 이르지 못한 것이며, 복희팔괘伏羲八卦의 남방南方 건乾이 곤坤의 중中을 득得하니 리괘離卦요 동남방東南方의 손巽과 서방西方 태괘兌卦의 상하 음陰의 효爻를 취하여 리離에 부쳐 궐厥하니 곧 곤坤의 체體라, 이러한 곤坤의 체體가 서남방西南方에 유위維位함은 비록 음陰이 상上하였으나 아직 정위正位에 이르지 못한 것이니, 이로써 천지天地가 경위傾危한다. 이것은

문왕팔괘文王八卦의 상象이며 위位다.

정위正位에 도달치 못했다는 것은, 곤坤을 체體로 하여 간감진艮坎震의 위位에 비록 3양陽의 건乾을 성하였으나 아직 중위中位의 건도乾道에 합하지 못하여 건도乾道를 극성極成하지 못함이며, 건乾을 체體로 하여 태리손兌離巽의 위位에 비록 3음陰의 곤坤을 성하였으나 아직 중궁中宮의 곤지坤地에 합하지 못하여 곤덕坤德을 극성極成하지 못한 연유이니, 이에 일부팔괘一夫八卦에 이르러 드디어 중궁中宮의 중위中位에 합하여 극성極成하고 반反하여 만물의 사事를 다함이라. 이른바 극極하여 성成한다는 것은 7감坎이 곤坤의 중中을 얻어서 7지地가 되며 2리離가 건乾의 중中을 얻어서 2천天이 됨에 4곤坤은 4감坎이 되고 9건乾은 9리離가 됨을 말한 것이며, 극極하여 반反한다는 것은 1태兌 3손巽이 서로 극極하고 반反함에 1손巽 3태兌가 되며 6간艮 8진震이 서로 극極하고 반反함에 8간艮 6진震이 됨을 말한 것이니, 이에 건乾이 지덕地德의 곤坤을 성하여 정남正南에 정위正位하며 곤坤이 천도天道의 건乾을 성하여 정북正北에 자리하니, 이로써 역易이 정역正易하여 만물의 사事를 다하는 것이다. 이를 관觀하건대 일부팔괘一夫八卦는 소양사상팔괘차서素陽四象八卦次序로부터 온 것임을 알 수 있다.

〈素陽次序 ⇒ 一夫八卦〉

| 區分 | 素陽次序 | 作用 | 一夫八卦 |
|---|---|---|---|
| 4927 相交中 | 7坎+4坤 ☵ ☷ | 得坤中 | 7地+4坎 ☷ ☵ |
| | 2離+9乾 ☲ ☰ | 得乾中 | 2天+9離 ☰ ☲ |
| 1638 極而反 | 1兌+3巽 ☱ ☴ | 極而反 | 1巽+3兌 ☴ ☱ |
| | 6艮+8震 ☶ ☳ | 極而反 | 6震+8艮 ☳ ☶ |
| 地10天5 成道德 | 5乾 ☰ | 成 | 5坤地德 ☷ |
| | 10坤 ☷ | 成 | 10乾天道 ☰ |

**圖書之理도서지리는 后天先天후천선천이요 天地之道천지지도는 旣濟未濟기제미제이니라.**

하도河圖와 낙서洛書의 이치理致는 후천后天과 선천先天이요 천지天地의 도道는 기제旣濟와 미제未濟이니라.

일어났다 꺼졌다 하는 상相인 1과 0이 연속함을 천지지도天地之道 즉, 천지天地의 가는 길이라 한다. 본래 1과 0이라는 것은 최초에 1이라는 한 점點을 찍음과 동시에 0상도 함께 나타나므로 1과 0은 동시성이라 할 수 있고, 이미 동시성이라면 1이 0과 다르지 않으며 0이 1과 다르지 않아서, 1이 곧 0이요 0이 곧 1인 것이다.

1이 곧 0이라면 1은 이미 0인 것이니 그 0은 순수한 0이요 0이 곧 1이라면 0은 이미 1인 것이니 그 1은 순수한 1이라, 0은 그대로 0이요 1은 그대로 1인 것이다. 이것은 사사事事가 무애無碍하며 법계法界가 등등等等함을 나타낸다.

1과 0의 법상法象이 본래 이러하여 그 대칭의 위位에 동시에 나타나는 것이요 순차적으로 나타나는 것이 아니다. 그러나 비록 법상法象이 이러하나 홀연히 1과 0의 그 대칭적 위位에 선線이라는 개념이 나타나고 연속한다는 상相이 생하니 이것을 천지지도天地之道, 즉 천지天地의 가는 길이라 한다.

1과 0의 가는 길에 그 시작을 1에서 하면 1이 선천先天이요 0은 후천后天이다. 이에 1상의 일어남과 0상의 꺼짐을 반복해 제6위位에 이르면 101 010인 것이니 괘상卦象은 곧 수화기제水火旣濟의 수數다. 그 시작을 0에서 하면 0이 선천先天이요 1이 후천后天이다. 이에 0상의 꺼짐과 1상의 일어남을 반복해 제6위位에 이르면 010 101인 것이니 괘상卦象은 곧 화수미제火水未濟의 상象이다. 이것은 1상과 0상 중中에 무엇을 먼저 하고 나중에 하느냐에 따라 선천과 후천을 판별判別한 것이다.

〈先后天 區分〉

| 始1 | 始0 |
| --- | --- |
| 1先天 0后天 | 0先天 1后天 |
| 101 010 ䷾ | 010 101 ䷿ |
| 水火旣濟之數 | 火水未濟之象 |
| 〈先天〉1象, 3 5 7 9, 陽성질<br>〈后天〉0象, 8 6 4 2, 陰성질 | |

이것을 수數와 상象과 음양陰陽의 성질로써 판별判別하면 0상象과 수數의 8 6 4 2와 모든 음陰의 성질들은 모두 후천의 개념이며 1상象과 수數의 3 5 7 9와 모든 양陽의 성질들은 모두 선천의 개념이 된다.

용도龍圖의 이치는 0을 먼저 하고 1을 나중으로 하므로 후천이면서 선천이며 괘상卦象은 미제未濟의 상象이다. 미제지상未濟之象은 0을 체體로 해 1을 용用하여 양陽의 극과極果를 성하니 곧 건도乾道의 1상이라 이르되 "先天太極선천태극"이라 한다.

〈龍圖 · 龜書의 이치〉

| 龍圖 | 龜書 |
| --- | --- |
| 先0(5,6) 後1(10,1) | 先1(10,1) 後0(5,6) |
| 后天而先天 | 先天而后天 |
| 未濟之象 體0用1 | 旣濟之數 體1用0 |
| 成陽極果(乾道1相) | 成陰極果(坤德0相) |
| 先天太極 | 后天无極 |

귀서龜書의 이치는 1을 먼저 하고 0을 나중으로 하므로 선천이면서 후천이며 괘상卦象은 기제旣濟의 수數다. 기제지수旣濟之數는 1을 체體로 해 0을 용用하여 음陰의 극과極果를 성하니 곧 곤덕坤德의 0상이라 이르되 "后天无極후천무극"이라 한다.

| | | | | | | |
|---|---|---|---|---|---|---|
| 0 | 1 | 0 | 1 | 0 | 1 | 천지지도天地之道 |
| | 1 | 2 | 3 | 4 | 5 | 귀서龜書의 선천위先天位 |
| 10 | 9 | 8 | 7 | 6 | | 귀서龜書의 후천위后天位 |
| 1 | 2 | 3 | 4 | 5 | 6 | 용도龍圖의 선천위先天位 |
| | 10 | 9 | 8 | 7 | | 용도龍圖의 후천위后天位 |

귀서龜書의 위位는 양陽의 위位에 양陽이며 음陰의 위位에 음陰이 자리한다.

귀서龜書는 1상으로 제1위位를 삼으니 제5위位에 1상이며 계속해 제6위位에 0상이며 나아가 제10위位에 0상을 성成하니 만물이 0상의 체體로 돌아온다.

용도龍圖의 위位는 음陰의 위位에 양陽이며 양陽의 위位에 음陰이 자리한다.

용도龍圖는 0상으로 제1위位를 삼으니 제6위位에 1상이며 계속해 제7위位에 0상이며 나아가 제10위位에 1상을 성成하니 곧 10을 퇴退하고 1을 기起하여 굴신屈伸한다.

귀서龜書의 선천과 후천이 용도龍圖의 후천과 선천과 더불어 그 천지天地의 길은 같되 그 시작의 시점始點은 1과 0의 다름이 되어서 용도龍圖와 귀서龜書의 위位에 음陰과 양陽이 역易한 것이니, 즉, 용도龍圖의 10위位가 귀서龜書의 1위位요 귀서龜書의 10위位가 용도龍圖의 1위位인 것이니 이로써 귀서龜書의 선천위先天位와 용도龍圖의 후천위后天位가 함께 하는 지라 이르되 "十退一進십퇴일진 包五含六포오함육의 位위"라 한다.

3재才의 위位인 3효爻의 삼선三線에 상하 사방의 육합六合과 여섯 방위方位가 나타나고, 이에 귀서龜書는 육합六合이 5위位에 흘러 30도에 성도成道하며 용도龍圖는 육합六合이 6위位에 흘러 36도에 성도成道함에 이것을 5,6이 굴신屈伸하는 포오함육包五含六의 위位라 한다.

신伸이란 것은 한 점點을 일으킨 기起의 상相이며 굴屈이란 것은 한 점點이 꺼진 공간의 위位인 멸滅의 상相이므로, 서로 상대적 대칭의 상相이 그중에 자연히 있게 된다.

이미 5,6이 굴신屈伸한 포오함육包五含六의 위位라면 비록 5와 6이 동시이지만 그 실질

〈十退一進 包五含六〉

| 龍圖 | 龜書 |
|---|---|
| 六合 5位 主流<br>月極體位度數<br>始1 空30度<br>2 4 6 8 10 | 六合 6位 主流<br>日極體位度數<br>始0(7度進) 時36度<br>1 3 5 7 9 11 |

적 위位는 모두 각각 5의 위位이므로, 이로써 태양太陽의 일극체위도수日極體位度數 또한 태음太陰의 월극체위도수月極體位度數와 더불어 그 실질도수는 30도인 것이다. 이것은 온전히 그 시작점이 0의 위位에서 시작됨과 그 대칭적 위位인 1의 위位에서 시작됨이 다른 연유이므로 이로써 선천과 후천의 도수度數가 다름이 있게 된 것이다.

또 논論하건대 공간상의 수數와 위位는 2 4 6 8 10이니 합하면 30도이며 시간상의 수數와 위位는 1 3 5 7 9 11이니 합하면 36도이므로, 그 중中5를 허虛하면 30에 1이 삭朔이 되는 것이다.

5는 1,9의 중中이니 81(8+1=9)개의 점點과 64(6+4=10)개의 공간상이 있어서 1,7 대칭의 위位에 중中1점點을 허虛하면 16도의 차差가 있으며, 10은 19의 중中이니 361(3+6+1=10)개의 점點과 324(3+2+4=9)개의 공간상이 있어서 1,7 대칭의 위位에 또한 중中1점點을 허虛하면 36도의 차差가 있으므로, 이로써 음양陰陽 상대적 대칭의 위位는 16도이며 또는 36도이다. 사상분체도수四象分體度數의 태양궁太陽宮의 생위生位에 병인궁丙寅宮이 임인궁壬寅宮이 되는 것은 이것을 모방模倣한다.

〈陰陽 相對的 對稱位〉

| | 點 | 空 | 陰陽 相對的 對稱位 | |
|---|---|---|---|---|
| 5 1,9之中 | 9×9=81(8+1=9) | 8×8=64(6+4=10) | 81(1,7對稱位*)–1(中)–64=16 | 太陽宮 生位<br>丙寅宮⇒壬寅宮<br>(順36,逆24) |
| 10 19之中 | 19×19=361<br>(3+6+1=10) | 18×18=324<br>(3+2+4=9) | 361(1,7對稱位)–=36 | |

*5위에 極成하고 6위에 極反하여 1,7도에 初爻를 삼아 제1위와 對稱에 있는 位

이 중에 순역順逆의 위位와 도역倒逆의 리理가 있으니 이에 순역順逆의 위位는 상하上下의 개념이며 도역倒逆의 리理는 좌우左右의 개념이 된다.

순역順逆의 위位는 무위戊位와 기위己位의 흐름이며 도역倒逆의 리理는 태음太陰과 태양太陽의 행상行相이다.

도度는 수數의 위치이며 도道는 천지天地가 굴신屈伸하여 가는 길이니 곧 괘상卦象의 변화다.

이른바 순역順逆의 위位라는 것은, 무위戊位는 도수度數의 위位가 1 2 3 4 5,6에 순順하고 천지天地의 가는 도道는 건乾 태兌 리離 진震 손巽, 곤坤에 역逆한 것이며, 기위己位는 도수度數의 위位가 5 4 3 2 1,10에 역逆하고 천지天地의 가는 도道는 곤坤 간艮 감坎 손巽 진震, 건乾에 순順한 것이니, 이를 관하건대 도수度數의 위位가 순順하면 괘상卦象의 도道는 반드시 역逆하고 도수度數의 위位가 역逆하면 괘상卦象의 도道는 반드시 순順한다는 것을 알 수 있다.

이른바 도역倒逆의 리理라는 것은 괘상卦象의 변화상變化相을 말한 것이니 오로지 괘상卦象으로써 논論하여 그 위수位數를 정한 것이다. 도倒라는 것은 곤坤에서 건乾으로 향하여 가는 길이며 역逆이란 것은 건乾에서 곤坤으로 향하여 가는 길이다.

태음太陰은 9태兌 8리離 7손巽에 역逆하여 내괘內卦를 생하며 2손巽 3리離 4태兌에 도倒하여 외괘外卦를 성하니, 곧 건乾이 곤坤으로 역易한 것이다.

태양太陽은 7간艮 8감坎 9진震에 도倒하여 내괘內卦를 생하며 4진震 3감坎 2간艮에 역逆하여 외괘外卦를 성하니, 곧 곤坤이 건乾으로 역易한 것이다.

이것은 물물物物의 성질이 이곳이 좌左로 회전하면 저곳은 반드시 우右로 회전하며, 이

〈順逆 · 倒逆之理〉

| 順逆之位 | | | | | | | 倒逆之理 | | | | | |
|---|---|---|---|---|---|---|---|---|---|---|---|---|
| 上下, 戊位己位<br>度 : 數位, 道 : 天地屈伸之道(卦變) | | | | | | | 左右, 太陰太陽<br>倒 坤→乾(1→10,右旋), 逆 乾→坤(10→1,左旋) | | | | | |
| 戊位 | 度順 | 1 | 2 | 3 | 4 | 5,6 | 太陰 | 2巽 | 3離 | 4兌 | 倒成外卦 | 乾易坤(右旋) |
| | 道逆 | 乾 | 兌 | 離 | 震 | 巽,坤 | | 9兌 | 8離 | 7巽 | 逆生内卦 | |
| 己位 | 度逆 | 5 | 4 | 3 | 2 | 1,10 | 太陽 | 4震 | 3坎 | 2艮 | 逆成外卦 | 坤易乾(左旋) |
| | 道順 | 坤 | 艮 | 坎 | 巽 | 震,乾 | | 7艮 | 8坎 | 9震 | 倒生内卦 | |

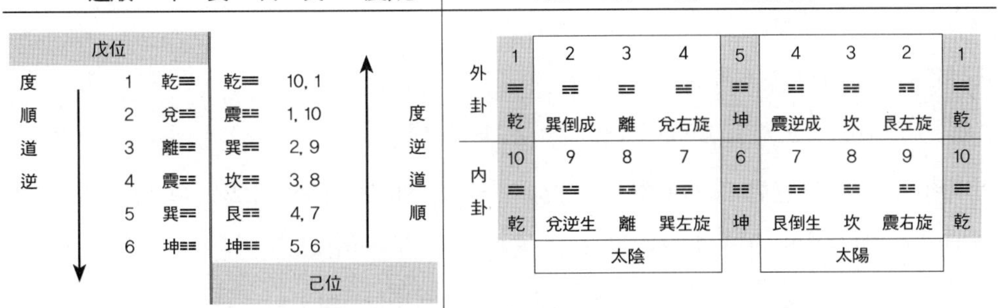


| 0 | 1 | 2 | 3 | 4 | 5 | 6 | 7 | 8 | 9 | 10 |
|---|---|---|---|---|---|---|---|---|---|---|
| 0 | 6 | 7 | 8 | 9 | 10 | 1 | 2 | 3 | 4 | 5 |

곳이 우右로 회전하면 저곳은 반드시 좌左로 회전함을 나타낸다.

5를 중中으로 하여 1,6 2,7 3,8 4,9 5에 10을 성함은 하도河圖의 위수位數다.

5를 중中으로 하여 4,6 3,7 2,8 1,9에 물물物物의 상대적 대칭의 수數를 나타냄은 곧 낙서洛書의 위수位數다. 이에 순음純陰인 5와 순양純陽인 10은 상대성이 아니므로 자연히 존공尊空되는 상相이 있다.

공空의 위位를 공경해 높이며 귀貴하게 함을 존공尊空이라 한다. 공空의 위位라는 것은 1이 붙지 않은 순수한 0상이며 0이 붙지 않은 순수한 1상인 절대성絶對性을 말한다. 만물의 절대성絶對性이므로 능히 만물에 굴신屈伸의 도道를 내려 숭도귀일崇道歸一하며 숭덕광업崇德廣業하는 것이다.

이에 존공尊空의 위位가 굴신屈伸의 도道를 내리시니 자연 물물物物의 위수位數가 10,1 9,2 8,3 7,4 6,5이며 5,6 4,7 3,8 2,9 1,10이라 곧 극도極圖의 위수位數다.

〈三圖의 位數〉

| | |
|---|---|
| 河圖 | 5中 1,6 2,7 3,8 4,9 5,10 生成 |
| 洛書 | 5中 4,6 3,7 2,8 1,9 對稱 |
| 極圖 | 純陰5 純陽10 尊空 ⇒ 屈伸之道<br>10,1 9,2 8,3 7,4 6,5<br>5,6 4,7 3,8 2,9 1,10 |

數의 개념에 1 2 3 4 5는 선천으로는 생위生位이며 후천으로는 성위成位인데 이것을 도度의 위位라고 한다. 6 7 8 9 10은 선천으로는 성위成位이며 후천으로는 생위生位인데 이것을 수數의 위位라고 한다. 생위生位가 능히 성위成位를 이룸은 제5위位의 나라는 성품을 인함이다.

〈度數의 先后天〉

| | 1 2 3 4 5 | 6 7 8 9 10 |
|---|---|---|
| 선천 | 生位 | 成位 |
| 후천 | 成位 | 生位 |
| | 〈度位〉 | 〈數位〉 |

중中5의 위位는 쪼개고 쪼개어 더 이상 쪼갤 수 없는 극미한 진공의 광활한 장場이다. 이러한 무형의 광활한 장場에 천지天地의 체體인 1,4와 그 용用인 3,2가 와 닿음에 곧 반영하여 6,9와 8,7의 뒤바뀐 그림자 같은 유형의 영상影相이 나타난다. 이로써 생위生位와 성위成位에 음陰과 양陽이 서로 바뀌며 서로 대칭이 되어서 위치의 바뀜이 되는데 이것을 극極하면 반反한다 즉 극즉반極卽反이라고 한다. 위치의 바뀜이 된다는 것은 위치의 바뀜이 동시적 순간이라는 것이니, 이것은 마치 거울에 비춤과 동시에 그 즉시 반상反相이

나타남과 같아서 만물이 분分의 극極인 공상空相의 제5위에 극極하고 반反하여 그 그림자인 영影을 생한다는 것이니, 고로 제5의 위位는 곧 거울과 같은 공상空相의 체體인 것이다.

64괘 중에 양陽의 구역과 음陰의 구역이 있어서, 양陽의 구역이 1양陽을 생生하면 동시에 음陰의 구역은 1음陰에 소消하고 5양陽을 생하면 동시에 5음陰에 소消하는지라, 양陽과 음陰의 상대적 위位에 일어나고 꺼짐이 동시이므로 이것은 거리와 속도의 개념이 없는 동시성同時性을 나타낸다.

양효陽爻는 다만 1선線의 상象이라 제5위에 5선線이며 음효陰爻는 분이分二의 상象이라 제5위에 10방方을 이루니, 이로써 5선線과 10방方은 동시성이며 같으므로 이것을 또한 십오일언十五一言이라 한다.

이상은 시공時空의 관점에서 논論한 것이다.

극미세계極微世界의 극極은 만물을 쪼개고 쪼개어 더 이상 쪼갤 것이 없는 분分의 극極인 광활한 공간의 장場일뿐이니 이러한 위位의 수數를 중中5의 위位라 하고, 극대세계極大世界의 극極은 만물을 합하고 합하여 더 이상 합할 수 없는 합合의 극極인 한 점點일뿐이니 이러한 위位의 수數를 중中10의 위位라 한다. 이로써 극미세계極微世界의 과果인 5는 극대세계極大世界의 인因이며 극대세계極大世界의 과果인 10은 극미세계極微世界의 인因이 되어서, 이렇듯 극미極微와 극대極大가 중궁中宮의 중위中位에서 합함에 서로 인과因果가 사무치고 과인果因이 원융圓融하여 무량하되 곧 하나이며 하나로되 무량인 것이니, 이것이 곧 우주 삼라만상의 법계法界인 것이다. 이상은 물物의 인과성因果性으로써 논論한 것이다.

천지天地의 도道는 한번 일어나면 한번 꺼지며 한번 꺼지면 한번 일어나는 상相이니 괘卦로는 기제旣濟와 미제未濟의 상相이 이를 법한다.

기제旣濟는 분이分二의 수數이니 1,0 소음少陰의 상相이며 미제未濟는 합일合一의 상象이니 0,1 소양少陽의 상相이라, 분이分二의 수數는 2가 되며 합일合一의 상相은 둘을 하나로 합한 상相이므로 수數의 3이 되어서, 자연히 이 둘을 관찰하고 인식하는 상相이 그중에 존재하므로 모

〈天地之道〉

| | | | |
|---|---|---|---|
| 旣濟 | ䷾ | 分二數, 數2<br>1,0 少陰之相 | 合5數<br>居中皇極 |
| 未濟 | ䷿ | 合一象, 數3<br>0,1 少陽之相 | |

두 합함에 수數의 5이며 중中에 거居하니 이것을 황극皇極이라 한다. 분이分二의 덕德은 그 체體를 허虛하여 0을 용用하므로 수數의 2이며, 삼합參合의 도道는 1에 합도合道하여 그 체體와 용用을 겸한 것이니 수數의 3인 것이다.

삼극해인도三極海印圖의 최초 점點은 수數의 1이며 3이며 5이며 10이며 무량이다. 이것은 삼합參合의 도道가 비록 1이나 그 수數는 무량임을 나타낸다.

만물이 제5위에 이르러 다 성成하고 그 그림자인 영影을 생生함에 제6위에 만물의 상相이 거꾸로 나타나 다시 시작하니 이르되 "極卽反극즉반"이라 한다. 이로써 기제旣濟이면 곧 미제未濟이며 미제未濟이면 곧 기제旣濟인 것이다.

0101010101010101의 배열排列은 그 위수位數가 모두 16위位이며 미제이기제이미제未濟而旣濟而未濟다. 1010101010101010의 배열排列은 그 위수位數가 모두 16위位이며 그 상象은 기제이미제이기제旣濟而未濟而旣濟다. 이를 관하건대 선천과 후천의 도수度數에 15도의 차가 있어서 선천과 후천이 서로 16도에 1도의 초하루를 삼으며, 이렇듯 3변變하여 극極하는 것은 미제未濟와 기제旣濟의 상象은 천지天地의 길(道)이므로 인人에 이르러 비로소 작作함이 되는 연고다.

이것은 각각 제6위의 효爻가 후천과 선천 그리고 선천과 후천에 서로 과果와 인因이 되어서 무량에 나아감을 법한 것이므로, 만물은 제5위에 극極하고 성하여 굴신屈伸해 제6위에 반영되어 나타나는 것이다. 그러므로 제6위는 과果와 인因을 동시에 갖춘 동시성 위位인 것이다.

| 1 | 2 | 3 | 4 | 5 | 6 | 7 | 8 | 9 | 10 | 11 | 12 | 13 | 14 | 15 | 16 |
|---|---|---|---|---|---|---|---|---|---|---|---|---|---|---|---|
| 0 | 1 | 0 | 1 | 0 | 1 | 0 | 1 | 0 | 1 | 0 | 1 | 0 | 1 | 0 | 1 |
| | | 未濟 | | | | | 旣濟 | | | | | | 未濟 | | |
| 1 | 0 | 1 | 0 | 1 | 0 | 1 | 0 | 1 | 0 | 1 | 0 | 1 | 0 | 1 | 0 |
| | | 旣濟 | | | | | 未濟 | | | | | | 旣濟 | | |

龍圖용도는 未濟之象미제지상이니 而倒生이도생하야 逆成역성함이라 先天太極선천태극이니라.

龜書귀서는 旣濟之數기제지수이니 而逆生이역생하야 倒成도성함이라 后天无極후천무극이니라.

五오는 居中位거중위하니 皇極황극이니라.

용도龍圖는 미제未濟의 상象이니 도倒로 생生하여 역逆으로 성成함이라 선천태극先天太極이니라.

귀서龜書는 기제旣濟의 수數이니 역逆으로 생生하여 도倒로 성成함이라 후천무극后天无極이니라.

오五는 중위中位에 거居하니 황극皇極이니라.

도圖와 용도龍圖는 하도河圖를 일컬음이다.

하도河圖의 이치는 우주 탄생의 기원과 만물의 생성되는 이치이므로 최초의 1을 찍음으로부터 시작한다.

최초의 1을 찍을 수 있다는 것은 그 이면에 이미 백지와 같은 0상이 있음을 인하여 1을 찍을 수 있다는 것이므로, 이러한 상象을 법하여 0상을 먼저 하고 1상을 나중으로 해서 010101의 제6위에 이르러 그 상象을 모두 이루니 곧 미제未濟의 상象이라, 이것은 0을 먼저 하고 1을 나중으로 하여 1상을 성한 것이므로 이것을 일부一夫가 이르시되 "先天太極선천태극"이라 하시니, 곧 후천이선천后天而先天이다. 그런데 만물은 제5위에 종終하고 굴신屈伸해 반反하고 도倒하는 상象이 있어서 그 상象이 거꾸로 나타나 이로부터 제6위位가 1위位가 되므로 곧 기제旣濟의 수數인지라 이것을 미제이기제未濟而旣濟라 한다.

서書와 귀서龜書는 낙서洛書를 일컬음이다.

〈圖書之理〉

| 河圖 | 洛書 |
|---|---|
| 圖, 龍圖, 생성生成 이치 | 書, 龜書, 상대성相對性 이치 |
| 先0後1, 010101, 未濟之象 | 先1後0, 101010, 旣濟之數 |
| 一夫 先天太極 后天而先天 | 一夫 后天无極 先天而后天 |
| 旣濟之數* 未濟而旣濟 | 未濟之象* 旣濟而未濟 |
| *만물萬物 제5위 종終 굴신屈伸 반도反倒 제6위 = 1위 | |

낙서洛書는 만물이 이미 생성되어 그 생성된 만물의 상대성 이치를 밝혀 놓은 그림이다. 만물이 이미 생성되었

다면 그중에 물물物物의 대칭상이 자연히 있어서 서로 보고 서로 호환해 교류하는 일들이 있다.

낙서洛書는 하도河圖의 결과인 1상을 체體로 삼아 1상을 먼저 하고 0상을 나중으로 해서 101010의 제6위에 이르러 순수한 0상相을 이루니 곧 기제既濟의 수數라 이것을 일부一夫가 이르시되 "后天无極후천무극"이라 하시니, 곧 선천이후천先天而后天이다. 그런데 만물은 제5위에 종終하고 굴신屈伸해 반反하고 도倒하는 상相이 있어서 그 상相이 거꾸로 나타나 이로부터 제6위位가 1위位가 되므로 곧 미제未濟의 상象인지라 이것을 기제이미제既濟而未濟라 한다.

도생역성倒生逆成과 역생도성逆生倒成을 논論한다.

생生은 내괘內卦인 생괘生卦요 성成은 외괘外卦인 성괘成卦다.

괘卦의 초효와 제2효와 제3효에 이르러 비로소 천지인天地人을 생生한다 하여 내괘內卦 또는 생괘生卦라 하고 이에 8괘卦가 열列한다.

괘卦의 제4효와 제5효와 제6효의 위位에 내괘內卦인 3재才의 8괘卦가 운행해 중重하여 제6위의 64괘에 만물의 상相을 모두 이루니 이것을 외괘外卦 또는 성괘成卦라 한다.

복희팔괘伏羲八卦는 1건乾 2태兌 3리離 4진震 5손巽 6감坎 7간艮 8곤坤의 순서로 생성된 괘卦이다.

| 〈戊位己位 上下義〉 |
|---|
| 1乾 2兌 3離 4震 5巽<br>6坤 7艮 8坎 9巽 10震<br>※ 伏羲八卦<br>1乾 2兌 3離 4震<br>5巽 6坎 7艮 8坤 |

이것을 무위戊位와 기위己位의 상하의 의義로써 배열하면 1건乾 2태兌 3리離 4진震 5손巽에 6곤坤이며 7간艮 8감坎 9손巽 10진震에 1건乾이다.

1건乾으로부터 10진震 1건乾의 위位에 상하의 의義가 나타나고 이로 인해 좌우의 의義도 따라서 자연히 나타나 서로 향하여 교交함이 있으니, 10,1건乾이며 9태兌2손巽이며 8,3리離이며 7손巽4태兌이며 6,5곤坤이며 7간艮4진震이며 8,3감坎이며 9진震2간艮에 다시 10,1건乾이라, 이것은 태음太陰과 태양太陽의 도道인 좌우의 의義로써 차례로 배열한 것이다. 차례로 배열함은 괘卦의 변화하여 나아가는 방향성이다.

〈太陰太陽 左右義〉

| | |
|---|---|
| 太陰 | 10,1乾 9兌2巽 8,3離 7巽4兌 6,5坤 |
| 太陽 | 6,5坤 7艮4震 8,3坎 9震2艮 10,1乾 |
| 倒 | 2巽3離4兌, 7艮8坎9震(坤→乾, 右旋) |
| 逆 | 9兌8離7巽, 4震3坎2艮(乾→坤, 左旋) |

도倒라는 것은 곤坤으로부터 건乾으로 향해 변變해 가는 괘卦의 방향성이요, 역逆이라는 것은 건乾으로부터 곤坤으로 향해 화化하여 가는 괘卦의 방향성이다.

곤坤의 내괘內卦인 생괘生卦를 체體로 하여 차제로 간艮 감坎 진震괘로 나아감에 그 양효陽爻만을 취하여 순수한 1상의 건乾괘를 생生함을 도생倒生이라 한다.

곤坤의 외괘外卦인 성괘成卦를 체體로 하여 차제로 진震 감坎 간艮괘의 방향으로 나아감에 이 또한 양효陽爻만을 취하여 순수한 1상의 건乾괘를 성成함을 역성逆成이라 한다.

이것은 생괘生卦와 성괘成卦에 모두 양효陽爻만을 취하여 전체가 순수한 1상을 성成한 것이니 이르되 "先天太極선천태극"이라 한다.

이로써 도생倒生하는 내괘內卦는 우선右旋하고 역성逆成하는 외괘外卦는 좌선左旋한다.

고로 만물의 생성生成과 움직임이 피차彼此와 내외內外가 서로 반대로 나타나는 것이니 이것을 일부一夫가 "極卽反극즉반"이라 하시다.

건乾의 내괘內卦인 생괘生卦를 체體로 하여 차제로 태兌 리離 손巽괘로 나아감에 그 음효陰爻만을 취하여 순수한 0상의 곤坤괘를 생生함을 역생逆生이라 한다.

건乾의 외괘外卦인 성괘成卦를 체體로 하여 차제로 손巽 리離 태兌괘의 방향으로 나아감에 이 또한 음효陰爻만을 취하여 순수한 0상의 곤坤괘를 성成함을 도성倒成이라 한다.

이것은 생괘生卦와 성괘成卦에 모두 음효陰爻만을 취하여 전체가 순수한 0상을 성成한 것이니 이르되 "后天无極후천무극"이라 한다.

이로써 역생逆生하는 내괘內卦는 좌선左旋하고 도성倒成하는 외괘外卦는 우선右旋함이니 이 또한 만물의 생성과 움직임이 이러함을 나타낸 것이다.

곤위지坤爲地를 체體로 하여 내괘內卦에 간감진艮坎震을 생生하여 7 8 9의 위位를 득得하며 외괘外卦에 진감간震坎艮을 성成하여 4 3 2의 위位를 득得함을 도생역성倒生逆成이라 한다.

건위천乾爲天을 체體로 하여 내괘內卦에 태리손兌離巽을 생生하여 9 8 7의 위位를 득得하며 외괘外卦에 손리태巽離兌를 성成하여 2 3 4의 위位를 득得함을 역생도성逆生倒成이라 한다.

이것은 모두 태양太陽과 태음太陰이 5곤坤과 10건乾의 중궁中宮 중위中位에서 도수度數를 일으킴에 성수成數가 생위生位가 되며 생수生數가 성위成位가 됨으로 인해 그 위位가 도치倒置되어 이러한 것이다.

이를 관하건대 곤위지坤爲地의 위位는 5,6굴신屈伸의 위位인 것이니 이로부터 도생역성倒生逆成하여 건위천乾爲天에 그 결실을 맺는 것이며, 건위천乾爲天의 위位는 10.1굴신屈伸의 위位인 것이니 역생도성逆生倒成하여 곤위지坤爲地에 그 결실을 맺는 것이다. 이것을 일부一夫가 이르시되 "包五含六포오함육 十退一進십퇴일진의 位위이니라." 하시다.

이러한 용도龍圖와 귀서龜書의 운행을 일부一夫께서 태양太陽과 태음太陰이라 하시니, 이것은 사상四象의 위位인 무위戊位와 기위己位에 만물의 상하운동을 밝히시며 태양太陽과 태음太陰에 만물의 좌우운동을 밝히신 것이다.

〈太陰太陽 生成〉

| 太陽 | 太陰 |
|---|---|
| 坤體 外卦 震坎艮 432位 逆成(左旋)<br>內卦 艮坎震 789位 倒生(右旋)<br>先天太極 | 乾體 外卦 巽離兌 234位 倒成(右旋)<br>內卦 兌離巽 987位 逆生(左旋)<br>后天无極 |
| 坤爲地位 5,6屈伸之位<br>倒生逆成 成乾爲天<br>包五含六之位 | 乾爲天位 10.1屈伸之位<br>逆生倒成 成坤爲地<br>十退一進之位 |

용도龍圖는 우주가 생성해 다시 근본에 합하는 이치를 순수한 0상이 순수한 1상을 이루는 과정을 들어서 밝히며, 귀서龜書는 이미 우주가 생성되어 하나로 합하여진 순수한 1상을 체體로 해 분分하여가서 순수한 0상을 이루는 과정을 들어서 밝히니, 자연히 그 중에 물물物物의 상대성이치가 나타남에 일부一夫께서 이러한 1상과 0상을 동시에 함께 갖추어 지어감은 인人이라 하여 황극皇極이라 하시고, 이로써 사람의 위位와 수數를 5라 하시며 이에 5의 위位는 천지天地의 체體와 용用을 동시에 함께 갖춘 황극皇極의 성품인지

라 이로써 중궁中宮의 중위中位에 배치해 이르시되 "五居中位오거중위 皇極황극이니라."라고 하신 것이다.

미제지상未濟之象은 010 101의 상象이니 이것은 없되 있는 상相이라 곧 무이유無而有다.

0 0 0의 곤체坤體가 양陽을 잉태하여 1 1 1의 상象을 극성極成한 상相이니 이것은 곤坤에서 건乾으로 향하여 분리된 수數가 하나로 합하여져 1,10의 위位에 순양純陽의 1과果를 성한 것이므로, 이르되 "先天太極선천태극"이라 한다.

그 위수位數의 배열이 5 6 7 8 9 10에 6 5 4 3 2 1이니 5,6위의 순음상純陰相인 0상의 곤坤괘를 체體로 하여 10무극无極의 위位에 건괘乾卦의 순양純陽 1태극太極의 과果를 성함이라, 이것을 이르되 "无極而太極무극이태극"이라 하는 것이니, 이에 5,6위의 0상은 다만 파장波長의 상相이며 10,1위의 1상은 그러한 파장波長의 그림자인 소자素子일 뿐인 것이다.

기제지수旣濟之數는 101 010의 수數이니 이것은 있되 없는 상象이라 곧 유이무有而無다.

1 1 1의 건체乾體가 음陰에 소消하여가서 0 0 0의 수數를 극성極成한 상象이니 이것은 건乾에서 곤坤으로 향하여 합일合一의 상象을 분리해 소消하여 가서 6,5의 위位에 순음純陰의 0과果를 성한 것이므로, 이르되 "后天无極후천무극"이라 한다.

그 위수位數의 배열이 10 9 8 7 6 5에 1 2 3 4 5 6이니 10,1위의 순양상純陽相인 1상의 건괘乾卦를 체體로 하여 5황극皇極의 위位에 곤순음坤純陰인 0무극无極의 과果를 성成한 것이라, 황극皇極의 위位에 무극无極을 이룬 것이므로 이것을 이르되 "皇極而无極황극이무극"이라 하는 것이니, 이에 10,1위의 1상은 하나의 소자素子이며 5,6위의 0상은 그 파장波長일 뿐이라 소자素子와 파장波長은 다르되 같은 것이다.

10,1은 합合의 극極이니 10이 제1위에 자리하여 드디어 제2위에 분分하여 가고, 5,6은 분分의 극極이니 5가 제6위에 자리하여 제7위에 합合하여 감이라, 이를 관하건대 10무극无極은 1건乾이니 무극이태극无極而太極이며 지덕地德이면서 천도天道요, 0무극无極은 5곤坤이니 5황극皇極의 위位에 곤순음坤純陰인 0무극无極의 과果를 성成한 것이라 황극이무극皇極而无極이며 천도天度이면서 지수地數인 것이니, 천도天道는 경임갑병庚壬甲丙이며 지덕地德은 2

4 6 8이며, 지수地數는 정을계신丁乙癸辛이며 천도天度는 9 7 5 3인 것이다.

같은 무극无極이되 10무극无極은 합合의 극종極終인 1태극太極이요 0무극无極은 분分의 극종極終인 5황극皇極인 것이니, 이른바 극極의 성품이란 것은 이미 모든 것을 다 이루고 갖춘 것이로되 가히 일물一物도 이룬 바가 없으며 얻은 바도 없으며 또한 얻을 바도 없는 성품인 것이니, 이것이 불가佛家에서 말하는 이무소득以無所得의 경지境地인 것이다.

용도龍圖와 귀서龜書의 행상에 순역지리順逆之理라 하지 않고 도역지리倒逆之理라 한 것은 온전히 괘卦의 상象으로써 관觀하여 논論한 연고다.

순역지리順逆之理는 상하上下의 위位를 정定함이며 도역지리倒逆之理는 좌우左右의 기氣의 흐름을 밝힌 것이니, 상하의 위位로써 좌우의 길을 밝히며 좌우의 행도行道로써 상하의 위位를 정定한다.

5는 주관主觀이며 10은 객관客觀이다.

우주의 광활한 객관적 상相을 색음色陰의 구우區宇라 하고, 이러한 객관적 상相이 나에게 이르러 받아들이는 경계를 수음受陰의 구우區宇라 하며, 받아들여 인식해 분별함을 상음想陰의 구우區宇라 하고, 인식해 분별해서 반영하여 드디어 행함을 행음行陰의 구우區宇라 하며, 이러한 색수상행음色受想行陰의 모든 행상이 모두 기억되는 암장暗藏의 경계를 식음識陰의 구우區宇라 한다. 이렇듯 제5위位의 식음識陰의 구우區宇가 모든 것을 다 기억하고 포함하나, 그러나 제5위位는 실로 허허虛虛한 공성空性인 0상의 위位이므로 0상은 곧 무극无極의 상相인 것이니, 식음識陰의 체體가 본래 이 5황극皇極의 허허虛虛한 공성空性인 줄 알면 이에 곧 즉시 0무극无極을 체달해 바로 황극이무극皇極而无極의 경지에 들어가게 된다.

이를 관하건대 이 우주의 끝과 시작은 곧 나로 인因함이니 그러나 제5위位의 성품은 본래 허허虛虛한 공空의 성품이므로, 제5위位의 황극성皇極性인 나라는 것은 본래 나라는 상相이 없음으로써 나를 삼은 것이다.

이렇듯 이미 5와 10이 하나라면 이것은 곧 주관과 객관이 하나라는 것이니, 이로써 관찰하는 주체를 5로도 할 수 있고 10으로도 할 수가 있는 것이다.

이에 5를 주관으로 하여 4상象을 관하면 5의 위位는 분分의 극極이므로 합合하여 나아가 1이 5에 합合함에 6이며, 2가 5에 합合함에 7이며, 3이 5에 합合함에 8이며, 4가 5에 합合함에 9에 극極한다. 10을 주관으로 하여 4상을 관하면 10의 위位는 합合의 극極이므로 이로부터 분分하고 허虛하여 10에 1을 허虛함에 9이며, 2를 허虛함에 8이며, 3을 허虛함에 7이며, 4를 허虛함에 곧 6에 극極한다.

그 주체를 파장波長의 장場인 5로써 하면 1,6과 2,7과 3,8과 4,9이니 각각의 위位의 성질을 합하면 7 9 11 13이라 이것은 파장波長의 장場인 5가 4상象에 합合하여 가서 진塵을 만들어 낸 상相이니 곧 미진행렬微塵行列의 상相이다. 이것은 0,1의 상相이다.

그 주체를 소자素子10으로써 하면 1,9와 2,8과 3,7과 4,6이니 각각의 위位가 10을 체體로 하여 대칭적 위位에 분리된 상相이라 이것은 각각의 위位에 소자素子10이 분分하여 무형파동無形波動의 상相인 파장波長을 만들어 낸 상相이다. 이것은 1,0의 상相이다.

비록 진塵과 파장波長이 각각 그 수가 합하여 40에 동수同數이나 그 주체를 5와 10중에 무엇으로 주체를 삼아 관찰하느냐에 따라 진塵과 파장波長의 다름이 있게 된 것이다.

소자素子의 소素는 작다는 의미가 아니라 전체를 싸고 머금은 근본적 한 점點인 원元의 개념을 뜻함이니, 전체를 포함包含한 고로 극대極大임과 동시에 한 점點의 수數일뿐이므로 극미極微라는 개념의 의미다.

0,1의 상象은 정중동靜中動이요 용도龍圖의 상象인 미제지상未濟之象이다.

1,0의 상象은 동중정動中靜이요 귀서龜書의 상象인 기제지수旣濟之數이다.

5황극皇極의 위位는 그 기氣가 허虛하여 실實하여 가고, 10무극无極의 위位는 그 기氣가 영盈하여 허虛하여 가는 상相이 있으므로 그 법상法相이 이와 같다.

〈용도龍圖와 귀서龜書의 행상行狀〉

| 龍圖 | 龜書 |
|---|---|
| 5主管 4象觀 : 5位 분극分極(파장波長) ⇒ 合而之 | 10主管 4象觀 : 10位 합극合極(소자素子) ⇒ 分而虛 |
| 1,6 2,7 3,8 4,9 = 7 9 11 13 미진행렬微塵行列 | 1,9 2,8 3,7 4,6 = 각위 10 = 무형파동無形波動 |
| 0,1상 = 정중동靜中動 = 미제지상未濟之象 | 1,0상 = 동중정動中靜 = 기제지수旣濟之數 |
| 5황극위皇極位 기허氣虛 實而之 | 10무극위無極位 기영氣盈 虛而之 |

경도經度는 상하의 분分이니 수數의 2이며 위도緯度는 좌우의 기氣의 움직임이니 수數의

7이다. 하도河圖에 상하의 경도經度는 1이 2분한 것이며 좌우의 위도緯度는 3과 4이니 합하면 7이라 이로써 위도緯度는 수數의 7이 되는 것이다.

태음太陰과 태양太陽은 위도緯度의 상대적 위치와 운행을 밝힌 것이니, 이로써 태음太陰과 태양太陽이 위도緯度에 운행함에 그 상대 위치에 1,7도의 차가 발생한다.

1 2 3의 3재才가 합일合一함에 곧 6이며 중中5의 내가 최초의 천天1에 합하여 통通함에 또한 6이니, 6은 천지인天地人이 비로소 합하여 만물의 형상을 내는 시작점이라 이로부터 형질形質의 세계가 형성되기 시작한다.

이것을 괘卦의 위位로써 관하건대 괘卦의 내괘內卦는 3재才의 위位이니 합일合一함에 6이요, 합일合一된 6을 체體로 하여 외괘外卦의 초효를 제1위로 삼아 다시 시작하므로 자연히 1,7도의 차가 발생한다.

내괘內卦의 위位는 1 2 3이니 그 합은 6이다.

외괘外卦의 위位는 4 5 6이니 그 합이 15다.

이로써 외괘外卦를 다 성하고 제6효의 위位에서 다시 시작하는 후천의 도수度數는 15황극이무극皇極而无極의 위位인 것이니, 곧 중궁中宮의 중위中位에서 그 도수度數를 계計하여 시작함이 된다.

5황극皇極의 위位는 순수한 0상의 위位라 다만 굴신屈伸하므로 이르되 "包五含六포오함육의 位위"라 하고, 10무극无極의 위位는 순수한 1상의 위位라 이 또한 다만 굴신屈伸하므로 이르되 "十退一進십퇴일진의 位위"라고 한다.

포오함육包五含六의 위位는 무위戊位의 5손巽 6곤坤의 위位이며 십퇴일진十退一進의 위位는 기위己位의 10진震 1건乾의 위位이다.

태음太陰은 포태양생성胞胎養生成의 위位에 공간방위의 개념을 형성한다.

태양太陽은 포태양생생성胞胎養生生成의 위位에 시간이라는 개념을 형성한다.

태양太陽의 생위生位인 병인丙寅과 임인壬寅에 그 대칭의 의義를 내는 것은 만물이 생生한 연후에야 비로소 대칭의 개념이 생生하는 연고다. 이로써 공간의 위位는 5이며 시간의 위位는 6이 되어서 5가 6을 여의지 않으며 6이 5를 여의지 않으니 이것을 포오함육包五

含六의 위位라 한다.

또 관찰하건대 3재才가 10방方을 승乘하면 30이니 태음월太陰月의 도수度數가 이를 법하며, 3재才가 12시時에 흐르면 36이니 태양일太陽日의 도수度數가 이를 법한다.

1 2 3 4의 위位에 1은 천天이며, 4는 지地이며, 2,3을 인人으로 관觀함은 3재才의 도道이며 이것을 상대적으로 관觀함은 4상相의 상象이다.

고로 천天1은 1이며, 지地2는 4이며, 인人3은 5이니, 천지인天地人을 구조적으로 합하면 6(1+2+3=6)이며 상대적으로 합하면 10(1+4+5=10)인 것이다. 이로써 만물이 천지인天地人 3재才를 모두 이룸에 6과 10이요, 이것을 체體로 하여 그 체體를 허虛하고 7과 1에서 다시 시작함은 선천이며, 6과 10의 체體를 그대로 굴신屈伸해 쌍조雙照하여 다시 시작함은 후천이다.

〈1,7 상대성相對性과 포오함육包五含六〉

| 1,7 상대성相對性 | 포오함육包五含六 |
|---|---|
| 경도經度 : 상하上下의 분分 2, (하도河圖 1,2)<br>위도緯度 : 좌우左右의 기氣 7, (하도河圖 3,4)<br>– 태음太陰 태양太陽 운행에 1,7도 차差 발생<br>– 삼재三才 합일合一(1+2+3)=6, 中5+天1=6<br>– 형질세계形質世界 형성 시작<br>⇒ 외괘外卦 초효初爻 제1위 재시작(1,7도 차差) | 외괘위外卦位 4 5 6 합合15<br>후천后天 : 15皇極而無極 中宮(5)中位(10) 시작<br>– 5皇極 : 순수0, 包五含六, 戊位 5巽6坤<br>– 10無極 : 순수1, 十退一進, 己位 10震1乾<br>태음太陰 : 胞胎養生成 5空, 太陰月 30도(3×10)<br>태양太陽 : 胞胎養生生成 6時, 太陽日 36도(3×12) |
| 삼재三才 構造的, 天1 地2 人3 合1+2+3=6<br>사상四象 相對的, 天1 地4 人2,3 合1+4+5=10 | 선천先天 6,10 체허體虛 7,1 재시작<br>후천后天 6,10 굴신屈伸 6.10 재시작(6己1, 10丑1) |

용도龍圖의 리체理體는 없되 있는 상象이니 무이유無而有이며, 미제未濟의 상象이며, 0,1소양少陽의 상象이며, 0을 체體로 하여 1상의 과果를 얻으니 곧 무시이래無始以來의 1인 선천태극先天太極이다.

최초의 전일全一한 1선線의 1상이 0상에 세 번 꺾여 4방을 성하고 네 번 꺾여 다시 최초의 제1위가 되므로 자연히 4방의 중中인 공상空相은 제5위가 된다. 이에 최초의 제1위가 제5위의 공상空相에 합하니 곧 제1위이면서 제6위가 되고, 이로부터 제2위는 제7위이며, 제3위는 제8위이며, 제4위는 제9위이며, 제5위의 공상空相은 제10위가 되므로, 제

5위와 제10위가 중궁中宮의 중위中位에서 합하여 하나가 되는지라 이것을 또한 십오일언十五一言이라 한다. 이에 다시 최초의 제1위가 제10위의 중위中位에 합하니 곧 11위이면서 최초의 제1위가 되는지라 이것을 십일일언十一一言이라 한다. 그러므로 십일일언十一一言이란 것은 11차원이 곧 1차원임을 나타낸다.

〈십오모형도十五模型圖〉

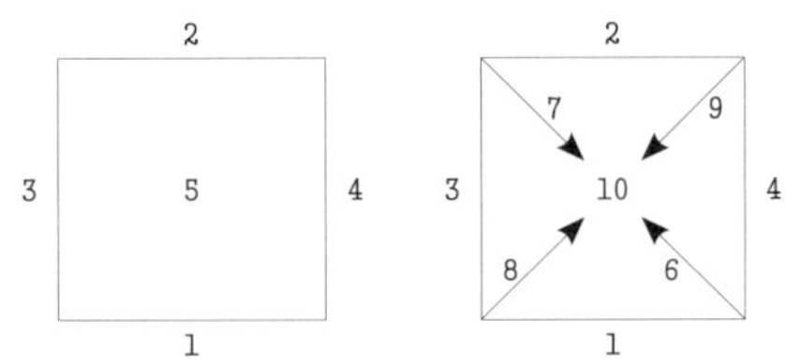


4방을 이룸에 위位의 1 2 3 4 차제次第는 생위生位의 4방이라 분分의 극極에 곤체坤體를 성하며, 6 7 8 9 차제次第는 성위成位의 4방이라 합合의 극極에 건체乾體를 성하니, 곧 중궁中宮 중위中位의 5와 10이다.

중궁중위中宮中位는 인중人中 황극皇極의 위位이니 건곤乾坤 천지天地가 인중人中에 회會하여 하나이므로, 인중人中의 당금當今 1념念은 곧 건곤乾坤의 도道와 덕德을 이미 동시에 갖추고 있는 법성法性의 근본체根本體인 것이다.

1상의 양陽은 5곤坤의 0상을 체體로 하여야 비로소 동動하고 행行하여 그 용用을 발현할 수 있는 것이니, 이로써 만물이 6 7 8 9 10에 도생倒生하여 합하고 5 4 3 2 1에 역성逆成하여 합해서 0상을 인해 1상의 순양純陽인 10,1 건천乾天을 성함이 되는지라 이것을 이르되 "先天太極선천태극"이라 한다.

이것은 생위生位와 성위成位의 수數의 배열이 6,5 7,4 8,3 9,2 10,1이 됨이니 이르되 "屈伸之道굴신지도"라 하고, 이에 각위가 서로 합함에 11의 수數를 얻으니 이것을 후천에서의 선천지행先天之行이라 한다.

후천에서의 선천을 괘상卦象으로써 논論하건대, 선천은 순음純陰 5,6곤坤을 체體로 해 간감진艮坎震에 도倒하여 내괘內卦를 생하니 지천태地天泰요, 진감간震坎艮에 역逆하여 외괘外卦를 성하니 곧 건위천乾爲天이다.

도생倒生은 간감진艮坎震에 7 8 9의 위位이며 역성逆成은 진감간震坎艮에 4 3 2의 위位인지라, 각각의 괘卦에 양효陽爻만을 취하여 감에 최초에 소과小過괘이며 감수坎水에 대과大過괘이며 마지막 산뢰이山雷頤에 건천乾天괘이니, 이것은 0상을 체體로 해 순수한 1상을 성成

함이라 이르되 "先天太極之一선천태극지일"이라 한다.

이것을 괘변卦變의 위位로써 나열을 하면 지산겸地山謙 지풍승地風升 지천태地天泰 뇌천대장雷天大將 택천쾌澤天夬 건위천乾爲天이다.

이것은 태양太陽의 행도行道인데 6자子 행렬의 상相이 간감진진감간艮坎震震坎艮으로 향해 가서 건도乾道를 성한 것이므로 0상이 1상으로 되는 과정의 방향성을 나타낸다. 곤坤이 건乾의 각 효爻의 위位를 얻어서 건乾을 성한 것이니 본래 오고 감이 아니며 다만 그 위位에 서로 음陰과 양陽을 교역交易한 상相인 것이니, 본래 법이 이러하여 위무위爲無爲인 것이다. 차후에 태음太陰의 행도行道는 이러한 법칙을 따른다.

〈后天 先天之行〉

| | | 雷天大將 ䷡ | 澤天夬 ䷪ | 乾爲天 ䷀ | | |
|---|---|---|---|---|---|---|
| | 5 | 4 | 3 | 2 | 1 | |
| 逆成 | ䷁ | 震 ☳ | 坎 ☵ | 艮 ☶ | ䷀ | 先天太極之一 太陽行道 |
| 倒生 | | ☶ 艮 | ☵ 坎 | ☳ 震 | | |
| | 6 | 7 | 8 | 9 | 10 | |
| | | 地山謙 ䷎ | 地風升 ䷭ | 地天泰 ䷊ | | |

河圖

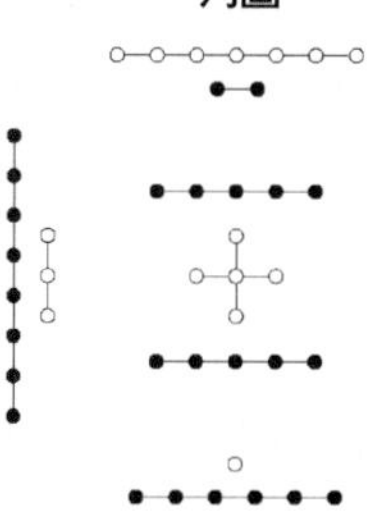

용도龍圖는 1북北 2남南하여 2경經의 의義를 세우고 3동東 4서西에 4방方과 7위緯를 밝히며 4방方과 9세世의 중위中位에 5와 10을 두어서 만물의 중中을 세운다.

연然이나 7의 위位는 본래 위도緯度라 서西에 있어야 하거늘 오히려 남南에 자리하고 9의 위位는 본래 1선線 상의 경도經度라 남南에 있어야 하거늘 오히려 서西에 자리하니, 이것은 만물이 생성됨에 만물의 생성 위位와 그 만물의 대칭적 위位에 자연히 위치의 변화가 있어서 7의 위位가 4서西에 입入하고 9의 위位가 2남南으로 귀歸함이 자연한 것이니, 이것이 금화교역金火交易의 연유緣由인 것이다.

금화교역金火交易이란 것은 소양사상팔괘차서素陽四象八卦次序를 의하건대, 9건乾과 2리離가 서로 중中을 득하여 2천天과 9리離가 되며 7감坎과 4곤坤이 서로 중中을 득하여 4감坎과

〈4927 相交中〉

| 구분 | 素陽次序 | 作用 | 一夫八卦 |
|---|---|---|---|
| 4927 相交中 | 2離+9乾 ☲ ☰ | 得乾中 | 2天+9離 ☰ ☲ |
| | 7坎+4坤 ☵ ☷ | 得坤中 | 7地+4坎 ☷ ☵ |

7지地가 됨이니, 9,2의 위位는 2리離가 건乾의 중中을 얻은 것이라 건乾의 기氣가 영盈한 것이며 7,4의 위位는 7감坎이 곤坤의 중中을 얻은 것이라 그 수數가 허虛한 것이니, 이것을 법하여 일부一夫가 이르시되 "庚金九而氣盈경금구이기영이요 丁火七而數虛정화칠이수허"라 하였다. 이렇듯 9리離가 2천天의 경經에 정위正位하여 18계界를 성하며 4감坎이 7지地의 위緯에 정위正位하여 28수宿를 성하여서 바르게 운행하니, 이에 비로소 경도經度와 위도緯度가 바르게 서고 바르게 운행되는 것이다.

건乾은 순수한 1상이니 기氣가 영盈한 것이요 곤坤은 순수한 0상이니 수數가 허虛한 것이니, 기氣가 영盈하면 반드시 소消하고 수數가 허虛하면 반드시 장長하여 가는 것이다.

〈后天 己位戊位 運行〉

| | | | | | | |
|---|---|---|---|---|---|---|
| 政令 | 己 | 庚 | 壬 | 甲 | 丙 | 度順道逆 |
| | 1 | 2 | 4 | 6 | 8 | 氣盈而消 |
| 呂律 | 戊 | 丁 | 乙 | 癸 | 辛 | 度逆道順 |
| | 10 | 9 | 7 | 5 | 3 | 數虛而長 |

기己10건乾이 제1위에 자리하여 차제로 경임갑병庚壬甲丙이 2 4 6 8의 위位에 자리함은 기氣가 영盈하여 소消하여 가는 상相의 위位이며, 무戊5곤坤이 제10위에 자리하여 차제로 정을계신丁乙癸辛이 9 7 5 3의 위位에 자리함은 수數가 허虛하여 장長하여 가는 상相의 위位다.

기己의 궁宮이 제1위가 된다는 것은 기己는 선천의 제6위이며 선천의 제6위는 후천의 제1위인 연고이니, 이것은 만물이 제5위에 극極하고 제6위에 그 반상反相으로 나타남을 인함이라, 이것으로 후천의 제1위를 삼음에 곧 기己의 궁宮이요 이로부터 차제로 하여 가서 제10위에 무戊의 궁宮이므로 이것이 기己1과 무戊10의 위位가 되는 연고다.

이로부터 기위己位의 과체果體인 건乾은 무위戊位를 정령政令하여 도度에 순順하여감에 경임갑병庚壬甲丙에 2 4 6 8이며, 무위戊位의 과체果體인 곤坤은 기위己位를 여율呂律하여 도度에 역逆하여 감에 정을계신丁乙癸辛에 9 7 5 3이라, 무위戊位와 기위己位가 서로 순順하고 역逆하여 순順과 역逆에 동시에 행하여 가는지라 각위가 순順과 역逆에 십일귀체十一歸體하는 상相이 자연한 것이다.

귀서龜書의 리체理體는 있되 없는 상象이니 유이무有而無이며 기제旣濟의 수數이며 1,0소음

少陰의 상象이며 1을 체體로 하여 0상의 과果를 얻으니 곧 후천무극后天无極의 상象이다.

洛書

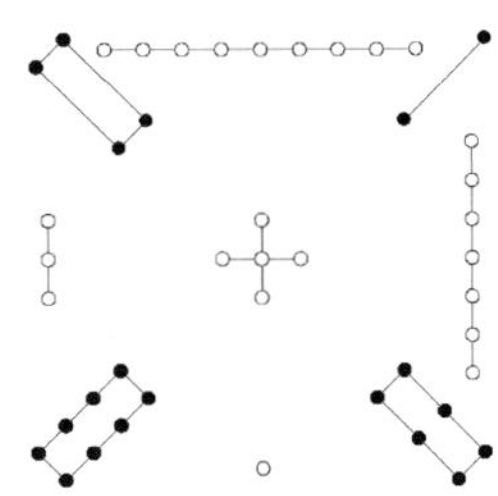

귀서龜書를 관觀함에 용도龍圖가 이미 천지天地의 체體인 1,4와 지천地天의 용用인 2,3을 합하여 10에 하나를 이루니, 귀서龜書는 이로부터 이러한 합合의 극極인 10을 체體로 하여 그 체體를 분소分消해 9 8 7 6에 역逆하고 1 2 3 4에 도倒하여 가서 제5위의 중궁에 귀歸하여 0상象을 이루니, 이것은 우주 전체인 10의 장場 내內의 상대적 작용이라 이로써 이곳이 진進하면 저곳은 반드시 퇴退하며 이곳이 퇴退하면 저곳은 반드시 진進하여 가는 상대성의 작용이 있게 된 것이니, 이에 1,9 3,7의 대칭의 양수陽數와 2,8 4,6의 대칭의 음수陰數가 20과 20에 평형하여 우주의 부증불감不增不減하는 이치를 나타내므로, 이미 상대적 진퇴進退의 상相이 있다면 그 형질形質은 있는 것이로되 그러나 그 상대적 기氣의 양量은 항상 0인 것이다.

10에서 6으로 향함과 1에서 5로 향하는 길은 분分하여가는 위치의 방향성을 나타낸다. 9 8 7 6과 1 2 3 4에 분分하고 분分하여 가서 분分의 극極인 중中5의 위位에 허허虛虛한 공상空相의 곤지坤地를 이루니, 이것은 9로부터 5까지가 제5위이며 1로부터 5까지가 또한 제5위라 그 제5위의 위位를 잡아서 이르되 "皇極황극"이라 하고, 모두 합合함에 10이라 그 합合한 수數를 잡아서 "无極무극"이라 함이니, 이에 이것을 "皇極而无極황극이무극"라 한다.

제5위의 중中10을 각 상대적 방위에 분열하여 5를 중中으로 해서 1북 9남 2서남 8동북 3동 7서 4동남 6서북에 수數를 배열하니, 이중에 진進하고 퇴退하는 상相이 자연함에 이르되 "進退之政진퇴지정"이라 하고, 각각 대칭의 합合한 위位가 10수數를 얻으니 이르되 "无極무극"이라 한다.

이로써 중中5의 주관적 상相인 나라는 상相을 허虛함에 곧 10무극无極의 경지가 황홀恍惚하고 이러한 중中10이 각 방위에 분열한 객관적 수數를 모두 허虛함에 곧 5황극皇極이

홀로 소소昭昭하다. 이렇듯 주관과 객관을 모두 허虛함에 참 나인 10무극无極과 5황극皇極이 스스로 소소昭昭한 것이다.

수數의 10은 우주의 천지체용天地體用을 모두 머금어 하나가 된 순수한 1상의 우주 절대성의 장藏이다.

홀연히 이곳에 1을 수數하여 허虛하니 9의 그림자가 나타나고 내지는 4를 허虛하니 6의 영影이 나타나며, 이에 5를 허虛함에 5의 영影인지라 제5의 위位는 체體와 영影이 5의 수數에서 동일한 순수한 0상을 이룬 곤지坤地의 절대성의 위位이며 만물이 상대성의 위位에 극極하여 절대성을 이룬 위位가 된다. 절대성은 상대적 대칭의 상相이 없어서 다만 제자리에서 굴신屈伸할 뿐이니, 이로부터 5를 굴屈함에 곧 6이며, 4를 굴屈함에 곧 7이며, 내지는 1을 굴屈함에 곧 10인지라, 이에 1과 10이 동체가 되어서 다시 10을 나타냄에 곧 1이며, 9를 나타냄에 곧 2이며, 내지는 6을 나타냄에 곧 5이며, 이에 다시 5에 굴屈함에 곧 6이라, 상대성 위位의 허虛하고 실實함은 진퇴進退의 상相이니 귀서龜書가 이를 법法하고, 절대성 위位의 굴屈하고 신伸함은 굴신屈伸의 도道이니 극도極圖가 이를 법法한다.

| 상대성相對性 進退之相 龜書法 | | | | | | 절대성絕對性 屈伸之道 極圖法 | | | | | | | | | | |
|---|---|---|---|---|---|---|---|---|---|---|---|---|---|---|---|---|
| 數(進) | 1 | 2 | 3 | 4 | 5 | 屈 | 5 | 4 | 3 | 2 | 1 | 伸 | 2 | 3 | 4 | 5 | 6 |
| 影(退) | 9 | 8 | 7 | 6 | 5* | 伸 | 6 | 7 | 8 | 9 | 10 | 屈 | 9 | 8 | 7 | 6 | 5 |

*5곤坤 絕對性位 屈伸作用

이를 관하건대 용도龍圖는 선천의 선천이니 천문天文이며, 귀서龜書는 선천의 후천임과 동시에 후천의 선천이니 지리地理이며, 극도極圖는 후천의 후천이니 인도人道인 것이다.

5,6의 위位는 귀서龜書의 과果임과 동시에 용도龍圖의 인因이며 10,1의 위位는 용도龍圖의 과果임과 동시에 귀서龜書의 인因인 것이니, 서로 인과因果가 되어서 과果와 인因이 원융圓融하여 다함이 없는 것이다.

괘卦로써 관하건대 10,1의 위位는 귀서龜書의 인위因位이니 이로부터 10,1건乾을 체體로 하여, 9태兌 8리離 7손巽에 역逆하여 가서 그 음효陰爻만을 취해 내괘內卦를 생함에 천지비

天地否이며, 2손巽 3리離 4태兌에 도倒하여 가서 이 또한 음효陰爻만을 취해 외괘外卦를 성함에 각각 6,5의 위位에 곤괘坤卦를 성하니 곧 곤위지坤爲地의 순수한 공상空相을 이룬다.

역생逆生은 태리손兌離巽에 9 8 7의 위位이며 도성倒成은 손리태巽離兌에 2 3 4의 위位이니, 각각의 괘卦에 그 용효用爻인 음효陰爻만을 취함에 중부中孚, 리화離火에 이頤, 대과大過에 곤지坤地이므로 곧 그 상象이 후천무극지공后天无極之空이 된다.

이것을 괘변卦變의 위位로써 나열을 하면 천택리天澤履 천뢰무망天雷无妄 천지비天地否 풍지관風地觀 산지박山地剝 곤위지坤爲地이다.

〈后天 后天之行〉

|  |  | 風地觀 ䷓ | 山地剝 ䷖ | 坤爲地 ䷁ |  |  |
|---|---|---|---|---|---|---|
| 倒成 | 1 | 2 | 3 | 4 | 5 | 后天无極之空<br>太陰行道 |
|  | ䷀ | 巽<br>☴ | 離<br>☲ | 兌<br>☱ | ䷁ |  |
| 逆生 |  | ☱<br>兌 | ☲<br>離 | ☴<br>巽 |  |  |
|  | 10 | 9 | 8 | 7 | 6 |  |
|  |  | 天澤履 ䷉ | 天雷无妄 ䷘ | 天地否 ䷋ |  |  |

최초의 1점點과 0점點을 찍기 이전의 0과 1은 다만 순수純粹한 0과 1의 절대성絶對性인 것이니 곧 우주의 근원根源이다.

순수純粹한 0에 0상象은 분별分別을 일으키면 그 분별分別은 곧 1상象이요 순수純粹한 1에 1상象은 분별分別을 일으키면 그 분별分別은 곧 0상象이다.

이로 인해 상대적 상象과 수數가 나타나고 음양陰陽과 사상四象과 팔괘八卦와 육십사괘六十四卦와 내지는 무량수無量數의 상대적 대칭의 상象과 위位가 나타나 그 법칙을 따르니 이것이 곧 우주의 기원起源인 것이다.

고로 최초의 분별分別을 멸滅해 다하면 다만 순수純粹한 0이며 순수純粹한 1일뿐이니, 이러한 0과 1은 순수성純粹性에서 같은지라 1과 0이 하나임을 상像하여 10이라 한 것이니 이것이 곧 우주의 근원根源인 것이다.

이러히 우주가 무량無量 무수無數이나 다만 모두 10수數 내에 있을 뿐이라 위位와 수數는 10에 그쳐 다하는 것이다.

〈순수純粹 1,0과 우주宇宙의 기원起源〉

| | | | | | | | | | | | | | | | | | |
|---|---|---|---|---|---|---|---|---|---|---|---|---|---|---|---|---|---|
| 순수純粹 절대성絕對性 | | | | | | | 0 | | 1 | | 우주근원宇宙根源 10數 | | | | | | |
| 최초最初 1점點(분별分別*) | | | | | | | 1 | | 0 | | | | | | | | 兩儀一太極 |
| | | | | | 1 | | 0 | | 1 | | 0 | | | | | | 四象 |
| | 1 | | 0 | | 1 | | 0 | | 1 | | 0 | | 1 | | 0 | | 八卦 |
| | ⋮⋮ | | ⋮⋮ | | ⋮⋮ | | ⋮⋮ | | ⋮⋮ | | ⋮⋮ | | ⋮⋮ | | ⋮⋮ | | ⋮⋮ |
| | 1 | 0 | 1 | 0 | 1 | 0 | 1 | 0 | 1 | 0 | 1 | 0 | 1 | 0 | 1 | 0 | 無量數 |

* 최초最初의 분별分別을 멸滅해 다하면 순수純粹 1,0

음陰은 퇴退하여 분分하고 양陽은 진進하여 합合하는 상相이 있다.

1로부터 제5위는 5이며 10으로부터 제5위는 6이니 이로써 제5위의 중궁中宮은 5와 6이 되고, 이것은 1에서 5로 향하며 10에서 5로 향한 퇴退의 상相이라 고로 5와 6은 곧 분分의 극極이 된다. 5와 6이 제5위에서 같은 분分의 극極인지라 자연히 굴신屈伸의 도道가 있는 것이니, 이로부터 굴신屈伸하여 다시 10으로 향함에 곧 진進의 상相이라 이에 1과 10은 곧 합合의 극極이 된다.

〈우주宇宙의 근원根源 5와 10〉

| 음陰 : 퇴退, 분分 양陽 : 진進, 합合 | | | | |
|---|---|---|---|---|
| 1<br>합극合極 | 退 ⇒<br>⇐ 進 | (5位)5,6屈伸<br>분극分極 | ⇐ 退<br>進 ⇒ | 10<br>합극合極 |
| | | 기허0氣虛空 | 전1기全一氣 | |

5, 10 : 4상象, 4원元(1234, 6789)의 근본해根本海

제5위는 분상分相의 극極인 5와 6이니 비록 유有와 무無의 상대적 대칭이 있는 것 같으나 모두 제5위의 공상空相이므로 그 기氣의 양量은 항상 허허虛虛한 0이다. 10은 합상合相의 극極인 하나이니 유有와 무無의 상대적 대칭이 없는 동시성인지라 상相은 없으되 전체가 차 있는 전일全一한 1기氣이다. 고로 5와 10은 우주의 근원根源이니 4상象과 4원元의 근본해根本海라 할 수 있다.

제5의 위位와 상象은 분分의 극極이니 1념念의 멸상滅相이며 순수한 0상이라 이러한 순수한 0상을 인식해 5를 수數함에 곧 6이다. 제10의 상象과 위位는 합合의 극極이니 1념念의 기상起象이며 순수한 1상이라 이러한 순수한 1상을 인식해 10을 수數함에 곧 1이다. 이러한 5와 10을 스스로 인식해 분별함은 인人의 작作하는 바라 고로 중궁중위中宮中位의

5와 10은 곧 인人의 위位와 궁宮이 된다.

4방의 중궁中宮인 공상空相은 일념의 멸상滅象을 법한 제5위位의 공상空相이니 곧 5곤坤의 상象이다. 이러한 공상空相에 1 2 3 4의 위位가 반영해 6 7 8 9의 영影이 나타남이니 이 또한 제5위位에 이르러 10을 성하고 중궁中宮에 합하는지라, 이로써 5와 10은 중궁中宮의 중위中位에서 하나인 것이다.

순수한 1상의 10건乾을 성하여 체득하고 인식해 연기緣起하여 다시 수數하여 가면 10,1 9,2 8,3 7,4 6,5의 위位에 순수한 0상의 5곤坤을 성하며, 다시 인식해 연기緣起하여 가면 5,6 4,7 3,8 2,9 1,10에 순수한 1상의 10건乾에 귀歸하므로, 각위가 굴신屈伸의 도道에 운행해 십일귀체十一歸體하는지라 이로써 우주의 법상法相을 다함이 된다.

탄허呑虛 대종사께서 이르시길 "一中一切일중일체 多中一다중일"이라 하시니 곧 함용의含容義라 제5위의 순수한 0상이며, 의상義湘 조사께서 이르시길 "一卽一切일즉일체 多卽一다즉일"이라 하시니 곧 상즉의相卽義라 제10위의 순수한 1상을 의미한다.

우주의 중中은 5와 10이며 5와 10은 절대의 0상과 절대의 1상이다.

절대성은 존공尊空의 위位이며 무위無爲의 장場이다. 이로써 5와 10을 존공尊空함에 우주는 1,9 3,7과 2,8 4,6에 음陰과 양陽의 수가 20과 20에 평형하여 부증불감不增不減한다. 이렇듯 5와 10이 존공尊空됨을 인하여 그 대칭의 위位에 상대적 진퇴進退의 수數와 상相이 자연히 나타나고, 이에 상대적 진퇴進退의 수數인 1,9와 3,7과 2,8과 4,6의 상대적 합수인 10수數가 모두 중궁中宮의 5를 중中으로 하여 15가 되어 10과 5가 하나가 됨을 밝히니 곧 귀서龜書의 의義다.

이러한 5와 10은 절대성이라는 성품에서 같음이 되고 이로써 존공尊空이 되며 이로써 무위無位인 것이니, 이것을 다만 그대로 두면 무위자연無爲自然이로되 인식하는 관찰자로 인해 연緣이 일어나고 6과 1에 굴신屈伸의 작용이 나타나 행行하여 가는 상相이 있게 됨이라. 이렇듯 행行하여감에 객관과 주관의 위位와 수數가 모두 11에 같음이 되어서 십일귀체十一歸體하고 이에 서로 체體와 용用이 되어서 운행하여 가니 곧 십십행도十十行道에 곧 일일一一이라, 이에 태음太陰의 월극도수月極度數가 귀서龜書를 법하며 태양太陽의 일극도수日極度數가 용도龍圖를 법하니, 이로써 만물이 정위正位해 중위정역中位正易하므로 이에 이것을 법하여 그려낸 것이 곧 극도極圖이다.

하도河圖가 5원元이 생성되는 과정을 밝힌 것이라면, 낙서洛書는 생성된 5원元을 8방方 9궁宮에 분열分列하여 물物의 상대성 이치를 밝힌 것이며, 극도極圖는 5원元의 생성과 상대성을 회會하여 전체와 물물物物이 모두 굴신지도屈伸之道에 십십일일지공十十一一之空임을 밝힌 것이다.

〈하도河圖 · 낙서洛書 · 극도極圖〉

| 河圖 | 5 분극分極, 滅相=純粹0相, 수數5=6<br>10 합극合極, 起相=純粹1相, 수數10=1<br>1234位 + (제5위)5坤 ⇒ 6789影 (제5위)10乾 | 5원元 생성生成<br>(中宮5, 中位10 人位宮) |
|---|---|---|
| 洛書 | 절대絶對0상相 5와 절대絶對1상相 10 존공尊空<br>1,9 3,7 2,8 4,6 陰陽 20 20 平衡 不增不減<br>상대相對 합수合數10과 중궁中宮5가 하나(15) | 상대성相對性 이치理致<br>(8방方9궁宮) |
| 極圖 | 10,1 9,2 8,3 7,4 6,5 太陰 月極度數(龜書)<br>5,6 4,7 3,8 2,9 1,10 太陽 日極度數(龍圖)<br>십일귀체十一歸體 중위정역中位正易 | 生成과 相對性 회會<br>屈伸之道<br>十十一一之空 |

10과 5를 존공尊空한다는 것은 일념一念의 한번 일어났다 한번 꺼졌다 함이 마치 해수海水의 파도와 같아서 만변萬變해 가지가지 형태를 갖춤이나, 그러나 본래 모두 해수海水의 한맛인지라 법상法相이 본래 이러하여 기멸상起滅相이 본래 공空하여 가히 기起한 바도 없고 가히 멸滅한 바도 없으며 가히 얻을 바도 없어서, 항상 한맛이로되 파도는 능히 만변萬變하는지라 일체 만물에 뛰어나되 또한 일체 만물을 등짐도 아니니 모든 만물 중에 이 보다 더 존귀尊貴함이 없을새, 이것을 이르되 "尊空존공"이라 한다. 고로 열반경涅槃經에 이르시되 "諸行제행이 無常무상하니 是生滅法시생멸법이라 生滅생멸이 滅已멸이면 寂滅적멸이 爲樂위낙이니라." 하시니 이에 적멸寂滅은 무위無位이며 위낙爲樂은 무위無爲의 만행萬行이다.

河圖

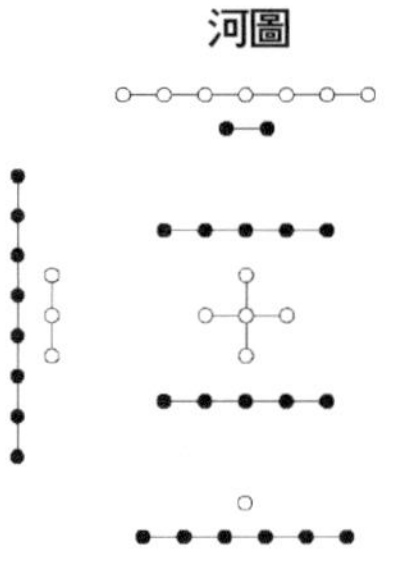

1로부터 10까지의 위位와 수數에 1 2 3 4 5의 위位는 천양天陽의 구역이며 선천의 위位이다. 6 7 8 9 10은 지음地陰의 구역이며 후천의 위位이다.

만물이 생성되는 이치를 밝힌 하도河圖의 수數는 1,6북방이며, 2,7남방이며, 3,8동방이며, 4,9서방이며, 5,10중궁이다.

만물이 생성되면 자연히 상대적 대칭의 위位가 나타난다. 이에 낙서洛書 9궁은 만물의 상대성 대칭의 이치를 밝힌다.

洛書

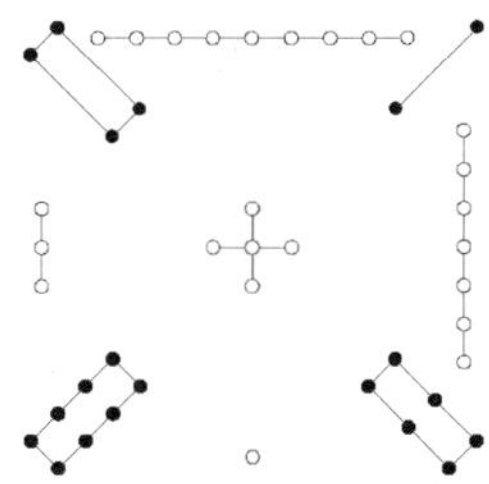

낙서洛書9궁에 하도河圖의 수數를 대칭으로 배열하면 5는 만물의 중中이며 순수한 0상의 절대성이라 중궁中宮에 거居한다. 10은 우주전체가 하나인 순수한 1상의 절대성이라 곧 중궁中宮의 중위中位에 거居한다. 이것은 모두 상대적 대칭의 위位가 아니므로 중궁中宮에 거居하여 존공尊空되는 상相이 있다. 이에 1북 9남 3동 7서이며 2서남 4동남 6서북 8동북이니 이것은 생성위生成位와 대칭위對稱位에 2,7화火가 서방의 금향金鄕에 향向하며 4,9금金이 남방의 화향火鄕에 입入한 것이라, 이에 금화교역金火交易의 이치가 그중에 자연한 것이다.

양陽이 양陽의 위位에 위位하면 순수한 1상이며 음陰이 음陰의 위位에 위位하면 순수한 0상이니 그 위位에 불역불변不易不變이요, 0이 1에 위位하거나 1이 0에 위位하면 음陰과 양陽이 서로 잡雜한 것이니 그 위位에 가역可易의 변變이 있어서, 그 행도行道의 법상法相도 또한 이와 같은 것이다. 이것은 양陽의 구역에 1 3 5는 불변不變이며 2 4는 가역可易이며, 음陰의 구역에 10 8 6은 불변不變이며 7 9는 가역可易임을 나타낸다.

낙서洛書의 9궁에 양陽을 정위正位에 두고 음陰을 유위維位에 둔 것은 1을 선先하고 0을 후後한 연고다. 또 방위의 개념인 0은 시간적 개념인 1이 분分하여진 개념이므로 곧 분절된 각角의 위位라, 이로써 양陽을 정위正位에 두고 음陰을 유위維位에 둔 것이다.

이것은 하도河圖의 생성위生成位의 수數가 중궁중위中宮中位의 5와 10을 존공尊空하여 대칭위對稱位에 분열해 배치된 것이다. 이로써 2경經이 서남방에 기울고 4방方이 동남방에 위태로운 것이니 이것은 금화교역金火交易의 과정인 천지天地의 축軸이 기울어진 천지경위天地傾危의 위位다.

만물이 분열하면 다시 합하여 일도一道에 귀歸함이 있으니 대칭위對稱位에 분열된 8방方

이 다시 합하여 10의 일도一道에 귀歸하는지라, 이로부터 각 위의 행行이 십일十一의 체體를 잃지 않아서 행행行行마다 10과 1의 일도一道가 아님이 없으며 각각의 위位가 무위無爲의 행行이 아님이 없으니, 이른바 극도極圖의 행行이며 또한 이르되 "十十一一之空십십일일지공의 位위"라 한다.

極圖

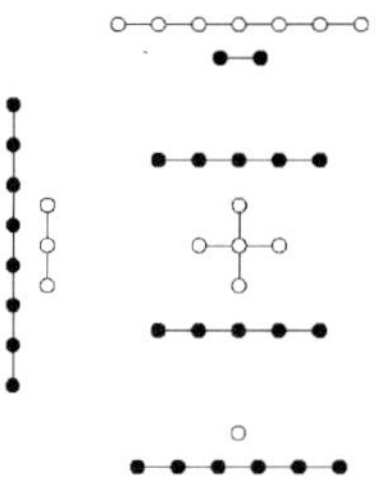

수數의 1 3 5는 1태극太極과 3재才와 5원元이니 우주 불변의 구성체다.

수數의 1 3 5는 천양天陽의 구역에 자리한 양수陽數이니 양陽이 양陽에 자리한 것이라 그 위位가 바뀌지 않은 불역不易의 위位다.

수數의 10 8 6은 지음地陰의 구역에 자리한 음수陰數이니 음陰이 음陰에 자리한 것이라 불역不易의 위位로되, 음陰의 이치는 순종하고 따르는 성품이므로 10은 1을 좇아 북방에 자리하고 8은 3을 좇아 동방에 자리하며 6은 5를 좇아 중궁中宮에 자리한다.

수數의 2 4는 우주 분열의 행상이며 천양天陽의 구역에 자리한 음수陰數이니 음陰이 양陽에 자리한 것이라 그 위位에 가역可易의 변變이 있고, 수數의 7 9는 지음地陰의 구역에 자리한 양수陽數이니 양陽이 음陰에 자리한 것이라 이 또한 그 위位에 가역可易의 변變이 있다.

그러므로 중궁中宮의 5,6과 북방의 1,10과 동방의 3,8은 그 위位를 고수固守하고, 남방의 2,7과 서방의 4,9는 서西와 남南에 서로 교역交易하는 상相이 있는 것이니, 곧 극도極圖의 위位와 수數다.

〈數의 變易〉

| 12345 : 천양天陽 구역, 선천先天 6 7 8 9 10 : 지음地陰 구역, 후천后天 | | | |
|---|---|---|---|
| 1 3 5 | 陽位陽<br>(1位1) | 순수純粹1相<br>不易不變位 | 천양天陽 양수陽數<br>太極 三才 五元(宇宙 不變 構成體) |
| 10 8 6 | 陰位陰<br>(0位0) | 순수純粹0相<br>不易不變位 | 지음地陰 음수陰數<br>10從1 北方, 8從3 東方, 6從5 中宮 |
| 2 4 | 陰位陽<br>(0位1) | 음양잡陰陽雜<br>可易之變位 | 천양天陽 음수陰數<br>우주宇宙 분열分列 행상行狀 |
| 7 9 | 陽位陰<br>(1位0) | 음양잡陰陽雜<br>可易之變位 | 지음地陰 양수陽數 |

극도極圖 : 中5,6 北1,10 東3,8 위고수位固守, 南2,7 西4,9 서남교역西南交易

8방의 의義는 전일全一한 선線을 쪼개어 분分하는 과정에 각角의 개념을 생하는 의義이니, 다만 8방에만 그치는 것이 아니요 무량에 나아가 쪼개고 분分해서 그 각角을 미세하게 하여 시간의 분分을 다하여 원상圓相과 같은 상相을 나타내는 의義가 있다. 이것은 순양純陽의 건乾과 순음純陰의 곤坤이 서로 분分하고 합合하는 6자子의 운행 과정으로 인한다.

〈4927 相交中〉

| 구분 | 素陽次序 | 作用 | 一夫八卦 |
|---|---|---|---|
| 4927 相交中 | 2離+9乾<br>☲ ☰ | 得乾中 | 2天+9離<br>☰ ☲ |
| | 7坎+4坤<br>☵ ☷ | 得坤中 | 7地+4坎<br>☷ ☵ |

〈궐음厥陰과 양명陽明〉

| 구분 | 文王八卦 | 作用 | 一夫八卦 |
|---|---|---|---|
| 厥中之中 | 南方離+兌+巽<br>☲+☱+☴ | 궐음厥陰 | 南方<br>坤☷ |
| 時中之中 | 北方坎+艮+震<br>☵+☶+☳ | 양명陽明 | 北方<br>乾☰ |

이러한 과정을 지나 2리離와 9건乾이 서로 그 중中을 교交하여 2천天과 9리離의 경도經度가 되며, 7감坎과 4곤坤이 서로 그 중中을 교交하여 7지地와 4감坎에 위도緯度가 된 것이니, 이것은 건乾과 곤坤이 교交하여 서로 그 중中을 얻음에 리일離日과 감월坎月이 되며, 리일離日과 감월坎月이 다시 각각 건乾과 곤坤의 중中을 얻어 2천天과 7지地가 된 것이므로 이로써 천지天地의 시간개념인 세世와 공간개념인 방方이 정립正立하게 되는데, 이것을 금화정역金火正易이라 하는 것이니 마땅히 소양사상팔괘차서素陽四象八卦次序와 일부정역팔괘차서一夫正易八卦次序를 관觀할 것이다.

이것을 다른 관점에서 보면 문왕文王8괘에 남방은 리離요 북방은 감坎인데 정역正易8괘에는 남방이 곤坤이며 북방이 건乾인 것이니, 이것은 남방의 리離에 태兌와 손巽의 양음兩陰이 궐厥하여 곤坤이 되며 북방의 감坎에 간艮과 진震의 양양兩陽이 명明하여 건乾이 된 것이니, 이것을 궐음厥陰과 양명陽明이라 하는지라 곧 요순堯舜의 궐중지중厥中之中이요 공부자孔夫子의 시중지중時中之中이라 하는 것이다.

수數의 1 3 5는 천양天陽의 구역에 자리한 양수陽數이니 삼천三天이며, 수數의 10 8 6은 지음地陰의 구역에 자리한 음수陰數이니 삼지三地다.

수數의 7 9는 지음地陰의 구역에 자리한 양수陽數이니 곧 지地를 수數한 수지數地라 양지兩地이며, 수數의 2 4는 우주 분열의 행상이며 천양天陽의 구역에 자리한 음수陰數이니 천天

을 도度한 도천度天이라 곧 양천兩天이다.

금화교역金火交易의 이치는 곧 십퇴일진十退一進 포오함육包五含六 굴신지도屈伸之道의 위位이다. 이에 1수水 5토土를 불역不易의 천天이라 하고 10토土 6수水를 불역不易의 지地라 한다. 십퇴일진十退一進의 위位는 불역不易의 지천地天이며 포오함육包五含六의 위位는 불역不易의 천지天地이니 수토水土가 하나가 된 수토지성도水土之成道의 위位다.

10,1과 5,6은 불역不易의 위位이니 천지天地의 체體이며 2 3 4와 7 8 9는 가역可易의 위位이니 천지天地의 용用이다. 이에 천지天地가 운행함에 3,8은 용중用中의 중中이라 용중用中의 불역不易이며, 2,7화火와 4,9금金은 교역交易하여 9,2와 7,4에 경도經度와 위도緯度가 정위正位함에 이로써 천지天地의 축軸이 정립正立한다.

〈천지天地의 수數와 금화교역金火交易〉

| 1 3 5 천양天陽 양수陽數 삼천三天<br>10 8 6 지음地陰 음수陰數 삼지三地<br>⇒ 10,1 5,6 불역不易, 천지체天地體 | 7 9 지음地陰 양수陽數 양지兩地 (수지數地)<br>2 4 천양天陽 음수陰數 양천兩天 (도천度天)<br>⇒ 2 3 4, 7 8 9 가역可易, 천지용天地用 |
|---|---|
| 十退一進 包五含六 不易地天(10,1) 不易天地(5,6) ⇒ 水土之成道<br>屈伸之道 38 不易, 27 49 금화교역金火交易 천지정위天地正位 | |

내괘內卦의 삼효三爻는 생위生位이며 외괘外卦의 삼효三爻는 성위成位이다.

6위位 가운데의 내괘內卦에 간감진艮坎震의 양효陽爻만을 취하여 가서 건乾을 생하며, 태리손兌離巽의 음효陰爻만을 취하여 가서 곤坤을 생함에, 곧 지천태地天泰와 천지비天地否다. 이것을 체體로 하여 성위成位인 외괘外卦의 초효初爻에 1양陽과 1음陰을 생하니 곧 뇌雷와 풍風이며, 전체의 상相은 뇌천대장雷天大壯과 풍지관風地觀이라 장차 건위천乾爲天과 곤위지坤爲地의 6효爻의 위位에 64괘를 모두 성成하므로, 이것을 일부一夫께서 "一張圖書雷風生일장도서뇌풍생"이라 하신 것이다.

〈일장도서뇌풍생一張圖書雷風生〉

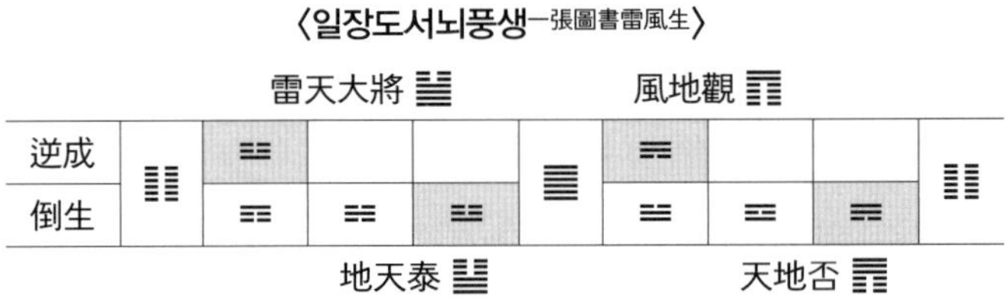

5는 1과 0의 의義인 태극太極과 무극無極의 중中이며 이 둘을 모두 포包하고 함含하므로 이것을 황극皇極이라 한다. 이것을 사상四象으로 관하건대 순수한 1상은 제1위이며 순수한 0상은 제4위이니 제1위와 제4위의 1과 0의 의義를 동시에 갖춘 상相이라 이로써 황극皇極이라 한 것이다.

황극皇極의 성품이 능히 1과 4의 위位에 천天과 지地의 체體를 세우며 2와 3의 위位에 지地와 천天의 용用을 발현하니 가히 5이면서 10이며 10이면서 1인 것이다. 4방의 중궁中宮인 5는 이미 4방의 위位를 다 머금은 10이며 그 대칭선의 교차된 1점點의 위位도 되는지라 이로써 1인 것이니, 고로 황극皇極은 천지天地의 중中인 것이다.

1이 아니면 0도 없음이요 0이 아니면 1도 생生하지 못함이니, 1은 0을 여의지 않은 1이요 0은 1을 여의지 않은 0이라, 1이 0과 다르지 않고 0이 1과 다르지 않아서, 1이 곧 0이요 0이 곧 1인 것이니, 우주만물 천지체용天地體用의 모든 형상이 이 곧 0상이요 이 허허虛虛한 0상이 곧 우주만물의 모든 형상인 것이다.

이것을 소양素陽은 이렇게 총론總論하였다.

"太初태초의 元元원원이 混混혼혼하고 玄玄현현하여 무어라 이름 할 수 없더니, 그 體체가 明명함에 一切일체를 含함하고 包포하며 그 體체가 隱은함에 天地有形之理천지유형지리와 天地無形之境천지무형지경의 外외에 있어서 可가히 分疏분소할래야 下하하지 못하며 可가히 볼래야 볼 수도 없는지라, 이 玄玄현현의 義의가 明명함에 드디어 이것을 體체로 하여 最初최초의 陰陽음양에 分疏분소할새, 이에 龍馬용마가 出現출현하며 이것을 法법하여 伏羲氏복희씨가 八卦팔괘를 그으시니 그 相상이 0과 1이라 곧 無而有무이유의 相상이요, 이로부터 象상과 數수가 나타나 10數수에 宇宙우주 本然본연의 形象형상을 다하심이라.

後후에 神龜신구가 出現출현함에 文王문왕이 이를 法법하여 10의 象상을 體체로 하여 5의 果과를 成성케 하시니 그 相상이 1과 0이라 곧 有而無유이무의 相상이요, 이로써 宇宙우주 動靜동정의 妙묘와 相對性상대성 用용을 明명하여 畢필하시니,

今日금일에 一夫일부가 10과 5의 象상이 이미 모두 成성함을 觀관하시고, 5의 果과를 體체로 하여 屈伸굴신하여 나아가 1에 10의 果과를 成성함을 밝히시며, 다시 10의 果과를

**易逆也역역야이니 極卽反극즉반하나니라.**

역易은 역아逆也니 극極하면 곧 반反하나니라.

體체로 하여 屈伸굴신하고 退퇴함에 6에 5의 果과가 成성함을 밝히시니라."

**〈역易과 역逆〉**

易=日+月=陽+陰=時+空
逆 ①도역道逆 : 분생만물(德)
②귀일歸一 : 도합道合

역易은 일월日月의 합자合字다. 일日은 양의陽儀요 월月은 음의陰儀다. 천지만물의 수數와 상象에 모든 양陽의 성품은 일日이요 모든 음陰의 성품은 월月이다. 이것을 합하여 역易이라 한 것이니 곧 시공時空의 개념이다. 역逆은 두 가지 의義가 있으니, 하나는 도道에 거슬러 만법萬法을 냄이요, 다른 하나는 만법萬法에 거슬러 근본으로 돌아오는 것이다.

도道에 거슬러 만법萬法을 낸다는 것은 근본성품을 등지고 무한히 분리해 가서 갖가지 만물을 형성하며 한없는 망상 번뇌의 바다에 침몰해 감을 도道에 거스른다 하고, 또 하나는 만법萬法에 거슬러 근본으로 돌아온다는 것은 이렇듯 무한히 분리해 가서 제5위의 극極에 이르러 순수한 0상을 이룸에 이러한 순수한 0상은 마치 거울의 상象과 같아서 모든 만물을 거부하고 비추어 반사해 거꾸로 된 그림자와 같은 상相을 냄이니, 일체가 그림자이며 허환虛幻이며 일체가 몽상夢相이라 자연히 만법萬法의 허상虛像이 실제로 있다고 고집하는 상相에 거슬러 일도一道에 돌아와 도道에 합하는지라, 고로 만법萬法에 거슬러 근본으로 돌아온다고 하였다.

이에 만물이 합일合一하여 일도一道에 극極하고 다시 반反하여 그 덕德을 무한히 넓혀 만물을 기르며 홍익弘益하나니, 이로써 역易은 역야逆也니 극極하면 곧 반反한다고 하였다.

이것은 도道의 분分이 곧 덕德이며 덕德의 합合이 곧 도道임을 나타낸다.

이렇듯 제5위의 성품은 황극皇極의 위位임과 동시에 나라는 주관적 관찰자의 위位인 것이니, 우리의 눈앞에 펼쳐진 끝없는 우주의 모양은 이 모두가 나에게로 와 종終하고 극極하여 다시 시작돼 반사되어 나타난 거울 속의 그림자와 같은 상相이라 할 수 있다.

이렇듯 우주의 만상이 그림자와 같은 환영幻影인 줄 알고 나라는 주관적 관찰상이 본래 0상인 줄 알아서 순수한 0상에 안착하면, 모든 만물이 이러한 거울상에 와 비추어져 오고 감에 자연하여 다시금 일(事)이 없는지라 드디어 6 7 8 9의 위位를 단숨에 넘어 10과 하나가 됨에 비로소 일생의 공功을 마침이 된다 할 수 있으리라.

법상法相의 이러함을 관하건대 우주 만물의 극極은 오로지 5와 10이니 드디어 반反하여 5를 변便함에 곧 6이요 10을 변便함에 곧 1이라, 이것을 일부一夫가 이르시되 "水土之成道수토지성도"라 하였다. 변便이란 것은 비로소 인식해 수數한다는 것이니, 이로써 우주의 운행이 4를 수數함에 곧 7이요, 3을 수數함에 곧 8이요, 2를 수數함에 곧 9이며, 1을 수數함에 곧 10이 되고, 다시 10을 수數함에 곧 1이요, 9를 수數함에 곧 2이며, 8을 수數함에 곧 3이요, 7을 수數함에 곧 4이며, 6을 수數함에 곧 5가 되어서, 이렇듯 그 운행에 각 위位가 비록 수數는 다름이로되 합하면 11의 동등한 수數를 얻어서 평등해 그 본래의 체성體性으로 돌아오므로 이르되 "十一歸體십일귀체"라 한다. 결국 만물은 5와 10에 시작하여 다시 10과 5에 종결하고 또 다시 여기에서 시작된다는 것인데 법상法相의 이러함을 종終에 극極하고 시始에 극極한다 하여 "極終極始극종극시"라 한 것이다.

〈5,10 극종극시極終極始〉

| 便(數) | 5 | 4 | 3 | 2 | 1 | 10 | 9 | 8 | 7 | 6 |
|---|---|---|---|---|---|---|---|---|---|---|
| 爲 | 6 | 7 | 8 | 9 | 10 | 1 | 2 | 3 | 4 | 5 |

〈極圖易爲正易〉

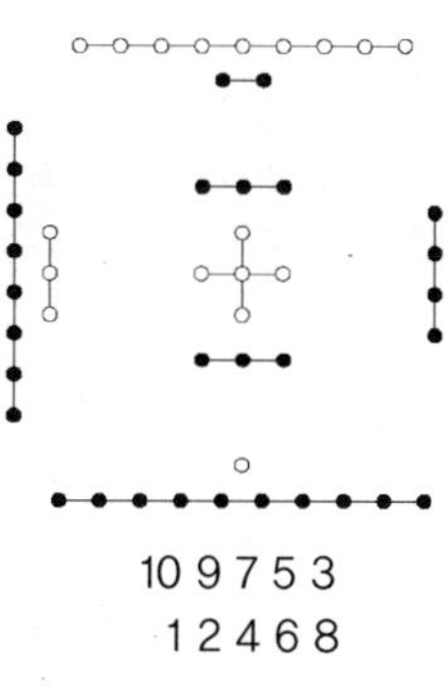


소양素陽이 이러한 운행의 위位를 각 방위에 석析하고 배열해, 5와 6을 중궁中宮에 두고, 10과 1은 북에 두며, 9와 2는 남방에 걸고, 7과 4는 서방에 안치하고, 8과 3은 동방에 두어서, 이에 1북과 2남에 경도經度의 의義를 세우고, 4서와 3동에 운행하여 위도緯度의 의義를 나타내며, 다시 중궁中宮에 돌아와 극極함을 나타내니, 이것을 상像하여 극도極圖를 그려낸 것이다. 이로부터 10은 9 7 5 3의 위位를 주관하고 1은 2 4 6 8의 위位를 주관하여, 운행해 드디어 역易이 바름이 된다 하여 정역正易이라 이름 한 것이다.

건乾이 분分하여 곤坤으로 향함은 도道에 역逆함이며 곤坤이 건乾을 득得하여 건乾으로 향함은 덕德에 역逆함이니, 이로써 "易역은 逆也역야"라고 하는 것이다.

곤坤은 순수한 0상인데 만물이 중中5의 순수한 0상인 공성空性을 체달하여 극極하면 곧 반反한다. 극極하고 반反함에 5,6에 굴신屈伸하여 가서 10수數를 만성滿成하므로 10수數는 만물이 하나가 된 만물의 극極이며 극極하면 마침내 다시 반反하는지라, 이것을 이르되 "極卽反극즉반"이라 한다. 이것은 1,0이 반反하면 0,1이며 0,1이 반反하면 1,0이 됨을 가리킨다.

**〈역역야易逆也 극즉반極卽反〉**

- 역역야易逆也 도역道逆 : 乾 ⇒ 坤, 덕역德逆 : 坤 ⇒ 乾
- 극즉반極卽反 굴신屈伸 : 5곤坤 순수純粹0, 10건乾 순수純粹1

| | | | | | | | | | |
|---|---|---|---|---|---|---|---|---|---|
| 5 | 4 | 3 | 2 | 1 | 10 | 9 | 8 | 7 | 6 |
| 6 | 7 | 8 | 9 | 10 | 1 | 2 | 3 | 4 | 5 |
| 01 | | | | | 10 | | | | |

정역正易은 굴신屈伸의 도道이며 극지지리極之之理인 것이니 물물物物이 극極하여 그 정미精微를 다하는지라 이로써 만물의 사事를 다 함이 된다.

**土極生水토극생수하고 水極生火수극생화하며 火極生金화극생금하고 金極生木금극생목하며 木極生土목극생토하나니 土토는 而生火이생화하나니라.**

토土가 극極하면 수水를 생生하고, 수水가 극極하면 화火를 생生하며, 화火가 극極하면 금金을 생生하고, 금金이 극極하면 목木을 생生하며, 목木이 극極하면 토土를 생生하나니, 토土는 화火를 생生하나니라.

극즉반極卽反의 이치는 굴신屈伸의 도道이니 곧 천지天地의 가는 길이다.

만물이 굴屈하여 극極하면 반드시 신伸하고 신伸하여 극極하면 반드시 굴屈하므로 천지天地도 이와 같은 법상法象을 따른다. 즉 지地에 극極하면 반反하여 천天이 나타나며 천天에 극極하면 반反하여 지地가 나타나는 것이다.

지地10이 굴屈하여 극極하면 반드시 천天1이 신伸하며, 천天1이 극極하여 신伸하면 반드시 지地2가 굴屈하며, 지地2가 굴屈하여 극極하면 반드시 천天9가 신伸하며, 천天9가 신伸하여 극極하면 반드시 지地8이 굴屈하며, 지地8이 굴屈하여 극極하면 반드시 천天5가 신伸하며, 천天5가 신伸하여 극極하면 반드시 지地6이 굴屈하며, 지地6이 굴屈하여 극極하면 반드시 천天7이 신伸하며, 천天7이 신伸하여 극極하면 반드시 지地4가 굴屈하며, 지地4가 굴屈하여 극極하면 반드시 천天3이 신伸하며, 천天3이 신伸하여 극極하면 반드시 지地10이 굴屈하니, 지地10은 천天1과 하나가 되어서 지地2의 경經을 생하므로 이것을 "土而生火토이생화"라 한다.

| 地 | 天 | 地 | 天 | 地 | 天 | 地 | 天 | 地 | 天 | 地 | 天 |
|---|---|---|---|---|---|---|---|---|---|---|---|
| 10 | 1 | 2 | 9 | 8 | 5 | 6 | 7 | 4 | 3 | 10 | |
| 己 | 壬 | 丁 | 辛 | 乙 | 戊 | 癸 | 丙 | 庚 | 甲 | 己 | |
| 토 | 수 | 화 | 금 | 목 | 토 | 수 | 화 | 금 | 목 | 토 | |
| 북 | 북 | 남 | 남 | 동 | 중 | 중 | 서 | 서 | 동 | 북 | |

10,1 2,9 8 북 남 동 경도經度
5,6 7,4 3 중 서 동 위도緯度

이것은 지地10 기토己土가 천天5 무토戊土를 성成함에 천天5 무토戊土는 7위緯를 생生하며, 천天5 무토戊土가 지地 10기토己土를 성成함에 지地 10기토己土는 2경經을 생生함이니, 곧 5원元의 리理와 기氣가 그 극성極性을 다하여 2천天 7지地에 경도經度와 위도緯度가 바르며 이에 천지天地가 정립正立함을 나타낸다. 이것은 만물이 이슥고 다 성하여 극종극시極終極始한 것이니 곧 극도極圖의 이치다.

차장此章의 설說은 무술궁戊戌宮과 기사궁己巳宮의 성위成位를 잡아 논論한 것이니 차후에 무술궁戊戌宮과 기사궁己巳宮의 생성위설生成位說에 이르러 다시 상세히 하리라.

중궁中宮의 토土가 극極하면 북방의 수水를 생하며, 북방의 수水가 극極하면 남방의 화火를 생하며, 남방의 화火가 극極하면 서방의 금金을 생하며, 서방의 금金이 극極하면 동방의 목木을 생하며, 동방의 목木이 극極하면 중궁中宮의 중위中位에 다시 귀歸하여 토土를 생하게 되는데, 중위中位의 토土는 다시 상하의 2경經을 생한다 하여 "土而生火토이생화"라 하는 것이다.

토이생화土而生火라 한 것은 만물이 제5위의 효爻에 10十방을 성하여 그 도度를 다하고, 제6위의 효爻를 제1위로 삼아 다시 시작하므로 제1위의 1선線에 상하 2방의 경經을 생함이 된다 하여 토이생화土而生火라 한 것이다. 1선線은 양효陽爻의 상相이며 2방은 음효陰爻의 상相이다.

〈극지지리極之之理〉

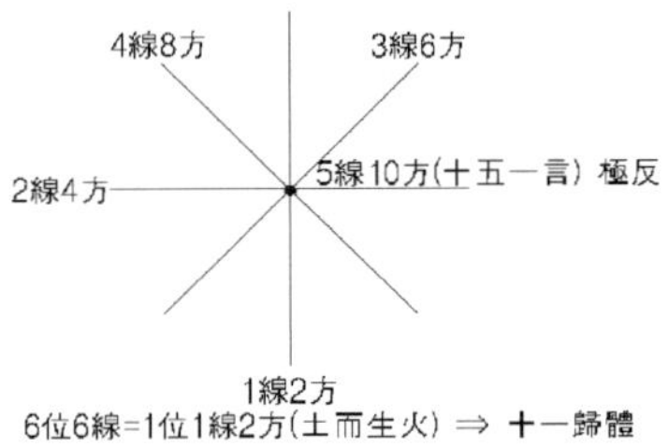


수직으로 1선線을 그으면 동시에 상하上下의 두 방위가 나타나고, 수평으로 그으면 2선線이 되어서 동시에 북남동서北南東西의 4방이 나타나며, 다시 수직으로 1선線을 그으면 3선線이 되어서 동시에 상하사방上下四方의 여섯 방위가 나타나고, 다시 1선線을 그으면 4선線이 되어서 동시에 사방사유四方四維의 8방이 나타나며, 다시 1선線을 그으면 5선線이 되어서 동시에 상하사유사방上下四維四方의 10방이 나타나므로, 이것은 10방과 5선線이 하나가 된 것이니 이로써 만물이 제5위에 극極하고 반反하여 제6위에서 다시 시작됨이라. 이러한 연고로 제6위의 6선線은 다시 제1위의 1선線이 되어서 상하 두 방위의 2화火를 생한다 하여 토이생화土而生火라 하는 것이다. 이를 관觀하건대 제5위의 5선線과 10방이 같으므로 십오일언十五一言이라 하고 이로부터 각각 굴신屈伸하여 제6위를 제1위로 삼아 운행함에 각 위位가 11의 수數를 얻어 귀체歸體하므로 이르되 "十一歸體십일귀체"라 한다.

이것이 일부팔괘一夫八卦와 극도極圖의 극지지리極之之理이니 극지지리極之之理란 것은 만물의 지극至極함이다.

10은 우주전체를 포包하고 함含한 하나인 전체이니 이미 그중에 1상과 0상을 동시에 갖추며 동시에 비추는 쌍구雙具 쌍조雙照하는 동시성 합일合一의 상相이다. 이미 1상과 0상을 포함하고 있으므로 곧 2경經의 의義가 있으니 이것이 토이생화土而生火의 의미이다. 전체인 10이 한번 움직임에 1에 동動하여 문득 동시에 선線의 의義를 갖추는 고로 토이생화土而生火라 하는 것이다.

경經은 2천天이니 2리離가 건乾의 중中을 득得함에 2천天이요 위緯는 7지地이니 7감坎이 곤坤의 중中을 득得함에 7지地인 것이다. 이것은 일日과 월月이 건곤乾坤의 중中을 득得한 것이라 이로써 그 위位와 운행이 정위正位 정행正行하는 것이다.

**金火互宅금화호택은 倒逆之理도역지리니라.**

금金과 화火가 택宅을 바꿈은 도倒하고 역逆하는 이치니라.

태음太陰은 10,1위位의 건乾을 체體로 하여 태리손兌離巽이 9 8 7의 수數에 역逆하고 손리태巽離兌가 2 3 4의 위位에 도倒하여 곤坤을 성하며, 태양太陽은 6,5위位의 곤坤을 체體로 하여 간감진艮坎震이 7 8 9의 수數에 도倒하고 진감간震坎艮이 4 3 2의 위位에 역逆하여 건乾을 성하니, 모두 수數와 위位의 도역지리倒逆之理에 음양陰陽과 금화金火가 호역互易한 상相이라, 이로써 "金火互宅금화호택은 倒逆之理니라도역지리"고 하신 것이다. 이것은 수토水土의 성도成道에 목木이 용用의 중中이 되어서 천지天地를 이룬 것이다.

〈금화호택金火互宅 도역지리倒逆之理〉

| | 太陰 | | | | |
|---|---|---|---|---|---|
| 外卦 | 1 ☰ 乾 | 〈倒成〉 2 3 4 ☴ ☲ ☱ 巽 離 兌 | 5 ☷ 坤 | 〈逆成〉 4 3 2 ☳ ☵ ☶ 震 坎 艮 | 1 ☰ 乾 |
| 內卦 | 10 ☰ 乾 | 9 8 7 ☱ ☲ ☴ 兌 離 巽 〈逆生〉 | 6 ☷ 坤 | 7 8 9 ☶ ☵ ☳ 艮 坎 震 〈倒生〉 | 10 ☰ 乾 |
| | | | 太陽 | | |

**嗚呼至矣哉오호지의재라 无極之无極무극지무극이여 夫子之不言부자지불언이시니 不言而信불언이신하심은 夫子之道부자지도이니라. 晩而喜之만이희지하사 十而翼之십이익지하시고 一而貫之일이관지하시니 儘我萬世師신아만세사이신저.**

오호라 지극至極하다. 무극无極의 무극无極이여! 부자夫子의 불언不言이시니 불언不言하고 신행信行하심은 부자夫子의 도道이니라. 늦게야 희지喜之하사 십十으로 익지翼之하시고 하나로 꿰뚫으시니, 실로 나의 만세萬世 스승이신저.

무극지무극无極之无極은 곧 십십일일지공十十一一之空이다.

탄허대종사呑虛大宗師께서 이르시되 "鷄子계자가 未化미화했을 때에 羽毛우모와 皮骨피골의

理리가 이미 다 갖추어 있으되 가히 형상으로써 논하지 못하며 가히 思慮사려로써 會회하지 못한다." 하시니, 素陽소양은 解해하여 이르되 "无極之无極무극지무극은 곧 黑白未分흑백미분의 時시라 어찌 聖人성인이 言언으로써 하랴. 十翼십익에 비록 言언으로써 施教시교하심이 있으시나 一일로 貫관하심은 그 오직 不言불언에 信行신행이라야 可가함이니 이미 一일로 貫관하였다면 十翼십익 百翼백익 萬翼만익에 이르더라도 이 다만 常常상상한 一일일 뿐인 것이다."

**天四地六천사지육이요 天五地五천오지오요 天六地四천육지사이니 天地之度數천지지도수는 止乎十지호십이니라.**

천天이 4이면 지地는 6이요, 천天이 5이면 지地도 5요, 천天이 6이면 지地는 4이니, 천지天地의 도수度數는 10에 지止하는 것이니라.

우주가 비록 무한하나 천지天地의 체體와 용用에 불과한 것이니 고로 천지天地는 사상천지체용四象天地體用의 합인 10수數의 내에 이미 모두 갖추어져 있음이 된다. 이것은 우주의 양量이 무한하여 비록 그 도수度數도 무한이로되 단수화單數化하면 모두 10이라는 숫자의 내로 돌아와 그 이치가 아주 간이簡易하고 명료明了하여 더할게 없는 것이므로, 고로 일부一夫가 이르시되 "天地천지의 度數도수는 10에 止지한다."라고 하였다.

이러한 우주는 천지天地 양의兩儀로 형성되어 있고 이것은 곧 시간의 분分과 공간의 상相으로 이루어져 있다는 것인데, 이러한 시공時空의 의義를 공간의 구역인 음역陰域에서 관찰할 것 같으면 시공時空의 비율이 시간상相인 천天은 4가 되고 공간상相인 지地는 6이 되며, 시공時空을 합한 중위中位에서 관찰할 것 같으면 시공時空이 같아서 천天도 5요 지地도 5가 되는 것이며, 시공時空의 의義를 시간의 구역인 양역陽域에서 관찰할 것 같으면 시공時空의 비율이 시간상相인 천天은 6이 되고 공간상相인 지地는 4가 된다는 것이다.

우주 전체의 천지도수天地度數는 64괘의 내에 모두 함축해 들어 있다.

이러한 64괘의 내에 음분陰分과 양분陽分의 의義인 양의兩儀가 있어서, 이에 양분陽分의 구역을 선천의 구역이라 하고 음분陰分의 구역을 후천의 구역이라고 한다.

공부자孔夫子께서 이러한 천지양의天地兩儀의 도수度數를 산출算出하시니, 양陽의 구역이 32괘이니 그 수數가 6,912요 음陰의 구역이 또한 32괘이니 그 수數가 4,608이다 라고 하였다.

〈陽域과 陰域〉

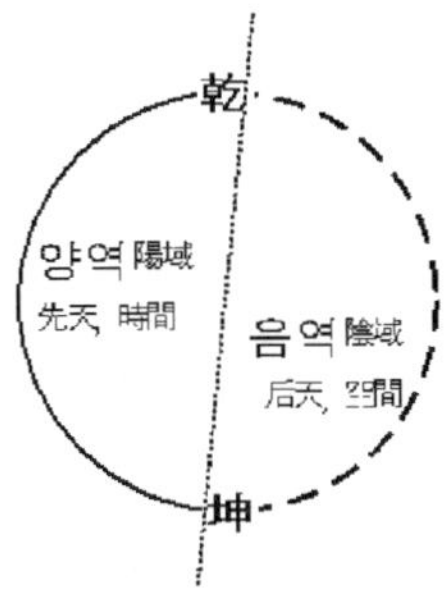


6,912의 수數가 된 것은 32괘가 시간수의 개념인 건책수乾策數 216에 승乘한 수數이며, 4,608의 수數는 32괘가 공간수의 개념인 곤책수坤策數 144에 승乘한 수數인지라, 이러한 시공時空의 수數를 합함에 11,520이라는 수數를 얻게 되므로 이것으로 천지天地의 도수度數를 정하신 것이다.

건책수乾策數와 곤책수坤策數라는 것은,

4상四象의 위位는 1 2 3 4이니 모두 합하면 10수數이다. 이미 10수數라면 10수數의 내에는 1로부터 9까지의 수數가 이미 갖추어져 있음이니 이로써 수數의 대칭적 위位가 생하게 된다. 이로부터 1의 대칭은 9이니 태양太陽의 위位와 수數라 하고, 4의 대칭은 6이니 태음太陰의 위位와 수數라 하며, 2의 대칭은 8이니 소음少陰의 위位와 수數라 하고, 3의 대칭은 7이니 소양少陽의 위位와 수數라 하여서, 그 쓰는 것은 물물物物의 상相이 비로소 성한 영생수影生數를 용用하는 것이다. 이렇듯 이미 물물物物의 상相이 존재한다면 공간의 개념인 4방의 의義가 그중에 자연하여 9가 4방에 승乘함에 36이라는 태양太陽의 수數가 되고, 6이 4방에 승乘함에 24라는 태음太陰의 수數가 되며, 8이 4방에 승乘함에 32라는 소음少陰의 수數가 되고, 7이 4방에 승乘함에 28이라는 소양少陽의 수數가 되며, 다시 이러한 사상四象의 수數를 시간상의 위位인 6위位에 승乘하면 각각 216 144 192 168이 되어서, 태양太陽 태음太陰으로부터 온 216과 144를 각각 건책수乾策數와 곤책수坤策數라 하여 합해 360도의 일원一圓의 상相을 성成한다는 것이다.

〈역수易數의 기초〉

- 공부자孔夫子 11,520
  =6,912(=32卦×216=36×192爻)
  +4,608(=32卦×144=24×192爻)
- 사상수四象數
  - 太陽數 4×9×6=36×6=216
  - 太陰數 4×6×6=24×6=144
  - 少陰數 4×8×6=32×6=192
  - 少陽數 4×7×6=28×6=168

소양素陽은 이러한 천지양의天地兩儀의 도수度數를

계산하기를 64괘는 모두 384효인데, 이중에 양효陽爻가 192효이니 36에 승乘하면 6,912가 되고 음효陰爻 또한 192효이니 24에 승乘하면 4,608이 되어서 합하면 11,520에 공부자孔夫子의 천지양의天地兩儀 도수度數와 같음이 된다고 하였다.

양역陽域의 32괘는 모두 192효다. 이중에 112개의 양효陽爻와 80개의 음효陰爻가 있으며 음역陰域의 32괘 또한 192효이니 이중에 80개의 양효陽爻와 112개의 음효陰爻가 있다.

이러한 역易 가운데에 그 상대성이 없는 괘卦가 둘이 있으니 그 하나는 건乾이며 다른 하나는 곤坤이라 이것을 무무위无无位괘라 한다.

64괘 중에 건위천乾爲天 곤위지坤爲地 리위화離爲火 감위수坎爲水는 그 대대가 없다하여 무대지4괘無對之四卦라 하고, 택풍대과澤風大過 뇌산소과雷山小過 산뢰이山雷頤 풍택중부風澤中孚는 뒤집어 반反하여도 그대로인 것이니 이르되 무반지4괘無反之四卦라 한다.

1년의 도수度數가 360이 되는 것은 64괘의 384효 가운데에 무대지4괘無對之四卦인 천지수화天地水火괘의 24효를 허虛하면 360효가 되어서 이러한 도수度數를 얻음이 된다.

64괘 중에 건곤乾坤의 괘상卦相이 들어있는 괘卦가 28괘이고 간태艮兌가 들어있는 괘卦가 20괘이며 감리坎離가 있는 괘卦가 12괘이고 진손震巽이 있는 괘卦가 4개이니, 우주천지만물은 건곤乾坤의 괘상卦相이 들어있는 28괘를 체體로 삼아 산택수화뢰풍山澤水火雷風괘의 6자子괘인 36괘를 용用으로 하여 운행한다.

천지天地 28괘 중에 곤坤이 천天을 성하며 건乾이 지地를 성한 괘卦가 16괘가 있으니, 천지비天地否 천산둔天山遯 천수송天水訟 천풍구天風垢 천뢰무망天雷无妄 천화동인天火同人 천택리天澤履 건위천乾爲天이며 다시 지천태地天泰 지택림地澤臨 지화명이地火明夷 지뢰복地雷復 지풍승地風升 지수사地水師 지산겸地山謙 곤위지坤爲地이다.

이 괘卦의 상相들은 각각 생괘生卦에 8변變하여 건위천乾爲天과 곤위지坤爲地의 체體를 성成한 것이 되어서 생괘生卦는 변화하는 상相이 있어 쓸 수가 있고 성괘成卦는 8변變을 하는 동안에도 변화된 상相이 없어 쓰지 않는다. 고로 이러한 16괘의 성괘成卦와 천지화수天地火水인 무대지4괘無對之四卦와 택풍대과澤風大過 뇌산소과雷山小過 산뢰이山雷頤 풍택중부風澤中孚인 무반지4괘無反之四卦는 모두 쓸 수가 없는 존공尊空의 위位로 돌리는 것이다.

건곤乾坤 64괘의 법상法相이 이러하여 이로부터 음역陰域에 있는 천풍구天風姤 천수송天水訟 천산둔天山遯 천지비天地否괘의 성괘成卦인 건乾괘의 12양효陽爻와 택풍대과澤風大過 뇌산소과雷山小過 감위수坎爲水괘에 들어있는 8개의 양효陽爻를 허虛하면 60개의 양효陽爻가 남고, 지풍승地風升 지수사地水師 지산겸地山謙 곤위지坤爲地의 성괘成卦인 곤坤괘의 12음효陰爻와 택풍대과澤風大過 뇌산소과雷山小過 감위수坎爲水괘에 들어있는 10개의 음효陰爻를 허虛하면 90음효陰爻가 남게 되는데, 이것으로 공간상의 개념인 음역陰域은 60양효陽爻와 90음효陰爻를 용수用數로 한다.

또 양역陽域에 있는 천뢰무망天雷无妄 천화동인天火同人 천택리天澤履 건위천乾爲天의 성괘成卦인 건乾괘의 12양효陽爻와 산뢰이山雷頤 풍택중부風澤中孚 리위화離爲火괘에 들어있는 10개의 양효陽爻를 허虛하면 90개의 양효陽爻가 남고, 지뢰복地雷復 지화명이地火明夷 지택림地澤臨 지천태地天泰의 성괘成卦인 곤坤괘의 12음효陰爻와 산뢰이山雷頤 풍택중부風澤中孚 리위화離爲火괘에 들어있는 8개의 음효陰爻를 허虛하면 60음효陰爻가 남게 되는데, 이것으로 시간상의 개념인 양역陽域은 90양효陽爻와 60음효陰爻를 용수用數로 한다.

고로 음역陰域엔 60개의 양효陽爻와 90개의 음효陰爻가 쓸 수 있는 용효用爻가 되고 양역陽域엔 90개의 양효陽爻와 60개의 음효陰爻가 쓸 수 있는 용효用爻가 되어서, 음역陰域과 양역陽域의 시공時空개념을 모두 합하면 음효陰爻가 150효爻요 양효陽爻가 또한 150효爻인지라, 이것을 모두 합하여 인책수人策數 300이라 하여 이것을 대일원大一元 300수數라고도 한다.

수數의 10과 5는 건곤乾坤의 체위수體位數이니 곧 무무위无无位 존공尊空의 위位다. 건곤乾坤은 만물의 근원根源이며 부모父母이니 만물은 이러한 무무위无无位의 건곤乾坤을 체體로 하여 분열하여 가고 합하여 오며 이러한 분分과 합合을 무한히 반복해 순환한다. 이에 분열하여 가는 음역陰域을 음陰의 구우區宇라 하고 합하여 오는 양역陽域을 양陽의 구우區宇라 한다.

60을 15의 체體로 분分하면 4이며 90을 15의 체體로 분分하면 6이니 음역陰域은 천天4 지地6의 비율을 얻고 양역陽域은 천天6 지地4의 비율을 얻으며, 음역陰域과 양역陽域이 하나가 된 중궁中宮의 중위中位는 10,10이 되어서 각각 천天5 지地5의 비율을 얻는다.

연然이나 만약 천지天地의 시공時空의 비율이 5:5의 같은 비율에만 있는 것이라면 그 쏠림 현상이 없어서 우주는 운행되지 못하여 혹 소식消熄될 것이다. 고로 우주가 순환함은 양분陽分의 양역陽域과 음분陰分의 음역陰域에 시공時空의 힘이 불균不均하여, 태과太過한 시時의 힘은 불급不及한 공간으로 가 평형을 유지하려 하며 태과太過한 공간의 장場은 불급不及된 시時의 힘으로 향하여 그 힘의 평형을 이루려 함에 서로 쏠림 현상이 있어서, 이로 인해 드디어 우주는 순환하는 것이다.

〈대일원삼백수大一元三百數〉

| 無無位 | 無對卦 | 無反卦 | 上乾卦 | 上坤卦 | 〈陰分〉 32卦192爻 = 80陽爻 + 112陰爻 |
|---|---|---|---|---|---|
| 乾䷀ | 天䷀ | 大過䷛ | 否䷋ | 地䷁ | 60陽爻 = 80陽爻–12陽爻(姤訟遯否)–8陽爻(大過小過水) |
| 坤䷁ | 地䷁ | 小過䷽ | 遯䷠ | 師䷆ | 90陰爻 = 112陰爻–12陰爻(升師謙地)–10陰爻(大過小過水) |
| | 水䷜ | | 訟䷅ | 謙䷎ | 〈陽分〉 32卦192爻 = 112陽爻 + 80陰爻 |
| | | | 姤䷫ | 升䷭ | 90陽爻 = 112陽爻–12陽爻(无妄同人履天)–10陽爻(頤中孚火) |
| | 火䷝ | 頤䷚ | 无妄䷘ | 復䷗ | 60陰爻 = 80陰爻–12陰爻(復明夷臨泰)–8陰爻(頤中孚火) |
| | | 中孚䷼ | 同人䷌ | 明夷䷣ | 大一元300數 = 陰分 用數150 + 陽分 用數150 |
| | | | 履䷉ | 臨䷒ | 天地 分用比率 = 60:90 = 4:6 = 陰2:陽3 |
| | | | 天䷀ | 泰䷊ | 음역陰域 天4:地6, 양역陽域 天6:地4, 중궁중위中宮中位 天5:地5 |

이것을 소양素陽은 본문에 아래와 같이 논論하였다.

"一太極일태극으로부터 3位위의 三爻삼효에 3才재가 立입하니 8卦괘가 列열하고 6子자가 行행하며, 重중하여 6位위에 64卦괘를 成성하니 萬物만물의 理리와 事사가 여기에 다한다. 萬物만물의 理리와 事사가 第6位제육위에 止지하는 것은 1線선에 上下상하요 2線선에 4方방이요 3線선에 6方방이요 4線선에 8方방이요 5線선에 10方방이라 極극하여 6線선은 다시 1線선에 復복함으로 因인함이니 法性법성의 體체가 여기에 다하는 고로 6位위의 64卦괘로써 그 意의를 다하는 것이다[3].

64卦괘의 內내에 兩儀양의가 있어서 이에 陽分양분을 先天선천이라 하고 陰分음분을 后天후천이라 한다.

陽分양분이 32卦괘이니 그 數수가 6,912요(32×216)

陰分음분이 32卦괘이니 그 數수가 4,608이다(32×144)

合합하면 11,520이니 곧 孔夫子공부자의 兩儀天地양의천지의 數수다.

64卦괘는 모두 384爻효인데 이중에 陽爻양효가 192爻효이니 192×36=6,912요

陰爻음효 또한 192爻효이니 192×24=4,608이라 孔夫子공부자의 兩儀天地양의천지의 數수와 같다.

陽分양분 32卦괘는 모두 192爻효이니 陽爻양효는 112爻요 陰爻음효는 80爻다.

陰分음분 32卦괘는 모두 192爻효이니 陽爻양효는 80爻요 陰爻음효는 112爻다.

易역 중에 無無位무무위 2卦괘가 있으니 乾건과 坤곤이요 64卦괘 중에 無對之4卦무대지사괘가 있으니 天地火水천지수화요 無反之4卦무반지사괘가 있으니 大過대과 小過소과 頤이 中孚중부다. 1年년의 度數도수가 360度도가 됨은 384爻효 중에 無對之4卦무대지사괘의 24爻효를 虛허한 것이다.

天地천지 28卦괘 중에 坤곤이 天천을 成성하며 乾건이 地지를 成성한 卦괘가 16卦괘이니 곧 否비 遯돈 訟송 姤구 无妄무망 同人동인 履리 天천이요 泰태 臨임 明夷명이 復복 升승 師사 謙겸 地지이다. 이 16卦괘의 上乾卦상건괘와 上坤卦상곤괘는 不動不變부동불변이니 不用불용이라, 故고로 姤구 訟송 遯돈 否비의 上乾卦상건괘 12陽爻양효와 大過대과 小過소과 坎감의 8陽爻양효를 虛허하면 60陽爻양효요 升승 師사 謙겸 地지의 上坤卦상곤괘 12陰爻음효와 大過대과 小過소과 坎감의 10陰爻음효를 虛허하면 90陰爻음효이니, 이것은 陰分음분의 陽爻양효와 陰爻음효의 用數용수다. 无妄무망 同人동인 履리 天천의 12陽爻양효와 頤이 中孚중부 離리의 10陽爻양효를 虛허하면 90陽爻양효요 復복 明夷명이 臨임 泰태의 上坤卦상곤괘 12陰爻음효와 頤이 中孚중부 離리의 8陰爻음효를 虛허하면 60陰爻음효이니 이것은 陽分양분의 陽爻양효와 陰爻

3 64卦 乃至 無量數卦에 나아가도 最初 全體의 相인 一陽一陰과 같아서 이에 다시 第1位에 復함으로 그 法度를 삼는 것이다.

음효의 用數용수다. 陰分음분과 陽分양분의 用爻용효를 모두 合합하면 300爻효이니 곧 大一元대일원 300數수다. 數수의 60과 90은 4:6이니 天地천지의 分用比率분용비율이 이와 같다. 또 이 比率비율은 陰爻음효가 數수의 2를 얻고 陽爻양효가 數수의 3을 얻은 것과 같다."고 해설하였다.

이것을 숫자의 상象과 수數와 위位로써 논論한다.

수數의 10과 1은 만물이 성成함과 동시에 다시 시작함을 나타낸다. 이것은 1의 결과가 곧 10이며 10의 시작이 곧 1이라는 것을 의미한다. 이것은 또한 소위 기독교에서 말하는 "나는 처음이요 나중이니라."함과 같다.

10은 그 상象이 1과 0이 하나임을 나타낸다. 이것은 1은 1이요 0은 0이로되, 1은 그 이면에 백지와 같은 상象인 0이 아니면 1점點도 찍을 수 없고 0은 1을 찍은 상象이 없다면 그 이면의 백지라는 0상도 나타낼 수 없을 것이니, 1은 0을 여의지 않은 1이라 1이면서 1이 아니요 0은 1을 여의지 않은 0이라 0이면서 0이 아니니, 1은 0과 다르지 않고 0은 1과 다르지 않아서 1이 곧 0이요 0이 곧 1이라는 결론이 성립한다. 고로 10은 법의 이러함을 상象하여 1과 0이 하나인 10이라 모양 한 것이다. 10은 1과 0이 하나임과 동시에 1과 0의 상대적 상相도 함께 들어있는 상象이니 고로 10은 만물의 종결과 시작이 동시인 동시성 상象의 숫자가 된다. 이러한 연고로 일부一夫께서 10과 1을 하나로 보아 이것이 지地에 있으면 천天4 지地6이요 천天에 있으면 천天6 지地4라 하시며 1과 0에 나누어진 상相도 보아서 천天5 지地5라 하신 것이다.

이로써 천天4는 9 7 5 3이요 지地6은 2 4 6 8 10,1이며 천天5는 9 7 5 3 1이요 지地5는 2 4 6 8 10이며 천天6은 1,10 9 7 5 3이요 지地4는 2 4 6 8인 것이다.

〈1,0과 천지天地 비율比率〉

1과 0
① 1 = 1, 0 = 0 (佛教四句 第一句)
② 1 ≠ 1, 0 ≠ 0 (第二句)
非0 不可點1, 非1 不可現0
不離0之1, 不離1之0
③ 1 = 0, 0 =1 (第三句)
1不異0, 0不異1
④ 0 = 0, 1 = 1 (第四句) *서장 1장 참조

10 ①1과 0이 하나 ②1과 0의 상대적相對的 상相
⇒ 만물萬物의 종결終結과 시작始作이 동시同時
일부一夫 10 = 1

| 비율比率 | 10,1위位 | 天 | 地 |
|---|---|---|---|
| 天6地4 | 천재天在 | 1, 10 9 7 5 3 | 2 4 6 8 |
| 天4地6 | 지재地在 | 9 7 5 3 | 2 4 6 8 10, 1 |
| 天5地5 | 천지분天地分 | 9 7 5 3 1 | 2 4 6 8 10 |

천지天地의 도수度數가 10에 그친다는 것은 천지天地의 체體와 용用의 도수度數가 1 2 3 4 사상四象의 상象과 위位에 불과한 것이므로 합하면 10이니, 이러한 10은 천지天地의 체體와 용用의 도수度數를 다한 것이라 우주 전체가 되어서 달리 무량에 나아가 도수度數를 정하여도 결국은 10의 내에 있게 된다 하여 "天地之度數천지지도수는 止乎十지호십이니라." 하신 것이다.

천지天地의 모든 도수度數를 10수數 내의 숫자로 귀결하려면 무한한 숫자의 개념을 단수화單數化하여야 할 것이니, 이것은 오로지 아라비아 숫자라야만 가능할 것이다. 예를 들면 11은 2가 되고, 12는 3이 되고, 13은 4가 되고, 나아가 19는 10이 됨에, 10은 1이 되고, 32는 5가 되며, 64는 10이 되어서 다시 1이 된다는 것이니, 이러히 수數를 단수화單數化하면 그 수數가 비록 무한무량에 나아감이 있으나 모두 10수數 내의 단수單數로 돌이킬 수가 있는 것이다. 역경易經은 하도河圖와 낙서洛書로부터 시작이 된 것이니, 그 상象이 곧 숫자의 개념 상相이라 고로 우주의 가장 근본적인 표현은 문자 이전의 숫자인 것이니, 이러한 숫자의 개념을 가장 잘 표현해 놓은 것이 곧 아라비아 숫자인 것이다.

이에 아라비아 숫자의 근원 발생지가 어디인지는 여러 역사학자 분들께 그 고견을 부탁드린다.

**十紀二經십기이경이요 五綱七緯오강칠위이니라.**

10은 기紀요, 2는 경經이요, 5는 강綱이요, 7은 위緯이니라.

우주만물의 근본은 0상과 1상이 나누어지기 이전의 성품이니 곧 0상과 1상을 분별하기 이전의 소식이다.

이미 분별을 일으킴에 0상은 순수한 0상이라 할 수 없고 1상은 순수한 1상이라 할 수 없다.

순수한 0상을 0상으로 보면 이미 순수한 0상이 아니며 순수한 1상을 1상으로 보면 이미 순수한 1상이 아니니, 0상과 1상을 본다는 것은 곧 분별심分別心이라, 이미 분별심分別心을 내었다면 이미 순수한 0과 1의 성품이 아닌 것이다.

고로 근본성根本性은 일체 분별상分別相이 끊어진 흑백미분黑白未分의 시時인 것이니 이로써 막막莫莫하여 일체 상相을 세울 수 없다고 하는 것이다.

이것을 인식하여 분별하고 관찰하려 하면 문득 1과 0의 흑백黑白이 나누어지고, 음양陰陽과 유무有無와 생멸生滅 등의 상相등이 나타나게 되며 이로 인해 일체 상대적 상相이 일어나 성成하고 주住하며 괴壞하고 멸滅하는 일들이 일어나나니, 이러한 일들은 이미 1과 0의 잡雜한 것이라 순수한 1과 0의 성품이라고 할 수 없다.

그러나 비록 이러히 분별심分別心으로 인해 1과 0이 잡雜하여 무한에 나아가 일체 만물을 형성함이 있으나 이 또한 개개의 1상과 0상의 성품일 뿐이니, 이에 일체 만물은 이미 각각 순수한 1과 0을 갖춘 상相이 되어서 원래의 근본성根本性과 더불어 추호도 다름이 없는 것이다.

고로 만물은 최초의 순수한 1과 0의 근본성根本性이 아니면 능히 존재치 못함이나, 이러한 만물 또한 근본성根本性이 아니라 할 수 없어서 분별 망상의 만물이 곧 근본성根本性이요 근본성根本性이 곧 만물인 것이다.

이에 이러한 근본성根本性을 체달하려 함에 불佛이 방편을 놓아 이르시되, "諸行無常제행무상하니 是生滅法시생멸법이라 生滅滅已생멸멸이면 寂滅爲樂적멸위락이니라." 하시니, 해解하여 이르되 우주만물의 모든 행상行相이 항상恒常함이 없어서 모두 일어났다 꺼졌다 하는 생멸법生滅法이라 이러한 생멸生滅하는 상相을 멸滅해 다하면 생멸生滅에 초월한 적멸寂滅이라는 근본성품이 낙樂이 된다고 하시니, 이에 적멸寂滅은 곧 열반涅槃이며 도道이며 낙樂은 그 근본성根本性을 직접 맛보아 체험하여 실증實證한다는 것이며 일체 만물의 기틀을 바르게 하여 홍익弘益한다는 것이다. 이른바 적멸위락寂滅爲樂이란 것은 이러한 근본성根本性의 적멸寂滅의 체體가 일체 중류衆流를 등지지 않는다는 것이요, 이러한 근본성根本性의 적멸寂滅의 체體가 일체 중류衆流를 등지지 않음은 근본성根本性의 적멸寂滅의 체體가 곧 일체 중류衆流와 더불어 추호도 다름이 없는 연고다.

일체를 포包하고 함含하여 그 상相이 오직 하나임을 10기紀라 한다.

이러한 10기紀를 관찰함으로 인해 동動이 생하며 동動함으로 인해 선線의 상相이 나타나며, 이러한 선線의 상相으로 인해 상하의 의義가 생하나니 이것을 2경經이라 한다.

〈기강경위紀綱經緯〉

| 區分 | 形象 | 特徵 | 次元 |
|---|---|---|---|
| 10기紀 | 一切 포함상包含相 | 絕對性(純粹0,1) | 無次元 |
| 2경經 | 선線 상하의上下義 | 1,0 이분二分 | 1次元 |
| 5강綱 | 4方 對稱의 중中 | 평면平面 | 2次元 |
| 7위緯 | 5강綱 회전(1⇄0) | 6방方의 기氣 | 4次元* |

*6방方(3次元)이 동動하여 4次元의 時間象을 生
123次를 머금은 4次는 합合하여 10기紀에 귀歸

2에 분分함으로 인해 상하좌우의 4방의 의義가 동시에 나타나며 이러한 4방의 대칭에 그 중中을 취하여 5강綱이라 함이니, 이에 5강綱이 2분分의 상相을 인해 좌우에 넓힘을 7위緯라고 한다. 좌우에 넓힌다는 것은 1이 0으로 향하며 0이 1로 향하는 행상行相을 말한다.

일체를 포包하고 함含한다는 것은 그 상相이 오직 하나라는 것이요, 상대적 상相이 끊어진 오직 하나의 순수한 상象임을 가리킨다. 상대적 상相이 끊어진 고로 곧 절대성이며 절대성인 고로 곧 무차원이다. 하나라는 상象은 1과 0의 분별이 끊어진 순수한 0상이거나 또는 순수한 1상임을 이른다.

일체 분별이 끊어진 10기紀는 순수한 1임과 동시에 순수한 0이니, 이러한 순수한 상象을 관觀함에 그 관觀함을 인하여 최초로 이분二分의 상相이 나타나게 되고, 이로 인해 드디어 선線의 개념이 나타나 이에 1과 0의 상대성 상하의 의義가 발현하는지라 이로써 2경經의 의義가 입立한다.

2경經을 차원의 개념으로 보면 1선線의 상相이니 곧 1차원이다.

상하의 1선線이 생함에 곧 좌우의 의義도 동시에 함께 나타나게 되고, 이로 인해 1선線이 좌우에 동動하여 4방의 평면적 상相이 나타나게 되나니 곧 2차원의 개념이다.

이러한 평면적 4방의 중中은 공상空相일 것이요, 이러한 4방을 상대적 관점으로 보아 대칭으로 선線하여 이으면 그 중中의 교차점은 한 점點이 될 것이다.

고로 4방의 중中은 공상空相임과 동시에 한 점點인 것이니 이로써 5강綱이 입立한다.

이러한 5강綱의 한 점點은 중中의 공상空相과 더불어 서로 상대적이니 이로써 곧 2경經의 의義가 나타남이라, 이러한 대칭성으로 인해 5강綱의 한 점點에는 이미 2경經의 의義가 들어있음이니 2경經의 의義가 나타남에 좌우의 의義도 동시에 나타나, 이로써 상하에 동動하여 6방을 성하며 좌우에 동動하여 7위緯의 기氣가 흐른다. 7위緯란 것은 여섯 방위의 둘레에 흐르는 기氣의 흐름이니 7위緯는 5강綱이 2경經에 동動한 상相이다.

차원의 개념을 동양학적 관점으로 보건대 10기紀의 상象은 무차원이며, 2경經의 1선線

은 1차원이며, 5강綱의 평면은 2차원이며, 6방의 공간 상相은 3차원이며, 그 둘레에 기氣의 움직임인 7위緯는 4차원이다.

이렇듯 천지인天地人 3차원이 형성되고, 이에 상하와 좌우에 1상은 0상으로 향하며 0상은 1상으로 향함이 자연한지라 이로써 물物의 회전하는 운동의 상相이 나타난다.

차원의 개념을 역경학적易經學的 관점으로 관하건대 6방은 3차의 공간이며 7위緯는 그 운동 상相이니 곧 4차라 할 수 있다. 이렇듯 3차가 동動하여 시간이라는 상相이 생함에 이것을 4차라 하는 것이니, 이러한 4차는 이미 1 2 3차를 머금은 세계라 합하여 10기紀의 무차원에 귀歸한다.

선線이란 것은 방향성인 전일全一한 시간 개념이요, 방方이란 것은 선線이 분절된 공간의 각角의 개념이다. 전일全一한 고로 무시무종無始無終이며, 분절된 고로 유종유시有終有始다.

상하와 8방에 대칭적으로 선線을 그어 이으면, 방方은 10방方요 선線은 5선線이다.

괘卦의 택천쾌澤天夬는 괘卦의 곤위지坤爲地를 체體로 해 양陽을 용用하여 제5위에 이른 것이다.

괘卦의 산지박山地剝은 괘卦의 건위천乾爲天을 체體로 해 음陰을 용用하여 제5위에 이른 것이다.

만물이 제5위에 5원元과 10방方을 다 성하니 만물의 극極이며, 극極하면 반反하는지라 이에 굴신屈伸하여 다시 제6위에서 시작함이 있다.

〈5선線 10방方〉

<table>
<tr><td>선線 전일全一 시간時間<br>무시무종無始無終</td><td>방方 각角 공간空間<br>유종유시有終有始</td></tr>
<tr><td>5선線 ䷪ 택천쾌澤天夬<br>체곤體坤 용양用陽 제5위<br>태兌에서 재시작</td><td>10방方 ䷖ 산지박山地剝<br>체건體乾 용음用陰 제5위<br>간艮에서 재시작</td></tr>
<tr><td colspan="2">제5위 극즉반極卽反 제6위 재시작, 괘卦 외향내外向內<br>굴신지도屈伸之道 : 각위 도수度數 11수數</td></tr>
</table>

제6위를 시작점으로 하여 제1위를 삼은지라 이로써 괘기卦氣의 흐름이 외外에서 내內로 향한다. 고로 택천쾌澤天夬의 외괘外卦는 태兌이며 산지박山地剝의 외괘外卦는 간艮이 되어서, 만물은 다시 이곳에서 시작된다. 이에 10방方의 제6위는 1양陽이며 5선線의 제6위는 1음陰이다.

괘기卦氣의 흐름이 외外에서 내內로 향함은 이미 만물이 다 성하여 극極하고 반反해서 굴신屈伸하여 감으로 인함이니, 비록 이러히 운행되어 감이 있으나 각 위位의 도수度數가 같은 11의 수數를 얻는지라 실로 가고 오는 상相이 없는 것이니, 이것을 이르되 "屈伸之道굴신지도"라 한다.

우주와 모든 만물의 시작은 최초의 한 점點으로부터 시작되었다고 할 수 있다. 이러한 최초의 시작된 한 점點을 불가佛家에서는 "無始以來무시이래"라 하였다.

전체가 차 있는 순수한 1상과 전체가 비어 있는 순수한 0상은 그 상대가 끊어진 절대성이다. 이러한 순수한 1상을 인식認識하려 하면 이미 인식認識된 0상의 한 점點이 찍힌 것이며, 순수한 0상을 인식認識하려 하면 이미 인식認識된 1상의 한 점點이 찍힌 것이다. 이러히 한 점點이라는 것은 0상의 한 점點도 점點이며 1상의 한 점點도 점點인 것이다. 로로 점點의 의義는 순수한 1상인 건乾과 순수한 0상인 곤坤을 대상으로 한 인식認識의 한 점點이므로, 하나로되 둘이요 둘이로되 곧 하나인 것이다.

〈최초最初 한 점點의 의미〉

| 무시이래無始以來 우주 만물 최초 한 점點에서 시작 | |
|---|---|
| 純粹 1상相 絕對 전영全盈<br>인식認識 한 점點 = 0상 相 | 純粹 0상相 絕對 전허全虛<br>인식認識 한 점點 = 1상相 |
|  |  |
| 최초最初 점點은 만물萬物을 갖춘 건곤乾坤에서 비롯<br>우주宇宙는 이미 다 이루어진 한 점點에서 시작 | |

이를 관하건대 건乾과 곤坤은 인식認識 밖의 경境이로되 이미 만물을 다 성하고 갖춘 우주전체의 상相인지라 가可히 인식認識과 말로써 계측할 수 없음이니, 이에 문득 인식認識을 일으켜 관찰함에 이로부터 수數와 상象이 분연히 일어나 일체 만물의 상相을 갖춤이 되는지라, 이를 정관靜觀하건대 우주의 최초 점點은 이미 우주 만물이 다 이루어진 건곤乾坤으로부터 온 것이라 할 수 있으므로 우주의 시작은 이미 다 이루어진 한 점點으로부터 시작되었다고 할 수 있다.

법상法相이 본래 이러하여 최초의 한 점點을 찍음에 그 이면은 이미 순수한 1상인 건乾이거나 순수한 0상의 곤坤일 것이니, 이러한 절대성의 건곤乾坤의 상象은 전적으로 나의 관찰 분별하는 일념一念으로 인한 것이라 할 수 있어서, 만약 어떤 학인學人이 있어 문득 나의 분별하는 당금 일념一念을 멸滅해 다하면, 순수한 1양陽과 1음陰의 건곤乾坤이 스스로 자연하여 치우침이 없어서 곧 흑백미분시절黑白未分時節의 경境을 달達하게 될 것이다.

이러한 점點의 개념은 전적으로 나의 한 인식의 점點인 것이니 이미 인식했다면 곧 동動했다 할 수 있어서, 이미 동動하였다면 곧 선線이라 이로써 점點과 선線은 동일한 것이다.

동動한다는 것은 공간으로 인한 시時의 방향성方向性개념이다.

방향성方向性이라는 것은 전일全一한 선線이 공간에 분절된 각角의 방향方向과 량量이다. 이에 전일全一한 선線이 공간에 분절된 각角의 량量을 세어 시간이 간다고 한다.

〈四角元象의 循環〉

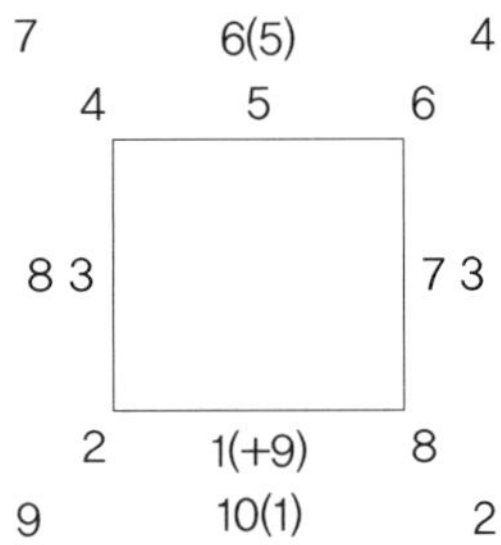


원상圓相의 공간에 선線이 네 번 꺾여 다시 최초의 1선線에 합하니 곧 1.9의 10이다.

고로 10은 우주 원상圓相의 전체이며 이것을 제1위로 하여 이로부터 만물은 다시 시작되므로, 이로써 우주만물 최초의 시작은 이미 다 이루어진 우주로부터 시작이 되었다는 것을 알 수가 있다.

아래는 역경학적易經學的으로 차원의 개념을 논함이니 현대 물리학에서 말하는 차원의 개념과는 사뭇 다름이 있다.

〈차원次元의 개념概念〉

| | | |
|---|---|---|
| 1次元 | 건乾 0상相 동動 | 시간時間의 선線 |
| 2次元 | 선線 좌우左右 동動 | 면面의 형形 |
| 3次元 | 면面 상하上下 동動 | 입체立體의 형形 |
| 4次元 | 입체立體 좌우左右 동動 | 시공時空 개념 |
| 5次元 | 1動依0 0應1動 | 시공불이時空不二 |

1 2 3 4 〈5次元〉 6 7 8 9 〈10次元〉
⇒ 1次元 = 11次元

순수한 1상의 건乾이 0상으로 인하여 동動함에 선線의 개념이 생하고, 이것을 1차원이라 하여 시간이라는 최초의 방향성 개념을 세운다. 이러한 선線의 개념이 좌우 수평 상에 동動함에 2차원이라는 면面의 형形이 나타나고, 이러한 2차원의 면面이 다시 수직 상의 상하에 동動함에 3차원이라는 입체의 형形이 나타나며, 이렇듯 입체형을 갖춘 3차원의 부피가 좌우에 동動함에 4차원이라 하는 시공時空의 개념이 나타난다. 4차원의 세世와 계界인 시공時空의 개념은 곧 1과 0의 개념에 지나지 않으므로 1은 0을 의해 동動하고 0은 1의 동動에 응應하여, 1과 0의 세世와 계界인 시時와 공空이 둘이 아니라는 개념을 세우니 이것을 5차원이라 한다. 이러한 5차원의 세계는 1 2 3 4차원을 인식해 반영하여 6 7 8 9차원을 구현한다. 이에 10차원의 세계는 이러한 차원의 개념들이 모두 저장

된 창고와 같아서 그 실체를 찾아 볼 수가 없으되 그러나 이미 1 2 3 4차원을 모두 머금은 세계인지라, 이러히 전체가 하나가 된 10차원의 세계는 다시 0과 1의 둘에 분리된 1차원의 세계를 생하여 다시 시작되므로 차원의 개념은 11차원에서 다함이 된다. 고로 11차원은 곧 1차원이다.

이러히 차원이란 것은 한번 동動하는 시간의 방향성 개념이 공간상의 상하와 좌우에 연동連動하여 나타나는 상相이라 할 수 있어서, 차원의 수가 아무리 늘어나더라도 오직 당금 현재의 최초 1선線이 출렁이는 진동과 방향의 개념일 뿐이라는 것을 알 수가 있다. 다시 관찰컨대 1선線이 동動한다는 것은 1선線이 0상에 분절되어 간다는 것이니 이렇듯 계속해 분절되어 가서 차원의 개념이 생하는 것이므로, 모든 차원의 개념은 연동連動하는 상相임과 동시에 다만 공간의 상相에 분절되어 나누어진 선線의 점상點相이 그 위치에 나타남을 의미하는 것이다.

위치라는 위位의 개념을 동양학적 관점에 의해 논하건대,

선線이란 것은 이미 1상의 한 점點이 0을 인해 동動하여 나아가는 방향성과 또는 0상의 한 점點이 1을 인해 응應하여 따라가는, 이러한 1점點과 0상 또는 0점點과 1상을 이어 하나가 된 선상線相의 개념이므로 1선線은 이미 3의 의義를 갖추고 있음이 된다. 고로 천天이 움직이는 1선線의 수數는 항상 3을 갖춘 수數가 된다. 이러한 최초의 1선線은 우주전체의 움직임을 의미하는 1선線이므로 이미 우주전체를 싸고 있는 1기氣라 할 수 있는데 이러한 1기氣의 움직임은 곧 공간상에 분절해 간다는 의미인 것이니, 이로써 그 분절의 위位가 나타나고 그 분절의 위位는 제5위에 이르러 순수한 0상을 이루어 그 의義를 다하는지라, 이로써 시時의 개념은 제6위에 다하고 공간의 의義는 제5위에 다하는 것이다. 이것은 시時의 개념인 선線이 제5위의 공간상에 분절되면 여섯 조각이 되므로 시時의 개념은 제6위에 다한다고 한

〈시간時間과 공간空間〉

선線 1점點과 0相, 0점點과 1相을 연결
3의義(1,0,합合) ⇒ 1기氣
1기氣 제5위에 순수純粹 0상相을 성成

| 時間 | 1 | | 2 | | 3 | | 4 | | 5 | | 6 |
|---|---|---|---|---|---|---|---|---|---|---|---|
| 空間 | | 1 | | 2 | | 3 | | 4 | | 5 | |

시공時空 64괘 내에 다함

| 선線 | 위位,수數 | 상相 | 시간時間 |
|---|---|---|---|
| 분分 | 증가增加 | 미세微細 | 빠름(速) |
| 합合 | 감소減少 | 거대巨大 | 느림(緩) |

일념一念이 만년萬年, 만년萬年이 일념一念
5屈6伸 제4위7 제3위8 제2위9 제1위10
10제1위 11歸體 무극이태극无極而太極

것이다.

이러한 개념들은 모두 64괘를 의하여 나타낸 개념이라 비록 시공時空이 무한하고 무량하나 모두 64괘 내의 이치에 불과한 것이니, 고로 시時의 개념은 제6위에 다하고 공간空間의 의미는 제5위에 다한다고 하는 것이다.

시時의 개념인 선線이 계속해 분절되어 가서 그 위位가 증가하면 증가할수록 그 상相은 더욱 미세해지되 오히려 그 수數는 증가한다. 시공時空의 수數와 위位가 증가한다는 것은 그만큼 상대적으로 시간이 빠르게 간다는 것이며, 시공時空의 위位와 수數가 감소한다는 것은 그만큼 상대적으로 시간이 늦게 간다는 것이니, 이를 관하건대 최초에 한 번 출렁인 시공時空의 1시時는 무한한 시공時空의 개념을 이미 다 싸고 머금은 상相이라, 1시時가 무한한 시時이며 무한한 시時가 곧 당금 1시時에 지나지 않아서 일념一念이 곧 만년萬年이요 만년萬年이 곧 일념一念인 것이다.

1선線의 시간개념이 5공간상에 분절하면 곧 여섯 조각의 시간개념이 나타나 5와 6이 하나가 되고, 이에 5공간상은 분절하는 의義이니 퇴退하여 굴屈하고 6시간상은 분절되어 나아가는 상相이니 신伸하여 진進해서, 이로부터 제4위는 7이 되고, 제3위는 8이 되고, 제2위는 9가 되고, 제1위는 10이 됨에, 10은 다시 제1위가 되어서 각각의 위位를 합함에 11의 수數를 득得하여 11귀체十一歸體하는지라, 이것을 이르되 "无極而太極무극이태극"이라 한다.

10기十紀와 5강五綱은 이미 사상四象과 천지체용天地體用을 모두 갖춘 상象이며 수數이로되, 10은 전체가 하나가 된 상象과 수數이며 5는 전체를 양분兩分한 상대성 개념의 상象과 수數인지라 이에 하나가 된 상象은 1상이며 양분兩分된 상象은 0상인 것이므로, 이로써 10과 5의 1상과 0상이 서로 굴신屈伸하는 상相이 자연하여 이로부터 파동波動과 파장波長의 상相이 일어나 우주와 만물이 운행되어 간다.

〈10,5 굴신屈伸〉

10기十紀 : 전체全體 합일合一 상수象數, 1相
5강五綱 : 전체全體 양분兩分 상수象數, 0相
⇒ 굴신상屈伸相, 파동波動 파장波長의 相,
우주宇宙 만물萬物 운행運行
시작始作 시 성주괴공成住壞空 구비具備
一微塵中含十方 一卽一切多卽一
10,5 굴신屈伸, 원추圓錐 모양
수직 : 元象場海圖 수평 : 三極海印圖
⇒ 무한한 크기의 원뿔

우주와 만물이 이러한 중궁중위中宮中位의 5와 10에서 시작된 것이라면 이미 전체를 모두 포包하고 함含한 10과 5에서 시작한 것이니, 이러한 시작점은 시작과 동시에 이미 우주만물의 성주괴공成住壞空의 이치를 이미 다 갖추고 이미 다 이룬 것이라 이러한 상象을 성인聖人이 이르시되, "一微塵中일미진중에 含十方함시방이요 一卽一切일즉일체 多卽一다즉일"이라 하였다. 즉 한 티끌 속에 시방十方이 다 들어있고 하나가 모두이며 모두가 하나라고 하신 것이다.

10과 5의 세世와 계界인 시공時空이 동시인 한 점點은 비록 같은 한 점點인 전체의 장場이지만 자연히 그 가운데에 굴屈하여 5에 분分하고 신伸하여 10에 합合하는 상相이 있어서, 굴신屈伸해 나아가 상하좌우에 무한히 넓혀 가면 하나의 원추圓錐모양이 되는데 이것을 위 또는 아래에서 보면 원圓의 모양이며 옆에서 보면 삼각의 모양일 것이다. 이것을 무한히 넓히면 무한한 크기의 원뿔모양이 되는데 이 무한한 원추圓錐모양의 둥근 상相에는 이미 10과 5의 이치가 다 녹아들어 있어서 마치 망망대해의 율동律動하는 상相과 같음이로되, 그러나 이것은 곧 10과 5가 하나인 한 점點일 뿐이므로 또한 일미진중함시방一微塵中含十方이며 일즉일체다즉일一卽一切多卽一인 것이다. 전체가 차있는 순수한 1상의 한 점點이므로 전체가 하나요 전체가 비어있는 순수한 0상의 한 점點이므로 전체를 실을 수 있음이니, 전체가 차있음은 건乾이요 전체가 비어있음은 곧 곤坤이다. 고로 10과 5를 전체의 장場이라 하였다.

비록 하나하나의 티끌과 티끌이 이러한 망망대해의 파동波動을 타고 무한히 움직여 가서 복잡한 수數와 상象이 있는듯하나, 그러나 모두 세世와 계界가 동시인 10과 5의 한 점點에 불과하므로 이미 티끌과 티끌의 개개마다 원圓과 방각方角의 이치가 다 들어 있어서 모두 한 맛으로 돌아오니, 이것을 해인海印이라고 한다.

사상四象 중에 1은 천天의 체體요, 4는 지地의 체體요, 3은 천天의 용用이요, 2는 지地의 용用이라, 천지天地의 체體인 1과 4를 합하여 나라는 관찰자인 5를 생하니 이에 5는 천지天地의 용用인 3과 2를 발현함에 모두 합하면 10이 되어서, 이러한 천지체용天地體用을 관찰하는 5와 같음이 되는 것이니 이것이 우주와 내가 하나라는 십오일언十五一言의 대의大義다. 고로 5의 위位는 곤坤임과 동시에 나라는 주관적 관찰자인 것이며 관찰하여 천지天

地의 체體와 용用을 다하여 하나로 돌아옴에 곧 10건乾인 것이다.

**〈십오일언十五一言과 십일일언十一一言의 수상數象〉**

| 1양陽：1선상一線象 時間, 1음陰：이분상二分相 空簡 | | | | | | |
|---|---|---|---|---|---|---|
| 5陽5線 | ━<br>━<br>━<br>━<br>━ | - -<br>- -<br>- -<br>- -<br>- - | 5陰10方 | 十五一言 | 10方中11 | 十一一言 |
| 4陽4線 | ━<br>━<br>━<br>━ | - -<br>- -<br>- -<br>- - | 4陰8方 | 8,4一言 | 8方中9 | 9,1一言 |
| 3陽3線 | ━<br>━<br>━ | - -<br>- -<br>- - | 3陰6方 | 6,3一言 | 6方中7 | 7,1一言 |
| 2陽2線 | ━<br>━ | - -<br>- - | 2陰4方 | 4,2一言 | 4方中5 | 5,1一言 |
| 1陽1線 | ━ | - - | 1陰2方 | 2,1一言 | 2方中1 | 3,1一言 |

1양陽은 1선線의 상象인 시時의 의義이며 1음陰은 이二에 분절된 공간의 의義다.

이러한 상象을 의거해,

1양陽의 1선線을 그으면 1음陰의 2방도 동시에 나타나나니 2,1 일언一言이요,

2양陽의 2선線을 그으면 2음陰의 4방도 동시에 나타나나니 4,2 일언一言이요,

3양陽의 3선線을 그으면 3음陰의 6방도 동시에 나타나나니 6,3 일언一言이요,

4양陽의 4선線을 그으면 4음陰의 8방도 동시에 나타나나니 8,4 일언一言이며,

5양陽의 5선線을 그으면 5음陰의 10방도 동시에 함께 나타나나니 곧 10,5 일언一言이다.

2방의 중中은 3인 1점點이니 3,1 일언一言이요,

4방의 중中은 5인 1점點이니 5,1 일언一言이며,

6방의 중中은 7인 1점點이니 7,1 일언一言이요,

8방의 중中은 9인 1점點이니 9,1 일언一言이며,

10방의 중中은 11인 1점點이니 곧 10,1 일언一言이다.

이것은 수數와 상象으로 본 십오일언十五一言과 십일일언十一一言의 의義다.

중궁中宮의 5가 사상四象을 관찰함에 각각 6 7 8 9의 사상四象의 영생수影生數를 생하고 5는 5인 스스로를 관찰해 비추어 10을 성하니, 이러한 연유로 중中5는 1 2 3 4의 사방四方을 합한 10과 같고 중위中位의 10은 1 2 3 4 6 7 8 9의 팔방八方을 합한 40과도 같다. 10과 40을 합하면 50이니 대연지수大衍之數 50은 이것을 방倣한다.

**〈굴신지도屈伸之道〉**

四象　觀　影生數

1 2 3 4 5 6 7 8 9 10

度順 ➔　➔ 度逆

(제5위)　(제5위)

• 황극이무극皇極而无極
제5위 中宮 合10(5+5)

• 굴신지도屈伸之道
5,6 제5위 合11(5+6)

1로부터 도度에 순順하여 제5위는 5가 되며 10으로부터 도度에 역逆하여 제5위는 6이다. 모두 제5위의 중궁中宮에서 합合하니 순順과 역逆에 위位의 합合이 10인지라 이르되 "皇極而无極황극이무극"이라 하고, 5와 6이 제5위의 황극皇極에서 또한 같은지라 합하면 11이 되어서 제5위의 황극이무극皇極而无極은 곧 굴신屈伸의 도道가 된다.

이에 낙서洛書는 이러한 무극无極의 10기紀를 체體로 삼아 황극皇極의 중中5를 강綱으로 하여 8방에 그 수數와 상象을 분열해 석析한 것이다.

경經과 위緯가 교차된 상相은 곧 십자十字의 상相이다.

십자十字의 상相은 이미 4방을 포함한 전체의 상相이다.

〈십자상十字相과 기강경위紀綱經緯〉

| 십자十字 경위經緯 교차交叉 상相 |
|---|
| 十 全體10, 1,9合一 中位(盈), 10기紀 0動 生2경經 |
| 五 皇極位, 1,9之中 中宮(虛), 5강綱 1動 生7위緯 |

십자十字의 경經과 위緯가 교차된 중中1점은 5황극皇極의 위位임과 동시에 10무극无極의 상象이다.

5는 2경經과 7위緯를 머금은 1,9의 중中이며 10은 4방의 합合이며 1,9가 이어져 합일合一된 중궁中宮의 중위中位이다.

5는 사방의 중中이라 비어 있는 상象이며 10은 사방의 합이라 차 있는 상象이다. 이에 중中이 비어 있음을 중궁中宮이라 하고 중中이 차 있음을 중위中位라고 한다. 고로 중中이 비워져 있는 상象을 강綱이라 하고, 중中이 차 있는 상象을 기紀라 하며, 10기紀가 비로소 0상을 만나 최초로 동動함을 2경經이라 하고, 5강綱이 비로소 1상을 만나 최초로 동動함을 7위緯라 한다.

천지天地의 체體와 용用은 이미 10수數 안에 모두 갖추어져 있다.

이에 만물의 모든 이치는 10수數 내에 모두 들어 있다고 할 수 있다.

천지天地의 체體와 용用이 무한하고 무량하여 우주의 광활함이 끝이 없으

〈단수화單數化, 1과 0〉

| 실수實數 10=1 | 허수虛數 9=0 |
|---|---|
| 단수화單數化 10=1 | 방각합方角合* 9영影=0 |
| 10+1=2 | 9+1=1 |
| 10+2=3 ... | 9+2=2... |
| 10+8=9 | 9+8=8 |
| 10+9=1 | 9+9=9 |
| 실수實數 10 | 허수虛數 0 |
| 수+10=가1수加一數 | 9는 허수虛數인 0상 |
| 天地之度數 止乎十 | 우주宇宙는 공空 |
| 十終有終十 十始有始十 | 一始無始一 一終無終一 |

*360도 3+6=9, 1080도 1+8=9, 1440도 1+4+4=9

나 10수數 내로 단수화單數化하여 그 무량한 수數의 이치를 다한다.

원圓의 개념은 전일全一한 선線을 무한히 분分하여 쪼갠 방각方角의 합合이다. 방각方角의 합合이 원圓이므로 원圓은 방각方角의 영影이요 시始와 종終이 이어진 방각方角의 합合이다.

미세하게 분分하여진 방각方角은 무한히 분절된 각角의 상相이니 비록 무한하나 그 각角의 합을 단수화單數化하면 모두 9의 수數로 귀결하게 되고, 이에 9는 시始와 종終이 이어진 방각方角의 합合인 방각方角의 원영圓影이므로 본래 없는 허수虛數가 된다.

모든 방각方角의 합이 9가 된다는 것은
4방은 360도이니 3+6=9이며 8방은 1080도이니 1+8=9이며 나아가 10방은 1440도이니 1+4+4=9인지라, 이러히 계속해 모든 방각方角에 무한히 나아가도 그 단수화單數化가 된 모든 방각方角의 합은 모두 9의 수數로 귀결하게 되므로 모든 방각方角의 합이 9가 된다고 하였다.

9가 허수虛數라는 것은,
9+1=10=1, 9+2=11=2, 9+3=12=3... 이러히 단수화單數化하여 나아가 9+8=17=8, 9+9=18=9 내지는 무량에 나아가 더하여도 모든 수數는 9와 합함에 본래의 같은 수數를 얻게 되므로, 고로 9라는 숫자는 본래가 없는 허수虛數가 된다 하였다.
이렇듯 모든 각도角度의 수數가 분分하고 분分하여 무량에 나아감이 있으나 모두 9의 수數에 지나지 않으니, 이에 9는 0상의 허수虛數이므로 일체만물 우주는 곧 공空이라 할 수 있어서 시작도 없고 끝남도 없음이니 이것을 천부경天符經에 이르되, "一始無始一일시무시일이요 一終無終一일종무종일이니라." 즉 1에서 시작하되 시작된 1이 없으며 1에서 끝나되 끝난 1도 없는 것이니라 라고 하였다.
이에 허수虛數인 9가 최초의 시작점인 1상에 합함에 1은 1상이며 9는 허虛한 0상이라, 이로써 10이라는 모양의 수數가 나타나고 이곳에 종終함과 동시에 다시 시始하니 수數의 10은 곧 1이라는 실수實數가 된다.

10이 실수實數라는 것은 10이 곧 1이기 때문이니 이것을 단수화單數化하면 10+1=11=1+1=2이며 10+2=12=1+2=3이라 계속해 나아가 10+8=18=1+8=9이며 10+9=19=1+9=10=1+0=1이므로, 모든 수數가 10과 합合함에 이렇듯 1을 가加한 수數를 얻는지라 10은 유십有十이라 하여 이것을 지부경地符經에 이르되, "十終有終十 십종유종십이요 十始有始十 십시유시십이니라." 즉 10에 끝나되 끝난 10은 있고 10에 시작하되 시작한 10은 있는 것이니라 라고 하였다.

기수奇數인 홀수는 1 3 7 9에 사방을 주회해 다시 1로 돌아와 합하여 10천간天干을 생하나니 5가 중中이다.

우수偶數인 짝수는 10 8 4 2에 사방을 주회해 다시 10으로 돌아와 합하여 12지지地支를 생하나니 6이 중中이다.

〈단수화單數化, 1과 0〉

| 극도極圖 | 北 | 東 | 西 | 南 | |
|---|---|---|---|---|---|
| 기수奇數 | 1 | 3 | 7 | 9 | 1歸 10天干生 中5 |
| 우수偶數 | 10 | 8 | 4 | 2 | 10歸 12地支生 中6 |

이로써 천지天地의 양수陽數와 음수陰數의 중中인 5와 6을 취하여 그 중中을 삼으니 곧 극도極圖의 중中이다.

10토土와 5토土는 이미 1 2 3 4의 위位에 수水 화火 목木 금金의 4원元을 성하여 4원元의 기氣와 형形이 한 맛에 녹아든 한 점點의 성품이다.

고로 10토土와 5토土는 능히 4원元을 포包하고 합含하여 4원元의 형形을 생하며 그 기氣를 연결하는 바다와 같은 전체의 장場이요, 즉 온 우주전체가 비어 있는 공空임과 동시에 우주전체가 진기眞氣로 차있는 일진기一眞氣의 장場이다. 이를 관하건대 우주의 공간空間은 진공상태로되 그러나 진기眞氣로 빈틈없이 꽉 차있는 힘의 바다인 것이다.

이러한 진기眞氣의 바다는 그 바닷물이 출렁거림으로 인해 최초로 사상四象의 위位와 수數를 생함이니 이것을 4원元의 힘이라 한다.

태양太陽은 1,9이니 중重하고, 태음太陰은 4,6이니 장長하며, 소음少陰은 2,8이니 음유陰柔를 용用하고, 소양少陽은 3,7이니 양강陽强을 용用한다.

태양太陽이 중重함은 만물이 기氣와 형形을 합하여 하나로 돌아옴이니 만물이 하나인지라 그 형形은 찾아 볼 수가 없으되, 그 기氣의 힘은 우주전체의 더 이상 채울 수 없는 가득한 힘인 연고다.

태음太陰이 장長함은 만물의 기氣가 한없이 분열해 가서 이 또한 그 형形을 전혀 찾아볼 수 없는 0의 상象인 파장波場의 장場인 연고다.

소음少陰이 음유陰柔를 용用함은 만물이 합일合一된 태양을 체體로 하여 드디어 분열해 감이다.

소양少陽이 양강陽强을 용用함은 태음의 공상空相의 장場을 체體로 하여 드디어 만물을 실어 합일合一해 감이다.

10은 만물의 합일合一된 상象이니 4원元의 위位와 수數를 모두 합함에 40수數를 득得한다.

5는 전체가 하나인 10이 음陰과 양陽에 양분兩分된 상相이니 4원元의 음수陰數가 20이며 양수陽數도 또한 20이라, 그 상대적 위치에 음陰과 양陽의 수數가 평등하여 각각의 물物과 물物의 구조를 안정케 하며 그 힘을 유지케 한다.

태양太陽은 1의 위位와 9의 수數이니 1로부터 9까지의 수數를 모두 합하면 45요, 이것을 단수화單數化하면 9이다.

소음少陰은 2의 위位와 8의 수數이니 2로부터 8까지의 수數를 모두 합하면 35요, 이것을 단수화單數化하면 8이다.

소양少陽은 3의 위位와 7의 수數이니 3으로부터 7까지의 수數를 모두 합하면 25요, 이것을 단수화單數化하면 7이다.

태음太陰은 4의 위位와 6의 수數이니 4로부터 6까지의 수數를 모두 합하면 15요, 이것을 단수화單數化하면 6이다.

이에 순양純陽의 9는 중重하고, 순음純陰의 6은 장長하며, 소음少陰은 체體가 강强하여 유柔로 분分하고, 소양少陽은 체體가 유柔하여 강强으로 합合한다.

태리손兌離巽의 삼녀三女괘는 각각 양陽이 둘이요 음陰이 하나이니 수數의 6과 2를 얻어서 합함에 8이다.

간감진艮坎震의 삼남三男괘는 각각 양陽이 하나요 음陰이 둘이니 수數의 3과 4를 얻어서 합함에 7이다.

태리손兌離巽의 8유柔로써 밀어내어 분分하여 가서 순음純陰의 곤坤을 성하며, 간감진艮坎震의 7강强으로써 끌어 당겨 합合하여 가서 순양純陽의 건乾을 성한다.

밀어내면 좌左에서 우右로 향해 우선右旋한다.

끌어당기면 우右에서 좌左로 향해 좌선左旋한다.

〈사상四象과 사원력四元力〉

| 사상四象 | | | | 4원의 힘四元力 | | |
|---|---|---|---|---|---|---|
| 水 | 1 | 9 | 太陽 | 중重 | 1진기眞氣 | Σ1～9＝45→9 |
| 火 | 2 | 8 | 少陰 | 용유用柔 | 분열력分列力 | Σ2～8＝35→8 |
| 木 | 3 | 7 | 少陽 | 용강用强 | 합일력合一力 | Σ3～7＝25→7 |
| 金 | 4 | 6 | 太陰 | 장長 | 0파장波場 | Σ4～6＝15→6 |
| 土 | 5 | 10 | | 5 眞空 兩分 20, 10 眞氣 合一 40 | | |

삼녀三女 태리손兌離巽 陽2陰1 8 척력斥力(분分)
우선右旋, 순음곤純陰坤을 성成
삼남三男 간감진艮坎震 陽1陰2 7 인력引力(합合)
좌선左旋, 순양건純陽乾을 성成

밀어낸다는 것은 1이 0에 분절되어 감이요 끌어당긴다는 것은 0이 1에 합하여 옴이다. 법상法相의 이러함은 좌방左方은 양陽이니 1상이요 우방右方은 음陰이니 0상인 연고다.

이로써 우주는 항상 음陰과 양陽의 태극太極의 모양으로 회전하는 것이니, 이것이 우주와 나를 구성하고 있는 4원元의 힘이다.

차장此章은 매우 중요하므로 다시 반복해 해설한다.

최초의 원原이 흑백黑白이 미분未分하고 막막寞寞하여 일체 상相을 세울 수 없더니, 이것을 인식하고 관찰하는 당금 일념一念으로 인해 문득 흑백黑白이 나뉘어 음양陰陽과 유무有無와 가지가지 생멸상生滅相이 나타나고 이로부터 일체 상대적 상相이 생하고 성하는지라, 이에 당금 일념一念을 멸滅하고 그 상대적 상相을 포包하여 원原에 돌아옴을 도道라 하고 일체 상相을 함含하여 그 기틀을 바르게 함을 덕德이라 한다.

〈기강경위紀綱經緯 요약要約〉

원原 흑백미분黑白未分 ⇒ 당금일념當今一念
생멸상生滅相 ⇒ 도덕道德
십기十紀 일체一切 포함상包含相 일점一點
이경二經 일상一相 상하上下 이분二分
오강五綱 사방四方 중허中虛 (면面)
칠위七緯 오강五綱 좌우左右 이분二分

일체를 함含하되 그 상相이 오직 일一임을 십기十紀라 하고, 그 일상一相을 관함으로 인해 이二에 분分함을 이경二經이라 하며, 이二에 분分함에 상하좌우의 사방이 동시에 나타나고 이에 사방의 중中인 공허空虛한 면面을 취하여 오강五綱이라 하며, 다시 오강五綱을 관함으로 인해 이분二分된 상相을 좌우에 넓힘을 칠위七緯라고 한다.

상하좌우의 사방을 성함에 상하의 위位를 이경二經이라 하고, 좌우의 위位를 칠위七緯라 하며, 사방의 전체를 합하고 머금은 것을 십기十紀라 하고, 십기十紀의 중中을 잡아 이분二分하여 넓힘을 오강五綱이라 한다.

3재才가 3합合의 상相을 갖춤은 이치의 소자연所自然이다. 3재才는 천지인天地人이다. 만약 천지인天地人의 3재才 중에 하나라도 결缺하면 만물과 우주는 성립되지 못한다. 그러므로 인人의 당금 일념一念인 인식과 관찰을 일으킴은 자연自然의 소자연所自然이다.

1선線은 상하의 의義와 상하를 이은 선線의 개념이므로 곧 3의 의義를 갖추고 있다. 3은 3재才이니 곧 삼효三爻다. 삼효三爻는 천지인天地人의 위位인 1 2 3이니 통합通合하면 곧 6이다. 이것은 3차次의 세계가 여섯 방위의 구조로 되어 있음을 의미한다.

〈삼재三才와 사상분체四象分體〉

<table>
<tr><td colspan="2">천지인天地人 3재三才 3합상三合相<br>1선線 3의義 = 상하上下 + 선線<br>삼효三爻 1 2 3 위位 합合6 (3차次 육방六方)</td></tr>
<tr><td rowspan="2">1선線 五分<br>5,6굴신屈伸</td><td>太陽 6線 36도 성도成道(6위시성六位時成)</td></tr>
<tr><td>太陰 5空 30도 성덕成德(5위공진五位空盡)</td></tr>
<tr><td rowspan="2">삼극해인도<br>三極海印圖</td><td>戊位 파동波動 제5위 32도 삼각상三角相</td></tr>
<tr><td>己位 굴신屈伸 제5위 61도 삼각상三角相</td></tr>
</table>

건乾 삼효三爻의 위位는 3재才를 법하며 곤坤 삼효三爻의 상相은 여섯 방위를 법한다.

1선線이 다섯 번 분절해 6위位의 시時를 성成하니 시時는 6위位에 성成하고 공간은 5위位에 다한다. 법상法相이 이러하여 태음太陰은 5공간의 위位에 나아가 30도에 그 덕德을 성成하며 태양太陽은 공간에 분절된 6선線의 위位에 나아가 36도에 그 도道를 성成하니, 비록 공간과 선線의 파동波動이 무한히 넓혀짐이 있으나 그러나 그 법도의 이치는 다만 5,6굴신屈伸의 위位에 다하는 것이다.

삼극해인도三極海印圖를 관하건대 한번 일어났다 한번 꺼지는 파동波動의 상相이 제5위에 32상相의 삼각상三角相을 이루고 굴신屈伸해 다시 합하여 근원에 돌아오니, 이 또한 제5위에 61도의 삼각상三角相을 이루는지라 이것을 법하여 이르되 "戊位무위와 己位기위"라고 한다.

천天1은 지地2와 인人3을 합한 5와 더불어 6이요, 지地2는 천天1과 인人3을 합한 4와 더불어 6이며, 인人3은 천天1과 지地2를 합한 3과 더불어 6이므로, 우주는 18계界에 그 의義를 다한다.

18계界는 불가佛家에 6진塵 6근根 6식識의 의意와 상통相通한다.

태양太陽과 태음太陰의 행렬은 수평적 기起와 멸滅의 상相을 법한 것이니 기起는 멸滅의 뿌리이며 멸滅은 기起의 뿌리가 되어서, 기상起相이 여섯이면 멸상滅相은 다섯이라 6은 5를 포包하고 5는 6을 함含하는 굴신屈伸의 상相이 이미 그중에 갖추어져 있는 것이다.

3재才의 합습이 6이니 태음太陰은 멸상滅相인 0의義에 운행하여 30도에 성도成道하며 태양太陽은 기상起相인 1의義에 운행해 36도에 성도成道한다.

3재才의 위位를 갑자甲子의 위수位數로써 하면 제1의 위位는 무술戊戌이며 제2의 위位는 기해己亥이며 제3위位는 경자庚子다. 만물은 3재才를 갖춘 연후에야 비로소 운행한다.

이로써 제3위인 인人의 위位를 취하여 1,3도 경자庚子에서 1도를 일으키니 곧 태음太陰의 시작점이다.

〈삼재三才와 극즉반極卽反〉

1위 무술戊戌 2위 기해己亥 3위 경자庚子
태음太陰 1도 : 1,3도 경자庚子(인위人位)
태양太陽 1도 : 경자庚子 대칭위位 1,7도 병오丙午
제5위 극極 제6위 반反 굴신지도屈伸之道
제5위 인궁人宮 인식認識 제6위 반상反相 (허상虛像)

| 體用 | 5위극極 | 6위반反 | 괘상 |
|---|---|---|---|
| 10 | 純粹1 | 1,0易 | 기제이미제既濟而未濟 101010 |
| 01 | 純粹0 | 0,1易 | 미제이기제未濟而既濟 010101 |

만물이 생성되면 반드시 상대적 1,7도의 위位에 대칭적 위位가 나타나나니 곧 병오丙午 태양太陽의 시작점이다.

제5의 위位는 인人의 궁宮이다.

만물은 제5위의 인人에 이르러 인식되어 반상反相으로 나타난다. 고로 만물은 제5위의 인人의 궁宮에 극極하여 제6위에 반상反相으로 나타난 허상虛像일 뿐이다.

만물이 제5위에 극極하고 제6위에 반反하는 것은 굴신지도屈伸之道이며 미제이기제未濟而既濟이며 또한 기제이미제既濟而未濟이다.

각 위位가 1,0의 상相인 태음太陰의 행상行相은 각 위位가 1을 체體로 해 0을 용用하여간 것이니 제5위에 순수한 0상을 성成한다.

고로 제5위는 순수한 0상에 극極한 상相이라 곧 반反하여 제6위에 0,1의 상相으로 역易함이니 이것을 기제이미제既濟而未濟라 한다.

각 위位가 0,1의 상相인 태양太陽의 행상行相은 각 위位가 0을 체體로 해 1을 용用하여간 것이니 제5위(제10위)에 순수한 1상을 성成한다.

고로 태양太陽의 제5위(제10위)는 순수한 1상에 극極한 상相이라 곧 반反하여 제6위에 1,0의 상相으로 역易함이니 이것을 미제이기제未濟而既濟라고 한다.

〈사상분체四象分體〉

| |
|---|
| 무위戊位 32도 陰陽 4相 8卦 16相 32相(5位 0相)<br>천지체天地體 천지분天地分 천天 1위位 시작 |
| 태음太陰 30도 32−2, 삼재三才 인人 3위位 시작 |
| 기위己位 61도 32+16+8+4 음양陰陽1위位합合 61도<br>천지합일天地合一 지천용地天用 |
| 태양太陽 36도 6도진進 1,7도 對稱位 36도 成道 |
| 단수화單數化<br>제5위 32相 3+2=5 천지분天地分<br>제6위 64卦 6+4=1 지천합地天合(제6위 재시작) |

만물의 법상法相이 이러하여 무위戊位의 32도는 태음太陰의 30도라 항상 2도가 허虛하여 기위己位가 60에 1도가 되며 태양太陽이 태음太陰으로부터 6도에 더 나아간 1,7도 대칭의 위位에 36도가 되는 것이다.

무위戊位와 태음太陰의 도수度數에 2도의 차差가 있는 것은 무위戊位는 천지天地의 체體를 그대로 보인 것이니, 이로써 천天1의 위位에서 시작된 연고요 만물은 천지天地의 운행이 인人을 갖춘 연후에야 비로소 운행되는 고로, 이로써 태음太陰이 인人3의 위位에서 시작된 연고다.

무위戊位는 음양陰陽 4상相 8괘卦 16상相 32상相의 제5위에 순수한 0상인 곤지坤地를 이루니 곧 천지天地의 체體를 그대로 나타낸 천지天地의 분分이다.

기위己位는 32+16+8+4에 최초 음양陰陽의 1위位를 합하여 61도에 천지天地가 다시 합일合一하니 곧 지천地天의 용用이다.

그러므로 무위戊位는 천지天地의 체體를 그대로 보인 것이며 기위己位는 지천地天의 용用을 나타낸 것이며, 태음太陰과 태양太陽은 그 체體와 용用에 물물物物의 상대성을 밝혀서 그 운동법칙을 나타낸 것이다.

이것을 단수화單數化하면 제5위는 32상相이니 3+2=5이며 제6위는 64괘이니

6+4=10=1+0=1이다. 이에 32상相의 5는 천지天地의 분分이며 64괘의 10과 1은 지천地天의 합合이다. 고로 제6위에서 천지天地는 다시 시작한다.

6효爻의 위位로써 논한다.

태음太陰의 시작점은 제3효 1,3도의 위位로써 1도를 삼는다.

태음太陰의 행行은 1상을 체體로 하여 0상을 이루어 가는 과정을 나타내므로 그 본연의 체體가 유지有地이다.

태양太陽은 태음太陰의 시작점인 제3효로부터 4 5 6 1 2효의 위位를 지난 제3효의 1,7도에 다시 시작한다. 고로 그 궁宮이 태음太陰과 더불어 동궁同宮이다.

태음太陰이 제3효에 시작하여 6위를 지나 1,6도의 위位인 제2효에 순수한 0상을 이룸에 이것을 체體로하여 다시 1,7도의 위인 제3효의 위位에 1양陽을 생하여 태양太陽의 행行이 시작되므로 이에 그 본연의 체體는 무지无地라 곧 이르되 "日月同宮有无地일월동궁유무지"라 하였다.

3 4 5 6 1 2효의 위位에 태음太陰과 태양太陽이 모두 제3효의 위位에 포胞하고, 제5효의 위位에 태胎하며, 제3효의 위位에 양養하고, 제5효의 위位에 생生하며, 제2효의 위位에 30도를 성成하여 그 도수度數가 같음이로되, 태양太陽은 태음太陰으로부터 1,7도의 위位에 더 나아간 것이니 이로써 36도에 성도成道함이라 이것을 "月日同度先后天월일동도선후천"이라 하였다.

1에서 9가 8도이며, 9에서 13이 4도이며, 13에서 21이 8도이며, 21에서 30이 9도이니, 이것은 곧 태음太陰의 도수度數다.

7에서 15가 8도이며, 15에서 19가 4도이며, 19에서 27이 8도이며, 27에서 36이 9도이니, 이것은 곧 태양太陽의 도수度數다.

무지无地를 체體로 하여 1상을 성成함을 선천이라 한다.

유지有地를 체體로 하여 0상을 성成함을 후천이라 한다. 일부一夫께서 이러한 상相을 관하시고 법하여 이르시길 "月日同度先后天월일동도선후천"이라 하였다.

다시 고찰考察컨대 태음太陰의 성도궁成度宮은 을사乙巳로되 기사己巳이며, 태양太陽의 성도궁成度宮은 을해乙亥로되 신해辛亥인 것이니, 이것은 기사己巳로부터 순順으로 1,7도가 을해乙亥요, 신해辛亥로부터 역逆으로 을사乙巳가 또한 1,7도인 연고다.

**〈태양太陽 태음太陰의 운행도수運行度數와 선후천先后天〉**

<table>
<tr><th rowspan="2">구분</th><th rowspan="2">일월동궁유무지<br>日月同宮有无地</th><th colspan="5">월일동도月日同度</th><th rowspan="2">선후천先后天</th></tr>
<tr><th>胞</th><th>胎</th><th>養</th><th>生</th><th>成</th></tr>
<tr><td>太陰</td><td>同宮 1,3度(제3爻) 1度<br>有地 체體1성成0상</td><td>1度<br>(3爻)</td><td>9度<br>(5爻)</td><td>13度<br>(3爻)</td><td>21度<br>(5爻)</td><td>30度</td><td>체體有地 성成0相 后天</td></tr>
<tr><td>太陽</td><td>同宮 1,7度(제3爻) 1度<br>无地 체體0생1양陽</td><td>7度<br>(3爻)</td><td>15度<br>(5爻)</td><td>19度<br>(3爻)</td><td>27度<br>(5爻)</td><td>36度</td><td>체體无地 성成1相 先天</td></tr>
<tr><td></td><td></td><td colspan="5">8度 4度 8度 9度</td><td></td></tr>
</table>

성도궁 太陰 을사乙巳 – 기사己巳 (24度) 기사己巳 – 을해乙亥 (순順)1,7度
太陽 을해乙亥 – 신해辛亥 (36道) 신해辛亥 – 을사乙巳 (역逆)1,7度

**〈太陰 · 太陽運行度〉**

**太陰**

胎 1,9度戊申 成30度
生 21度庚申 己巳

<table>
<tr><td rowspan="2">倒成</td><td>1</td><td>2</td><td>3</td><td>4</td><td>5</td></tr>
<tr><td rowspan="2">☰</td><td>巽☴</td><td>離☲</td><td>兌☱</td><td rowspan="2">☷</td></tr>
<tr><td rowspan="2">逆生</td><td>兌☱</td><td>離☲</td><td>巽☴</td></tr>
<tr><td>10</td><td>9</td><td>8</td><td>7</td><td>6</td></tr>
</table>

胞 初1度庚子
養 13度壬子

**太陽**

胎 15度 成 36度
生 27度丙寅(丙申)–壬寅 辛亥

<table>
<tr><td rowspan="2">逆成</td><td>5</td><td>4</td><td>3</td><td>2</td><td>1</td></tr>
<tr><td rowspan="2">☷</td><td>震☳</td><td>坎☵</td><td>艮☶</td><td rowspan="2">☰</td></tr>
<tr><td rowspan="2">倒生</td><td>艮☶</td><td>坎☵</td><td>震☳</td></tr>
<tr><td>6</td><td>7</td><td>8</td><td>9</td><td>10</td></tr>
</table>

胞 1,7度丙午(丙子)
養 19度戊午(戊子)

**〈십일귀체十一歸體〉**

<table>
<tr><th>位</th><th>時</th><th></th><th>空</th><th></th></tr>
<tr><td>6始</td><td>6</td><td rowspan="5">(包) →<br>← (含)</td><td>5</td><td rowspan="5">11귀체歸體</td></tr>
<tr><td>5終</td><td>7</td><td>4</td></tr>
<tr><td>4</td><td>8</td><td>3</td></tr>
<tr><td>3</td><td>9</td><td>2</td></tr>
<tr><td>2</td><td>10</td><td>1</td></tr>
<tr><td>1</td><td>11</td><td></td><td>0</td><td>純粹10 尊空</td></tr>
</table>

만물이 제5위에 종終하고 제6위에서 다시 시작한다.

시작된 제6위의 선線은 5공간을 포包하며,

제5위는 제7위이니 4공간을 포包하며,

제4위는 제8위이니 3공간을 포包하며,

제3위는 제9위이니 2공간을 포包하며,

제2위는 제10위이니 1공간을 포包한다.

이에 제1위의 11위는 포包할 공간의 상相이 없는 순수한 1상이니 고로 존공尊空되는 상이 있다.

이것을 다시 거꾸로 관하면 5 4 3 2 1의 공간의 위位가 6 7 8 9 10의 위位를 함含한 것이다.

이렇듯 각위의 시時가 공空을 포包하며 공空이 시時를 함含하여 11귀체十一歸體하니 이로써 만물의 차원은 11차원에서 다한다.

이러한 1상과 0상은 유有와 무無이며, 기起와 복伏이며, 양陽과 음陰이며, 신伸과 굴屈이며, 생生과 멸滅 등등의 의義이니, 우주만물의 형상과 동정動靜이 모두 여기에 지나지 않는지라 이에 1과 0이 분명한 둘이로되 본래 둘이 아닌 불이不二의 성품인 줄 알면 곧 근원根源의 극極을 체달한다.

〈10과 5의 개념概念과 작용作用〉

| | | |
|---|---|---|
| 10 | 합일合一기영氣盈天1건乾 | 포함성包含性1기氣<br>생生상하上下 2경經 |
| | 음수陰數 0空相 地10상相 | |
| 5 | 10二分0相수허數虛5곤 | 2경經+左右5=7위緯<br>(4方3次元 양量) |
| | 양수陽數 1상相 天5상相 | |

10은 사상四象의 위位인 4방의 합合이며 음수陰數이니, 그 상相이 0상임과 동시에 이미 우주 천지天地의 1 4의 체體와 2 3의 용用이 모두 합쳐진 수數의 1상인지라 그 기氣는 가득하고 영盈한 위位이다. 그 상相이 공空함은 지地10의 상相이며 그 기氣가 영盈함은 천天1 건乾의 상象이니, 곧 우주의 기氣를 모두 포包하고 함含한 1기氣의 한 점點이다. 이러히 비록 한 점點인 것이나 이미 허허虛虛한 0상과 그 기氣가 가득한 1상의 한 점點인 것이니, 이로써 0상과 1상의 상하 2경經의 의義를 생하는 것이다.

5는 10을 둘로 분리한 이분二分의 상相이며 양수陽數이니, 그 상相이 1상이로되 우주 천지의 체體와 용用이 하나인 1상을 분절한 0상이라 그 수數가 허虛한 위位이다. 그 상象이 1상이 된 것은 천天5의 상相이며 그 수數가 허虛한 것은 5곤坤의 상象이니, 곧 천지天地가 하나인 10을 2경經으로 분分한 상相이다. 그러므로 2경經의 의義가 곧 중中5이며 이에 좌우의 의義도 함께 나타나는지라, 1선線의 수직인 2경經과 좌우의 5를 각각 합하여 4방에 3차원의 양量을 발현하는 것이니, 이것을 이르되 "七緯7위"라 한다.

〈선線과 방方의 극極과 변화變化〉

| 선線 | 방方 |
|---|---|
| 방향성方向性 세시世時 | 방위方位와 각角 |
| (제5위) 5선線→10방方 | (제5위) 10방方→5선線 |
| (제6위) 1화化0 | (제6위) 0변變1 |
| 10=5 시공간時空間 파장波長의 해海<br>10=1 본질의 기영氣盈한 기氣의 방향성 | |

선線은 방향성인 세시世時의 개념이며 방方은 공간적 방위와 각角의 개념이다.

5선線은 1상이며 10방方은 0상인데 선線

의 개념이 제5위에 극極하면 곧 10방方이 되므로 5선線이 곧 10방方요 10방方이 곧 5선線이라, 서로 극極하고 반反하여 제6위에 1상이 0상으로 화化하며 0상이 1상으로 변變하는지라, 10과 5가 하나임은 시공간적 파장의 해이며 10과 1이 하나임은 곧 본질의 기氣가 영盈한 기氣의 방향성이다.

〈역경易經의 건곤乾坤 이념理念〉

| | |
|---|---|
| 점点 | 일공一空과 일유一有 ⇒ 波動, 微塵 |
| 점点 | 以前 : 全盈(乾), 全虛(坤) ⇒ 바닷물 |
| 白紙(곤坤) | – 흑색붓(일념一念의 일기一起) |
| 黑紙(건乾) | – 백색붓(일념一念의 일멸一滅) |

점点의 의義는 둘이 있으니 일공一空의 한 점点도 점点이요 일유一有의 한 점点도 점点이다.

일공一空인 한 점點을 찍을 수 있다는 것은 우주전체가 온전히 차 있는 대대의 상相이 끊어진 절대의 1상이기 때문이며, 일유一有인 한 점點을 찍을 수 있다는 것은 우주전체는 온전히 비어 있는 일체의 상相이 끊어진 절대의 0상이기 때문이다. 그러므로 최초 일념一念을 일으킨 인식認識의 한 점點을 찍기 이전의 우주 근본 모양은 가득 차 있는 상相임과 동시에 완전히 비어 있는 개념의 모양일 것이니, 이것이 역경易經의 건곤乾坤 이념이다. 비유컨대 건곤乾坤은 망망대해의 바닷물이요, 일공一空과 일유一有는 공空과 유有의 굴신屈伸하는 파동과 방향성 미진微塵의 장場과 같은 것이다.

이로써 최초의 한 점點을 찍음에 그 이면은 순수한 1상이거나 순수한 0상일 것이니, 이를 인해 1은 0을 의해 발현하고 0은 1을 의해 소멸되는 상相이 있는 것이다.

온전히 차 있거나 온전히 비어 있는 건곤乾坤의 분分은 전적으로 나의 관찰하고 분별하는 일념一念으로 인한 것이니, 만약 나의 분별하는 일념一念이 멸滅하면 건곤乾坤이 스스로 자연하여 치우침이 없어서 곧 흑백미분黑白未分의 시절을 체달한다.

비유컨대 전체가 하얀 백지에 처음 그림을 그리려 하면 흑색의 붓으로 그려 나가야 할 것이요 전체가 검은 흑지에 처음 그림을 그리려 하면 백색의 붓으로 그려 나가야 할 것이니, 이에 전체가 하얀 백지는 곧 곤坤의 상相이며 흑색의 붓은 내 일념一念의 일기상一起相이며 전체가 검은 흑지는 곧 건乾의 상相이며 백색의 붓은 내 일념一念의 일멸상一滅相을 뜻하므로, 만약 내 일념一念의 기멸상起滅相이 멸滅하면 백지와 흑지는 자연하여 그대로 곧 곤坤이며 그대로 곧 건乾인 것이니, 이에 곧 건乾의 항상恒常하고 곤坤의 항상할 바도 없는 무소상無所常의 경지를 체득한다.

이러한 한 점點의 개념은 전적으로 나의 한 인식認識의 한 점點이니 이미 인식認識했다면 곧 동動했다 할 수 있어서, 이 움직여 간 개념이 곧 선線이므로 점點과 선線은 동일하다고 할 수 있다.

무차無次는 건乾과 곤坤의 절대성絶對性이니 모든 상대적 상相이 끊어진 순수한 1과 0의 한 점點이다. 비록 한 점點나 이미 일체를 포包한 순수한 1상의 한 점點이며 이미 일체를 함含한 순수한 0상의 한 점點인 것이다.

〈차원次元의 개념概念〉

| 無次 | 건곤乾坤 | 점點 |
|---|---|---|
| 1次 | 無次 동動 | 선線 |
| 2次 | 1次 동動 | 면面 |
| 3次 | 2次 동動 | 량量 |
| 4次 | 3次 동動 | 시공時空 |
| 5次 | 4次 관찰 | 장고藏庫 |
| 6次 | 5次 굴신屈伸 | 4次 |
| 7次 | 4次 굴신屈伸 | 3次 |
| 8次 | 3次 굴신屈伸 | 2次 |
| 9次 | 2次 굴신屈伸 | 1次 |
| 10次 | 1次 굴신屈伸 | 無次 |
| 10次 극즉반極卽反 1次元<br>生2경 11次元 | | |

1차는 무차無次의 동動이니 선線이다.

2차는 1차의 동動이니 면面이다.

3차는 2차의 동動이니 량量이다.

4차는 3차의 동動이니 시공時空이다.

5차는 4차를 관찰하는 주관적 관찰자이니 시공時空을 포包하고 함含한 차원의 장고藏庫다.

6차는 5차의 장고성藏庫性이 굴신屈伸한 4차의 세계다.

7차는 4차가 굴신屈伸한 3차의 세계다.

8차는 3차가 굴신屈伸한 2차의 세계다.

9차는 2차가 굴신屈伸한 1차의 세계다.

10차는 1차가 굴신屈伸한 무차無次의 세계다.

만물이 극極하면 반反하는지라 다시 1차의 2경經을 생하니 곧 11차원이라 이로써 차원의 개념은 이곳에 다한다.

이렇듯 만물이 10차에 극極하여 다시 제1위의 한 점點에 돌아와 합하므로 최초 무차無次의 한 점點과 최후 무차無次의 10차 세계世界는 서로 추호도 다르지 않아서, 시始와 종終이 곧 하나이며 동시인 십십일일十十一一의 위位가 되는 것이니 이로부터 다시 1차를 생하여 다함이 된다.

이를 관하건대 차원이란 것은 1동動 1시時의 방향성 개념이 연속적으로 상하와 좌우에 연동連動하여 나타나는 상相이요, 이렇듯 차원의 수가 아무리 늘어나도 최초 1선線의 출렁이는 진동과 방향의 개념에 불과한 것이다.

동動한다는 것은 공空으로 인한 시時의 방향성 개념이다.

동動이란 것은 인식認識함으로 인한 상相이니 최초의 1상이 0상을 대對한 것이며 0상이 1상에 응應한 상相이라 할 수 있다. 이것은 절대의 무한한 1선이 0상에 분절되어 가며 무한히 분절된 선線이 절대의 1선에 합하여 옴을 뜻하는데 차원의 개념도 이에 지나지 않는 것이다. 그러므로 차원의 개념은 본래 한없이 이어지는 연속성이 아닌 것이며 다만 공간에 분절되어 그 나누어진 상相이 그 위치에 나타남을 의미한다. 이것이 동양학적 차원의 개념이다.

삼극해인도三極海印圖를 의거해 논하건대

1태극太極으로부터 음양陰陽 사상四象 육십사괘六十四卦 내지는 무한에 나아가 위位가 증가할수록 그 상相은 미세하되 그 수數는 증가함을 알 수 있다.

그 위位가 무한이나 우주는 다만 3재才에 지나지 않고 3재才는 곧 6합合인지라 이에 우주천지의 위位는 6위位로써 그 의義를 다한다.

**〈삼극해인도三極海印圖와 위수位數〉**

<table>
<tr><td>1위</td><td>18+12=30</td><td>/18=25∧</td><td>10위 无極而太極</td></tr>
<tr><td>2위</td><td>(15+10)×2=50</td><td>15=20</td><td>9위</td></tr>
<tr><td>3위</td><td>(12+8)×4=80</td><td>12=15</td><td>8위</td></tr>
<tr><td>4위</td><td>(9+6)×8=120</td><td>9=10</td><td>7위</td></tr>
<tr><td>5위</td><td>(6+4)×16=160</td><td rowspan="2">6=5(屈伸)</td><td rowspan="2">5(3+2)=10(6+4)<br>皇極而无極</td></tr>
<tr><td>6위</td><td>(3+2)×32=160</td></tr>
</table>

1상의 양효陽爻는 수數의 3이며 0상의 음효陰爻는 수數의 2다. 이러한 3과 2가 서로 6위位에 흐르면 다음과 같은 수數의 배열이 나타난다.

제1위 = 18+12=30

제2위 = (15+10)×2=50

제3위 = (12+8)×4=80

제4위 = (9+6)×8=120

제5위 = (6+4)×16=160

제6위 = (3+2)×32=160

이에 18=25, 15=20, 12=15, 9=10, 6=5이니 만물은 5,6에 굴신屈伸하여 다시 시작된다.

이렇듯 제5위와 제6위가 기하학적으로 같으며 또한 그 수數도 같아서 능히 5,6의 위位에 굴신屈伸해 다시 이것을 제1위로 삼아 합하여 가는 상相이 자연하다. 제5위와 6위가 같다면 제4위는 7위이며, 제3위는 8위이며, 제2위는 9위이며, 제1위는 10위일 것이니 만물이 제10위에 하나가 되는지라, 이에 10이 다시 제1위가 되므로 이르되 "无極而太極무극이태극"이라 하며 이로써 각 위位가 십일귀체十一歸體한다.

또 제6위와 제5위가 같다면 3+2=5요 6+4=10이니 곧 황극이무극皇極而无極의 위位이다.

양陽은 수數의 3이며 음陰은 수數의 2이니, 최초의 양음陽陰의 수數는 합일合一함에 3+2=5의 한 점點이며 4상의 수數는 합일合一함에 3+2+2+3=10의 한 점點이다. 이를 보건대 5의 가운데 이미 2와 3의 굴신屈伸하는 상相이 들어 있으며 10의 가운데에도 이미 2와 3의 굴신屈伸하는 상相이 들어 있으므로, 5와 10은 각각 공空과 유有의 파장波長과 파동波動의 상相이 이미 갖추어져 있는 장場의 한 점點인 것이다. 그러므로 10은 사상四象의 합合이니 우주의 전체적 객관적 개념의 한 점點이며 5는 음양陰陽의 합合이니 우주의 개별적 주관적 개념의 한 점點인 것이다.

〈5와 10〉

| 5 | 10 |
|---|---|
| 한 점點<br>음양합陰陽合<br>3+2=5<br>개별 주관 | 한 점點<br>사상합四象合<br>3+2+2+3=10<br>전체 객관 |

우주와 만물이 이러한 중궁중위中宮中位의 한 점點인 5와 10에서 비롯된 것이라면 이 한 점點은 시작과 동시에 이미 우주만물의 성주괴공成住壞空의 이치를 다 갖춘 한 점點일 것이니, 이러한 법상法相을 의상조사義湘祖師께서 이르시길 "一微塵中含十方일미진중함시방이요 一卽一切多卽一일즉일체다즉일"이라 하시며, 탄허呑虛 대종사께서는 "一中一切多中一일중일체다중일"이라 하시니, 대개 일즉일체다즉일一卽一切多卽一은 10의 한 점點을 말한 것이며 일중일체다중일一中一切多中一은 5의 한 점點을 뜻하는 것이라 할 수 있을 것이다.

세世와 계界는 지금의 시공時空개념과 같다.

세世는 3합合의 상相이며 계界는 2분分의 상相이다.

이에 세世와 계界는 서로 굴신屈伸함이 있다.

굴신屈伸하여 나아가 상하좌우에 무한히 넓혀 가면 그 모양이 원추圓錐와 같아서 상하에서 보면 원상圓相이요 좌우에서 보면 삼각상三角相이다.

이렇듯 무한히 넓혀 가 미진세계微塵世界를 이룸이 있으나 그러나 일개 일개의 진塵과 진塵에 각각 3과 2의 이치가 다 녹아들어 있어서 최초의 3과 2와 더불어 같음이니 결국 모두가 한 동체同體이며 한 맛이라, 이것을 이르되 "海印해인"이라고 한다.

3은 삼합三合이니 물물物物이 삼합三合하여 1의 체體를 성成한다.

2는 이분二分의 상相이니 1의 체體가 이분二分하여 4상의 체體를 성成한다.

3과 2를 용用하여 1과 4의 체體를 세움이니 이것은 곧 5이며 곧 10이라는 것을 의미한다.

이렇게 볼 것 같으면 일개 일개의 진塵과 진塵은 이미 5와 10을 다 갖춘 성품이라 근본성품과 추호도 다르지 않음이니, 이로써 부처와 중생이 다르지 않으며 이로써 초발심시변정각初發心時便正覺인 것이다.

무한대의 방각方角은 합하여 단수화單數化하면 모두 수數의 9로 귀속되고 이에 9는 곧 허수虛數이므로 만물의 극極인 9가 다만 허상虛相인 줄 알아서 바로 내려놓으면 곧 10의 극체極體인 것이니, 이것을 일부一夫가 이르시되 "擧便无極十거변무극십이니라."고 하였다.

10의 한 점點은 시時의 흐름과 속도가 정지 상태인 0상이면서 동시에 전체를 포包한 1상이니, 그 상相은 공空하되 그 기氣는 영盈하여 무한한 질량과 절대속도를 얻음이 되는지라 그 힘이 우주전체의 힘과 같다고 할 수 있다. 이러한 10무극无極의 경지에 도달하려할진대 9는 다만 일념一念의 분별 인식으로 인해 나타난 모든 일체 상相의 수數이므로, 이제 곧 당금當今의 일념一念을 허虛하면 곧 10무극无極을 체달하여 우주천지와 내가 한 몸이 됨을 증득할 것이다.

천天에 천지天地의 체體와 용用이 있으니 1 4와 3 2이며 지地에 지천地天의 체體와 용用이 있으니 6 9와 8 7이다.

1 2 3 4를 지나 중궁中宮 5에 이르러 4방方5정正을 이루며 이에 중궁中宮의 5는 이미 1

2 3 4를 머금은 중궁中宮이 중허中虛한 공상空相인지라 이러한 공상空相은 곧 4방을 머금은 10이며 5강綱이 된다. 이를 관하건대 10은 5와 5를 접어서 합일合一된 상相이며 5는 10을 펼쳐서 1 2 3 4의 4방에 분절한 상相이라 할 수 있다.

〈10수數와 하도河圖 낙서洛書〉

| 1 | 2 | 3 | 4 | 5 | 6 | 7 | 8 | 9 | 10 |
|---|---|---|---|---|---|---|---|---|---|

5 강綱 中宮　10 기紀 中位
하도河圖 점點, 陰陽, 4相, 5元
　4方 中5 영생影生 합도合道
낙서洛書 체體10 中5
　相對的 對稱, 수상數象 분석分析

4방이 각각 중中5의 공상空相에 반영해 6 7 8 9의 영影을 생하고 이것을 지나 다시 중궁中宮에 돌아오니, 이러한 중위中位의 10은 이미 1 2 3 4 6 7 8 9의 위位를 포包한 중궁중위中宮中位의 한 점點이므로 곧 8방을 포包한 40이며 10기紀인 것이다.

중中5의 공상空相에 반영해 영影을 생했다는 것은 주관적 관찰의 공상空相으로 인해 분절되고 분리돼서 휘어져 상대적 대칭의 상相이 나타남을 뜻한다.

그러므로 중궁中宮의 공상空相은 비록 공상空相이지만 이미 전체를 다 포包하고 함含한 상相이므로, 이에 공空과 유有의 상相을 동시에 갖추고 있는 중궁中宮의 중위中位인 것이다.

최초 한 점點의 의義를 인하여 음양陰陽과 4상象과 5원元을 생성하며 4방이 중中5에 반영해 영影을 생하고 다시 중궁中宮의 중위中位에 합하여 만물이 근본에 돌아오나니, 이러한 법과 그 생성법칙을 밝힌 것은 하도河圖의 법상法相이요 중궁중위中宮中位의 10을 체體로 해 5를 중中으로 해서 8방에 상대적 대칭의 의義를 밝혀 그 수數와 상象을 분分하고 석析함은 낙서洛書의 의義다.

10의 상象은 十이라 경經과 위緯가 교차한 상相이니 이미 경經과 위緯를 갖춘 전체의 상相이며, 5는 경經과 위緯를 머금은 중궁中宮의 공상空相인 한 점點이다.

10기紀는 4방의 합이니 전체가 하나이며 5강綱은 4방의 중中이니 전체의 중中이다.

〈10기紀와 5강綱〉

| 10기紀 | 5강綱 |
|---|---|
| 경위經緯 교차交叉<br>4方의 合, 全體 일一<br>상하上下의 경經을 생<br>1,9合一된 중위中位<br>실實의 상相 | 경위經緯를 함含<br>4方의 中, 全體의 중中<br>좌우左右의 위緯를 生<br>1,9의 중궁中宮<br>중허中虛의 상相 |

양의陽儀 기수奇數 1 3 5 7 9 中5
음의陰儀 우수偶數 10 8 6 4 2 中6
극도極圖 5,6中 굴신지도屈伸之道

기紀는 상하의 경經의 의義를 생하며 강綱은 좌우의 위緯의 의義를 생한다.

그러므로 5는 2경經과 7위緯를 머금은 1,9의 중궁中宮이며 10은 1,9의 합일된 중위中位이다.

중궁中宮의 상相은 중中이 비워져 있는 중허中虛의 상相이며 중위中位의 상相은 전체가 하나로 차 있는 실實의 상相이다.

점点이란 것은 절대의 순수한 1상과 순수한 0상을 인식하는 최초 인식의 0과 1이니 이것을 점点의 동動이라 한다.

점点의 동動으로 인해 선線의 상相이 자연히 나타나고 이에 상하의 의義가 생하며 동시에 좌우의 의義도 함께 나타난다. 이로 인해 경經과 위緯의 의義가 생하여 십十의 상像을 이루니, 선線의 좌변은 과거가 되며 우변은 미래가 되며 중中의 한 점点은 현재가 되어 이것으로 중中5를 삼아 또한 강綱이라 한다.

수數의 5는 전체가 하나인 10을 양분兩分한 수數이니 이에 양의陽儀와 음의陰儀가 생한다.

양의陽儀를 법하여 기수奇數를 생하니 1 3 5 7 9요 그 중中은 5이며 음의陰儀를 법하여 우수偶數를 생하니 10 8 6 4 2요 그 중中은 6이라, 이에 극도極圖가 5,6으로써 그 중中을 삼으니 곧 굴신屈伸의 도道다.

극도極圖는 각위가 모두 굴신屈伸하므로 이에 천지天地가 바르며 만물이 제 위치에 정위正位하여 생동한다.

좌우의 양의陽儀와 음의陰儀가 2경經을 중심으로 서로 향하여 기氣를 통通하니 그 기氣의 흐름을 7위緯라 하고, 이에 상하좌우의 의義를 모두 갖춤이 된다.

이렇듯 최초에 점点의 동動인 1선線을 그음과 동시에 상하와 4방의 의義를 다 갖춤이 되는지라 시始와 종終은 동시이며 하나인 것이다.

기경강위紀經綱緯는 모두 사糸가 붙어 있으니 곧 선線의 의義가 있다. 선線이란 것은 연緣의 뜻과 상통한다.

기紀와 경經은 점点과 선線의 상相이며 강綱과 위緯는 선線과 선線이 교차交叉하여 공간방위空間方位에 넓혀진 그물의 상相과 같다.

| | | |
|---|---|---|
| 1선線은 | 상하 2방이니 중中은 다만 1선線이며 그 의義는 3이다. | ䷗-䷫ |
| 2선線은 | 4방이니 그 중中은 5다. | ䷒-䷠ |
| 3선線은 | 6방이니 그 중中은 7이다. | ䷊-䷋ |
| 4선線은 | 8방이니 그 중中은 9다. | ䷡-䷓ |
| 5선線은 | 10방이니 그 중中은 11이다. | ䷪-䷖ |
| 6선線은 | 순양純陽의 건乾이며 순음純陰의 곤坤이니 존공尊空의 위位인지라 극極하여 반反한다. | |

중궁中宮의 5 7 9 11을 대칭으로 이은 선線의 의義로써 보면 선線의 교차된 한 점點이며 방方의 의義로써 보면 허허虛虛한 공상空相이니, 곧 1과 0이 하나인 의義다.

**〈괘卦의 극즉반極卽反〉**

쾌夬 ䷪ 5선線 극極 6위 반反 구姤 (2방方)
박剝 ䷖ 10방方 극極 6위 반反 복復 (1선線)
11次位 = 5선線 10방方의 중中 = 1次位
⇒ 일부팔괘一夫八卦 외향내外向內

쾌夬는 5선線에 극極하고 반反하여 다시 1선線 2방方의 구姤로 돌아오고, 박剝은 10방方에 극極하고 반反하여 이 또한 1선線의 복復으로 돌아옴이 있다. 이것은 곧 5선線과 10방方의 중中인 11차의 위位인 것이니, 이로부터 괘卦의 상象이 외外에서 내內로 향함에 이것이 곧 일부팔괘一夫八卦가 외外에서 내內로 향한 연고다. 이를 또 관하건대 종終과 시始가 동시이며 하나이니 이로써 11차의 위位와 1차의 위位가 같음이 되는 연고다. 고로

| | | |
|---|---|---|
| 1선線은 | 2방方이니 | 二一一言이며 |
| 2방方의 중中은 | 3인 1점點이니 | 三一一言이다. |
| 2선線은 | 4방方이니 | 四二一言이며 |
| 4방方의 중中은 | 5인 1점點이니 | 五一一言이다. |
| 3선線은 | 6방方이니 | 六三一言이며 |
| 6방方의 중中은 | 7인 1점點이니 | 七一一言이다. |
| 4선線은 | 8방方이니 | 八四一言이며 |
| 8방方의 중中은 | 9인 1점點이니 | 九一一言이다. |
| 5선線은 | 10방方이니 | 十五一言이며 |

10방方의 중中은　　11인 1점點이니　　十一一言이다.

이렇듯 제5위에 10방方을 성成하고 제6위에 굴신屈伸하여 다시 시작하므로 천지天地의 도수度數는 10에 다하는 것이다. 이것은 지10기토地十己土가 극極하고 반反하여 성천1임수成天一壬水한 것이므로 이르되 "水土수토의 成道성도"라 하고, 이것은 박剝이 도倒하여 복復이 된 것이다.

이를 관하건대 십오일언十五一言은 객관과 주관이 서로 다르지 않음을 나타내며 십일일언十一一言은 극미極微와 극대極大가 또한 다르지 않음을 나타낸다.

〈10기紀와 5강綱〉

| 제6위 | ䷁ | ䷀ | 제1위 | ䷖10震開 | ䷪5巽闢 |
|---|---|---|---|---|---|
| 제5위 | ䷖ | ䷪ | 제2위 | ䷓ | ䷡ |
| 제4위 | ䷓ | ䷡ | 제3위 | ䷋ | ䷊ |
| 제3위 | ䷋ | ䷊ | 제4위 | ䷠ | ䷒ |
| 제2위 | ䷠ | ䷒ | 제5위 | ䷫ | ䷗ |
| 제1위 | ䷫ | ䷗ | 제6위 | | |

物之雙照
세시歲時 19中 10世 ⇒ 10方
공간空間 10中 2分 12支 ⇒ 12時

제1위로부터 제5위까지 선線을 허虛하면 곧 괘卦의 산지박山地剝이요

제1위로부터 제5위까지 선線을 그으면 곧 괘卦의 택천쾌澤天夬이다.

능히 제6위에 곤위지坤爲地와 건위천乾爲天을 성成하고 극極하여 굴신屈伸해 반反하고 도倒하니 그 괘卦의 상象이 곧 지뢰복地雷復이며 천풍구天風姤라 이것이 제6위가 다시 제1위가 되는 연고다.

이로부터 제6위를 제1위로 삼아 벽闢하여 가니 곧 천풍구天風姤이며, 천산둔天山遯이며, 천지비天地否이며, 풍지관風地觀이며, 제5위에 10방方을 성成하니 산지박山地剝이라, 극極하여 반反하고 도倒하여 다시 제6위가 제1위가 되어서 지뢰복地雷復에 개開하는 상相을 이루며, 이로부터 다시 선線을 그어 가 제5위에 택천쾌澤天夬를 이루고, 또 다시 반복해 순환해 무량에 나아가니 실로 막막막무량莫莫莫無量인 것이다.

괘卦의 택천쾌澤天夬는 5선線에 1음陰이니 반反하면 천풍구天風姤라 5선線을 재載한 1음陰이니 5손巽이며, 괘卦의 산지박山地剝은 10방方에 1양陽이니 반反하면 지뢰복地雷復이라 10방方을 포包한 1양陽이니 10진震이라 한다.

1선線 3선線 중中7 중中9는 양陽의 20이며

2선線 4선線 방方6 방方8은 음陰의 20이다.

본래 괘卦의 상象이 건乾 6선線에 곤坤 12방方이로되 건곤乾坤은 순양純陽과 순음純陰이라 존공尊空하여 불용不用하니, 이로써 제6위의 1선線은 다시 제1위의 2방方에 입入함이 있고 제6위의 2방方은 다시 제1위의 1선線에 합合함이 있어서 그 운행의 도수에 항상 2도의 차差가 있음이 된다.

시간적 세시世時의 개념은 19의 중中인 10세世에 지止하여 모든 수數가 중中으로 돌아옴이 있고 공간적 방위의 개념은 이러한 10을 중中으로 하여 2에 분지分支하여 나아가 12지支에 무량한지라, 이로써 시時는 방方을 여의지 않으니 12지支에 흘러 12시時를 성하며 방方은 시時를 여의지 않으니 10세世에 합하여 10방方을 이루는지라, 이것을 이르되 "物之雙照물지쌍조"라 한다.

제1위의 양의兩儀 태극太極은 1양陽과 1음陰이므로 수數의 3과 2이니 합하면 5황극皇極이다.

제2위의 사상四象인 2양陽과 2음陰은 수數의 6과 4이니 합하면 10무극无極이다.

제3위의 팔괘八卦인 3양陽과 3음陰은 수數의 9와 6이니 합하면 15황극이무극皇極而无極이다.

이로부터 제4위는 12와 8이며 제5위는 15와 10이라 이렇듯 6양陽 6음陰에 이르면 18계界와 12지支가 되어서, 합하여 30도에 6양陽 6음陰의 12효爻와 더불어 천지天地의 상수常數가 되며 서로 승乘하여 216의 일원추연수一元推衍數를 성成한다.

〈戊位-太陰운동〉

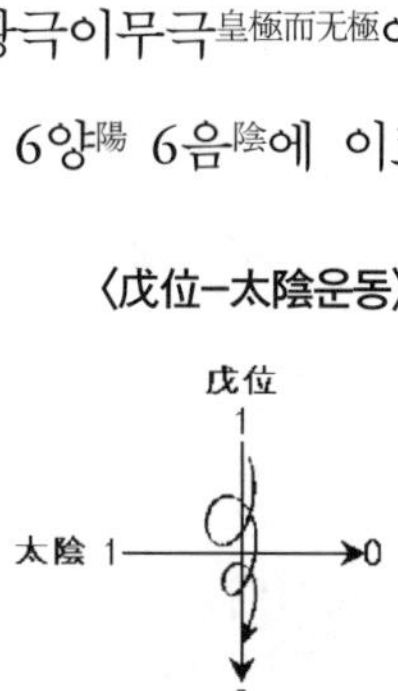


이렇듯 6위에 64괘가 다 이루어지고 이에 그 괘기卦氣의 흐름이 상하좌우上下左右에 나타나는데, 이것을 상像하여 무위戊位 기위己位 태음太陰 태양太陽이라고 한다.

〈己位-太陽운동〉

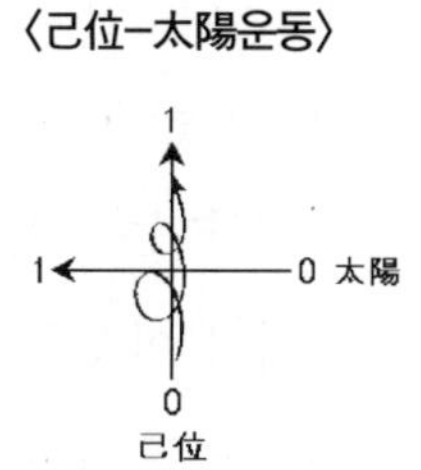


무위戊位와 기위己位는 상하上下의 위位이니 무위戊位는 1에서 0으로 향하여 분分하여 가고 기위己位는 0에서 1로 향하여 합合하여 가며, 태음太陰은 좌左에서 우右로 향하여 무위戊位의 과果에 도달하며 태양太陽은 우右에서 좌左로 향하여 기위己位의

과果에 도달한다. 4상四象의 운기運氣가 이러하여 무위戊位와 태음太陰이 함께하여 상上에서 우右로 돌아 하下로 향해 분分하여 가며, 기위己位와 태양太陽이 함께하여 하下에서 좌左로 돌아 상上으로 향해 합合하여 감이 있으니 이것은 마치 나선형과 같은 상相이라 할 수 있다.

무위戊位는 제5위에 32도(32괘)이니 천지天地의 분分이며, 기위己位는 제5위를 초初로 삼아 60도(60괘)에 모두 합하여 제1위 건천乾天에 하나가 되니 곧 지천地天의 합合이다.

무위戊位는 천지天地의 체體를 분分하여 그대로 나타낸 도수度數이므로 제5위에 분分하여 32괘의 체體를 그대로 나타낸 것이며, 기위己位는 지천地天의 합위合位이니 32 16 8 4 1을 합한 제5위에 61도를 성成하여 만물이 하나가 됨을 나타낸다. 또 관하건대 괘卦는 64괘이니 만물이 용위用位에 나아가면 그 체體는 자연히 숨는지라 천지수화天地水火의 체體를 허虛하여 그 용괘用卦만을 취하므로 다만 60괘를 지나 그 수數를 도度하는 것이다. 이에 60을 1선線에 갈라 좌우에 양분兩分해서 30도에 각각 태음太陰과 태양太陽의 도수度數를 정하며, 태음太陰과 태양太陽에 월月과 일日의 의義를 다하는지라 월月과 일日의 상대적 위치에 태양太陽은 36도가 되어서 사상분체도수四象分體度數를 모두 성成하므로, 이로써 우주 전체인 64괘에 그 체體와 용用을 다한다.

태음太陰과 태양太陽의 상대적 위位를 천지天地 음양성陰陽性의 수數로써 관하여 논하건대, 태음太陰은 제5위의 공간 방위 개념인 10 8 6 4 2를 주관하여 합함에 30도에 성도成道하며 태양太陽은 제6위의 세시世時 시간 개념인 1 3 5 7 9 11을 주관하여 합함에 36도에 성도成道하는 의義가 있는 것이니, 이러히 음陰과 양陽의 상대적 대칭 도수度數에 항상 6도의 차差가 있는지라 이로써 태양太陽이 태음太陰으로부터 1,7도에 나아가 포胞하는 상相이 있는 것이다.

10의 상相은 비록 전체를 머금어 하나가 된 1이로되 이미 유有와 공空의 1기氣와 2분分의 상相이 함께 녹아들어있는 상相이므로, 굴신屈伸하여 동動함에 곧 2경經을 생한다. 2경經을 생한다는 것은 10방方의 중中은 11이라 다시 1차의 1선線에 돌아와 2방方을 생한다는 것이니 이것을 이르되 "土而生火토이생화"라 한다. 유有는 1기氣이니 기영氣盈이며 공空은 1기氣가 분절된 2분分의 상相인 0상이니 그 수數가 허虛하다. 이러한 1기氣가 분절되어

가는 분열의 상相을 법하여 음양陰陽 사상四象 팔괘八卦 내지는 무량에 나아가 다함이 없음을 상像한 것이 고전수리 2진법二進法의 근원이다.

점點의 의義는 1도 한 점點요 0도 한 점點이니 동動이라는 것은 절대성 점點과 점點의 상대성을 말한다. 이러한 점點의 동動은 곧 선線이라 할 수 있는데 선線은 곧 연緣과 동일한 뜻이다.

최초의 1선線은 곧 절대성에 대한 최초 인식의 분별이다.

이것은 오직 진동의 상相일뿐이니 고로 선線은 다 같은 선線이로되 그 진동의 형태에 따라 외부의 수數와 형形이 무한으로 변하며 정해지는 것이다.

우주가 이렇듯 오직 1선線이면 그 시始와 종終이 모두 다만 이 일시一時이며 모든 소所가 또한 다만 일시일소一時一所일 뿐이니, 이 1이라는 것은 당금 우리가 일으킨 1념念인 것이다.

최초의 한 점點은 아직 외부의 수數와 형形에 의함이 없는 절대성의 한 점點인 것이니, 마치 1 또는 0을 찍기 이전의 순수한 백지 또는 흑지와 같은 상象이라 할 수 있다.

우주 최초의 시작은 이러한 순수한 백지에 최초의 1을 찍은 상相이므로 오직 순수한 백지의 0상을 인하여 나타난 1점點이라, 이르되 "질량이 없는 因虛塵인허진"이라 하고 인허진因虛塵이라는 것은 허虛로 인因하여 한 티끌이 나타났다는 것이니, 이 하나의 티끌상이 기起와 멸滅에 동動하고 그침이 끊임이 없어서 이로 인因해 만물이 형성되었으나 이 우주만물은 곧 허허虛虛한 공상空相을 인하여 생성된 것이라, 이것을 불佛이 금강경에 이르시되 "凡所有相범소유상 皆是虛妄개시허망 若見諸相非相약견제상비상 卽見如來즉견여래"라 하시니, 해解하여 이르되 무릇 있다는 상相은 다 허망한 것이니 만약 모든 일체의 상相이 상相이 아닌 줄로 보면 곧 여래를 보게 된다 하신 것이다.

우주만물이 오직 이렇듯 한 점點의 동動인 1선線으로써 진동하여 그 형形을 이룸에 원圓도 되고, 평행平行도 되고, 교차交叉도 되며, 그 중中도 되고, 정正도 되고, 편偏도 되고, 간間도 되는 것이니, 마치 제석천帝釋天의 인다라망因多羅網과 어부漁夫의 그물과 같아서 형形과 영影이 서로 중중重重하여 하나가 모두를 포包하고 모두가 하나를 머금어 서로 장애된 바가 없음이니, 이것을 사사무애법계事事無碍法界라 한다.

경經은 2천天이니 소음少陰의 상相인 2리離가 건중乾中을 얻음에 2천天이며 위緯는 7지地이니 소양少陽의 상相인 7감坎이 곤중坤中을 얻음에 7지地인 것이다. 이러한 동動으로 인하여 화火는 천중天中에 분출하고 수水는 지중地中에 입入하니 곧 기제이미제旣濟而未濟의 상相이라 그 변천變遷의 난亂이 가히 태심太甚함을 볼지라.

〈2經7緯〉

| 구분 | 경經 | 위緯 |
|---|---|---|
| 素陽次序 | 2離+9乾 ☲ ☰ | 7坎+4坤 ☵ ☷ |
| 作用 | 得乾中 | 得坤中 |
| 一夫八卦 | 2天+9離 ☰ ☲ | 7地+4坎 ☷ ☵ |
| 變遷 | 화火 天出 수水 地入 | |
| | 기제이미제旣濟而未濟 | |

십기十紀는 건乾이니 직直하고 항상恒常하며 오강五綱은 곤坤이니 굴신屈伸하여 분절하고 넓히는 상相이라 무소상無所常 즉 항상할 바도 없는 상相이다.

십기十紀는 전체인 한 점點이니 무차無次이며, 이경二經은 상하의 위位인 선線이니 1차이며, 오강五綱은 4방의 중中이라 면面이니 2차이며, 칠위七緯는 6방의 위圍인 양量이니 3차다.

10은 곧 1이니 이로써 이경二經은 9세世를 함含하고 칠위七緯는 4방方을 함含한다. 이경二經은 9세世이니 천天이며 칠위七緯는 4방方이니 지地이다.

2와 7은 비정각非正角이라 합하면 9이다. 9는 비정각非正角의 합이므로 허수虛數다. 2는 반원半圓이며 7은 900÷7이니 각角의 1 2 7은 모두 비정각非正角이다.

5정正4각角은 방정方正하여 3이 4개이니 승乘하면 12지支다.

3각角의 한 각角은 60이니 합하면 180이다.

4각角의 한 각角은 90이니 합하면 360이다.

5각角의 한 각角은 108이니 합하면 540이다.

6각角의 한 각角은 120이니 합하면 720이다.

8각角의 한 각角은 135이니 합하면 1080이다.

9각角의 한 각角은 140이니 합하면 1260이다.

10각角의 한 각角은 144이니 합하면 1440이다.

9가 허수虛數라는 것은 9=0이라는 것이니, 9+1=10=1 9+2=11=2 9+3=12=3………하여 8에 이르러도 9+8=17=8이 되어서 무량수에 나아가 아무리 더하여도 같은 수數를 얻으므로 9=0인 것이다. 그러므로 용수用數는 1~8까지이니 모두 합하면 36=9가 되어서 그 수數가 막막막무량莫莫莫無量한 것이다.

이렇듯 각도角度의 수數가 분分하고 분分하여 무량에 나아감이 있으나 단수화單數化함에 모두 9에 지나지 않아서 9는 곧 0이므로 일체만물 우주는 곧 공空이라 시작도 없고 끝남도 없어서 이것을 이르되 "一始無始一일시무시일이요 一終無終一일종무종일"이라 하는 것이다.

9가 0이라면 10은 1이다.

10이 1이라는 것은 유종有終 유시有始라는 뜻이니, 이른바 10+1=11=1+1=2 10+2=12=1+2=3 하여 나아가 10+8=18=1+8=9 10+9=19=1+9=10=1+0=1이라 모든 수數가 10과 합함에 1을 가加한 수數를 얻음이 되어서 수數의 1상은 있는 상相이라, 이로써 끝남도 있고 시작함도 있는 것이니 이것을 이르되 "十終有終十십종유종십이요 十始有始十십시유시십"이라 하는 것이다.

기수奇數가 4방을 주회함에 1 3 7 9이며 이에 9는 다시 1에 합하여 10천간天干을 이루니 5가 중中이다. 이에 우수偶數가 4방을 주회함에 10 8 4 2이며 이에 2는 다시 10에 합하여 12지지地支를 이루니 6이 중中이라, 이로써 5와 6은 극도極圖의 중中이 되는 것이다.

10토土는 1,9가 이어진 우주의 중위中位이며 5토土는 4방의 중中인 우주의 중궁中宮이라, 중위中位는 유有이며 중궁中宮은 공空이다.

10토土와 5토土는 4원元의 기氣와 형形이 한 맛에 녹아든 진공무위일념해眞空無爲一念海의 성품이며, 능히 4원元을 싸고 머금어 4원元의 형形을 생하고 그 기氣를 연결하는 장場이다. 그러므로 우주만물의 동動과 변變은 이 4원元의 힘으로 이루어져 있는 것이다. 4원元이란 것은 4상象의 수數인데 태양太陽은 1,9이니 중重하고, 태음太陰은 4,6이니 광廣하며, 소음少陰은 2,8이니 음유陰柔를 용用하고, 소양少陽은 3,7이니 양강陽强을 용用한다. 각위를 합함에 각각 10이니 곧 중위中位의 1상이며 각위의 중中을 취함에 각각 5이니 곧 중궁中宮의 0상이다. 4원元이 이미 각각 우주의 중中을 갖추고 있으므로 그 자체로써 이미 10과 5가 하나인 근본성根本性을 갖춘 것이라 할 수 있다.

4원元의 기氣와 형形을 모두 합하면 40이니 곧 10토土의 기氣이며 4원元의 기氣를 음陰과 양陽에 분分하면 20과 20이니 곧 5토土의 형形이다.

모두 우주전체의 상相인 10의 장해場海 내에 5를 중中으로 하여 그 상대적 힘의 위치를 나타내며 음陰과 양陽에 그 수數의 양量이 평등하여 물물物物의 구조를 안정케 하며 유지하게 하니, 이를 관하건대 10은 비록 우주전체의 상相이나 오직 우주전체를 합하여 더 이상 합하여질 수 없는 극極에 도달한 한 점點인 1의 상相이며, 5는 그 중中에 거居하여 4상四象의 방위와 상대적 대칭의 의義를 나타내어 더 이상 분分할 수 없는 분分의 극極을 나타낸 0상인 것이니, 이 순수한 1과 순수한 0의 상相은 가히 볼 수도 없고 도달할 수도 없어서 다만 9세世와 4방方에 지止하여 세시世時와 공간방위의 의義를 다하는지라, 이제 어찌 하여야 10과 5의 장해場海에 능히 도달해 우주의 근원을 다할 수 있을고? 이 우주를 바라보고 분석하는 상相은 나라는 주체가 있기 때문이니, 이미 관찰하고 분석하는 것이라면 10을 양분兩分한 5의 상相일 것이므로 이로써 나 자체의 수數는 곧 5이며 10은 우주라는 객체客體일 것이니, 5가 1 2 3 4의 객체客體를 관찰하면 곧 6 7 8 9가 되어서 다만 4원元의 힘에 머물려니와, 5가 5를 관찰하면 곧 5이면서 10인 것이니 이것은 내가 내 스스로를 회광반조回光反照하여 그 극極에 이른 것이라 비로소 곧 우주의 근원을 다하여 마침(畢)이 된다 할 수 있을 것이다. 만약 어떤 학인이 있어 전체가 차 있는 1상을 관하고 나와 전체가 온전히 일진一眞인 줄 알며 혹은 전체가 비어 있는 0상을 관하여 나와 전체가 온전히 공상空相인 줄 알아서, 이로부터 부지런히 닦아가 행하면 일체 분별이 끊어진 근본에 도달함이 멀지 않을 것이니 비로소 진실로 정리현현진경正理玄玄眞經을 공부하는 자라 이름 할 수 있으리라.

1로부터 9까지의 수數를 모두 합하면 45이며 단수화單數化하면 9가 되고, 이러히 4로부터 6은 15이니 6이며, 2로부터 8은 35이니 8이며, 3으로부터 7은 25이니 7이라, 9는 중重하고, 6은 광廣하며, 8은 그 체體가 강强이니 유柔로 분하고, 7은 그 체體가 유柔이니 강强으로 합한다. 9는 태양太陽이라 1양陽에 진進하여 10건乾을 성하고 6은 태음太陰이라 1음陰에 퇴退하여 5곤坤을 성하여, 10과 5의 우주전체인 장해場海에 입入한다. 7은 3남男의 수數이며 8은 3녀女의 수數이니, 간감진艮坎震의 3남男은 강强으로써 인引하여 합하여 오고 태리손兌離巽의 3녀女는 유柔로써 밀어내어 분分하여 간다.

일태극一太極으로부터 제3위의 삼효三爻에 3재才가 입立하니 8괘가 열列하고 6자子가 행하며 중重하여 제6위에 이르러 64괘를 성成하니 만물의 리理와 사事가 여기에 다한다.

만물의 리理와 사事가 제6위에 지止하는 것은 1선線에 상하이며, 2선線에 4방이며, 3선線에 6방이며, 4선線에 8방이며, 5선線에 10방이라 만물이 10방에 극極하고 반反해서 제6위에 반상反相이 나타나 이곳을 다시 제1위로 하여 다시 시작되므로, 법성의 리理가 여기에 다하는지라 이로써 제6위의 64괘로써 그 의義를 다하는 것이다. 이것을 단수화單數化하여 나타내면 64=10=1이므로 제6위의 64괘는 곧 1인지라 이 또한 그 의意가 상통相通한다.

주역周易 계사繫辭 설괘전說卦傳 제3장第三章에 공부자孔夫子께서 이르시길 "天地定位천지정위하며 山澤通氣산택통기하며 雷風相薄迫뇌풍상박하며 水火不相射수화불상사하여 八卦相錯팔괘상착하니 數往者順수왕자순이요 知來者逆지래자역이라 是故시고로 易역은 逆數也역수야니라." 하시니, 해解하여 이르되 천天과 지地가 위位를 정定하며 산山과 택澤이 기氣를 통通하며 뇌雷와 풍風이 서로 박迫하며 수水와 화火가 서로 사射하지 않아서, 팔괘가 서로 착錯하니 왕往을 수數함은 순順이요 래來를 지知함은 역逆이라 이런 고로 역易은 역逆하여 수數하는 것이니라 하시니, 이것은 곧 복희팔괘伏義八卦의 위位인지라 이르되 "先天之學선천지학"이라 한다.

1건乾으로부터 분分하여 가서 8곤지坤地를 성함을 도道에 역逆하여 수數한다 하고, 다시 8곤坤으로부터 합合하여 와서 1건乾에 돌아옴을 도道에 순順하여 수數한다고 한다. 이미 한번 역逆하고 한번 순順하여 천지天地를 성함에 이생괘已生卦라 하고 이에 도道에 순順하여 감을 수왕자순數往者順이라 하며, 순順하여 1도道에 합함에 장차 1건乾의 도道가 다시 역逆하여 굴신屈伸해 분分하여 갈 것이므로 미생괘未生卦라 하며 지래자역知來者逆이라 하였다. 그러므로 역易은 역逆하여 수數하는 것이니라 하시니, 이것은 곧 복희팔괘伏義八卦의 위位라 이르되 "先天之學선천지학"이라 한다.

천天　택澤　풍風　화火

지地　산山　뇌雷　수水

순양純陽의 천天이 최초에 1음陰을 득得하여 교交하니 택澤이며 극이반極而反하니 풍風이며 그 중中을 득得함에 화火를 생生한다.

순음純陰의 지地가 최초에 1양陽을 득得하여 교交하니 산山이며 극이반極而反하니 뇌雷이며 그 중中을 득得함에 수水를 생生한다.

이것은 교역지역交易之易이다.

주역周易 계사繫辭 설괘전說卦傳 제6장第六章에 공부자孔夫子께서 이르시길 "神也者신야자는 妙萬物而爲言者也묘만물이위언자야니 動萬物者동만물자-莫疾乎雷막치호뢰하고 撓萬物者요만물자-莫疾乎風막치호풍하고 燥萬物者조만물자-莫熯乎火막한호화하고 說萬物者열만물자-莫說乎澤막열호택하고 潤萬物者윤만물자-莫潤乎水막윤호수하고 終萬物始萬物者종만물시만물자-莫盛乎艮막성호간이라 故고로 水火相逮수화상체하며 雷風不相悖뇌풍불상패하며 山澤通氣산택통기 然後연후에야 能變化능변화하여 旣成萬物也기성만물야니라." 하시니, 해解하여 이르되 신神이란 것은 묘만물妙萬物을 말한 것이니, 만물을 동動하는 것이 뇌雷보다 치疾함(빠름)이 없고, 만물을 요撓하는 것이 풍風보다 치疾함이 없고, 만물을 조燥하는 것이 화火보다 한熯함이 없고, 만물을 열說하는 것이 택澤보다 열說함이 없고, 만물을 윤潤하는 것이 수水보다 윤潤함이 없고, 만물을 종終하며 만물을 시始하는 것이 간艮보다 성盛함이 없는지라, 고故로 수水와 화火가 서로 체逮하며 뇌雷와 풍風이 서로 패悖하지 않으며 산山과 택澤이 기氣를 통通한 연후에야 능히 변變하며 화化하여 이윽고 만물을 다 성成하니라 하시니, 이것은 곧 일부팔괘一夫八卦의 위位라 이르되 "后天之道후천지도"라 한다.

건곤乾坤의 체體가 곧 천지天地의 체體이며 건곤乾坤의 용用이 곧 6자子의 용用이다. 6자子의 용用이 건곤乾坤의 체體를 여의지 않아서 그 행行이 무위無爲의 행行인지라 행行하되 함이 없으며 동動하되 가고 옴이 없으니 이것을 "神신"이라 하고, 6자子의 용用이 능히 천지만물天地萬物을 다 성成하여 건곤乾坤의 성품과 추호도 다르지 않은 고로 이르되 "妙萬物묘만물"이라 한다.

6자子의 성질을 수화뢰풍산택水火雷風山澤에 부치시고 다시 그 용用을 발현하여 온전한 지地와 천天을 이루어 만물이 다 성함을 밝히시니, 그러나 아직 그 시時가 아님을 관하시고 천지天地의 운행이 이러함을 후세後世의 인人에게 미루어 밝히게 하시니, 곧 일부一夫이시다.

화火 풍風 택澤 지地
수水 뇌雷 산山 천天

천天이 지地의 중中을 득得하니 화火이며 화火는 풍風과 택澤의 양음兩陰에 궐厥하여 지地의 과果를 성한다.

지地가 천天의 중中을 득得하니 수水이며 수水는 뇌雷와 산山의 양양兩陽에 명明하여 천天의 과果를 성한다.

이것은 변역지역變易之易이다.

상문上文은 천지天地가 위位를 정定함에 그 가운데에 6자子의 운행이 이러함을 밝혀서 서로 그 과果를 이루고 다시 그 과果를 체體로 하여 만물의 동정動靜과 상하좌우의 운행 법칙을 밝힌 것이니, 6자子의 운행은 천지天地가 서로 교交하며 기氣를 통通하는 천지天地 운행의 묘妙인 것이다.

천天이 최초에 지地의 1음陰을 얻으니 태兌이며 극이반極而反함에 손巽이며 지地가 최초에 천天의 1양陽을 얻으니 간艮이며 극이반極而反함에 진震이며, 천지天地는 서로 그 중中을 교交하여 화火와 수水를 생하는지라, 이로써 우주에 한열寒熱이 서로 교차해 만물을 이루어 간다.

태兌는 분分의 시始이며 간艮은 합合의 시始이며 손巽은 분分의 종終이며 진震은 합合의 종終이며 리離는 천天이 지地의 중中을 얻은 것이며 감坎은 지地가 천天의 중中을 얻은 것이라, 이곳이 분分하여 가면 저곳은 합合하여 오고 이곳이 중中을 취하면 저곳도 중中을 취하므로 분分과 합合이 동시인지라, 이렇듯 서로 대칭의 위位에 연緣하여 나아가 우주는 평형을 이룬다.

산택통기山澤通氣하며 뇌풍상박雷風相薄하며 수화불상사水火不相射하여 천지天地가 수화水火를 생하며, 이에 수화상체水火相逮하며 뇌풍불상패雷風不相悖하며 산택통기山澤通氣한 연후에야 능히 변화하여 이으고 만물이 모두 성成하여 필畢함을 나타낸 것이니 기성만물既成萬物은 곧 만물의 정위正位다.

교역交易이란 것은 음陰과 양陽이 서로 그 위位를 교交한다는 것이며, 변역變易이란 것은 음陰의 극시極始와 극종極終인 태손兌巽의 양음兩陰이 리離에 궐厥하여 곤坤이 되며 양陽의 극시極始와 극종極終인 간진艮震의 양양兩陽이 감坎에 명明하여 건乾이 됨을 말한다.

만물이 일호일부一乎一夫의 한 점點으로 돌아옴에 이것을 원元으로 하여 4상象에 그 체體를 분分하여 도수度數를 생하니, 이것을 무위戊位 기위己位 태음太陰 태양太陽이라 한다.

상하에 천지天地의 체體와 용用을 무위戊位와 기위己位에 발현하시고 좌우에 일日과 월月의 운행을 태양太陽 태음太陰에 밝혀 다하시니, 소양素陽은 찬讚하되 "嗚呼오호라 一夫일부의 至極지극하신 大聖之德대성지덕이여 通天地第一元통천지제일원하시니 道通天地無形之外도통천지무형지외이시로다."라 하겠다.

무위戊位와 기위己位는 상하의 운행을 법法하여 좌우의 의義를 밝히고 태양太陽과 태음太陰은 좌우의 운행을 법法하여 상하의 의義를 나타낸다.

무위戊位와 기위己位는 천지天地 상하의 운행을 법法한 것이며 태양太陽과 태음太陰은 작게 보면 만물의 좌선左旋하고 우선右旋하는 원상圓相의 움직임을 밝힌 것이며 크게 보면 일월성신日月星辰의 운행을 밝힌 것이니, 우주 전체의 위位와 움직임이 여기에 벗어남이 없다.

무위戊位의 개념은 최초의 한 점點으로부터 상上에서 하향下向하여 무한히 넓혀진 파동의 장해場海를 이루는 상相이며, 기위己位의 개념은 이 무한히 넓혀진 장해場海로부터 하下에서 상향上向하여 최초의 한 점點에 회귀回歸하는 상相의 개념이다.

태음太陰의 개념은 무위戊位와 더불어 상上에서 하향下向함과 동시에 우선右旋하여 파동의 장해場海에 무한히 넓혀 가는 상相이라 1이 0으로 향함을 법法한 것이며, 태양太陽의 개념은 기위己位와 더불어 하下에서 상향上向함과 동시에 좌선左旋하여 무한히 넓혀진 장해場海로부터 최초의 한 점點으로 합하여 오는 상相이라 0이 1로 향함을 법法한 것이다.

무위戊位와 기위己位는 수직 상하의 개념이며 태음太陰과 태양太陽은 2차원적 전후좌우의 개념이다. 이로써 상上으로부터 우선右旋하여 하下로 향함과 하下로부터 좌선左旋하여 상上으로 향하는 일들이 있게 된 것이니, 이에 그 행상에 복잡한 수數와 상象이 생겨나고 만물의 법칙이 이것을 따르되 그러나 가히 만상萬象은 최초 한 점點의 영상影相일 뿐인 것이다.

10은 시방十方이니 우주전체의 장場이 하나로 합하여진 한 점點이라 그 모양을 찾아볼 수 없으되 그 중中은 시방十方을 머금은 11의 위位인 한 점點의 1기氣인지라 그 기氣가 영盈하여, 이르되 "十一一言십일일언"이라 하며 또한 이르되 "无極而太極무극이태극"이라 하였다.

5는 10의 한 점點이 1과 0으로 양분兩分된 상相이니 곧 1과 0의 굴신屈伸하는 파동의 상象이다. 굴신屈伸하는 파동은 상하의 굴신屈伸과 파동하는 방향성의 장場을 갖춤이 되어서 이에 최초 방향의 의義가 발현하며 상하좌우의 4방의 의義가 나타남이니, 이에 그 4방의 중中을 5황극皇極이라 하고 이러한 5황극皇極은 이미 4방을 머금은 10과 같으므로 이르되 "皇極而无極황극이무극"이라 한다.

황극皇極은 파장波長이며 무극无極은 그 체體이니 곧 만물의 근본해根本海다. 이로써 장場의 바다에 파동波動이 일어나 만물을 형성하여 간다. 이러히 비록 파동波動의 형태가 서로 간섭하고 복잡하여 만물을 형성하여 감이 무한함이로되 그러나 모두 10과 5의 바다에서 한 맛이므로 이것을 "海印해인"이라고 한다.

최초의 1을 점點함에 이미 전체인 0상을 포包한 것이요 전체인 0상은 이미 1점點을 함含한 것이니, 다시 말하면 최초의 0을 점點함에 이미 전체인 1상을 함含한 것이요 전체인 1상은 이미 0상을 포包한 것이니, 최초의 시작이 곧 전체의 과果요 전체의 과果가 곧 최초의 시작이라, 이러한 연고로 10과 5를 최초의 원源으로 하여 시작함은 리理의 자연自然이다.

1을 점點했다는 것은 채워 간다는 의미도 있으며 0을 점點했다는 것은 소消하여 허虛한다는 의미가 있다.

3재才를 갖춤에 드디어 천지天地가 운運하며 인성人性을 다하는지라 3재才는 우주의 기본구조基本構造가 된다. 3재才에 여섯 방위의 위位가 나타나고 6자子가 운運하여 8괘卦를 성하니 3재才와 6방方과 8괘卦는 우주의 기본모형基本模形이 된다. 고로 우리가 관측할 수 있는 우주의 기본모형基本模形의 극極은 17(3+6+8)이요 그 중中은 9이다.

8괘는 다만 12양陽과 12음陰이므로 그 수數는 순양純陽의 36과 순음純陰의 24이다.

순양純陽은 건乾이니 무위無爲이며 순음純陰은 곤坤이니 무위無位라 합하면 60수數이니 무무위无无位 60수數라 한다. 고로 수數의 60은 우주의 기본 근본수根本數가 된다. 이중에 건乾괘 3양陽의 수數인 9와 곤坤괘의 3음陰의 수數인 6을 허虛하면 45수數의 6자子 용괘用卦의 수數를 얻는다.

무위戊位는 천지天地의 분分이니 공간 방위의 개념을 생하고 기위己位는 지천地天의 합合이니 시간 세시世時의 개념을 생한다.

3재才의 합合이 6이며 또한 3선線에 여섯 방위이므로 이로써 6위位가 나타나고 전일全一한 시간의 1선線 개념이 5공간상에 분절하여 6조각의 선線을 생한다.

그 이치는 1건乾으로부터 2태兌 3리離 4진震의 위位를 지나 5손巽에 곧 곤坤이라 이에 곤坤의 상象은 허허虛虛한 공상空相이요 만물이 제5위에 이르러 공간의 의義가 성립하는지라, 이로써 1건乾이 5공空에 분절하여 6조각의 선線이 되어서 공간의 상相은 5가 되고 시간의 상相은 6이 되는 것이다. 공간 방위의 수數는 2 4 6 8 10이니 합함에 태음太陰 성도수成道數 30이 되며 시간 세시世時의 수數는 1 3 5 7 9 11이니 합하여 태양太陽 성도수成道數 36이 됨이라, 각각 6위에 분分함에 공간은 5이며 시간은 6인 것이다.

사상분체四象分體의 온 바와 생성의 의미를 살피건대,

사상四象 중에 제1위位는 순수한 순양純陽의 1상이니 이것을 체體로 하여 2 3 4의 위位에 만물이 분열함에 이것을 합하여 9에 극極한다 하고, 이러한 분극分極의 9가 다시 7 8 9의 위位에 승乘하여 63 72 81을 지나 본원本源에 합함에 216의 일원추연수一元推衍數를 성하니, 이것을 이르되 "一乎一夫일호일부"라 한다.

사상四象 중에 제4위位는 순수한 순음純陰의 0상이니 이것을 체體로 하여 3 2 1의 위位에 만물이 합하여 감에 3재才가 합하여 하나가 됨을 6에 극極한다 하고, 이러한 합극合極의 6이 다시 9 8 7의 위位에 승乘하여 54 48 42를 지나 만물에 분分하여 가서 분극分極하여 144의 곤책수坤策數를 성하니, 이로써 "四象分體사상분체"의 의義를 이룸이 된다.

이에 만물이 일호일부一乎一夫의 한 점點으로 돌아오고 이것을 근원으로 하여 4상에 그 체體의 위位를 분分하여 도수度數를 일으킴이니, 이것을 이르되 "戊位무위 己位기위 太陰태음 太陽태양"이라 한다.

〈사상분체四象分體의 생성生成 내력來歷〉

| 理體 | | 承 | 氣影 | 成 | 內容 |
|---|---|---|---|---|---|
| 1 | 2 3 4 | × | 7 8 9 | 63+72+81 = 216 | 일원추연수一元推衍數 (乾策數) |
| 體 | ➔ (9分) | | ➔ (合) | | 일호일부一乎一夫 귀일歸一 |
| 4 | 3 2 1 | × | 9 8 7 | 54+48+42 = 144 | 곤책수坤策數 사상분체四象分體 |
| 體 | ➔ (6合) | | ➔ (分) | | 무위戊位 기위己位 태음太陰 태양太陽 |

천지天地의 체體와 용用의 도수度數를 상하上下에 발현해 나타냄은 무위戊位와 기위己位요 일日과 월月의 운행도수를 좌우左右에 발현해 나타냄은 태양太陽과 태음太陰이다. 이러히 천지天地의 운행이 상하上下에 발현해 좌우左右의 의義를 밝힘이 되며 일월日月의 운행이 좌우左右에 발현해 상하上下의 의義를 나타내는 것이다.

무위戊位와 기위己位는 상하上下의 운동이요 태양太陽과 태음太陰은 좌우左右의 회전운동이다. 상하上下의 운동은 만물의 분열생성과 합일하는 법칙을 주관하고 좌우左右의 회전운동은 만물의 상대성 위位의 운동법칙을 나타낸다. 고로 태음太陰과 태양太陽은 지금의 공전公轉과 자전自轉을 주관하는 운동이라 할 수 있다.

태양太陽과 태음太陰은 서로 상대성임과 동시에 태양太陽은 자전自轉의 운동을 주관하고 태음太陰은 공전公轉의 운동을 주관한다.

이러한 상하上下의 운동과 좌우左右의 운동은 따로 운동하는 것이 아니요 항상 함께 동시에 운동을 하는 것이다.

태음太陰이 무위戊位가 상에서 하로 향함에 우선右旋하고 태양太陽이 기위己位가 하에서 상으로 향함에 좌선左旋하는 것이니, 고로 각각 생위生位와 성위成位의 괘卦에 태음太陰은 역생逆生하면 도성倒成하고 태양太陽은 도생倒生하면 역성逆成하여 서로 생위生位와 성위成位에 반대로 운동하는 상相이 발생하는 것이다.

또 무위戊位와 기위己位는 수직 상하上下의 개념이요 태음太陰과 태양太陽은 2차원적 좌우

左右의 개념이라, 서로 간섭해 합하여 3차원과 4차원의 시공時空을 생하니 지금 우리가 살고 있는 이 세계는 곧 4차원 속에 살고 있는 3차원의 공간인 것이다. 그러나 차원이라는 개념의 뿌리는 무차無次인 한 점點으로부터 비롯된 것이니 이것은 개개인의 각성覺性과 수행을 통해 우리는 곧 11차원 속에 살고 있다는 것을 체험할 수 있을 것이다.

11차원의 개념은 최초의 1을 찍음에 1점點(萬行)은 이미 전체인 0상을 포包한 것이요 전체인 0상은 이미 1점點을 머금은 것이라, 최초의 시작이 곧 전체의 과果요 전체의 과果가 곧 최초의 시작인 것이니 고로 만물의 시始와 종終은 곧 동시가 되어서 이에 시始와 종終이 동시임을 10과 1이라 하고, 이로부터 굴신屈伸해 무한에 나아가 만물을 형성하되 그러나 모든 각위의 수數가 11의 체體로 돌아옴이 있는지라, 이것은 만물이 십십행도十十行道에 일일一一의 체體를 여의지 않은 행行이므로 이것이 곧 11차원의 개념인 것이니 고로 나와 만물은 이미 다 이루어진 11차원이며 그 만행도 또한 11차원인 것이다.

삼재三才를 이룸에 인人이 그 중中에 거居하여 천지天地의 도道와 덕德을 행하며 판별하니, 이로써 천지天地가 천지天地임을 앎이라 고로 삼재三才는 우주의 가장 기초적 기본구조인 것이다.

삼재三才의 3선線에 여섯 방위가 나타나고 태리손간감진兌離巽艮坎震의 6자子가 운행해 8괘를 이루며 이에 삼재三才와 여섯 방위와 8괘는 우주의 기본구조와 모범의 형形이 되어서, 우리가 관측할 수 있는 이러한 우주의 기본구조 모형은 17(3+6+8)이요 그 중中은 9가 되는 유한有限의 구조가 된다. 즉 우리가 관측할 수 있는 우주의 극極은 9에 그친다는 것이다. 이것은 주관이 스스로 돌이켜 주관을 관찰하지 못하고 객관만을 관찰해 감으로써 인해 아직 10에 합하지 못한 연고이니 이로써 만물의 이치를 다하였다고 할 수가 없는 것이다.

이렇듯 천지인天地人 삼재三才의 위位가 나타나고 6자子와 8괘卦의 상象을 이루며 계속해 중복하여 제5위에 32상象을 성成하니 만물의 분열이 이곳에 이르러 극極하여 굴신屈伸해 다시 제6위에서 시작되므로, 제6위는 이미 64괘에 만물이 모두 성한 위位인지라 이곳을 제1위로 하여 다시 합하여 가서 근본성에 돌아와 합함에 우주는 순順과 역逆에 이미 다 이루어진 이곳으로부터 다시 시작되는 것이다. 이것을 단수화單數化의 수數로써 관하면 32는 3+2=5이니 천지의 체體와 용用이 나누어진 상相이요 64는 6+4=10=1+0=1이니 10은 천지체용天地體用의 합合에 하나가 된 상相이라, 이로써 제5위의 32상을 천지天地의 분分이라 하고 제6위의 64상은 지천地天의 합도合道라 하는 것이다.

무위戊位는 최초의 순수한 1상을 분分하여 나아가 제5위에 이르러 순수한 0상을 성함에 이것을 천지天地의 분分이라 하고, 다시 제5위의 순수한 0상에 굴신屈伸하여 합하여 돌아와 제10위에 이르러 다시 최초의 순수한 1상을 성함에 이것을 지천地天의 합도合道라 하여 기위己位라 하는 것이다.

천지天地의 분分인 무위戊位는 제5위에 32상象을 얻으니 이것으로 그 체도수體度數를 삼는다. 지천地天의 합合인 기위己位는 역逆으로 합合하여 가서 제5위를 지나 최초의 순수한 1상으로 돌아옴에, 이러한 최초의 순수한 1상은 이미 64괘의 상象을 포包하고 함含한 1상이로되, 그러나 64괘 중에 천지수화天地水火의 4괘는 그 위位를 바꾸고 뒤집어도 그대로인 대대가 없는 괘卦인지라 이로써 허虛하면 60괘가 되어서 최초의 순수한 건천乾天괘의 1상에 합해 61을 얻으니 기위己位가 이것으로 그 체도수體度數를 삼는다.

또 무위戊位는 천지天地의 분分이니 분分하여 나아가 2 4 8 16 32의 제5위를 지나 32도수度數를 얻고, 기위己位는 지천地天의 합合이니 합合하여 돌아와 32로부터 제5위를 지나 32+16+8+4+1하여 61도수度數를 얻는다.

이를 관하건대 무위戊位의 뿌리는 건위천乾爲天이요 그 과果는 곤위지坤爲地이며 기위己位의 뿌리는 곤위지坤爲地요 그 과果는 건위천乾爲天이라, 이것은 천天이 지地가 되고 지地가 천天이 되어 위가 아래가 되고 아래가 위가 된다는 것이니, 기위己位의 과果가 무위戊位의 인因이며 무위戊位의 과果가 기위己位의 인因이라 서로 인과因果가 되고 과인果因이 되어서 이렇듯 원융한 우주는 그 흐름이 멈춤이 없으니, 법상法相이 이러해서 지地10기토己土가 천天1이 되고 천天5무토戊土가 지地10이 되는 것은 이러한 이치의 자연한 연고다.

태음太陰과 태양太陽은 물물物物의 상대성과 대칭성 위位에 서로 움직여 가는 운행의 묘妙를 밝힌다.

태음太陰은 공간을 주관하는 공상空相이며 태양太陽은 세시世時의 흐름인 시간을 주관하는 기氣이다.

시간의 개념인 1선線의 기氣가 제5위의 공간상에 분절함에 공간의 위位는 5가 되고 선線은 6조각이 된 시간의 개념이 된다. 고로 태음太陰은 공간을 주관하는 상相이라 제5위를 얻고 태양太陽은 시간을 주관하는 상相이라 제6위를 얻는다. 태음太陰은 음陰이니 음수陰數를 상像하고 태양太陽은 양陽이니 양수陽數를 상像한다. 이에 태음太陰이 제5위의 공간상에 나아간 2 4 6 8 10에 합하여 30도로써 그 체도수體度數를 삼고, 태양太陽이 제6위의 시간상에 나아간 1 3 5 7 9 11에 합하여 36도로써 그 체도수體度數를 삼는다.

이로써 사상분체도수四象分體度數는 32 61 30 36이요 모두 합함에 159라 이곳에 9건乾과 6곤坤의 합合 15를 존공尊空하면 144이니 일원추연수一元推衍數 216과 합하여 360도 공부자孔夫子의 기朞가 된다.

〈15 존공尊空〉

| | | | | |
|---|---|---|---|---|
| 乾9<br>尊空 | 乾<br>☰<br>9 | 兌離巽<br>☱☲☴<br>8 8 8 | 坤<br>☷<br>6 | 乾化坤<br>30 |
| 坤6<br>尊空 | 坤<br>☷<br>6 | 艮坎震<br>☶☵☳<br>7 7 7 | 乾<br>☰<br>9 | 坤變乾<br>30 |

9건乾과 6곤坤이 존공尊空된다는 것은, 3양三陽괘의 건乾은 9요 3음三陰괘의 곤坤은 6이니 건乾을 체體로 하여 태리손兌離巽을 지나 곤坤을 성함에 태리손兌離巽은 각각 수數의 8이라 합하면 24요 곤坤은 수數의 6이라 24와 합하여 30이 되며, 이것은 건乾이 곤坤으로 화化한 것이므로 건乾의 9수數는 자연 존공尊空됨이 있다. 3음三陰괘의 곤坤은 6이요 3양三陽괘의 건乾은 9이니 곤坤을 체體로 하여 간감진艮坎震을 지나 건乾을 성함에 간감진艮坎震은 각각 수數의 7이라 합하면 21이요 건乾은 수數의 9라 21과 합하여 이 또한 30이 되므로, 이것은 곤坤이 건乾으로 변變한 것이므로 곤坤의 6수數는 자연 존공尊空됨이 있다.

戊位무위는 度順而道逆도순이도역하여 度成道於三十二度도성도어삼십이도하니 后天水金太陰之母후천수금태음지모이니라.

己位기위는 度逆而道順도역이도순하여 度成道於六十一度도성도어육십일도하니 先天火木太陽之父선천화목태양지부이니라.

무위戊位는 도度는 순順하고 도道는 역逆하여 도度가 삼십이도三十二度에서 도道를 성成하니 후천수금태음后天水金太陰의 모母이니라.
기위己位는 도度는 역逆하고 도道는 순順하여 도度가 육십일도六十一度에서 도道를 성成하니 선천화목태양先天火木太陽의 부父이니라.

이러히 비록 태음太陰과 태양太陽이 30도에 그 도수度數가 같음이로되 그러나 선천과 후천의 상대적 대칭의 위位인 것이니, 이로써 태양太陽은 6도에 더 나아가 36도의 도수度數를 얻는 것이다.

무위戊位가 도度는 순順하고 도道는 역逆하여 도度가 32도三十二度에서 도道를 성成한다는 것은 무위戊位가 32도에 순수한 0상인 곤坤의 과果를 성成한다는 것이며, 이에 곤坤은 태음太陰의 과果도 되므로 이로써 무위戊位의 과체果體인 곤坤은 곧 태음太陰의 모母가 된다는 것이다.

기위己位가 도度는 역逆하고 도道는 순順하여 도度가 61도六十一度에서 도道를 성成한다는 것은 기위己位가 61도에 순수한 1상인 건乾의 과果를 성成한다는 것이며, 이에 건乾은 태양太陽의 과果도 되므로 이로써 기위己位의 과체果體인 건乾은 곧 태양太陽의 부父가 된다는 것이다.

무위戊位와 기위己位의 성도수成道數가 32와 61도가 됨은 전에 이미 밝혔다.

무위戊位가 천지天地가 분分하여 천지天地의 체體를 세운 것이라면, 기위己位는 지천地天이 합하여 가는 상相인 지천地天의 용用을 발현해 지천地天이 합일合一된 1의 과果를 득得한 상相이다.

도度는 도수度數이고 도道는 천지만물이 합일合一된 상象을 말한다.

1상이 0상에 분分하여 감을 즉, 천天이 지地에 분分하여 감을 도수度數가 순順한다고 하여 도순度順이라 하고, 이것은 천지만물이 합일合一된 도道의 1상이 0상에 분分하여 간다 해서 도道는 역逆한다(度順而道逆)고 하는 것이다. 이와 반대로 0상이 1상에 응應 해 합하여 감을 즉, 지地가 천天에 합하여 감을 도수度數가 역逆한다 하고, 합하여 가서 다시 순수한 1상의 도道에 합하므로 도道는 순順한다(度逆而道順)고 하는 것이다.

무위戊位는 순수한 1상이 0상에 분열하여 가는 위位이므로, 1 2 3 4 5의 도수度數에 순順하여 천지인天地人의 체體와 용用을 세우고 도道에는 역逆하여 1건乾 2태兌 3리離 4진震 5손巽에 곤지坤地를 성함에, 천天5무토戊土가 곤지坤地의 ☷ 상象을 성하여 지地6계수癸水와 더불어 굴신屈伸하는 것이다.

〈무위戊位와 기위己位의 운행運行〉

| | 戊位 | | 地10己土 成天1壬水 | | |
|---|---|---|---|---|---|
| | 1 | 1乾☰ | 1乾☰ | 10 | |
| | 2 | 2兌☱ | 10震☳ | 1 | |
| 度順 道逆 ↓ | 3 | 3離☲ | 9巽☴ | 2 | 度逆 道順 ↑ |
| | 4 | 4震☳ | 8坎☵ | 3 | |
| | 5 | 5巽☴ | 7艮☶ | 4 | |
| | 6 | 6坤☷ | 6坤☷ | 5 | |
| 天5戊土 成地6癸水 | | | 己位 | | |

기위己位는 만물이 분열하여 분열의 극極에 이른, 순수한 0상을 체體로 하여 분열된 만물이 다시 1상에 합하여 가는 위位이므로, 5 4 3 2 1의 도수度數에 역逆하고 도道에는 순順하여 6곤坤 7간艮 8감坎 9손巽 10진震의 위位에 건천乾天을 성함에, 지地10기토己土가 건천乾天의 ☰ 상象을 성하여 천天1임수壬水와 더불어 굴신屈伸하는 것이니, 이것을 "水土之成道수토지성도-天地천지"라고 한다.

1건乾의 상효上爻에 음陰을 얻어 2태兌가 되며, 건乾의 중효中爻에 음陰을 얻어 3리離가 되며, 건乾의 상효上爻와 중효中爻가 음陰임을 통합해 그 상象을 취하여 4진震이 되며, 건乾의 초효初爻에 음陰을 얻어 5손巽에 건乾의 3위位가 모두 순수한 0상인 음陰으로 전변轉變한 곤坤의 상象이 됨이니, 곧 5,6곤坤이다.

그 순서가 1건乾 2태兌 3리離 4진震 5손巽에 6곤坤이므로 이에 곤坤은 곧 위位의 6이 되어서 5손巽의 곤坤과 6위位의 곤坤이 같음이 되는지라, 이로써 5,6이 함께 하는 것이다.

이로부터 5,6곤坤의 상효上爻에 양陽을 얻어 4,7간艮이 되며, 곤坤의 중효中爻에 양陽을 얻어 3,8감坎이 되며, 곤坤의 상효上爻와 중효中爻가 양陽임을 통합해 그 상象을 취하여 2,9손巽이 되며, 곤坤의 초효初爻에 양陽을 얻어 1,10진震에 3위位가 모두 순수한 1상인 양陽으로 전변轉變함에 그 상象이 곧 건乾이니, 곧 10,1건乾이다.

이렇듯 제5위位와 6수數가 동시성인 하나가 되어서 이로부터 기위己位는 다시 합하여 감에 5 4 3 2 1의 위位에 6 7 8 9 10수數가 동반되어, 도수度數로는 역逆하되 도道에는 순順하여 가서 6곤坤 7간艮 8감坎 9손巽 10진震에 제1위位의 건乾괘를 성하는 것이다.

무위戊位와 기위己位는 이렇듯 천지天地의 생성하는 모양을 그대로 나타낸 것이라 1건乾 2태兌 3리離에 4진震의 모형을 그대로 나타내고, 이러히 계속해 5손巽에 6곤坤이며 7간艮 8감坎에 이 역시 9손巽의 모형을 그대로 나타내 10진震에 1건乾을 성한 차제의 순서려니와, 물物과 물物의 상대성인 대칭적 움직임에 나아가서는 실로 그 용用괘의 변變은 태兌리離손巽과 간艮감坎진震인 것이므로 태음太陰과 태양太陽이 이것을 법法하여(본받아) 운행하는 것이다.

무위戊位와 기위己位는 상하 수직운동의 상象과 도수度數를 밝히며 태음太陰과 태양太陽은 좌우 수평운동의 상象과 도수度數를 밝힌다.

상하의 운동은 천지도수天地度數의 상象과 모형을 그대로 나타내 도度를 수數한 것이고, 좌우운동은 천지天地의 체體를 허虛하고 다만 그 움직임만을 상像하여 다시 그 체體로 돌아옴을 도수度數로써 나타낸 것이다.

태음太陰과 태양太陽은 그 도度를 수數함에 태리손兌離巽과 간감진艮坎震의 육자괘六子卦만을 취하여 그 운행의 도수度數를 밝혀서, 순수한 0상인 곤坤을 성하며 순수한 1상인 건乾을 성하는 이치를 나타낸다.

태음太陰이 역생도성逆生倒成한다는 것은, 생生은 내괘內卦이며 또는 생괘生卦를 의미하고 성成은 외괘外卦이며 성괘成卦를 의미하며, 역逆이란 것은 건乾으로부터 곤坤으로 분리해 가는 운동이고 도倒란 것은 곤坤으로부터 건乾으로 합해 가는 운동이니, 이로써 태음太陰은 내괘內卦에 역逆하여 도수度數를 세어 가고 외괘外卦에 도倒하여 도수度數를 세어 가므로, 이것을 "逆生倒成역생도성"이라 한다. 즉 생괘生卦는 역逆하고 성괘成卦는 도倒한다는 것이다.

태양太陽은 이와 반대로 내괘內卦에 도倒하여 도수度數를 세어 가고 외괘外卦에 역逆하여 도수度數를 세어 간다는 것이니, 이것을 "倒生逆成도생역성"이라 한다. 즉 생괘生卦는 도倒

하고 성괘成卦는 역逆한다는 것이다.

태음太陰은 분리해 가는 운동이므로 내괘內卦의 태리손兌離巽에 역생逆生하고 외괘外卦의 손리태巽離兌에 도성倒成하여 순수한 0상인 곤坤괘를 성하며, 태양太陽은 합하여 가는 운동이므로 내괘內卦의 간감진艮坎震에 도생倒生하고 외괘外卦의 진감간震坎艮에 역성逆成하여 순수한 1상인 건乾괘를 성하여, 그 도수度數가 모두 곤坤과 건乾에 도道를 이룸이 된다.

도순이도역度順而道逆과 도역이도순度逆而道順과 역생도성逆生倒成과 도생역성倒生逆成은 후에 태음太陰과 태양太陽의 장章에 이르러 다시 상세히 하리라.

〈태음太陰과 태양太陽〉

| | | | | | |
|---|---|---|---|---|---|
| 外卦 | 1<br>☰<br>乾 | 2 3 4<br>☴ ☲ ☱<br>巽 離 兌<br>倒成, 右旋 | 5<br>☷<br>坤 | 4 3 2<br>☳ ☵ ☶<br>震 坎 艮<br>逆成, 左旋 | 1<br>☰<br>乾 |
| 內卦 | 10<br>☰<br>乾 | 9 8 7<br>☱ ☲ ☴<br>兌 離 巽<br>逆生, 左旋 | 6<br>☷<br>坤 | 7 8 9<br>☶ ☵ ☳<br>艮 坎 震<br>倒生, 右旋 | 10<br>☰<br>乾 |
| | | 太陰 | | 太陽 | |

64괘를 크게 둘로 나누면 양陽의 구역이 32괘요 음陰의 구역이 또한 32괘다.

무위戊位는 천지天地의 분리된 체體의 모양을 그대로 나타낸 상相이므로 그 한쪽의 도수度數만을 취하여 32도에 도道를 이룬다. 이것은 양분陽分과 음분陰分이 이미 나누어진 어느 한쪽에 결정된 위位이므로 곧 천지天地의 분分인 것이니, 이것은 기氣와 형形이 나뉘어 결정된 형질形質의 체體이다.

무위戊位가 기氣와 형形이 나뉘어 결정된 형질形質의 체體라면 기위己位는 기氣와 형形이 합일合一된 형질形質의 움직임, 즉 작용作用이다.

무위戊位는 상에서 하향하여 1을 분절해 0상의 바다에 상대적 미진수微塵數의 체體를 성하며, 기위己位는 하에서 상향하여 0상의 바다인 상대적 미진수微塵數의 체體를 일기一氣에 합하여 가서

〈설괘전說卦傳 요약要約〉

| 무위戊位 | 기위己位 |
|---|---|
| 0과果를 성成 | 1相에 회귀會歸 |
| 有形 체질體質 形成 | 시공時空 일기一氣 |

다시 1상에 회會하여 귀일歸一한다. 이러히 무위戊位의 과果는 비록 0상이로되 상대적 대칭에 기氣와 형形이 나누어진 유형有形의 체體와 질質을 형성하고, 기위己位의 과果는 시공時空이 하나로 합하여진 1상이로되 즉 세시世時와 공간방위가 하나로 합하여진 불이무형不二無形의 상象이로되 오히려 그 기氣는 우주에 가득한, 온 우주를 다 싸고 머금어 있는 하나의 일기一氣인 것이다.

무위戊位의 생성과정이 천지天地가 분열해 천지天地의 체體를 세운 천지天地의 체위體位라면, 기위己位의 생성과정은 지천地天이 합하여 가는 지천地天의 용위用位이므로 기위己位는 64괘 중에 무대지사괘無對之四卦인 중궁中宮 중위中位의 천지수화天地水火의 체體를 허虛하여 60수數에 이르고 건乾1에 귀歸하여 61도에 그 도道를 이룬다. 이것은 복희씨伏羲氏 64괘의 위位로써 논論한 것이니 비록 수화水火의 괘卦는 6자子의 용위用位에 당當함이로되 중위中位에 거居한 것이므로, 이로써 허虛하여 수數하는 것이다.

그 괘효卦爻의 수數로써 논論하건대 기위己位는 지천地天의 용위用位이므로 6자子 용위用位의 괘상卦象만을 취하여 계計하니 곧 낙서洛書의 수數이다.

8괘에 건곤乾坤을 허虛하면 곧 6자子의 괘卦이니 곧 9양陽과 9음陰이다. 9양陽은 27이요 9음陰은 18이니 660을 27에 나누면 24.4가 되고 18에 나누면 36.6이라, 합하면 곧 61도의 수數를 얻음으로 기위己位는 61도에 도道를 성하는 것이다. 660의 수數는 천지天地의 객관적 용책수用策數인 360과 인人의 주관적 용책수用策數인 300을 합한 수數이다. 이것은 이후 구구음九九吟에 이르러 다시 상세히 하리라.

무위戊位와 기위己位를 관하건대 무위戊位의 과果가 곧 기위己位의 인因이며 기위己位의 과果가 곧 무위戊位의 인因이라, 기氣를 분절해 형形을 이루며 형形은 기氣에 합하고 응應하여 작용하니 이렇듯 기氣와 형形이 서로 인과因果가 사무치고 그 이치가 원융圓融하여 기氣와 형形이 둘이 아닌 것이니, 이것을 이르되 "物之總물지총"이라 한다.

또 일부一夫께서 십오일언十五一言에는 무위戊位를 먼저 하시고 기위己位를 나중에 하신 것은 서로 그 과果를 성함을 밝히신 것이며, 십일일언十一一言에는 기위己位를 먼저 하시고 무위戊位를 나중에 하신 것은 서로 그 과果를 얻어 성함을 인하여 다시 시작된다는 것을 밝히신 것이다.

또 무위戊位와 기위己位에 순順하고 역逆함과 역逆하고 순順하는 차제의 도수度數는 전적으로 복희팔괘차서伏羲八卦次序를 법(法,본받은)한 것이며, 이후에 태음太陰과 태양太陽에 이르러 도倒하고 역逆하는 이치는 전적으로 문왕팔괘차서文王八卦次序를 법한 것이니, 이것은 복희씨伏羲氏가 차제의 서열로써 건곤乾坤의 체體를 세우심이라 곧 만물이 생성되면 결국 건곤乾坤의 도道와 덕德으로 귀일歸一됨을 밝히심이요, 만물이 이미 생성되었다면 서로 보고 교交하는 상대성의 변화가 있는지라 이로써 후에 문왕文王이 그 운용運用의 묘妙를 용괘用卦의 변화에 발현하시니 이로써 그 다름이 있게 된 것이다.

무위戊位는 제5위에 0상의 과果를 얻어 주관적 개념을 이룬다.

주관적 개념이라면 주관적 관찰의 상相이 있게 되고 이러한 주관적 관찰로 인해 물物의 양면 중에 어느 한 면으로 결정되므로, 이로써 64괘 중에 그 도수度數가 다만 한 면의 32괘를 얻은 32도에 그침이 된다. 이것은 천지天地의 분덕分德이니 곧 천지天地의 체體이다.

기위己位는 천지天地의 체體가 움직이는 천지운행天地運行의 묘妙이니, 천天이 지地에 분分하여 천지天地의 체體를 세움에 다시 지地가 천天에 응應하여 합合하여 가서 천天이 지地가 되고 지地가 천天이 되는지라 이르되 "地天지천의 用용"이라 하고, 양면을 함께 동시에 비추어 수數하여 가서 둘을 합合하여 하나를 이루는지라 건천乾天에 이르러 61도에 하나를 이루니 곧 "一道일도의 性성"이라 한다.

또 만물은 삼위三位의 삼재三才를 갖춘 연후에야 비로소 운행하므로 이미 삼재三才를 갖추었다면, 이것은 곧 3차원이라 할 수 있는 6방위의 구조체構造體가 되어서 이것을 바탕으로 하여 드디어 만물은 작용한다. 6의 구조체構造體란 것은 천지인天地人 1 2 3위位의 합수合數가 6이며 또 3선線을 그으면 상하 사방의 6방위가 나타나므로, 이러한 천지天地의 운행은 이러히 인人과 더불어 3재三才가 모두 갖추어진 연후에야 비로소 천지天地가 천지天地 노릇을 하여 운행된다는 것이다. 공부자孔夫子께서 "易역이 6位위에 章장을 成성한다" 하심도 또한 이와 같다.

또 삼재三才에서의 인人은 꼭 사람만을 지칭한 것이 아니요, 개개의 물물物物이 각각 주관적 관찰을 할 수 있는 위치와 입장이 된다면 이것은 곧 인人의 개념이 되는 것이다. 고로 주관적 관찰이란 것은, 내가 만물을 관찰하면 내가 주관이요 만물이 객관이며 만물이 나를 관찰하면 만물이 주관이요 내가 객관이 된다는 것이다.

이것으로 무위戊位와 기위己位의 논論을 마친다.

**太陰태음은 逆生倒成역생도성하니 先天而后天선천이후천이요 旣濟而未濟기제이미제이니라.**

태음太陰은 역逆으로 생生하여 도倒로 성成하니 선천先天이면서 후천后天이요 기제旣濟이면서 미제未濟이니라.

삼재三才의 합合이 6이니 태음太陰은 공간의 의義에 운행하여 30도에 성도成道하며 태양太陽은 시간의 의義에 운행하여 36도에 성도成道한다. 공간의 의義에 의해 운행함은 공전의 이치이며 시간의 의義에 운행함은 자전의 이치다.

월영月影을 비로소 볼 수 있는 삼재三才의 위位를 취하여 1,3도의 경자庚子에서 1도를 일으킴은 태음太陰의 시작점이며, 이에 태음太陰의 시작점으로부터 1,7도에 더 나아간 상대적 대칭의 위位인 병오丙午에서 시작됨은 태양太陽의 시작점이다.

태음太陰은 귀서龜書의 이치를 법한다.

귀서龜書 태음太陰의 리체理體는 1상을 먼저 하고 0상을 나중으로 한 소음少陰의 상相이니 이것을 상象하여 "先天선천이로되 后天후천"이라 한다.

이로써 태음太陰은 있되 없는 상相인 유이무有而無의 상相이라 할 수 있다.

한번 일어나는 일기一起와 한번 꺼지는 일멸一滅을 반복해 나아가 제6위에 이르러 곧 101 010이라는 수화기제水火旣濟의 상相을 이룸에, 이러한 기제旣濟의 상相은 순양純陽의 건乾을 체體로 하여 순음純陰의 곤坤을 극성極成한 상相이라 곧 극極하여 반反한다.

이러한 기제旣濟의 상相이 극極하여 반反하면 곧 미제未濟의 상相이니 이것을 "旣濟而未濟기제이미제"라 한다.

이미 용도龍圖에 만물 생성의 이치가 다 나타나고 10수數를 이룸에 이러한 우주천지의 체용體用이 합일된 10건乾을 체體로 하여, 9 8 7 6에 역逆하여 그 10건乾의 체體를 소멸해 가니 자연 상대적으로 1 2 3 4의 위位가 차례로 나타남에 이것을 역逆하고 도倒하여 간다고 함이라, 이것은 우주전체인 10의 장(場, 마당) 내에 상대적 작용으로 인해 계속

소멸해 가서 제5의 위位에 소멸상의 극極인 순수한 0상의 곤坤을 성成한 것이라, 이로써 역逆으로 생生함에 도倒하여 성成하는 이치가 나타나 이에 귀서龜書가 이를 법함이 된다.

정관靜觀하건대, 이것은 우주전체인 10의 장場 내에 상대적 작용을 나타낸 것이라, 이곳이 퇴退하면 저곳은 반드시 진進하며 저곳이 퇴退하면 이곳은 반드시 진進하여 음陰과 양陽의 수數가 20과 20에 평형하여 우주는 항상 부증불감不增不減이며, 이러히 상대적 진퇴進退의 상相이 이미 존재한다면 비록 그 수數와 형상은 다름이로되 그러나 그 상대적 기氣의 힘은 10수數에 평平하여 항상 0이 됨을 가히 알지로다.

이렇듯 9 8 7 6과 1 2 3 4에 분리되고 분리되어서 분리의 극極인 중中5의 위位에 순수한 0상인 허허虛虛한 곤지坤地를 성成하는지라 이르되 "后天无極후천무극"이라 하고, 이러한 제5의 위位와 순수한 0상을 취하여 이르되 "皇極而无極황극이무극"이라 한다.

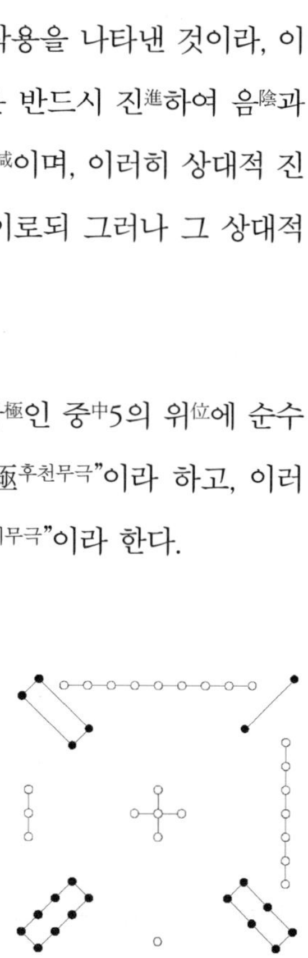

낙서洛書

귀서龜書인 낙서洛書 구궁九宮은 이러한 물물物物의 기氣와 형形을 상대적 대칭의 위位에 배열한 것이니, 그 방위에 그 수數의 상대적 배열이 1북 9남 3동 7서 8동북 2서남 6서북 4동남이라 이에 상대적으로 서로 진進하고 퇴退하는 상相이 있어 이르되 "進退之政진퇴지정"이라 하고, 이렇듯 비록 서로 진퇴進退함이 있으나 그러나 상대적 수數를 합함에 같은 10수數를 얻으며 사방정위四方正位의 양수陽數와 팔방유위八方維位의 음수陰數가 각각 20과 20에 그 수數가 같아서 정正과 편便이 동등하니 이로써 우주가 평형을 이루는지라, 고로 이르되 "그 상대적 氣기의 힘은 10數수에 平평하여 항상 0이 된다."고 하였다.

9를 생生함에 1이 나타나고, 8을 생生함에 2가 나타나고, 7을 생生함에 3이 나타나고, 6을 생生함에 4가 상대적으로 나타나나니, 이에 중中5는 그 대대對對가 없어서 홀로 중中에 거居하여 소소昭昭하여 그 작용이 없다가 드디어 스스로를 돌이켜 관찰함에 이로써 제자리에서 굴신屈伸하는 상相이 생함이라. 비록 이렇듯 제자리에서 굴신屈伸하여 본래 가고 옴이 없으나 그 파장은 분명하여 나아감이 있으니, 이에 스스로 갖춘 5위를 지나

10수數의 도체道體를 성成하고 우주와 내가 하나가 되어서 이로부터 우주와 천지만물에 유희遊戱하여 유유자적悠悠自適해 걸림이 없음이니, 곧 무등등無等等의 십십행도十十行道의 행行이라 이 실로 등등等等하고 호호好好함이 아니랴.

이렇듯 낙서洛書인 구궁九宮 귀서龜書를 법法하여 굴신屈伸하여 가는 상相을 취해서 중궁中宮5에 이르러 태음太陰의 과果를 삼으니, 이것은 곧 태음太陰의 과果인 동시에 태양太陽의 인因이 됨이라. 이로부터 5,6에 굴신屈伸해 가서 1,10에 이르러 태양太陽의 과果를 성함에 이것은 곧 태양太陽의 과果인 동시에 태음太陰의 인因이라, 이것으로 다시 태음太陰의 인因을 삼아서 운행하여 가니 10,1건乾☰을 체體로 해 9태兌☱ 8리離☲ 7손巽☴에 역생逆生하여 내괘內卦를 생生하며, 다시 2손巽☴ 3리離☲ 4태兌☱에 도성倒成하여 외괘外卦를 성成함에 곧 6,5곤坤☷의 순수한 0상인 후천무극后天无極의 상象을 이룸이 된다.

무위戊位가 상上으로부터 하下하여 그 위位와 상象이 역易하여 하下가 됨에 태음太陰이 따라서 좌左가 우右로 향하여 그 위位와 상象이 역易하여 우右가 되는 것이니, 이것은 천天이 지地가 된 것이다.

건위천乾爲天의 10,1을 체體로 하여 태兌☱ 리離☲ 손巽☴에 역逆하여 내괘內卦를 생生하니 그 상象이 천지비天地否이며, 다시 손巽☴ 리離☲ 태兌☱에 도倒하여 외괘外卦를 성成하니 그 상象이 곧 곤위지坤爲地다. 역생逆生은 태리손兌離巽에 9 8 7의 위位를 얻고 도성倒成은 손리태巽離兌에 2 3 4의 위位를 얻어서, 내괘內卦와 외괘外卦를 동시에 하여 음효陰爻만을 취하면 풍택중부風澤中孚, 이위화離爲火, 산뢰이山雷頤, 택풍태과澤風大過를 지나 순수한 0상인 곤위지坤爲地를 이루게 되므로, 이것을 "后天无極후천무극"이라 한다.

괘변卦變의 순서를 차례대로 하면 건위천乾爲天, 천택리天澤履, 천뢰무망天雷无妄, 천지비天地否, 풍지관風地觀, 산지박山地剝, 곤위지坤爲地이다.

〈后天 后天之行〉

| | | 風地觀 ䷓ | 山地剝 ䷖ | 坤爲地 ䷁ | | |
|---|---|---|---|---|---|---|
| 倒成 | 1 | 2 | 3 | 4 | 5 | 后天无極之空<br>太陰行道 |
| 倒成 | ䷀ | 巽<br>☴ | 離<br>☲ | 兌<br>☱ | ䷁ | |
| 逆生 | | ☱<br>兌 | ☲<br>離 | ☴<br>巽 | | |
| | 10 | 9 | 8 | 7 | 6 | |
| | | 天澤履 ䷉ | 天雷无妄 ䷘ | 天地否 ䷋ | | |

## 一水之魂일수지혼이요 四金之魄사금지백이니

일수一水의 혼魂이요 사금四金의 백魄이니

〈4방5정四方五正〉

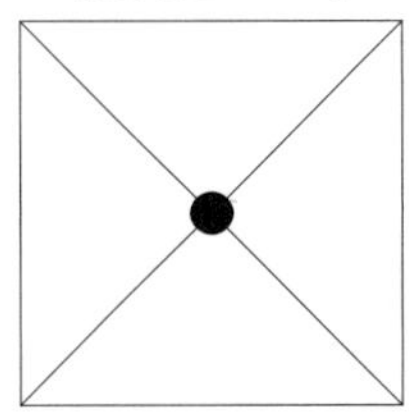

태음太陰은 1상을 체體로 해 4방에 분리하여 0상인 5곤坤 황극皇極을 이룬 상相이라 4방方5정正의 리체理體를 나타낸 상相이며, 이러한 제1위의 1상과 제4위의 0상을 취하여 "一水일수의 魂혼과 四金사금의 魄백이라"한 것이다. 또한 1상은 1기氣일 뿐이니 혼魂이라 하고 0상은 사방의 리理인 형形이니 백魄이라 한 것이다. 1 2 3 4는 사방이요 4방이 교차한 중中의 한 점點을 가加하면 5정正이니 이것을 모형으로 그려보면 마치 피라미드 상相과 같다. 피라미드 상相의 한 면은 삼각형이니 이것은 3재才 또는 3세世를 의미하고, 밑변은 사각형이니 이것은 4방을 의미하며, 4방의 중위中位인 상위上位의 한 점點은 이러한 4방方과 3세世를 다 포包하고 함含한 5정正을 의미한다.

이로써 3세世가 4방에 승乘하여 12시時를 성成하며 3재才가 4방에 흘러 십이류생十二類生을 생함에, 이것을 이르되 "十二支십이지"라 하는 것이다. 또 3세世가 4방의 합인 10에 승乘하면 30(3+6+9+12)이니 이것은 3세世가 4방을 포包한 것이며, 3세世가 4방의 합合인 10에 승乘한 30이 12지支에 흘러 360도의 수數를 놓으니, 곧 지금의 자전과 공전의 이치라 할 수 있다. 자전은 3세世가 4방의 합合인 10에 승乘한 30의 개념이며, 공전은 3세世가 4방의 합인 10에 승乘한 30이 12지支에 흘러 360도의 수數를 놓는 개념이다.

일수一水의 혼魂은 1기氣의 상象인 건부乾父의 양혼陽魂이고 사금四金의 백魄은 0상의 4방의 체體인 곤모坤母의 음백陰魄이다. 사람은 이러한 혼魂과 백魄이 합하여 이루어진 상相이니 곧 세시世時와 방위공간인 시공時空을 동시에 갖춘 5황극皇極이다. 이것은 그 체體가 정正하고 방方하니 곧 5곤坤과 10건乾의 황극이무극皇極而无極의 상象도 된다.

곤위지坤爲地는 후천수금태음지모后天水金太陰之母이니 곧 무위戊位와 태음太陰의 과果다. 무위戊位의 과果는 가장 아래의 위位요 태음太陰의 과果는 가장 우측의 위位다.

수금水金은 1혼魂의 세시世時인 시간이 4백魄의 방위인 공간을 다 포包하여 있는 개념이요, 태음지모太陰之母는 이것을 다 싣고 동시에 다 갖춘 5황극皇極의 체體이다. 무위戊位와 태음太陰은 모두 건천乾天이 제5위에 곤지坤地를 이룬 것이니, 무위戊位에 천지天地의 분分과 태음太陰에 좌우의 분分을 나타내어 천지일월天地日月의 체體를 세운 것이다.

> 胞於戊位成度之月初一度포어무위성도지월초일도하고 胎於一九度태어일구도하며 養於十三度양어십삼도하고 生於二十一度생어이십일도하여 度成道於三十도성도어삼십하나니라.
>
> 무위戊位 성도지월成度之月 초1도初一度에 포胞하고 1,9도一九度에 태胎하며 13도十三度에 양養하고 21도二十一度에 생生하여 도度가 30三十에 도道를 성成하나니라.

이것은 달의 공전도수이니 달이 지구를 한 바퀴 도는 동안 지구는 30번 자전을 한다는 뜻이다.

1도는 월月의 체도수體度數로는 3도이며 1,9도는 11도이며 13도는 15도이며 21도는 23도이며 30도는 32도다.

기위己位의 과果인 10,1 순양純陽의 건체乾體가 곧 무위戊位의 인因이며 체體이니 무술戊戌이라 하고, 이에 무위성도지월戊位成度之月은 기해己亥라 하여 괘卦의 태兌에 해당한다.

정역진경正易眞經은 그 시작점이 1에서 시작한 것이 아니요 이미 다 이루어진 10에서 시작한 것이므로, 건위천乾爲天괘인 10을 체體로 하여 괘卦의 상효上爻로부터 그 시작점을 잡으니 이로써 무술戊戌이 분리된 최초의 시작을 태兌로부터 하는 것이다. 또 건乾과 태兌는 사상四象으로 보면 같은 태양太陽의 위位이므로, 무위성도지년戊位成度之年이 무술戊戌이면 그 성도지월成度之月은 기해己亥라 하여 같이 보는 것이다. 그러므로 건乾은 그 상象이 순수한 유有인지라 이로부터 음陰에 차제로 소멸되어 감에 그 "初初초초1도는 有而無유이무" 즉 있되 없는 상象이라 한 것이고, 괘상卦象은 태兌가 되는 것이다.

초초初初1도는 기해궁己亥宮의 태兌이며 그 초初1도는 경자庚子이니 경자궁庚子宮은 내괘內卦의 리離괘다. 이로써 무위戊位의 성도지월成度之月은 태兌괘이며 그 초初1도는 리離괘가 되어서, 태음太陰이 무위성도지월戊位成度之月 초1도에 포胞하는 것이다. 포胞라는 것은 만물을 감싸고 있는 상象을 의미하는데 이것은 만물의 생함이 항상 감싸여진 중中으로부터 시작됨을 뜻하므로, 괘卦의 상象은 곧 리離괘와 감坎괘의 상象인 것이다.

무술戊戌과 기해己亥가 모두 사상四象가운데에 태양太陽의 위位에 같음이로되, 그러나 기해己亥는 태兌괘의 상象인 최초의 0상을 나타낸 1과 0의 체위體位인 고로 "戊位成度之月무위성도지월"이라 하여 무위성도지년戊位成度之年과 함께 동반을 시킨 것이다. 이러한 무위성도지년戊位成度之年과 무위성도지월戊位成度之月인 1과 0을 체體로 하여 처음으로 0상이 순수한 1상의 중궁中宮에 입入함에, 그 상象이 리離괘가 되어 무위성도지월戊位成度之月 초일도初一度에 포胞한다 한 것이다. 또는 무술戊戌은 천天의 위位이며, 기해己亥는 지地의 위位이며, 경자庚子는 인人의 위位에 있음을 상像하여, 이렇듯 삼재三才가 모두 갖춘 후라야 비로소 천지天地가 운행함을 법한 것이다. 인人은 천지天地의 중中이므로 이러한 연유로 천天이 지地의 중中을 득한 리離괘의 상象에서 포胞하는 것이다.

초初1도는 경자庚子이니 내괘內卦의 리離가 되고, 1,9도는 무신戊申이니 외괘外卦의 손巽이 되고, 13도는 임자壬子이니 내괘內卦의 리離가 되고, 21도는 경신庚申이니 외괘外卦의 손巽이 되고, 30도는 기사己巳이니 곧 곤위지坤爲地가 되어서 순수한 0상의 덕체德體를 이루는 것이다. 그리고 또한 이것은 포태양생성胞胎養生成의 제5위에 월月의 일주기一週期가 극極한 것이므로, 이르되 "月極體位度數월극체위도수"라고도 한다.

이것은 6위位가 모두 순양純陽인 건위천乾爲天을 체體로 하여 순양純陽인 1상이 0상의 음陰을 얻어서 음陰에 분절되고 소멸되어 가는 상相인 것이므로 전적으로 문왕팔괘차서文王八卦次序의 이치를 법한 것이다.

그 위位의 도수度數가 초初1도 1,9도 13도 21도가 되는 것은, 태음太陰의 수數 24를 4 2

4차次에 분열하면 1 5 7 11의 수數가 되어서 이것으로 그 중中을 삼아 포태양생胞胎養生의 도수度數를 계량한 것이니, 즉 1은 1,1의 중中이고, 5는 1,9도의 중中이며, 7은 13도의 중中이며, 11은 21도의 중中인 것이기 때문이다. 4 2 4의 차례대로 수數를 나열한다는 것은, 최초의 1 2 3 4의 4방方을 세우고 2경經인 중中5에 합하여 다시 6 7 8 9의 4방方을 세움에 모두 2경經 8방方에 10방方을 성하여 만물이 이곳에 하나가 되는 것이므로, 이러함을 법하여 4 2 4의 차제로 수數를 분열해 나열한 것이다.

1양陽은 수數의 3이니 6양陽의 건위천乾爲天은 수數의 18이 되고 1음陰은 수數의 2이니 6음陰의 곤위지坤爲地는 수數의 12가 된다. 이로써 태음太陰이 건천乾天의 18을 체體로 하여 곤지坤地의 12를 성함에 합하여 30도에 성도成道하는 것이다. 또는 태리손兌離巽의 3녀女괘는 각각 2양陽과 1음陰이니 각각 수數의 8이 되고 모두 합하면 24가 되어 이곳에 곤坤괘 3음陰의 수數인 6을 합하면 30이 되어서, 이로써 태음太陰은 30도에 도수度數가 만성滿成하여 도道를 이룬다는 것이다.

〈太陰運行度數〉

胎 1,9度戊申
生 21度庚申

成 30度己巳

| | | | | | |
|---|---|---|---|---|---|
| 倒成 | 1 | 2 | 3 | 4 | 5 |
| | ䷀ | 巽☴ | 離☲ | 兌☱ | ䷁ |
| 逆生 | | 兌☱ | 離☲ | 巽☴ | |
| | 10 | 9 | 8 | 7 | 6 |

戊戌 戊位成道年　己亥 戊位成道月　胞 初1度庚子 養 13度壬子

終于己位成度之年初一度종우기위성도지년초일도하고 復於戊位成度之年十一度복어무위성도지년십일도하나니 復之之理복지지지리는 一八七일팔칠이니라.

기위己位 성도지년成度之年 초1도初一度에 종終하고 무위戊位 성도지년成度之年 11도十一度에 복復하나니 복지復之의 리理는 1 8 7 一八七이니라.

기위성도지년己位成度之年 초初1도 경오庚午의 위位는 달이 지구를 한 바퀴 돌아 다시 시작점에 돌아온 위位이므로 달이 여기에 종終하여 다시 시작한다.

무위성도지년戊位成度之年 11도는 태음太陰의 1,9도 무신戊申이니 곧 태궁胎宮이다.

기위성도지년己位成度之年은 기사己巳이니 그 초初1도는 경오庚午다.

기사己巳는 무위戊位의 성도궁成道宮이며 순수한 0상의 위位이며 태음太陰의 과위果位이다.

순수한 0상이 굴신屈伸하여 1양陽을 비로소 생하니 곧 경오庚午다.

경오庚午 1양陽의 상대적 위位는 경자庚子 1음陰의 위位다.

태음太陰이 순수한 0상의 과果를 얻음에 다시 1양陽이 시생始生하는 곳에서 그 운행을 다하여 마치므로, 이로써 경오庚午에 종終하고 다시 그 상대적 위位인 경자庚子에 시작하여 포胞하는 것이다. 이것은 만물이 이곳에서 종終하면 동시에 저곳에서 다시 시작된다는 것을 나타낸 것이니, 곧 절처봉생絶處逢生의 이치다.

무위성도지년戊位成度之年은 무술戊戌이니 그 상대적 위位는 무진戊辰이다.

무위성도지년戊位成度之年 11도는 무신戊申이며, 태음太陰의 태궁胎宮이며, 외괘外卦에 있는 손巽괘의 궁宮이며, 기위己位의 구역에 있는 무인戊寅과 상대적 위位이며, 그 대칭의 위位는 무인戊寅으로부터 1,7도에 퇴退한 임신壬申의 궁이니 임신壬申의 상대적 위位는 임인壬寅이다. 임신壬申궁은 무진戊辰으로부터 5도이니 초3일 월혼생신月魂生申하는 즉 달의 그림자가 신申을 생하는 위位이므로, 달의 영影은 "戊位成度之年무위성도지년 11도에 復복한다"한 것이다.

〈先天月과 后天月〉

| 先天 월영月影 | 后天 월체月體 |
|---|---|
| 무진戊辰 | 무진戊辰 1 |
| 경오庚午 1 | 경오庚午 3 |
| 임신壬申 3 | 임신壬申 5 |

壬申-戊申 : 복復 월영月影(월혼月魂) 생
壬午-壬子 : 15도 망望
癸未-癸丑 : 16도에 1일 명明
戊戌-戊辰 : 16일(月分于戌)

우리가 볼 수 있는 태양에 반사된 달빛을 월영月影 즉 달의 그림자 또는 월혼月魂이라고 한다. 천체상天體上에 무진戊辰의 위位는 최초1도가 되어서 그 월영月影을 볼 수가 없다가, 1,3도인 경오庚午에 겨우 나타나고 1,5도인 임신壬申에 겨우 초생달의 모습이 드러나게 되는데, 이러한 월영月影의 모습을 주관해 관찰해서 그 도수度數를 정한 것을 "先天月선천월"이라 한다. 선천월先天月은 달의 그림자를 주관하여 그 도수度數를 정한 것이라, 월영月影이 겨우 나타나기 시작하는 경오庚午궁으로써 초1도 1일을 삼고, 월영月影이 드디어 나타나 그 빛을 볼 수 있는 임신壬申궁으로써 초3일을 삼아 그 도수度數를 계량하는 것이다. 본래 무진戊辰궁으로써 제1도의 초하루 1일을 삼아야 하는데 선천은 월영月影을 주하여 계산함으로 경오庚午궁으로 1일을 삼은 것이니, 이로 인하여 항성월恒星月과 삭망월朔望月의 도수度數에 항상 1,3도의 차差가 발생한다. 이렇게 차差가 나는 도수度數로써 계산하면 임오壬午궁에 13도이지만, 그러나 달의 본체는 차고 이지러짐이 없는 달의 모습 그대로이므로 임오壬午궁은 실제로 정正15도가 되는 것이다.

이것은 월영月影을 주관하여 계산한 선천월先天月이 비록 도수度數가 그러하나 그 월月의 본모습인 월月의 체體는 그대로 정위正位에 궁宮한다는 것을 밝혀서, 앞으로는 선천월先天月을 쓰지 않고 후천월后天月의 도리로 돌아간다는 것을 암시하는 것이다.

이로써 임신壬申-무신戊申은 무위성도지년戊位成度之年 11도인 무신戊申-임신壬申의 상대적 대칭의 위位이므로, 태음太陰의 월月은 임신壬申-무신戊申에 복復하여 그 월영月影 즉 월혼月魂을 생하고, 임오壬午-임자壬子 15도에 망望하여 계미癸未-계축癸丑궁 16도에 1일을 밝히는 것이다. 계미癸未-계축癸丑이 1일이라면 무술戊戌-무진戊辰궁은 자연 16일이 되므로, 일부一夫께서 이것을 "月分于戌월분우술" 즉 달이 술戌 궁에서 나누어진다 라고 하신 것이다.

일부一夫께서 이렇듯 도수度數를 상대적 대칭의 위位에 나아가 계산하신 것은, 태음太陰의 법상法相이 낙서구궁洛書九宮의 상대성을 법하여 만물이 항상 상대적으로 움직인다는 것을 나타내신 것이다.

**〈태음太陰 태양太陽 운행運行 도수度數〉**

| 區分 | | 胞 | 胎 | 養 | 生 | 成 | 終 | 復 |
|---|---|---|---|---|---|---|---|---|
| 太陰 | 度數 | 戊位成道之月 | | | | | 己位成道之年<br>초1도 | 戊位成道之年<br>11도 |
| | 干支 | 1도 | 9도 | 13도 | 21도 | 30도 | | |
| 太陽 | 度數 | 己位成道之日 | | | | | 戊位成道之年<br>14도 | 己位成道之年<br>초1도 |
| | | 1,7도 | 15도 | 19도 | 27도 | 36도 | | |
| | 干支 | 丙午<br>(丙子) | 甲寅<br>(甲申) | 戊午<br>(戊子) | 丙寅(丙申)<br>-壬寅 | 辛亥 | 辛亥 | 庚午 |

복지지리復之之理 일팔칠一八七은 1은 무술戊戌궁이니 16일이며, 8은 하현달 을사乙巳궁이니 23일이며, 7은 그믐달(晦) 임자壬子궁이니 30일이 된다는 것을 가리킴이라, 곧 달의 후천 삭망朔望주기를 밝힌 것이다.

〈復之之理 一八七〉

| 1 | 戊戌 | 16일 |
|---|---|---|
| 8 | 하현 乙巳 | 23일 |
| 7 | 晦 壬子 | 30일 |

달의 后天 삭망朔望 주기

**五日一候오일일후요 十日一氣십일일기요 十五日一節십오일일절이요 三十日一月삼십일일월이요 十二月一朞십이월일기이니라.**

5일은 1후候요 10일은 1기氣요 15일은 1절節이요 30일은 1월月이요 12월은 1기朞이니라.

이것은 태음太陰의 지구 공전주기도수度數다.

천지天地의 위位가 건위천乾爲天이 6위位요 곤위지坤爲地가 6위位라 합하면 12가 되어서, 한번 가고 옴에 12위位를 지난다 하여 이것을 1년 즉 1기朞라 한다.

건위천乾爲天의 6위位는 수數의 18이요 곤위지坤爲地의 6위位는 수數의 12가 되어서 합하면 30이 되고, 또는 시공時空의 개념에 시時는 6위位에 시時를 성하고 이에 공간은 5가 되어서 서로 승乘함에 30이 되므로, 천지天地의 공전도수는 12월과 30일로써 정위正位를 삼는다. 그러나 시時는 6위位이니 수數의 18이요 공간은 5이니 수數의 10이 되어서 합함에 28이라, 그 그림자 도수度數는 28이로되 실질도수는 30인 것이다. 이렇게 볼 것 같으면 1월이 30일 정正이 된 후에는 6일日에 5주週로 하는 것이 이치일 것이다.

이러한 30일을 효爻의 6위位에 분分하면 5일이 되어 5일은 1후候라 하고, 30일을 삼재三才의 위位에 분分하여 비로소 그 기氣가 생동함을 10일은 1기氣라 하며, 30일이 음陰과 양陽의 2분分에 절節함을 15일은 1절節이라 한 것이며, 음분陰分과 양분陽分이 합하여 온전히 30에 하나가 되어 그 도道를 이룸을 법하여 30일은 1월月이라 한 것이다.

이것은 30을 6 3 2 1에 분分하고 다시 이것을 합한 12에 승乘하여 1기朞가 360이 됨을 밝힌 것이다.

**太陽태양은 倒生逆成도생역성하니 后天而先天후천이선천이요 未濟而旣濟미제이기제이니라.**

태양太陽은 도倒로 생生하여 역逆으로 성成하니 후천后天이면서 선천先天이요 미제未濟이면서 기제旣濟이니라.

태양太陽은 용도龍圖의 이치를 법한다.

용도龍圖를 법한 태양太陽의 기氣는 0상을 체體로 해 먼저 하고 1상을 나중으로 한 소양少陽0,1의 상相이므로 후천后天이면서 선천先天이다. 0,1의 상相은 없되 있는 상象이니 곧 무이유無而有다.

이러히 무無를 체體로 하여 유有의 상象을 나타내 반복해 나아가 제6위에 이르러 010 101이라는 화수미제火水未濟의 상相을 이루고 순수한 1상에 극極하고 반反해서 다시 일음一陰에 소멸해 가니, 곧 귀서龜書의 체體인 기제旣濟의 상相인지라 곧 미제未濟이면서 기제旣濟다.

귀서龜書는 10을 체體로 하여, 1건乾에 9이며, 2태兌에 8이며, 3리離에 7이며, 4손巽에 6이라, 태兌 리離 손巽 괘卦의 음효陰爻만을 취해 순수한 0상을 이루어 5곤坤의 과果를 성成하니, 이에 용도龍圖는 5곤坤을 체體로 하여 5곤坤을 수數함에 곧 6이라 5와 6이 동시성이 되어서, 이로부터 6 7 8 9에 도倒하여 5곤坤의 체體에 양陽의 기氣를 채워 감에, 자연히 동시적으로 5 4 3 2에 역逆하는 위位가 성成하고 10에 1의 위位인 순수한 1상의 건乾을 성하는지라, 이것을 이르되 "倒도하여 生생해서 逆역으로 成성한다"한 것이다. 5곤坤을 수數함에 6이라 5와 6이 동시성이 된다는 것은 무위戊位가 5손巽의 위位에 6곤坤의 상象을 이루는 연고이니 이로써 굴신屈伸의 상相이 자연한 것이다.

이를 관하건대 태양太陽의 일日은 굴신屈伸의 상相이며, 소양少陽0,1의 상相이며 미제未濟의 상相인 것이다. 소양少陽은 음陰을 체體로 하여 양陽에 합하여 가는 상相이니 5,6곤坤☷에 굴신屈伸하고, 7간艮☶4진震☳에 비로소 합合하여 오며, 8,3감坎☵에 중中하고, 9진震☳ 2간艮☶에 합合이 극極하여, 10,1건乾☰을 성成하므로, 이것은 곧 무극이태극无極而太極이며 또한 기위己位 태양太陽의 과果가 되는 것이다. 또한 이것은 5곤坤의 체體가 굴신屈伸해 가서 10건乾의 체體와 합도合道한 것이다.

요약컨대 간감진艮坎震의 차제는 도생倒生이며 진감간震坎艮의 차제는 역성逆成이다. 도생倒生은 내괘內卦의 생위生位에 도倒하여 생生한다는 것이며 역성逆成은 외괘外卦의 성위成位에 역逆하여 이룬다는 것이다.

〈后天 先天之行〉

| | | 雷天大將 ䷡ | 澤天夬 ䷪ | 乾爲天 ䷀ | | |
|---|---|---|---|---|---|---|
| | 5 | 4 | 3 | 2 | 1 | 先天太極之一<br>太陽行道 |
| 逆成 | ☷ | 震 ☳ | 坎 ☵ | 艮 ☶ | ☰ | |
| 倒生 | | ☶ 艮 | ☵ 坎 | ☳ 震 | | |
| | 6 | 7 | 8 | 9 | 10 | |
| | | 地山謙 ䷎ | 地風升 ䷭ | 地天泰 ䷊ | | |

이것을 도수度數로써 계량하면 제5위의 곤坤은 삼음三陰☷이라 수數의 6이 되고, 제7 8 9위位의 간감진艮坎震은 각각 1양陽과 2음陰이니 각각 수數의 7이 되며, 제10위와 제1위가 같아진 건乾은 삼양三陽☰이라 수數의 9가 되어서 모두 합하면 36이 되는데, 그러나 삼음三陰☷의 곤坤6은 삼양三陽☰의 건乾9로 전변轉變한 것이니 자연 공空함이 되어서 그 도수度數가 30이 되므로 이것은 곧 태음太陰의 성도수成度數와 같은 도수度數인지라, 고로 일부一夫가 이르시되 "月日同度월일동도"라 하신 것이다. 그러나 또한 비록 태음太陰의 월月과 태양太陽의 일日이 같은 도수度數이지만 태음太陰은 순음純陰의 곤坤에 도수度數를 성하므로 후천后天이라 하고, 태양太陽은 순양純陽의 건乾에 도수度數를 성하므로 선천先天이라 하여, 월일月日이 동도同度이지만 선천과 후천의 다름이 있다 하여 "月日同度先后天월일동도선후천"이라 하신 것이다.

태음太陰은 분分하여 가서 0상을 이룸에 공간상空間相의 의義가 있으니 수數로는 2 4 6 8 10이요 모두 합하면 30이라 곧 태음太陰의 성도수成度數다.

태양太陽은 합合하여 가서 1상을 이룸에 시간상時間相의 의義가 있으니 수數로는 1 3 5 7

9 11이요 모두 합하면 36이라 곧 태양太陽의 성도수成度數다.

건위천乾爲天의 상象을 유지有地라 하고 곤위지坤爲地의 상象을 무지無地라 한다.

태음太陰은 유지有地를 체體로 하여 비워가 무지無地를 이루고 태양太陽은 무지無地를 체體로 하여 채워가 유지有地를 이룬다.

태음太陰과 태양太陽의 포태양생성胞胎養生成의 궁宮이 비록 1,9 13 21 30도에 같음이로되, 건위천乾爲天과 곤위지坤爲地의 선천과 후천의 상대적 위치에 1,7도의 6도의 차差가 있어서 그 체體를 삼음이 유지有地와 무지無地의 다름이 있는 것이니, 이로써 "日月同宮有无地일월동궁유무지"라 한 것이다. 이런 연고로 태양太陽의 궁宮이 1,7도 대칭의 위位에 더 나아가 도수度數를 정함에 그 성도수成度數가 36도가 된 것이니, 순양純陽의 건위천乾爲天이 모두 6위位요 순음純陰의 곤위지坤爲地가 또한 모두 6위位라 각각 수數의 18과 12가 되어서 그 상대적 위位에 이 또한 6도의 차差가 있는 연고다.

시간상時間相의 1선線이 5위位에 분分하면 시간상時間相은 6이며 공간상空間相은 5이니 공간과 시간이 5,6에 동시인지라 이로 인해 굴신屈伸의 상相이 나타나고, 이에 3재才의 3차원 세계인 6합合이 시간상時間相의 6에 승乘하여 36의 도수度數를 이룸에 태양太陽이 이를 법하고, 공간상空間相의 5에 승乘하여 30의 도수度數를 이룸에 태음太陰이 이를 법한다.

시공간의 위位가 6과 5에 다하는 것은 만물이 제5위에 이르러 극極하여 반反하는 연고이니 제5위는 나라는 주관적 개념인 연고다. 이것은 만물과 만법이 나에게로 와 인식해 비추어 다시 만물의 상相을 냄으로 인함이다.

**七火之氣칠화지기요 八木之體팔목지체이니**

7화七火의 기氣요 8목八木의 체體이니

태음太陰의 월月이 1과 4의 천지天地의 체體를 세움에 태양太陽의 일日은 2와 3의 지천地天의 용用을 발현한다.

2는 천지天地의 분分이요 3은 지천地天의 합合이다.

태양太陽의 일日은 이분二分의 상相인 천지天地의 분分과 삼합三合의 상相인 지천地天의 용用

을 발현하는 것이다.

지地의 용用인 분이分二의 상相은 2의 상대적 위位에 8의 수數이니 곧 3녀괘三女卦의 수數이며 8방方의 체體다. 이에 3녀三女의 괘卦가 운행하여 능히 30도에 5곤坤을 성成한다.

천天의 용用인 삼합三合의 상相은 3의 상대적 위位에 7의 수數이니 곧 3남괘三男卦의 수數이며 7화火의 기氣다. 이에 7화火의 기氣를 발하여 능히 10건乾을 성成한다. 이것은 3남三男 7화火의 기氣를 용用하여 이 또한 30도에 10건乾을 성成한다는 것이니, 이로써 3녀女의 수數인 8방方을 체體로 하여 이러한 8방方의 체體에 7위緯의 기氣가 동動하여 회전해 자전운동을 하는 것이다.

여기서 8목木의 체體는 3녀三女를 7화火의 기氣는 3남三男을 지칭함이니 즉 6자六子의 용用을 말한다.

**胞於己位成度之日一七度**포어기위성도지일일칠도**하고 胎於十五度**태어십오도**하며 養於十九度**양어십구도**하고 生於二十七度**생어이십칠도**하야 度成道於三十六**도성도어삼십육**하나니라.**

기위己位 성도지일成度之日 1,7도一七度에 포胞하고 15도十五度에 태胎하며 19도十九度에 양養하고 27도二十七度에 생生하여 도度가 36三十六에 도道를 성成하나니라.

이것은 지구의 자전 1일 도수度數이니 곧 36도다. 1일은 36도에 12시時이므로, 1,7도는 2.333...시時이며, 15도는 5시時이며, 19도는 6.333...시時이며, 27도는 9시時이며, 36도는 12시時이니 지금의 24시時이다.

무위戊位의 운행이 기사궁己巳宮이니 기사궁己巳宮의 과체果體는 곤坤이요, 곤坤은 무위戊位의 과果이며 무지無地이며 후천이다.

기위己位의 운행이 무술궁戊戌宮이니 무술궁戊戌宮의 과체果體는 건乾이요, 건乾은 기위己位의 과果이며 유지有地이며 선천이다.

무위戊位의 월月은 기해궁己亥宮이니 건乾괘를 체體로하여 최초의 음陰을 생한 위位라

괘卦의 태兌이며 1,0의 상象이며 유이무有而无이며 선천이후천先天而后天이다.

기위己位의 일日도 또한 기해궁己亥宮이니 곤坤괘를 체體로하여 최초의 양陽을 생한 위位라 괘卦의 간艮이며 0,1의 상象이며 무이유无而有이며 후천이선천后天而先天이다.

고로 월月과 일日이 같은 기해궁己亥宮이며 그 운행도수도 같음이로되 그 체體가 유지有地와 무지無地의 다름이 있는 것이다. 이것은 우주가 0에 분分하여 감과 동시에 상대적으로 1에 합合하여 온다는 의미다.

〈太陰月과 太陽日〉

| | |
|---|---|
| 기사궁己巳宮<br>무위戊位 운행<br>과체곤果體坤<br>무위과戊位果<br>후천무지后天無地 | 무술궁戊戌宮<br>기위己位 운행<br>과체건果體乾<br>기위과己位果<br>선천유지先天有地 |
| 기해궁己亥宮<br>무위월戊位月<br>체건생음體乾生陰<br>兌卦象(☱1,0)<br>유이무有而无<br>先天而后天 | 기해궁己亥宮<br>기위일己位日<br>체곤생양體坤生陽<br>艮卦象(☶0,1)<br>무이유无而有<br>后天而先天 |
| 태음월太陰月<br>戊位成度之月<br>초1도 庚子<br>태음포궁 離 | 태양일太陽日<br>己位成度之日<br>1,7도 丙午<br>태양포궁 坎 |

태음太陰의 월月은 기위己位의 과果를 체體로 하여 무위戊位에 운행하니 무위성도지월戊位成度之月이라 한다.

태양太陽의 일日은 무위戊位의 과果를 체體로 하여 기위己位에 운행하니 기위성도지일己位成度之日이라 한다.

무위성도지월戊位成度之月과 기위성도지일己位成度之日은 같은 기해궁己亥宮이다.

무위성도지월戊位成度之月은 기해궁己亥宮이며 태兌괘이며 유이무有而无이며 그 체體가 건乾괘인 무술戊戌이다. 그러므로 그 초初1도는 경자庚子이며 태음太陰의 포궁胞宮이며 리離괘의 궁宮이다.

기위성도지일己位成度之日은 기해궁己亥宮이며 간艮괘이며 무이유无而有이며 그 체體가 곤坤괘인 기사己巳다. 기위己位의 태양太陽은 건천乾天의 6효爻가 곤지坤地를 이룬 상像으로써 그 체體를 삼은 것이므로, 이로써 태음太陰의 포궁胞宮으로부터 1,7도에 더 나아가 그 상대적 대칭의 위位에서 포胞하니 곧 병오丙午이며 태양太陽의 포궁胞宮이며 감坎괘의 궁宮이다.

이로부터 태양太陽의 포궁胞宮은 1,7도 병오丙午로되 병자丙子이며 내괘內卦의 감坎괘이며, 태궁胎宮은 15도 갑인甲寅이로되 갑신甲申이며 외괘外卦의 진震괘이며, 양궁養宮은 19도 무오

戊午로되 무자戊子이며 내괘內卦의 감坎괘이며, 생궁生宮은 27도 병인丙寅이로되 병신丙申이라 이에 병신丙申은 병인丙寅의 상대적 위位인 고로 먼저 1,7도에 나아간 대칭의 위位로 다시 돌이킴에, 병丙에서 임壬이 1,7도요 신申에서 인寅이 1,7도인 임인壬寅이 그 생궁生宮이라 곧 외괘外卦의 진震괘이며, 이에 36도는 신해辛亥가 되어서 곧 순양純陽의 건乾을 이루는 것이다. 태양太陽이 특별히 생궁生宮의 생위生位를 잡아 상대적 궁宮의 위位를 나타낸 것은, 포태양胞胎養 궁宮의 위位는 아직 외부에 나타나지 않은 위位인지라 만물이 생위生位에 이르러서야 비로소 서로 보며 인지를 할 수 있는 것이므로, 이로써 생궁生宮의 위位에 그 의義를 나타낸 것이다.

태음太陰은 경도經度의 1선線에서 시작된 것이라 1선線은 이미 시작점과 방향과 거리를 머금은 상相이라 이로써 3의 의義를 갖춤이 되므로 무술戊戌로부터 1,3도 경자庚子에 포胞한 것이고, 태양太陽은 위도緯度의 7위緯에서 시작된 것이라 1,7도에 나아가 1과 더불어 대칭을 이루어 온전히 36도에 성도成度하는 상相이 있음이로되 그러나 그 실질 도수度數는 월月의 태음太陰과 동일한 30도인 것이다.

태양太陽의 수數인 36을 4 8 10 14에 분分하여 그 중中을 잡아서 7 15 19 27에 분열해 포태양생胞胎養生의 도수度數를 헤아림은 태양太陽 운행도수度數의 법칙이다. 그 분열의 차次가 이 또한 4 2 4차次의 수열이 됨은 4방方 2경經 4방方에 10방을 이루는 연고다.

〈太陽度數 分列〉

| 분열分列 | 7 | 15 | 19 | 27 |
|---|---|---|---|---|
| 中 | 4 | 8 | 10 | 14 |
| 운행 | 포 | 태 | 양 | 생 |
| 차제次第 | 4次 | 2次 | 4次 | |
| | 4方 | 2經 | 4方 | |

태양太陽은 간감진艮坎震에 7 8 9의 위位를 얻음에 도생倒生하여 내괘內卦에 건乾을 성成하니 지천태地天泰이며, 진감간震坎艮에 4 3 2의 위位를 얻음에 역성逆成하여 외괘外卦에 또한 건乾을 성成하니 곧 건위천乾爲天이라, 이것도 전적으로 문왕팔괘차서文王八卦次序의 상象을 법한 것이다.

〈太陽運行度數〉

胎 15度 甲寅(甲申)
生 27度 丙寅(丙申)–壬寅

成 36度 辛亥

| 逆成 | 5 | 4 | 3 | 2 | 1 |
|---|---|---|---|---|---|
| | ䷁ | 震☳ | 坎☵ | 艮☶ | ䷀ |
| | | 艮☶ | 坎☵ | 震☳ | |
| 倒生 | 6 | 7 | 8 | 9 | 10 |

己巳　己亥　胞 1,7度 丙午(丙子)
己位成道年　己位成道日　養 19度 戊午(戊子)

※ 丙寅–壬寅 36度, 丙寅(丙申)–壬申(壬寅) 1,7度

終于戊位成度之年十四度종우무위성도지년십사도하고 復於己位成度之年初一度복어기위성도지년초일도하나니 復之之理복지지리는 一七四일칠사이니라.

무위戊位 성도지년成度之年 14도에 종終하고 기위己位 성도지년成度之年 초1도初一度에 복復하니 복지復之의 리理는 1 7 4 一七四이니라.

무위체위도수戊位體位度數는 무술戊戌 기해己亥 무진戊辰 기사己巳라 하여서 무술戊戌1도 기해己亥2도 무진戊辰31도 기사己巳32도로 하여, 이해하기 쉽게 하기 위해 각각 연월일시年月日時라는 문자로 배치한 것이다. 이것은 꼭 무위戊位가 무술戊戌년에 도수度數를 이룬다는 것도 아니고, 무위戊位가 기해己亥월에 월月을 이룬다는 것도 아니며, 무진戊辰 기사己巳도 이와 같아서 무진戊辰일에 일日을 이룬다는 것도 아니며, 기사己巳시에 시時를 이룬다는 것도 아니다. 이것은 무위戊位가 도수度數를 이루어 가는 차서次序의 방향성이 이러해 무술戊戌의 천天이 분分하여가서 기사己巳에 순수한 0상인 지地를 이룬다는 뜻이다.

〈戊位體位度數 配列〉

| 戊戌1 | 己亥2 | 戊辰31 | 己巳32 |
|---|---|---|---|
| 乾 ☰ | 兌 ☱ | 艮 ☶ | 坤 ☷ |
| 태양위太陽位 | | 태음위太陰位 | |

무술戊戌은 건乾이며 기해己亥는 태兌이므로 사상四象의 위位로써 보면 같은 태양太陽의 위位이며, 기사己巳는 곤坤이며 무진戊辰은 간艮이므로 같은 태음太陰의 위位인 것이니, 이로써 무술戊戌과 기해己亥가 함께하며 기사己巳와 무진戊辰이 함께하여 배열된 것이다.

무위戊位가 기사궁己巳宮 32도에 순수한 0상의 곤지坤地를 성成하니, 곧 무위戊位의 성도지시成度之時이며 기위己位의 성도지년成度之年이다. 이에 순수한 0상의 곤지坤地는 굴신屈伸해 비로소 1양陽을 생生하니 그 초初1도는 경오庚午다. 이에 양陽을 용用하여 합하여 가는 태양太陽의 운행이 이곳에 복復하여 다시 시작한다.

기사己巳가 32도라면 경오庚午는 33도라 이에 차제로 세어 가면 정유丁酉에 60도이며 무술戊戌에 61도이니 곧 기위己位의 성도궁成道宮이다.

기사己巳를 중심으로 하여 순順하여 세면 초初1도가 경오庚午이며 역逆하여 세면 초初1도가 무진戊辰인데, 무진戊辰을 33도로 하여 역逆하여 세어 가면 무술戊戌에 63도라 항각이수亢角二宿를 존공尊空하면 이 역시 기해己亥에 60도이며 무술戊戌에 61도인 것이다.

무술戊戌로부터 기사己巳는 무위戊位의 구역이며 기사己巳로부터 무술戊戌은 기위己位의 구역이다.

태양太陽과 태음太陰은 서로 상대적 위位이니 같은 구역의 태양太陽과 태양太陽으로써 그 상대적 위位의 의義를 나타내지 못하므로, 기위己位의 구역에 있는 경오庚午는 31도를 지난 무위戊位의 구역에 있는 경자庚子를 취하여 다시 1,7도에 대칭적 위位를 취하여 포胞하므로 곧 병오궁丙午宮인 것이다.

이로부터 포태양생성胞胎養生成하여 신해궁辛亥宮에 태양太陽이 그 도수度數를 다 성成하여 마치니 이로써 "戊位成度之年무위성도지년 14도에 終종한다"한 것이다. 무위성도지년戊位成度之年으로부터 14도를 한 것은 신해궁辛亥宮이 무위戊位의 구역에 있기 때문이다.

무위성도지년戊位成度之年은 무술궁戊戌宮인데 이것을 1도로 하여 나아가면 그 14도는 신해궁辛亥宮이고, 신해궁辛亥宮은 36도 순수한 1상의 건도乾道인 태양太陽의 성도궁成道宮이므로 태양太陽의 도수度數는 신해궁辛亥宮에 다 성成해서 종終하여 마치는 것이다. 그런데 기유己酉와 경술궁庚戌宮의 항亢과 각角의 두 별자리는 존공尊空의 위位인지라 기유己酉는 정미궁丁未宮에 의依하고 경술庚戌은 무신궁戊申宮에 의依하여 존공尊空되므로, 신해궁辛亥宮 36도는 34도의 항亢이 되고 임자壬子는 35도의 각角이 되어서 36도 계축癸丑의 위位에 후천의 1일이 밝은 것이니, 이것은 태양太陽 선천월先天月의 신해궁辛亥宮36도에 종終함과 동시에 36도가 곧 계축궁癸丑宮 1도가 되어 이것을 1일로 삼아 태음太陰 후천월后天月을 밝혀서 나아가 임오壬午 30도에 30일의 후천월后天月을 크게 밝힌다 하여, 이것을 이르되 "36宮궁

先天月선천월이 大明后天대명후천 30日일"이라 하신 것이다. 이것은 만물이 끝나는 곳에 다시 시작이 됨을 의미한다.

임오壬午가 30일이라면 계미癸未는 1일이니 월분우술月分于戌에 16일이요 임자壬子에 다시 30일인 것이니, 월月의 영影을 취하여 항亢과 각角을 허虛하면 28일이요 월月의 체體를 취하면 30일인 것이다.

항각亢角 존공尊空의 의義는 후에 28수운기도二十八宿運氣圖에 이르러 다시 상세히 하리라.

기위성도지년己位成度之年은 기사己巳이고 그 초初1도는 경오庚午다.

기사己巳의 상대적 위位는 기해己亥이고 경오庚午의 상대적 위位는 경자庚子다.

그 도수度數와 상象에 나아가 이렇게 상대적 위位로써 한 것은 만물이 생성됨에 곧 항상 상대적 대칭의 상相이 있으므로, 이러한 연고로 일부一夫께서 이러히 상대적 위位를 겸하여 그 도수度數를 밝히신 것이다.

이렇듯 태양太陽이 간감진진감간艮坎震震坎艮의 위位를 지나 신해궁辛亥宮에 무술궁戊戌宮과 같은 순수한 1상의 건체乾體를 이루어 그 시時를 성하여 계축癸丑에 1일을 밝히니, 이로써 계무야반癸戊夜半에 생신해生辛亥하는 것이다.

〈태음태양 운행도수〉

<table>
<tr><th colspan="2">구분</th><th>胞</th><th>胎</th><th>養</th><th>生</th><th>成</th><th>終</th><th>復</th></tr>
<tr><td rowspan="3">太陰</td><td rowspan="2">도수</td><td colspan="5">무위성도지월</td><td rowspan="2">기위성도지년<br>초1도</td><td rowspan="2">무위성도지년<br>11도</td></tr>
<tr><td>1도</td><td>9도</td><td>13도</td><td>21도</td><td>30도</td></tr>
<tr><td>간지</td><td>庚子</td><td>戊申</td><td>壬子</td><td>庚申</td><td>己巳</td><td>庚午</td><td>戊申-壬申</td></tr>
<tr><td rowspan="3">太陽</td><td rowspan="2">도수</td><td colspan="5">기위성도지일</td><td rowspan="2">무위성도지년<br>14도</td><td rowspan="2">기위성도지년<br>초1도</td></tr>
<tr><td>1,7도</td><td>15도</td><td>19도</td><td>27도</td><td>36도</td></tr>
<tr><td>간지</td><td>丙午<br>(丙子)</td><td>甲寅<br>(甲申)</td><td>戊午<br>(戊子)</td><td>丙寅(丙申)<br>-壬寅</td><td>辛亥</td><td>辛亥</td><td>庚午</td></tr>
</table>

〈復之之理 一七四〉

| 1 | 해亥 | 경오庚午 |
|---|---|---|
| 7 | 오午(卯尊空) | 병자丙子 |
| 4 | 해亥(戌尊空) | 임오壬午 |

복지復之의 리理는 즉 돌아오는 이치가 1 7 4라는 것은, 태양太陽은 1일 12시에 36도이니 1은 해亥의 위位요, 7은 묘卯 존공尊空에 오午의 위位요, 4는 술戌 존공尊空에 해亥의 위位이니, 이것은 11위가 다시 제1위가 된 것이라 고로 다시 해亥에 복지復之한다는 것이다. 이것을 월月로써 그 도수度數를 계량하면 5도에 월혼月魂이 생함에 임신壬申이니 초初3일이라 경오庚午는 1이요, 병자丙子는 7이요, 임오壬午는 4가 되어서 곧 15일에 망望 즉 보름이 되는 것이다. 이것은 28수二十八宿 중에 기묘己卯와 경진庚辰의 항각이수亢角二宿를 존공尊空한 도수度數이다. 임오壬午가 15일이라면 16도는 계미癸未가 되어서 15존공尊空에 후천의 초初1도 즉 1일이 되는 것이다. 15존공尊空의 의義는 1건乾이 10건乾의 위位가 되며 8곤坤이 5곤坤의 위位가 되어서, 건곤乾坤의 체위體位는 무위無爲이며 무위無位이므로 이로써 15도를 존공尊空하는 것이다.

〈復之之理 一七四〉

| 亥 | 子 | 丑 | 寅 | 卯 | 辰 | 巳 | 午 | 未 | 申 | 酉 | 戌 | 亥 |
|---|---|---|---|---|---|---|---|---|---|---|---|---|
| 1 | 2 | 3 | 4 | ○ | 5 | 6 | 7 | 1 | 2 | 3 | ○ | 4 |
| 庚午 | 辛未 | 壬申 | 癸酉 | 甲戌 | 乙亥 | 丙子 | 丁丑 | 戊寅 | 己卯 | 庚辰 | 辛巳 | 壬午 |
| 1 | 2 | 3 | 4 | 5 | 6 | 7 | 1 | 2 | ○ | ○ | 3 | 4 |

이것을 총체적으로 요약컨대, 선천태양先天太陽의 기울어져 있던 시時의 도수度數가 드디어 그 순수한 1상의 도道를 모두 이룸에 신해궁辛亥宮에 건乾괘의 상象이며, 이로써 시時가 신해궁辛亥宮에 도道를 모두 성함에 그 날짜는 계축癸丑이 되고 이로부터 시時의 운행이 해亥 사巳 유酉 1 7 4의 12시에 흘러 다시 해시亥時에 시작이 된다는 것이다.

**十五分십오분이 一刻일각이요 八刻팔각은 一時일시이며 十二時십이시는 一日일일이니라.**

15분分이 1각刻이요 8각刻은 1시時이며 12시時는 1일日이니라.

9세世에 현재의 당금當今 1념念을 가加한 것을 10세世라 하고 9세世의 중中인 현재의 현재를 잡아 시時의 중위中位가 됨을 5방方이라 한다.

이것은 현재의 당금當今 1념念인 10과 현재의 현재인 5로써 그 시간의 최초 개념을 세운 것이다.

9세世라는 것은 과거 현재 미래 가운데에 과거에 과거, 현재, 미래가 있으며 현재에 과거, 현재, 미래가 있으며 미래에 과거, 현재, 미래가 있어서 합하여 9세世라 한 것이고, 다시 현재의 9세世를 인식하는 당금當今 1념念을 가하여 10세世라 한 것이다. 이로써 "十五分15분이 一刻1각"이란 것은 당금 1념念인 시간개념의 원천源泉인 것이다. 이로부터 시간의 개념이 8방에 흘러 "八刻8각을 一時1시"라 하고, 이러한 1시時가 각각 천天과 지地의 6효爻의 위位에 흘러 1일日을 성하는지라 "十二時12시는 一日1일이니라." 라고 하신 것이다.

**天地合德천지합덕 三十二삼십이요 地天合道지천합도 六十一육십일이니라.**

천지天地가 덕德에 합合함에 32요 지천地天이 도道에 합合함에 61이니라.

천지합덕天地合德 32는 무위戊位의 성도수成道數다. 이것은 천지天地가 비로소 분分하여 천지天地의 체體를 세운 것이다. 지천합도地天合道 61은 기위己位의 성도수成道數다. 이것은 천지天地가 분分하여 천지天地의 체體가 섬에 지천地天이 서로 교류하고 합合하여 그 작용을 나타내 다시 최초의 1상으로 돌아온다는 것이니, 이것을 이르되 "萬法歸一만법귀일"이라 한다.

**日月同宮일월동궁이나 有无地유무지요 月日同度월일동도이나 先后天선후천이니 三十六宮삼십육궁 先天月선천월이 大明后天대명후천 三十日삼십일이로다.**

일월日月이 동궁同宮이나 유지有地와 무지无地요 월일月日이 동도同度이나 선천先天과 후천后天이니 36궁宮 선천월先天月이 후천后天 30일日을 크게 밝힘이로다.

일日과 월月이 같은 기해궁己亥宮이로되 태양太陽의 이면에 있는 체體는 곤坤이라 무지無地

의 상相이며 태음太陰의 이면에 있는 체體는 건乾이라 유지有地의 상相이니, 이로써 건乾의 상相인 유지有地와 곤坤의 상相인 무지無地의 다름이 있어서 이것을 관하여 이르되 "日月同宮일월동궁 有无地유무지"라 하신 것이다.

태양太陽의 기해궁己亥宮은 태양太陽의 초초初初1도이며 간艮괘의 상相이며 0,1의 상相이며 무이유无而有의 상相이며 후천이선천后天而先天의 상相이다.

태음太陰의 기해궁己亥宮은 태음太陰의 초초初初1도이며 태兌괘의 상相이며 1,0의 상相이며 유이무有而无의 상相이며 선천이후천先天而后天의 상相이다.

이로써 월月과 일日이 그 도수度數가 같은 30도에 성도成道함이로되 선천 건乾6효와 후천 곤坤6효의 상대적 위位에 6도의 차差가 있어서, 후천의 월月은 30도요 선천의 일日은 6도에 더 나아간 36도에 성도成道하므로, 이것을 관하여 이르시되 "月日同度월일동도 先后天선후천"이라 하신 것이다.

무위성도지년戊位成度之年은 무술戊戌인데 이것을 1도로 하여 나아가면 그 14도는 신해辛亥이고 신해辛亥는 36도 순수한 1상의 건도乾道인 태양太陽의 성도궁成道宮이므로, 태양太陽의 도수度數는 신해辛亥에 다 성해서 종終하여 마치는 것이다. 그런데 기유己酉와 경술庚戌의 항亢과 각角의 두 별자리는 존공尊空의 위位인지라, 경술庚戌이 무신戊申에 의依하므로 신해辛亥 36도는 항亢이 되고 임자壬子는 각角이 되어서 존공尊空이 되므로 곧 계축癸丑의 위位에 후천의 1일이 밝은 것이니, 이것은 신해辛亥36도 태양太陽 선천월先天月이 종終함과 동시에 계축癸丑1도 1일에 태음太陰 후천월后天月이 밝아서 나아가 30도에 30일의 후천월后天月을 크게 밝힌다 하여, 이것을 이르되 "36宮궁 先天月선천월이 大明后天대명후천 30日일이라" 하신 것이다. 이것은 만물이 끝나는 곳에 다시 시작이 됨을 의미한다.

36은 우주 자전의 기氣이며 30은 우주 공전의 리理다.

64괘로써 관하건대 64괘 중에 천지天地의 괘卦는 28괘이고 6자子의 괘卦는 36괘다. 이 6자子의 괘卦인 간감진艮坎震과 진감간震坎艮에 태양太陽이 건천乾天의 6위位를 성하며 태리손兌離巽과 손리태巽離兌에 태음太陰이 곤지坤地의 6위位를 성하므로, 각각 건乾6효의 18과 곤坤6효의 12의 수數가 되어서 1,7도의 상대적 위치가 생하고 이러한 천天과 지地의 상대적 위位가 합하여 이에 30일이 대명大明하는 것이다.

다시 8괘로써 논하건대,

곤坤6 간艮7 감坎7 진震7 건乾9의 수數를 합함에 36궁의 수數를 얻고 이것은 곤坤이 전변轉變하여 건乾을 성한 것이므로 곤坤의 체體는 귀공歸空되어 30도가 된 것이라, 그래서 또한 이르되 "三十六宮先天月삼십육궁선천월이 大明后天三十日대명후천삼십일이로다"라고 하신 것이다.

추설하건대,

건천乾天의 6양효陽爻는 18수數를 얻고 곤지坤地의 6음효陰爻는 12수數를 얻어서 합하면 30이라, 이에 자연히 그 상대적 위位에 6도의 차差가 생하므로 태양이 1,7도 대칭의 위位에 더 나아가 그 도度를 수數하는 것이다.

6위位의 차差로써 상대적 대칭을 나타내면 곧 1,6 2,7 3,8 4,9 5,10인데 이것은 생성이치의 상대성 개념이며, 8괘의 변變으로써 상대적 대칭을 나타내면 곧 1,9 2,8 3,7 4,6인데 이것은 8방의 대칭적 상대성 개념인 것이다.

〈三十六宮先天月 大明后天三十日〉

① 무위성도지년戊位成度之年 14도 신해辛亥
태양太陽 성도궁成道宮(乾道☰)
태양太陽 선천월先天月 신해辛亥 종終
태음太陰 후천월后天月 계축癸丑 1일

② 64괘卦 6자子
태양 艮坎震 震坎艮 건천乾天 6위 18
태음 兌離巽 巽離兌 곤지坤地 6위 12
天18地12 합合 30일日 대명大明

③ 8괘卦
坤6 艮7 坎7 震7 乾9 數合 36궁
곤체坤體 귀공歸空 30도

**一元推衍數일원추연수는 二百一十六이백일십육이니라.**

일원一元을 추연推衍한 수數는 216이니라.

태리손兌離巽은 2 3 4의 위位를 얻고 간감진艮坎震이 7 8 9의 위位에 의依하니 곧 36궁 6자子의 용위用位다. 2 3 4에 천지天地가 분分한 수數를 합함에 9가 되고 이것이 지천地天이 합해 가는 7 8 9의 위位에 승乘함에 63 72 81이 되어 합해 하나가 되므로, 이에 수數의 216을 얻어서 일원一元이 되는 즉 하나가 되는 수數를 추연推衍한 것이라 하여 "一元推衍數일원추연수"라 하는 것이다.

이렇게 하나가 된 216은 곧 건천乾天의 상象이므로 다시 제1위가 되어서, 1선線의 의義인 1 2 3의 위位에 3재才를 성成하고 합하면 6인지라 이러한 3재才 합일의 수數인 6수數가 9 8 7위位에 승乘하여 분分하여 가니 곧 54 48 42가 되어 합함에, 144의 사상분체도수四

象分體度數를 성成해 일원추연수一元推衍數와 더불어 합해 360도 공부자孔夫子의 기朞를 성成하는 것이다.

이곳에 이르러 소양素陽에게 또 다른 일설一說이 있으니, 사상四象 중에 제1위는 태양太陽의 순수한 1상이며 제4위位는 태음太陰의 순수한 0상이므로, 제1위의 순수한 1상을 존공尊空하고 2 3 4위位의 합인 9를 써서 7 8 9의 위位에 승乘하여 합하여 가면 63 72 81이라 합하여 216의 건책수乾策數를 성하며, 제4위位의 순수한 0상을 존공尊空하고 1 2 3위位의 합인 6을 써서 9 8 7의 위位에 승乘하여 분分하여 가면 54 48 42라 합하여 144의 곤책수坤策數를 성成하니, 이 또한 추산推算하여 감에 다른듯하나 그 뜻은 서로 상통하는 것이다.

〈216·144〉

| | 一元推衍數 | 四象分體度數 |
|---|---|---|
| 육자<br>六子 | 천지분分 9(2+3+4)<br>9×(7+8+9)<br>=63+72+81=216<br>지천합地天合 | 3재합合 6(1+2+3)<br>6×(7+8+9)<br>=54+48+42=144<br>천지분天地分 |
| 사상<br>四象 | 1위 太陽 純粹1<br>1尊空 9(2+3+4)<br>9×(7+8+9)<br>=63+72+81=216<br>건책수乾策數 | 4위 太陰 純粹0<br>4尊空 6(1+2+3)<br>6×(7+8+9)<br>=54+48+42=144<br>곤책수坤策數 |

※ 234 태리손兌離巽, 789 간감진艮坎震

**后天후천은 政於先天정어선천하니 水火수화이니라.**

후천后天은 선천先天을 정政하니 수화水火이니라.

태음太陰 행도수行道數의 차제는 9 8 7의 태리손兌離巽에 역생逆生하여 2 3 4의 손리태巽離兌에 도성倒成하니, 이것은 1을 체體로 하여 먼저 하고 0을 나중으로 하여 6위位를 이룸에 수화기제水火旣濟의 수數가 되어서 순수한 0상의 후천상后天象이 된 것이라, 이러한 0상의 후천后天象상은 선천의 체體가 되어서 태양太陽 선천을 정政하여 간다 하여 "政於先天정어선천"이라 한 것이다. 이것은 태음太陰의 과果인 후천의 순수한 0상이 곧 태양太陽의 인因이 됨을 의미한다.

**先天선천은 政於后天정어후천하니 火水화수이니라.**

선천先天은 후천后天을 정政하니 화수火水이니라.

태양太陽 행도수行道數의 차제는 7 8 9의 간감진艮坎震에 도생倒生하여 4 3 2의 진감간震坎艮에 역성逆成하니, 이것은 0을 체體로 하여 먼저 하고 1을 나중으로 하여 6위位를 이룸에 화수미제火水未濟의 상象이 되어서 순수한 1상의 선천상先天象이 된 것이라, 이러한 1상의 선천상先天象은 후천의 체體가 되어서 태음太陰 후천을 정政하여 간다 하여 "政於后天정어후천"이라 한 것이다. 이것은 태양太陽의 과果인 선천의 순수한 1상이 곧 태음太陰의 인因이 됨을 의미한다.

이제 금화송金火頌에 들어가기에 앞서 정역팔괘正易八卦가 어떠한 이치를 인하여 나오게 되었는지를 살펴보고, 혹 정역진경正易眞經 가운데에 미혹되기 쉬운 몇 가지 부분을 살펴본 후에 계속해 금화송金火頌 원문으로 들어가도록 하겠다.

정역팔괘正易八卦는 일부一夫선생의 그으신 바다.

일부一夫께서 전일專一하게 밤낮으로 천지天地의 도수度數를 궁구窮究하심에 홀연히 괘卦의 상象이 눈앞에 소소昭昭하여 사라지지 않아서 비로소 집필해 그리시니, 곧 만고萬古의 정역팔괘正易八卦라 이것이 곧 천지天地의 명命임을 간파하시고 궁구窮究해 후세에 남기시니 곧 십오일언十五一言과 십일일언十一一言의 정역正易이다.

하도河圖가 용마龍馬의 천天을 상象한 것이라면 낙서洛書는 신구神龜의 지地를 상象한 것이며 정역팔괘正易八卦는 일부一夫의 인人을 상象한 것이다. 이로써 삼재三才가 모두 성成하여 천지도수天地度數와 만물이 비로소 정위正位한다.

하도河圖와 낙서洛書는 천天과 지地의 도圖와 구궁九宮이니 곧 우주만물의 생성과정과 그 상대성 이치를 밝힌 시공時空의 의義다.

제왕帝王이 하도河圖와 낙서洛書를 법法 받아 왕도王道 중심으로 만물을 다스린 것이라면, 정역팔괘正易八卦는 인人, 즉 사람을 상象한 것이니 앞으로의 천지天地는 일반 백성이 중심이 되어 돌아갈 것임을 암시한다.

정역팔괘正易八卦를 정관靜觀하니

괘기卦氣의 흐름이 천도天道를 분分하여 제5위에 순수한 0상인 지地의 덕德을 이루며, 이러한 순수한 0상의 지地의 덕德이 1상의 도체道體를 여의지 않음을 인하여 제6위에 일양一陽의 도체道體를 잉태孕胎하며 그 영影을 동動하여 다시 나아가 제5위에 이르러 드디어 천지天地가 합일合一된 건도乾道의 도道를 다 이루는지라, 이에 일부一夫께서 이를 관하시고 곧 이르시되 "一乎一夫일호일부"라 하시니, 곧 10이며 1이라 비로소 만물의 도수度數가 정正함에 이것이 곧 금일今日의 시時인 현재의 시時임을 통찰하시고, 이에 천지天地가 지천地天이 되며 곤坤과 건乾에 천지天地가 정위正位하여 이로부터 제6위에 영동影動하는 새로운 역수易數가 생하여 이것을 후천의 제1도로 삼으시니 곧 괘卦의 상효上爻라, 이로부터 수數하여 감에 이로써 괘기卦氣의 흐름이 외外에서 내內로 향하는 상象이 있어서 이를 상象하여 획劃을 하시니, 곧 일부정역팔괘一夫正易八卦이다.

금화문金火門의 이치는 일부팔괘一夫八卦의 나온 연유를 밝힌다. 이것은 차후에 금화송金火頌의 금화사송金火四頌에서 밝힐 것이나 그 논論이 심히 중요하여 이곳에서 반복해 해설을 한다.

먼저 사상四象과 팔괘八卦를 인용해 그 수數와 상象을 밝히고 후에 4,9 2,7 금화문金火門을 해解하여 일부팔괘一夫八卦의 괘위卦位와 수數를 밝히리니, 이러한 4,9 2,7 금화문金火門을 알면 정역진경正易眞經의 이치를 다했다 하여도 과언이 아닐 것이다.

먼저 사상四象과 팔괘八卦를 인용해 그 수數와 상象을 밝힌다는 것은,

노양老陽이 양陽과 음陰을 생生하니 9건乾 1태兌이며,

노음老陰이 양陽과 음陰을 생生하니 6간艮 4곤坤이며,

소음少陰이 음陰과 양陽을 생生하니 8진震 2리離이며,

소양少陽이 음陰과 양陽을 생生하니 7감坎 3손巽이며,

이에 5는 천天이며 10은 지地이다.

이것은 사상四象과 팔괘八卦의 수數와 상象을 밝힌 것이니 곧 소양사상팔괘차서素陽四象八卦次序가 생성된 이치이며 연유다.

괘卦의 사녀四女는 분리해 가는 상相이니 1 2 3 4의 리체理體의 위位에 두어서 사방에 넓힘이요, 괘卦의 사남四男은 합하여 가는 상相이니 6 7 8 9의 기영氣影의 위位에 두어서 10에 하나가 됨을 상像한 것이다.

이로써 소양사상팔괘차서素陽四象八卦次序는 1태兌 2리離 3손巽 4곤坤 5천天 6간艮 7감坎 8진震 9건乾 10지地이니 이것이 정역팔괘正易八卦가 나오게 된 원천源泉이며 연유이다.

〈소양사상팔괘차서素陽四象八卦次序〉

| | | | | |
|---|---|---|---|---|
| 노양老陽⚌ | 생양음生陽陰 | ⇒ | 9건乾☰ | 1태兌☱ |
| 노음老陰⚏ | 생양음生陽陰 | ⇒ | 6간艮☶ | 4곤坤☷ |
| 소음少陰⚎ | 생음양生陰陽 | ⇒ | 8진震☳ | 2리離☲ |
| 소양少陽⚍ | 생음양生陰陽 | ⇒ | 7감坎☵ | 3손巽☴ |
| | | | 5천天☰ | 10지地☷ |

| | | | | | |
|---|---|---|---|---|---|
| 1兌☱ | 2離☲ | 3巽☴ | 4坤☷ | 5天☰ | 四女分 理體 |
| 6艮☶ | 7坎☵ | 8震☳ | 9乾☰ | 10地☷ | 四男合 氣影 |

금화문金火門이란 것은,

9건乾과 4곤坤 그리고 2리離와 7감坎은 사방의 정正이며 무대無對 무반無反의 괘卦이므로 서로 그 중中을 취하는 상相이 있어서,

9건乾이 곤중坤中을 얻음에 9리離가 되고,

4곤坤이 건중乾中을 얻음에 4감坎이 되며,

2리離가 건중乾中을 얻음에 2천天이 되고,

7감坎이 곤중坤中을 얻음에 7지地가 되어서,

이에 9건乾 4곤坤과 2리離 7감坎은 금화문金火門의 인因이 되며 9리離 4감坎과 2천天 7지地는 금화문金火門의 과果가 된다. 이것은 9건乾과 2리離가 서로 그 중中을 취하여 9리離와 2천天이 된 것이며, 4곤坤과 7감坎이 서로 중中을 취하여 4감坎과 7지地가 된 것이니 이것이 곧 금화교역金火交易이다.

1태兌와 3손巽 그리고 6간艮과 8진震은 사방의 편偏이며 서로 반反하는 상相이 있어서,

1태兌가 극極하여 반反함에 1손巽이 되고,

3손巽이 극極하여 반反함에 3태兌가 되며,

6간艮이 극極하여 반反함에 6진震이 되고,

8진震이 극極하여 반反함에 8간艮이 되어서,

이에 5천天은 리離에 태兌와 손巽이 궐厥하여 5곤坤이 되며 10지地는 감坎에 간艮과 진震

이 명明하여 10건乾이 되는 것이니, 이것이 궐음厥陰의 궐중지중厥中之中이며 양명陽明의 시중지중時中之中인 것이다. 이것이 정역팔괘正易八卦의 수數와 상象이 나온 연유다.

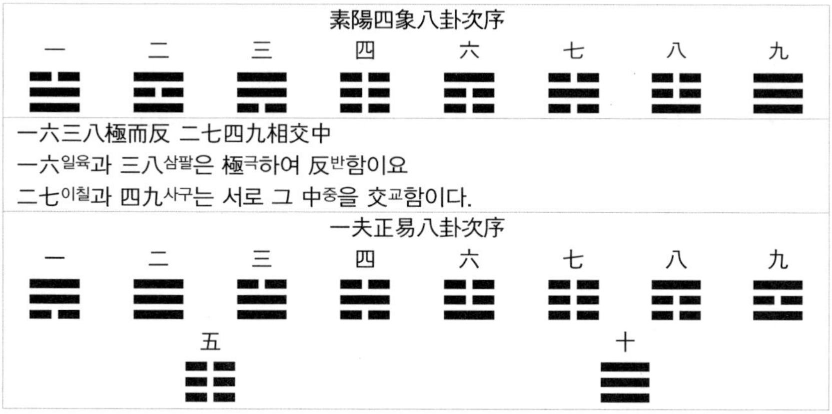


미혹되지 말아야 한다는 것은 정역진경正易眞經 가운데에 대성칠원군大聖七元君 화무상제化无上帝 그리고 화옹化翁이라는 명칭이다.

법성法性의 체體와 성인聖人의 심心은 사람으로 하여금 공경을 받고자 함이 아니다. 오직 개개인이 그 법도法度를 알아 잘 수행해서 법성法性의 체體와 우주의 흐름과 성인聖人의 심心에 동류同流하여 오직 한 맛으로 돌아오게 하고자 함이니, 이에 갖가지 방편을 내어 근기에 따라 그 법성法性의 체體가 이름을 달리해 백성으로 하여금 쉽게 체달하도록 한 것이다. 이에 혹 그 이름을 빌어 괴이한 의식을 행하며 이상한 신비주의에 침몰하여 헤어 나오지 못하는 미혹됨이 없어야 할지니, 이것은 본문에 이르러 다시 상세히 하려니와 이곳에 미혹하는 학자와 민중들이 의외로 많은 것 같아 이로써 급히 먼저 논을 한다.

대성칠원군大聖七元君이란 것은,

대성大聖은 함이 없는 절대성을 체득한 무위성인無爲聖人의 성품이요, 칠원七元은 6방의 중中이며 7위緯의 운행이니 곧 7화火의 기氣를 의미한다. 다시 말하면 3차원의 중中에 거居하여 7화火의 기氣를 발해 7위緯에 행行하여 움직이되 그 체體는 본래 함이 없는 무위無爲의 행行이란 것이다. 6방의 중中이라면 이미 삼재三才의 3선線에 4방과 상하의 1선線을 갖춘 중中1점點인 것이니, 이것은 4방의 중中인 5황극皇極과 같아서 이러한 중中5가 굴신屈伸하여 상하의 1선線을 생生함에 곧 7위緯를 생生하는 것이다. 이것은 천天에 있음에 북두칠성北斗七星이요, 지地에 있음에 7위緯와 7화火의 기氣이며, 인人에 있음에 7식識과 7규竅이며, 교화의 방편에 있음에 불가佛家의 칠구지불모대준제보살七俱祇佛母大准提菩薩과 식재보살息災菩薩이며, 정역진경正易眞經으로 관함에 7지地 곤모坤母의 덕상德象이다. 이것은 일체 번뇌망상과 사견邪見을 7화火의 중허中虛한 기氣로써 다 소분燒焚소멸하여 모든 재난을 멈추게 한다는 군君을 말하므로 이로써 대성칠원군大聖七元君이라 이름 한 것이니, 이러한 대성칠원군大聖七元君이 직접 서書한 것은 그 보화普化의 방편이 지극해 사람의 분별과 지식과 아는 깜량으로 헤아릴 수 없는 경지라, 이런고로 사람의 분별식分別識이 아닌 지황地皇의 보신報身이 직접 일부一夫를 통하여 언言하는 것이다. 이것을 보면 법성法性의 체體가 모든 분별을 떠나 있으되 또한 모든 분별의 세계를 함含하고 있는 것이므로, 이러한 보화普化의 방편이 이미 그중에 자연하여 그 보화普化의 덕德과 방편方便이 심심深深한 것이다. 보신報身이란 것은 불가佛家에 법신法身과 보신報身과 화신化身이 있으며, 기독교에 성부聖父와 성신聖神과 성자聖子가 있으며, 유가儒家에 천황天皇 지황地皇 인황人皇이 있어서, 비록 삼교三教가 백성의 근기에 따라 교화의 방편에 따라 그 이름을 달리하였으나 그 근본이치는 같은 것이다. 예를 들면 하늘의 달은 법신法身이며 성부聖父이며 천황天皇이며, 그 비추는 광명은 보신報身이며 성신聖神이며 지황地皇이며, 물가에 비추어진 달빛의 영상影像은 화신化身이며 성자聖子이며 인황人皇이란 것이다. 이 셋 중에 하나만 빠져도 달이라는 의미가 전혀 성립치 못하므로, 이것이 곧 하나이며 셋이요 셋이면서 하나라 하여 이르되 "三位一體삼위일체"라 하는 것이다.

화무상제化无上帝란 것은,

화化는 변화해 가는 용用을 말함이며 무无는 그 용을 발현發顯하는 체體를 말함이다. 즉 무無로부터 분화해 가는 무량한 무위공용無爲功用이란 뜻이다. 상제上帝라는 것은 나를 상대해 어디 밖에서 좇아온 상제님 신神이라는 것이 아니다. 이것은 지혜와 복덕이 원만하여 무상無上의 도道를 통달해 그 복과 덕을 추측치 못하는 경지를 말함이라, 이러한 경지는 우리의 분별망상으로는 도달치 못하는 상상上上의 경지이며 또한 모든 만물과 만상의 원원元元이 됨을 말하는 것이다. 이것은 또한 법신法身과 보신報身의 체體인 성부聖父와 성신聖神 또는 천황天皇과 지황地皇의 체體라 할 수 있어서, 우리의 분별 망상으로는 측량할 바가 되지 못하므로 이로써 화무상제化无上帝라 이름 하는 것이다. 일부一夫께서 이러한 경지를 체득하시고 스스로 갖추어져 있는 이러한 경지와 스스로 문답을 한 것이니, 이러한 경지는 우리가 공부하고 수행해서 깨달음에 도달하면 누구든 이러한 명칭을 얻을 수 있다고 할 수 있는 것이다.

화옹化翁이란 것은,

화化는 변화이니 곧 선線을 의미한다. 옹翁은 고古이며 노老이니 옛 최초의 1점點이다. 이러한 최초의 1점點은 순수한 1상인 노양老陽이나 순수한 0상인 노음老陰의 상像일 것이니, 곧 무시이래無始以來의 무위공용無爲功用의 극極이란 것이다. 고로 무위無爲 무시無始로부터 온 이것이 만물의 근원이 된다하여 화옹化翁이라 이름 한 것이다.

이러히 각각 그 명칭들을 달리한 것은 모든 만물 성품의 근기에 따라 교화의 방편이 다르므로 이에 그 명칭들을 달리한 것이다.

## 金火頌금화송

금화송金火頌은 일부一夫선생의 고금일대古今一代 최고의 역작力作이라 할 수 있다.

그 문체가 아름답되 화려하지 않으며, 이치가 밝되 기교技巧치 않으며, 그 문장이 장張하되 넘치지 않으며, 그 이치가 심오深奧하나 간이簡易하며, 처음과 나중이 서로 교交하여 사무치되 난잡亂雜함이 없으니, 가可히 절세絶世의 필송筆頌이라 할 수 있을 것이다. 그 필체筆體가 이러함에 이곳에 해설解說을 하고 주석註釋을 붙인다는 것이 참으로 참괴慙愧함이 될 것이나, 그러나 그 뜻을 헤아려 밝히지 않으면 이 또한 학자의 알지 못함이 중重함이 될 것임에, 감히 봉황鳳凰을 넘보는 오자烏子임을 감수하고 그래도 성실히 헤아려 함께 탐구해 나간다면 다소 선생의 단말端末에나마 겨우 부합되지도 않을까 하여 감히 무지無知의 천식淺識을 누르고 논論을 한다.

금화송金火頌의 일송一頌으로부터 오송五頌까지의 문장을 관하건대, 그 순서의 배열이 조동오위군신도설曺洞五位君臣圖說과 크게 다르지 않아서 앞으로 금화일송金火一頌으로부터 금화오송金火五頌까지를 조동오위군신도설曺洞五位君臣圖說을 의거해 논論하여 가도록 하리니, 이것은 주자태극도설朱子太極圖說과는 그 위位가 사뭇 달라서 비록 주자태극도朱子太極圖의 제1위가 조동오위군신도曺洞五位君臣圖에서는 제5위이지만 그 이치는 다 같은 것이로되, 그러나 소양素陽은 관하건대 만법萬法이 제5위에 귀일歸一함에 당當하여는 조동오위군신도설曺洞五位君臣圖說이 그 이치에 나아가 추론推論함이 더욱 확연한 것이니 이로써 이를 의거해 논論을 해 나가도록 한다.

제1위는 종체기용從體起用이며, 제2위는 섭용귀체攝用歸體이며, 제3위는 통체일태극統體一太極이며, 제4위는 물물이각구일태극物物而各具一太極이며, 제5위는 체용미분體用未分이다.

일부선생一夫先生의 금화송金火頌도 조동오위군신도曺洞五位君臣圖의 서序와 같아서 그 추론推論함이 더욱 상세詳細한 것이니, 학자學者는 이곳에 맛을 들여서 리理와 행行에 게으름이 없으면 반드시 일생一生의 공功을 마치게 되리라.

〈曹洞五位圖〉

| 第一位 | 第二位 | 第三位 | 第四位 | 第五位 |
|---|---|---|---|---|
| 兩儀 | 五行 | 統體一太極 | 物物各具一太極 | 太極 |
| 從體起用 | 攝用歸體 | 全體卽用(體卽用) | 全體卽眞(用卽體) | 體用未分 |
| 正中偏 | 偏中正 | 正中來 | 兼中至 | 兼中倒 |
| 君位 | 臣位 | 君視臣位 | 臣向君位 | 君臣合道 |
| 玄黃之後 | 方位 | 自(主觀的) | 他(客觀的) | 黑白未分 |
| 誕生 | 朝生 | 末生 | 化生 | 內生 |
| 第二位 | 第三位 | 第四位 | 第五位 | 第一位 |

〈朱子五位圖〉

## 金火一頌금화일송이니라.

금화일송金火一頌은 제1위이니 양의兩儀 음양陰陽의 위位다.

음양陰陽의 위位는 종체기용從體起用이니 체體로 좇아 용用을 일으키는 위位인지라 "正中정중에 偏편"이다.

**聖人垂道성인수도하시니 金火明금화명하고**

성인聖人이 도道를 내리시니 금화金火가 명明하고

성인聖人은 1천天 4지地의 체體와 2지地 3천天의 용用을 모두 포包하고 함含한 중궁中宮 중위中位의 5와 10이다.

1,4 천지天地의 체體가 합하여 중中5인 인人을 생하고 이에 중中5는 스스로 반조返照하여 3과 2에 천지天地의 용用을 발發하니, 이러한 천지天地의 체體와 용用을 모두 합하면 10이라 이르되 "十五一言십오일언"이라 한다. 사상四象을 천지체용天地體用의 위位로써 관하면 5요 천지체용天地體用의 합일合一로써 관하면 10이니, 5는 천지체용天地體用의 분分이요 10은 천지체용天地體用의 합合이다.

이에 10과 5가 같은 인人의 중궁中宮이 되어 굴신屈伸하는 도道를 내리시니 10토土와

1수水가 동시이며 5토土와 6수水가 동시인지라, 이로써 수토水土가 11수數에 평平하며 9,2와 4,7에 금화金火가 교역交易하는 상相이 자연하여 밝으니, 이것을 "聖人垂道성인수도 金火明금화명"이라 한다.

5,6과 10,1의 굴신지도屈伸之道에 7,4와 9,2가 착종錯綜하고 이로써 태양太陽의 7,4는 간艮의 위位요, 8,3은 감坎의 위位요, 9,2는 진震의 위位가 되어서 감坎괘의 상하에 간艮의 양효陽爻와 진震의 양효陽爻가 합하여 건천乾天을 성成함이 되므로 이것은 양陽이 밝은 것이라 이르되 "陽明양명"이라 하고, 이것은 간艮과 진震의 7,4와 9,2의 화금火金과 금화金火가 밝은 것이라 이로써 "金火明금화명"이라 한다.

〈聖人垂道 金火明〉

| | 太陽 | |
|---|---|---|
| 坤 | 震 坎 艮 | 乾 |
| ☷ | ☳ ☵ ☶ | ☰ |
| 5 | 4 3 2 | 1 |
| 6 | 7 8 9 | 10 |
| ☷ | ☶ ☵ ☳ | ☰ |
| 坤 | 艮 坎 震 | 乾 |

## 將軍運籌장군운주하니 水土平수토평하도다.

장군將軍이 숫대를 운運하니 수토水土가 평平하도다.

장군將軍은 천天이니 건乾괘의 상象인 10수數다.

운주運籌는 10퇴退1진進의 위位이니 곧 굴신屈伸의 도道다. 이로부터 굴신屈伸해 운運하여가서 건도乾道의 체體가 6,5의 위位에 곤덕坤德의 상象을 성成하,니 각 위位의 합수合數가 11에 균등함을 얻어 수토水土가 평平한지라 이르되 "水土平수토평"이라 한다.

〈將軍運籌 水土平〉

| | | |
|---|---|---|
| 1 | 4 3 2 | 5 |
| 10 | 7 8 9 | 6 |
| ☰ | | ☷ |

## 農夫농부가 洗鋤세서하니 歲功成세공성하고

농부農夫가 호미를 씻으니 세歲가 공功을 성成하고

농부農夫는 지地이니 제5위의 곤坤괘의 상象이다.

호미는 굴신屈伸의 상相이니 5,6 굴신屈伸의 위位다.

곤坤이 5,6의 위位에 굴신屈伸하여 차제로 운運하여가 1,6수궁水宮의 위位에 10,1의 건도乾道를 성하니, 이것을 "洗鋤세서하니 歲功成세공성"이라 한다.

〈農夫洗鋤 歲功成〉

| 5 | 4 3 2 | 1 |
|---|---|---|
| 6 | 7 8 9 | 10 |
| ☷ | | ☰ |

5로부터 10의 위位는 1,6수궁水宮의 위位다. 1,6수궁水宮의 위位에 10수數를 성成하여 그 세시歲時의 도道를 다 이룸에 하루 천지天地의 농사를 다 마쳐 "호미를 씻는다 하고 歲세가 功공을 成성한다"고 한다.

**畵工화공이 却筆각필하니 雷風生뇌풍생하도다.**

화공畵工이 붓을 놓으니 뇌雷와 풍風이 생生하도다.

화공畵工은 인人이니 주관적 관찰자다.

이렇듯 성인聖人이 도道를 내리시니 금화교역金火交易의 이치가 밝게 드러나 천지天地의 운행이 바르며, 이에 사람이 그 법을 좇아 따라서 행함에 이러한 천지天地의 법상法相이 나에게 이미 갖추어져 있음을 관하고 회광반조回光反照하여, 절대성의 10과 5에 합하여 천지天地와 더불어 하나가 되어서 그 극極에 이름에 일체 인식認識의 분별상이 없어서 문자와 말로써 능히 할 수 없는 경지를 체달하니 이에 "붓을 물리친다(却筆)." 하고, 이에 10과 5의 성리性理를 통달함에 문득 굴신屈伸하여 진震괘의 상象과 손巽괘의 상象을 성成하여 뇌천대장雷天大壯과 풍지관風地觀의 의義를 일으키는 고로 "雷뇌와 風풍을 生생한다"고 한다.

금화교역金火交易의 이치가 밝게 드러난다는 것은 9건乾이 지地의 중中을 득得하여 9리離가 되고 2리離는 천天의 중中을 득得하여 2천天이 되며, 4곤坤이 천天의 중中을 득得하여 4감坎이 되고 7감坎은 지地의 중中을 득得하여 7지地가 된다는 것을 말한다.

〈4927 相交中〉

| 素陽次序 | 作用 | 一夫八卦 |
|---|---|---|
| 7坎+4坤<br>☵ ☷ | 得中 | 7地+4坎<br>☷ ☵ |
| 2離+9乾<br>☲ ☰ | 得中 | 2天+9離<br>☰ ☲ |

이렇듯 천지수화天地水火가 서로 그 중中을 얻음에 천지일월天地日月이 정正하여 이로부터 굴신屈伸해 바르게 운행한다.

괘수卦數의 이러함은 소양사상팔괘차서素陽四象八卦次序와 금화사송金火四頌에 밝게 드러나 있다.

**德符天皇덕부천황하여 不能名불능명이니**

덕德이 천황天皇에 부합하여 이름할 수 없으니

덕德은 지덕地德이니 곧 중中5곤坤의 상象이다.

천황天皇은 천도天道이니 곧 중中10건乾의 상象이다.

이에 5와 10이 합도合道해 하나가 되어서 주主와 객客이 동체同體임을 "德符天皇덕부천황"이라 한다.

0이 1로 향하여 순수한 1상을 이루며 1이 0으로 향하여 순수한 0상을 이룬 그 과果는 1은 그대로 1이요 0은 그대로 0인 것이니, 그 상대적 상相이 끊어진 순수한 1상이며 순수한 0상이다.

상대적 상相이 끊어진지라 일체 분별상分別相 또한 끊어져 말과 생각과 문자로써 계측하지 못함이니, 이로써 "不能名불능명"이라 한다.

**喜好희호라 一曲瑞鳳鳴일곡서봉명하도다. 瑞鳳鳴兮서봉명혜여 律呂聲율여성이로다.**

좋구나 일곡一曲 서봉瑞鳳이 명鳴하도다, 서봉瑞鳳이 명鳴함이여 율여성律呂聲이로다.

서봉瑞鳳은 상서로운 봉황새를 일컬음이니 곧 5와 10이다. 명鳴은 굴신屈伸의 명鳴이다.

5와 10이 굴신屈伸하여 포오함육包五含六하며 십퇴일진十退一進하니 곧 일부팔괘一夫八卦의 6진震과 1손巽이다.

5와 10은 율체律體이며 6과 1은 여용呂用이다. 율律이 여呂가 아니면 그 체體도 찾아볼 수 없고 여呂가 율律이 아니면 그 용用도 존재치 못한다. 이에 율여律呂가 서로 쌍조雙照해 잠시도 여의지 않음을 "一曲瑞鳳鳴일곡서봉명"이라 한다.

## 金火二頌금화이송이니라.

금화이송金火二頌은 제2위이니 5원元의 위位다.

5원元의 위位는 섭용귀체攝用歸體이니 용用을 섭攝하여 체體로 돌아오는 위位인지라 "偏中편중에 正정"이다.

**吾皇大道오황대도가 當天心당천심하니 氣기는 東北而固守동북이고수하고 理리는 西南而交通서남이교통하도다.**

나의 황극대도皇極大道가 천심天心에 당當하니 기氣는 동東과 북北에 고수固守하고 리理는 서西와 남南에 사귀어 통通하도다.

오吾는 인人이니 곧 주관적 관찰자다.

황皇은 이미 천지체용天地體用의 수數와 위位를 모두 포包하고 함含한 중中5의 황극皇極이다.

대도大道는 굴신지도屈伸之道이니 공부자孔夫子의 "一陰一陽之謂道일음일양지위도"라 함과 같다.

〈一陰一陽之謂道〉

| 0 | 1 |
|---|---|
| 멸滅 | 생生 |
| 리離 | 부附 |
| 단斷 | 연連 |
| 퇴退 | 진進 |
| 무無 | 유有 |
| 공空 | 색色 |
| 공간空間 | 시간時間 |
| 지地 | 천天 |
| 유柔 | 강剛 |

일음일양지위도一陰一陽之謂道는 한번 일어났다 꺼졌다하는 0과 1의 상相이며, 한번 떨어졌다 붙었다 하는 0과 1의 상相이며, 한번 끊어졌다 이어졌다 하는 0과 1의 상相이며, 한번 물러섰다 나아갔다 하는 0과 1의 상相이며, 무無와 유有의 상相이며, 공空과 색色의 상相이며, 공간空間과 시간時間의 상相이며, 지地와 천天의 상相이며, 유柔와 강剛 등등의 상相이다.

〈吾皇大道 當天心〉

| 〈吾皇大道 當天心〉 | |
|---|---|
| 5 4 3 2 1 10 9 8 7 6 5<br>6 7 8 9 10 1 2 3 4 5 6 | |
| 1 + 4 = 5 ┐<br>2 + 3 = 5 ┘ | = 10 |
| 吾皇(5) 天心(10) | |

대도大道는 이러한 우주의 모든 상相을 다 갖춘 상相이라 하여 "大道대도"라고 한 것이다.

이것은 나라는 주관적 관찰자 속에 이미 우주의 모든 상相이 다 갖추어져 있다는 것이니, 이로부터

5가 굴신屈伸함에 5,6이요, 차제次第로 나아감에 4,7이요, 3,8이요, 2,9요, 1,10이라 이에 10에 1이 되어서 다시 차제次第로 퇴退하여 감에 9,2요, 8,3이요, 7,4요, 6,5이니 다시 5,6에 합하여 10과 5가 하나가 되는지라 5는 황극皇極이요 10은 무극无極의 천심天心이므로, 이로써 "吾皇大道오황대도가 當天心당천심"이라 하였다.

이것을 달리 관하면 천지天地의 체體는 1과 4이며 천지天地의 용用은 3과 2이니, 천지天地의 체體도 5요 천지天地의 용用도 5라 모두 합하면 10이 되어서 5와 10이 다르지 않으므로, 또한 이르되 "吾皇大道오황대도가 當天心당천심"이라 한 것이다.

하도河圖의 이치는 최초의 1점點으로부터 음양陰陽과 사상四象에 천지天地의 체體와 용用을 내어 중中5의 인人을 생하며, 이에 중中5의 인人이 사상四象인 천지天地의 체體와 용用을 관함에 6 7 8 9를 내고 다시 스스로를 비추고 관하여 10을 성함에, 이것을 중궁中宮 중위中位에 두고 1,6을 북北에 두며 2,7을 남南에 두어서 천지天地의 경經을 생하며 3,8을 동東에 두고 4,9를 서西에 두어서 천지天地의 위緯를 생하여 5원元이 성成함을 나타내니, 이로부터 10은 우주 전체의 상相인 총상總相이요 5는 우주를 관찰하는 관찰자의 상相인 별상別相이라, 이로써 우주의 탄생과 생성을 다 마침이 됨을 나타낸다.

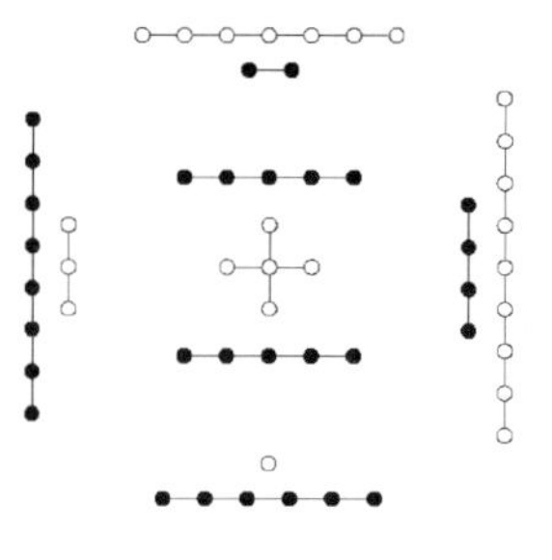

河圖

이미 우주가 생성됨에 만물이 서로 보며 상대해 교합하며 분리하는 등등의 여러 가지 일들이 있는지라, 이러한 물물物物의 상대적 대칭적 상相들이 있음에 이에 자연히 낙서洛書의 그림이 나타나서 그 교역交易하는 이치에 일정한 법칙이 있음을 밝히니, 이에 만물이 생성된 위位와 물물物物이 상대해 움직이는 위位가 다름이 되어서 서西와 남南의 교위交位가 자연한지라 이것을 나타냄에 이르되 "金火交易금화교역"이라 한다.

10은 우주전체의 상象이며 수數이니 이러한 10수數의 내에 모든 만물은 상대적 상相을 나타내는지라, 1을 수數함에 상대적으로 9가 나타나며, 2를 수數함에 8이 나타나며, 3을 수數함에 7이 나타나며, 4를 수數함에 6이 나타나며, 5를 수

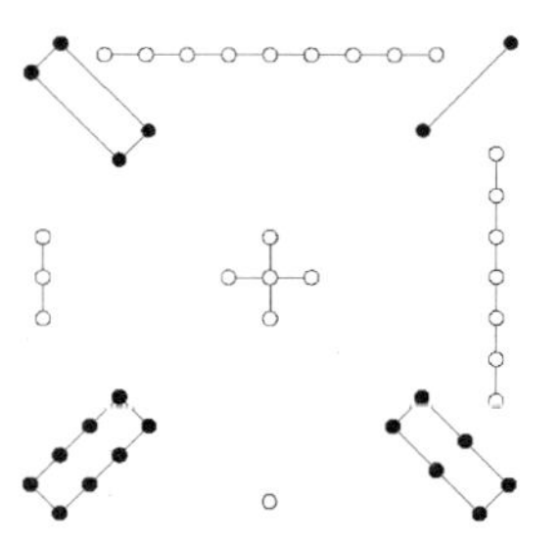

洛書

數함에 5가 나타나며, 6을 수數함에 4가 나타나며, 7을 수數함에 3이 나타나며, 8을 수數함에 2가 나타나며, 9를 수數함에 1이 나타나며, 이에 10을 수數함에 그 상대적 수數가 없는 무극无極의 10이라, 5는 그 수數를 수數하여도 동수同數를 얻고 10은 수數함에 무극无極이니 모두 상대적 대칭의 상相이 아니므로 곧 만물의 중中이 된다. 이로써 만물의 상대적 교역交易은 5와 10을 허虛한 1 2 3 4와 6 7 8 9로써 8방方과 9세世의 의義를 나타내니 이에 음陰과 양陽이 평平하다. 음陰과 양陽이 평平하다는 것은 1,9 3,7의 양수陽數를 합함에 20이요 2,8 4,6의 음수陰數를 합함에 20이라, 음陰과 양陽이 동수同數의 힘을 얻으므로 이로써 우주는 항상 서로 힘의 균형과 질서를 이룬다. 힘의 태과太過와 불급不及이 발생하는 것은 중中5의 나라는 상相을 허虛하지 못함으로 인因한 것이니, 이로써 빈부의 차差가 생하며 귀천의 차差가 생하며 강약의 차差 등등이 생함이라, 이에 아공我空인 무아無我를 달達하여 존공尊空하면 그 앞에 나타나는 모든 만물의 상相들이 항상 태과太過하지도 않으며 불급不及하지도 않은 평등한 세계가 되는 것이다.

만물 생성의 위位인 하도河圖는 북北에 1,6이요, 대칭의 위位인 낙서洛書도 1,6이며, 동東에 3,8이요 대칭의 위位도 3,8이며, 남南에 하도河圖는 2,7이요 낙서洛書 대칭의 위位는 4,9이며, 서西에 하도河圖는 4,9요 낙서洛書 대칭의 위位는 2,7이니, 이로써 기氣는 동북東北에 고수固守하고 리理는 서남西南에 교통交通한다고 하였다.

기氣는 세시世時의 개념인 1과 3이며 리理는 방각方角의 개념인 2와 4이다. 1과 3은 하나로 합하는 상相이니 이미 하나로 합하였다면 무대칭이므로 그 위位에 변동함이 없고, 2와 4는 둘로 분分하여 가는 상相이니 이미 둘로 분分하여 간다면 그 대칭이 있어 변화함이 있는 것이니, 이로써 그 위位에 교역交易하는 상相이 있는 것이다.

또, 수數의 1 2 3 4 5는 생수生數이니 천天의 구역이라 하고 10 9 8 7 6은 성수成數이니 지地의 구역이라 하는데, 여기서 말하는 천天의 구역과 지地의 구역은 전적으로 생수生數와 성수成數에 입각해 나눈 것이다.

수數의 1 3 5는 천天에 있는 양陽이니 그 위位에 불역不易하고, 수數의 2 4는 둘로 분分하여 가는 상相이니 1,0의 상相이며 천天에 있는 음陰이라 그 위位에 가역可易의 변화가 있다. 수數의 7 9는 지地에 있는 양陽이며 0,1의 상相이니 그 위位에 가역可易의 상相이 있고, 수數의 10 8 6은 지地에 있는 음陰이니 이 또한 1 3 5와 더불어 그 위位에 불역不易한다.

이러히 수數의 2 4와 7 9를 상세히 관하건대, 수數의 7과 9는 그 체體가 양陽이라 금화교역金火交易에 서로 서西와 남南에 입入하여 정위正位하고, 남南방의 2는 비록 금화교역金火交易에 서西방으로 향함이 있으나 그 체體가 음陰이라 서남방에 유위維位해 2경經의 축軸이 서남방에 경傾하며, 서西방의 4는 비록 남南방으로 향함이 있으나 이 또한 그 체體가 음陰이라 동남방에 유위維位하니 이에 4방이 동남방에 위태로운 상相이 있다. 이것을 금화교역金火交易의 과정인 "天地傾位천지경위"라 하고 낙서洛書가 이를 법한다. 이러한 천지경위天地傾位를 지나 금일今日에 이르러 드디어 2경經이 9세世에 순응하여 다시 남南방에 정위正位하며 4방이 7위緯에 순응하여 다시 서西방에 정위正位함에, 2경經과 4방이 정正하여 천지天地의 세시世時와 공간방위가 정립正立하므로 이것을 이르되 "金火正易금화정역"이라 한다.

수數의 10 8 6은 비록 그 위位에 불역不易이나 그 체體가 음陰이니 양陽에 순順하고 응應하는 상相이 있어서, 10은 1을 좇아 북北에 거居하고, 8은 3을 좇아 동東에 거居하며, 6은 5를 좇아 중궁中宮에 거居하니, 이것은 지地가 천天에 응應하여 그 위位를 잡은 것이라 곧 정위正位가 되어서 이러한 위치의 정正을 나타냄에 금화교역金火交易과 지천地天의 정위正位를 잡아 극도極圖가 그려진 것이다.

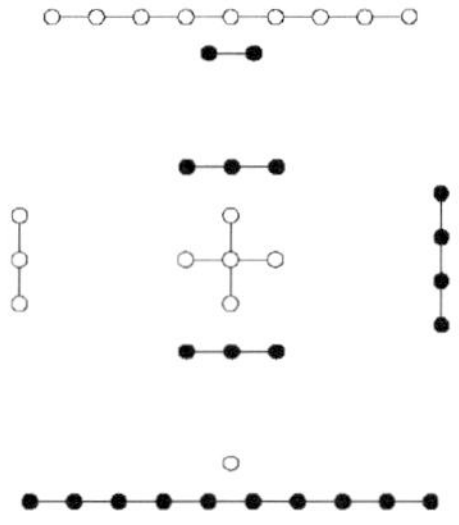

극도極圖

이것은 모두 천天의 기氣가 동動함에 지地의 음陰이 그에 순응하는 이치를 따른 것이다.

**庚金九而氣盈경금구이기영이요 丁火七而數虛정화칠이수허라 理리는 金火之互位금화지호위이니 經天地之化權경천지지화권이로다.**

경금庚金9는 기氣가 영盈함이요 정화丁火7은 수數가 허虛함이라 이치는 금화金火의 호위互位이니 천지天地의 화권化權을 경영함이로다.

소양팔괘차서素陽八卦次序에 9는 건乾이니 9건乾이 지地의 중中을 득得하여 9리離가 되고 2는 리離이니 2리離가 건중乾中을 득得하여 2천天이 됨이라, 이것은 건천乾天의 기氣가 2경經에 영盈한 것이다. 건천乾天은 순양純陽이라 기氣가 영盈한 것이며 9리離는 9건乾으로부터 온 것이니, 곧 경금庚金이다.

〈4927 相交中〉

| 素陽次序 | | 一夫八卦 |
|---|---|---|
| 7坎+4坤 ☵ ☷ | ⇒ 得中 | 7地+4坎 ☷ ☵ |
| 2離+9乾 ☲ ☰ | ⇒ 得中 | 2天+9離 ☰ ☲ |

소양팔괘차서素陽八卦次序에 4는 곤坤이라 4곤坤이 천天의 중中을 득得하여 4감坎이 되고 7은 감坎이니 7감坎이 곤중坤中을 득得하여 7지地가 됨이라, 이것은 곤지坤地의 수數가 7위緯에 허虛한 것이다. 곤지坤地는 순음純陰이라 수數가 허虛한 상象이며 7지地는 7감坎으로부터 온 것이니 곧 정화丁火이다.

본래 2는 정화丁火이며 7은 병화丙火이거늘 그 위位가 바뀌어 정화丁火가 7이 된 것은 천지天地의 위位가 금화교역金火交易에 역易함으로 인因함이다. 고로 2천天은 병화丙火요 7지地는 정화丁火인 것이다.

이렇듯 9천天이 2리離와 호위互位함에 9리離2천天이 되며 4지地가 7감坎과 호위互位하여 4감坎7지地가 되어서, 이로써 2천天과 7지地의 경經과 위緯에 천지天地의 화권化權을 경영한다 하여 이르되 "理致이치는 金火금화의 互位호위이니 天地천지의 化權화권을 經營경영함이로다." 라고 한 것이다.

**風雲풍운은 動於數象동어수상하고 歌樂가락은 章於武文창어무문하니**

풍風과 운雲은 수數와 상象에 동動하고 가歌와 낙樂은 무武와 문文에 창章하니

풍風은 1손巽이며 운雲은 6진震이다.

〈十退一進包 五含六〉

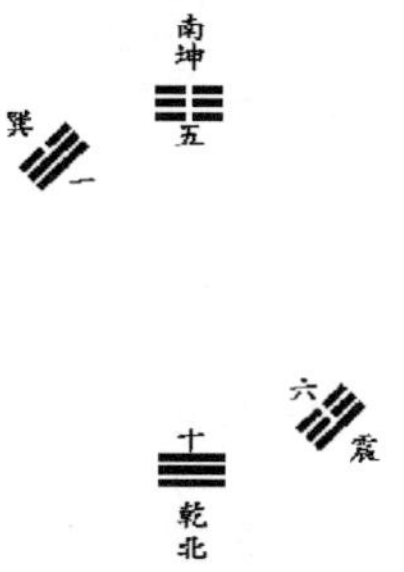


10건乾이 굴신屈伸해 비로소 소消하여 비워 가는 상象을 "風풍이 數수에 動동한다." 하고, 5곤坤이 굴신屈伸해 비로소 장長하여 채워 가는 상象을 "雲운이 象상에 動동한다."고 한다. 이것은 10퇴1진十退一進과 포5함6包五含六의 상象을 일부一夫께서 이렇게 표현하신 것이다.

가歌는 가성歌聲이요 낙樂은 낙낙樂樂이며 창章은 빛난다는 의義다. 가성歌聲을 내되 5곤坤의 허虛를 잃지 않음에 "武무에 빛난다." 하고, 즐거워하되

10건乾의 진낙眞樂을 여의지 않음에 "文문에 빛난다."고 한다. 이것은 곤坤의 허체虛體를 인하여 1양陽이 생生하는 의義요 건乾의 실체實體를 인하여 1음陰에 소消한다는 의義다. 즉 5,6에 굴신屈伸하여 가서 1양陽의 심心을 길러 1,10의 순양純陽인 근본심根本心을 달達하며, 10,1에 굴신屈伸하여 가서 1음陰의 리체理體를 밝혀 6,5의 순음純陰인 근본根本 리체理體를 달達한다는 뜻이다.

> **喜黃河之一淸희황하지일청이여 好一夫之壯觀호일부지장관이로다. 風三山而一鶴풍삼산이일학이요 化三碧而一觀화삼벽이일관이로다.**
>
> 희喜라 황하黃河의 일청一淸이여 호好라 일부一夫의 장관壯觀이로다. 삼산三山에 풍風하니 일학一鶴이요 삼벽三碧에 화化하니 일관一觀이로다.

황하黃河는 10년에 한번 맑아지는 큰 강江이다.

황하黃河는 5이니 10에 하나가 됨을 일청一淸이라 한다.

5와 6이 더불어 굴신屈伸하여 가서 제10위位에 건乾을 성成하고 굴신屈伸해 1수水가 맑으니 이르되 "一淸일청"이라 한다.

이에 이것을 수토지성도水土之成道라 한다.

〈태음太陰 태양太陽 운행도運行圖〉

| | 太陰 | | | | |
|---|---|---|---|---|---|
| 外卦 | 1<br>☰<br>乾 | 〈倒成〉<br>2 3 4<br>☴ ☲ ☱<br>巽 離 兌 | 5<br>☷<br>坤 | 〈逆成〉<br>4 3 2<br>☳ ☵ ☶<br>震 坎 艮 | 1<br>☰<br>乾 |
| 內卦 | 10<br>☰<br>乾 | 9 8 7<br>☱ ☲ ☴<br>兌 離 巽<br>〈逆生〉 | 6<br>☷<br>坤 | 7 8 9<br>☶ ☵ ☳<br>艮 坎 震<br>〈倒生〉 | 10<br>☰<br>乾 |
| | | | 太陽 | | |

장壯은 뇌천대장雷天大壯이요 관觀은 풍지관風地觀이다.

순양純陽의 건천乾天 내괘內卦에 태리손兌離巽이 운運하여 순음純陰을 이루니 천지비天地否요, 다시 건천乾天 외괘外卦의 초효初爻가 음陰에 소消하니 곧 풍지관風地觀이라. 이것은 태음太陰의 행도行道다. 순음純陰의 곤지坤地 내괘內卦에 간감진艮坎震이 운運하여 순양純陽을 이루니 지천태地天泰요, 다시 곤지坤地 외괘外卦의 초효初爻가 양陽을 잉태孕胎하니 곧 뇌천대장雷天大壯이라, 이것은 태양太陽의 행도行道다.

이러한 태음太陰과 태양太陽의 도역지리倒逆之理인 역생도성逆生倒成과 도생역성倒生逆成의 이치를 일부一夫가 밝히시니 "好一夫之壯觀호일부지장관"이라 한다.

삼산三山은 순양純陽의 건乾이다.

풍風은 소消이며 산散이며 손학巽鶴이며 태리손兌離巽의 운용運用이다.

일학一鶴은 건乾의 외괘外卦 초효初爻가 일음一陰에 소消한 상相이니 곧 손괘巽卦의 상相이다.

순양純陽의 건乾을 체體로 하여 태리손兌離巽의 음효陰爻의 0상을 운용해 순음純陰의 곤坤을 성함을 "風三山而一鶴풍삼산이일학"이라 한다.

삼벽三碧은 순음純陰의 곤坤이다.

화化는 변화變化이며 진용震龍이며 간감진艮坎震의 운용運用이다.

일관一觀은 곤坤의 외괘外卦 초효初爻가 일양一陽을 잉태孕胎한 상相이니 곧 진괘震卦의 상相이다.

순음純陰의 곤坤을 체體로 하여 간감진艮坎震의 양효陽爻의 1상을 운용運用해 순양純陽의 건乾을 성함을 "化三碧而一觀화삼벽이일관"이라 한다.

이것은 육자六子의 운용運用에 건곤乾坤의 기氣가 역易하여 건乾이 지地가 되고 곤坤이 천天이 되어서, 건乾이 북北에 거居하며 곤坤이 남南에 정위正位함에 이에 좌우의 위位도 따라서 역易함을 나타낸다.

**觀於此而大壯관어차이대장하노니 禮三千而義一예삼천이의일이로다.**

여기서 대장大壯을 관觀하노니 예禮는 삼천三千이로되 의義는 일一이로다.

10건乾은 순수한 1양陽이며 5곤坤은 순수한 1음陰이다.

예禮는 굴신屈伸의 도道이며 승乘이며 겸하謙下이니 내괘內卦의 위位다.

곤지坤地가 양陽을 잉태孕胎하여 가서 내괘內卦에 순양純陽의 삼산三山을 이루니, 각 효爻가 건양乾陽의 10이며 1양陽의 3수數라 3효爻가 10×10×10에 승乘함에 1000이요 다시 3수

數에 승乘함에 3000이다. 이러히 내괘內卦에 삼천三千을 지나 건도乾道를 이루고 여기서 외괘外卦의 곤지坤地에 1양陽의 생함을 보니 뇌천대장雷天大壯이요, 이로부터 계속해 1양陽이 장長하여 가서 건천乾天을 성하니 그 의義가 순양純陽의 일一이라 이것을 이르되 "觀於此而大壯관어차이대장하노니 禮예는 三千삼천이로되 義의는 一일이로다."라고 하신 것이다. 이것은 삼천三千의 위位를 지남이 있으나 지난 상相이 없는 온전한 일一일 뿐임을 나타냄이니, 상相은 없으나 그 기氣는 영盈함을 나타낸다.

일부一夫께서 특히 양陽을 잉태孕胎해 합하여 감으로써 논論을 하신 것은 곧 비왕태래否往泰來의 의義다. 즉 선천의 천지지분天地之分의 상相인 천지비天地否는 가고 후천의 지천합도地天合道의 상相인 지천태地天泰가 도래到來하므로, 이로써 삼산三山의 건乾괘와 대장大壯괘의 의義를 들어 논論하신 것이다.

## 金火三頌금화삼송이니라.

금화삼송金火三頌은 제3위이니 군君이 신臣을 바라보는 위位다.

군시신위君視臣位는 통체일태극統體一太極 즉 전체가 통 털어 하나의 태극太極이란 것이니, 이러한 태극太極은 군君이며 정正이라 고로 모든 만물상은 태극太極으로부터 온 것이라 하여 이것을 "正中來정중래"라고 한 것이다. 이것은 1,0의 상象이니 1상이 분이分二하여 가는 상相이다.

**北窓清風북창청풍에 暢和淵明無絃琴창화연명무현금하고 東山第一三八峰동산제일삼팔봉에 次第登臨차제등림하니 洞得吾孔夫子-小魯意통득오공부자-소노의로다.**

북쪽 창문 맑은 바람에 도연명陶淵明의 무현금無絃琴에 창화暢和하고 동산제일 삼팔봉東山第一三八峰에 차제로 등림하니 우리 공부자孔夫子 노魯나라 작다 하신 뜻을 통득洞得하도다.

북창北窓은 10건乾이요 청풍淸風은 1손巽이며 무현금無絃琴은 줄이 없는 거문고이니 그 체體가 허虛한 5곤坤이다.

순양純陽의 10건乾이 비로소 굴신屈伸해 소消하여 가서 장차 순음純陰의 5곤坤을 성하는지라 이것을 "北窓淸風북창청풍에 暢和淵明無絃琴창화연명무현금"이라 한다.

이것을 소양素陽은 이르되 "어찌하여야 陶淵明도연명의 줄 없는 거문고에 暢和창화할고? 答답하여 이르되 종일토록 絃琴현금을 打타하여도 그 손가락을 보지 못하는 것이다"라고 하니, 일어났다 꺼졌다 하는 일체 모든 상相과 분별하는 식識을 초월한 언외言外의 소식인 것이다.

동東은 3,8궁宮이요 산山은 간艮이요 봉峰은 정상頂上의 끝이다.

설괘전說卦傳 제6장에 공부자孔夫子께서 이르시길 "終萬物종만물 始萬物者시만물자 莫盛乎艮막성호간"이라 하시니, 만물이 간艮에서 마치고 간艮에서 다시 시작하는지라 이로써 제일第一이라 하고 차제등림次第登臨은 수數와 상象이 역逆과 순順으로 운행하여 3과 8에 마치고 다시 시작된다는 의미이니, 10 9 7 5 3에 역逆하고 1 2 4 6 8에 순順하여 3,8봉峰에 필畢함을 말함이라, 곧 극도極圖의 그림이며 만물의 성成이다.

〈一夫八卦 四正卦〉

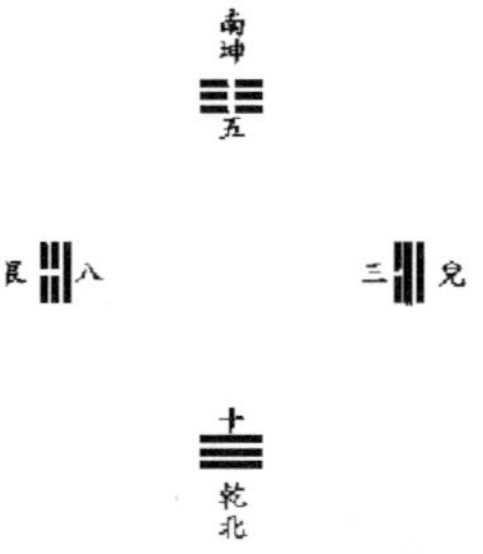


일부一夫선생이 이렇듯 10건乾 5곤坤과 3태兌 8간艮에 사방의 정正을 우주만물에 시설하여 놓고 보니, 오히려 공부자孔夫子께서 말씀하신 일개 나라인 노魯나라가 작다 한 뜻을 통득洞得하신 것이다. 이것은 일부팔괘一夫八卦의 4정正의 방위를 시설한 것이다.

**脫巾掛石壁탈건괘석벽하고 南望靑松架短壑남망청송가단학하니 西塞山前서새산전에 白鷺飛백로비로다.**

두건頭巾을 벗어 석벽石壁에 걸고 남쪽 가지 뻗은 푸른 소나무를 바라보니 서쪽 앞산에 백로白鷺가 날도다.

탈건괘석벽脫巾掛石壁은 일체 세상사인 분별 집착 근심 등의 만사를 놓아 버렸다는 의

意다. 즉 정定에 들어 세상을 바라본다는 의意다. 비록 그 의意가 이러하나 이곳에서의 일부一夫선생의 뜻은 또 다른 의意도 있으니, 이에 일부一夫선생의 팔괘八卦의 위位와 상象을 괘상卦象을 의지해 밝히리라.

〈一夫八卦 四維卦〉

건巾은 두건頭巾이다. 두건頭巾은 머리에 쓰는 포包이니 그 체體가 허虛한 곤음坤陰의 상相이다. 석벽石壁은 막히고 차 있는 상相이니 그 체體가 실實한 건양乾陽의 상相이며 북방의 위位이다. 석벽石壁에 두건頭巾을 걸었다는 것은 건乾에 비로소 1음陰이 소消하였다는 것이니 곧 동남방의 손巽괘다. 남방은 일부팔괘一夫八卦에 곤坤괘의 위位이며 청송青松은 진목震木의 상相이다. 단함短壑은 곤坤괘의 체體요 가架는 1양陽이다. 단함短壑의 함壑은 학인데 함으로 읽고 서새西塞의 새塞는 색인데 새로 발음한다. 망가望架는 곤坤에 1양陽이 비로소 생하는 상相이니 곧 서북방의 진震괘다. 서새西塞는 서남방이요 산전山前은 동북방이다. 백白은 4감坎이요 로鷺는 9리離다. 비飛는 서남과 동북에 리離와 감坎이 위치함을 나타낸다. 이것은 일부팔괘一夫八卦의 4유維의 방위를 시설한 것이다.

북창청풍北窓清風으로부터 백로비白鷺飛까지는 모두 정역팔괘正易八卦의 사정四正과 사유四維의 방위를 비유로써 나타내신 것이다.

**賴搖白羽扇**나요백우선**하고 俯瞰赤壁江**부감적벽강**하니 赤赤白白互互中**적적백백호호중**에 中有學仙侶**중유학선여**하야 吹簫弄明月**취소농명월**하도다.**

백우선白羽扇을 한가로이 흔들며 굽어 적벽강赤壁江을 바라보니 적적赤赤과 백백白白이 호호互互한 중에 선도仙道와 불도佛道를 배우는 무리가 있어 퉁소를 불며 명월明月을 즐기도다.

나요賴搖의 나賴는 뢰인데 나로 발음한다. 나賴는 무위無爲요, 요搖는 뇌雷요, 백우선白羽扇은 풍風이요, 적벽赤壁은 화火요, 강江은 수水요, 부감俯瞰은 굽어본다는 것이다. 이것은 한가로이 함이 없이 뇌雷와 풍風이 화火와 수水를 굽어본다는 것이니, 6진震이 4감坎을 1손巽이 9리離에 응하여 각각 일日과 월月을 포胞하고 성成함을 말함이라. 이것은 곧 태양太陽과 태음太陰의 운행을 말한 것이다. 적적赤赤은 2,7이요, 백백白白은 4,9요, 호호互互는 9,2와 7,4이니, 곧 금화호역金火互易이다.

〈一夫八卦 六子卦〉

통소는 중中이 허虛하여 그 상象이 리離가 되고 명월明月은 그 상象이 감坎이 되는 것이니, 이것은 일월日月의 태양太陽과 태음太陰의 운행을 비유로써 밝히신 것이다. 일日과 월月이 이렇듯 무위無爲로써 한가로이 움직이니 이에 인人이 무위자연無爲自然의 이러함을 본받아 행한다면, 정역正易의 괘卦가 내 안에 스스로 있어서 행행行行마다 바르지 않음이 없을 것이다.

성인聖人의 심心은 일개신一個身과 일개가一個家와 일개국一個國에 고집하여 한정하지 않는다. 전 우주가 나의 이 한 몸뚱어리인 줄 알아서 건곤택乾坤宅에 앉아 만물과 더불어 함께하여 한가로이 동서東西의 경境을 즐기니 풍뢰화수風雷火水가 서로 운運하고 교통交通하여 변화가 무궁無窮한지라, 이러한 변화무궁無窮 중에 변하지 않는 도道를 배우는 무리가 있음은 곧 자연의 이치다. 만약 어떤 학자가 있어서 능히 통소의 체體가 허虛함을 보고 중허中虛의 도道를 깨치고 체득한다면, 청량淸凉한 감중坎中의 명월明月이 자연히 중허中虛에 합하여 건도乾道와 더불어 천지지간天地之間에 자유자적自由自適함을 얻으리니, 나의 이 한 몸뚱어리와 크게는 이 천지만물이 본래 허虛하고 허虛하여 그 허虛함도 가히 또한 둘 곳이 없는 줄 투철히 꿰뚫어 보아야, 이에 순수한 진양眞陽을 얻어 천지지간天地之間에 그 변용變用을 무궁無窮케 하여 능히 함식含識의 해海를 저버리지 않는다 하리라.

금화삼송金火三頌은 일부一夫선생이 옛 성현聖賢의 시문時文을 들어 8괘의 위位를 시설하신 것이다. 각 시문時文의 구절은 맹자진심상孟子盡心上과 도잠전陶潛傳과 도정절전陶靖節傳과 이태백李太白의 하일산중夏日山中과 두자미杜子美와 장지화張志和의 어부가漁父歌와 구단丘丹의 시문時文 등이니, 그 상세한 맛을 보고자 할진대 마땅히 유가儒家의 제집경서諸集經書를 두루 섭렵할지라.

# 金火四頌금화사송이니라.

금화사송金火四頌은 제4위이니 신臣이 군君으로 향하는 위位다.

신향군위臣向君位는 물물이각구일태극物物而各具一太極이니 겸중지兼中至다.

이것은 만물의 개개箇箇마다 태극太極의 성품이 있어서 겸兼하여 근본의 중中의 성품에 이른다 하여 이르되 "兼中至겸중지"라 한 것이다. 이것은 0,1의 상象이니 만물이 삼합三合하여 오는 상象이다.

**四九二七金火門사구이칠금화문은 古人意思不到處고인의사부도처라**

사구이칠四九二七 금화문金火門은 고인古人의 생각으로써 도달치 못한 곳이라

사구이칠四九二七 금화문金火門을 알면 정역진경正易眞經의 이치를 다했다 하여도 과언이 아닐 것이다. 먼저 사상四象과 팔괘八卦를 인용해 그 수數와 상象을 밝히고, 후에 금화문金火門을 풀어서 일부팔괘一夫八卦의 괘위卦位와 수數를 밝히리라.

먼저 사상四象과 팔괘八卦를 인용해 그 수數와 상象을 밝힌다는 것은,

노양老陽이 양陽과 음陰을 생하니 9건乾 1태兌이며,

노음老陰이 양陽과 음陰을 생하니 6간艮 4곤坤이며,

소음少陰이 음陰과 양陽을 생하니 8진震 2리離이며,

소양少陽이 음陰과 양陽을 생하니 7감坎 3손巽이며,

5는 천天이며 10은 지地다.

〈소양사상팔괘차서素陽四象八卦次序〉

| | | | | |
|---|---|---|---|---|
| 노양老陽⚌ | 생양음生陽陰 | ⇒ | 9건乾☰ | 1태兌☱ |
| 노음老陰⚏ | 생양음生陽陰 | ⇒ | 6간艮☶ | 4곤坤☷ |
| 소음少陰⚎ | 생음양生陰陽 | ⇒ | 8진震☳ | 2리離☲ |
| 소양少陽⚍ | 생음양生陰陽 | ⇒ | 7감坎☵ | 3손巽☴ |
| | | | 5천天☰ | 10지地☷ |

| | | | | | | |
|---|---|---|---|---|---|---|
| 1兌☱ | 2離☲ | 3巽☴ | 4坤☷ | 5天☰ | 四女分 | 理體 |
| 6艮☶ | 7坎☵ | 8震☳ | 9乾☰ | 10地☷ | 四男合 | 氣影 |

이것은 사상四象과 팔괘八卦의 수數와 상象을 밝힌 것이니 곧 소양素陽의 사상팔괘차서四象八卦次序가 생성된 이치이며 연유다.

괘상卦象의 사녀四女는 분리해 가는 상相이

니 1 2 3 4의 리체理體의 위位에 두어서 사방에 넓힘이요, 괘상卦象의 사남四男은 합하여 오는 상相이니 6 7 8 9의 기영氣影의 위位에 두어서 10에 하나가 됨을 법한 것이다.

금화문金火門의 괘위卦位와 수數를 밝힌다는 것은,

소양사상팔괘차서素陽四象八卦次序는 1태兌 2리離 3손巽 4곤坤 5천天 6간艮 7감坎 8진震 9건乾 10지地이니 이것이 정역팔괘正易八卦가 나오게 된 원천源泉이며 연유다.

9건乾과 4곤坤 그리고 2리離와 7감坎은 사방의 정正이며 무대無對 무반無反의 괘卦이므로 서로 그 중中을 취하는 상相이 있다. 이로써,

9건乾이 곤중坤中을 얻음에 9리離가 되고,

4곤坤이 건중乾中을 얻음에 4감坎이 되며,

2리離가 건중乾中을 얻음에 2천天이 되고,

7감坎이 곤중坤中을 얻음에 7지地가 되는 것이다.

이에 9건乾 4곤坤과 2리離 7감坎은 금화문金火門의 인因이며 9리離 4감坎과 2천天 7지地는 금화문金火門의 과果이다. 이것은 9건乾과 2리離가 서로 그 중中을 취하여 9리離와 2천天이 된 것이며, 4곤坤과 7감坎이 서로 중中을 취하여 4감坎과 7지地가 된 것이니 이것이 곧 금화교역金火交易이다.

1태兌와 3손巽 그리고 6간艮과 8진震은 사방의 편偏이며 서로 반反하는 상相이 있어서,

1태兌가 극極하여 반反함에 1손巽이 되고,

3손巽이 극極하여 반反함에 3태兌가 되며,

6간艮이 극極하여 반反함에 6진震이 되고,

8진震이 극極하여 반反함에 8간艮이 되어서,

이에 5천天은 리離에 태兌와 손巽이 궐厥하여 5곤坤이 되며 10지地는 감坎에 간艮과 진震이 명明하여 10건乾이 되는 것이니, 이것을 "厥陰궐음의 厥中之中궐중지중이요 陽明양명의 時中之中시중지중"이라 한다.

이것이 정역팔괘正易八卦의 수數와 상象이 나온 연유다.

**素陽四象八卦次序**

一 二 三 四 六 七 八 九

一六三八極而反 二七四九相交中

一六일육과 三八삼팔은 極극하여 反반함이요

二七이칠과 四九사구는 서로 그 中중을 交교함이다.

**一夫正易八卦次序**

一 二 三 四 六 七 八 九

五 十

이것을 주자설朱子說 등 옛 고인古人의 해설을 인하여 밝혀 논論하건대

고인古人이 이르되 "聖人성인의 河圖하도를 法법 받은 것은 그 中중을 虛허함이요 洛書낙서를 法법 받은 것은 그 實실을 總括총괄함이라 河圖하도의 五오와 十십을 虛허한 것은 太極태극이요 奇數기수 二十이십과 偶數우수 二十이십은 兩儀양의요 一二三四일이삼사로써 六七八九육칠팔구가 된 것은 四象사상이요 사방의 合합을 析석하여 乾坤離坎건곤리감을 하고 四隅사우의 空공을 輔보하여 써 兌震巽艮태진손간을 한 것은 八卦팔괘라" 하시니, 이것은 전적으로 하도河圖를 겸兼하여 복희팔괘伏羲八卦의 상象과 수數를 취하여 설說한 것이다. 여기서 건곤리감乾坤離坎과 태진손간兌震巽艮의 위수位數는 복희팔괘伏羲八卦의 위수位數를 취한 것이니, 이미 4방의 합合을 석析한 즉 분열한 것이라면 각각 1건乾 8곤坤 3리離 6감坎과 2태兌 4진震 9손巽 7간艮이 될 것이다.

소양素陽은 이것을 판론判論하건대,

4방의 합合은 1,6에 건乾과 감坎을 하고, 3,8에 리離와 곤坤을 두며, 4,9에 진震과 손巽을 하고, 2,7에 태兌와 간艮을 해서 석析한 것이라, 이것은 1,6,3,8에 건감리곤乾坎離坤이 서로 중中을 득得한 것이므로 4정正인 남 북 동 서의 정위正位에 두고, 4,9,2,7에 진손태간震巽兌艮은 서로 극極하여 반反한 것이므로 4우四隅인

〈析四方之合 判論〉

| 朱子(次第) | 素陽(四象) | |
|---|---|---|
| 1,6 건乾감坎<br>3,8 리離곤坤<br>4,9 진震손巽<br>2,7 태兌간艮 | 1,9 태兌건乾<br>2,8 리離진震<br>3,7 손巽감坎<br>4,6 곤坤간艮 | 1,6北 태兌간艮<br>2,7南 리離감坎<br>3,8東 손巽진震<br>4,9西 곤坤건乾 |
| 수합數合<br>상비합象非合 | 상수합象數合<br>4927 金火門 四正<br>1683 水木體 四維 | |

동북 서남 동남 서북의 공空에 보충한 것인데, 이러한 배열을 보면 1,6과 3,8의 수數는 합合이되 괘卦의 상象은 합合이 아니니 이것은 차제의 위位로써 관찰한 것이라 그 미진未盡함이 있거니와,

소양素陽은 이것을 사상四象의 위位와 수數로써 관하여 논論함에, 1,9는 태양太陽이라 1태兌 9건乾이요, 2,8은 소음少陰이라 2리離 8진震이요, 3,7은 소양少陽이라 3손巽 7감坎이요, 4,6은 태음太陰이라 4곤坤 6간艮이라 한 것이니, 이에 9,4,2,7은 건곤리감乾坤離坎이요 1,6,8,3은 태간진손兌艮震巽이므로 이것은 괘卦의 상象과 수數가 모두 합合이라, 이것을 4방에 석析하면 1,6북방에 태兌와 간艮이요, 2,7남방에 리離와 감坎이요, 3,8동방에 손巽과 진震이요, 4,9서방에 곤坤과 건乾이니, 이것은 곧 일부팔괘一夫八卦가 생성되는 과정의 근원이 되는 것이다. 또 관하여 논論하건대 건곤리감乾坤離坎의 9,4,2,7금화문金火門을 4정正에 두고 태간진손兌艮震巽의 1,6,8,3 수목체水木體를 4유維에 보충한 것이니, 괘卦의 위位는 복희팔괘伏羲八卦요 수數의 상象은 소양사상팔괘차서素陽四象八卦次序의 수數가 되는 것이다.

소양사상팔괘차서素陽四象八卦次序의 수數가 곧 일부팔괘一夫八卦가 생성되는 과정의 근원이 된다는 것은, 1태兌 6간艮과 3손巽 8진震이 서로 극極하고 반反하여 1태兌는 1손巽이 되며 3손巽은 3태兌가 되며 6간艮은 6진震이 되며 8진震은 8간艮이 되며, 2리離 7감坎과 4곤坤 9건乾은 서로 그 중中을 교交하여 2천天 9리離와 4감坎 7지地가 되며, 10지地와 5천天은 6자子의 운행에 10지地가 그 도道를 이룸에 10건乾이 되고 5천天이 그 덕德을 성成함에 5곤坤이 되어서, 이에 일부팔괘一夫八卦의 수數가 성成하여 발현하는 것이다.

이제 정역팔괘正易八卦의 방위와 위치의 의義를 논論한다.

공부자孔夫子께서 설괘전說卦傳 제3장章에 이르시길 "天地定位천지정위하고 山澤通氣산택통기하며 雷風相薄뇌풍상박하며 水火不相射수화불상사하여 八卦相錯팔괘상착한다" 하시니, 이것은 곧 복희팔괘伏羲八卦의 위位를 나타낸다.

남과 북에 천지天地가 위位를 정定함에 이에 천天과 지地가 상대해 서로 기氣를 통하는 상象이 있어서, 천天이 최초에 지地의 상효上爻를 득得하니 태兌이며 지地가 최초에 천天의 상효上爻를 득得하니 간艮이라 이것은 최초에 서로 기氣를 통한 것이라 이르되 "山澤通

氣산택통기"라 하고, 지地가 천天의 초효初爻를 득得하니 뇌雷이며 천天이 지地의 초효初爻를 득得하니 풍風이라 서로 박薄(逵을 迫)하므로 이르되 "雷風相薄뇌풍상박"이라 하며, 이에 서로 중中을 득得함에 수水와 화火인지라 이것은 중中을 득得한 것이므로 서로 사射하지 않으니 이르되 "水火不相射수화불상사"라고 한 것이다.

이렇듯 팔괘八卦가 상착相錯함에 남방의 구역에 천天이 삼녀三女의 음陰을 취하여 장차 지地를 성하며 북방의 구역에 지地가 삼남三男의 양陽을 취하여 장차 천天을 성함을 밝히시니, 이것은 천天이 지地가 되며 지地가 천天이 되는 과정을 밝힌 것이다. 이것은 정남방의 건乾을 중심으로 하여 좌우에 태兌와 손巽을 두며 정동에 리화離火를 둔 것이니, 이것은 건乾과 리離의 무반지괘無反之卦를 정방正方에 두고 태兌와 손巽의 서로 반反하는 괘卦를 유위維位에 둔 것이다. 또 정북방의 곤坤을 중심으로 하여 우와 좌에 간艮과 진震을 두며 정서에 감수坎水를 둔 것이니, 이것은 곤坤과 감坎의 무반지괘無反之卦를 정방正方에 두고 간艮과 진震의 서로 반하는 괘卦를 유위維位에 둔 것이다. 이로써 팔괘八卦가 서로 착錯하여 64괘를 성成하는 것이다.

이것을 소양素陽은 이렇게 판론判論한다.

"天地定位천지정위하고 山澤通氣산택통기하며 雷風相薄(迫)뇌풍상박하며 水火不相射수화불상사하여 八卦相錯팔괘상착하나니 이에 8卦괘가 相錯상착하여 64卦괘를 成성함에 곧 伏羲八卦복희팔괘의 位위라 이르되 先天之學선천지학이라 한다.

天 澤 風 火

地 山 雷 水

純陽순양 天천이 最初최초에 1陰음을 得득하여 交교하니 澤택이요 極而反극이반하니 風풍이요 그 中중을 得득함에 火화를 生생한다.

純陰순음 地지가 最初최초에 1陽양을 得득하여 交교하니 山산이요 極而反극이반하니 雷뇌요 그 中중을 得득함에 水수를 生생한다.

이것은 交易之易교역지역이다."

공부자孔夫子께서 설괘전說卦傳 제6장章에 이르시길 "水火相逮수화상체하고 雷風不相悖뇌풍불상패하야 山澤通氣然後산택통기연후에야 能變化능변화하여 旣成萬物也기성만물야니라" 하시니, 이것은 곧 일부팔괘一夫八卦의 위位를 나타내신 것이다.

이것은 천지天地가 서로 중中을 득하여 수화水火가 성成하고 이로 인해 만물이 생生하여 감에, 이로부터 수화水火가 서로 체逮하고 뇌雷와 풍風이 서로 패悖하지 않으며 산山과 택澤이 그 기氣를 통하여, 이러한 연후에야 만물이 건곤乾坤에 돌아와 이로부터 능히 변화하여 이윽고 만물을 성成한다 라고 하신 것이다.

이것은 천天이 지地의 중中을 득得함에 곧 화火요 풍風과 택澤의 양음兩陰에 궐厥함에 곧 지地의 과果를 성하며, 지地가 천天의 중中을 득得함에 곧 수水요 뇌雷와 산山의 양양兩陽에 명明함에 곧 천天의 과果를 성함을 밝힌 것이다.

이것은 남방의 구역에 천天이 삼녀三女의 음陰에 극성極成하여 이미 지地가 된 것이며 북방의 구역에 지地가 삼남三男의 양陽에 극성極成하여 이미 천天이 된 것이니, 이것은 천天이 지地가 되고 지地가 천天이 된 결과의 결실을 밝히신 것이다.

이것을 소양素陽은 이렇게 판론判論한다.

"天地천지가 서로 中중을 得득하여 水火수화를 成성하고 이로 因인해 萬物만물이 生생함에 다시 水火相逮수화상체하며 雷風不相悖뇌풍불상패하야 山澤通氣산택통기 然後연후에야 萬物만물이 根源근원의 乾坤건곤에 會회하여 이로부터 能變化능변화하여 旣成萬物기성만물하나니(이윽고 萬物만물을 成성하나니), 곧 一夫八卦일부팔괘의 位위라 이르되 后天之道후천지도라 한다.

火 風 澤 地

水 雷 山 天

天천이 地지의 中중을 得득하니 火화요 風풍과 澤택의 兩陰양음에 厥궐하니 곧 地지의 果과를 成성한다.

地지가 天천의 中중을 得득하니 水수요 雷뇌와 山산의 兩陽양양에 明명하니 곧 天천의 果과를 成성한다.

이것은 變易之易변역지역이다.

上說상설은 天地천지가 位위를 定정함에 그 가운데에 6子자의 運行운행이 이러함을 밝혀서 서로 그 果과를 成성하고 다시 그 果과를 體체로 하여 萬物만물의 動靜동정과 上下左右상하좌우의 運行法則운행법칙을 밝힌 것이니, 6子자의 運行운행은 天地천지가 서로 交교하며 氣기를 通통하는 天地運行천지운행의 妙묘인 것이다.

天천이 最初최초에 地지의 1陰음을 얻으니 兌태요 極而反극이반함에 巽손이며, 地지가 最初최초에 天천의 1陽양을 얻으니 艮간이요 極而反극이반함에 震진이며, 天地천지는 서로 그 中중을 取취하여 火화와 水수를 生생하는지라, 이로써 宇宙우주에 寒熱한열이 서로 交叉교차해 萬物만물을 成성하여 간다.

兌태는 分분의 始시요 相對的상대적 位置위치의 艮간은 合합의 始시이며, 巽손은 分분의 終종이요 相對的상대적 位置위치의 震진은 合합의 終종이며, 離리는 天천이 地지의 中중을 얻은 것이요 坎감은 地지가 天천의 中중을 얻은 것이라, 이곳이 分분하여 가면 저곳은 合합하여 오고 이곳이 中중을 取취하면 저곳도 中중을 取취하나니, 分분과 合합이 同時동시인지라 이렇듯 서로 對稱대칭의 位위를 緣연하여 나아가 그 運行운행의 妙묘를 밝힌 것이다.

山澤通氣산택통기 雷風相薄뇌풍상박 水火不相射수화불상사는 天地천지가 水火수화를 生생함이다.

水火相逮수화상체 雷風不相悖뇌풍불상패 山澤通氣산택통기는 萬物만물이 이러한 過程과정을 지나 根源근원에 會회한 然後연후에야 드디어 能능히 變化변화하여 이윽고 萬物만물이 모두 成성하며 畢필함을 나타낸 것이니, 既成萬物기성만물은 곧 萬物만물의 定位정위다.

交易교역이란 것은 陰음과 陽양이 서로 그 位위를 交교함이요, 變易변역이란 것은 離리에 陰음의 極始극시와 極終극종인 兌巽태손의 兩陰양음이 厥궐하여 坤곤이 되고 坎감에 陽양의 極始극시와 極終극종인 艮震간진의 兩陽양양이 明명하여 乾건이 됨을 말한다."

이것을 모두 요약하면 천지天地가 위位를 정定함에 드디어 6자子가 운행하고, 6자子가 운행하여 수화水火가 생성되며, 수화水火가 생성됨에 수화水火가 상체相逮해 다시 6자子가 운행하여 천지天地를 성하고, 천지天地가 성함에 만물이 다 성하여 마침이 되며, 만물이 이윽고 다 성함에 다시 1양陽이 간艮에서 생하여 비로소 생생生生의 기氣인 도道가 시작되고, 1음陰이 태兌에서 소消하여 비로소 다시 운행해 소멸의 분상分相인 덕德이 행한다는 것이다.

만물의 성위成位인 천지天地를 북北과 남南의 정위正位에 두고 만물도덕萬物道德의 시작인 간艮과 태兌를 정동正東 정서正西에 두며, 이로써 간艮은 동북東北의 감坎을 지나 서북西北의 진震에 이르러 순양純陽의 건乾에 귀歸하여 그 도道를 이루며 태兌는 서남西南의 리離를 지나 동남東南의 손巽에 이르러 순음純陰의 곤坤에 귀歸하여 그 덕德을 이룸에, 천지일월天地日月과 사람의 행도行道가 앞으로 이렇게 운행되어 갈 것임을 밝힌 것이니 이것이 일부팔괘一夫八卦의 위位인 것이다.

이것으로 일부팔괘一夫八卦의 나온 연유와 그 위位를 밝힘은 마치다.

**我爲主人次第開아위주인차제개하니 一六三八일육삼팔이 左右分列좌우분열함에 古今天地고금천지가 一大壯觀일대장관이요 今古日月금고일월이 第一奇觀제일기관이로다.**

내가 주인主人되어 차제次第로 개開하니 일육삼팔一六三八이 좌우左右에 분分하고 열列함에 고금古今 천지天地가 일대장관一大壯觀이요 금고일월今古日月이 제일기관第一奇觀이로다.

주인主人은 주관적 관찰자이다.

고금古今 이래로 금화문金火門을 능히 밝힌 자가 없어서 이제 내가 관찰자의 주인이 되어 차제로 밝힌다고 하는 것이다. 천지天地가 주관적 관찰자인 사람이 아니면 빈껍데기에 불과할 것이니 아위주인我爲主人이라 하고, 주관적 관찰자의 상相인 황극皇極의 원元이 능히 천지天地를 관貫하여 천지天地의 수數를 합合하고 분分하여 감을 주관하는 고로 이르되 "次第開차제개"라 한다.

고금古今의 고古는 이로二老이며 금今은 이소二少다. 소양사상古팔괘차서素陽四象八卦次序에 이노二老는 1태兌 6간艮이며 9건乾 4곤坤이다. 고古의 이노二老인 9건乾 4곤坤부터 온 1태兌와 6간艮이 극極하고 반反하여 지금의 이소二少인 1손巽과 6진震을 생生함에, 이것을 "古今天地고금천지 一大壯觀일대장관"이라 하고, 이소二少는

**〈고금천지古今天地 금고일월今古日月〉**

고古 : 이로二老 1태兌6간艮 9건乾4곤坤
금今 : 이소二少 3손巽8진震 7감坎2리離

- 고금천지古今天地 일대장관一大壯觀
  9건乾4곤坤 ⇒ 1태兌6간艮 ⇒ 1손巽6진震
  (古二老) (極而反) (今二少)
- 금고일월今古日月 제일기관第一奇觀
  7감坎2리離 ⇒ 3손巽8진震 ⇒ 3태兌8간艮
  (今二少) (極而反) (古二老)

3손巽과 8진震이며 7감坎과 2리離이니 금今의 이소二少인 7감坎 2리離로부터 온 3손巽과 8진震이 극極하고 반反하여 고古의 이노二老인 3태兌와 8간艮을 성成함에, 이것을 "今古日月금고일월 第一奇觀제일기관"이라 한다.

**歌頌七月章一篇가송칠월장일편하고 景慕周公聖德경모주공성덕하노니 於好오호라 夫子之不言부자지불언이 是今日시금일이로다.**

칠월장七月章 일편一篇을 가송歌頌하고 주공周公의 성덕聖德을 경모景慕하노니 오호於好라 부자夫子의 불언不言하심이 바로 오늘이로다.

칠월장七月章은 시경詩經 빈풍豳風의 7월이니 주공周公의 지으신 바다. 본래 조카인 어린 성왕成王을 위하여 백성의 일상과 어려움을 알게 하고자 지은 것이니, 그 시문時文에 가송歌頌하되 "七月流火칠월류화 九月授衣구월수의 一之日觱發일지일필발 二之日栗烈이지일율열 無依無褐무의무갈 何以卒歲하이졸세 三之日于耜삼지일우사 四之日擧趾사지일거지 同我婦子동아부자 饁彼南畝엽피남무 田畯至喜전준지희…"라 하시니, 의역하면 7월에 더위가고 9월에 옷을 짓네. 11월에 바람 불고, 12월에 추위 오니, 옷과 베 없으면, 어찌 겨울 지나리. 정월이면 보습 손질, 2월에는 밭을 가니, 며느리 애 데리고 들 점심 가져가면, 전준도 기뻐하네…

빈풍豳風의 7월장七月章에 개개의 문구가 비록 많으나 일부一夫께서는 이 시문時文을 인용해 주공周公의 성덕聖德을 기림과 동시에, 7화火와 9금金의 교역交易을 밝혀 천지天地가 정립正立하며 일월日月이 정행正行하여 주공周公의 성덕세월聖德歲月과 같음을 경모景慕해 이렇듯 7월장七月章을 가송歌頌하신 것이다.

그 뜻이 7화火가 4서西에 흐르고 9금金이 2천天에 입入하여 천지天地의 계절이 역易하는 이치를 밝히신 것이니, 이것은 7 8 9와 4 3 2에 건도乾道를 성하고 9 8 7과 2 3 4에 곤덕坤德을 성하여 드디어 건곤천지乾坤天地가 정正하고 일월日月이 명明함에 이것을 주공周公의 성덕세월聖德歲月에 비유해 밝히시니, 곧 금일今日에 당當한지라 공부자孔夫子께서 말씀 안하신 날이 바로 오늘이라는 것을 관하시고 읊으신 것이다.

물物을 직시直視 직관直觀하여 생각에 삿됨이 없음을 사무사思無邪라 하고 이것을 시詩라고 한다. 일부一夫께서 이러한 시문時文을 인용하신 것은 그 말이 참되어 거짓과 망녕妄寧됨이 없음을 그 의중에 두신 것이다.

## 金火五頌금화오송이니라.

금화오송金火五頌은 제5위이니 군신합도君臣合道의 위位다.

군신합도君臣合道는 체용미분體用未分이니 겸중도兼中到이다.

양陽은 1상이요 음陰은 0상이다.

군신합도君臣合道라는 것은 1즉卽0이요 0즉卽1이라 1상과 0상이 동시에 겸兼하여 존재한다는 것이니, 이러한 상象을 중中이라 하여 겸兼하여 중中에 도달했다 해서 이르되 "兼中到겸중도"라 한 것이다.

1상에 0이 붙지 않음을 순수한 절대성 1이라 하고 0상에 1이 붙지 않음을 순수한 절대성 0이라고 하나니 이것을 "體用未分체용미분"이라 하고, 이러한 1상과 0상은 순수한 절대성이라는 성품에서 같은 것이므로 이 또한 "兼中到겸중도"라 하는 것이다.

이것은 주主와 객客이 분리되지 않은 우주와 내가 한 몸뚱어리라는 의미다.

**嗚呼오호라 金火互易금화호역은 不易正易불역정역이니 晦朔弦望회삭현망 進退屈伸진퇴굴신 律呂度數율려도수와 造化功用立조화공용립이라 聖人所不言성인소불언이시니 豈一夫敢言기일부감언이리오마는 時시요 命명이시니라.**

오호嗚呼라 금화호역金火互易은 불역不易의 정역正易이니 회삭현망晦朔弦望과 진퇴굴신進退屈伸과 율려도수律呂度數와 조화공용造化功用이 립立한 것이라 성인聖人의 불언不言하신 바니 어찌 감히 일부一夫가 언言하리오마는 시時요 명命이시니라.

불역정역不易正易은 동정動靜과 변화의 전소식前消息을 말함이니 곧 체용미분體用未分의 시時다. 비록 흑백黑白이 미분未分이나 동정변화動靜變化의 형形이 이미 그중에 모두 다 갖추어 있음이라, 우주의 회삭현망晦朔弦望 진퇴굴신進退屈伸 율려도수律呂度數 등등의 모든 조화공용造化功用이 이미 다 성成하여 있고 다 입立하여 있는 것이다. 탄허呑虛 대종사大宗師께서 이르시길 "鷄子계자가 未化미화했을 때에 羽毛우모와 皮骨피골의 理리가 이미 다 갖추어 있으되 가히 形相형상으로써 論논하지 못하며 가히 思慮사려로써 會회하지 못한다." 하시니, 어찌 성인聖人이 언言으로써 하랴. 일부선생一夫先生 또한 언言으로써 할 수 없음이로되 다만 금일今日의 시時가 이미 극極하여 천지天地가 정위正位하여야 할 시時요, 일부선생一夫先生이 능能히 이것을 밝힘이 되는 고로 이르되 "命명"이라 한다.

이것으로 금화송金火頌을 마친다.

**嗚呼오호라 日月之德일월지덕이여 天地之分천지지분이니 分積十五刻분적십오각이요 刻積八時각적팔시요 時積十二日시적십이일이요 日積三十月일적삼십월이요 月積十二期월적십이기이니라.**

오호라 일월日月의 덕德이여 천지天地의 분分이니 15를 적積하면 각刻이요 각刻을 8을 적積하면 시時요 시時를 12를 적積하면 일日이요 일日을 30을 적積하면 월月이요 월月을 12를 적積하면 기期이니라.

1상의 시時의 개념인 천天이 0상의 공간의 개념인 지地에 분절되어 나누어짐을 천지天地의 분分이라 하고, 이에 천天이 지地의 중中을 득得함을 리일離日이라 하며 지地가 천天의 중中을 득得함을 감월坎月이라 하고, 이로부터 일日과 월月이 천지天地에 운행하여 계속해 분열해 가서 만물을 생하며 기르며 윤택하게 함을 이르되 "日月일월의 德덕"이라 한다. 이렇듯 일월日月의 덕德은 천지天地의 분分으로부터 온 것이므로 이르되 "日月일월의 德덕이여 天地천지의 分분이라"라고 하신 것이다.

천지天地의 분分은 천지天地가 위位를 정(天地定位)함이요 일월日月의 덕德은 수화水火가 상체(水火相逮)한 것이다.

리일離日은 손巽과 태兌의 음陰에 궐厥하여 5곤坤을 성하며 감월坎月은 진震과 간艮의 양陽에 명明하여 10건乾을 성함이니, 5곤坤과 10건乾은 중궁중위中宮中位에서 하나가 된 일념一念의 한번 꺼졌다 일어났다 하는 일멸일기一滅一起의 상相이라, 이것은 곧 세世의 시時와 공간방위의 근원이 되므로 이로써 15분을 시간의 근원으로 삼은 것이다.

일원一圓 일세一世의 주기週期를 분分과 각刻과 시時와 일日과 월月과 기期에 분열해 배열한 것은, 시時의 개념은 다만 1선線일 뿐이니 1선線상의 내에는 곧 1 2 3의 의義가 이미 갖추어 있어서 합함에 6위位의 의義가 나타나고, 또 6은 1선線이 5공간에 분절된 상相이므로 이 또한 6위位의 시간의 의義가 있어서, 이러한 상相을 취하여 이르되 "六位時成육위시성"이라 하여 시간의 개념인 일세一世의 주기週期를 이렇게 배열한 것이다.

근본의 체體가 1 2 3 4에 분열하여 4방의 체體를 세우고 중中5에 돌아옴을 "理體리체"라 하고, 4방에 6 7 8 9의 영影을 생하여 9세世의 기氣를 발하며 극極하여 중中10에 돌아옴을 "氣影기영"이라고 한다.

5는 4방에 분열된 공간의 극위極位이며 10은 9세世의 극위極位인 현재의 현재이니, 이로써 시공時空의 극極을 합한 15분으로 1각刻을 삼아 시時의 원천으로 삼는다. 이러한 최초 시간의 개념이 8방에 흘러 8각刻을 1시時로 삼고, 이러한 1시時가 천天6효와 지地6효에 흘러 1일을 성하니 이에 12시로써 1일을 삼는다. 천天6효는 모두 양효陽爻이니 각각 3을 써서 6위位에 승乘하여 18이 되고, 지地6효는 모두 음효陰爻이니 각각 2를 써서 6위位에 승乘하여 12가 되어서, 모두 합하면 30이라 이것으로 30일을 1월로 삼는다. 이로써 우주의 일어나고 꺼지는 상수常數는 12와 30이며, 이에 월月을 천지天地 12효爻에 적積하여 일원一圓의 일주기인 360을 1기期로 삼는 것이다.

**期生月기생월하고 月生日월생일하며 日生時일생시하고 時生刻시생각하며 刻生分각생분하고 分生空분생공하니 空无位공무위이니라.**

기期는 월月을 생하고 월月은 일日을 생하며 일日은 시時를 생하고 시時는 각刻을 생하며 각刻은 분分을 생하고 분分은 공空을 생하니 공空은 무위无位이니라.

이것은 6위에 시時가 성함에 이것을 법하여 일원일세一圓一世의 기朞를 6위에 배열한 것이다.

기期는 12월을 생하고, 월月은 30일을 생하며, 일日은 12시를 생하고, 시時는 8각을 생하며, 각刻은 15분을 생하고 분分은 공空을 생한다는 것이니, 10과 5의 체體는 무위无位의 공空의 체體가 된다는 것이다. 10건乾의 체體는 1상에 0이 붙지 않은 순수한 1상이며 5곤坤의 체體는 0상에 1이 붙지 않은 순수한 0상이므로, 그 상대적 상相이 끊어진 위位가 없는 무무위無無位의 절대성 1상과 0상인 것이니, 이로써 "空无位공무위"라 한 것이다.

이것을 역逆으로 관찰하건대 6위位의 시時는 무위无位의 공空부터 나온 것이라 이렇듯 6위位의 시時가 무위无位의 공空부터 나온 것이라면 6위位의 시時가 모두 허영虛影인 헛 그림자에 불과할 것이니, 그렇다면 무위无位의 공空이란 과연 무엇이냐? 소양素陽은 이르되 "山前無影青松산전무영청송이니라."

시時가 공간상에 분열하고 확장하여 감에 일정한 법칙이 있으니, 이것을 간단히 소자召子의 일원소장지수一元消長之數와 경세천지시종지수經世天地始終之數를 인용하여 학인學人의 이해를 도모해 쉽게 들어갈 수 있도록 한다.

우주는 생하면 멸하고 멸하면 다시 생한다. 한번 일어나는 일기一起의 상相을 건양乾陽이라 하고 한번 꺼지는 일멸一滅의 상相을 곤음坤陰이라 하나니, 이러한 상相을 공부자孔夫子께서는 일음일양지위도一陰一陽之謂道라 하였다. 여기서의 도道는 한번 꺼졌다 일어났다 하는 길을 의미하는 것이니, 곧 굴신지도屈伸之道와 같은 의意다.

건위천乾爲天괘의 효爻가 6이요 곤위지坤爲地괘의 효爻가 6이니 곧 12월과 12시의 위位와 상象을 법한다. 수數로써 하면 천天괘의 양효陽爻가 18이요 지地괘의 음효陰爻가 12라 합하여 30일을 법한다. 이로써 우주의 일어났다 꺼졌다 하는 상象의 수數는 12와 30으로써 상수常數를 삼는다. 이로써,

원元은 1이니 1년을 상象하여 건乾이 법하고,

회會는 12이니 12월을 상象하여 쾌夬가 법하고,

운運은 360이니 30일을 상象하여 대유大有가 법하고,

세世는 4320이니 12시를 상象하여 대장大壯이 법하여,

이렇듯 12와 30에 계속해 승乘하여 나아가 팔지팔八之八에 도달하면 그 수數가 313,456,656,384,000,000에 이르게 되어 우주는 여기에 마치고 다시 시작된다. 이렇듯 소자召子가 비록 경세천지시종지수經世天地始終之數에 1건一乾으로부터 8곤八坤까지 원회운세세월일신元會運世歲月日辰에 배열하여 연월일시年月日時를 법法한 1년, 12월, 30일, 12시의 승乘함을 써서 일지일一之一로부터 팔지팔八之八까지의 수數를 헤아림이 있으나, 실로 팔지팔八之八은 그 수數가 무량하여 가히 헤아릴 수가 없는 것이니 이것은 6효의 64괘로써 우주 전체의 궤범軌範을 삼은 것이다.

8이 8에 승乘한 64괘는 단수화單數化함에 10이면서 1이며 소자召子의 팔지팔八之八 수인 313,456,656,384,000,000는 단수화單數化함에 9의 허수虛數일 뿐이므로, 일체 무한의 수數는 허수虛數인지라 일체 우주 만물의 상相은 모두 허상虛像인 것이다. 이렇게 볼 것 같으면 우주는 오직 일지일一之一일 뿐이니 이러한 일지일一之一의 상相은 아직 0이라는 상대

〈邵康節 經世天地始終之數〉

| | 一 | 二 | 三 | 四 | 五 | 六 | 七 | 八 |
|---|---|---|---|---|---|---|---|---|
| 一 | 1 | 12 | 360 | 4,320 | 129,600 | 1,555,200 | 46,656,000 | 559,872,000 |
| 二 | 12 | 144 | 4,320 | 51,840 | 1,555,200 | 18,662,400 | 559,872,000 | 6,718,464,000 |
| 三 | 360 | 4,320 | 129,600 | 1,555,200 | 46,656,000 | 559,872,000 | 16,796,160,000 | 201,553,920,000 |
| 四 | 4,320 | 51,840 | 1,555,200 | 18,662,400 | 559,872,000 | 6,718,464,000 | 201,553,920,000 | 2,418,647,040,000 |
| 五 | 129,600 | 1,555,200 | 46,656,000 | 559,872,000 | 16,796,160,000 | 201,553,920,000 | 6,046,617,600,000 | 72,559,411,200,000 |
| 六 | 1,555,200 | 18,662,400 | 559,872,000 | 6,718,464,000 | 201,553,920,000 | 2,418,647,040,000 | 72,559,411,200,000 | 870,712,934,400,000 |
| 七 | 46,656,000 | 559,872,000 | 16,796,160,000 | 201,553,920,000 | 6,046,617,600,000 | 72,559,411,200,000 | 2,176,782,336,000,000 | 26,121,388,032,000,000 |
| 八 | 559,872,000 | 6,718,464,000 | 201,553,920,000 | 2,418,647,040,000 | 72,559,411,200,000 | 870,712,934,400,000 | 26,121,388,032,000,000 | 313,456,656,384,000,000 |

적 상相이 붙어있지 않은 절대성이라, 그러나 이로 인해 분열해 가서 허수虛數인 9의 0상을 이루며 극極하여 다시 최초의 1과 합해서 10에 1을 이루니, 이로써 1상과 0상은 서로 다르지 않아서 1이 곧 0이요 0이 곧 1이로되, 그러나 0은 0이요 1은 1이라는 개념의 상象을 달함에 이것이 곧 우주의 근본성인 것이다.

그러므로 1기期 1원상圓相의 무한수는 그 근본이 분생공分生空의 위位가 되어서 공空의 상象은 그 위位가 없는 상象이라, 이것으로 뿌리를 삼으니 일체가 허망하여 일체 분별 시비가 끊어진 공상空相일 뿐이라는 것이다. 그 법상이 이러한 고로 탄허呑虛 대종사大宗師께서도 항상 이르시길 "나와 우주는 본래 나온 구멍이 없다"고 누누이 말씀하신 것이다.

**帝堯之期제요지기는 三百有六旬有六日삼백유육순유육일이니라.**

**帝舜之期제순지기는 三百六十五度四分度之一삼백육십오도사분도지일이니라.**

**一夫之期일부지기는 三百七十五度삼백칠십오도이니 十五尊空십오존공하면 正吾夫子之期정오부자지기인 當期三百六十日당기삼백육십일이니라.**

제요帝堯의 기期는 366일이니라.

제순帝舜의 기期는 365도 4분도지1이니라.

일부지기一夫之期는 375도이니 15를 존공尊空하면 정正히 우리 부자夫子의 기期인 360일의 기期에 당當함이니라.

무위戊位의 순수한 1상의 건체乾體는 2 4 8 16 32에 분分하여 32도의 위位에 순수한 0상의 곤체坤體를 성하니 천지天地의 분分이요, 기위己位의 순수한 0상의 곤체坤體는 32 16 8 4 1에 합하여 61도의 위位에 순수한 1상의 건체乾體를 성하니 지천地天의 합合이라 한다.

태음太陰은 5위位공간의 수數를 법하여 제5위에 2 4 6 8 10의 공간 분열의 수數를 합해 30도의 수數를 성하며, 태양太陽은 6위位시간의 수數를 법하여 제6위에 1 3 5 7 9 11의 시간 합도의 수數를 합해 36도의 수數를 성하니, 이에 사상四象의 온전한 체위도수體位度數는 159가 되어서 일원추연수一元推衍數 216과 합하여 일부지기一夫之朞 375도에 완전한 일원상一圓相의 1기期의 도수度數를 이룬다. 고로 375도는 일월성신日月星辰의 우주본연의 행도수行度數이다.

이에 제요帝堯가 일월성신日月星辰 우주본연의 행도수行度數가 이러함을 관하시고 그 시대의 시時에 순응하여 일원一圓의 1기一朞를 세우시니, 6자子는 9양陽과 9음陰이라 양陽과 음陰의 27과 18에 9도의 차差가 공허空虛하며 또 건태리손乾兌離巽이 태리손곤兌離巽坤을 성함에 이로써 건乾9의 체體가 귀공歸空되어 허虛함을 관하시고, 375도에 건乾9를 허虛해서 366도에 일기一朞를 세우시니, 이것이 곧 "帝堯제요의 朞기"인 것이다. 이것은 천지天地의 분分을 법法한 것이라 이르되 "偏照편조"라 한다.

후에 제순帝舜이 이에 한 걸음 더 나아가 1일의 시時에도 이러한 법을 적용하시니, 1일은 4방에 12시이므로 각각의 방方이 수數의 3시時를 갖춘 것이라 이곳에 또한 건乾9의 9시時를 虛하면 1일日에 4분도分度의 3시時가 허虛하여 자연 4분도分度의 1시時만 남을새, 제순帝舜이 이를 법法하여 365도 4분도지1四分度之一로 일기一朞를 세우시니 곧 "帝舜제순의 朞기"인 것이다.

**〈一夫之朞〉**

帝堯之朞 366=375−9(27−18, 乾9)
帝舜之朞 365.1/4=366−9時(乾9)
夫子之朞 360=375−15(乾9坤6)
堯舜 : 厥中之中(分)
孔子 : 時中之中(合)
一夫 : 分合双具

금일今日에 이르러 일부一夫가 능히 건乾이 태리손곤兌離巽坤에 운행하여 곤덕坤德을 이룸에 건乾이 존공尊空되고 곤坤이 간감진건艮坎震乾에 운행하여 건도乾道를 이룸에 곤坤이 존공尊空되어 최초의 건乾9와 곤坤

6이 자연 귀공歸空됨을 관하시고, 이를 법法하여 375도에 15도를 존공尊空하여 360도로 일기一朞를 세우시니, 곧 공부자孔夫子의 기朞인 360도와 같은 "一夫일부의 朞기"인 것이다. 이것은 지천地天의 합도合道를 법法한 것이라 이르되 "雙照쌍조"라 한다.

이것을 관하건대 요堯임금과 순舜임금의 기朞는 천지天地의 분分을 법法한 상象이라 궐중지중厥中之中이라 할 수 있고, 공부자孔夫子의 기朞는 지천地天의 합도合道를 법法한 상象이라 시중지중時中之中이라 할 수 있는데, 일부一夫의 기朞는 이 둘을 함께 갖춘 기朞라는 것을 알 수가 있다.

궐중지중厥中之中이라는 것은 리離에 태兌와 손巽의 양음兩陰이 궐厥한 것이니 곧 곤坤이며, 시중지중時中之中은 감坎에 간艮과 진震의 양양兩陽이 명明한 것이니 곧 건乾이라, 궐중지중厥中之中은 천天이 지地가 된 것이며 시중지중時中之中은 지地가 천天이 된 것이다. 일부一夫의 기朞가 6자子의 용用에 지덕地德과 천도天道를 다 이루는지라 이로써 일부一夫의 기朞는 요순堯舜의 궐중지중厥中之中과 공부자孔夫子의 시중지중時中之中을 모두 함께 갖추어 나타난 기朞라고 한 것이다.

괘효卦爻의 수數로써 관하건대,

〈卦爻數〉

| | |
|---|---|
| 伏羲氏 = 60 | |
| 곤간감진坤艮坎震 | 9陰3陽=18+9=27 |
| 건태리손乾兌離巽 | 9陽3陰=27+6=33 |
| 文王 = 45 (9陽9陰=27+18=45) | |
| 간감진艮坎震 | 3陽6陰=9+12=21 |
| 태리손兌離巽 | 3陰6陽=6+18=24 |
| 一夫 = 60 | |
| 간감진건艮坎震乾 | 6陽6陰=18+12=30 |
| 태리손곤兌離巽坤 | 6陰6陽=12+18=30 |

순수한 0상의 곤坤이 간감진艮坎震에 운행하여 아직 순수한 1상의 건乾에 도달치 못함에 다만 곤간감진坤艮坎震의 9음陰3양陽에 머문 것이므로, 이것은 9음陰인 18과 3양陽인 9인지라 18+9=27하여 수數의 27을 얻는다.

순수한 1상의 건乾이 태리손兌離巽에 운행하여 아직 순수한 0상의 곤坤에 도달치 못함에 다만 건태리손乾兌離巽의 9양陽3음陰에 머문 것이므로, 이것은 9양陽인 27과 3음陰인 6인지라 27+6=33하여 수數의 33을 얻으니 이것은 복희씨伏羲氏의 수數다.

간감진艮坎震은 3양陽6음陰이므로 9+12=21이며,

태리손兌離巽은 3음陰6양陽이므로 6+18=24이니 이것은 문왕文王의 수數다.

간감진艮坎震은 성도成道 후에는 간감진건艮坎震乾의 6양陽6음陰이므로 18+12=30이며,

태리손兌離巽은 성도成道 후에는 태리손곤兌離巽坤의 6음陰6양陽이므로 12+18=30이니 이것은 일부一夫의 수數가 된다.

합合하면 복희씨伏羲氏의 수數와 같은 60수數로되, 복희씨伏羲氏60수數인 성도成道 전前의 선천先天에는 양陽과 음陰에 서로 태과太過와 불급不及이 발생하고, 일부一夫60수數인 성도成道 후後의 후천后天에는 음양陰陽이 평平하여 역易이 정正한다.

이것을 요약하면 9음陰3양陽과 9양陽3음陰은 복희씨伏羲氏의 수數이며, 9양陽9음陰은 문왕文王의 수數이며, 6양陽6음陰은 일부一夫의 수數이다. 문왕文王의 수數는 오직 6자子이니, 6자子는 9양陽과 9음陰이라 27과 18이므로 3남男에 21이요 3녀女에 24이니 합하여 45수數에 그치는 것이다.

五度而月魂生申오도이월혼생신하니 初三日초삼일이요

月弦上亥월현상해하니 初八日초팔일이요

月魄成午월백성오하니 十五日望십오일망이라 先天선천이니라.

月分于戌월분우술하니 十六日십육일이요

月弦下巳월현하사하니 二十三日이십삼일이요

月窟于辰월굴우신하니 二十八日이십팔일이요

月復于子월복우자하니 三十日晦삼십일회라 后天후천이니라.

5도度에서 월혼月魂이 신申을 생하니 초3일이요

월月이 해亥에서 현상弦上하니 초8일이요

월백月魄이 오午를 성하니 15일에 망望이라 선천이니라.

월月이 술戌에서 분分하니 16일이요

월月이 사巳에서 현하弦下하니 23일이요

월月이 진辰에서 굴窟하니 28일이요

월月이 자子에서 복復하니 30일에 그믐이라 후천이니라.

양효陽爻는 수數의 3을 용用하고 음효陰爻는 수數의 2를 용用한다.

천부天父의 건乾은 3양陽이니 수數의 9이다.

지모地母의 곤坤은 3음陰이니 수數의 6이다.

간감진艮坎震의 3남男괘는 각각 2음陰 1양陽이니 4와 3에 합하면 7이며 모두 합하면 21이다.

태리손兌離巽의 3녀女괘는 각각 2양陽 1음陰이니 6과 2에 합하면 8이며 모두 합하면 24이다.

건책수乾策數는 216이요 곤책수坤策數는 144이며 인책수人策數는 300이니, 천지인天地人의 수數를 모두 합하면 660이라 이것을 삼재책수三才策數라 한다.

예부터 지금까지는 건곤책수乾坤策數만 취하여 용用하였거니와, 금일今日에 이르러 일부팔괘一夫八卦의 인人의 수數가 나타남에 천지인天地人이 하나가 된 수數를 모두 용用함이니 이에 660은 우주의 근본용수根本用數가 된다.

**〈先天月 閏度數〉**

항성월恒星月
660÷24(3女卦) = 27.5
삭망월朔望月 윤중閏中
660÷21(3男卦) = 31.428
(27.5+31.428)/2 = 29.5
태양력太陽曆(☷) 365.136
=377.136* − 12(純陰6爻)
*31.428×12=377.136

선천월先天月이라는 것은 지금의 항성월恒星月과 삭망월朔望月이다. 이것은 건乾과 곤坤을 체體로 하여 3남男·3녀女괘를 용用한 것인데 3녀女괘를 주관하여 용用하여 가면, 이것은 삼재책수三才策數 660을 24에 분分하여 가는 것이라 27.5도의 수數를 얻으니 곧 항성월恒星月을 법法한다. 3남男괘를 주관하여 용用하여 가면, 이것은 660을 21에 분分하여 가는 것이라 31.428...도의 수數를 얻으니 지금의 역수曆數는 이러한 27.5도와 31.428의 중中을 잡아서 약 29.5도를 해서 삭망월朔望月을 법法한 것이다. 중中을 잡는다는 것은 3남男·3녀女괘의 중中은 일日과 월月이니 이것은 천지天地가 아닌 감월坎月과 리일離日로써 중中을 잡은 것이라, 중中은 중中이되 편중偏中이니 고로 윤중閏中이 되는 것이다.

지금의 역曆은 주로 태양력太陽曆를 쓰는데 태양력太陽曆은 순음純陰을 체體로 해 3남男괘를 용用하여 순양純陽을 성한 것이므로 이로써 3남男괘를 주관하여 나타난 31.428을 12월에 승乘하면 377.136이 되고, 이것은 순음純陰을 체體로 해 3남男괘를 용用하여 순양純陽을 이룬 것이라 순음純陰의 체體는 자연히 숨나니 이에 순음純陰6효爻의 12수數를 허虛

해 365.136도의 수數를 쓰는 것이다.

〈四方五正〉

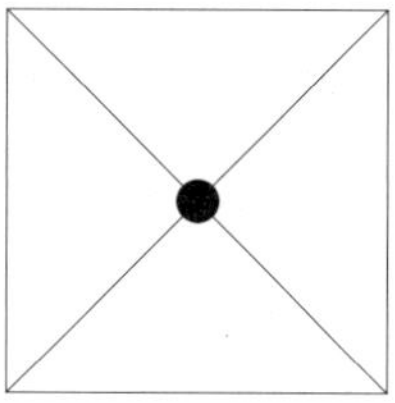

4방 둘레의 중中은 비어 있는 상象임과 동시에 4방이 대칭적으로 교차된 점點의 상象도 되는 것이니, 이것은 곧 0상임과 동시에 1상임을 나타낸다. 고로 4방의 중中은 제5위位임과 동시에 4방을 함含하여 합合한 10수數도 되는 것이다.

4방을 그려 중中1점點을 찍어서 4방을 대칭으로 이으면 마치 피라미드의 모형이 되는데 피라미드의 한 면은 3각의 모양이라, 이러한 3각의 모양이 4방에 4개이니 곧 12시와 12월을 법하며 이것으로 도수度數를 정하여 4방 90도의 각角을 모두 합한 360도와 더불어 1기朞의 정도수正度數를 삼음이 된다.

다시 4방을 1원一圓의 상象으로써 관하면 이것은 2경經의 축軸에 7위緯의 기氣가 운행하여 다시 2경經의 축軸에 합하는 상相이라, 이로써 1원一圓의 둘레는 1,9가 되어서 한 면의 3이 9에 승乘하는 상相이 있으니 이렇듯 승乘하여 27로써 삭朔(초하루)을 삼음은 곧 선천의 주기요 월月의 공전주기인 것이다.

방方을 용用하여 360을 12에 분分하면 30도에 정도수正度數를 얻고, 이렇듯 원圓을 용用하여 360을 27에 분分하면 13.333...이라는 여분의 수數가 되어서 윤도수閏度數를 얻게 되는 것이다.

또 월月은 3녀女괘의 상相이니 660을 3녀女괘의 합수 24에 분分하면 정확히는 27.5이므로 27도에 마치고 27.5도에 삭朔이 되는 것이다.

27을 4방에 승乘하면 108이요 27.5를 4방에 승乘하면 110이 되어서 서로 2도의 차差가 있게 되고 360을 108에 분分하면 3.333...의 윤閏이 항상 발생하게 되는데, 4방은 1,7의 중中이라 이로써 7의 위도緯度에 3.333...을 승乘하면 23.331도에 지축地軸이 기울어져 경위傾危하는 것이다.

선천은 아직 건곤천지乾坤天地가 미성숙하여 순수한 1상인 도道와 순수한 0상인 덕德에 도달치 못함이라, 이로써 천지天地가 경위傾危하고 윤閏이 발생하는 것이다. 이것을 수數로써 계산하면 태리손兌離巽은 3음陰6양陽이니 24이며 간감진艮坎震은 3양陽6음陰이니 21이라, 모두 합하면 45수數 낙서洛書의 수數이다. 이러한 24를 660에 배열하면 660÷

24=27.5도인데 이것은 27도에 종終하고 0.5도에 삭朔을 삼은 것이라, 곧 항성월恒星月의 도수度數가 된다. 다시 21에 분分하면 660÷21=31.4285...도가 되므로 월月의 삭망朔望은 27.5도와 31.4285의 사이에서 수數하여 약 29.5도가 되는 것이다.

29.5도는 27.5도와 약 2도의 차差가 있어서 28수宿가 이를 법하여 운행하며 또 31.42-27.5=3.92이니 약 4도의 차差가 있어서 이에 항각이수亢角二宿를 존공尊空하는 것이다.

〈先天月 閏度數〉

항성월恒星月
660÷24(3女卦) = 27.5
삭망월朔望月 윤중閏中
660÷21(3男卦) = 31.428
(27.5+31.428)/2 = 29.5

천지天地의 축軸이 기울어져 경위傾危함은,

660을 3녀女에 분分한 수數 27.5와 660을 3남男에 분分한 수數 31.42를 합함에 58.92가 되고, 이것을 태음太陰의 행상인 태리손곤兌離巽坤에 순수한 0상의 덕德을 이룬 도수度數 30과 태양太陽의 행상인 간감진건艮坎震乾에 순수한 1상의 도道를 이룬 도수度數 30을 합한 무무위无无位 60수數에 허虛하면 60-58.92=1.08의 수數를 얻어서, 다시 1.08을 3남男의 합수合數 21에 승乘하면 22.68도가 되고 1.08을 3녀女의 합수合數 24에 승乘하면 25.92도가 되어서, 지축地軸은 22.68도와 25.92도의 사이에서 진동하여 기울어져 경위傾危하는 것이다. 고로 지축地軸은 항상 약 3.24도의 흔들림이 있다.

후천월后天月이란 것은 머지않아 앞으로 올 천지天地의 정도수正度數를 밝힌 것이다.

여기서의 선천과 후천의 도수度數를 밝히심은 후천월后天月시대의 선천과 후천의 도수度數인 것이니 착오가 없기를 바란다.

먼저 정도수正度數라는 것은,

건乾이 3녀女의 운행을 인하여 지덕地德을 성하며 곤坤이 3남男의 운행을 인하여 천도天道를 성하여 천지天地의 도道와 덕德을 다 이룸에, 이것은 건乾이 태리손곤兌離巽坤에 지덕地德을 성하며 곤坤이 간감진건艮坎震乾에 천도天道를 성한 것이라, 온전히 4녀女와 4남男을 다 쓴 도수度數이므로 이로써 천지天地가 정正하며 지축地軸이

〈后天 正度數〉

① 4女4男
(태리손곤兌離巽坤 30+간감진건艮坎震乾 30)×6위=360
② 4방9세10귀
4方×9世×10中體=360
※中體 5,10
先天 9歸5　45×4方=180
后天 9歸10 90×4方=360

바로 서게 되는 것이다. 상세히 하건대 4녀女의 수數가 30이며 4남男의 수數가 또한 30이라 이 8괘卦의 수數를 모두 써서 합하면 60수數가 되고, 이 60수數가 6위位에 승乘하면 360도가 되어서 이것을 정도수正度數라 하는 것이다. 효爻는 시時이니 6위位는 시時의 성成이다. 이로써 괘卦의 효爻는 6효爻에 그 의義를 다하므로 6위位에 흘러 승乘하는 것이다.

또는 4방의 1 2 3 4가 각각 중中5에 극極하고 반反하여 중中5의 공상空象에 분절되고 휘어져 6 7 8 9의 영影을 생하여 중中으로 귀歸함에, 이로써 중中5의 1점點은 체體가 둥근 10의 위位도 되므로 이르되 "皇極而无極황극이무극"이라 한다. 이것은 4방이 9세世에 극極한 것이라 이것은 각각의 방위에 9세世가 존재한 것이므로 승乘하여 36을 얻어서, 중中의 체體인 10에 귀歸하여 승乘함에 4방의 각角의 합인 360도에 그 도수度數를 다한다 하여, 이것을 "正度數정도수"라고 한 것이다.

중中의 체體는 5와 10이니 9가 5에 귀歸하면 45라 선천이라 하고 10에 귀歸하면 90이니 후천이라 하여 각각 4방에 승乘하면 180과 360이니, 이로써 천지天地의 분分인 180을 선천이라 하고 지천地天의 합合인 360을 후천이라 하는 것이다.

**〈后天月 運行度數〉**

〈선천先天〉

五度而月魂生申 初三日
무진戊辰 1도 경오庚午 3도 초1일朔
임신壬申 5도 초3일
月弦上亥 初八日 을해乙亥 초8일
月魄成午 十五日望 임오壬午 15일

〈후천后天〉

月分于戌 무술戊戌 16일*, 계축癸丑 초1일朔
*선천 내괘 10,5건곤 존공(壬午15일 존공 ⇒ 癸未 선천 1일, 癸丑 후천 1일)
月窟于辰 각궁角宮 경진庚辰 28도(先天 경술庚戌)
月復于子 임자壬子 30도 后天 계축癸丑 1일(先天 계미癸未 1일)

후천월后天月의 시時에는 60갑자甲子라 하지 않고 60기축己丑이라 하여야 옳다. 이로써 60갑자甲子라 하지 않고 후천월后天月의 시대에 맞추어 60기축己丑이라 이름 하겠다.

우선 후천월后天月시대의 60기축己丑 중에 선천의 도수度數를 먼저 논論한다.

선천은 무진戊辰으로부터 1도를 삼는다. 이것은 천간天干과 지지地支가 모두 오행 상의 중中5를 얻음에 우주 도수度數의 정正이 되어서 이로부터 중궁中宮의 5를 그대로 용用하여 중궁中宮으로부터 도수度數를 계산하여 가는 것을 법한 것이다. 이로부터 도수度數를 세어 가면 경오庚午가 3도이니 초1일 삭朔이요, 임신壬申에 5도이니 초3일이다. 이것은 우리가 눈으로 볼 수 있는 달의 빛인 월영月影으로써 도度를 수數한 것이니, 임신궁壬申宮에 이르러 겨우 초생의 달빛을 볼 수 있는 고로 "五度而月魂生申오도이월혼생신하니 初三日초삼일"이라 하였다. 이것은 일日과 월月과 지구가 일직선상에 놓여 그 달을 볼 수 없다가 1,3도를 지난 경오庚午에 겨우 실낱같은 달빛이 나타나고 1,5도 임신壬申에 이르러 비로소 달을 볼 수 있는 초생달이므로, 이로써 이것을 초3일로 삼아 "五度而月魂生申오도이월혼생신하니 初三日초삼일"이라 하신 것이다.

월혼月魂은 월月의 영影 즉 달의 그림자인 달빛을 말한다.

월체月體와 월영月影에 월영月影은 월月의 체體와 더불어 항상 그 도수度數에 2도의 차差가 있으므로 이로 인해 그 도수度數의 다름이 발생한다.

후천월后天月은 월月의 체體로부터 도度를 수數하여 가므로 상현달인 반달의 을해乙亥궁에 초8일을 삼으며 만월인 임오壬午궁에 15일을 삼은 것이니, 이르되 "月弦上亥월현상해하니 初八日초팔일이요 月魄成午월백성오하니 十五日望십오일망이라 先天선천이라"라고 하신 것이다. 월백月魄은 월月의 체體 즉 달의 본연한 모습을 말한다.

이것을 다시 관觀하건대 우주는 천지인天地人 삼재三才를 갖춘 연후에야 비로소 운행의 의義가 서게 되므로, 이로써 무진戊辰은 천天이요 기사己巳는 지地요 경오庚午는 인人의 위位가 되어서 인人3도의 위位에 그 삭朔을 삼는 것이다. 이에 천지인天地人은 오원五元을 모두 갖춘 연후에야 비로소 운행함이 있는지라, 이로써 "壬申임신 5도에 月魂월혼이 生생한다."한 것이다.

선천은 내괘內卦인데 내괘內卦3효에 건乾과 곤坤의 절대성을 성함에 곧 10과 5의 도道와 덕德이라 자연히 존공尊空되고 이로써 15를 존공尊空해 다시 분分하여 간다. 이러한 연고로 선천과 후천의 도수度數에 15도의 차差가 발생하게 되고 이로써 월月이 술戌에 분分하여 후천의 16일이 됨이니, 후천은 월月의 체體를 주하여 도度를 수數하는지라 이에 계축癸丑이 삭朔이 되어 초하루 1일이 되는 것이다. 항각이수亢角二宿의 위位가 비어 있음은 묘술존공卯戌尊空에 월영月影, 즉 달빛을 볼 수 없는 위位인 연고다.

"月窟于辰월굴우신"은 월영月影이 28일에 다하여 그 그림자인 달빛을 볼 수 없으므로 달의 굴窟이라 하여 월굴月窟이라 하고, 우신于辰은 경술庚戌과 대칭의 위位인 동궁同宮, 즉 각궁角宮의 경진庚辰28도와 그 도수度數가 같으므로 우신于辰이라 한 것이다. 월영月影이 28도에 다하여 임자壬子에 돌아옴을 "月復于子월복우자"라 하고, 이에 후천은 계축癸丑에 1도 1일이 되며 선천은 계미癸未에 1도 1일이 되는 것이다. 이것은 자子와 오午가 30도요, 묘卯와 유酉가 15도인 것과 그 의宜가 상통相通한다.

**月合中宮之中位월합중궁지중위하니 一日朔일일삭이니라.**

월月이 중궁中宮의 중위中位에서 합合하니 1일日이 삭朔이니라.

〈월합중궁지중위月合中宮之中位〉

| 선천先天 | 후천后天 |
|---|---|
| 임자壬子15도<br>(15尊空) | 정묘丁卯 15도<br>(계축癸丑 1도) |
| 정유丁酉 30도<br>(15尊空) | 임자壬子 30도<br>(무술戊戌 16도) |
| ⇒ 축미丑未 후천后天 초하루 | |

선천에서 후천으로의 변천變天은 선천이 내괘內卦에 10과 5의 위位에 건도乾道와 곤덕坤德을 다 성成함에 건乾과 곤坤은 절대성의 위位이며 무무위无无位의 위位인지라 쓸 수가 없어서 자연히 존공尊空되는 상象이 있으므로, 이로써 15도를 존공尊空하여 선천의 임자壬子 15도가 후천의 정묘丁卯 15도에 합하고 선천의 정유丁酉 30도가 후천의 임자壬子 30도에 합하는지라, 이로써 선천월先天月과 후천월后天月이 중궁中宮의 중위中位에서 합하여 축미丑未에서 후천의 초하루 1일 삭朔이 되는 것이다. 중궁中宮 중위中位는 곤坤과 건乾의 위位인데 상대적 대칭의 상相으로 보면 자오子午와 묘유卯酉의 자리다.

**六水九金육수구금은 會而潤而律회이윤이율이요 二火三木이화삼목은 分而影而呂분이영이여이니라.**

6수9금六水九金은 회會하여 윤潤하니 율律이요 2화3목二火三木은 분分하여 영影하니 여呂이니라.

곤坤괘는 3음陰이니 순음純陰이라 상象은 0이며 수數로는 6이다.

건乾괘는 3양陽이니 순양純陽이라 상象은 1이며 수數로는 9이다.

"會而潤회이윤"은 모이고 흘러 합일合一함이다.

"律율"은 곤坤의 6수水가 흘러 건乾의 9금金과 합일合一하여 불이不二의 절대성을 이룬 10과 5의 율체律體다.

2화火와 3목木은 4상象의 위位로써 관함에 제2위와 제3위이니 곧 소음少陰과 소양少陽의 상象이다.

소음少陰은 1,0이며 소양少陽은 0,1의 상象이다.

이것은 이미 음陰과 양陽에 서로 대칭이 된 것이니 자연히 분分의 의義가 그중에 있다.

이러한 합合과 분分의 의義는 이것을 인식하고 판단하는 나라는 주관적 관찰자에 의해 비로소 성립된다.

이에 주관적 관찰자 5가 분이分二의 상象을 관함에 곧 7화火의 기氣를 발發하며 주관적 관찰자 5가 삼합三合의 상象을 관함에 곧 8목木의 체體를 현現함이니, 이렇듯 중中5가 2화火 3목木에 분分하여 7화火와 8목木의 영影을 생하는지라 이것을 "分而影분이영"이라 한다.

이것은 주관적 관찰자로 인해 양陽이 음陰으로 변하며 음陰이 양陽으로 변한 것이니, 곧 1상이 0상으로 변하며 0상이 1상으로 변한 것이다.

간감진艮坎震 3남男의 괘卦는 각각의 괘가 2음陰1양陽이니 곧 수數의 4와 3이라 합하여 7화火의 기氣를 발發한다.

태리손兌離巽 3녀女의 괘卦는 각각의 괘가 2양陽 1음陰이니 곧 수數의 6과 2라 합하여 8목木의 체體를 이룬다.

이러한 3남男의 괘卦와 3녀女의 괘卦는 음陰과 양陽이 잡雜한 괘卦이니 이에 음陰과 양陽이 서로 더불어 반려伴侶하여 36궁宮에 무한히 순환해 끊임이 없는지라, 이것을 고인古人이 이르되 "三十六宮都是春36궁도시춘"이라 하시니 곧 "分而影而呂분이영이여"의 의義다.

6자子의 괘卦가 모두 36괘卦라 능히 운행하여 천지天地의 체體를 세움이니 곧 천지天地의 용用이요 36궁宮이다. 이에 천지天地가 건곤乾坤의 율법을 기강紀綱으로 하여 6자子와 더불어 반려伴侶하여 나아가 그 체體와 용用을 함께하니, 이것을 "律呂聲율려성"이라 한다.

1 2 3의 위位는 3재才의 위位이니 합合하면 6이라 제4위의 순음純陰인 분덕分德을 행할 때 비로소 10무극无極을 달達하고, 2 3 4의 위位는 4방의 위位이니 합合하면 9라 제1위의

순양純陽인 1도道와 합合할 때 이 또한 10무극无極을 달達한다. 이렇듯 1이 0에 분分하며 0이 1에 합合하여 모두 10무극无極으로 회會함이니, 이에 만상萬象이 이를 본받지 않으랴.

1양陽의 수數는 3이며 1음陰의 수數는 2이다. 제1위의 순양純陽인 1양陽과 제4위의 순음純陰인 1음陰이 합合하여 수數의 5가 되고 제2위의 1양陽1음陰과 제3위의 1음陰1양陽이 합合하여 수數의 10이 되어서, 체위體位와 용위用位를 모두 합合함에 수數의 15이니 곧 황극이무극皇極而无極이라, 이에 이것을 "律율"이라고 한다. 이를 관하건대 이른바 율律이란 것은 합合의 극極인 10과 분分의 극極인 5를 동시에 갖춘 성품인 것이다.

> **一歲周天律呂度數일세주천율려도수니라.**
>
> **分분은 一萬二千九百六十일만이천구백육십이요 刻각은 八百六十四팔백육십사요 時시는 一百八일백팔이요 日일은 一九일구이니라.**
>
> 일세一歲의 주천周天하는 율려도수律呂度數니라.
>
> 분分은 12,960이요 각刻은 864요 시時는 108이요 일日은 1,9이니라.

일세주천율려도수一歲周天律呂度數는 시공時空의 의義를 도수度數로써 나타낸 것이다.

천天은 시時의 의義요 지地는 공空의 의義다. 고로 천지天地의 분分이 시공時空의 분分이며 지천地天의 합도合道가 곧 시공時空의 합이다.

시時는 1상이며 공空은 0상이다. 1상은 10이며 0상은 5다.

천지天地의 분分이 10과 5이므로 우주 시공時空의 개벽開闢은 15에서 시작되어 15분分으로 1각刻을 삼는다. 이것이 8방에 주회周回함에 8각刻으로 1시時를 삼으며, 이에 시時의 성成은 제6위에 그 의義를 다함에 12시時로써 1일日을 삼는다. 제6위의 의義는 건천乾天괘의 6위와 곤지坤地괘의 6위를 가리킨다.

10은 한 생각이 일어난 1상이며 5는 한 생각이 꺼진 0상이니 곧 시공時空의 본本이다.

〈東洋學的 時空 槪念〉

10건乾☰(시중지중時中之中)
= 감坎☵ + 간艮☶, 진震☳
5곤坤☷(궐중지중厥中之中)
= 리離☲ + 태兌☱, 손巽☴

10은 시중지중時中之中이며 5는 궐중지중厥中之中이다.

양명陽明은 합合의 상象이며 궐음厥陰은 분分의 상象이다.

10은 시중지중時中之中이니 감坎괘가 상효上爻와 초효初爻에 간艮과 진震의 양효陽爻를 득得하여 순수한 1상인 10건乾을 성하는 연고요, 5는 궐중지중厥中之中이니 리離괘의 상효上爻와 초효初爻에 태兌와 손巽의 음효陰爻를 득得하여 순수한 0상인 5곤坤을 성하는 연고다. 이것이 동양학적 시공時空의 개념이다.

고로 시時가 아니면 공空이 없음이요 공空이 아니면 시時도 없음이니 둘이로되 하나요 하나이면서 둘인 불이不二의 성품性品인 것이다.

법상法相이 이러하여 순수한 1상의 시時 개념에 비로소 0상의 공간 개념이 함께하여 시공時空의 의義를 세우는 최초의 시時가 되는지라, 이로써 15분分을 1각刻으로 하는 것이다. 이러한 시공時空의 개념은 나의 최초의 일념一念으로부터 나온 것이니, 만약 어떤 학인學人이 있어 나의 일념一念이 아니면 시공時空도 존재하지 못할 것이라, 만약에 나의 일념一念에 일어났다 꺼졌다 하는 상相을 멸滅해 다하면 곧 시공時空도 함께 멸滅하여 능히 시공時空에 초월한 진양眞陽과 진음眞陰의 경지를 체득하게 될 것이다.

1 2 3 4에 분리된 위位는 방위의 가장 기본적 공간개념이다. 이러한 4방의 중中은 제5위요 4방의 합合은 10이니 5와 10이 곧 중궁中宮 중위中位에서 하나이며 허허虛虛한 0상임과 동시에 실실實實한 1상이니, 이렇듯 분分의 극極과 합合의 극極이 중궁中宮 중위中位에서 하나가 되므로 이러한 중궁中宮 중위中位의 0과 1에 굴신屈伸하는 상象을 취하여 현재의 현재를 삼아 그 시간의 최초 개념을 세운 것이라, 이로써 15분分을 1각刻으로 하여 당금 금시今時의 시원時源을 삼는 것이다.

4방은 공간의 가장 기본적 체體이며 8방은 오로지 8방 만이 아닌 무한한 분分의 각角을 의미하는 공간의 가장 기초적 개념이다. 무한한 분分의 각角은 시간상의 선線이 공간상인 0상에 무한히 꺾여가는 상相을 일컬음이니 꺾이고 꺾여서 다시 최초의 1점點에 돌아와 합하여 시공時空이 하나가 되는지라, 이로써 시始와 종終이 같으며 동시同時인 것이다.

곤지坤地가 양陽을 잉태孕胎하니 0이 비로소 1에 합하여 이어진 상相이요 건천乾天이 음陰

에 소消하니 이어진 선線이 비로소 0에 분절해 공간의 의宜를 펼친 상相이라, 이것이 천지天地가 분分하여 만물을 양육하는 연유다.

건乾이 곤중坤中을 득得함에 리일離日이요 곤坤이 건중乾中을 득得함에 감월坎月이다.

2리離가 9건乾의 중中을 득得하여 9리離와 2천天이 되며 7감坎이 4곤坤의 중中을 득得하여 4감坎과 7지地가 된다. 이것을 "天地천지의 分분과 日月일월의 德덕"이라 한다.

이렇듯 천지일월天地日月이 금화교역金火交易에 2리離가 2천天에 명明하고 9와 함께 경도經度를 세워서 상하의 방향성 개념을 나타내며, 7감坎이 7지地에 윤潤하여 4와 함께 위도緯度에 평平하니 이것은 좌우의 회전성 개념을 나타냄이라. 이로써 2경經과 7위緯에 한번 주천周天함에 1,9인 것이니 이것으로 9세世의 극極을 삼아 일일一日을 삼는다.

이렇듯 일日을 9로써 하면 시時는 108이며 각刻은 864이며 분分은 12,960이니 2천天7지地에 한번 주회周回한 이것을 이르되 "一歲周天律呂度數일세주천율려도수"라 하는 것이니, 이것이 곧 지구자전地球自轉뿐만 아니라 작게는 극미極微한 미진微塵으로부터 크게는 우주 모든 일월성신日月星辰의 자전自轉하는 기본 도수度數이며 또한 그 연유인 것이다.

우주 최초의 한 점點은 0과 1을 동시에 함께 갖춘 한 점點이다.

0과 1이 동시에 함께 있는 것이라면 이러한 한 점點은 1이 0상에 분절되어 휘어진 원상圓相일 것이다. 이미 원상圓相이면 시始와 종終이 이어진 상象일 것이니 이로써 우주는 무한히 반복하여 순환하는 것이다. 만약에 처음과 끝의 이어짐이 없다면 우주는 그 운행이 단절돼 혹 소식消息될 것이다.

수數의 1은 최초의 시작점이며 수數의 9는 종결점이다. 이러한 9와 1이 이어져 합하여진 상을 수數의 10이라 하여 끝남과 동시에 다시 시작하는 의義를 부여한 것이니 이로써 수數의 10은 우주의 전체적 절대성인 종결점임과 동시에 다시 시작하는 순환의 최초의 수數가 되는 것이다. 이렇듯 최초의 원상圓相의 한 점點은 이미 전체적 원상圓相이므로 우주 전체와 같아서 우주는 이미 다 이루어진 한 점點으로부터 다시 시작된다는 것이다.

이로써 우주의 양量과 운행은 그 수數가 무량 무한이로되 이러한 무량수는 결국 돌고 돌아 다시 최초의 시작점으로 돌아오는 성질이 있어서, 이로써 무한의 수數가 단수화單

數化되어 근본으로 돌아오는 것은 이치의 자연이라 할 수 있다. 그러므로 천지天地의 도수度數는 10에 지止하여 10이라는 수數의 내에서 그 도수度數를 다 할 수가 있는 것이다.

〈8방方 9세世〉

9世 1 2 3 4 5 6 7 8 9

8方 1 2 3 4 5 6 7 8

4방은 공간 방위의 가장 기본적인 체體이고 3세는 시간개념의 가장 기본적인 체體다. 공간 방위의 무한한 각角의 의義는 8방이 주관하여 다하고 시간상의 무한한 선線의 의義는 9세世에 극極하여 다한다. 1선線의 상相이 8절切함에 8방方과 9세世가 동시에 나타남이니 이것은 중中5를 허虛함에 8방이 나타나고 중中5를 실實함에 9세世가 나타난 것이라, 이로써 8방方과 9세世는 중中5의 굴신屈伸으로 인해 나타나는 것이라 할 수 있다.

이렇듯 우주의 시공 개념은 9와 8에 다하므로 1로부터 8까지의 수數를 모두 합合하면 36이요 1로부터 9까지의 수數를 모두 합合함에 45가 되어서, 이것을 단수화單數化하면 3+6=9요 4+5=9가 됨이니 이로써 시공 개념의 모든 수數는 9에 극極하여 돌아옴이 있는 것이다. 연然이나 9는 수數의 묘妙한 것이니 묘妙하다는 것은 만물 생성의 과정을 모두 지난 가득한 기氣의 수數로되, 그러나 9는 허수虛數라는 것이니 이것을 수數의 묘妙한 것이라 하였다. 그 연유는

9+1=10=1

9+2=11=2

9+3=12=3

9+4=13=4

9+5=14=5

9+6=15=6

9+7=16=7

9+8=17=8

9+9=18=9

9+10=19=10이라

모든 수數가 9에 합하여도 같은 동수同數를 얻어서 결국 9는 없는 수數가 되므로 이로

써 허수虛數가 된다는 것이다. 이렇듯 우주는 8방方과 9세世에 지나지 않아서 우주의 무릇 있다는 8방方과 9세世의 모든 상相은 허수虛數일 뿐이므로, 모두 그림자와 같은 허환虛幻의 허망虛妄한 상相인 것이다.

9+1은 1이요 9+10도 1이니 고로 일원一圓은 일구一九다.

단수화單數化하면 9는 0이요 10은 1이라 이렇듯 우주는 다만 0상과 1상일뿐임과 동시에 이러한 0과 1이 무한히 굴신屈伸해 연속하는 막막막무량莫莫莫無量의 상象인 것이다.

1,9가 합合하여 이어지면 10이요 10은 1이니 1,9와 10이 같음이 되고, 1,9의 중中은 5요 10을 양분兩分하면 이 또한 5라 이에 자연히 분리해 가는 상相이 있어서, 일원一圓의 수數인 360을 2분分해 나아가 180 90 45 22.5 11.25…에 무한히 분리해 감이 있으나, 이 또한 단수화單數化하면 모두 9에 지나지 않는 것이다.

1이 0상에 분절되고 꺾인 상相을 각角이라 한다.

연이나 1로부터 10까지의 수數 중에 1과 2와 7은 최초의 한 점點과 경도經度와 위도緯度의 상象인 십자十字의 상象이므로 그 각角이 없거나 여분이 있으므로 제외하고 10까지의 각角을 살펴보면,

| | | |
|---|---|---|
| 3재三才는 | 일원상一圓上의 1각角이 60도이니 | 합하면 180도이며, |
| 4상四象은 | 일원상一圓上의 1각角이 90도이니 | 합하면 360도이며, |
| 5원五元은 | 일원상一圓上의 1각角이 108도이니 | 합하면 540도이며, |
| 6방六方은 | 일원상一圓上의 1각角이 120도이니 | 합하면 720도이며, |
| 8방八方은 | 일원상一圓上의 1각角이 135도이니 | 합하면 1080도이며, |
| 9세九世는 | 일원상一圓上의 1각角이 140도이니 | 합하면 1260도이며, |
| 10방十方은 | 일원상一圓上의 1각角이 144도이니 | 합하면 1440도이다. |

이렇듯 모든 각角이 계속하여 무량에 나아가도 이 또한 단수화單數化하면 다만 일구一九일 뿐이니, 이것을 "理會本源原是性리회본원원시성"이라고 한다. 즉 1,9의 합合은 10이며

그 중中은 5이니 이것을 본원本源이라 하고, 이러한 이치가 본원本源에 회會한다 하여 원시성原是性이라 한 것이다.

천지天地의 분分은 제5위의 5원元에 다하므로 5원각五元角의 합수合數로써 선후천주회도수先后天周回度數를 삼아 선후천합계수先后天合計數를 540만리萬里로 하며, 두 각角의 합合인 216을 선천의 체體로 삼고 세 각角의 합合인 324로써 후천의 용用을 삼으니, 그 도수度數의 이치는 차후에 선후천주회도수先后天周回度數의 논論에 이르러 다시 상세히 하리라.

**理會本源**리회본원**이 原是性**원시성**이니 乾坤天地雷風中**건곤천지뢰풍중**이니라.**

**歲甲申**세갑신 **六月**유월 **二十六日**이십육일 **戊戌**무술**에 校正書頌**교정서송**하노라**

리理가 본원本源에 회會함이 본래 이 성품이니 건곤乾坤 천지天地 뇌풍중雷風中이니라.

갑신년甲申年 6월 26일 무술戊戌에 교정校正해 서송書頌하노라

"理리가 本源본원에 會회함이 본래 이 성품"이라 하시니 이로써 단수화單數化의 의義가 있으며, 이것은 무위戊位와 기위己位에 건乾이 5손巽의 위位에 곤지坤地를 성하며 곤坤이 10진震의 위位에 건천乾天을 성함을 말함이니, 이것을 "原是性원시성"이라 하여 "乾坤天地雷風中건곤천지뢰풍중"이라 하신 것이다.

갑신년甲申年은 일부一夫선생의 59세이니 지금의 양력인 서력西曆으로는 1884년이다.

**水土之成道**수토지성도**가 天地**천지 **요 天地之合德**천지지합덕**이 日月**일월**이니라.**

수토水土의 성도成道가 천지天地요 천지天地의 합덕合德이 일월日月이니라.

순수한 1상의 절대적 순양純陽을 "乾天건천의 道도"라 하고 순수한 0상의 절대적 순음純陰을 "坤地곤지의 德덕"이라 한다.

순수한 1상의 건천乾天의 도道가 건태리진손곤乾兌離震巽坤에 분分하여 가서 5손巽의 위位에 6곤坤의 지덕地德을 성함에 5토土6수水의 성도成道이며, 순수한 0상의 곤지坤地의 덕德이

곤간감손진건坤艮坎巽震乾에 합하여 가서 10진震의 위位에 1건乾의 천도天道를 성함에 10토土1수水의 성도成道인 것이니, 이것을 "水土之成道수토지성도"라 한다.

수토水土의 성도成道에 6자子 운행의 위位가 건태리진손곤乾兌離震巽坤에 10,1 9,2 8,3 7,4 6,5 5,6이요 곤간감손진건坤艮坎巽震乾에 5,6 4,7 3,8 2,9 1,10 10,1이니, 각위가 11귀체歸體하고 곤坤이 천天을 성하며 건乾이 지地를 성하는지라, 이것을 "水土수토의 成道성도가 天地천지"라 한 것이다. 6,5와 5,6은 손巽과 곤坤의 위位이니 서로 같으며 1,10과 10,1은 진震과 건乾의 위位이니 이 또한 서로 같아서, 10진震 5손巽은 곧 건곤乾坤의 중위中位 중궁中宮의 위位가 되는 것이다.

건乾이 곤지坤地의 중中을 득得하며 곤坤이 건천乾天의 중中을 득得함을 이르되 "天地之合德천지지합덕"이라 하고, 건乾이 곤坤의 중中을 득得한 상相은 곧 리괘離卦의 상象이라 일日이 이를 법法하고 곤坤이 건乾의 중中을 득得한 상相은 곧 감괘坎卦의 상象이라 월月이 이를 법法함이니, 이것을 "天地之合德천지지합덕이 日月일월이니라." 라고 하신 것이다.

**太陽恒常태양항상은 性全理直성전리직이니라.**

태양太陽이 항恒하고 상常함은 성품이 온전하고 이치가 직直함이니라.

1상에 0이 붙어 있지 않은 순수한 1상을 "太陽태양"이라 하고 이러한 순수한 1상은 항恒하고 상常하여 변함이 없으므로 그 성품이 온전하고 그 이치가 직直하다고 한 것이다. 이것은 건乾괘의 상象이며 곧 시간의 성질과 그 이치의 작용을 나타낸 것이니 굳이 그려내자면 곧은 1선線의 모양일 것이다.

**太陰消長태음소장은 數盈氣虛수영기허이니라.**

태음太陰이 소消하고 장長함은 수數는 영盈하되 기氣는 허虛함이니라.

0상에 1이 붙어 있지 않은 순수한 0상을 "太陰태음"이라 한다. 0의 상象은 허虛하고 분절되며 소멸하는 상相이므로 이것은 곧 곤坤괘의 상象이라 공간의 성질과 그 이치의 작용을 나타낸다. 직선直線의 상象이 0상에 분절되고 꺾여서 공간상에 무한히 넓혀져 감을 "消長소장"이라 하고, 이에 그 수數가 무량하여 영盈하되 그러나 그 직선直線이 분절되어 가는 상相의 체體는 허허虛虛한 곤坤의 상象인 공상空相인지라 그 상相을 찾아볼 수 없으므로 그 기氣는 허虛한 것이다.

소消는 분分이요 장長은 분分하여 확장해 나아감이다.

순수한 1선線의 상象인 건乾의 체體를 분절하고 확장해 무한無限히 나아가니 그 수數도 무한無限이라 이르되 "數盈수영"이라 하고, 건체乾體의 기氣가 무한히 분절되어 무량에 나아가 극미極微의 공허空虛에 이르니 이것을 "氣虛기허"라고 한다. 이것은 건체乾體의 기氣가 태리兌離를 지나 손巽에 이르러 곤坤의 허허虛虛한 상象을 성함이니, 이에 곤坤의 체體는 허허虛虛하여 그 상象을 찾아볼 수가 없음이라 이로써 존공尊空의 상相이 있는 것이다.

시간상인 양陽이 소消하면 공간상인 음陰은 확장된다. 공간이 확장된다는 것은 시간의 선線이 미세해진다는 것이니, 이로써 수數는 무한히 많아짐이로되 그 잘라진 시간의 양陽의 기氣는 점점 감소하여 결국 공허空虛에 이르나니, 곧 분分의 극極이요 무량수無量數인 것이다.

공허空虛의 개념은 진塵을 의依한 공허空虛라 곧 파동의 상相이며 파장의 상相이다.

진塵의 개념은 공허空虛를 인因한 진塵이니 이르되 "因虛塵인허진"이라 하고, 이러한 인허진因虛塵은 공허空虛를 인因한 진塵이므로 더 이상 쪼갤 수 없는 극미極微의 진塵이라 곧 극極하고 반反하여 간艮에 그 의義를 나타냄이니, 이에 간艮은 계속해 시간상의 선線에 합合하여 가서 진양眞陽의 건乾을 이루고 다시 분分하여감에 이로써 우주는 끊임없이 순환하는 것이다.

태음소장太陰消長은 건양乾陽의 기氣를 체體로 해 곤음坤陰을 용用하여 양陽이 소消하여 감이라 천지天地가 분分하여 비로소 물물物物이 상대相對하여 상견相見일새, 이로부터 계속해 분分하고 분分하여 가서 그 수數는 가득하되 오히려 건양乾陽의 기氣는 점점 소멸되어 가는 것이다.

이것은 태양太陽은 항상恒常하고 태음太陰은 그 항상 할 바도 없는 무소상無所常일새 그 법상法相이 이와 같다.

이를 관하건대 수數를 줄이면 기氣가 채워지며 수數가 늘면 기氣가 허虛해지는 것이니, 욕심을 줄이면 오히려 기氣는 채워지고 욕심을 늘이면 오히려 기氣는 허虛해지는 것이다.

상문上文은 태양太陽과 태음太陰의 성품과 성질을 논한 것이다.

**盈虛氣也**영허기야**이니 先天**선천**이요 消長理也**소장리야**이니 后天**후천**이니라.**

**后天之道**후천지도**는 屈伸**굴신**이요 先天之政**선천지정**은 進退**진퇴**이니라.**

**進退之政**진퇴지정**은 月盈而月虛**월영이월허**요 屈伸之道**굴신지도**는 月消而月長**월소이월장**이니라.**

**抑陰尊陽**억음존양**은 先天心法之學**선천심법지학**이요 調陽律陰**조양율음**은 后天性理之道**후천성리지도**이니라.**

영盈하고 허虛함은 기氣이니 선천이요 소消하고 장長함은 리理이니 후천이니라.

후천의 도道는 굴신屈伸이요 선천의 정政은 진퇴進退이니라.

진퇴進退의 정政은 월月이 영盈하고 월月이 허虛함이요 굴신屈伸의 도道는 월月이 소消하고 월月이 장長함이니라.

음陰을 억제하고 양陽을 존귀케 함은 선천 심법心法의 학문이요 양陽을 조절하고 음陰을 조율함은 후천 성리性理의 도道이니라.

달의 달빛을 기氣라 하고 달빛이 차고 이지러짐을 영허盈虛라 하여 선천이라 한다.

우리의 눈으로 볼 수 없는 달의 본체本體를 리理라 하고 이러한 달의 본체本體가 달빛에 의해 없어지고 나타남을 소장消長이라 하여 후천이라 한다.

달빛이 가득하여 만월이 됨을 망望이라 하고 달빛이 없어서 그믐이 됨을 회晦라 한다. 이것을 월月의 기氣라 하여 "進退之政진퇴지정"이라 하고 또한 "先天

**〈선후천先后天 비교比較〉**

| 선천先天 | 후천后天 |
|---|---|
| 월영月影 (氣) | 월체月體 (理) |
| 盈虛→先天 | 消長→后天 |
| 진퇴지정進退之政 | 굴신지도屈伸之道 |
| 망望 만월滿月 | 망望 체소體消 |
| 회晦 그믐(晦) | 회晦 체장體長 |
| 1 2 3 4 | 10퇴1진十退一進 |
| 9 8 7 6 | 포5함6包五含六 |

之政선천지정"이라 한다. 달빛이 차면 달의 본체本體는 없어지므로 월月의 체體가 소消한 것이라 망望이라 하고, 달빛이 완전히 없어지면 달의 본체本體는 오히려 나타나므로 이것을 회晦라고 한다. 이것을 월月의 리理라 하여 "屈伸之道굴신지도"라 하고 또한 "后天性理之道후천성리지도"라 한다.

이것은 달을 어느 관점에서 보느냐에 따라 달리한 것이다.

1,9의 위位는 중中5를 허虛하고 1 2 3 4에 나아감에 9 8 7 6에 퇴退하며 4 3 2 1에 퇴退함에 6 7 8 9에 진進하는 상相이라 이르되 "進退之政진퇴지정"이라 하고, 10퇴1진十退一進과 포5함6包五含六의 위位는 10이 굴屈하고 1이 신伸하며 5가 굴屈함에 6이 신伸하는 상이니 이것을 "屈伸之道굴신지도"라 한다.

월영이월허月盈而月虛는 달빛을 주관하여 관찰한 것이고 월소이월장月消而月長은 달의 본래 모습을 주관하여 관찰한 것이다.

"進退之政진퇴지정"은 1 2 3 4에 리체理體가 진進하면 기영氣影은 9 8 7 6에 퇴退하여 중中5에 돌아옴에 그믐인 회晦가 되고, 다시 기영氣影이 6 7 8 9에 진進하면 그 리체理體는 4 3 2 1에 퇴退하여 10에 귀歸함에 만월인 망望이 되어서, 서로 진進하고 퇴退하여 5와 10에 귀歸한다는 것을 말한다. 여기서 리체理體는 달의 본래 모습을 기영氣影은 달빛을 가리킨다.

선천을 도道라 하지 않고 정政이라 한 것은, 선천은 곤坤이 아직 천도天道를 성치 못하며 건乾이 지덕地德을 성치 못하여 오로지 10수數의 장場 내에 3남男 3녀女의 도수度數로써 월月의 삭망朔望을 밝힌 연고이니, 3남男 3녀女는 아직 다스려야 할 상相이 있으므로 "先天之政선천지정"이라 한 것이다.

이것은 전前에 "五度而月魂生申오도이월혼생신하니..."라는 대목에서 이미 상세히 하였다.

선천은 무술戊戌무진戊辰으로부터 임자壬子임오壬午까지가 15도이다.

이러한 15도의 위位는 내괘內卦 선천의 3남男 3녀女가 건곤乾坤의 체體인 10과 5의 도道와 덕德을 다 성成한 것이라 이로써 존공尊空함이 있다. 이로 인해 선천의 15도는 굴屈하고 퇴退한다.

선천의 15도 임오壬午가 굴屈하고 퇴退하여 정묘丁卯 30도에 자리하니 계미癸未에 1도 1일이며 정유丁酉 15도 망望이라 곧 후천이다. 이에 월月이 술戌에 분分하니 16도이며 나아가 임자壬子 30도에 그믐이며 계축癸丑 1도 1일에 삭朔이다. 이것을 "子宮退位자궁퇴위하니 丑宮得旺축궁득왕"이라 한다.

이로부터 후천은 15도 유酉에 보름이며, 16도 술戌에 분分하며, 30도 자子에 달의 체體를 성成하니 그믐이라, 이것을 체體로 하여 1일 축丑으로 초하루를 삼는다. 이렇듯 천지天地의 축軸이 자오묘유子午卯酉의 30과 15도에 정립正立하고 정위正位한지라, 이것은 건곤乾坤의 10과 5가 굴屈하고 1과 6에 신伸하여 온전히 쌍雙으로 비추어 동시성을 이룬 것이니, 이것을 "體成數체성수"라 하고 "后天之道후천지도"라 하는 것이다.

〈體成數 后天之道〉

선천先天
임오壬午 15도 (존공尊空)
→ 30도(정묘丁卯 30도)
후천后天
계미癸未 1도 정유丁酉 15도
무술戊戌 16도 임자壬子 30도
자오子午 30도 묘유卯酉 15도

굴신屈伸한다는 것은 5에 굴屈하면 6이 신伸하고 나아가 10에 굴屈하면 1이 신伸하여 5,6과 10,1이 하나라는 것이니, 각위各位가 수數의 11에 동일한지라 가고 오는 상相이 없어서 제자리에서 굴신屈伸을 하되 그 행行의 파장波長은 분명히 있는 것이므로, 이것을 "屈伸之道굴신지도"라 하는 것이다.

이것을 괘卦의 상象과 수數로써 논論한다.

소양사상팔괘차서素陽四象八卦次序에 1 2 3 4의 위位는 4녀女의 위位이니 리체理體라 하고 6 7 8 9의 위位는 4남男의 위位이니 기영氣影이라 한다.

소양사상팔괘차서素陽四象八卦次序의 수數는 1태兌 9건乾 2리離8진震 3손巽7감坎 4곤坤6간艮의 정政이므로 진퇴進退의 정政이며 선천의 정政이다.

일부정역팔괘차서一夫正易八卦次序의 수數는 10건乾1손巽 9리離2천天 8간艮3태兌 7지地4감坎 6진震5곤坤이므로 굴신屈伸의 도道이며 후천의 도道다.

〈八卦次序의 先后天〉

| 素陽次序 선천 進退之政 | | | |
|---|---|---|---|
| ☱ | ☲ | ☴ | ☷ |
| 태兌 | 리離 | 손巽 | 곤坤 |
| 1 | 2 | 3 | 4 |
| 9 | 8 | 7 | 6 |
| 건乾 | 진震 | 감坎 | 간艮 |
| ☰ | ☳ | ☵ | ☶ |

| 一夫次序 후천 屈伸之道 | | | | |
|---|---|---|---|---|
| ☰ | ☲ | ☶ | ☷ | ☳ |
| 건乾 | 리離 | 간艮 | 지地 | 진震 |
| 10 | 9 | 8 | 7 | 6 |
| 1 | 2 | 3 | 4 | 5 |
| 손巽 | 천天 | 태兌 | 감坎 | 곤坤 |
| ☴ | ☰ | ☱ | ☵ | ☷ |

이것은 선천의 정政이 금화호역金火互易에 후천의 도道를 성成하여 천지天地의 도道와 덕德

을 다한 것이니, 선천은 1,8에 왕래하는 상相이 있고 후천은 각위가 굴신屈伸해 포5함6包五含六 10퇴1진十退一進하여 11귀체歸體하는 상相이 있다.

〈心法之學과 性理之道〉

**선천심법지학先天心法之學**

음백陰魄(--) 망념妄念 억제
양혼陽魂(—) 지혜智慧 귀貴
건乾 지혜심智慧心 도달
坤坎艮震乾(☷☵☶☳☰)

| | |
|---|---|
| 음태과陰太過 | 양불급陽不及 |
| 백체공魄體空 | 건도합乾道合 |
| 점수漸修 | 계정혜戒定慧 |

**후천성리지도后天性理之道**

제5위 5곤坤 0상(공성空性),
제10위 10건乾 1상(진성眞性)

| | | | | | | | | | |
|---|---|---|---|---|---|---|---|---|---|
| 5 | 4 | 3 | 2 | 1 | 10 | 9 | 8 | 7 | 6 |
| 6 | 7 | 8 | 9 | 10 | 1 | 2 | 3 | 4 | 5 |

굴신屈伸 11수數

| | |
|---|---|
| 양즉시음陽卽是陰 | 음즉시양陰卽是陽 |
| 양음쌍조陽陰雙照 | 조양율음調陽律陰 |
| 수증료의修證了義 | 돈수지도頓修之道 |

억음존양抑陰尊陽은 음백陰魄을 망념妄念 망상妄想의 음백陰魄의 체體로 보고 양혼陽魂을 진양眞陽의 지혜智慧로 보아, 음백陰魄의 망념妄念을 억제하고 양혼陽魂의 지혜智慧를 귀貴하게 여겨 행行해 나아가 순수한 지혜智慧의 상象인 건乾의 지혜심智慧心에 도달함을 뜻한다.

이것은 곤坤을 체體로 하여 3남男을 용用하는 상象을 취한 것인데 3남男은 9음陰 3양陽이라, 음陰의 태과太過가 되고 양陽이 불급不及한 상相이므로 양陽이 음陰을 억제하여 가는 상相이다. 이에 음백陰魄의 망념妄念을 온전히 억제하려 할진대 음백陰魄의 망념妄念이 온전히 순음純陰 곤坤의 공성空性이라는 것을 깨쳐 백체魄體가 다만 본래 공空인 줄 깨달으면, 자연히 깨달은 1양陽의 지혜智慧가 생하여 도道에 합하여 가서 순양純陽인 건乾의 지혜심智慧心에 도달할 수 있으리니, 이것을 "心法之學심법지학"이라 하는 것이다. 이것이 불가佛家에서 말하는 "漸修점수 戒定慧계정혜 三學삼학의 心法심법"이다.

조양율음調陽律陰은 이미 제5위에 공성空性인 5곤坤의 순수한 0상을 성成하고 제10위에 진성眞性인 10건乾의 순수한 1상을 성成함에, 서로 굴신屈伸하여 가서 각위가 순順과 역逆으로 5,6 4,7 3,8 2,9 1,10 10,1 9,2 8,3 7,4 6,5에 수數의 11을 얻으니 양陽이 음陰과 다르지 않고 음陰이 양陽과 다르지 않아서 양즉시음陽卽是陰이요 음즉시양陰卽是陽이라, 이렇듯 양陽과 음陰에 쌍조雙照하여 감을 이르되 "調律조율"한다 하고 이것을 "調陽律陰조양율음"이라 한다. 본래 쌍조雙照의 리理가 근본성품根本性品이라 이곳에 이르러 체달함을 "修證了義수증료의 頓修돈수의 道도"라 하고, 또한 이르되 "性理之道성리지도"라 한다.

이것이 불가佛家에서 말하는 "頓悟돈오 頓修돈수"다. 돈수頓修라는 것은 객관적으로 보면 닦아 나아가는 상相이 있는 점수漸修의 수행修行인듯하나, 주관적 입장으로는 닦되 닦는다는 상相이 없는 무위無爲의 수행처修行處다.

도道가 일一이면 이二에 분分하여 진퇴進退의 상相이 있고 도道가 이二이면 오히려 일一에 합合하여 굴신屈伸의 도道가 된다.

선천의 학學은 모든 류생類生이 일체 모든 망념妄念을 허虛하고 허虛하여 진공眞空을 달達하며 그 공空을 체달해 능히 인印쳐서 비심悲心을 출出함을 귀貴하게 여기므로 이것은 음陰의 망妄을 억제하고 양陽의 진眞을 존귀尊貴히 여기는 것이니, 이것은 가고 오는 상相이 있음이라 이것을 "先天心法之學선천심법지학"이라 한다.

만약 어떤 범부凡夫가 있어서 일체 망념妄念을 내되 그 망념妄念이 곧 진성眞性의 작용인 줄 비추어 보고 법성法性의 원元에 주住하되 일체 망념妄念의 바다를 여의지 않으면, 이것은 쌍雙으로 비추어 행함이니 곧 무위無爲의 공용功用이라 이것을 "屈伸之道굴신지도"라 한다.

64괘의 대대對對를 일시一時에 운運하며 자타自他로되 자타自他의 분별이 없으며 흑백黑白이로되 흑백黑白의 상相을 가히 보지 못함은 이 곧 조양율음調陽律陰의 상象이니, 망념妄念이 곧 법성法性의 용用이라 함은 곧 조양調陽이요 법성法性의 원元에 주住하되 일체염해一切念海를 여의지 않는다 함은 곧 율음律陰이라, 이것을 이르되 "后天性理之道후천성리지도"라 한다.

**天地천지가 匪日月비일월이면 空殼공각이요 日月일월이 匪至人비지인이면 虛影허영이니라.**

천지天地가 일월日月이 아니면 빈껍데기요 일월日月이 지인至人이 아니면 빈 그림자이니라.

천지天地가 교交하여 서로 중中을 득得하니 곧 리일離日이며 감월坎月이다.

천天은 순수한 1상이며 지地는 순수한 0상이다.

1에 0이 붙지 않으면 1을 1이라고 할 수 없고 0에 1이 붙지 않으면 0을 0이라고도 할 수 없다.

천지天地가 교交하여 일월日月을 생하며 일월日月의 운행에 천지天地가 밝으니 만약 일월日月의 운행이 없다면 천지天地는 공각空殼일 뿐이요, 일월日月의 운행은 관찰자로 인해 비로소 그 의義가 있는지라 만약 관찰자가 없다면 일월日月의 운행은 허영虛影일 뿐이다.

일월日月은 1과 0의 상象인 천지天地가 비로소 교交하여 서로 그 중中을 얻은 것이니 만약 천지天地의 교交함이 없다면 일월日月도 없음이라 천지天地는 다만 빈껍데기일 것이며, 이에 천지일월天地日月은 관찰하는 관찰자가 없다면 천지일월天地日月은 아무 의미가 없는 헛그림자일 뿐인 것이다.

소양素陽은 이것을 진경眞經 원문에 이렇게 기술하였다.

"宇宙우주가 日月星辰일월성진이 아니면 다만 空殼공각일 뿐이요 日月星辰일월성진이 나의 主觀주관이 없으면 다만 虛影허영일 뿐이다. 나라는 것은 宇宙우주가 아니면 能능히 存在존재하지 못하고 宇宙우주는 내가 아니면 한낱 虛影空殼허영공각일 뿐이다. 이렇게 볼 것 같으면 主주와 客객이 뚜렷이 二이로되 一일이니 어찌 人인이 天地萬物천지만물이 아닐 수가 있으며 天地萬物천지만물이 또한 人인이 아닐 수가 있으랴. 天地萬物천지만물이 損손하고 傷상하면 人인 또한 損傷손상됨이며 人인이 그 慾욕에 過과하여 切除절제치 못하면 天地萬物천지만물도 또한 人인을 좇아 그 毁훼함이 甚심할 것이니 人인이 어찌 慾욕에 過과하여 萬物만물을 毁損훼손하랴. 스스로 切除절제하여 謙겸하고 謙겸하여 萬物만물을 保보하면 萬物만물 또한 人인을 保보하리니 能능히 이것을 깨우쳐 達달함은 오직 나에게 있음이라 이르되 至人지인이라 한다."

**潮汐之理조석지리는 一六壬癸水位北일육임계수위북하고 二七丙丁火宮南이칠병정화궁남하여 火氣炎上화기염상하고 水性就下수성취하하여 互相衝激호상충격하며 互相進退호상진퇴하여 而隨時候氣節이수시후기절하나니 日月之政일월지정이니라.**

물이 불고 마르는 이치는 1,6임계수一六壬癸水가 북北에 위位하고 2,7병정화二七丙丁火가 남南에 궁宮하여 화기火氣는 위로 타오르고 수성水性은 아래로 흘러 서로 부딪히며 서로 진퇴進退하여 시時와 후候와 기氣와 절節을 따르나니 일日과 월月의 정政이니라.

일日의 정政은 태양太陽의 행도行道이니 0상이 1상으로 향하여 순수한 1상의 도道를 이루는 상相이다.

월月의 정政은 태음太陰의 행덕行德이니 1상이 0상으로 향하여 순수한 0상의 덕德을 이루는 상相이다.

0상에서 1상으로 향하는 길은 간감진艮坎震이니 중위中位에 감坎괘의 수水가 위位하고, 1상에서 0상으로 향하는 길은 태리손兌離巽이니 중궁中宮에 리離괘의 화火가 궁宮한다. 이것을 "一六壬癸水位北일육임계수위북하고 二七丙丁火宮南이칠병정화궁남한다." 하신 것이다. 1,6은 임계수壬癸水이니 감坎괘를 의미하며 2,7은 정병화丁丙火이니 리離괘를 의미한다. 이것은 하도河圖의 수數의 위位와 문왕팔괘文王八卦의 위位다.

0상이 1상으로 향하여 순수한 1상의 도道를 이루는 과정과 1상이 0상으로 향하여 순수한 0상의 덕德을 이루는 과정에 이러한 변화의 일들이 자연히 일어난다는 것이니, 3남男과 3녀女의 운행에 일정한 법도의 법칙이 있으므로 "그 時候氣節시후기절을 따른다." 한 것이다.

**嗚呼오호라 日月之政일월지정이여 至神至明지신지명하니 書不盡言서부진언이로다.**

오호라 일월日月의 정政이여 지극히 신령하고 지극히 밝으니 글로는 말을 다 못하노라

지신至神은 무위無爲이며 지명至明은 그 공용功用이다. 일월지정日月之政은 무위無爲의 공용功用이니 그 신묘神妙한 움직임과 변화變化를 글과 말로써 다하지 못하는 것이다.

**嗚呼오호라 天何言哉천하언재시며 地何言哉지하언재시리오마는 一夫能言일부능언하노라.**

오호라 천天이 어찌 말씀하시며 지地가 어찌 말씀하시리오마는 일부一夫가 능히 말하노라.

천지天地는 다만 상象으로써 나타내 보이므로 이에 일부一夫가 그 상象의 조짐兆朕을 관

觀하여 말로써 사람에게 보이시는 것이다.

**一夫能言兮일부능언혜여 水潮南天수조남천하고 水汐北地수석북지로다.**
**水汐北地兮수석북지혜여 早暮難辯조모난변이로다.**
**水火旣濟兮수화기제혜여 火水未濟화수미제로다.**
**大道從天兮대도종천혜여 天不言천불언가 大德從地兮대덕종지혜여 地從言지종언하도다.**
**天一壬水兮천일임수혜여 萬折必東만절필동하도다. 地一子水兮지일자수혜여 萬折于歸만절우귀로다.**

일부一夫가 능히 말함이여 물이 남천南天에서 불고 물이 북지北地에서 마르도다. 물이 북지北地에서 마름이여 이르고 늦음(早暮)을 판별키 어렵도다. 수화水火는 기제旣濟함이여 화수火水는 미제未濟로다. 대도大道가 천天을 좇음이여 천天이 말씀하지 않으랴. 대덕大德이 지地를 좇음이여 지地가 좇아 말하도다. 천일天一의 임수壬水여 만 번 꺾어 반드시 동東으로 가도다. 지일地一의 자수子水여 만 번 꺾여 돌아가도다.

일부一夫께서 천지天地의 수數와 상象을 관觀하시고 그 변화에 궁통窮通하여 천지天地가 정위正位하려 함에 그 조짐兆朕이 이와 같이 나타남을 말씀하시니, 수조남천水潮南天과 수석북지水汐北地는 수화水火가 교交하여 서로 중中을 취하여 천지天地를 성하며, 이에 건곤乾坤이 정위正位해 가는 과정에 이러한 조짐兆朕이 나타난다는 것을 말씀하신 것이다. 수화水火가 교태交泰하여 천지天地를 성한다는 것은, 리화離火가 감수坎水의 중中을 득得하면 그 상象이 천화天火가 되어서 이에 화火가 밖으로 토출吐出하여 천기天氣를 토吐하고, 감수坎水가 리화離火의 중中을 득得하면 수水가 안으로 들어가 지토地土가 나타나는데, 이것은 곧 미제未濟의 상象이라 비로소 물물物物이 제 위치에 자리하는 것이다. 기제旣濟는 수水가 밖이고 화火가 안이며 미제未濟는 화火가 밖이고 수水가 안이다.

수화水火가 서로 교交하여 서로 중中을 취함에 이로써 북지北地의 얼음이 녹아내려 수면이 상승하고 해안가와 섬들이 잠기며, 이러한 물은 북미와 유럽을 거쳐 동양으로 돌아와 지진과 함께 지하로 들어간다는 것이다.

이로 인해 땅속의 불이 밖으로 토출吐出해 화산이 폭발하며 지상地上의 바닷물이 지하로 들어가 새로운 육지가 나타난다는 것을 의미한다.

**〈수화교태水火交泰 성천지成天地〉**

| | |
|---|---|
| 리화득離火得(☲) 감수중坎水中(—) | ⇒ 화토출火吐出 천기토天氣吐 |
| 감수득坎水得(☵) 리화중離火中(--) | ⇒ 수리입水裏入 지토현地土現 |
| 水火旣濟수화기제 | 火水未濟화수미제 |

곤坤이 극極하여 천도天道를 성함에 대도大道라 하고 건乾이 극極하여 지덕地德을 성함에 대덕大德이라 한다. 이로써 곤坤이 천天으로 역易하여 건乾과 더불어 북北에 위位하며 건乾이 지地로 역易하여 곤坤과 더불어 남南에 위位하게 되나니, 이로서 후천은 북北과 남南의 기氣가 바뀌어 운행되는 것이다.

후천의 시작은 내괘內卦를 체體로 하여 외괘外卦를 취함으로 시작함이니, 외괘外卦의 운행은 그 순서가 진감간震坎艮에 역성逆成하여 천도天道를 성하며 손리태巽離兌에 도성倒成하여 지덕地德을 성하는 것이다.

건乾이 시始에 극極함에 진震이요 종終에 극極함에 간艮이며 곤坤이 시始에 극極함에 손巽요 종終에 극極함에 태兌이니, 그 시작에 당하여는 진震의 뇌성雷聲과 지진地震이며 손巽의 풍질風疾과 풍동風動이며 그 종終에 당하여는 지止하고 열悅하여, 대도大道와 대덕大德을 이룸에 천지天地의 축軸이 바로 서게 되는 것이다. 아울러 리감離坎이 서로 그 중中을 득得하여 화火가 표表에 토출吐出하고 수水가 이裏에 입入하니 가히 그 변천變天의 난亂이 태심太甚함을 알 수 있다. 이와 같이 천지天地가 미리 그 조짐兆朕을 보이심에 천天은 무위無爲인지라 그 형形을 볼 수가 없어서 말이 없으시나, 지地는 재덕載德한지라 그 형形을 볼 수가 있어서 말씀한 대로 변역變易됨을 알 수가 있는 것이다.

**〈先后天 變天의 亂〉**

| | | |
|---|---|---|
| ☳ ☵ ☶ ☰<br>震 坎 艮 乾 | 시극始極 (震巽) | 뇌성雷聲 지진地震 풍질風疾 풍동風動 |
| | 득중得中 (離坎) | 화토출火吐出 수이입水裏入 |
| ☴ ☲ ☱ ☷<br>巽 離 兌 坤 | 종극終極 (兌艮) | 지止 열悅 천지축天地軸 정립正立 |

**歲甲申**세갑신 **流火**유화 **六月七日**유월칠일**에 大聖七元君**대성칠원군**은 書**서**하노라.**

갑신甲申년 유화流火 6월 7일에 대성칠원군大聖七元君은 서書하노라.

이것은 일부一夫선생의 59세가 되시던 해이니 지금의 양력으로는 1884년이다. 유화流火는 갑신甲申년 5월이 윤달이므로 7월을 유화流火 6월로 기술한 것이다.

대성大聖은 무위無爲요 7원元은 6방方의 중中이요 7위緯이며 7화火의 기氣다. 천天에 재在함에 북두칠성北斗七星이요, 지地에 재在함에 7위緯 7화火의 기氣요, 인人에 재在함에 7식識과 7규竅가 되며, 교화敎化의 편便에 재在함에 칠구지불모대준제보살七俱祗佛母大准提菩薩이니 7지곤모七地坤母의 덕상德相이요 식재보살息災菩薩이니 능히 7화火의 중허中虛한 기氣로써 모든 망상妄想을 소멸하여 재난災難을 다 쉬게 하는 것이다.

대성칠원군大聖七元君이 직접 서書하심은 그 보화普化의 방편이 지극한 것이니 사람이 아닌 대덕大德 지황地皇의 보신報身이 직접 일부一夫선생을 통하여 나타낸 것이다.

대성칠원군大聖七元君이란 것은,

대성大聖은 함이 없는 절대성을 체득한 무위성인無位聖人의 성품이요 칠원七元은 6방의 중中이며 7위緯의 운행이니 곧 7화火의 기氣를 의미한다. 3차원의 중中에 거居하여 7화火의 기氣를 발해 7위緯에 행하여 움직이되 그 체體는 본래 함이 없는 무위無爲의 행이란 것이다. 6방의 중中이라면 이미 삼재三才의 3선線에 4방과 상하의 1선線을 갖춘 중中1점點인 것이니, 이것은 4방의 중中인 5황극皇極과 같아서 이러한 중中5가 굴신屈伸하여 상하의 1선線을 생함에 곧 7위緯를 생하는 것이다. 이것은 천天에 있음에 북두칠성北斗七星을 상象하고, 지地에 있음에 7위緯 7화火의 기氣를 상象하며, 인人에 있음에 7식識과 7규竅를 상象하며, 교화의 방편으로써 보면 불가佛家의 칠구지불모대준제보살七俱祗佛母大准提菩薩이며 식재보살息災菩薩이며, 정역진경의 논論으로 보면 7지地 곤모坤母의 덕德을 상象함이 되어서, 일체 번뇌 망상과 사견邪見을 7화火의 중허中虛한 기氣로써 다 소분燒焚 소멸하여 모든 재난災難을 멈추게 한다는 군君을 말하므로, 그래서 대성칠원군大聖七元君이라 이름 한 것이다. 이러한 대성칠원군大聖七元君이 직접 서書한 것은 그 보화普化의 방편이 지극해 사람의 분별과 지식과 아는 깜량으로 헤아릴 수 없는 경지라, 이로써 사람의 분별식이 아닌 지황地皇의 보신報身이 직접 일부一夫를 통하여 언言하는 것이다. 이것을 보면 법성法性의 체體가 모든 분별을 떠나 있으되 또한 모든 분별의 세계를 등지지 않는다는 것을 알 수가 있다.

보신報身이란 것은 불가佛家에 법신法身과 보신報身과 화신化身이 있으며, 기독교에 성부聖父와 성신聖神과 성자聖子가 있으며, 유가儒家에 천황天皇 지황地皇 인황人皇이 있어서, 비록 삼교三敎가 백성의 근기에 따라 교화의 방편에 따라 그 이름을 달리 한 것이로되 그 근본이치는 같음이 되는 것이다. 예를 들어 하늘의 달은 법신法身이며 성부聖父이며 천황天皇이며, 그 비추는 광명은 보신報身이며 성신聖神이며 지황地皇이며, 물가에 비추어진 달빛의 영상影像은 화신化身이며 성자聖子이며 인황人皇이란 것이다. 이 셋 중에 하나만 빠져도 그 의義가 성립하지 못하므로, 이것이 곧 하나이며 셋이요 셋이면서 하나라 하여 이르되 "三位一體삼위일체"라 하는 것이다.

**嗚呼오호라 天地無言천지무언이면 一夫何言일부하언이리오마는 天地有言천지유언하시니 一夫敢言일부감언이로다. 天地천지 言一夫言언일부언하시니 一夫일부 言天地言언천지언이니라.**

오호라 천지天地가 말씀이 없으시면 일부一夫가 어찌 말하리오마는 천지天地가 말씀이 있으시니 일부一夫가 감히 말하도다. 천지天地가 일부一夫에게 말하라 말씀하시니 일부一夫가 천지天地의 말씀을 말하는 것이니라.

천지天地의 언言은 상象이다. 천지天地가 상象을 보이시니 일부一夫선생이 능히 그 상象을 관觀하여 말하는 것이다.

사람이 본래 천지天地의 도道와 덕德으로 더불어 추호도 다름이 없으되 다만 본체本體의 허명虛明함을 보고 그 허명虛明하다는 분별의 장애障碍에 덮인 바가 되어서 천지天地와 더불어 합하지 못하고 함께 흐르지 못함이니, 만약 어떤 범부凡夫가 있어서 분별과 욕심을 한 순간에 다 놓아서 천지天地의 도道와 덕德을 체달하여 천지天地와 더불어 추호도 다른 바가 없으면, 이에 능히 그 천지天地의 상象을 직관하여 능히 천지天地의 도道를 행하며 능히 천지天地의 언言을 언言할 수 있으리니, 이로써 천지天地의 이치와 성품을 이미 다 통달하신 일부一夫가 감히 언言하는 것이다. 감敢은 겸하謙下의 지극至極함이다.

**大哉대재라 金火門금화문이여 天地천지가 出入출입하고 一夫일부가 出入출입하니 三才門삼재문이로다.**

**日月星辰일월성신이 氣影기영하고 一夫일부가 氣影기영하니 五元門오원문이로다.**

**八風팔풍이 風풍하고 一夫일부가 風풍하니 十无門십무문이로다.**

대재大哉라 금화문金火門이여 천지天地가 출입出入하고 일부一夫가 출입出入하니 삼재문三才門이로다. 일월성신日月星辰이 기영氣影하고 일부一夫가 기영氣影하니 오원문五元門이로다. 팔풍八風이 풍風하고 일부一夫가 풍風하니 십무문十无門이로다.

금화문金火門은 소양팔괘차서素陽八卦次序의 9건乾 4곤坤 2리離 7감坎이다.

2리離가 9건乾의 중中을 득得하여 2천天이 출出하고 9리離에 입入하며, 7감坎이 4곤坤의 중中을 득得하여 7지地가 출出하고 4감坎에 입入함을 이르되 "天地出入천지출입"이라 한다. 천지天地가 출입함은 모두 천지天地가 서로 그 중中을 득得함으로써 인한 것이니, 천지天地가 서로 그 중中을 득得했다는 것은 곧 인도人道를 가리킨 것이라, 곧 일부팔괘一夫八卦 이니 이로써 "一夫出入일부출입"이라 한 것이다.

삼재三才는 천지인天地人이니 일월日月이 천지天地를 밝힘은 인人이 그 중中에 있어서 능히 합合하고 분分함이라 이르되 "三才門삼재문"이라 한다.

일월성신日月星辰은 4상象을 의미한다. 기영氣影이란 것은 관찰자인 중中5가 4상의 체體를 관함에 곧 반사해서 그림자 같은 영影을 생한다 하여 "氣影기영"이라 한 것이니, 이것을 "影生數영생수라 하고 또한 成位성위의 成數성수"라고 한다.

4상象의 기영氣影을 생성 차제의 위位로써 보면 1,6 2,7 3,8 4,9가 되고 상대성 대칭의 위位로써 보면 1,9 4,6 2,8 3,7이 되는데, 이로써 객관적 4원元의 생성과 대칭의 위位가 성하고 이러한 4원元을 관찰하여 합하고 분하여 운행함에 그 중위中位 중궁中宮에 10과 5가 자연하여 5원元의 성性을 모두 갖춤이 될 새, 이르되 "五元門오원문"이라 한다.

요약하면 일월성신日月星辰은 사상四象이니 그 기영氣影은 1,6 2,7 3,8 4,9와 1,9 4,6 2,8 3,7이 되고, 일부一夫는 10과 5이니 일부기영一夫氣影은 굴신屈伸하는 10,1과 5,6을 가리킴이라, 이로써 "五元門오원문"이라 하는 것이다.

"八風팔풍이 風풍"은 사상四象이 기영氣影하여 1태兌9건乾, 4곤坤6간艮, 2리離8진震, 3손巽7감坎이 됨을 "八風팔풍"이라 하고, 이 팔괘八卦인 팔풍八風이 금화金火에 호역互易함을 "八風팔풍이 風풍"이라 하며, 금화金火가 호역互易하여 10과 5의 체體를 성成함을 "一夫일부"라 하고, 10,5의 체體가 능히 그 용用을 여의지 않음을"一夫風일부풍"이라 하는 것이니, 일일一의 용用마다 십무十无의 체體를 여의지 않을 새 이르되 "十无門십무문"이라 한다.

**日月大明乾坤宅일월대명건곤택하니 天地將觀雷風宮천지장관뢰풍궁이라 誰識先天復上月수식선천복상월이 正明金火日生宮정명금화일생궁이리오**

일日과 월月이 건곤택乾坤宅을 크게 밝히니 천天과 지地는 장차 뇌풍궁雷風宮을 관觀함이라 선천의 복상월復上月이 금화金火 일생궁日生宮을 바르게 밝힐 줄 누가 알았으리요.

천지天地가 교交하여 서로 그 중中을 득得한 상象을 리離괘와 감坎괘의 상象인 일월日月이라 한다. 일日은 태양太陽의 행도行道이며 월月은 태음太陰의 행덕行德이다.

순수한 1상의 천기天氣가 드디어 0상에 분절되어 가서 순수한 0상을 이룸에 이러한 과정의 길을 태음太陰의 길이라 하며 월月이 이를 법한다.

순수한 0상의 지체地體가 드디어 1상에 응하여 합하여 가서 순수한 1상을 이룸에 이러한 과정의 길을 태양太陽의 길이라 하여 일日이 이를 법한다.

태음太陰의 월月이 순수한 0상을 이룸에 곤坤의 택宅이 밝으며 태양太陽의 일日이 순수한 1상을 이룸에 건乾의 택宅이 밝으니, 이것을 "日月大明乾坤宅일월대명건곤택"이라 한다. 이것은 선천이니 곧 내괘內卦의 과果이며 성成이다.

선천 내괘內卦의 성成은 그 시초에 간艮과 태兌를 지나 감坎과 리離에 중中하며 진震과 손巽에 10건乾과 5곤坤을 이룬 것이니, 이러한 10건乾과 5곤坤을 체體로 하여 다시 7,4와 9,2의 위位인 뇌雷와 풍風에 시작함을 "天地將觀雷風宮천지장관뢰풍궁"이라 하고, 이러한

10건乾과 5곤坤을 체體로 하여 다시 7,4와 9,2의 위位인 뇌雷와 풍風에 시작하여 가서 9,2와 7,4의 위位인 간艮과 태兌에 천지天地를 모두 이루어 드디어 후천 날짜의 개념을 생하는지라, 이에 내괘內卦 시초의 시작점인 간艮과 태兌를 복상월復上月이라 하고 내괘內卦의 성成인 10과 5를 체體로 하여 다시 월月을 일으킴을 일생궁日生宮이라 한 것이니, 이로써 "誰識先天復上月수식선천복상월이 正明金火日生宮정명금화일생궁이리오" 즉, "누가 先天復上月선천복상월이 金火日生宮금화일생궁을 바르게 밝힐 줄을 알았겠느냐?" 라고 하신 것이다.

〈先天復上月 金火日生宮〉

| 太陰 | | | | | 太陽 | | | |
|---|---|---|---|---|---|---|---|---|
| | 日生宮 | | | | 日生宮 | | | |
| ☰ | ☴ | ☲ | ☱ | ☷ | ☳ | ☵ | ☶ | 1 |
| 乾 | 巽 | 離 | 兌 | 坤 | 震 | 坎 | 艮 | ☰ |
| 1 | 2 | 3 | 4 | 5 | 4 | 3 | 2 | 乾 |
| 10 | 9 | 8 | 7 | 6 | 7 | 8 | 9 | 10 |
| ☰ | 兌 | 離 | 巽 | ☷ | 艮 | 坎 | 震 | ☰ |
| 乾 | ☱ | ☲ | ☴ | 坤 | ☶ | ☵ | ☳ | 乾 |
| | 復上月 | | | | 復上月 | | | |

중복重複해 논論하건대,

태양太陽이 간감진艮坎震에 도倒하여 내괘內卦를 생함에 지천태地天泰가 되고 다시 진감간震坎艮에 역逆하여 외괘外卦를 성함에 곧 건천乾天이 됨이니, 이것은 지地가 천도天道를 성한 것이다.

태음太陰이 태리손兌離巽에 역逆하여 내괘內卦를 생함에 천지비天地否가 되고 다시 손리태巽離兌에 도倒하여 외괘外卦를 성함에 곧 곤지坤地가 됨이니, 이것은 천天이 지덕地德을 성한 것이다.

이에 내괘內卦를 선천 복상월復上月이라 하고 이러한 선천 복상월復上月이 능히 10과 5를 성하여, 후천의 외괘外卦에 장차 뇌雷와 풍風을 일으킴에 이것을 일컬어 "天地將觀雷風宮천지장관뢰풍궁"이라 한 것이니, 이에 뇌雷는 괘의 뇌천대장雷天大壯이며 풍風은 괘의 풍지관風地觀이다.

이것은 태양太陽 7 8 9의 수數가 4 3 2의 위位에 자리하며 태음太陰 9 8 7의 수數가 2 3 4의 위位에 자리하여 금화金火의 위位가 서로 교역交易해 능히 천지天地를 성한 것이라, 이에 뇌풍궁雷風宮은 곧 후천의 일생궁日生宮이 되므로 이에 일부一夫가 탄식해 이르시되 "誰識先天復上月수식선천복상월이 正明金火日生宮정명금화일생궁이리오" 즉, 누가 선천복상월先天復上月이 금화일생궁金火日生宮을 바르게 밝힐 줄을 알았겠느냐? 라고 하신 것이다.

10건乾과 5곤坤을 성함에, 10건乾은 순양純陽이라 곧 소消하여 허虛하고 퇴退하는 상相이 있으니 곧 1손巽이며, 5곤坤은 순음純陰이라 곧 신伸하여 장長하고 진進하는 상相이 있으니 곧 6진震이다. 괘卦의 뇌천대장雷天大壯은 후천 외괘外卦에 1양陽이 비로소 생하는 상相이고, 풍지관風地觀은 후천 외괘外卦가 1음陰에 비로소 소消하는 상相이다. 선천 복상월復上月과 후천월后天月이 모두 같은 뇌풍궁雷風宮이로되, 선천 최초의 뇌풍궁雷風宮은 복復과 구姤이며 후천 최초의 뇌풍궁雷風宮은 대장大壯과 관觀인 것이다.

사상四象의 위位로써 관하건대,

순수한 0상은 제4위의 체體이며 그 용用은 0을 체體로 한 1양陽이니 제3위다. 순수한 1상은 제1위의 체體이며 그 용用은 1을 체體로 한 0음陰이니 제2위다. 그러므로 복復의 1양陽은 제3위의 수數를 얻고 구姤의 1음陰은 제2위의 수數를 얻는다. 제2위와 제3위는 음양陰陽의 기氣가 서로 반대이므로 합合하면 쌍雙으로 멸滅하거나 쌍雙으로 나타나나니, 이에 쌍雙으로 멸滅한 상相을 쌍망雙忘이라 하고 쌍雙으로 나타난 상相을 쌍조雙照라고 한다.

체방용원體方用圓은 선천의 작용을 말함인데 이것은 0을 체體로 해 1양陽을 용用하여 가는 상相이라 복復괘가 이를 상象하니, 이로써 복復괘의 최초 1양陽은 위位의 3이라 이로써 선천은 1,3도의 위位인 경오庚午로써 초1일을 삼으니, 한번 주회한 도수度數로는 27일 갑오甲午에 삭朔이 되며 이에 선천의 선천은 이와 상대적 위位이므로 곧 갑자궁甲子宮으로 초1일을 삼는 것이다.

육효六爻의 위位로써 선천의 도수度數를 관하건대, 본래 제1위의 수數가 1양陽1음陰에 수數의 3과 2가 되어서 제5도의 중궁中宮인 무진戊辰으로써 초1도를 삼아야 하거늘, 이제 홀로 1양陽의 3수數만을 쓰는지라 능히 쌍조雙照하지 못하여 착錯이 되어서 이에 천지天地

가 경위傾危하는 것이다.

후천의 선천은 최초에 수數의 3과 2를 동시에 쌍조雙照하여 나아가 제5도 진辰을 초1도로 삼아 도수度數를 헤아리므로 15도 오午에 망望이 되고 미未에 16도가 되는 것이다.

후천의 후천은 선천의 15도를 귀공歸空하고 미未로써 초1도를 삼아서 이에 월月이 16도 술戌에 분分하여 나아가 축丑으로써 초하루 삭朔을 삼는 것이다.

**〈先后天月 運行度數〉**

| | |
|---|---|
| 先天 | 경오庚午1,3도 초1일 갑오甲午 27일朔 |
| 先天之先天 | 갑자甲子 초1일 |
| 后天之先天 | 진辰(제5도) 초1도, 오午 15도 망望, 미未 16도 |
| 后天之后天 | 선천先天 15도 귀공歸空 미未 초1도, 월분月分 술戌 16도, 축丑 1일朔 |

후천의 외괘外卦인 뇌풍궁雷風宮은 곧 대장大壯과 관觀이다. 이것은 내괘內卦에 이미 건乾괘와 곤坤괘를 다 이루어 이에 15도가 존공尊空되고 다시 이것을 체體로 하여 외괘外卦의 초1도인 16도에 분分하여가서 그 도수度數를 헤아리므로, 15도는 10,1의 위位요 16도는 9,2의 위位가 되어서 또한 이르시되 "先天復上月선천복상월이 后天후천의 金火日生宮금화일생궁을 正明정명한다." 하신 것이다.

化无上帝화무상제가 言언하시되

復上복상에 起月기월하면 當天心당천심이요 皇中황중에 起月기월하면 當皇心당황심이라 敢將감장 多辭다사한 古人月고인월로 幾度復上기도복상하야 當天心당천심일고 月월을 起復上기복상하면 天心月천심월이요 月월을 起皇中기황중하면 皇中月황중월이시니 普化一天보화일천 化翁心화옹심이 丁寧分付정녕분부 皇中月황중월이오이다.

화무상제化无上帝가 말씀하시되

복상復上에 월月을 일으키면 천심天心에 당當함이요 황중皇中에 월月을 일으키면 황심皇心에 당當함이라 감히 장차 말 많은 고인古人들의 월月로 복상復上을 헤아려·천심天心에 도달할 수 있을고 월月을 복상復上에서 일으키면 천심월天心月이요 월月을 황중皇中에서 일으키면 황중월皇中月이라 하시니 보화일천普化一天 화옹化翁의 심心이 정녕 황중월皇中月을 분부하심이오이다.

화化는 본성本性의 용用이니 물物의 분화分化이며 무無는 본성本性의 체體이니 무위無爲다. 그러므로 화무化无라는 것은 본래 성품을 여의지 않은 본성本性의 체體로부터 분화分化하여 가는 무량한 무위無爲의 공용功用을 의미한다.

상제上帝는 위없는 도道를 통달해 지혜와 복덕이 원만한 경지를 말함이니 그 지혜와 복덕이 무량하여 측량치 못하는 바며 모든 중류의 상상上上이 되는 바며 만물 만상의 근본체성인 원원元元을 지칭한 바라, 곧 무위복덕공용無位福德功用의 법신法身과 보신報身의 체體다. 화무상제언化无上帝言이라 한 것은 일체 생각과 분별과 말로써 계산하고 측량할 바가 아니어서, 이러한 법신法身과 보신報身이 바로 사람에게 직접 현시現示해 설說함이니 이로써 "化无上帝言화무상제언"이라 한 것이다.

초효初爻에 양효陽爻를 생하여 제6위에 건천乾天을 성하고 이것을 체體로 하여 다시 제7위의 초효初爻에 음효陰爻를 생하여 제12위에 곤지坤地를 성함을 이르되 "幾度復上기도복상 當天心당천심"이라 한다. 다사多辭한 고인월古人月로 능히 헤아리지 못할 바니 다사多辭하면 곧 분별이라 기도복상幾度復上하여도 능히 천심天心에 이르지 못하는 것이다. 양陽과 음陰이 각각 초효初爻에 시작됨을 복상復上이라 하고 복상復上에서 시작하여 순수한 1상인 건천乾天을 성하며 순수한 0상인 곤지坤地를 성함을 이르되 "天心천심과 皇心황심"이라 한다. 다사多辭는 사람의 생각과 말과 분별로써 진리를 논論하며 추리해 나감을 말한다.

각각 제6위의 효爻에 순수한 1상인 천天과 순수한 0상인 지地를 모두 성하고 이것을 체體로 하여 굴신屈伸해서 제6위의 효爻로써 초효初爻를 삼아 굴신屈伸해 나아감에 건천乾天을 체體로 해 1음陰을 생함을 "天心천심의 天心月천심월"이라 하고, 곤지坤地를 체體로 해 1양陽을 생함을 "皇心황심의 皇中月황중월"이라 한 것이니, 고인古人들이 생각과 말로써 논論한 고인월古人月로써는 천심天心과 황심皇心에 이르지 못한다는 것을 말씀한 것이다.

천심天心의 천심월天心月의 위位는 10,1의 위位이며 황심皇心의 황중월皇中月의 위位는 5,6의 위位다. 10,1으로부터 6,5의 방향성은 분화分化의 행상이며 5,6로부터 1,10의 방향성은 합도合道의 행상이라, 화옹化翁의 심心은 모든 분화分化된 만물이 서로 화합해 하나가 되기를 원력願力으로 하므로 "普化一天보화일천 化翁화옹의 心심이 정녕 皇中月황중월을 분부하심이오이다."라고 하신 것이다. 보화일천普化一天이란 것은 일천一天의 기氣가 널리 무량無量에 화化한다는 것이니, 곧 1선線이 무량無量에 분절해 그 덕德을 널리 편다는 뜻이다. 이것은 보신報身이며 지황地皇이며 성신聖神인 것이다.

최초의 1을 찍음에 1과 0이 동시에 나타나서 하나가 곧 둘이요 둘이 곧 하나라는 것을 앎을 천심天心이라 하는 것이니 이것은 괘卦의 초효初爻에 당當한다. 최초의 초효初爻에서 도수度數를 시작하여 5위位의 효爻를 지나 제6위의 효爻에 극極해서 존공尊空되고 다시 제7위의 초효初爻에서 시작함을 "月起復上天心月월기복상천심월"이라 한다. 월月이란 것은 월月의 그림자이니 천심天心이 동動한 영影이다.

만물이 인황人皇의 위位인 제5위에 이르러 5선線과 10방方이 하나가 되므로 5와 10은 만물의 극極이며 하나인 것이니 이것을 깨달아 체달함을 "皇心황심"이라 하고, 만물이 이곳에 이르러 극極하고 반反하여 5,6의 위位에 굴신屈伸하니 다시 제6효의 위位가 초효初爻의 위位가 되는지라 이것은 5,6의 위位에 5를 여의지 않은 중궁中宮의 6에서 월月을 일으킨 것이므로 이것을 "月起皇中皇心月월기황중황심월"이라 한다. 황심월皇心月의 월月이란 것은 황심皇心이 동動한 황심皇心의 그림자인 영影을 말함이니 곧 6이다.

복상월復上月과 천심월天心月이 본래 같은 것이로되 그 보는 관점에 따라 이름을 달리 한 것이니, 이른바 최초의 1을 찍음에 다만 1에서 1을 일으킴을 복상월復上月이라 하고, 그러나 이러한 1의 체體가 본래 10과 다르지 않아서 10을 체體로 해 일어나는 줄 알면 이것을 천심월天心月이라 하는 것이다. 복상復上과 천심天心이 똑같이 최초의 1을 찍어 시작하는 것은 비록 같음이 되나, 그 시작점을 단單1로 보느냐 쌍雙으로 보느냐에 따라서 다사多辭한 고인월古人月도 되고 깨침을 얻은 천심월天心月도 되는 것이므로, 요점은 항상 쌍조雙照하고 쌍망雙忘하는 법法을 익힘이 요긴한 것이다.

> 化无上帝화무상제가 重言중언하시되
>
> 推衍추연에 无或違正倫무혹위정윤할지니 倒喪天理도상천리하면 父母危부모위하시니라.
>
> 不肖불초가 敢焉推理數감언추리수이오나 只願安泰父母心지원안태부모심하노이다.
>
> 歲甲申세갑신 七月칠월 十七日십칠일 己未기미에 不肖子불초자 金恒김항은 感泣감읍해 奉書봉서하나이다.
>
> 화무상제化无上帝가 거듭 말씀하시되
>
> 추연推衍에 혹 정륜正倫을 어기지 말지니 천리天理를 도상倒喪하면 부모가 위태危殆하시니라.
>
> 불초不肖가 감히 리理와 수數를 추연推衍함이오나 다만 부모의 심心이 안태安泰하시길 원願하노이다.
>
> 갑신甲申년 7월 17일 기미己未에 불초자不肖子 김항金恒은 감읍感泣해 서書를 받드나이다.

천지天地의 도道는 효孝가 근본이다.

효孝는 예禮가 근본이며, 예禮는 겸謙이 본本이며, 겸謙은 하심下心이 본本이며, 하심下心은 무아無我가 본本이며, 무아無我는 근본성품을 깨친 오悟가 본本이며, 이에 오悟는 곧 천지天地의 도道다. 그러므로 천지天地의 도道인 근본성품을 미혹하여 천리天理를 도상倒喪하면 효孝의 근본이 상傷하게 되므로 이로써 부모가 위태危殆해지는 것이다.

깨친 성품인 오悟는 도道가 근본인데 도道의 지행智行을 덕德이라 하고, 도道와 덕德을 동시에 갖춤을 인仁이라 하며, 인仁도 또한 둘 곳이 없음을 성性이라 한다.

일부一夫께서 일부一夫라 칭하지 않고 김항金恒이라 한 것은 일체 분화分化된 망상妄想의 중생심衆生心인 화신化身을 표表하신 것이라 고로 "不肖子불초자 金恒김항"이라 겸하謙下하신 것이니, 이것은 법法과 보報와 화化가 서로 감응感應하고 문답問答하여 사람으로 하여금 그 법도法道를 본받게 하며 또한 시공時空의 변역變易에 나아가 사람으로 하여금 그 역수易數를 본받아 사용에 편리케 하고자 하심이라, 성인聖人의 덕화德化가 참으로 지극至極하고 심심深深한 것이다.

化翁親視화옹친시 監化事감화사니라.

嗚呼오호라 金火금화가 正易정역하니 否往泰來비왕태래로다.

嗚呼오호라 己位기위가 親政친정하니 戊位무위는 尊空존공이로다.

嗚呼오호라 丑宮축궁이 得旺득왕하니 子宮자궁은 退位퇴위하도다.

嗚呼오호라 卯宮묘궁이 用事용사하니 寅宮인궁이 謝位사위로다.

嗚呼오호라 五運오운이 運운하고 六氣육기가 氣기하여 十一歸體십일귀체하니 功德공덕이 無量무량이로다.

화옹化翁이 친히 보이신 감화사監化事니라.

오호라 금화金火가 역易을 바르게 하니 비否는 가고 태泰가 오도다.

오호라 기위己位가 친히 정사政事하니 무위戊位는 존공尊空이로다.

오호라 축궁丑宮이 득왕得旺하니 자궁子宮은 그 위位에 퇴退하도다.

오호라 묘궁卯宮이 용사用事하니 인궁寅宮이 그 위位를 떠나도다.

오호라 오운五運이 운運하고 육기六氣가 기氣하여 십일귀체十一歸體하니 공덕功德이 무량無量이로다.

화化는 변變이니 보이지 않는 선線의 상대성 개념이다. 옹翁은 고古이니 비롯함이 없음으로부터 온 최초의 1점點이다. 친시親視는 래來하여 보임이다.

시교施敎를 하되 비롯함이 없음으로부터 온 무시이래無始以來이니 무위공용無爲功用의 극極이며 일체 분별이 끊어진 순수한 0상과 1상이다. 이렇듯 함도 없고 비롯함도 없는 무위無爲 무시無始가 만물의 근원이므로, 이러한 만물의 근원이 그 시時의 변變과 지地의 화사化事를 즉 지도地道가 변화하는 일을 사람에게 바로 친親히 시현示現한 것은, 사람의 생각과 계교計巧로써는 능能히 하지 못하고 감당堪當치 못할 새 사람에게 바로 보여서 알게 하고자 한 것이다.

소양사상팔괘차서素陽四象八卦次序를 의거하건대,

2리離가 9건중乾中을 득得하여 9리離와 2천天이 되고 7감坎이 4곤중坤中을 득得하여 4감坎과 7지地가 되어서, 일日과 월月이 각각 건곤乾坤의 중中을 득得하여 천지天地를 밝히므로 이에 역易이 바르게 운행運行함을 이르되 "金火正易금화정역"이라 한다.

괘卦의 비否는 천지天地의 분分이니 무위戊位가 이를 법法하고 괘卦의 태泰는 지천地天의 합合이니 기위己位가 이를 법法한다.

천지天地가 분分하여 천지天地가 정위定位하고 이것을 체體로 하여 다시 지천地天의 용用을 일으키니, 무위戊位는 자연히 존공尊空되어 이에 기위己位가 친정親政하므로 이것을 일러 "否往泰來비왕태래"라 한 것이다.

무위戊位는 순수한 양陽인 10건乾의 1상象이 순수한 음陰인 5곤坤의 공상空相의 0과果를 성한 것이므로 자연히 존공尊空의 상相이 있다.

지천地天의 용用을 일으킴에 천지天地의 체體는 자연히 숨으니 이것을 기위己位가 친정親政하니 "戊位무위는 尊空존공"이라 한 것이다.

무위戊位에 이미 천지天地가 분分하여 천지天地의 체體를 세움에 천지天地가 교交하고 합合하여 다시 1로 돌아오는 상相이 있으니 이르되 "己位親政기위친정"이라 한다.

6위位의 괘위卦位에 초효初爻의 자子로부터 양陽이 생하여 가서 자인진오신술子寅辰午申戌의 술戌의 위位에 양陽이 극極하여 양陽의 극極인 건천乾天의 상象을 성하니, 건천乾天의 상象은 6위位가 모두 변함이 없는 항恒하고 상常한 1양陽의 상象이라 이로써 술戌의 위位는 존공尊空의 위位가 되고, 이것은 양陽이 극極한 것이므로 이에 극極하고 곧 반反하여 음陰으로 화化한다.

6위位의 괘위卦位에 초효初爻의 축丑으로부터 음陰에 소消하여 가서 축해유미사묘丑亥酉未

已卯의 묘卯의 위位에 음陰이 극極하여 음陰의 극極인 곤지坤地의 상象을 성하니, 곤지坤地의 상象은 항상恒常할 바도 없는 공상空相인 순수한 1음陰의 상象이라 이로써 제6위의 묘卯의 위位는 존공尊空의 위位가 되고, 이것은 음陰이 극極한 것이므로 이에 극極하고 곧 반反하여 양陽으로 변變한다.

극極하면 곧 반反한다는 것은 천지天地의 체體와 용用이 제5위의 나라는 주관적 관찰에 의하여 반사되어, 그 영影이 최초로 제6위에 음陰은 양陽으로 양陽은 음陰으로 변화하여 나타나므로 "極卽反극즉반한다."라고 한 것이다. 이러히 제6위에 양陽이 음陰으로 화化하며 음陰이 양陽으로 변變하는 것은 우주만물의 천지天地의 체體와 용用인 1 2 3 4가 중궁中宮의 제5위에 반영反影하여 제6위에 다시 시작됨으로 인함이니, 1은 6으로, 2는 7로, 3은 8로, 4는 9로, 5는 10으로 화化하고 변變하므로 결국 우주만물은 나라는 주관적 관찰자에 와서 극極하고 반反하여 다시 시작이 되기 때문이다.

최초의 1건乾이 드디어 분分하여 가서 2태兌 3리離 4진震 5손巽에 순수한 0상의 5곤坤이 된 것은 곧 무위戊位를 일컬은 것이며, 이에 5곤坤이 굴신屈伸하여 곧 6이 되어서 계속해 굴신屈伸해 나아가 4,7간艮 3,8감坎 2,9손巽 1,10진震에 순수한 1상의 10건乾이 된 것은 곧 기위己位를 일컬음이라, 이것은 천天이 지地가 된 것이며 지地가 천天이 된 것이니 이것은 양陽이 음陰의 위位에 음陰이 양陽의 위位에 자리함을 의미한다.

제6위의 묘궁卯宮에 순수한 1음陰의 상象인 곤지坤地를 이룸에, 제6위는 음陰이 양陽으로 변變하며 양陽이 음陰으로 화化하는 위位이므로 곧 양陽으로 변變하는데, 양陽은 진進하며 신伸하는 상象이 있어서 곤지坤地는 무위無位이니 존공尊空되고 양陽의 위位로 변變한 묘궁卯宮은 축궁丑宮으로 진進하여 귀歸한다. 제6위의 술궁戌宮에 순수한 1양陽의 상象인 건천乾天을 이룸에, 제6위는 양陽이 음陰으로 화化하며 음陰이 양陽으로 변變하는 위位이므로 곧 음陰으로 화化하는데, 음陰은 퇴退하며 굴屈하는 상象이 있어서 건천乾天은 무위無爲이니 존공尊空되고 음陰의 위位로 화化한 술궁戌宮은 신궁申宮으로 퇴退하여 의지한다.

이로써 축丑이 1건乾의 위位에 자리함에 1 2 4 6 8 10의 위位에 축인진오신술丑寅辰午申戌이 자리하며, 술戌이 신申8의 위位에 의지함에 자궁子宮은 술10의 위位로 이동하며 이로부터 10 9 7 5 3 1의 위位에 무자戊子 정해丁亥 을유乙酉 계미癸未 신사辛巳 기묘己卯가 자리하니, 기묘己卯는 기축己丑에 귀歸한다.

이로써 정령政令은 기축己丑 경인庚寅 임진壬辰 갑오甲午 병신丙申에 1 2 4 6 8의 위位이며, 여율呂律은 무자戊子 정해丁亥 을유乙酉 계미癸未 신사辛巳에 10 9 7 5 3의 위位가 된다.

술戌의 위位는 순수한 양陽이나 제6위에 극極한 것이므로 음陰으로 화化한 위位이니 굴屈하여 신申에 의지하는 상象이 있고, 묘卯의 위位는 순수한 음陰이나 이 또한 제6위에 극極한 것이므로 양陽으로 변變한 위位이니 진進하여 축丑에 귀歸하는 상象이 있는 것이다.

묘卯가 축丑에 귀歸하는 것은 묘卯의 위位는 순수한 음陰이나 제6효의 위位에 음陰이 극極한 것이므로 양陽으로 변變한 위位이니 양陽은 진進하는 상象이 있어서 진進하여 축丑1에 귀歸하는 상象이 있고, 술戌이 신申에 의依하는 것은 술戌의 위位는 순수한 양陽이나 제6효의 위位에 양陽이 극極한 것이므로 음陰으로 화化한 위位이니 음陰은 굴屈하는 상象이 있어서 굴屈하여 신申에 의依하는 상象이 있는지라, 제10위의 무술戊戌이 존공尊空됨에 자子가 술戌의 제10위에 들어가고 이에 술戌이 신申8의 위位에 의依하는 것이다. 이것을 "丑宮得旺축궁득왕하니 子宮退位자궁퇴위"라 한다.

〈축궁득왕丑宮得旺 자궁퇴위子宮退位〉

| 1 | 3 | 5 | 7 | 9 | 11 | 10 | 8 | 6 | 4 | 2 | 0 |
|---|---|---|---|---|---|---|---|---|---|---|---|
| 子 | 寅 | 辰 | 午 | 申 | 戌* | 丑 | 亥 | 酉 | 未 | 巳 | 卯** |
| ䷗ | ䷒ | ䷊ | ䷡ | ䷪ | ䷀(䷀) | ䷫ | ䷠ | ䷋ | ䷓ | ䷖ | ䷁(䷁} |
| 丑 | 寅 | 辰 | 午 | 申 | 戌 | 子 | 亥 | 酉 | 未 | 巳 | 卯 |
| 1 | 2 | 4 | 6 | 8 | 0 | 10 | 9 | 7 | 5 | 3 | 1 |

**순수1양陽, 존공尊空, 극즉반極卽反 음화陰化, 음퇴이굴陰退而屈(술의신戌依申)
**순수1음陰, 존공尊空, 극즉반極卽反 양변陽變, 양진이신陽進而伸(묘귀축卯歸丑)

자궁子宮이 그 위位에서 물러났다는 것은 중위中位의 경도經度인 무위無爲의 위位에 합合했다는 것이니, 이로써 자오子午가 정북의 건방乾方과 정남의 곤방坤方에 자리하여 경도經度를 바르게 세우며 이에 자연히 묘卯와 유酉가 정동의 간방艮方과 정서의 태방兌方에 자리하여 위도緯度의 운행을 바르게 하는지라, 이에 인신궁寅申宮이 물러나고 묘유궁卯酉宮이 위도緯度에 운행하여 용사用事할새 이르되 "卯宮用事묘궁용사 寅宮謝位인궁사위"라 하신 것이다.

선천의 선천은 1 2 3 4 5의 위位이며 선천의 후천은 6 7 8 9 10의 위位다. 선천의 위位와 후천의 위位를 동시에 보면 선천은 순順하고 후천은 역逆하여 1,10 2,9 3,8 4,7 5,6이 된다.

자子1은 선천 최초의 시時인데 후천과 동시에 보면 10,1이니 이것을 천심天心이라 한다. 중中5가 천심天心의 1에 합함에 그 영影이 해亥6에 동動하므로 후천 천심월天心月이라 하고 이것으로 후천 최초의 시時를 잡는 것이다. 이로써 선천의 야반夜半에는 만물의 시時가 자子1에 비로소 개開하고, 후천의 야반夜半에는 만물의 시時가 해亥6에 비로소 벽闢하니 해亥는 사巳와 대칭의 위位가 된다.

개開는 생生하여 진출進出하는 상象이며 벽闢은 열어서 만물을 수렴收斂하는 상象이다.

십이지지十二支地 중에 해인사신亥寅巳申은 사생四生의 위位이며 자묘오유子卯午酉는 사정四正의 위位이며 축진미술丑辰未戌은 사고四庫의 위位다.

선천은 사생四生의 위位인 인신사해寅申巳亥로써 중위中位를 삼아 사정四正의 위位인 자子로써 그 시時를 생生하니, 이것은 천지天地의 축軸이 기울어진 경위傾危의 시절이다.

후천은 사정四正의 위位인 자오묘유子午卯酉로써 중위中位를 삼고 사생四生의 위位인 해亥로써 그 시時를 열어 만물을 수렴收斂하여 가니, 이것은 천지天地의 축軸이 바로 선 정위正位의 시절이다.

**〈선천개자先天開子 후천벽해后天闢亥〉**

| | | | |
|---|---|---|---|
| 先天의 先天位 1 2 3 4 5<br>先天의 后天位 6 7 8 9 10 | ⇒ | 선천先天 순順<br>후천后天 역逆 | 1 2 3 4 5<br>10 9 8 7 6 |

천심天心 자子1(先天 최초 시時)의 后天 관점(10,1)
영동천심월影動天心月 중中5 합合 천심天心1 영동影動 해亥6(后天 최초 시時)
先天 야반夜半 개자開子 (개開 : 생이진출生而進出)
　　천지경위天地傾危 중위中位 인신사해寅申巳亥(四生) 시생時生 자子(四正)
后天 야반夜半 벽해闢亥 (벽闢 : 만물수렴萬物收斂)
　　천지정위天地正位 중위中位 자오묘유子午卯酉(四正) 시생時生 해亥(四生)

중中5가 1의 천심天心에 합하여 6에 동動함을 "影動天心月영동천심월"이라 한다. 이것은 5,6에 굴신屈伸한 상象이니 곧 포오함육包五含六의 위位다. 이로부터 7 8 9 10의 위位에 간감진건艮坎震乾이 도생倒生하고 4 3 2 1의 위位에 진감간건震坎艮乾이 역성逆成하여 건乾을 성하니, 건乾에 이르러 10과 1이 하나가 된 것이라 이로써 각 위位가 십일귀체十一歸體하니 이것을 "水土之成道수토지성도"라 한다.

이것은 각위各位가 십일十一에 극즉반極卽反하여 그 위位가 바뀐 것이라, 축인진오신술丑寅辰午申戌이 1 2 4 6 8 10의 위位에 자리하며 자해유미사묘子亥酉未巳卯가 10 9 7 5 3 1의 위位에 자리한 것이라, 이에 축자丑子가 하나이며, 인해寅亥가 하나이며, 진유辰酉가 하나이며, 오미午未가 하나이며, 신사申巳가 하나이며, 묘술卯戌이 하나가 되는 것은 이치의 자연自然이다.

〈십일귀체十一歸體와 육합六合〉

| | | | | |
|---|---|---|---|---|
| 5,6 굴신屈伸<br>포오함육包五含六 | ⇒ | 5 4 3 2 1 곤진감간건震坎艮乾坤 역성逆成<br>6 7 8 9 10 곤간감진건坤艮坎震乾 도생倒生 | ⇒ | 성건成乾 |

십일귀체十一歸體 수토지성도水土之成道 각위各位 십일十一 극즉반極卽反 위역位逆

축인진오신술丑寅辰午申戌 1 2 4 6 8 10

자해유미사묘子亥酉未巳卯 10 9 7 5 3 1

육합六合 축자丑子 인해寅亥 진유辰酉 오미午未 신사申巳 묘술卯戌

항상恒常하고 전일全一한 순수한 1상象의 선상線相은 건천乾天이며 시간의 개념이다.

허허虛虛하여 항상恒常할 바도 없는 순수한 0상象의 공상空相은 곤지坤地이며 공간의 개념이다.

항상恒常할 바가 없으므로 순수한 1상에 분절 분리의 상相이 나타나고 전일全一하므로 분절 분리된 상相을 합해 가는 이치가 나타난다.

분리되고 합해 가는 중에 이치의 질서와 법칙이 나타나고 그 법칙의 상相을 취하여 태리손兌離巽과 간감진艮坎震의 상相이 나타나며, 이로써 그 위位가 세워져 시간상이 5공간의 위位에 극極하며 공간상이 6위位의 시時에 극極하여 다하니, 이것을 이르되 "五運5운 六氣6기"라고 한다. 이것은 시간의 1선상一線相이 5공간에 분절해 6위位의 시時의 기氣가 나타난 것이니, 이러한 5공간에 분리되어 가는 상相을 취하여 5운運라 하고, 1선상一線相이 5공간에 분절되어 6위位의 기氣가 발산하는 상相을 취하여 6기氣라고 한 것이다.

5운運이 운運한다는 것은,

1선一線의 시간상이 네 번 꺾이어 4방의 의義가 나타나고 이에 중궁中宮의 공간상은 자연히 제5위位가 되며, 이러한 제5위位의 공간상은 4방을 모두 머금은 상相이라 이에 4방의 위位와 합하여 4방에 각각 6 7 8 9의 위位가 나타남이라 자연히 그 중궁中宮은 제 10위가 되어서, 5와 10이 중궁中宮의 중위中位에서 합하여 하나가 됨이 자연한 것이니 고로 중궁中宮은 궁宮의 5이면서 위位의 10인 것이다.

이로써 만물이 제5위位에 이르러 5원元의 형질이 생성되며 5원元이 각각 음양陰陽을 갖추어 10수數를 모두 성함에 이에 10천간天干의 의義가 자연히 나타나, 1,6의 위位를 수水라 하며, 2,7의 위位를 화火라 하며, 3,8의 위位를 목木이라 하며, 4,9의 위位를 금金이라 하며, 5,10의 위位를 토土라 하여 만물이 서로 합合하고 충화冲化하여 가는 이치를 밝히니, 이것을 이르되 "五運5운이 運운한다"고 하는 것이다.

이러히 5원元을 다 이루고 5와 10이 중궁中宮의 중위中位에서 합合하여 다시 시작함이 있으니, 이에 굴신屈伸의 도道가 생하여 5,6의 위位와 10,1의 위位에 굴신屈伸하여 무량無量에 나아감에 각 위位가 11귀체歸體하여 모두 근본의 도道를 여의지 않는지라, 이르되 "十一歸體십일귀체하니 功德無量공덕무량"이라 하신 것이다.

6기氣는 5위位의 공간에 분절된 시간의 개념이다.

제5위의 공간 위位인 5곤坤의 위位는 절대적 공간상의 위位이니 이러한 절대적 공간 위位는 가히 그 상象을 볼 수가 없어서, 관찰하는 개념의 시간성을 말미암아 비로소 그 상象을 짐작할 수 있는 것이다. 고로 시간적 개념이 없는 공간은 존재할 수 없으며 공간적 개념이 없는 시간 또한 존재할 수 없는 것이니, 일부一夫께서는 이것을 "包五含六포오함육의 位위"라 하였다. 포오함육包五含六이란 것은 시時가 공空을 포包하며 공空이 시時를 함含한 위位를 일컬음이라, 곧 세世와 계界가 하나라는 것을 의미하는데 이것을 "皇極황극의 位위"라 한다.

이렇듯 5공간이 6기氣를 발發하여 나아감에 5공간의 위位는 퇴退하고 6기氣의 위位는 진進하여, 제5위의 공간의 위位가 모두 퇴退함에 6기氣는 오히려 나아가 그 기氣가 만영滿盈한 10건乾의 절대적 시간개념을 이룸이니, 이것을 "无極무극의 位위"라 하고 이에 건乾괘가 이를 법하는 것이다.

기氣가 허지虛之하면 공간상은 늘어나고 기氣가 다하는 곳에 절대적 공간상인 5곤坤의 경지요, 기氣가 영지盈之하면 공간상은 줄어서 기氣가 만영滿盈하여 공간상이 다하는 곳에 절대적 시간상인 10건乾의 경지인 것이니, 이 모두는 그 궁극에 이르러 속도와 질량이 무한대이므로 이 둘은 결국 불이不二인 것이다.

이것은 건乾이 곤坤을 성하며 곤坤이 건乾을 성한 것이라 이로써 각위各位가 11의 수數를 얻음에 1은 10에 귀歸하여 그치고 10은 1에 진進하여 동動하니, 이것을 "十一歸體功德無量십일귀체공덕무량"이라 하는 것이다. 각위各位가 11의 수數를 얻는다는 것은, 건乾이 곤坤을 성해 가는 과정에 10,1 9,2 8,3 7,4 6,5의 위位에 건태리손곤乾兌離巽坤이 위位하며 곤坤이 건乾을 성해 가는 과정에 5,6 4,7 3,8 2,9 1,10의 위位에 곤간감진건坤艮坎震乾이 위位하여, 각위各位가 합함에 11의 수數를 얻어서 각위各位가 각각 11귀체歸體의 상象을 갖추게 됨을 말한다.

다시 정관靜觀하건대 계界와 세世의 극極은 10에 지止함과 동시에 1에 동動하는 것이니 지止와 동動은 불이不二이며 동시인 것이다.

우주 근본성품은 오직 0상과 1상일뿐이다. 0상을 인因하여 순수한 1상의 10건乾의 과果를 성하며 1상을 인因하여 순수한 0상의 5곤坤의 과果를 성하니, 만물이 이러한 도道와 덕德의 과체果體를 체體로 하여 운행하고 충화冲化하여 간다.

이렇듯 만물이 중궁中宮의 중위中位에서 종終하고 다 성成하며 합合하여 다시 시작됨이 있으니, 이에 토성土性인 5와 10을 제1위에 배치하고 이로부터 차제次第로 분화分化하여 생生하여 감에 곧 토금수목화토土金水木火土이다.

만물이 제1위로부터 제6위에 이르러 비록 같은 성품性品끼리 다시 만나고 합合함이 있으나 그 음양陰陽의 위位는 바뀜이 있다.

갑甲으로부터 무戊까지의 위位를 선천이라 하고 기己로부터 계癸까지의 위位를 후천이라 한다. 선천과 후천이 제1,6의 위位에 음양陰陽의 위位가 서로 바뀜에 선천의 제1위는 갑기甲己이며 후천의 제1위는 기갑己甲인 것이다.

선천에 갑甲으로써 제1위를 삼은 것은 만물이 삼재三才를 갖춘 연후에야 드디어 서로 보며 운행이 됨을 법한 것이다. 이로부터 차제로 갑기甲己는 토土의 위位에, 을경乙庚은 금金의 위位에, 병신丙辛은 수水의 위位에, 정임丁壬은 목木의 위位에, 무계戊癸는 화성火性의 위位

에 각각 차례대로 배치한 것이다. 후천엔 비록 제6위에 같은 성질의 성품이지만 음양陰陽의 위位는 바뀌므로 이로써 기갑己甲에 토土요, 경을庚乙에 금金이요, 신병辛丙에 수水요, 임정壬丁에 목木이요, 계무癸戊에 화성火性의 위位이니, 곧 후천后天 5운運의 위位다.

**〈오운五運과 선후천先后天〉**

| 선천先天 | 후천后天 |
|---|---|
| 甲乙丙丁戊 | 己庚辛壬癸 |
| 제1위 갑기甲己 | 제1위 기갑己甲 |
| 선천先天 5운運 | 후천后天 5운運 |
| 갑기甲己 토土 | 기갑己甲 토土 |
| 을경乙庚 금金 | 경을庚乙 금金 |
| 병신丙辛 수水 | 신병辛丙 수水 |
| 정임丁壬 목木 | 임정壬丁 목木 |
| 무계戊癸 화火 | 계무癸戊 화火 |
| 后天의 先天 시時 | 后天의 后天 시時 |
| 10土極 生1子水 | 5土極 生6亥水 |

이렇듯 만물의 5운運은 중궁中宮의 중위中位에서 시작되어 상생相生해 다시 중궁中宮의 중위中位에 돌아와 합하는 것이다. 이에 10토土가 극極하여 1수水를 생함에 이것으로 후천의 선천 최초의 시時를 삼고, 5토土가 극極하여 6수水가 열림에 이것으로 후천의 후천 최초의 시時를 삼는 것이다. 1수水는 자수子水이며 6수水는 해수亥水다.

만물의 운행이 5운運의 공간 위에 다하고 시時는 제6위에 모두 성하여 이것으로 제1위를 삼음에 곧 6기氣라 한다. 순수한 1기氣의 선線을 5에 분절함에 6조각의 기氣가 자연하므로 이것은 인지人知의 억측으로 계량함이 아닌 것이다. 이로부터 제6위를 1위로 삼아 다시 돌아옴에 1위는 제7위가 되어서 충화冲化하여 가는데, 이것을 6기氣가 법하니 이로써 12지지地支가 성하며 1일의 시時가 12시에 분절하여 가는 것이다.

고인古人이 이것을 천지기후의 변화에 배치해 풍한서습조화風寒暑濕燥火에 부쳐서 논論하시니 그 이론이 잡雜하여 정확한 이치를 알 수가 없으나, 소양素陽은 이르되 "六氣6기의 흐름은 전적으로 時시의 분절과 物物물물의 상대적 이치의 흐름과 작용과 반작용을 論논한 것이요 기후의 변화를 主주하여 論논한 것이 아니다."라고 판判한다. 비록 그러하나 아래에 고인古人이 논論한 6기氣의 흐름을 간략히 논論한다.

6기氣라는 것은 자오소음군화子午少陰君火이니 서화暑火이며, 축미태음습토丑未太陰濕土이니 옥토沃土이며, 인신소양상화寅申少陽相火이니 열화烈火이며, 묘유양명조금卯酉陽明燥金이니 청금晴金이며, 진술태양한수辰戌太陽寒水이니 한기寒氣이며, 사해궐음풍목巳亥厥陰風木이니 생목生木이다.

6기氣는 지地가 천天의 기氣에 순順하여 좇아 그 계절에 응應하여, 사월巳月에는 풍風하고, 오월午月에는 서暑하며, 미월未月에는 습濕하고, 신월申月에는 열화烈火하며, 유월酉月에는 조燥하고, 술월戌月에는 한기寒氣가 시작됨을 상象한 것이니, 이것을 의依하여 대칭의 위位에 사해巳亥 오자午子 미축未丑 신인申寅 유묘酉卯 술진戌辰을 해서 북반구와 남반구의 1년 계절의 상대적 기후의 운기運氣가 이러함을 밝힌 것이라, 이것은 모두 경도經度와 위도緯度의 기울어짐(傾危)으로 인한 선천의 기후인 것이다.

비록 황제내경黃帝內經의 소문素問과 오운육기론五運六氣論에 비교적 상세함이 있으나 그러나 그것은 다만 음양오행의 운기運氣가 그러함을 밝힌 것이요, 본래의 이치는 신묘神妙의 위位인지라 본래 확정지을 수가 없어서 불확정성으로써 그 확정을 삼는 것이기 때문에 그 기후氣候의 예측 확정을 완전하게 할 수 있는 것이 아니므로, 결론은 이러한 불확정성으로써 확정을 삼는 것이 이치일 것이다.

상문上文의 설說은 십기이경오강칠위十紀二經五綱七緯의 장章에 이미 상세히 하였다.

소양사상팔괘차서素陽四象八卦次序에 태양太陽은 1태兌와 9건乾이요, 소음少陰은 2리離와 8진震이요, 소양少陽은 3손巽과 7감坎이요, 태음太陰은 4곤坤과 6간艮이요, 궐음厥陰은 2리離에 1태兌와 3손巽의 음陰이 궐厥한 5곤坤이요, 양명陽明은 7감坎에 6간艮과 8진震의 양陽이 명明한 10건乾이니, 궐음厥陰과 양명陽明의 5곤坤과 10건乾은 곧 일부팔괘一夫八卦의 수數다.

10천간天干은 음양陰陽의수數와 위位와 5원元의 성成이며, 12지지地支는 이러한 5원元을 5방方에 배치하여 4계절의 변화를 나타내며 또한 1일日의 시時의 분절을 나타낸 것이다.

"5運운이 運운한다"는 것은 포오함육包五含六의 위位이며, "6氣기가 氣기한다"는 것은 포오함육包五含六의 위位에 5가 굴屈함에 자연히 6이 신伸함이다. 5에 굴屈하고 6에 신伸하니, 이로부터 4에 굴屈하고 7에 신伸하며, 3에 굴屈하고 8에 신伸하며, 2에 굴屈하고 9에 신伸하며, 1에 굴屈함에 10수數가 나타나 각위各位가 11의 수數를 얻게 되므로, 이것을 "十一歸體십일귀체"라 하는 것이다. 십일귀체十一歸體의 상象은 각위各位가 10이면서 곧 1인 상象이니, 물물物物이 10,1 10,1의 굴신屈伸의 상象이 있어서 체體와 영影이 쌍조雙照하여 서로 여의지 않음이니 가히 작위作爲하되 작위作爲한다는 상象이 없는 무위無爲의 공용功用인지라, 작위作爲해 만물을 이롭게 하며 홍익인간弘益人間하되 무심無心으로써 하니 이로써 그 공덕이 무량함이라 이르되 "功德無量공덕무량"이라 한 것이다.

토금수목화土金水木火의 5원元이 운運함을 오운五運이라 한다. "五運오운이 運운한다"는 것은 제1위의 갑甲이 제6위의 기己와 합하여 토기土氣를 생하며, 제2위의 을乙이 제7위의 경庚과 합하여 금기金氣를 생하며, 제3위의 병丙이 제8위의 신辛과 합하여 수기水氣를 생하며, 제4위의 정丁이 제9위의 임壬과 합하여 목기木氣를 생하며, 제5위의 무戊가 제10위의 계癸와 합하여 화기火氣를 생하니, 이로써 5원元의 기氣가 모두 성함이 된다. 이러히 5원元의 기氣를 모두 성하고 다시 제6위에 합하여 가니 제6위의 기己는 제1위의 갑甲과 합하여 드디어 토土의 형질形質을 성하며, 제7위의 경庚은 제2위의 을乙과 합하여 금金의 형질形質을 성하며, 제8위의 신辛은 제3위의 병丙과 합하여 수水의 형질形質을 성하며, 제9위의 임壬은 제4위의 정丁과 합하여 목木의 형질形質을 성하며, 제10위의 계癸는 제5위의 무戊와 합하여 화火의 형질形質을 성하는지라 이로써 5원元의 기氣와 형形과 질質이 모두 형성되는 것이니, 갑기甲己로부터 무계戊癸까지의 합은 다만 오원五元의 기氣로써 존재함이요 제6위에 이르러 합하여 드디어 원소元素의 형질形質이 형성됨이라, 이것은 천天은 기氣이니 기氣로써 공空에 충화冲和하여 지地의 형질形質을 형성한다는 것이니, 이른바 공空에 충화冲和한다는 것은 나의 주관적 관찰을 가리킴이요 형질形質이란 것은 나의 주관적 관찰로 인한 공성空性의 형질形質일 뿐이라, 그러므로 형질形質의 근본은 다만 인식하는 그림자의 파동波動과 파장波長일 뿐인 것이다.

천天은 합合의 도道이므로 1,6의 위位에 합合하여 음陰과 양陽에 변역變易을 일으키며, 만물이 합合하면 분分하는지라 지地는 분이分二의 덕德이므로 십이十二의 이二에 지支하여 1,7의 위位에 분화分化하고 충화冲和해 만물을 양육하여 간다. 이것은 만물이 6에 합合하고 7에 분分하며 8에 성成함을 의미한다. 음陰과 양陽이 변역變易한다는 것은 각각의 위位에 음陰은 양陽으로 양陽은 음陰의 위位로 바뀌는 것을 말한다.

5운運이 운運하여 그 형形을 지地에 갖추며 6기氣가 기氣하여 그 형形의 기氣가 천天에 미치니, 이로써 천지天地가 서로 교交하여 그 운행이 무궁무진해 다함이 없는지라 참으로 막막막무량莫莫莫無量인 것이다.

참고로 오운五運과 육기六氣를 기술記述한다.

甲己合化土生甲子갑기합화토생갑자 乙庚合化金生丙子을경합화금생병자

丙辛合化水生戊子병신합화수생무자 丁壬合化木生庚子정임합화목생경자

戊癸合化火生壬子무계합화화생임자

이것은 야반夜半의 시時가 3원元에 극極하여 생生한 것이다.

己甲合成土生癸亥기갑합성토생계해 庚乙合成金生乙亥경을합성금생을해

辛丙合成水生丁亥신병합성수생정해 壬丁合成木生己亥임정합성목생기해

癸戊合成火生辛亥계무합성화생신해

이것은 5원元의 기氣가 야반夜半의 시時에 극極하여 생生한 것이다.

子午少陰君火자오소음군화 丑未太陰濕土축미태음습토

寅申少陽相火인신소양상화 卯酉陽明燥金묘유양명조금

辰戌太陽寒水진술태양한수 巳亥厥陰風木사해궐음풍목

이것은 1,7의 위位에 6기氣가 기氣한 것이다.

无極體位度數무극체위도수니라.

己巳기사 戊辰무진 己亥기해 戊戌무술이니라.

度逆道順도역도순하니라.

而數六十一이수육십일이니라.

무극체위无極體位의 도수度數니라.

기사己巳 무진戊辰 기해己亥 무술戊戌이니라.

도度는 역逆하고 도道는 순順하니라.

이수而數는 육십일六十一이니라.

皇極體位度數황극체위도수니라.

戊戌무술 己亥기해 戊辰무진 己巳기사이니라.

度順道逆도순도역하니라.

而數三十二이수삼십이이니라.

황극체위皇極體位의 도수度數니라.

무술戊戌 기해己亥 무진戊辰 기사己巳이니라.

도度는 순順하고 도道는 역逆하니라.

이수而數는 삼십이三十二이니라.

月極體位度數월극체위도수니라.

庚子경자 戊申무신 壬子임자 庚申경신 己巳기사이니라.

初初一度초초일도는 有而无유이무이니라.

五日오일에 而候이후하니라.

而數이수는 三十삼십이니라.

월극체위月極體位의 도수度數니라.

경자庚子 무신戊申 임자壬子 경신庚申 기사己巳이니라.

초초일도初初一度는 유有로되 무无이니라.

오일五日에 후候하니라.

그 수數는 삼십三十이니라.

日極體位度數일극체위도수니라.

丙午병오 甲寅갑인 戊午무오 丙寅병인 壬寅임인 辛亥신해이니라.

初初一度초초일도는 无而有무이유니라.

七日칠일에 而復이복하니라.

而數이수는 三十六삼십육이니라.

일극체위日極體位의 도수度數니라.

병오丙午 갑인甲寅 무오戊午 병인丙寅 임인壬寅 신해辛亥이니라.

초초일도初初一度는 무无로되 유有이니라.

칠일七日에 복復하니라.

그 수數는 삼십육三十六이니라.

최초의 한 점點을 찍음에 곧 음양陰陽과 4상象이 동시에 나타나나니, 이에 최초의 한 점點은 세시世時와 원圓의 체體가 되고 4상象은 공간 방각方角의 체體가 된다. 이것은 세世와 방方이 하나임을 나타낸 것이라 1의 체體가 분分하여 동시에 4방을 성한 것이므로 이것을 "四象分體사상분체"라 한다.

4상象은 태양太陽 소음少陰 소양少陽 태음太陰이다. 이에 1,9는 태양太陽의 위位와 수數가 되고, 2,8은 소음少陰의 위位와 수數가 되며, 3,7은 소양少陽의 위位와 수數이며, 4,6은 태음太陰의 위位와 수數가 되어서, 세世와 방方이 합함에 모두 10에 귀결되므로 물물物物의 상대적 힘은 항상 평平하여 부증불감不增不減인 것이다.

최초의 한 점點을 찍었다는 것은 현재의 나의 일념一念이 일어났다는 것이니 만약 나의 현재 일념一念이 아니면 우주만물도 존재치 못함이라.

이러히 최초의 현재 일념一念을 일으킴에 문득 0상과 1상의 수數의 개념과 전후前後와 과거 미래상과 9세世의 상象이 동시에 나타나고, 이에 이러한 일념一念에 1상이 붙어있지 않은 순수한 0상을 이름 해 "无極무극"이라 하나니 이러한 무극无極을 의해 현재의 1념一念을 일으켜 만상萬象을 내는지라, 비록 만상萬象을 내어 그 수數가 무량無量이나 1념一念 1념一念이 곧 무극이태극无極而太極인 것이다.

시간개념의 극極인 9세世는 최초였던 현재의 0과 1이 동시인 당금 일념一念으로 인한 것이라, 이러한 순수한 일념一念에 1상이 붙어있지 않은 순수한 0상을 이름 해 "无極무극"이라 하여 선성先聖이 이것을 "一念1념이 일어나기 前消息전소식"이라 하시니 그 의義가 같다.

이러한 순수한 0상인 무극无極이 있음으로 인해 현재의 1념一念을 일으킬 수가 있고 현재의 1념一念을 일으킴으로 인해 무극无極의 순수한 0상이 있음을 짐작하나니, 이러히 순수한 1상과 순수한 0상을 동시에 다 갖추고 있음을 "皇極황극"이라 하고 선성先聖이 이러한 황극皇極의 성性을 "太極태극"이라 하시니 황극皇極의 의義와 또한 그 의意가 같다.

순수한 0상이 존재한다는 것을 확연히 꿰뚫어 앎을 "깨쳤다"라 하고, 이러한 순수한 0상에 부합하기 위해 현재의 일념一念 일념一念을 그때그때 0상으로 귀결시킴을 수행이라 하며, 단 한 점點의 일념一念도 일으킬 수가 없어서 바로 순수한 0상으로 부합됨을

"无極무극"의 도道라 한다.

일부一夫께서 극極의 성품이 이러함을 관하시고 극極의 운용을 방편에 따라 3으로 나누시니 곧 10무극无極이며, 5황극皇極이며, 1태극太極이라, 10과 5가 하나이며 10과 1이 하나임을 나타내 삼극三極의 도道가 하나임을 밝히시고, 이에 무극체위无極體位의 도수度數와 황극체위皇極體位의 도수度數를 밝히심에 무극无極은 10이라 천지체용天地體用의 합일合一이요 황극皇極은 수數의 5라 천지체용天地體用의 분分임을 법하여, 각각 기위己位와 무위戊位라 하여 그 도수度數를 나타내신 것이다.

무극无極의 체위體位는 기위己位의 과果이니 기위己位는 지천地天이 합일合一하여 가는 상象이라 무위戊位의 과果를 인因으로 삼아 32상象부터 16상象과 8괘卦와 4상象을 합하고 1도度의 한 점點에 귀歸함에, 이것은 "度數도수는 逆역하고 道도에는 順순"한 것이라 합하면 그 도수度數가 61도가 되므로 "而數이수는 61"이라고 한 것이다.

기사己巳궁의 32상으로부터 16 8 4 1에 도수度數가 역逆하여 가서 1도道에 귀歸하니 이것을 상象하여 "己巳기사 戊辰무진 己亥기해 戊戌무술"이라 하며 또한 "度逆道順도역도순"이라 한 것이다. 도역도순度逆道順은 5곤坤 4간艮 3감坎 2손巽 1진震에 10건乾이다. 이것을 괘卦의 분分과 합合의 상象으로써 보면 32곤坤 16진震 4태兌 1건乾이다.

황극皇極의 체위體位는 무위戊位의 과果이니 무위戊位는 천지天地가 분리해 가는 상象이라 기위己位의 과果를 인因으로 삼아 1도道를 분分하여 음양陰陽 4상象 8괘卦 16상象을 지나 32상象에 분分의 극極을 이루어 제6위의 64괘에 다시 시작하므로, "度數도수는 順순하고 道도에는 逆역"한 것이라 제5위의 32도에 분分의 극極을 수數하여 "而數이수는 32"라고 한 것이다.

무술궁戊戌宮의 1도道로부터 4 8 16 32에 도수度數가 순順하여 가서 분리의 극極을 성하니 이것을 상象하여 "戊戌무술 己亥기해 戊辰무진 己巳기사"라 하며 또한 "度順道逆도순도역"이라 한 것이다. 도순도역度順道逆은 1건乾 2태兌 3리離 4진震 5손巽에 6곤坤이다. 이것을 괘卦의 합合과 분分의 상象으로써 보면 1건乾 4손巽 16간艮 32곤坤이다.

기위己位와 무위戊位는 상하의 위位와 그 괘상卦象의 변화도수變化度數를 밝힌 것이다.

상하개념의 위位가 입立함에 따라서 좌우의 개념도 동시에 나타난다.

좌우의 운행은 선회旋回하는 상象이다.

기위己位의 과果를 체體로 하여 건태리손곤乾兌離巽坤에 운행함은 좌에서 우로 회전함이니 이에 순수한 0상의 과果를 극성極成하는지라 이것을 "月極體位월극체위"라 한다.

무위戊位의 과果를 체體로 하여 곤간감진건坤艮坎震乾에 운행함은 우에서 좌로 회전함이니 이에 순수한 1상의 과果를 극성極成하는지라 이것을 "日極體位일극체위"라 한다.

월극체위月極體位 중에 5는 공간의 위位이며 이러한 5공간의 위位에 3재才를 합한 수數 6을 승乘하면 그 수數가 30이니 이것을 "五日而候오일이후하니 而數三十이수삼십"이라 한다.

일극체위日極體位 중에 6효爻의 위位에 시時가 모두 성하는지라 6은 시간의 위位이며 이러한 시時의 6위位에 3재才를 합한 수數 6을 승乘하면 그 수數가 36에 다하고 제7위에 돌아와 다시 시작하니 이것을 "七日而復칠일이복하니 而數三十六이수삼십육"이라 한다.

이상의 상세한 내용은 무위戊位 기위己位 태음太陰 태양太陽의 논論에 이미 다 하였다.

**化翁화옹은 无位무위시고 原天火원천화시니 生地十己土생지십기토하니라.**

화옹化翁은 무위无位시고 원천原天의 화火이시니 지십기토地十己土를 생生하니라.

옹翁은 고古이니 가장 오래된 최초의 한 점點이다. 최초의 한 점點은 순수한 1상이거나 또는 순수한 0상이므로 순수한 1에 0이 붙어있지 않으며 순수한 0에 1이 붙어있지 않아서 아직 그 위치의 개념이 없는 최초의 점點의 개념이니, 이것을 "无位무위"라 한다.

화化는 최초의 한 점點이 찍힘에 자연히 그 이면의 공상空相도 동시에 나타나서 이로부터 만물이 1과 0에 분화해 가니 이것을 "化화"라고 한다. 이미 1상과 0상이 나타났다면 자연히 상대적 대칭성 선線의 개념이 생生하므로 이것을 억지로 표현하여 점點의 움직임이 곧 선線의 개념이라고 하는 것이다. 이것은 점點이 그 상대적 0상을 대함에 자연히 선線의 개념이 나타나서 이것을 동動하였다 하는 것인데, 그러나 1점點 그 자체는 상대적 상相이 없는 순수한 한 점點일 뿐이므로 본래 움직임도 없어서 그 위位도 찾아볼 수 없는지라, 이것을 "无位무위"라고 한 것이다. 위치의 개념이 없으므로 모든 위치에 자유자재自由自在하되 무위無爲로써 위爲하니 이것이 화化의 근본 개념이다.

최초의 1점點이 당금일념當今一念이며 이로 인해 현재와 전후와 9세世의 개념이 동시에 나타나는지라 이로써 당금일념當今一念은 9세世를 포包한 1이므로 곧 10인 것이다.

10과 5는 우주만물의 장藏인 근본체이니 파동과 파장의 근본 바다이며, 2와 7은 이러한 장藏의 근본체가 최초로 움직여 분리하여 나타난 상相이라 곧 경도經度와 위도緯度의 십자十字의 기氣인 것이니, 이것을 "原天火원천화"라고 한다. 이렇듯 이미 1선線에 화化하였다면 곧 양분兩分의 의儀가 있으므로 이에 기사궁己巳宮이 이를 법法한다.

차장此章은 이미 무위戊位에 1건乾이 2태兌 3리離 4진震을 지나 5손巽에 곤坤을 성함에 곤坤은 5이면서 6의 위位가 되고, 기위己位에 5,6곤坤이 7간艮 8감坎 9손巽을 지나 10진震에 건乾을 성함에 건乾은 10이면서 1의 위位가 되어서, 이미 이러한 천지天地의 도수度數와 지천地天의 덕德과 도道를 다 이룬 과위果位로써 체體를 삼아 논論한 것이니, 이로부터 천지天地가 바르게 되어 앞으로의 천지天地만물의 운행이 생위生位와 성위成位에 이같이 바르게 운행되어 간다는 것을 기사궁己巳宮과 무술궁戊戌宮을 들어서 써 밝히신 것이다. 이렇게 볼 것 같으면 화化는 5이니 분화의 완성이며 옹翁은 10이니 합일合一의 완성이라 할 수 있다.

최초의 무위戊位는 1 2 3 4 5 6의 위位에 건태리진손곤乾兌離震巽坤이니 제5위의 손巽은 곧 곤坤의 순수한 0상이며, 이러한 제5위는 이미 1 2 3 4를 함含한 중궁中宮의 5공空인지라 5이면서 10이므로 이르되 "皇極而无極황극이무극"이라 한다.

최초의 기위己位는 6 7 8 9 10 1의 위位에 곤간감손진건坤艮坎巽震乾이니 제10위의 진震은 곧 건乾의 순수한 1상이며, 이러한 제10위는 순수한 1상인지라 10이면서 1이므로 이르되 "无極而太極무극이태극"이라 한다.

이렇듯 무위戊位에 건乾이 곤坤이 되며 기위己位에 곤坤이 건乾의 과果를 성하니, 차후의 기사궁己巳宮과 무술궁戊戌宮은 무위戊位와 기위己位의 이미 다 이룬 과果를 체體로 하여 다시 생하여 가고 성하여 가는 법칙을 따른다.

이러한 무위戊位와 기위己位의 과果를 체體로 하여 서로 생하여감에,

〈己巳宮의 生位- 戊位〉

戊位二火三木六水九金之中皇極
皇極而无極五十
五十天度而地數
地數方丁乙癸辛(呂律)
天度圓九七五三

기사궁己巳宮의 생위生位는 곧 무위戊位를 법한 것이니 이것은 건乾이 곤坤에 소消하여가는 위位인지라 10건乾이 분화하여 만물을 생하여 가는 상象이 되고, 이것을 1 2 3 4의 위位에 9 6 3 2의 수數를 둔 것은 이미 변화된 일부팔괘一夫八卦의 상象과 위位를 전적으로 취한 것이니, 곧 9리離 6진震 3태兌 2천天이라 이르되 "戊位무위는 二火2화 三木3목 六水6수 九金9금의 中중이라 하시며 또 皇極而无極황극이무극이며 五5와 十10이라." 하시니, 5이면서 10은 곧 곤坤의 상象인 것이다.

이러한 무위戊位의 과果인 곤坤의 상象을 취하여 5의 위位는 천天을 분화해 도度한 것이요 10은 1 2 3 4의 위位를 합한 지수地數라 "天度천도는 圓원하고 地數지수는 方방하다." 하여, 지수地數를 법하여 정을계신丁乙癸辛에 두고 천도天度를 법하여 9 7 5 3의 위位에 둠이니, 이것은 무위戊位의 과果인 곤체坤體의 법상이 이미 기위己位에 여율呂律해 가는 상象을 갖춘 것이라 이로써 "呂律여율은 戊丁乙癸辛무정을계신"이라 하는 것이다. 여呂는 반려伴侶의 상象이니 상대적인 의미가 있고 율律은 율법의 상象이니 절대적인 의미가 있어서, 이것은 짝하고 동반하여 그 지志를 하나로 통합하여 간다는 의미가 있으니 곧 0,1의 상象이다. 이렇듯 만물이 분分에 극極하면 다시 합하여 가는 상象이 그중에 있는 것이니 이것은 곧 0,1의 상象인 것이다. 5와 10을 천도이지수天度而地數라 한 것은 천天1을 도度하여 5위位의 0상을 생함에 이에 그 합수는 10수數인 것이니, 이것은 5공空의 공상空相이 1 2 3 4의 위位를 함含한 상象이라 이로써 "皇極而无極황극이무극이며 天度而地數천도이지수"라 하는 것이다.

〈戊戌宮의 生位 - 己位〉

己位 四金一水八木七火之中 无極
无極而太極 十一
十一 地德而天道
天道 圓 庚壬甲丙 (政令)
地德 方 二四六八

무술궁戊戌宮의 생위生位는 곧 기위己位를 법한 것이니 이것은 곤坤이 건乾을 생하는 위位인지라 5곤坤이 굴신屈伸해 만물을 합하여 가는 상象이 되고, 이것을 6 7 8 9의 위位에 4 1 8 7의 수數를 둔 것은 이 또한 이미 변화된 일부팔괘一夫八卦의 상象과 위位를 전적으로 취한 것이니, 곧 4감坎 1손巽 8간艮 7지地인지라 이르되 "己位기위는 四金

4금 一水1수 八木8목 七火7화의 中중이라 하시며 또 无極而太極무극이태극이며 十10과 一1이라." 하시니, 10이면서 1은 곧 건乾의 상象인 것이다.

이러한 기위己位의 과果인 건乾의 상象을 취하여 10은 사방이 완성된 지덕地德인 것이요 1은 사방이 완성되고 합일된 지덕地德이 곧 1천天의 도道이므로 "天道천도는 圓원하고 地德지덕은 方방하다." 하여, 천도天道를 법하여 경임갑병庚壬甲丙에 두고 지덕地德을 법하여 2 4 6 8의 위位에 둠이니, 이것은 기위己位의 과果인 건체乾體의 법상이 이미 무위戊位에 정령政令해 가는 상象을 갖춘 것이라 이로써 "政令정령은 己庚壬甲丙기경임갑병"이라 하신 것이다. 정政은 하나의 율법으로 다스린다는 의미가 있고 령令은 그 다스림을 시행해 간다는 의미가 있으니, 곧 1,0의 상象이다. 이렇듯 만물이 합合에 극極하면 다시 분화하여 가는 상象이 그중에 있는지라 이것은 곧 1,0의 상象인 것이다. 10과 1을 지덕이천도地德而天道라 한 것은 지地10의 덕德의 만성滿成이 곧 만물의 합일된 천天의 1도道이므로 이로써 "无極而太極무극이태극이며 地德而天道지덕이천도"라 한 것이다.

차후의 기사궁己巳宮과 무술궁戊戌宮은 모두 이것을 모방한다.

**己巳宮기사궁은 先天而后天선천이후천이니라.**

**地十己土지십기토는 生天九辛金생천구신금하고 天九辛金천구신금은 生地六癸水생지육계수하며 地六癸水지육계수는 生天三乙木생천삼을목하고 天三乙木천삼을목은 生地二丁火생지이정화하니 地二丁火지이정화는 生天五戊土생천오무토하니라.**

기사궁己巳宮은 선천先天이로되 후천后天이니라.

지십기토地十己土는 천구신금天九辛金을 생生하고 천구신금天九辛金은 지육계수地六癸水를 생生하며 지육계수地六癸水는 천삼을목天三乙木을 생生하고 천삼을목天三乙木은 지이정화地二丁火를 생生하니 지이정화地二丁火는 천오무토天五戊土를 생生하니라.

기사궁己巳宮의 체體는 이미 만물이 합일合一의 위位에 이른 기위己位의 과위果位임과 동시에 무위戊位의 인위因位이니 곧 10,1 건체乾體의 상象이다.

기사궁己巳宮의 과果는 이미 만물이 분화된 무위戊位의 과위果位임과 동시에 기위己位의 인위因位이니 곧 5,6 곤체坤體의 상象이다.

〈雷風正位用政數 – 己位〉

| 기사궁己巳宮의 체體<br>= 기위己位의 과위果位<br>= 무위戊位의 인위因位<br>= 10,1 건체乾體 ☰ | 기사궁己巳宮의 과果<br>= 무위戊位의 과위果位<br>= 기위己位의 인위因位<br>= 5,6 곤체坤體 ☷ |
|---|---|
| ⇒ 純粹1相 화化(9632) 純粹0相(先天而后天) | |

고로 기사궁己巳宮이란 것은 순수한 1상이 화化하여 순수한 0상이 되는 과정에 5원元의 성질과 수數의 생하는 이치를 밝힌 것이라 할 수 있다.

순수한 1상의 건체乾體는 10,1의 위位이므로 곧 0상에 동動하고 0상에 동動함에 곧 분리되는 상象이 있어서 최초의 1선線의 2경經을 생하므로 곧 9,2의 위位가 되나니, 이것은 천지天地가 비로소 분리되는 상象이요 천지天地의 분分은 곧 무위戊位의 행상이라, 선천은 1상이요 후천은 0상이니 이로써 "先天而后天선천이후천"이라 한다. 이미 선線은 개념이 나타났다면 선線은 상하의 위位와 상하를 이은 선線일 것이니 곧 3이라, 이로써 월극月極의 체위體位가 1,3도의 경자庚子에서 포胞하여 시작되는 것이다.

기사궁己巳宮의 생위生位는 기己10의 순수한 1상인 건乾으로부터 9-6-3-2에 분화하여 가서 무戊5의 순수한 0상인 곤坤을 성한다.

10-9-6-3-2-5의 차제次第(순서)를 하도河圖로써 보면 중-서-북-동-남하여 중궁中宮의 5에 돌아와 귀歸한 것이니 9-6-3-2의 중中은 곧 5곤坤의 황극皇極이 된다. 이것을 일부팔괘一夫八卦로써 보면 9리離는 서남이며, 6진震은 서북이며, 3태兌는 정서이며, 2천天은 정북이며, 5곤坤은 정남이니, 이로써 9-6-3-2의 중中은 5곤坤의 황극皇極인 것이다.

**戊戌宮무술궁은 后天而先天후천이선천이니라.**

**天五戊土천오무토는 生地四庚金생지사경금하고 地四庚金지사경금은 生天一壬水생천일임수하며 天一壬水천일임수는 生地八甲木생지팔갑목하고 地八甲木지팔갑목은 生天七丙火생천칠병화하니 天七丙火천칠병화는 生地十己土생지십기토하니라.**

무술궁戊戌宮은 후천后天이로되 선천先天이니라.

천오무토天五戊土는 지사경금地四庚金을 생生하고 지사경금地四庚金은 천일임수天一壬水를 생生하며 천일임수天一壬水는 지팔갑목地八甲木을 생生하고 지팔갑목地八甲木은 천칠병화天七丙火를 생生하니 천칠병화天七丙火는 지십기토地十己土를 생生하니라.

무술궁戊戌宮의 체體는 이미 만물이 분화하여 분극分極의 위位에 이른 무위戊位의 과위果位임과 동시에 기위己位의 인위因位이니 곧 곤체坤體의 상象이다. 무술궁戊戌宮의 과果는 기위己位의 과위果位임과 동시에 무위戊位의 인위因位이니 곧 건체乾體의 상象이다. 그러므로 무술궁戊戌宮이란 것은 순수한 0상이 변變하여 순수한 1상이 되는 과정에 5원元의 성질과 수數의 생하는 이치를 밝힌 것이라 할 수 있다.

〈戊戌宮〉

| 무술궁戊戌宮의 체體 | 무술궁戊戌宮의 과果 |
|---|---|
| = 무위戊位의 과위果位 | = 기위己位의 과위果位 |
| = 기위己位의 인위因位 | = 무위戊位의 인위因位 |
| = 5,6 곤체乾體 ☷ | = 10,1 건체坤體 ☰ |
| ⇒ 純粹0相 변變(4187) 純粹1相(后天而先天) | |

순수한 0상의 곤체坤體는 5,6의 위位이므로 곧 1상에 응應하고 1상에 응應함으로 인해 곧 합合하는 상象이 있어서 이것은 무한히 넓혀진 0상이 최초의 위緯를 생한 것이라 이로써 7,4의 위位가 되는 것이니, 이것은 지천地天이 비로소 삼합參合되는 상象이므로 지천地天의 합合은 곧 기위己位의 행상이라, 후천은 0상이요 선천은 1상이니 이로써 "后天而先天후천이선천"이라 한 것이다.

이미 5,6이라는 공상空相의 개념이 나타났다면 공空은 곧 4방方과 7위緯의 장場일 것이니 이로써 일극日極의 체위體位가 1,7도의 병오丙午에서 포胞하여 시작되는 것이다.

무술궁戊戌宮의 생위生位는 무戊5의 순수한 0상인 곤坤부터 4-1-8-7에 삼합參合하여 가서 기己10에 순수한 1상인 건乾을 성한다.

5-4-1-8-7-10의 차제次第(순서)를 하도河圖로써 보면 중-서-북-동-남하여 중위中位의 10에 돌아와 귀歸한 것이니 4-1-8-7의 중中은 10건乾의 무극无極이다.

이것을 일부팔괘一夫八卦로써 보면 4감坎은 동북이며, 1손巽은 동남이며, 8간艮은 정동이며, 7지地는 정남이며, 10건乾은 정북이니, 이로써 4-1-8-7의 중中은 10건乾의 무극无極인 것이다.

기己10이 제1위라면 무戊5는 자연히 제10위가 되므로, 이로부터 도수度數는 역逆하여 9 7 5 3의 위位에 정을계신丁乙癸辛이 자리하며 이에 자연히 경임갑병庚壬甲丙은 2 4 6 8의 위位에 자리하는 것이다.

地十己土지십기토는 生天九庚金생천구경금하고 天九庚金천구경금은 生地六癸水생지육계수하며 地六癸水지육계수는 生天三甲木생천삼갑목하고 天三甲木천삼갑목은 生地二丙火생지이병화하며 地二丙火지이병화는 生天五戊土생천오무토하니라.

天五戊土천오무토는 生地四辛金생지사신금하고 地四辛金지사신금은 生天一壬水생천일임수하며 天一壬水천일임수는 生地八乙木생지팔을목하고 地八乙木지팔을목은 生天七丁火생천칠정화하니 天七丁火천칠정화는 生地十己土생지십기토하니라.

지십기토地十己土는 천구경금天九庚金을 생生하고 천구경금天九庚金은 지육계수地六癸水를 생生하며 지육계수地六癸水는 천삼갑목天三甲木을 생生하고 천삼갑목天三甲木은 지이병화地二丙火를 생生하며 지이병화地二丙火는 천오무토天五戊土를 생生하니라.

천오무토天五戊土는 지사신금地四辛金을 생生하고 지사신금地四辛金은 천일임수天一壬水를 생生하며 천일임수天一壬水는 지팔을목地八乙木을 생生하고 지팔을목地八乙木은 천칠정화天七丁火를 생生하니 천칠정화天七丁火는 지십기토地十己土를 생生하니라.

이상은 생위生位이니 배열의 수數는 다음과 같다.

| 戊位 己巳宮 | | | | | |
|---|---|---|---|---|---|
| 10 | 9 | 6 | 3 | 2 | 5 |
| 己 | 辛 | 癸 | 乙 | 丁 | 戊 |
| 己 | 庚 | 癸 | 甲 | 丙 | 戊 |
| 乾 | 離 | 震 | 兌 | 天 | 坤 |

先天而后天
三天 9+3=12, 12÷4=3
兩地 6+2=8, 8÷4=2

| 己位 戊戌宮 | | | | | |
|---|---|---|---|---|---|
| 5 | 4 | 1 | 8 | 7 | 10 |
| 戊 | 庚 | 壬 | 甲 | 丙 | 己 |
| 戊 | 辛 | 壬 | 乙 | 丁 | 己 |
| 坤 | 坎 | 巽 | 艮 | 地 | 乾 |

后天而先天
三地 4+8=12, 12÷4=3
兩天 1+7=8, 8÷4=2

원천화原天火의 기氣가 기사궁己巳宮 생위生位의 9-6-3-2궁宮에 신계을정辛癸乙丁과 경계갑병庚癸甲丙을 생하는데, 이것은 짝수를 지地에 부치고 홀수를 천天에 부쳐서 음陰의 성질을 먼저 생하고 양陽의 성질을 나중으로 하여 그 수數를 상생相生의 차제로 나열해간 것이니, 이에 일부팔괘一夫八卦의 괘수卦數와 위位가 이것을 법한다. 이것은 음양陰陽 5원元의 성질을 생하여 천天을 삼三하고 지地를 양兩한 것이다.

무술궁戊戌宮 생위生位의 4-1-8-7궁에 경임갑병庚壬甲丙과 신임을정辛壬乙丁을 생하는데,

이것 또한 홀수를 천天에 부치고 짝수를 지地에 부쳐서 양陽의 성질을 먼저 생하고 음陰의 성질을 나중으로 하여 그 수數를 상생相生의 차제로 나열해간 것이니, 이에 일부팔괘一夫八卦의 괘수卦數와 위位가 이것을 법한다. 이것은 양음陽陰 5원元의 성질을 생하여 지地를 삼三하고 천天을 양兩한 것이라, 기사궁己巳宮의 무위戊位와 무술궁戊戌宮의 기위己位를 합하면 이에 우주의 기氣가 20과 20에 음양陰陽이 평平하여 치우침이 없어서 역易이 정역正易하는 즉 바르게 운행된다는 것이다.

그러므로 이것은 차제로 5원元을 생하여감에 천지天地의 일어나고 꺼지는 상象인 홀수와 짝수를 부쳐서 자연히 이러한 것이요 인지人知의 계교計巧된 억측으로 한 것이 아닌 것이다.

**地十己土**지십기토**는 成天一壬水**성천일임수**하고 天一壬水**천일임수**는 成地二丁火**성지이정화**하며 地二丁火**지이정화**는 成天九辛金**성천구신금**하고 天九辛金**천구신금**은 成地八乙木**성지팔을목**하니 地八乙木**지팔을목**은 成天五戊土**성천오무토**하니라.**

**天五戊土**천오무토**는 成地六癸水**성지육계수**하고 地六癸水**지육계수**는 成天七丙火**성천칠병화**하며 天七丙火**천칠병화**는 成地四庚金**성지사경금**하고 地四庚金**지사경금**은 成天三甲木**성천삼갑목**하니 天三甲木**천삼갑목**은 成地十己土**성지십기토**하니라.**

지십기토地十己土는 천일임수天一壬水를 성成하고 천일임수天一壬水는 지이정화地二丁火를 성成하며 지이정화地二丁火는 천구신금天九辛金을 성成하고 천구신금天九辛金은 지팔을목地八乙木을 성成하니 지팔을목地八乙木은 천오무토天五戊土를 성成하니라.

천오무토天五戊土는 지육계수地六癸水를 성成하며 지육계수地六癸水는 천칠병화天七丙火를 성成하고 천칠병화天七丙火는 지사경금地四庚金을 성成하며 지사경금地四庚金은 천삼갑목天三甲木을 성成하니 천삼갑목天三甲木은 지십기토地十己土를 성成하니라.

이상은 성위成位이니 배열의 수數는 다음과 같다.

천지天地가 5원元의 성질을 모두 생함에 드디어 인人의 주관적 관찰을 인해 천지天地 음양陰陽 오원五元의 수數가 모두 완성되므로 성위成位는 이것을 따른다. 성위成位는 금화교역

| 戊位宮 | | | | | | | | | | | |
|---|---|---|---|---|---|---|---|---|---|---|---|
| 10 | 1 | 2 | 9 | 8 | 5 | 5 | 6 | 7 | 4 | 3 | 10 |
| 己 | 壬 | 丁 | 辛 | 乙 | 戊 | 戊 | 癸 | 丙 | 庚 | 甲 | 己 |
| 乾 | 巽 | 天 | 離 | 艮 | 坤 | 坤 | 震 | 地 | 坎 | 兌 | 乾 |

調陽 1+9=1　　　　調陽 7+3=10
律陰 2+8=10　　　律陰 6+4=10

金火交易하여 무위戊位의 기사궁己巳宮과 기위己位의 무술궁戊戌宮을 동시에 갖춘 수數의 배열이니, 이곳에 이르러 만물이 조양調陽하며 율음律陰하여 만물을 다 성함이 된다.

천지만물이 나에게 와 비추어 비로소 천지만물을 보게 되고 이에 반영하여 천지만물이 비로소 어떻다는 것을 알 수가 있는 것이니, 이로써 인人의 주관적 관찰을 인해 천지天地 음양陰陽 오원五元의 수數가 모두 완성된다고 한 것이다. 그러므로 천지天地의 종결과 시작은 인人이라 할 수 있을 것이니 극極하고 반反하여 성成하는 이치가 그중에 자연한 것이다.

만물의 이치가 한번 일어나면 반드시 꺼짐을 얻고 한번 꺼지면 반드시 일어남을 얻는다. 이에 한번 일어남을 상象하여 "天천"이라 하고 한번 꺼짐을 상象하여 "地지"라 한다. 한번 일어남이 극極하면 반드시 꺼지고 한번 꺼짐이 극極하면 반드시 일어난다. 이것은 서로 상대적 반상反象이니 이것을 "極卽反극즉반"이라 한다. 만물이 이렇듯 극즉반極卽反하여 결실을 맺고 성하는 것이니 만약 상생相生의 이치만 있고 상극相極의 이치가 없다면 만물은 결실結實되지 못할 것이며, 상극相極의 이치만 있고 상생相生의 이치가 없다면 만물은 혹 식熄할 것이다.

천天이 지地가 되고 지地가 천天이 되는 것은 다만 일어났다 꺼졌다 하는 상象에 불과한 것이니, 서로 인과因果가 되고 과인果因이 되며 서로 뿌리根가 되어서 일어남이 곧 꺼짐의 근根이요 꺼짐은 곧 일어남의 근根인 것이다. 이러한 상象을 법하여 천지天地의 생生과 성成하는 이치를 일부一夫가 관하시고, 원천화原天火의 기氣가 생위生位의 기사궁己巳宮인 무위戊位에 천天이 지地가 되고 생위生位의 무술궁戊戌宮인 기위己位에 지地가 천天이 됨을 밝히시니 이것은 천지天地가 둘이 아님을 나타내심이라, 천지天地의 성위成位에 이르러서는 드디어 기사궁己巳宮과 무술궁戊戌宮의 9,2와 4,7의 금화金火가 교역交易함을 관하시고 이 둘을 교交하여 조양율음調陽律陰하시니, 무술궁戊戌宮 기위己位의 4-1-8-7이 기사궁己巳宮 무위戊位의 9,2와 교交함에 곧 1-2-9-8이며 기사궁己巳宮 무위戊位의 9-6-3-2가 무술궁戊戌宮 기위己位의 4,7과 교交함에 곧 6-7-4-3이라, 이로써 천天이 지덕地德을 성하며 지地가 천도天道를 모두 성하여 음양陰陽이 균등하고 역易이 바르며 천天의 극極이 곧 지地요 지地의 극極이 곧 천天임을 크게 밝히시니, 후에 탄식해 이르시되 "誰遣龍華歲月今수견용화세월금, 즉 누가 이제야 龍華歲月용화세월을 보냈는고?"라 하신 것이다. 이것은 4감坎 7지地와 9리離 2천天의 교역交易으로부터 온 것이니 금화교역金火交易의 상세한 내용은 전에 이미 밝혔다.

성위成位를 하도河圖로써 보면 중-북-남-서-동-중하여 서로 대칭의 위位가 되어서 이에 10이 5를 성하며 5가 10에 결실을 맺는 것이다.

수數의 기己10과 계癸6을 "不易불역(바뀌지 않는)의 地지"라 하고 수數의 무戊5와 임壬1을 "不易불역의 天천"이라 한다.

지地10기토己土에 건乾이 자리함은 순수純粹한 0상이 과정을 지나 곧 순수純粹한 1상을 성한 연고이며, 천天5무토戊土에 곤坤이 자리함은 순수純粹한 1상이 과정을 지나 곧 순수純粹한 0상을 성함을 법한 것이다. 순수純粹하므로 불역不易하며 이미 0과 1, 1과 0을 함께 갖춘 성性이므로 능히 화化한다. 그러므로 기己10과 무戊5는 불역不易이로되 능히 임壬1과 계癸6에 화化하는 상象이 이미 그중에 있고, 불역不易의 성性이라면 가히 인식할 수도 없으며 가히 볼 수도 없는 성품이로되 그러나 1을 의해 10을 알 수가 있고 6을 의해 5를 알 수가 있는 것이니, 1과 6은 곧 관찰자의 최초 인식이라 이러한 최초 인식으로 인해 이러한 최초 인식이 곧 불역不易의 성품이라는 것을 아는 것이다. 이로써 10,1과 5,6의 위位는 천지天地의 체體이니 불역不易하고, 2 3 4와 7 8 9의 위位는 6자子의 용위用位이니 이것은 음양陰陽이 잡雜한 것이라 능히 가역可易한다.

이로써 기己10건乾이 1-2-9-8에 임정신을壬丁辛乙하여 무戊5곤坤을 성하며 무戊5곤坤이 6-7-4-3에 계병경갑癸丙庚甲하여 기己10건乾을 성함은, 수토水土의 성도成道이며 금화金火가 청명淸明함이라, 10과 1이 하나(一)이며, 2와 9가 하나(一)이며, 5와 6이 하나(一)이며, 7과 4가 하나(一)가 되어서, 3과 8에 드디어 그 결실結實을 맺는 것이다. 1-2-9-8의 순서가 된 것은 임壬1은 불역不易의 천天이라 차제로 천지천지天地天地의 수數를 배열해 임壬1을 체體로 하여 정신을丁辛乙의 음陰에 분열해 가서 순수한 0상을 성함을 법한 것이며, 6-7-4-3의 순서가 되는 것은 계癸6은 불역不易의 지地라 차체로 지천지천地天地天의 수數를 배열해 계癸6을 체體로 하여 병경갑丙庚甲의 양陽에 삼합參合하여 가서 순수純粹한 1상을 성함을 법한 것이다.

1-2-9-8은 천수天數의 합이 10이며 지수地數의 합이 또한 10이라 음양陰陽의 수數가 평平한 것이며 6-7-4-3도 또한 음양陰陽의 수數에 평平함을 얻음이 되어서, 음陰과 양陽을 각각 모두 합함에 20과 20에 평平하여 역易이 비로소 바르게 운행하므로, 이것은 역수易數가 조양율음調陽律陰이 된 것이라 이르되 "正易정역"이라 하는 것이다.

지地10에 건乾이 자리한 것은 1념念의 일어난 상象이며 천天5에 곤坤이 자리한 것은 1념念의 꺼진 상象이라, 비록 상象은 상대적 기起와 멸滅이 있으나 본래는 같은 1념念인 동시성同時性인 것이다.

이것을 고요히 관찰컨대 1은 1이요 0은 0이로되, 0이 아니면 1도 점點할 수 없고 1이 아니면 0도 나타낼 수 없으니 1은 0을 여의지 않은 1이라 1이면서 1이라 할 수 없고 0은 1을 여의지 않은 0이라 0이면서 0이라 할 수 없으니, 이로써 1은 0과 다르지 않고 0은 1과 다르지 않아서 1이 곧 0이요 0이 곧 1이로되, 0은 0이요 1은 1이라 함과 같아서, 과정過程을 지나지 않은 최초의 1과 0이 이미 과정을 지난 결과의 실實은 그 위位가 바뀐 0과 1인 것이므로, 이것은 1이 0이 되고 0이 1로 바뀐 상象이라 이로써 천天이 지地가 되고 지地가 천天이 되는 이치가 그중에 자연한 것이다.

이렇듯 무위戊位 기사궁己巳宮과 기위己位 무술궁戊戌宮이 서로 인因이면서 과果가 되며 과果이면서 인因이 되어서 6자子 운행의 과정을 지나 그 상象에 극진極盡하여 서로 성成하는 것이다. 이것은 무戊5가 곤坤에 극極하여 성成하며 기己10이 건乾에 극極하여 성成함이라 이르되 "極成극성"이라 하고, 물물物物이 극진極盡하면 반드시 반反하는지라 지地10의 기己가 천天이 되며 천天5의 무戊가 지地가 되어서 천天이 지地가 되고 지地가 천天이 되는 이치가 그중에 자연한 것이다.

금今에 이르러 지구의 시절이 극極하고 성成하여 결실을 맺는 시절인지라, 무위戊位와 기위己位의 극점極點이 극極하여 반反해서 북이 남이 되고 남이 북이 되는 현상이 일어날 것이며 현재에도 진행 중일 것이다.

천지天地가 한번 일어났다 꺼지는 주기는 129600년이다. 이것은 1원圓의 주기인 360이 다시 건책수乾策數 216과 곤책수坤策數 144의 합수合數인 360에 승乘한 수數이다. 360을 대일원大一元 300수數의 주기에 승乘하면 108000인데 129600과는 21600의 차差가 있다. 129600을 천지天地6효爻의 12절節에 분分하면 1절節은 10800이다. 그러므로 21600의 차이가 있는 것은 천지天地6효爻의 마지막 6효爻가 각각 존공尊空됨에 이로써 2절節의 기期가 존공尊空되어 이러한 차이가 있게 되는 것이다.

기사궁己巳宮의 무위戊位에 천天이 순수한 0상인 지地를 이룸에 곤지坤地의 제6효가 존공尊空되고 이에 1절節의 10800이 공空한 것이며, 이에 자연히 7위位가 6절節이 되며, 8위位가 7절節이 되며, 나아가 12위位가 11절節이 되어서, 이로써 118800에 종終하여 천지天地는 다시 시작되는 것이다. 11절節에 다시 시작이 된다는 것은 제6효의 위位인 12절節의 위位도 또한 존공尊空되기 때문이다. 그리고 이 해에 지축地軸이 존공尊空의 위位에 들어가므로 비로소 지축地軸이 바로 서게 되고 공전公轉의 궤도가 바뀐다는 것을 알 수가 있는 것이다.

기사궁己巳宮과 무술궁戊戌宮을 통합해 상대적 위치로써 보면 생위生位는 10,5 9,4 6,1 3,8 2,7 5,10이며 성위成位는 10,5 1,6 2,7 9,4 8,3 5,10이므로, 성위成位 또한 10이 5가 되고 5가 10이 되어서 천지天地가 지천地天으로 바뀌고 지천地天이 천지天地로 바뀐다는 것을 알 수가 있는 것이다.

원천화原天火의 기氣가 최초에 기己10건乾을 생함에 기己10건乾은 제1위가 되고 이에 자연히 무戊5곤坤은 제10위가 된다.

9-6-3-2와 4-1-8-7은 각각 삼천양지三天兩地와 삼지양천三地兩天의 상象이므로 아직 음양陰陽이 불균한 상象이라 인재人才의 성위成位에 이르러 이 둘을 서로 교交하고 합合하니, 1,6과 3,8은 그 위位에 고수固守하고 2,7과 4,9는 교역交易하여 1-2-9-8과 6-7-4-3에 드

디어 음양陰陽의 기氣와 수數가 균등해 평平하여 정역正易하는 것이다.

이렇듯 생위生位에 무위戊位 5황극皇極과 기위己位 10무극无極의 체體를 성함에 이러한 생위生位의 성한 과果를 체體로 하여, 성위成位에는 기己10건乾이 1-2-9-8에 임정신을壬丁辛乙 하여 무戊5곤坤을 성하며 무戊5곤坤이 6-7-4-3에 계병경갑癸丙庚甲하여 기己10건乾을 성하는 것이다.

〈기사궁己巳宮 무술궁戊戌宮 생성위生成位 총괄總括〉

| 位 | 戊位 己巳宮(☰⇒☷) | | | | | | 己位 戊戌宮(☷⇒☰) | | | | | | |
|---|---|---|---|---|---|---|---|---|---|---|---|---|---|
| | 10 | 1 | 2 | 3 | 4 | 5 | 5 | 6 | 7 | 8 | 9 | 10 | |
| 生位 | 10<br>己<br>己<br>乾<br>☰ | 9<br>辛<br>庚<br>離<br>☲ | 6<br>癸<br>癸<br>震<br>☳ | 3<br>乙<br>甲<br>兌<br>☱ | 2<br>丁<br>丙<br>天<br>☰ | 5<br>戊<br>戊<br>坤<br>☷ | 5<br>戊<br>戊<br>坤<br>☷ | 4<br>庚<br>辛<br>坎<br>☵ | 1<br>壬<br>壬<br>巽<br>☴ | 8<br>甲<br>乙<br>艮<br>☶ | 7<br>丙<br>丁<br>地<br>☷ | 10<br>己<br>己<br>乾<br>☰ | 先天而后天<br>三天(9+3=12) 兩地(6+2=8)<br>后天而先天<br>三地(4+8=12) 兩天(1+7=8) |
| 成位 | 10<br>己<br>乾<br>☰ | 1<br>壬<br>巽<br>☴ | 2<br>丁<br>天<br>☰ | 9<br>辛<br>離<br>☲ | 8<br>乙<br>艮<br>☶ | 5<br>戊<br>坤<br>☷ | 5<br>戊<br>坤<br>☷ | 6<br>癸<br>震<br>☳ | 7<br>丙<br>地<br>☷ | 4<br>庚<br>坎<br>☵ | 3<br>甲<br>兌<br>☱ | 10<br>己<br>乾<br>☰ | 調陽 律陰<br>1+9=10 2+8=10<br>7+3=10 6+4=10 |

丙甲庚三宮병갑경삼궁은 先天之天地선천지천지이니라.

丁乙辛三宮정을신삼궁은 后天之地天후천지지천이니라.

先天선천은 三天兩地삼천양지요 后天후천은 三地兩天삼지양천이니라.

子寅午申자인오신은 先天之先后天선천지선후천이요

丑卯未酉축묘미유는 后天之先后天후천지선후천이니라.

병갑경丙甲庚 삼궁三宮은 선천先天의 천지天地이니라.

정을신丁乙辛 삼궁三宮은 후천后天의 지천地天이니라.

선천先天은 삼천양지三天兩地요 후천后天은 삼지양천三地兩天이니라.

자인오신子寅午申은 선천先天의 선천先天과 후천后天이요

축묘미유丑卯未酉는 후천后天의 선천先天과 후천后天이니라.

| 丙甲庚 三宮 | | | |
|---|---|---|---|
| 1變 | 己位 | 5 4庚 1壬 8甲 7丙 10 (戊戌宮) | 坤生乾 分而合 |
| 2變 | 戊位 | 10 9庚 6癸 3甲 2丙 5 (己巳宮) | 乾生坤 合而分 天地 乾=坤 先天 天地之分 9-6-3-2 三天兩地 |
| 3變 | 成位 | 5 6癸 7丙 4庚 3甲 10 (己 · 戊位 相交相錯) | 6-7-4-3 陰陽平 調陽律陰 |
| 丁乙辛 三宮 | | | |
| 1變 | 戊位 | 10 9辛 6癸 3乙 2丁 5 (己巳宮) | 乾生坤 合而分 |
| 2變 | 己位 | 5 4辛 1壬 8乙 7丁 10 (戊戌宮) | 坤生乾 分而合 地天 坤=乾 后天 地天之合 4-1-8-7 三地兩天 |
| 3變 | 成位 | 10 1壬 2丁 9辛 8乙 5 (戊 · 己位 相交相錯) | 1-2-9-8 陰陽平 調陽律陰 |

병갑경丙甲庚 삼궁三宮의 위位는 무술궁戊戌宮 기위己位의 과果인 건乾을 체體로 하여 기사궁己巳宮 무위戊位의 9-6-3-2에 운행하여 가니, 무위戊位는 건乾이 분分하여 곤坤을 생한 것이라 이것은 천지天地가 분分한 것이며 합일合一의 체體가 분分하여 간 것이며 순수한 1상이 0상에 분分하여 가는 선천이후천先天而后天의 정政인 것이니, 선천의 천지天地이며 9,3을 합한 12를 4방에 나누어 삼천三天을 상象하며 6,2를 합한 8을 4방에 나누어 양지兩地의 상象을 본받은 것이니 이르되 "三天兩地삼천양지"라 한다. 성위成位에 이르러서는 기위己位와 무위戊位가 서로 교交하여 상착相錯함에 6-7-4-3의 순서가 되어서, 7,3을 합한 양陽의 10과 6,4를 합한 음陰의 10에 양陽과 음陰이 평平하며 양陽음陰이 조율調律하니 이것을 "調陽律陰조양율음"이라 한다.

정을신丁乙辛 삼궁三宮의 위位는 기사궁己巳宮 무위戊位의 과果인 곤坤을 체體로 하여 무술궁戊戌宮 기위己位의 4-1-8-7에 운행하여 가니, 기위己位는 곤坤이 건乾에 응應하여 합일合一해 가서 건乾을 생한 것이라 이것은 지천地天의 합合인 것이며 분리된 체體가 합하여 간 것이며 순수한 0상이 합일合一하여 가는 후천이선천后天而先天의 여율呂律인 것이니, 후천의 지천地天이며 4,8을 합한 12를 4방에 나누어 삼지三地를 상象하며 1,7을 합한 8을 4방에 나누어 양천兩天의 상象을 본뜬 것이니 이르되 "三地兩天삼지양천"이라 한다. 성위成位에 이르러서는 무위戊位와 기위己位가 서로 교交하여 상착相錯함에 1-2-9-8의 순서가 되어서, 2,8을 합한 음陰의 10과 1,9를 합한 양陽의 10에 음陰과 양陽이 평平하며 음양陰陽이 조율調

律하니 이것을 또한 "調陽律陰조양율음"이라 한다.

십이지지十二支地에 자子로부터 사巳는 선천의 위位이며 오午로부터 해亥는 후천의 위位다.

선천에 진사辰巳의 위位는 제5,6위이니 존공尊空되어 굴신屈伸한다.

후천에 술해戌亥의 위位 또한 제5,6위이니 존공尊空되어 굴신屈伸한다.

**〈十二支地의 先后天位〉**

| 선천 | | | | | | 후천 | | | | | |
|---|---|---|---|---|---|---|---|---|---|---|---|
| 1 | 2 | 3 | 4 | 5 | 6 | 1 | 2 | 3 | 4 | 5 | 6 |
| 子 | | 寅 | | 辰 | | 午 | | 申 | | 戌 | |
| 1 | | 3 | | 5 | | 7 | | 9 | | 11 | |
| 先天之 | | 先天位 | | 尊空 | | 先天之 | | 后天位 | | 尊空 | |
| | 丑 | | 卯 | | 巳 | | 未 | | 酉 | | 亥 |
| | 10 | | 8 | | 6 | | 4 | | 2 | | 0 |
| | 后天之先天位 | | | | 尊空 | | 后天之后天位 | | | | 尊空 |

양성陽性은 선천의 상象이며 음성陰性은 후천의 상象이다.

고故로 자인子寅은 선천의 선천위先天位이며 오신午申은 선천의 후천위后天位이며 축묘丑卯는 후천의 선천위先天位이며 미유未酉는 후천의 후천위后天位이다.

이것은 선천과 후천에 1 3 5와 10 8 6의 위位가 북과 동에 그 기氣를 고수固守하고 7 9와 4 2의 위位는 서와 남에 금화교역金火交易한다는 것을 나타낸다.

上元丑會干支圖상원축회간지도

己丑宮 庚寅 辛卯 壬辰 癸巳 甲午 乙未 丙申 丁酉 戊戌

己亥宮 庚子 辛丑 壬寅 癸卯 甲辰 乙巳 丙午 丁未 戊申

己酉宮 庚戌 辛亥 壬子 癸丑 甲寅 乙卯 丙辰 丁巳 戊午

己未宮 庚申 辛酉 壬戌 癸亥 甲子 乙丑 丙寅 丁卯 戊辰

己巳宮 庚午 辛未 壬申 癸酉 甲戌 乙亥 丙子 丁丑 戊寅

己卯宮 庚辰 辛巳 壬午 癸未 甲申 乙酉 丙戌 丁亥 戊子

순수한 1상의 건乾은 그 성질이 직直하여 무한히 곧은 선線과 같다.

1원상一圓相의 가장 기본적 구조는 4방의 구조다.

〈四角一圓相〉

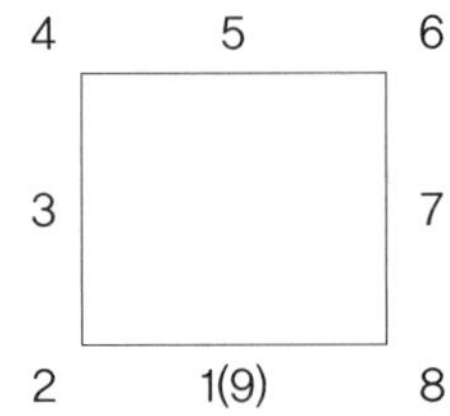


10=1線=11次元

무한히 곧은 선線이 비로소 0상을 만나 무한히 분절되고 휘어져 이러한 원圓은 개념상이 나타나는 것인데, 이것은 1이 2에 분절되어 3이 되며, 3이 4에 분절되어 5가 되며, 5가 6에 분절되어 7이 되며, 7이 8에 분절되어 9가 되어서, 이에 9는 자연히 다시 최초의 무한히 곧은 선線인 1에 합하여 10을 성하여 둥근듯한 원상圓相을 성成함이 된다. 이로써 9와 1이 합일合一된 10은 다시 최초의 직直한 1선線과 같아서 이것은 최초의 1차원과 같은 11차원인지라 이로써 10천간天干의 의義가 나타난다.

1원상一圓相의 가장 기본적 구조는 4방의 구조다. 그러므로 4방에 분절된 곧은 선線은 직直한 일양一陽의 건乾의 상象이며, 분절된 각角은 일음一陰의 곤坤의 상象이며, 사방일원四方一圓의 중中인 중궁中宮의 허허虛虛한 공상空相은 건乾의 상象과 곤坤의 상象을 동시에 머금은 제5위의 인人의 궁宮인 황극皇極의 상象이다. 이로써 공간의 위位가 제5위에 극極하며 항상恒常하고 직直한 1기氣의 선線은 제5위에 극極하여 6기氣를 발發하는 것이다. 이로써 공간의 위位는 제5위에 극極하여 성成하며 시時는 제6위에 극極하여 시始하는 것이다.

1기氣의 시時가 0상을 만남에 분절해 마디가 되어서 비로소 만물이 생성되고, 이로써 5위位가 음양陰陽을 갖추어 10천간天干이 되며 6위位의 시時가 음양陰陽을 갖추어 지地에 행行하니 곧 12지지地支이다. 이렇게 볼 것 같으면 10천간天干의 뿌리는 5공간空間이며 12지지地支의 뿌리는 시時의 시始인 6기氣인 것이다. 이에 천간天干과 지지地支가 서로 교交해 60수數를 이루어 만물을 다 성成하니 곧 60갑자甲子이다.

〈선천先天과 후천后天의 대칭對稱〉

| 선천先天 | 후천后天 |
|---|---|
| 先天位 : 1~5위 | 后天數 : 6위~10위 |
| 제1위 = 1 | 제1위 = 6 |

甲子…　順24度　… 己丑

逆36度

수數의 1로부터 5위位까지를 선천의 위位라 하고 6으로부터 10위位까지를 후천의 수數라고 한다. 선천은 1이 제1위이며 후천은 6이 제1위다. 갑甲의 궁宮에 자인진오신술子寅辰午申戌이 행함은 선천이며 기己의 궁宮에 축해유미사묘丑亥酉

未巳卯가 행함은 후천이다. 선천의 갑甲으로부터 후천의 기己까지는 1,6도이니 1은 선천의 시작점이며 6은 후천의 시작점이다. 선천의 자子로부터 역逆으로 축丑은 12도이니 선천과 후천의 천간天干 지지地支의 분기점은 24와 36도이다. 이로써 갑자甲子로부터 역逆으로 기축己丑은 36도이며 나머지는 24도이므로 선천은 갑자甲子에서 시작되고 후천은 기축己丑에서 시작되는 것이다. 선천의 관점에서 바라보면 갑甲으로부터 기己는 제6위이며, 후천의 관점에서 바라보면 기己로부터 갑甲이 제6위인 것이니 무戊에 10위位요 기己에 11의 위位가 되어서 이곳에 후천이 시작되는 것이다.

1선線의 기氣가 9에 극極하여 1에 합함에 10이라 본래 우주와 만물의 시작은 10에서 시작된 것이니, 다만 1을 취함은 선천의 시작이라 편偏이며 10,1을 동시에 취함은 후천의 시작이니 정正이다.

1,3도의 갑자甲子에서 시작됨을 선천 자회子會라 하고 10,1의 기축己丑에서 시작됨을 후천 축회丑會라 한다.

자회子會 1선線의 기氣가 9에 극極하고 1에 합하여 10을 성하니 10이면서 최초의 1인지라 곧 11절節의 118800이다. 천지天地가 한번 일어났다 꺼졌다하는 생멸지수生滅之數는 129600이다. 이에 1절節은 10800이며 1원元은 3600이니 상원上元 중원中元 하원下元의 3원元이 곧 1절節이며 12절節이 곧 천지생멸지수天地生滅之數다. 이로써 11절節은 118800인 것이다.

천지만물이 10에 성成하고 11에 시작됨은 제6위가 묘술존공卯戌尊空의 위位인 연고다. 묘술존공卯戌尊空이란 것은 축해유미사묘丑亥酉未巳卯의 제6위인 묘卯에 순수한 0상의 곤坤을 성하며 자인진오신술子寅辰午申戌의 제6위인 술戌에 순수한 1상의 건乾을 성함에, 순수한 0상과 1상은 무용無用이로되 이보다 더 존귀尊貴한 상相과 위位가 없을 새 이르되 "卯戌尊空묘술존공"이라 한 것이다.

선천 자회子會가 10절節의 108000에 종終하고 11절節의 118800에 다시 시작하니 곧 후천 축회丑會의 상원시절上元時節의 시始인 것이다.

# 二十八宿運氣圖이십팔수운기도

여기서의 28수宿 운기도運氣圖는 후천월后天月의 운행도수運行度數를 밝힌 것이다.

28수宿는 7위緯의 기氣가 4방을 타고 한번 주회周回하는 도수度數이니 곧 월영月影이 한 번 공전하는 도수度數다.

시時의 개념은 다만 1상의 1선線 개념이니 그 용수用數는 3이다. 공간의 개념은 0상에 분리되는 개념이니 그 용수用數는 2다.

시時의 개념인 직直한 1선線이 5공간에 의해 분절되어 제6위의 시時를 성하니 수數의 18이며 6위의 시時로 인해 5공간을 성하니 수數의 10인지라, 합하면 28이 되어서 28수宿는 이것을 법한다.

64괘의 방위도方位圖로써 논論하건대 진손震巽괘가 4괘이며, 리감離坎괘가 12괘이며, 태간兌艮괘가 20괘이며, 건곤乾坤괘가 28괘이니 모두 합하면 64괘라 우주만물은 이러한 건곤乾坤 28괘를 뿌리(根)로 하여 36궁의 6자子의 괘卦가 끊임없이 반복해 무한히 운행하므로, 이르되 "室張三十六실장삼십육이 莫莫莫無量막막막무량"이라 하신 것이다.

무술戊戌 무진戊辰의 실室로부터 을묘乙卯 을유乙酉의 장張까지가 각각 18도와 또 18도이므로 합하면 36도이다. 무진戊辰은 선천의 초1도이며 임오壬午는 15도 망望이니 이것은 선천의 내괘內卦에 10건乾과 5곤坤을 성한 것이다. 10건乾과 5곤坤을 성함에 건곤乾坤은 무위無位이니 이로 인해 선천의 15도는 존공尊空되고, 이로써 계미癸未가 초1도가 되어서 을유乙酉 초3도에 월영月影이 초생初生하는 것이니, 이것이 후천의 선천인 것이다. 이에 월영月影이 정유丁酉15도에 망望이 되며 16도 무술戊戌에 분分하는지라, 이로써 임자壬子는 30도 회晦이며 계축癸丑은 초1도이며 을묘乙卯 초3일에 월영月影이 초생初生하는 것이니, 이것이 후천의 후천인 것이다. 이렇듯 월月의 체體와 영影이 실장室張 36궁에 끊임없이 반복해 무한히 운행하므로 이르되 "室張三十六실장삼십육이 莫莫莫無量막막막무량"이라 하신 것이다.

〈室張三十六 莫寞莫無量〉

| 區分 | 1일 | 월영月影 초생初生 | 망望 | 분分 | 회晦 | |
|---|---|---|---|---|---|---|
| 先天 | 무진戊辰 초1도 | | 임오壬午 15도 | | | 內卦 10건乾 5곤坤<br>先天 15도 존공尊空 |
| 后天之先天 | 계미癸未 초1도 | 을유乙酉 초3도 | 정유丁酉 15도 | 무술戊戌 16도 | 임자壬子 30도 | |
| 后天之后天 | 계축癸丑 초1도 | 을묘乙卯 초3도 | 정묘丁卯 15도 | 무진戊辰 16도 | 임오壬午 30도 | |
| | | 張 | | 室 | | 室張36 莫寞莫無量 |

10건乾과 5곤坤을 성함에 15도가 존공尊空된다는 것은 1건乾으로부터 2태兌 3리離 4진震을 지나 5손巽에 곤坤이니 천天이 지地가 된 것이며, 7간艮 8감坎 9손巽을 지나 10진震에 건乾이니 지地가 천天이 된 것이라, 이것은 6자子의 용用에 순수한 0상과 순수한 1상을 성한 것이므로 무위無爲무위無位가 되어서 이에 존공尊空되는 상象이 있는 것이다.

이것은 10건乾에 2천天2경經의 화火가 정위正位하며 5곤坤에 7지地7위緯의 화火가 정위正位한 것이니 10건乾과 5곤坤이 경도經度와 위도緯度에 정위正位한 것이라, 이것은 2,7화火의 기氣가 북과 남에 정위正位하기 위해 치미는 상相이 있음으로 인한 것이니 2,7화火의 작용으로 천지天地의 축軸이 정립正立함을 의미한다.

다음은 달의 체體와 달의 영影을 남 서 북 동의 28수宿 자리에 차례로 배치한 것이다. 달의 원래 모습인 체體는 차고 이지러지는 상象이 없으므로 그대로 30도에 운행하여 도수度數를 계산하며, 달빛인 달의 영影은 해와 달과 지구가 수평으로 일직선상에 놓일 때 지구에서 그 달빛의 영影을 볼 수 없으므로 2도를 허虛하여 28도로써 계산한 것이다. 지구와 달과 해가 항각亢角 2수宿의 위位에 이르러 일직선상에 위치하므로 이로써 항각亢角 2수宿를 존공尊空하는 상象이 있는 것이니, 이것은 모두 후천달의 공전궤도 도수度數이다.

癸未 軫진 癸丑

甲申 翼익 甲寅

乙酉 張장 乙卯

丙戌 星성 丙辰

丁亥 柳유 丁巳

戊子 鬼귀 戊午

己丑 井정 己未

이것은 남방南方 주작朱雀이다

庚寅 參삼 庚申

辛卯 觜자 辛酉

壬辰 畢필 壬戌

癸巳 昴묘 癸亥

甲午 胃위 甲子

乙未 婁루 乙丑

丙申 奎규 丙寅

이것은 서방西方 백호白虎다

丁酉 壁벽 丁卯

戊戌 室실 戊辰

己亥 危위 己巳

庚子 虛허 庚午

辛丑 女여 辛未

壬寅 牛우 壬申

癸卯 斗두 癸酉

이것은 북방北方 현무玄武다.

甲辰 箕기 甲戌

乙巳 尾미 乙亥

丙午 心심 丙子

丁未 房방 丁丑

戊申 氐[저] 戊寅

己酉 ○ 己卯

庚戌 ○ 庚辰

辛亥 亢[항] 辛巳

壬子 角[각] 壬午

이것은 동방東方 청룡靑龍이다.

亢角二宿尊空詩항각이수존공시이니라.

何物하물이 能聽角능청각인고 神明신명은 氐不亢저불항임을 室張三十六실장삼십육은 莫莫莫無量막막막무량이로다.

武功무공은 平胃散평위산이요 文德문덕은 養心湯양심탕이라 正明金火理정명금화리하니 律呂율여는 調陰陽조음양하도다.

항각이수亢角二宿를 존공尊空하는 시詩니라.

어떤 물건이 능히 각角소리를 듣는고. 신神이라는 항亢이 아닌 저氐에 밝음을, 실室에서 장張의 삼십육궁三十六宮은 막막막莫莫莫하여 무량無量이로다.

무공武功은 평위산平胃散이요 문덕文德은 양심탕養心湯이라 금화金火의 이치를 바르게 밝히니 율여律呂는 음陰과 양陽을 조율調律하도다.

이것은 후천의 28수宿 운기도運氣圖이다.

신해辛亥 임자壬子는 후천 그믐 회晦의 자리이니 달빛의 영影을 볼 수가 없음이라. 본래 달의 본체는 차고 이지러지는 영허盈虛의 상象이 없어서 그대로 도수度數를 세어가 30도에 1주회週回를 마치니, 이것을 체성수體成數라고 한다. 신사辛巳 임오壬午는 13도이지만 선천15일의 보름달 망望의 자리가 된 것은, 선천은 달의 영影을 주관하여 영허盈虛하는 상象이 있음으로 인해 항상 2도에 달의 빛을 볼 수가 없으므로 이로써 허虛하여 이에 28도로써 운행의 도수度數를 삼은 연고이니, 이것을 영생수影生數라고 한다. 이것은 항각亢角의 위位가 해와 달과 지구가 일직선상에 놓인 자리임을 의미한다.

그러므로 달빛을 볼 수가 없는 공위空位의 술戌은 신궁申宮의 저氐의 자리에 밀려나고 공위空位의 묘卯 또한 축궁丑宮의 방房의 자리에 물러나 귀歸하니, 자연히 항각亢角의 자리가 술戌과 묘卯의 공위空位에 들어와 존공尊空되어 그믐이 되는 것이므로, 이러한 연유로 이르시되 "亢角二宿尊空항각이수존공"이라 하신 것이다.

다시 논論하건대 경술庚戌이 무신戊申에 의依하니 신해辛亥 임자壬子의 항亢과 각角이 기유己酉 경술庚戌의 빈자리에 들어와 존공尊空되며, 기묘己卯가 정축丁丑에 귀歸하니 신사辛巳 임오壬午의 항亢과 각角이 기묘己卯 경진庚辰의 빈자리에 들어와 존공尊空된다는 것이므로, 이것을 "戊依申술의신 卯歸丑묘귀축"이라 한 것이다. 이것은 모두 달빛의 차고 이지러지는 영허작용盈虛作用을 주관하여 관찰한 것이니, 이것은 2경經 7위緯의 운행에 2경經은 영影의 개념이 아닌 1선線의 개념이므로 항상 2도가 허虛하여 관찰이 불가능한 연고다. 그러나 달의 본체로써 관찰하면 달의 본래 형체는 영허盈虛의 상象이 없어서 그대로 운행되는 도수度數가 되므로 그 운행도수運行度數는 온전한 30도가 되는 것이다.

〈卯戌尊空의 이치理致〉

| 純粹0 | | | | | | 純粹1 |
|---|---|---|---|---|---|---|
| ䷁ | ䷗ | ䷒ | ䷊ | ䷡ | ䷪ | ䷀ |
| 隱 | | | | | | 戌尊空 |
| 純粹1 | | | | | | 純粹0 |
| ䷀ | ䷫ | ䷠ | ䷋ | ䷓ | ䷖ | ䷁ |
| 隱 | | | | | | 卯尊空 |

순수한 0상의 곤坤이 순수한 1상의 건乾을 이룸에 자연히 곤坤은 숨고 순수한 1상의 건乾이 순수한 0상의 곤坤을 이룸에 자연히 건乾은 은隱한다. 순수한 0상은 곤지坤地괘의 제6효의 위位인 묘卯이며 순수한 1상은 건천乾天괘의 제6효의 위位인 술戌이다. 묘卯의 궁宮에 곤지坤地의 순수한 0상을 이루므로 건천乾天의 순수한 1상의 술戌은 존공尊空되고, 술戌의 궁宮에 건천乾天의 순수한 1상을 이루므로 곤지坤地의 순수한 0상의 묘卯는 존공尊空된다는 것이다.

신神은 무위無爲의 위位가 아닌 위무위爲無爲의 위位이니 곧 6자子의 용위用位다. 그러므로 "神신이라는 亢角항각 空位공위의 位위에 머물지 않아서 氐저에 밝은 것"이라 하였다.

달이 만월滿月일 때는 달의 체體는 숨고 달이 그믐일 때에 비로소 달의 체體는 온전히 나타난다. 달의 그믐은 항각이수亢角二宿의 위位이므로 가히 달을 볼 수가 없음이로되 오히려 그 체體는 온전히 드러난 것이므로, 그 법상과 이치가 이러함을 이끌어 가히 볼 수도 없고 들을 수도 없는 것을 능히 보고 능히 듣는 것이 도道임을 일부一夫께서 물으시니 "어떤 물건이 능히 角각의 소리를 듣는고?" 라고 하신 것이다. 다시 논論하건대 신

神이라 하는 것은 눈에 있음에 보는 것이요, 귀에 있음에 듣는 것이요, 코에 있음에 냄새인 것이요, 혀에 있음에 맛이요, 몸에 있음에 감각이요, 뇌에 있음에 생각하는 것이니, 이러한 우리의 인식과 만물의 움직임은 건곤乾坤의 체體에 머물지 않아서 6자子의 용위用位에 행하는지라, 항각亢角에 머물지 않고 6자子의 용위用位인 저氐에 밝은 것이라 하시니 그렇다면 누가 건곤乾坤의 무무위無無位를 능히 엿들음이 되겠느냐고 물으신 것이다.

이에 일부一夫께서 "何物하물이 能聽角능청각인고?"라고 물으시니 소양素陽은 답答하되 "何物하물도 不聽角불청각이니이다."

"武功平胃散무공평위산"은 무위戊位의 운행을 의미한다. 무공武功은 강직한 10,1건乾의 체體이며 위胃는 토土의 성품이며 산散은 분分의 상相이다. 무위戊位의 운행이 10,1건乾을 체體로 하여 분分하여 가서 5,6의 위位에 곤덕坤德을 성하므로 각위各位가 11을 얻어 이에 10과 1의 수토水土가 평平하며, 위胃의 성품이 능히 음식물을 분해하고 소화하여 전신을 자양滋養하므로 그 상象이 이와 같은 것이다.

"文德養心湯문덕양심탕"은 기위己位의 운행을 의미한다. 문덕文德은 유순柔順한 겸하謙下의 극치이니 5,6곤坤의 체體이며 양養은 겸하謙下하여 물물物物을 화해和解해 1심心의 도道를 기른다는 것이며, 탕湯은 삼합參合해 1심心 1도道에 귀歸하여 한맛에 돌아온다는 것을 말한다.

"正明金火理정명금화리"는 무위戊位와 기위己位의 운행에 4,9와 2,7이 교역交易하여 각위各位가 9,2 7,4의 11의 수數에 평平하여 금화金火의 이치를 바르게 밝힌다는 것이다.

"律呂調陰陽율여조음양"은 무위戊位와 기위己位의 운행에 4,9와 2,7이 교역交易하여 각위各位가 9,2 7,4의 11의 수數에 평平하며 금화金火의 이치가 밝음에 자연히 조양율음調陽律陰이 된다는 것을 말한다. 이것을 무위戊位의 기사궁己巳宮과 기위己位의 무술궁戊戌宮으로써 논論하건대, 여呂는 반려伴侶의 상象이니 상대성이며 율律은 율법律法의 상象이니 절대성이라 서로 짝하고 동반하여 그 지志를 하나로 통합하여 감에, 무위戊位 기사궁己巳宮 9-6-3-2의 삼천양지三天兩地는 양陽이 태과太過하고 음陰이 불급不及이며 기위己位 무술궁戊戌宮 4-1-8-7의 삼지양천三地兩天은 음陰이 태과太過하고 양陽이 불급不及하여 만물이 생위生位에 극極

하여 만물을 성成하는지라, 이로부터 극極하여 성成하니 자연히 금화金火가 교역交易하는 상象이 나타나고 이에 1-2-9-8과 6-7-4-3에 음陰과 양陽이 20과 20에 평平해지므로 율여律呂해서 음양陰陽이 서로 잘 조절되었다 하여 율여조음양律呂調陰陽이라 하신 것이다.

다시 이것을 천天이 지地가 되고 지地가 천天이 되는 과정에 괘卦의 변화로써 논論하건대, 곤간감진건坤艮坎震乾에 곤坤은 존공尊空되므로 6양陽6음陰이며 건태리손곤乾兌離巽坤에 건乾은 존공尊空되므로 이 또한 6음陰6양陽인지라, 음陰과 양陽이 균등하여 태과太過와 불급不及이 없어서 천지성도天地成道에 음陰과 양陽이 잘 조절되었다 하는 것이다.

율律은 절대성絶對性이며 여呂는 상대성相對性이다. 이에 절대성絶對性을 절대성絶對性이라 하면 곧 상대성相對性요, 상대성相對性의 상대적 둘의 상相을 쌍조雙照하고 쌍망雙忘하여 본래 하나인 줄 알며 그 하나라는 것도 두지 않으면 이것이 곧 절대성絶對性인 것이니, 이것을 음양陰陽을 잘 조절한다고 하는 것이다.

〈조양율음調陽律陰의 이치理致〉

| | |
|---|---|
| 位變 | • 생위生位 태과불급太過不及<br>戊位 己巳宮 : 9–6–3–2(삼천양지三天兩地, (9+3)/4=3, (6+2)/4=2)<br>己位 戊戌宮 : 4–1–8–7(삼지양천三地兩天, (4+8)/4=3, (1+7)/4=2) |
| | • 성위成位 조양율음調陽律陰<br>戊位 己巳宮 : 1–2–9–8(음양평陰陽平, 1+9=10, 2+8=10)<br>己位 戊戌宮 : 6–7–4–3(음양평陰陽平, 6+4=10, 7+3=10) |
| 卦變 | • 조양율음調陽律陰<br>坤艮坎震乾☷☶☵☳☰ 곤坤 존공尊空 6양陽6음陰<br>乾兌離巽坤☰☱☲☴☷ 건乾 존공尊空 6음陰6양陽 |

九九吟구구음하노라

凡百滔滔儒雅士범백도도유아사여 聽我一曲放浪吟청아일곡방랑음하소

讀書學易先天事독서학역선천사이니 窮理修身后人誰궁리수신후인수일고

三絶韋編吾夫子삼절위편오부자는 不言无極有意存불언무극유의존하시고

六十平生狂一夫육십평생광일부는 自笑人笑恒多笑자소인소항다소라

笑中有笑笑何笑소중유소소하소오 能笑其笑笑而歌능소기소소이가하노라

구구九九를 음吟하노라.

범백凡百이 도도滔滔한 청아淸雅한 선비여 나의 한 곡 방랑음放浪吟을 들어보소.

독서讀書하고 역易을 배움은 선천의 일이니 이치를 궁리窮理하고 수신修身함은 그 누구일고.

삼절위편三絶韋編하신 우리 공부자孔夫子는 무극无極을 불언不言하시고 뜻만 두셨음이라.

60평생 미친 일부一夫는 자소自笑하고 인소人笑하니 항상 웃음이 많음이라.

웃음 중에 웃음이 있으니 이 어떤 웃음일고. 능히 그 웃음을 웃으며 그 웃음을 노래하노라.

방랑음放浪吟은 주관적 개념을 비운 무아無我의 음音이다.

만약 어떤 도도滔滔한 선비가 있어서 선천의 공부인 학역學易과 독서讀書에 그 안다는 식견識見을 일시에 다 놓아서 이 아는 것이 끊어진 곳을 향하여 머리를 두면, 이 곧 궁리수신窮理修身하는 후천의 성학聖學이 된다고 할 수 있을 것이다.

본래 극체極體는 지식과 생각과 말과 언어 등으로 도달할 수 없으므로 오로지 깨달아 일체 망상妄想과 일체 만물의 법상法相이 다만 극체極體로부터 반사된 헛 그림자라는 것을 알아서, 일체 성인聖人과 범천凡天과 사람과 만물의 순順과 역逆의 경境이 내 눈앞에 나타나더라도 이 또한 허상虛像일 뿐이라 마음 가운데에 털끝만큼도 일어나고 멸滅하는 상相에 이끌림이 없어서 일체가 부동不動이며 일체가 공각空殼인줄 알면, 이로부터 바로 일체 성인聖人의 부류에 동참하여 그 도道를 행함에 장애가 없는 바가 될 것이다.

공부자孔夫子께서 이미 더 배울게 없는 무학지경無學之境인 극체極體를 체달하시고 불언不言하심은 아직 그 시대의 시時와 환경이 적절치 못함을 관하시고 오직 뜻만 두셨을 뿐이니, 일체 성인聖人도 그 시대의 시時와 장소와 환경에 따라서 순順할지언정 결코 역행逆行하여 시공時空을 혹란惑亂케 함이 없는 것이다.

스스로 웃는다는 것은 주관인 주체主體를 의미하고 사람이 웃는다는 것은 객관인 객체客體를 의미하며 항상 웃는다는 것은 이러한 주관과 객관이 일시에 다 녹아 떨어져 주체主體와 객체客體가 한 몸뚱어리임을 깨친 그러한 웃음인 것이다. 웃음 속에 웃음이 있다는 것은 주체主體와 객체客體가 모두 공空하여 일체가 평등한 극체極體의 웃음이란 것이니 일부一夫가 능히 그 웃음을 웃고 또 노래하는 것이다.

## 三百六十當期日삼백육십당기일과 大一元三百數대일원삼백수를 九九中排列구구중배열하고

360당기일當期日과 대일원大一元 300수數를 구구중九九中에 배열排列하고

"360當期日당기일"이란 것은 공부자孔夫子께서 밝히신 주기이니 이것은 건책수乾策數의 216과 곤책수坤策數의 144를 합한 일원상一圓相의 주기다.

1음陰의 용수用數는 2이며 1양陽의 용수用數는 3이라 이로써 곤坤괘의 3효爻는 6이며 건乾괘의 3효爻는 9이다. 이것을 각각 1원상一圓相의 가장 기초적 개념인 4방에 운영하면 24와 36이며 다시 6효爻의 위位에 승乘하면 144와 216이 되어서 합하면 360이 되는 것이다. 4방은 공간상의 개념이며 6효爻의 위位는 시간상의 개념이니, 이것은 곤坤과 건乾이 공간과 시간상에 흘러 드디어 시공時空이 모두 만성滿成함으로써 하여 그 개념의 수數를 합하여 우주 1원상一圓相의 주기가 완성된다는 것을 말한 것이다.

또 8괘는 12양陽과 12음陰을 갖추므로 각각 36과 24를 얻어서 6위位의 시時에 흘러 합하면 이 또한 360이 되는 것이다.

또 64괘는 384효爻인데 이중에 천天 지地 수水 화火의 무대지사괘無對之四卦는 반反하여도 그대로이므로 변화가 없어서 용수用數로 쓰지 않으니, 무대지사괘無對之四卦의 24효爻를 허虛하여 360효爻에 1원상一圓相의 주기를 나타내는 것이다.

또 일부一夫의 사상분체도수四像分體度數인 159에 9건乾과 6곤坤의 수數를 허虛하여 144로써 4방의 분도수分度數를 삼고, 이것을 일원추연수一元推衍數의 216인 순수한 1상의 수數를 체體로 하여 4방의 천지일월天地日月 사상四象에 그 체體를 분分해서 수數를 도度하므로 이 또한 360당기일當期日이라 하는 것이다.

360당기일當期日이 객관적 천지天地의 주기라면 "大一元대일원 300數수"는 주관적 인人의 주기다.

건책수乾策數 216은 태양수太陽數 36이 6위位의 시時에 흘러 성한 수數이며 곤책수坤策數 144는 태음수太陰數 24가 6위位의 시時에 흘러 성한 수數이다. 대일원大一元 300수數는 대연지수大衍之數 50이 6위位의 시時에 흘러 성한 수數이니 소양素陽은 이것을 "人策數인책수"라

명名하였다.

"大衍之數대연지수"라는 것은 하도河圖에 중궁中宮의 5와 10이 서로 승乘한 수數인데 5는 음양陰陽의 체수體數 1과 4를 합한 수數임과 동시에 음양陰陽의 용수用數 2와 3을 합한 수數도 되므로, 1 2 3 4를 모두 합한 10과 같아서 서로 승乘하고 연衍하여 수數함에 대大한 것이라 이로써 대연지수大衍之數라 한 것이다. 이것은 주체主體인 내가 10무극无極의 진공성眞空性을 체달한 것이니 가可히 대연大衍이라 할 수 있고, 또 하도河圖의 수數를 모두 합하면 55인데 주관적 나인 5를 허虛할 것 같으면 곧 아공我空을 체달함이 되므로 이 또한 대연大衍이라 하는 것이다.

고인古人이 이러한 대연지수大衍之數로써 점서법占筮法을 세우시고 미래를 쉽게 알게 하시니, 태극太極 음양陰陽 삼재三才 사상四象의 위位인 4방에 운영運營해 1변變을 삼고, 3변變하여 1효爻를 생하며, 72영營에 18변變하여 6위位의 괘卦로써 물물物物의 정미精微를 다하시니, 과거 현재 미래가 다만 이 일시一時로다.

이로써 360은 공부자孔夫子의 당기일當期日이며 375는 일부一夫의 일부지기一夫之期이며 660은 소양素陽의 황극지기皇極之期인 것이다.

대일원大一元 300수數를 64괘의 효爻로써 논論한다.

우주 전체의 천지도수天地度數는 64괘의 내에 모두 함축해 다 들어 있다고 할 수 있다. 이러한 64괘의 내에는 음분陰分과 양분陽分의 의義인 양의兩儀가 있어서, 양분陽分의 구역을 선천의 구역이라 하고 음분陰分의 구역을 후천의 구역이라 한다.

공부자孔夫子는 이러한 "天地兩儀천지양의의 度數도수"를 다음과 같이 계산하였다.

양陽의 구역이 32괘이니 그 수數가 6,912요 음陰의 구역이 또한 32괘이니 그 수數가 4,608이라 하시고, 이에 6,912의 수數가 된 것은 32괘가 시간수時間數의 개념인 건책수乾策數 216에 승乘한 수數이며 4,608의 수數는 32괘가 공간수空間數의 개념인 곤책수坤策數 144에 승乘한 수數가 된 것이어서 이러한 시공時空의 수數를 합함에 11,520이라는 수數를 얻으니, 이것이 공부자孔夫子께서 말씀하신 천지天地의 도수度數인 것이다.

건책수乾策數와 곤책수坤策數라는 것은,

4상四象의 위位는 1 2 3 4이니 합하면 모두 10수數이므로 10수數의 내에 물물物物의 대칭적 위位가 나타남에, 이로부터 1의 대칭은 9가 되어서 태양太陽의 위位와 수數라 하고, 4의 대칭은 6이 되어서 태음太陰의 위位와 수數라하며, 2의 대칭은 8이 되어서 소음少陰의 위位와 수數라 하고, 3의 대칭은 7이 되어서 소양少陽의 위位와 수數라 하여서, 위位를 체體로 하여 그 쓰는 것은 물물物物의 상相이 비로소 성成한 영생수影生數를 쓰는지라 이미 물물物物의 상相이 존재한다면 공간의 개념인 4방의 의義가 이미 그중에 자연한 것이니, 이에 9가 4방에 승乘함에 36이라는 태양太陽의 수數가 되고, 6이 4방에 승乘함에 24라는 태음太陰의 수數가 되며, 8이 4방에 승乘함에 32라는 소음少陰의 수數가 되고, 7이 4방에 승乘함에 28이라는 소양少陽의 수數가 되며, 다시 시간상의 위位인 6위位에 승乘하면 각각 216, 144, 192, 168이 되어서 태양太陽 태음太陰으로부터 온 216과 144를 각각 건책수乾策數와 곤책수坤策數라하는 것이니 합하여 360도의 일원一圓의 상相을 성하는 것이다.

여기서 소양素陽은 이러한 "天地兩儀천지양의의 度數도수"를 이렇게 계산하였다.

64괘는 모두 384효爻인데 이중에 양효陽爻가 192효爻이니 36에 승乘하면 6,912이며 음효陰爻 또한 192효爻이니 24에 승乘하면 4,608이라, 합하면 11,520에 공부자孔夫子의 천지양의天地兩儀 도수度數와 같음이 된다고 계산 하였다.

이로부터 양역陽域의 32괘는 모두 192효爻라 이중에 양효陽爻가 112효爻요 음효陰爻가 80효爻이며, 음역陰域의 32괘 또한 192효爻라 이중에 양효陽爻가 80효爻요 음효陰爻가 112효爻이니, 이러한 역易 가운데에 건乾과 곤坤은 그 상대성이 없는 절대성의 괘卦이므로 고로 이것을 무무위无无位괘라 한 것이다.

64괘 중에 건위천乾爲天 곤위지坤爲地 리위화離爲火 감위수坎爲水는 그 대대對對가 없다 하여 무대지4괘無對之四卦라 하고, 택풍대과澤風大過 뇌산소과雷山小過 산뢰이山雷頤 풍택중부風澤中孚는 뒤집어 반反하여도 그대로라 하여 무반지4괘無反之四卦라 한다. 1년의 도수度數가 360이 되는 것은 이러한 64괘의 384효爻 가운데에 무대지4괘無對之四卦인 천지수화天地水火괘卦의 24효爻를 허虛하면 360효爻가 되므로 이러한 도수度數를 얻게 되는 것이다.

또, 64괘 중에 건곤乾坤의 괘상卦象이 들어있는 괘卦가 28괘이며, 간태艮兌가 들어있는 괘卦가 20괘이며, 감리坎離가 있는 괘卦가 12괘이며, 진손震巽이 있는 괘卦가 4괘이므로, 우주천지만물은 건곤乾坤의 괘상卦象이 들어있는 28괘를 체體로 삼아 산택수화뢰풍山澤水火雷風괘의 6자子괘인 36괘를 용用으로 하여 운행하는 것이다.

천지天地 28괘 중에 곤坤이 천天을 성하며 건乾이 지地를 성한 괘卦가 16괘가 있으니, 곧 천지비天地否 천산둔天山遯 천수송天水訟 천풍구天風姤 천뢰무망天雷无妄 천화동인天火同人 천택리天澤履 건위천乾爲天이며 다시 지천태地天泰 지택림地澤臨 지화명이地火明夷 지뢰복地雷復 지풍승地風升 지수사地水師 지산겸地山謙 곤위지坤爲地이다.

이러한 괘卦의 상象들을 관觀하건대 각각 생괘生卦가 8변變하여 건위천乾爲天과 곤위지坤爲地의 체體를 성한 것이므로, 생괘生卦는 변화하는 상相이 있어 쓸 수가 있는 것이고 성괘成卦는 8변變을 하는 동안에도 변화된 상相이 없어 쓸 수가 없다는 것을 알 수가 있는데, 이로써 이러한 16괘의 성괘成卦와 천지수화天地水火인 무대지4괘無對之四卦와 택풍대과澤風大過 뇌산소과雷山小過 산뢰이山雷頤 풍택중부風澤中孚인 무반지4괘無反之四卦는 모두 쓸 수가 없는 존공尊空의 위位로 돌리는 것이다.

건곤乾坤64괘의 법상法相이 이러하여 이로부터 음역陰域에 있는 천풍구天風姤 천수송天水訟 천산둔天山遯 천지비天地否괘의 성괘成卦인 건乾괘의 12양효陽爻와 택풍대과澤風大過 뇌산소과雷山小過 감위수坎爲水괘에 들어있는 8개의 양효陽爻를 허虛하면 60개의 양효陽爻가 남고, 지풍승地風升 지수사地水師 지산겸地山謙 곤위지坤爲地의 성괘成卦인 곤坤괘의 12음효陰爻와 택풍대과澤風大過 뇌산소과雷山小過 감위수坎爲水괘에 들어있는 10개의 음효陰爻를 허虛하면 90음효陰爻가 남게 되는데, 이로써 공간상의 개념인 음역陰域은 60양효陽爻와 90음효陰爻를 용수用數로 쓰는 것이다.

또 양역陽域에 있는 천뢰무망天雷无妄 천화동인天火同人 천택리天澤履 건위천乾爲天의 성괘成卦인 건乾괘의 12양효陽爻와 산뢰이山雷頤 풍택중부風澤中孚 리위화離爲火괘에 들어있는 10개의 양효陽爻를 허虛하면 90개의 양효陽爻가 남고, 지뢰복地雷復 지화명이地火明夷 지택림地澤臨 지천태地天泰의 성괘成卦인 곤坤괘의 12음효陰爻와 산뢰이山雷頤 풍택중부風澤中孚 리위화離爲火괘에 들어있는 8개의 음효陰爻를 허虛하면 60음효陰爻가 남게 되는데, 이로써 시간상의 개념인 양역陽域은 90양효陽爻와 60음효陰爻를 용수用數로 쓰는 것이다.

그러므로 음역陰域엔 60개의 양효陽爻와 90개의 음효陰爻가 쓸 수 있는 용효用爻가 되고 양역陽域엔 90개의 양효陽爻와 60개의 음효陰爻가 쓸 수 있는 용효用爻가 되어서, 음역陰域과 양역陽域의 시공개념을 모두 합하면 음효陰爻가 150개이고 양효陽爻가 또한 150개이므로 이것을 모두 합하여 "人策數인책수 300"이라 한 것이니, 이것을 "大一元대일원

300數수"라고 하는 것이다.

〈대일원삼백수大一元三百數〉

| 無無位 | 無對卦 | 無反卦 | 上乾卦 | 上坤卦 | 〈陰分〉 32卦192爻= 陽爻80 + 陰爻112 |
|---|---|---|---|---|---|
| 乾䷀ | 天䷀ | 大過䷛ | 否䷋ | 地䷁ | 80陽爻-12陽爻(姤訟遯否)-8陽爻(大過小過水)=60陽爻 |
| 坤䷁ | 地䷁ | 小過䷽ | 遯䷠ | 師䷆ | 112陰爻-12陰爻(升師謙地)-10陰爻(大過小過水)=90陰爻 |
| | 水䷜ | | 訟䷅ | 謙䷎ | 〈陽分〉 32卦192爻= 陽爻112 + 陰爻80 |
| | | | 姤䷫ | 升䷭ | 112陽爻-12陽爻(无妄同人履天)-10陽爻(頤中孚火)=90陽爻 |
| | 火䷝ | 頤䷚ | 无妄䷘ | 復䷗ | 80陰爻-12陰爻(復明夷臨泰)-8陰爻(頤中孚火)=60陰爻 |
| | | 中孚䷼ | 同人䷌ | 明夷䷣ | 大一元300數= 陰分用數150 + 陽分用數150 |
| | | | 履䷉ | 臨䷒ | 天地 分用比率 = 60:90 = 4:6 = 陰2:陽3 |
| | | | 天䷀ | 泰䷊ | 음역陰域 天4:地6, 양역陽域 天6:地4, 중궁중위中宮中位 天5:地5 |

8괘는 12양陽과 12음陰으로 이루어져 있는데, 이중에 건乾과 곤坤은 3양효陽爻와 3음효陰爻의 순수한 1상이며 순수한 0상이므로 그 체體가 항상恒常하여 불변이라 이로써 불용不用하고, 나머지 태리손兌離巽과 간감진艮坎震은 이미 시時가 공空에 분절되며 공空이 시時에 응應한 것이라 음양陰陽이 서로 섞인(雜) 것이니 능히 가용可用하는 것이다. 이러한 6자子의 괘卦는 9양陽과 9음陰으로 이루어져 있으며 그 상象을 법하여 천지도수를 구구중九九中에 배열하는 것이다. 이렇듯 구구중九九中에 배열하여 건乾이 지덕地德을 이루며 곤坤이 천도天道를 성하니 그 보화普化가 가히 지극至極한 것이다.

복희8괘도伏羲八卦圖는 천지구조의 상象을 그대로 보인 것이다.

1양陽은 3이며 1음陰은 2이니 12양陽은 36이며 12음陰은 24이다.

모두 합일合一하면 60수數이니 이르되 "无无位六十數무무위육십수"라 한다. 고로 8괘효卦爻의 합일合一은 60수數이다.

이렇듯 만물의 행行이 모두 합일合一하여 무무위无无位 60수數의 도체道體로 귀일歸一하니 다시 이것을 체體로 하여 4상象의 의儀를 생함이 된다.

선천은 괘卦의 3남男과 3녀女인 간감진艮坎震과 태리손兌離巽의 행상이니 합하면 9양陽 9음陰이다.

3남男괘는 각각 2음陰과 1양陽이니 수數의 21이다.

3녀女괘는 각각 2양陽과 1음陰이니 수數의 24이다.

고로 9양陽은 27이며 9음陰은 18이니 합하면 45수數의 낙서洛書의 수數를 얻는다. 이것은 건乾9와 곤坤6을 존공尊空한 6자의 용수用數다.

360당기일當期日과 대일원大一元 300수數에 배열排列하는 것은 만물의 객관과 주관을 동시에 배열하여야만 그 도수度數가 완전해지는 것이므로 이러히 배열하는 것이다.

360을 9양陽에 배열하면 360÷27=13.33333이다.

300을 9양陽에 배열하면 300÷27=11.11111이니 합하면 24.44444(660÷27)이다.

360을 9음陰에 배열하면 360÷18=20이다.

300을 9음陰에 배열하면 300÷18=16.66666이니 합하면 36.66666(660÷18)이다. 모두 합하면 24.44444+36.66666=61이라 이것은 곧 기위성도수己位成道數와 같으니 곧 건도乾道의 성成이다.

선천은 건곤천지乾坤天地의 도道와 덕德에 아직 도달하지 못하여 천지天地가 미성숙未成熟된 것이므로 천지天地가 기울어 경위傾危하고 또한 천지도수天地度數에 나머지 여분의 윤閏이 발생하는 것이다. 이로써 이것을 법하여 3녀女와 3남男괘에 배열한다.

태리손兌離巽의 3녀女괘는 3음陰6양陽이니 수數의 24이다.

간감진艮坎震의 3남男괘는 3양陽6음陰이니 수數의 21이다.

이것을 합하면 낙서洛書의 수數인 45이다.

360을 3녀女괘의 합수合數인 24에 배열하면 360÷24=15이다.

300을 3녀女괘의 합수合數인 24에 배열하면 300÷24=12.5이다.

이것을 합合하면 27.5이다.

이로써 27도에 마치고(終) 0.5도에 초하루 삭朔을 삼으니 곧 항성월恒星月의 도수度數다.

360을 3남男괘의 합수合數인 21에 배열하면 360÷21=17.1428이다.

300을 3남男괘의 합수合數인 21에 배열하면 300÷21=14.2857이다.

이것을 合하면 31.4285이다.

이로써 달의 삭망朔望은 27.5와 31.4285의 사이에서 수數하니 약 29.5도度다.

이것은 항성월恒星月의 27.5도와는 약 2도의 차差가 발생하는데 이에 28수宿가 이를 법한다.

또 31.42-27.5=3.92이니 약 4도의 차差가 있으므로 이로써 항각이수亢角二宿를 존공尊空한다. 항각이수亢角二宿는 기유己酉, 경술庚戌, 기묘己卯, 경진庚辰의 자리이다.

정리하면

3녀女괘=3음陰6양陽=6+18=24

3남男괘=3양陽6음陰=9+12=21

24+21=45

360÷24=15

300÷24=12.5

15+12.5=27.5

360÷21=17.1428

300÷21=14.2857

17.1428+14.2857=31.4285

27.5와 31.4285의 중中=29.5 차差는 약4도

천지경위天地傾危는 즉 지구의 축軸이 기울진 것은

360과 300을 3녀女괘의 합수合數인 24에 배열한 27.5도를 360과 300을 3남男괘의 합수合數인 21에 배열한 31.42에 합하면 27.5+31.42=58.92이며, 58.92를 무무위无无位 60수數에 허虛하면 1.08인데 이에 1.08의 여분을 다시 3남男괘의 합수合數 21에 승乘하면

1.08×21=22.68度가 되고 3녀女괘의 합수合數 24에 승乘하면 1.08×24=25.92度가 되어서, 이러한 연유로 지축地軸은 22.68도와 25.92도의 사이에 항상 흔들림이 있고 이로써 약 23.5도에 기울어져 있는 것이다.

무무위无无位 60수數는 건곤乾坤을 포함한 12양陽과 12음陰의 36수數와 24수數가 합하여진 온전한 1원一圓의 상相이므로, 아직 온전한 건곤乾坤을 이루지 못한 6자子의 용수用數는 58.92도에 머물러 이러한 차差가 발생하는 것이다.

정리하면

27.5+31.42=58.92

60-58.92=1.08

1.08×21=22.68

1.08×24=25.92

22.68과 25.92의 중中은 약 23.5도

건乾이 지덕地德을 이루기 전에는 건태리손乾兌離巽에 머무름에 이것은 9양陽3음陰이니 27과 6이므로 합하면 33의 수數를 얻는다.

곤坤이 천도天道를 이루기 전에는 곤간감진坤艮坎震에 머무름에 이것은 9음陰3양陽이니 18과 9이므로 합하면 27의 수數를 얻는다.

비록 33과 27을 합하면 무무위无无位60수數를 얻음이 되나 그러나 이것은 건乾이 아직 지덕地德을 이루지 못하며 곤坤이 아직 천도天道를 이루지 못한 것이므로, 이로써 그 수數에 서로 태과太過와 불급不及이 발생한다.

60수數에 3남男 3녀女의 수數 45를 허虛하면 건곤乾坤의 도道와 덕德인 15에 돌아오고, 15를 등지고 미혹하면 45수數의 허상虛相인 만물이 경위傾危하여 운행된다. 45를 허虛한다는 것은 6자子의 용用은 개개의 인식분별경계이므로 만약 일체 분별과 일체 계교와 일체 망상을 일시에 다 놓아 버리면, 곧 탕탕蕩蕩하여 순수한 1상과 0상의 절대성인 10과 5의 성품을 체득하게 되고 이로써 6자子의 용用에 자유자재自由自在한다.

곤坤이 천도天道를 이루면 곤坤은 존공尊空되므로 간감진건艮坎震乾의 6양陽6음陰이며 건乾이 지덕地德을 이루면 건乾은 존공尊空되므로 태리손곤兌離巽坤의 6음陰6양陽이라, 음陰과 양陽이 균등하여 이르되 "律呂聲율여성"이라 하고 이것을 모두 합하면 이 또한 무무위无无位 60수數인 것이다. 이로써 간감진건艮坎震乾은 6양陽6음陰이라 18+12=30이며 태리손곤兌離巽坤은 6음陰6양陽이라 12+18=30이니, 이 또한 모두 합하면 60수數인 것이다.

이로부터 360을 30에 분分하면 360÷30=12이니 12지지地支를 상象하고 300을 30에 분分하면 300÷30=10이니 10천간天干을 상象하며, 다시 360과 300을 각각 60에 분分하면 6과 5가 되는데 이것은 5운運6기氣를 상象한다. 이에 다시 660을 60에 분分하면 11이 되는데 이것은 만물이 십일귀체十一歸體하는 상象을 의미한다.

정리하면

간감진건艮坎震乾=6양陽6음陰=18+12=30

태리손곤兌離巽坤=6음陰6양陽=12+18=30

30+30=60

360÷30=12지지地支

300÷30=10천간天干

360÷60= 6기氣

300÷60= 5운運

660÷60=11귀체歸體

이로써 12지지地支와 10천간天干에 해와 달이 각각 30도에 바르게 운행한다.

无无位무무위 六十數육십수를 一六宮일육궁에 分張분장하여
單五단오를 歸空귀공하면 五十五點오십오점이 昭昭소소하고
十五십오를 歸空귀공하면 四十五點사십오점이 斑斑반반하다.
我摩道아마도 正理玄玄眞經정리현현진경이 只在此宮中지재차궁중이리니
誠意正心성의정심하여 終종과 始시에 無怠무태하면 丁寧정녕 化化翁화화옹이 必親施

**教필친시교하시리니**

**是非是好吾好시비시호오호이런가.**

무무위无无位 60수數를 1,6궁宮에 분장分張하여, 홀로 5를 귀공歸空하면 55점點이 소소昭昭하고 15를 귀공歸空하면 45점點이 반반斑斑하다.
아마도 정리현현진경正理玄玄眞經이 다만 차궁此宮 중에 있을 것이니. 성의誠意 정심正心하여 나중과 처음에 게으름이 없으면 정녕 화화옹化化翁이 반드시 친히 가르침을 베푸시리니, 내가 좋아함이 이 좋음이 아닌가.

8괘는 다만 12양陽과 12음陰이므로 그 수數가 순양純陽 36과 순음純陰 24이다.

순양純陽은 순수한 1상인 건乾이니 무위無爲이며 순음純陰은 순수한 0상인 곤坤이니 또한 무위無位라, 이르시되 "无无位무무위"라 하고 합하면 60수數가 되는지라 이르되 "无无位무무위 六十數60수"라 한다.

일극日極과 월극月極이 각각 30도에 건곤택乾坤宅을 크게 밝히고 합함에 60이며 이에 건곤乾坤은 절대성 무위无位의 위位인지라, 이 또한 이르되 "无无位무무위 六十數60수"라 한다.

이러한 무무위无无位 60수數에 주관적 개념인 5곤坤을 귀공歸空하면 오히려 55점點의 만물의 상象이 눈앞에 나타나 소소昭昭하고, 다시 이곳에 객관적 개념인 10건乾을 귀공歸空하면 오히려 45점點의 만물의 상대성 움직임이 반반斑斑하다.

5곤坤이 귀공歸空은 아공我空이니 주관이 공空한 것이며 10건乾이 귀공歸空은 법공法空이니 객관이 공空한 것이다.

5곤坤으로부터 10건乾은 1,6의 위位이므로 이에 자연히 1,6궁宮에 분장分張하는 상象이 있다.

나라고 하는 상象은 본래 5곤坤의 공상空相인데 만물이 나에게 와 극極하여 반사해서 드디어 만물의 상象이 나타나므로, 5곤坤의 공상空相에 굴屈하고 6에 신伸하여 나아가 10에 1을 성成하여 하나가 되나니 이에 곧 용도龍圖의 55점點인 것이다. 5곤坤의 공상空相에 굴屈하고 6에 신伸하는 5굴屈6신伸은 주관이 비록 공空함이로되 객관을 등지지 않음을 의미한다.

10에 1을 성成하고 다시 10을 귀공歸空해 퇴退하여 1에 진進해서 나아가 5에 6을 성成하니 곧 낙서洛書의 45점點이다. 10퇴退1진進은 객관이 비록 공空함이로되 주관을 여의지 않음을 의미한다.

주主와 객客인 아我와 법法이 모두 공空하되 서로 객客과 주主를 여의지 않아서 합함에 100수數를 성하므로 "十十십십이 无量무량이며 一一일일이 无盡무진"이다.

소양素陽은 이것을 빌어 이르되

"이제 能능히 엿봄이 되느냐 圖도와 書서의 前消息전소식을,

없되 이미 모두 갖추어 있는 것이니 前後전후와 上下상하가 모두 다만 이 一時일시로다.

根本性品근본성품이 본래 虛明허명하여 虛허할 것도 없어서 穩全온전히 다만 60數수로되 이제 妄令망녕되이 虛허함을 쓴 故고로 河하와 洛낙이 昭昭소소 斑斑반반함이니, 그러나 이미 識海식해에 落낙한 者자일진댄 마땅히 虛허하고 虛허하여 본래 虛허할 것도 없는 地境지경에 이를지로다.

이 河하와 洛낙의 前消息전소식을 이르되 正理玄玄眞經정리현현진경이라 하나니, 心심과 行행에 誠성을 다하여 正정을 잃지 않아서 終종과 始시에 게으름이 없으면 반드시 나의 化翁之境화옹지경에 至지하리니 學者학자는 부디 힘써 修수하며 行행할지어다."

十五歌십오가이니라.

水火旣濟兮수화기제혜여 火水未濟화수미제로다.

旣濟未濟兮기제미제혜여 天地三元천지삼원이로다.

未濟旣濟兮미제기제혜여 地天五元지천오원이로다.

天地地天兮천지지천혜여 三元五元삼원오원이로다.

三元五元兮삼원오원혜여 上元元元상원원원이로다.

上元元元兮상원원원혜여 十五一言십오일언이로다.

十五一言兮십오일언혜여 金火而易금화이역이로다.

金火而易兮금화이역혜여 萬曆而圖만력이도로다.

萬曆而圖兮만력이도혜여 咸兮恒兮함혜항혜로다.

咸兮恒兮兮함혜항혜혜여 十兮五兮십혜오혜로다.

10과 5를 노래하니라.
수화기제水火既濟여 화수火水는 미제未濟로다. 기제미제既濟未濟여 천지天地는 3원元이로다. 미제기제未濟既濟여 지천地天은 5원元이로다. 천지天地와 지천地天이여 3원元과 5원元이로다. 3원元과 5원元이여 상원上元이 원원元元이로다. 상원上元이 원원元元이여 10과 5가 일언一言이로다. 10과 5가 일언一言이여 금화金火가 역易함이로다. 금화金火가 역易함이여 만력이도萬曆而圖로다. 만력이도萬曆而圖여 함咸과 항恒이로다. 함咸과 항恒이여 10과 5로다.

소양素陽은 십오가十五歌를 이렇게 말한다.

"10과 5는 无无位무무위요, 歌가는 歌唱가창이다.

無音무음의 歌가를 歌가하니 이 무슨 歌가일고?"

소양素陽은 이르되 "終日종일토록 歌가하여도 그 音음을 듣지 못하는 것이다."

우주만물이 생生하면 멸滅하고 멸滅하면 생生하여 끊임없이 순환함을 이르되 "天地천지의 길, 즉 天地之道천지지도"라 하고, 이것을 상象하여 이르되 "既濟기제와 未濟미제"라 한다.

생生은 1상이며 멸滅은 0상이다.

1상은 천양天陽이며 0상은 지음地陰이다.

1상에서 시작하여 제6위에 0상의 과果를 얻음을 수화기제水火既濟라 한다.

0상에서 시작하여 제6위에 1상의 과果를 얻음을 화수미제火水未濟라 한다.

0은 기제既濟의 과果인 동시에 미제未濟의 인因이다.

1은 미제未濟의 과果인 동시에 기제既濟의 인因이다.

기제既濟는 1상을 근본으로 하여 제6위에 0상의 과果를 얻은 상象이니 제6위에 극極하고 반反함에 곧 미제未濟의 상象이다. 이것을 이르되 "既濟未濟기제미제"라 한다.

기제既濟는 1이 0상에 분리되는 상象이니 곧 천지天地의 분分이다.

미제未濟는 0상을 근본으로 하여 제6위에 1상의 과果를 얻은 상象이니 제6위에 극極하고 반反함에 곧 기제旣濟의 상象이다. 이것을 이르되 "未濟旣濟미제기제"라 한다.

미제未濟는 분이分二의 0상이 1에 삼합參合하여 가는 상象이니 곧 지천地天의 합도合道다.

기제미제旣濟未濟는 101010이니 소음少陰의 상相인 천지天地의 분分이며 이것은 1이 2분分한 1,0의 상相이니, 이것을 동시에 갖춤은 곧 인人3이라 이르되 "天地三元천지3원"이라 한다. 천지3원天地三元은 1,9의 원圓을 3재才로 분分한 것이니 3각角의 합이 180도라, 180도는 1원圓의 360도가 분이分二된 상相이니 곧 천지天地의 분分이다.

미제기제未濟旣濟는 010101이니 소양少陽의 상相인 지천地天의 합合이며 이분二分의 상相인 0이 1에 합한 상相이라, 이것은 0상의 공간의 의義인 4방의 중中으로써 5원元을 성成한 것이므로 이르되 "地天五元지천5원"이라 한다. 4각角의 합은 3각角이 둘인 합의 각角과 같은 360도이므로 1원圓 360도의 합일合一된 상相이라 곧 지천地天의 합合이다.

참고로 5각角의 합은 540도이니 천天 3각角과 지地 4각角의 합수를 머금은 각角이다.

1 2 3은 천지인天地人 3재才이니 이것을 3원元이라 하고 다시 사상四象인 4방에 그 중궁中宮의 위位를 가加하여 5원元이라 한다.

1 2 3 4 가운데에 1은 천天이며 4는 지地이며 중中의 2 3은 천天과 지地를 동시에 갖춘 5의 인人이다. 이를 관觀하건대 3원元은 이미 5원元을 싸고 즉 포包하고 5원元은 3원元을 이미 함含한 것이니 즉 머금은 것이니, 이르되 "天地地天兮천지지천혜여 三元五元삼원오원"이라 한다.

1을 선先하여 0의 극과極果를 성成함은 태음월극太陰月極의 정政이다. 0을 선先하여 1의 극과極果를 성成함은 태양일극太陽日極의 정政이다.

이러한 극체極體의 3원元의 구조와 5원元의 움직임이 우주만물 최초의 근본 구조와 움직임이 되므로 이것을 상원上元의 원원元元이 된다하여 "上元상원이 元元원원"이라 하고, 태음太陰의 운행에 5곤坤의 덕德을 이루고 태양太陽의 운행에 10건乾의 도道를 이루어 중궁중위中宮中位에서 5와 10이 하나가 되므로 이르되 "十五一言십오일언"이라고 한다.

10과 5가 하나가 된다는 것은,

태음太陰이 10,1의 건乾을 체體로 하여 차제로 9,2 8,3 7,4 6,5의 위位에 9,2가 착종錯綜하며 금화金火가 교역交易하여 5,6의 곤과坤果를 이루며, 태양太陽이 5,6의 곤坤을 체體로 하여 차제로 4,7 3,8 2,9 1,10의 위位에 또한 금화金火가 교역交易하여 10,1의 건과乾果를 이루니, 이것은 10이 5가 되며 5가 10이 된 것이므로 이로써 "十五一言십오일언"이라고 하는 것이다.

천지인天地人이 10과 5를 이룸에 십퇴일진十退一進하고 포오함육包五含六하여 9,2와 4,7에 금화金火가 교交하여 역易하는지라, 각위各位가 11을 얻어서 극도極圖의 상象을 성成하므로 이르되 "萬曆而圖만력이도"라 한다.

곤坤이 간艮괘에 움직임에 건乾이 태兌괘에 응應하며, 감坎괘에 움직임에 리離괘가 응應하며, 진震괘에 움직임에 손巽괘가 동시에 응應하나니, 이렇듯 태양太陽과 태음太陰이 동시에 운행해 5는 10이 되고 10은 5가 되어 하나가 된지라, 곧 택산함澤山咸이며 곧 뇌풍항雷風恒이라 이것을 "咸兮恒兮함혜항혜"라 한다.

이것은 태음太陰이 태리손兌離巽에 운행하여 음효陰爻를 취하여 가며 태양太陽은 간감진艮坎震에 운행하여 양효陽爻를 취하여 가서, 태음太陰과 태양太陽이 동시에 운행해 10은 5가 되고 5는 10이 되어 하나가 된 것이니 이것을 "十兮五兮십혜오혜"라 한다.

함咸은 산택山澤이 통기通氣한 것이니 10건乾의 상相을 이루고,
항恒은 뇌풍雷風이 상박相薄한 것이니 5곤坤의 상相을 이룬다.
함咸괘가 극極하여 반反하면 항恒괘가 되고 항恒괘가 극極하여 반反하면 함咸괘가 된다.
통通은 통通하여 합合하는 의미이며 기氣는 1양陽의 기氣이며 박薄은 박야搏也이니 충화冲化해 분리되는 상相을 의미한다.
고로 이르시되 "十五一言兮십오일언혜 金火而易금화이역 金火而易兮금화이역혜 萬曆而圖만력이도 萬曆而圖兮만력이도혜 咸兮恒兮함혜항혜 咸兮恒兮兮함혜항혜혜 十兮五兮십혜오혜"라 하신 것이다.

추가해 논論한다.

최초에 한 점點을 찍음에 1과 0이 동시에 나타나고, 이에 1을 "天천"이라 하고, 0을 "地지"라 하며 1과 0을 동시에 갖춤을 "人인"이라, 하여서 이것을 "3才재"라 하고 또 "3元원"이라 한다. 1과 0이 나타남에 자연히 1은 0으로 향하고 0은 1로 향하는 상相이 있어서, 이에 "4象상"의 의儀도 동시에 나타난다. 이렇듯 한 점點과 4상象이 동시라면 한 점點과 만물도 동시일 것이니 이미 전후前後가 끊어진 언어도단言語道斷의 경지인 것이다.

4상象의 의儀가 나타남에 순수한 1상은 절대적 시時의 개념이니 제1위에 두고, 순수한 0상은 절대적 공간 4방의 개념이니 제4위에 두며, 1이 0으로 향함은 분리의 상相이니 제2위에 두고, 0이 1로 향함은 삼합의 상相이니 제3위에 두어서, 이로써 4상象의 위位를 이룬다.

4상象의 위位가 세워짐에 1을 "天천의 體체"라 하고, 4를 "地지의 體체"라 하며, 이 둘을 동시에 갖춤을 "中중5"라 하여 주관적 인人의 체體를 삼으니, 이것을 "5元원"이라 한다. 이 둘을 동시에 관찰해 1이 0으로 향함을 "地지의 用용"이라 하며 0이 1로 향함을 "天천의 用용"이라 하여, 이러한 2와 3의 용用으로써 지地와 천天의 용用을 삼는지라, 이를 관찰컨대 3재才와 5원元은 동시에 함께 나타난 것이므로 3원元과 5원元은 본래 서로 다르지 않은 것임을 알 수가 있다.

5원元 중에 1 4는 천지天地의 체體이며 3 2는 천지天地의 용用인데 천지天地의 체體와 용用을 모두 합하면 10이므로, 10은 객관적 우주만물의 수數가 되고 중中5는 주관적 관찰자의 상相이 된다. 이를 관觀하건대 1 4 천지天地의 체體도 인人5이며 2 3 지천地天의 용用도 인人5이니, 천지체용天地體用의 10이 인人5와 다르지 않은지라 이로써 "十五一言십오일언"이라 한다.

천지체용天地體用의 합일合一을 10이라 하고 천지체용天地體用의 분分을 5라고 한다.

이에 10을 뿌리로 하여 1에 나아가 다시 시작하며 5를 뿌리로 하여 6에 나아가 다시 시작하니 이것을 "十退一進십퇴일진 包五含六포오함육의 位위"라 한다.

이로써 9 2와 4 7이 착종錯綜해 금화교역金火交易하며 각위各位가 11의 수數를 얻어서 극도極圖의 수數를 이루니 이르되 "萬曆而圖만력이도"라 한다.

이것은 우주의 시작이 이미 우주 전체가 다 이루어진 한 점點으로부터 시작된다는 것을 의미한다.

태음太陰이 10,1위位의 건乾을 체體로 하여 9 8 7 태리손兌離巽에 내괘內卦를 생하며 2 3 4 위位의 손리태巽離兌에 외괘外卦를 성하여, 곤지坤地괘의 지덕地德을 만성滿成한다.

태양太陽이 6,5위位의 곤坤을 체體로 하여 7 8 9 간감진艮坎震에 내괘內卦를 생하며 4 3 2 위位의 진감간震坎艮에 외괘外卦를 성하여, 건천乾天괘의 천도天道를 만성滿成한다.

내괘內卦의 시작은 9태兌와 7간艮이니 택산함澤山咸의 상象이다.

외괘外卦의 시작은 2손巽과 4진震이니 뇌풍항雷風恒의 상象이다.

이것을 "咸兮恒兮兮함혜항혜혜"라 하고 그 결실을 맺으니, 태양太陽이 10의 과果를 얻으며 태음太陰이 5의 과果를 얻음이 되는지라 이르되 "十兮五兮십혜오혜"라 한다.

**先后天正閏度數선후천정윤도수이니라.**

**先天體方用圓선천체방용원하니 二十七朔而閏이십칠삭이윤이니라.**

**后天體圓用方후천체원용방하니 三百六旬而正삼백육순이정이니라.**

**原天無量원천무량하니라.**

선천先天과 후천后天의 정도수正度數와 윤도수閏度數니라.

선천先天은 방方을 체體로 하여 원圓을 용用하니 27二十七에 삭朔이라 윤閏이니라.

후천后天은 원圓을 체體로 하여 방方을 용用하니 306三百六에 순旬이라 정正이니라.

원천原天은 무량無量하니라.

최초에 한 점點을 찍음에 1상과 0상이 동시에 나타난다. 이로써 이분二分의 상象이 생한다.

최초 1과 0의 대칭은 선線이니 곧 상하의 의義인 경經이다.

선線의 의義가 생함에 선線의 좌우의 의義도 동시에 함께 나타나니 곧 위緯이다.

선線은 천天이며 시간의 개념이다.

상하좌우의 4방은 지地이며 공간의 개념이다.

4방의 중中은 시간과 공간을 동시에 포包하고 함含한 위位이다.

이것을 이르되 "5皇極황극"이라 하니 곧 인人의 성품이다.

5황극皇極은 이미 4방을 머금은 성품이므로 4방의 합은 10이라 이것을 이르되 "皇極而无極황극이무극"이라 하여 인人과 천지天地가 하나임을 나타낸다. 고로 5와 10은 중궁中宮의 중위中位에서 하나인 것이다.

중궁中宮은 공상空相이며 중위中位는 4방의 합인 한 점點의 상相이다.

천天은 그 성性이 1선線의 1상이라 항상恒常하고 직直하되 0상을 인하여 무한히 분절되므로 원圓하고 환環하니 곧 둥근 고리와 같은 상相이다.

지地는 그 성性이 0상이라 항상恒常한 바도 없어서 능히 1상을 분절해 우주의 시공時空마디를 생하여 각角을 이루니 곧 방각方角의 상相이다.

이에 천天은 기수奇數(홀수)가 주관하고 지地는 우수偶數(짝수)가 주관한다.

천天은 시간의 의義이며 원환圓環하니 1상의 1선線이다.

지地는 공간의 의義이며 방각方角하니 0상의 4각角이다. 4각角은 1선線이 네 번 분절해 다시 최초의 1선線에 합한 상相이다.

수數의 1 3 5 7 9는 천天이니 제5위에 9이다.

수數의 2 4 6 8 10은 지地이니 제5위에 10이다.

〈三角圓相〉

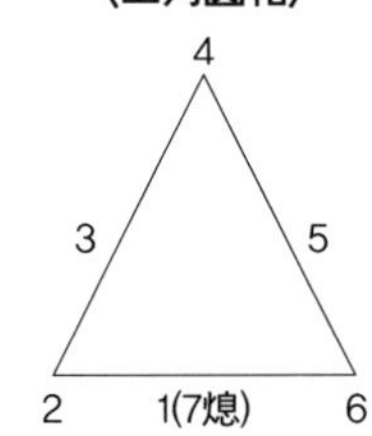


〈四角圓相〉

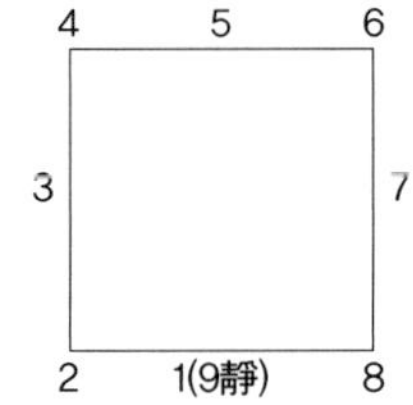


4방의 선線은 9에 극極하여 최초의 1선線에 합하니 곧 10이며 1이다.

4각角의 공空은 8에 극極하여 최초의 2각角에 합하니 곧 10이며 2이다.

3세世는 원圓의 3각角 모형이니 원圓의 가장 기본적 모형이며 시간상의 모형이다.

4방은 원圓의 4각角 모형이니 방위方位의 가장 기본적 모형이며 공간상의 모형이다.

3각角은 1선線이 2에 꺾여 3이 되고, 4에 꺾여 5가 되며, 6에 꺾여 7이 되니, 7은 최초의 1선線과 합함에 그 수數가 1,7도에 그치므로 7은 허수虛數가 되어 식熄한다.

4방은 1선線이 2에 꺾여 3이 되고, 4에 꺾여 5가 되며, 6에 꺾여 7이 되고, 8에 꺾여 9가 되니, 9는 최초의 1선線과 합함에 그 수數가 1,9도에 그치므로 9는 허수虛數가 되어 정靜한다.

"體方用圓체방용원"은 방方을 체體로 하여 원圓을 용用함이니, 0을 근根으로 하여 1을 용用하며 우수偶數를 체體로 하여 기수奇數를 용用하며 0상의 공간상인 지地를 체體로 하여 1상의 시간상인 천天을 용用함이라, 이르되 "先天선천"이라 한다.

1원圓은 1,9이다.

천天의 용用은 3이다.

천天의 용用이 1원圓의 1,9에 한번 주회함에 27이다.

이에 27은 곧 9요 9는 곧 1이니 27은 곧 최초의 1이라 이로써 27로써 삭朔을 삼는다.

건천乾天의 위位는 무술戊戌이다.

천天의 용用은 3이다.

이에 천天은 1,3도의 용위用位에서 열리니 곧 경자庚子의 위位다.

무술戊戌은 천天의 1도이며 13도이며 25도이다.

25도 무술戊戌로부터 1,3도는 27도 경자庚子의 위位이니 이로써 27도의 경자庚子에 천天이 개開하여 선천의 삭朔이 되는 것이다.

"體圓用方체원용방"은 원圓을 체體로 하여 방方을 용用함이니, 1을 근根으로 하여 0을 용用하며 기수奇數를 체體로 하여 우수偶數를 용用하며 1상의 시간상인 천天을 체體로 하여 0상의 공간상인 지地를 용用함이라, 이르되 "后天후천"이라 한다.

1원圓은 1,9이다.

지地의 체體는 4이다.

지地의 체體가 1원圓의 1,9에 한번 주회함에 36이다.

이에 36은 곧 9이니 9가 최초의 1에 합함에 10이라 승乘하여 36에 순旬인 것이다.

"原天원천"이란 것은 0을 체體로 하여 1을 용用하여 나아가 0이 전혀 붙지 않은 순수한 1상을 이루며, 1을 체體로 하여 0을 용用하여 나아가 1이 전혀 붙지 않은 순수한 0상을 이룬 절대성絶對性을 말함이니, 곧 선천과 후천의 완성이다. 절대성絶對性은 모든 대상적 대대對對가 끊어진 경계이니, 순수한 1상과 순수한 0상의 동시성同時性 극極의 성품이요 동시성同時性이므로 무량無量에 나아가되 함이 없는 무위無爲의 성품이다. 무량無量은 1과 0, 0과 1의 연속해 가는 무한한 파동波動과 파장波長의 상相이다.

"先天선천이 方방을 體체로 하여 圓원을 用용한다."는 것은 0상을 체體로 하여 1상을 용用한다는 것이니 곧 0,1의 상象이다.

1천天의 용수用數는 3이며, 1원圓의 둘레는 2경經과 7위緯의 합인 단單9이므로, 3을 용用하여 원圓의 둘레를 한번 주회하여 1원圓의 9인 27을 시작점으로 잡아서 27에 삭朔이라 한 것이라, 이것으로 항성월恒星月의 도수度數를 삼은 것이니 정확히는 27.5도다. 27.5도의 계산은 구구음九九吟에 이미 밝혔다.

본래 9세世의 극極이 8방을 성하고 다시 최초의 시작점인 1념一念 1도一道에 합하여 10을 성해서 3에 승乘하여 30도에 후候하고 31도로써 삭朔을 삼아야 하거늘, 이제 27도로써 삭朔을 삼으니 이로써 일원도수一圓度數에 윤閏이 발생하는 것이다.

〈九章算術 원넓이 계산〉

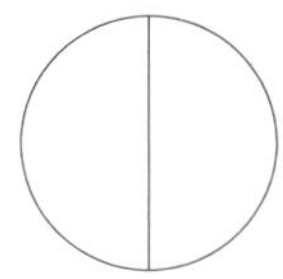

둘레圓田周 30보步
지름經 10보步
30보步/2경經=15보步
면적=(15+10)×3=75보步

옛 전한시대前漢時代 구장산술九章算術에 이르기를 "今有圓田周금유원전주가 三十步삼십보요 經경은 十步십보이니 問爲田幾何문위전기하오? 答曰답왈 七十五步칠십오보이니다."라 하였으니 이 또한 원圓에 3을 용用한 것이다. 이것은 30을 2경經에 분分하면 15요, 15에 경經의 10보步를 합하면 25가 되고, 25를 3에 승乘하면 75가 됨을 말한다.

"后天후천이 圓원을 體체로 하여 方방을 用용한다."는 것은 1상을 체體로 하여 0상을 용用한다는 것이니 곧 1,0의 상象이다.

분이分二의 용수用數는 4이며 4는 이미 1 2 3 4의 4방을 성한 것이니 그 합合은 10이라 10은 곧 원圓의 1,9다. 이러한 수數의 개념을 방위로써 하여 차제로 그 수數를 도度하여 가면, 최초의 1은 북방이며, 2는 1이 분절된 동북방이며, 3은 동방이며, 4는 동남방이며, 5은 남방이며, 6은 서남방이며, 7은 서방이며, 8은 서북방이라, 9는 다시 최초의 북방인 1에 합하여 10이 되므로 이로써 10은 곧 원圓의 1,9라 하는 것이다.

과거 현재 미래의 3세世에 각각 4방의 의義가 있어서 12지支의 개념이 나타나고 이에 4방의 합合은 10이니, 과거도 10이며 현재도 10이며 미래도 10인지라 합하여 30수數를 이룬다. 이러한 30은 이미 12지支를 함含한 수數라 서로 승乘하여 360수數를 이루고, 이것은 일원一圓의 주기가 되므로 그 도수度數의 여분이 없는 도수度數의 정正인 것이다. 이것은 4방의 각角을 모두 합함에 360도가 됨을 의미하며 또 1원圓을 체體로 하여 4방을 용用한 것이라, 이로써 체원용방體圓用方이라고 하는 것이다.

이것을 삼극해인도三極海印圖를 의거해 논論을 한다.

삼극해인도三極海印圖의 밑변은 둥근 파장波長의 원圓이다.

원圓의 가장 기본적 개념은 3세世와 4방方이다.

원상圓相의 가장 기본적 개념은 1직선이 4번 꺾여 다시 최초의 1직선으로 돌아와 합한 상相의 개념이다.

〈先天五九〉

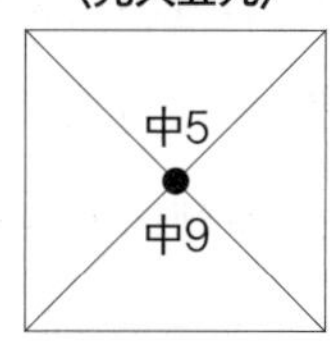


4방이 세워짐에 자연히 그 중中은 공허空虛한 상象인 중中5의 위位가 되고 또한 직선상의 4방과 분절된 4방이 서로 대칭이 되어서 8방을 이루니, 이에 8방의 대칭적 교차점을 잡아 중中9의 위位를 삼는다. 이것을 "先天五九선천오구"라 한다.

〈后天十五〉

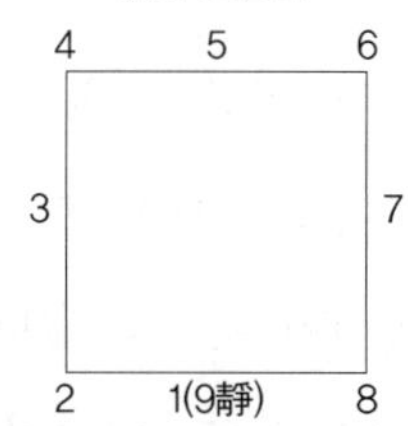


靜九抱一

4방의 직선과 분절된 0상의 위位를 차제로 하여 가면 분절된 4위位의 분절 마디는 곧 8위位가 되어서 9위位의 직선은 최초 제1위位의 직선에 자연히 합하여 10이 되는데, 이에 9위位의 직선은 정靜하고 1을 포抱하니 이것은 본래 최초의 시작된 제1위의 위位인 것이므로 이로써 만물의 시작은 이미 다 이루어진 만물의 종결점終結點에서 다시 시작되는 것이다. 그러므로 중궁中宮의 중위中位는 5와 10이며 최초의 1위位는 9를 정靜하여 허虛하고 10을 수數한 1인 것이니, 이것을 "靜九抱一정구포일"이라 하는 것이다. 이것을 "后天十五후천십오"라 한다.

천天은 태극太極의 상象이며 지地는 무극无極의 상象이다.

천지天地의 체體는 수數의 1과 4이며 용用은 수數의 3과 2이다.

이러한 천지天地의 수數를 체위體位와 용위用位에 나누어 각각 수數하면 삼극해인도三極海印圖의 최초 점點은 수數의 5이며 합하여 수數하면 수數의 10이니 이것을 황극이무극皇極而无極이라 한다. 그러므로 최초의 한 점點은 5이며, 10이며, 20이며, 40이며, 80이며, 160이며, 나아가 무한 무량이니 최초의 한 점點이 곧 무량이며 무량이 곧 한 점點인 것이다. 이것은 효爻의 수數로써 관觀한 것이다.

한 점點의 한은 1과 0의 동시성 성품을 말한다. 1은 삼합參合의 상相이며 0은 분이分二의 상相이니 최초의 한 점點은 삼합參合과 분이分二의 상相을 동시에 갖춘 성품이라 할 수 있다. 삼합參合의 상相은 만물이 귀일歸一하는 상相이며 분이分二의 성품은 만물이 생성되어 무한 무량에 나아가는 상相이다.

〈戊位 己位〉

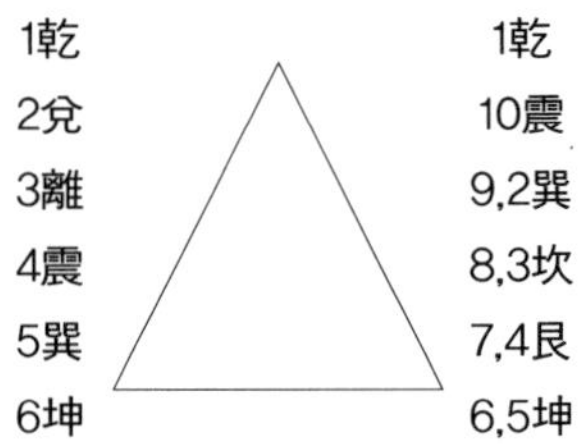


만물은 1건乾 2태兌 3리離 4진震 5손巽에 6곤坤이라 순順하여 제5위에 이르러 분分에 극極하며, 다시 6,5곤坤 7,4간艮 8,3감坎 9,2손巽 10진震에 1건乾이라 역逆하여 제1위의 10위에 이르러 합合에 극極한다. 이것은 8괘卦로써 기초를 삼아 논한 것이니, 우주는 3재才가 갖춘 연후에야 비로소 운행되므로 천지인天地人 3효爻에 8괘卦가 성하여 비로소 운행되기 때문이다. 그러므로 분극分極인 제5의 위位와 합극合極인 제10의 위位는 중궁中宮 중위中位에 두어 최초 한 점點과 다르지 않음을 나타낸 것이니, 이것이 삼극해인도三極海印圖의 기하학적 모형이다.

선線이라는 것은 1과 0의 상대적 개념을 서로 연결한 상징적 선線이다.

이것은 1이 0으로 향하며 0이 1로 향하는 방향성과 그것을 인식해 관찰하는 개념을 동시에 갖추고 있다. 그러므로 선線은 곧 3재才와 3세世를 동시에 갖춘 개념의 상相이라 할 수 있고, 3재才가 동시라면 3재才가 한 몸뚱어리일 것이며 3세世가 동시라면 3세世 역시 일시一時일 것이다. 3재才는 천지인天地人이며 3세世는 과거 현재 미래다.

추가해 논하건대 선線의 상하는 천天과 지地를 상象한 것이며 천天과 지地를 이은 선線은 곧 인人을 상象한 것이다. 이러한 선線의 개념은 점點이 어느 한 공간의 위치에 그 위치를 정함에 점點과 공간을 동시에 관찰하는 개념이니, 이곳과 저곳을 이은 끈과 같은 형상이 아닌 것이다. 이러한 3재才의 상相을 각角으로써 관찰하면 곧 3각角의 상相으로 볼 수가 있는데, 3각角을 그려 놓고 보면 최초의 한 점點은 천지天地 양선兩線을 합한 중궁中宮의 한 점點인 것이며 이러한 천天과 지地를 이은 밑변의 선線은 파동波動의 상相을 띈 천지天地가 합일合一된 중위中位의 한 선線이므로, 중궁中宮의 한 점點은 제10위의 한 점點과 같고 밑변의 천지天地를 이은 선線은 제5위의 상相인지라, 이 둘은 천지天地가 서로 합하여진 합일合一의 개념상에서 같다고 할 수 있다. 이것은 점點과 파동波動의 장場이 같다는 의미다.

1원圓 둘레의 3차원적 양量은 2경經과 7위緯의 합인 9다.

이러한 선線의 3재才가 2경經 7위緯를 타고 한번 주회함에 27인지라 선천은 이것으로 초하루 삭朔을 삼으니, 이것은 3재才가 아직 10의 중위中位인 축軸에 이르지 못하고 다만 9에 그친 것이므로 이로써 여분의 윤閏이 있다.

선천은 자子와 오午에서 1도度를 일으키니 비로소 천天이 개開한다.

선천의 선천은 자궁子宮이며 선천의 후천은 오궁午宮이다.

후천의 선천은 자子로부터 5위位를 지나 분分의 극極에 이른 제5위의 중궁中宮인 진辰에서 1도度를 일으킨다. 이에 자연히 5,6위의 진辰과 사巳가 허虛하여 제7도度에 복復하여 1도度를 삼으니 곧 오궁午宮이다. 진辰과 사巳가 허虛함은 월영月影을 주관하여 도수度數를 계산한 것이므로, 월영月影을 주관으로 한 도수度數인 오궁午宮의 13도度는 월체月體의 도수度數로써 계산하면 15도 정위正位가 되고, 다시 반복해 오궁午宮에 돌아오면 27도度가 되어서 이것으로 선천의 삭朔을 삼는 것이다. 월영月影과 월체月體에 도수度數의 차가 나는 것은 전에 이미 밝혔다.

이것을 6자子의 용위用位인 3남男3녀女괘의 9양陽9음陰으로써 관찰하건대, 건책수乾策數 216과 곤책수坤策數 144와 인책수人策數 300이 합일된 660수數를 3녀女괘의 합수合數 24에 분分하면 정확히는 27.5도이니, 곧 지금의 항성월恒星月 도수度數다. 다시 660수數를 3남男괘의 합수合數 21에 분分하면 31.4285...이니 27.5와 31.4285의 중中을 취하면 약 29.5도라 곧 지금의 삭망월朔望月 도수度數다. 이것을 12월에 승乘하면 354도이니 지금의 태양력과 약 11도의 차가 발생한다. 10은 우주의 중위中位이니 19의 중中이며, 7은 7위緯이니 이로써 19년을 약 7번에 나누어 윤달을 두게 되는 것이다. 이것은 아직 3녀女와 3남男의 괘가 5곤坤과 10건乾의 중궁中宮 중위中位에 도달치 못하고 합하지 못하여 천지天地가 아직 성숙치 못한 시절인 것이니, 이로써 27.5도에 초하루 삭朔인 선천의 항성월恒星月은 삭망월朔望月과 대대하여 그 도수度數에 항상 여분이 발생하게 되므로 이로써 "二十七朔而閏이십칠삭이윤"이라 하신 것이다.

1 2 3 4의 4방이 중허中虛의 공상空相인 중中5에 반反하고 비추어 영影이 나타남에 6 7 8 9이니 모두 8방이 되고, 이러한 9극極의 8방은 중허中虛의 둘레가 됨에 자연히 그 중中은 제10위가 되어서 다시 최초의 1선線에 시작하므로, 1선線은 곧 2경經인지라 고로 토이생화土而生火라 하는 것이다.

이것은 4방이 각각 중中5를 얻어서 4방에 포佈한 것인데 포佈했다는 것은 선線이 공간상에 휘어짐을 의미하며, 이에 8방은 4방의 선線과 더불어 4방의 선線이 분절되어 휘어진 각角이므로 곧 원상圓相의 파동상波動相인 것이다. 또 10이란 것은 선線의 시始와 종終이 이어진 1선線이며 2경經은 이러한 선線이 0상을 머금은 1선線인 것이다.

그러므로 5와 10의 둘레는 1 2 3 4 6 7 8 9의 8방이 되는 것인데 이것을 모두 합하면 40이며, 이러한 40은 이미 2경經 7위緯의 둘레를 타고 주회한 수數이므로 2경經 7위緯의 합인 9에 승乘하면 360이 되어서 이에 그 여분의 도수度數가 없는 정正이 되는 것이다. 이로써 선천은 방方을 체體로 하여 1선線의 3인 원圓을 쓰게 된 것이며 후천은 1선線의 원圓을 체體로 하여 4각角의 방方을 쓰게 된 것이니, 이에 선천의 3은 비록 2경經7위緯에 주회週回함이 있으나 아직 10에 이르지 못하여 단單9에 머무른 것이며 후천의 4는 9가 최초의 1에 합하여 10을 만성함에 이로써 주회週回의 도수度數가 36에 10하여 360에 정正이 된 것이다. 이것을 구조적으로 보면 마치 피라미드와 같아서 옆에서 보면 3각角이며 위에서 보면 4각角의 형태가 될 것이니, 3과 4가 합하여 7위緯가 되고 승乘하여 12지지十二地支를 이루는 것이다.

선천과 후천을 모두 포함包含한 근본의 상相이 원천原天이다. 고로 원천原天은 1과 0을 동시에 싸고 머금은 동시성 극極의 성품이다.

선천은 그 수數가 단單9에 그치니 45이며 후천은 1,9의 시始와 종終이 하나로 이어진 10이니 그 수數가 55이다. 선천의 45와 후천의 55를 합하면 100수數에 다시 1하여 이르되 "無量數무량수"라 하고, 무량無量이란 것은 무한無限이니 합合과 분分의 1과 0에 끊임이 없는 파동상波動相의 반복 순환하는 수數와 상象이다.

3남男3녀女의 운행을 후천의 선천과 후천의 후천으로 관하건대, 곤坤을 체體로 하여 3남男을 써서 10건천乾天을 성함을 "后天후천의 先天선천"이라 하고, 건乾을 체體로 하여 3녀女를 써서 5곤지坤地를 성함을 "后天후천의 后天후천"이라 하여서, 이렇듯 10과 5를 모두 극성極成함에 그 각위의 운행이 굴신屈伸해 십십행도十十行道에 일일一一의 용用을 잃지 않으니 이것을 "11歸體귀체"라 하고 이르되 "原天無量원천무량"이라 한다.

〈3男3女 運行〉

| 后天之先天 | | | | |
|---|---|---|---|---|
| ☷ | ☶ | ☵ | ☳ | ☰ |
| 坤 | 艮 | 坎 | 震 | 乾 |
| 后天之后天 | | | | |
| ☰ | ☱ | ☲ | ☴ | ☷ |
| 乾 | 兌 | 離 | 巽 | 坤 |

수數의 9는 1의 그림자이며 1의 환영環影이다. 환環은 환幻으로 동同하다.

이러한 환幻과 같은 수數의 9는 만물의 극極이므로 만물은 오직 9세世의 내에서 운행된다.

수數의 9는 2경經과 7위緯의 합인데 시간의 개념인 세시世時와 공간의 개념인 방위가 이곳에 벗어남이 없으므로 "만물은 오직 9世세의 내에 動동한다." 하는 것이다.

시간의 기초적 개념인 세시世時의 의義는 3세世와 9세世이며 공간의 기초적 개념인 2차적 평면의 방각方角의 의義는 4방과 8방이다.

4방에 각각 3세世가 있어서 12시時가 흐르고 8방에 각각 9세世가 있어서 72상相을 갖춤에 72상相을 12시時에 분分하여 6위位에 시時를 모두 성한다.

1상의 의義는 점點과 대칭과 방향성을 포함하므로 수數의 1,3에 나타나고 0상의 의義는 1을 분절하는 분이分二의 상相이므로 수數의 2,4에 나타난다.

천지天地의 운행은 3재才가 모두 갖춘 후라야 비로소 운행된다. 예를 들면 본다는 것은 색진色塵과 안근眼根과 안식眼識을 갖춘 후라야 비로소 본다는 개념이 성립함과 같다.

수數의 1과 4는 천지天地의 체體이며 수數의 2와 3은 지천地天의 용用이다. 이러한 천지天

地의 체體와 용用을 모두 합함에 10에 하나가 되어서 이에 다시 양의兩儀를 생한다. 양의兩儀는 10이 5에 이분二分하는 의義이니 곧 토이생화土而生火의 의義다. 양의兩儀는 황극皇極의 체體와 용用이니 곧 천天과 지地다.

1선線의 개념은 이미 2 3 4를 포包한 원圓이니 수數의 9다. 이에 1은 인因이며 9는 1의 과果이니 과果와 인因이 합하여 동시라면 곧 10에 1이다.

원圓은 1선線이니 그 용수用數는 3합合이다. 3합合이면 그 9의 과果를 얻음에 27에 하나가 되므로 삭朔이라 하고, 9의 과果로써 아직 최초의 인因인 1에 합하지 못하여 1선線의 용수用數인 3도가 항상 허虛하므로 이로써 "閏윤"이 발생한다.

지地의 개념은 방위이니 그 체수體數는 4이다.

1 2 3 4의 4방은 각각 중中5의 공상空相에 반영하고 분절되어 휘어져 6 7 8 9에 8방을 성한다. 이에 9는 최초의 시작점인 1에 합하여 10을 이루며 1로부터 8방의 위位를 모두 합한 36은 10에 승乘하여 36에 순旬이 되므로 곧 정正이 된다. 이것은 1의 인因으로써 9의 과果를 성하며 9의 과果로써 1의 인因에 합함과 같아서 인과因果가 서로 사무치고 과인果因이 원융圓融하여 무어라 그 상象을 나타내지 못할 새 이르되 "无極무극"이라 하고, 8방의 합 36이 9의 과果로써 1의 인因에 합한 10에 승乘하여 귀歸함에 곧 360이라 이르되 "正정"이라 한다.

1원圓을 3재才에 도度하면 3각角이니 3각角의 합은 180도라 천지天地의 분分이다. 1원圓을 4방에 도度하면 4각角이니 4각角의 합은 360도라 지천地天의 합合이다.

4방의 선線이 각각 중궁中宮의 5공상空相에 분절되고 휘어짐에 6 7 8 9의 수數가 나타나고 각각 중궁中宮으로 향하여 교차점인 중中1점의 10에 합하고 승乘하니, 곧 수數의 300이라 이르되 "大一元대일원 三百數300수"라 한다. 이것은 천지天地가 5공상空相에 분分하고 휘어져 중中1점의 10에 승乘하고 합하여 중궁中宮의 중위中位에서 하나가 된 것이니, 곧 천지天地를 함께 갖춘 인人의 궁宮이라 할 수 있다.

건책수乾策數 216은 태양수太陽數 36이 6위位에 승乘한 수數이며 곤책수坤策數 144는 태음수太陰數 24가 6위位에 승乘한 수數이다. 인책수人策數 대일원大一元 300수數는 태양太陽 태음太

陰의 합수合數 60이 중中5에 승乘한 수數이다. 이로써 건곤책수乾坤策數의 합인 360은 천지天地의 객관적 수數가 되고 인책수人策數 300은 인人의 주관적 수數가 되는 것이다.

이것은 십오모형十五模型圖도를 참조하면 보다 쉽게 이해가 될 것이다.

1은 0을 여의지 않은 1이며 0은 1을 여의지 않은 0이니 1과 0은 하나이면서 둘이요 둘이면서 하나다. 이렇듯 1과 0이 둘이 아니로되 이미 대칭의 상相이 있는지라 1과 0의 대칭을 대하여 대칭을 이은 선線이라는 개념이 발생한다. 이러한 선線은 이미 점點과 공간과 방향성을 갖추며 3재才와 3세世를 갖춘 시간적 개념의 1선線이다. 3재才는 천지인天地人이며 3세世는 과거 현재 미래다. 이러한 시간적 개념의 1선線이 0상에 분절되고 휘어져 3재才의 3효爻의 위位에 이르러 8괘卦의 각角을 성하니 곧 9세世의 의義가 나타나고, 이에 3재才가 9세世에 승乘하여 27로써 1도를 삼으니 이것을 "先天선천 體方用圓체방용원"이라 한다.

8괘卦의 위位는 곧 8방의 각角이다. 8방의 각角은 원圓을 무한대로 분分한다는 의미이니 원圓을 무한대로 분分하면 원圓은 다만 둥근 파동의 상相일뿐이라, 이것이 시간의 선線이 공간상에 휘어 최초의 시작점에 합해 1원圓을 생한다는 의미다.

1양陽1음陰의 용수用數는 3과 2이니 합하면 5황극皇極이며, 2양陽2음陰은 6과 4이니 10무극无極이며, 3양陽3음陰은 9와 6이니 15황극이무극皇極而无極이다.

제3위의 내괘內卦에 5황극皇極과 10무극无極을 모두 성하고 이것을 체體로 하여 6양陽6음陰에 이르면 18과 12가 되는데, 이것이 곧 18계界이며 12시時의 의義다. 18계界와 12시時가 합하여 30도를 성하니 6양陽6음陰의 12효爻와 더불어 천지天地의 상수常數가 되며, 18계界와 12시時가 서로 승乘하여 216도를 성하니 곧 일원추연수一元推衍數다. 이렇듯 30과 12가 천지天地의 상수常數가 되므로 소자邵子가 이것을 법하여 일지일一之一로부터 팔지팔八之八까지 이러한 상수常數를 써서 승乘하여 "經世天地始終之數경세천지시종지수"를 밝히신 것이다.

아래는 원圓의 수數와 그 배열이다. 만물이 생성함에 반드시 상대적 대칭의 의宜가 있어서 수數하여 나아감에 또한 대칭의 의宜가 있으므로 아래의 수數 배열은 이것을 모방한다.

| | | | | |
|---|---|---|---|---|
| 1~2=3才 | 1~3=6方 | 1~4=10世 | 1~5=15原天 | |
| 1~6=21氣 | 1~7=28宿 | 1~8=36宮 | 1~9=45洛書 | 1~10=55河圖 |

先天은 9이니 17의 中이다.

| | | |
|---|---|---|
| 1,2,3,4,5,6,7,8,9,8,7,6,5,4,3,2,1 | 一順一逆 | 1=9 9=1 5=0 |
| 9,8,7,6,5,4,3,2,1,2,3,4,5,6,7,8,9 | 一逆一順 | 9=1 1=9 5=0 |

后天은 10이니 19의 中이다.

| | | |
|---|---|---|
| 1,2,3,4,5,6,7,8,9,0,1,2,3,4,5,6,7,8,9 | 順 | 1=0 0=9 (戌依申) |
| 9,8,7,6,5,4,3,2,1,0,9,8,7,6,5,4,3,2,1 | 逆 | 9=0 0=1 (卯歸丑) |
| 9,8,7,6,5,4,3,2,1,0,1,2,3,4,5,6,7,8,9 | 一逆一順 | 9=0 0=9 (一八進退之政) |
| 1,2,3,4,5,6,7,8,9,0,9,8,7,6,5,4,3,2,1 | 一順一逆 | 1=0 0=1 (五六屈伸之道) |

9=0이면 8,1. 0=9이면 1,8

1=0이면 2,9. 0=1이면 9,2

**先后天周回度數선후천주회도수니라.**

**先天선천은 二百一十六萬里이백일십육만리요 后天후천은 三百二十四萬里삼백이십사만리이니라.**

**先后天合計度數선후천합계도수는 五百四十萬里오백사십만리이니라.**

선천先天과 후천后天의 주회도수周回度數니라.

선천先天은 216만리萬里요 후천后天은 324만리萬里이니라.

선천先天과 후천后天의 합계合計한 도수度數는 540만리萬里이니라.

일세주천율려도수一歲周天律呂度數가 지금의 지구자전도수라면 선후천주회도수先后天周回度數는 지금의 지구공전도수다. 이것은 지구운행도수에만 국한된 것이 아니요 우주전체 만물의 운행도수도 이와 같음을 나타낸 것이다.

〈540 1週回〉

①四象
24(太陰)×9+36(太陽)×9
②先天 閏度數
27(閏)×4×5(陰陽合)
③5角形
108(1角)×2+108×3
⇒ 216+324=540

태음太陰의 수數 24를 일세주천율려도수一歲周天律呂度數인 1,9의 일日에 승乘하면 216이며 태양太陽의 수數 36을 1,9의 일日에 승乘하면 324이니 합하면 540이다. 이것은 또한 선천 윤도수閏度數 27이 4방에 주회週回한 108을 1음陰과 1양陽의 용수用數인 2와 3을 합한 5에 승乘한 수數와도 같다.

모든 만물이 제5위의 5선線에 그 대칭이 극極하여 10방을 이루는데 이것은 1음陰과 1양陽의 용수用數인 2와 3을 합한 5각角과 같아서, 만물의 1주회週回는 5각角에 모두 성하는 것이므로 5각角의 한 각角은 108이라, 선천은 2각角에 승乘하여 216의 수數를 얻고 후천은 3각角에 승乘하여 324의 수數를 얻어서 모두 합함에 540수數에 1주회週回를 이루는 것이다. 이에 540만리萬里를 360일에 분分하면 공전주기 1일은 15000리里이며 540만리萬里를 1,9에 분分하면 60만리萬里이다. 또 540을 일극체위도수日極體位度數 36에 분分하면 15이니 절기節氣가 15일 만에 1절節이 되고, 540을 월극체위도수月極體位度數 30에 분分하면 18이니 이로써 월月의 절節은 초3일과 18일에 절기節氣가 들어온다.

그 수數가 만萬으로써 수數가 된 것은 하도河圖 55수數와 낙서洛書 45수數를 합하면 원천原天의 100수數가 되므로, 이로부터 서로 승乘하여 무량수無量數에 나아감을 법한 것이니 불가佛家에 "百萬億化身佛백만억화신불을 나툰다."함도 또한 이와 같다.

이것이 동양의 거리 계산이니 앞으로의 후천세계는 서양의 거리 개념을 이곳에 대입해 맞추어야 할 것이다.

**盤古五化元年壬寅반고오화원년임인으로부터 至大清光緖十年甲申지대청광서십년갑신까지 十一萬八千六百四十三年십일만팔천육백사십삼년이니라.**

반고오화원년盤古五化元年 임인壬寅으로부터 대청광서10년大淸光緖十年 갑신甲申에 이르기까지 118643년十一萬八千六百四十三年이니라.

사상四象 중에 태양太陽과 태음太陰은 천天과 지地이며, 소음少陰과 소양少陽은 인人의 행상이 되는데 소음少陰은 2로써 4에 분分하여 가고 소양少陽은 3으로써 1에 합合하여 온다.

64괘 중에 28괘는 천지天地의 체體이니 천지정위天地定位이며 나머지 36괘는 인人의 용用이다.

이 36괘 중에 20괘는 산택통기山澤通氣이며, 4괘는 뇌풍상박雷風相薄이며, 12괘는 수화불상사水火不相射인데, 이후에 수화水火는 상체相逮하고, 뇌풍雷風은 불상패不相悖하며, 산택山澤은 통기通氣하여, 이윽고 만물을 성한다(旣成萬物). 수화불상사水火不相射에 상체相逮는 미제이기제未濟而旣濟이며, 뇌풍상박雷風相薄에 불상패不相悖는 곤坤에 순順함이며, 산택통기山澤通氣는 기氣를 서로 통通함이니 곧 건도乾道의 성成이다.

인人의 행상 중에 화火와 수水가 중中이 되며 또한 12괘이니 일日과 월月이 각각 12시와 12월이 됨은 이것을 법한다.

12라는 것은 3세世와 4방方의 성成한 수數이며, 8괘의 양효陽爻가 12효爻이며 음효陰爻가 12효爻임과 6위位의 천지天地를 합한 효爻가 또한 12이니, 이 모두 인人의 용用으로써 나타난 수數와 상象인 것이다.

360×360=129600은 천지일원天地一圓의 주기周期다.

129600÷12=10800은 천지일원天地一圓의 일절一節이다.

우주의 본질이 최초 이전에는 막막莫莫하여 무어라 이름 할 수 없더니 그 체體가 허명虛明하여 문득 양의兩儀를 갖춤에 곧 건乾과 곤坤의 의義라, 이에 건乾과 곤坤이 비록 동시이나 그 운행에 당하여는 차제次第의 서序가 있는 것이니, 이로써 음의陰儀의 상象인 곤坤이 양의陽儀의 상象인 건乾을 최초로 잉태함에 지뢰복地雷復이요, 이로부터 양陽이 점점 자라나서 6위位에 건천乾天을 성하며 건천乾天의 순양純陽이 극極하고 반反하여 다시 일음一陰에 소消함에 택천쾌澤天夬의 도상倒相인 천풍구天風姤이며, 이에 음陰에 점점 소消하여 가서 산지박山地剝에 이르러 간艮에 종終하여 곤지坤地에 극極하고 반反하여 곤坤의 제6위의 효爻를 초효初爻로 삼아 간艮에 다시 시작하는지라, 이로써 괘卦의 상象이 외外에서 내內로 향함이라 이것이 곧 일부팔괘一夫八卦의 괘상卦象이 거꾸로 나타난 연유다. 그러므로 복復과 구姤는 진퇴지정進退之政이며 종간시간終艮始艮은 굴신지도屈伸之道가 되는 것이다. 이것은 곧 일원一圓의 129600에서 10800이 굴신지도屈伸之道에 존공尊空된 것이니 이로써 후천의 천지天地는 118800에 개벽開闢하는 것이다.

〈후천后天 천지개벽天地開闢 118800〉

| 1위 | 2위 | 3위 | 4위 | 5위 | 6위 | 7위 | 8위 | 9위 | 10위 | 11위 |
|---|---|---|---|---|---|---|---|---|---|---|
| ䷗ | ䷒ | ䷊ | ䷡ | ䷪ | ䷀ | ䷫ | ䷠ | ䷋ | ䷓ | ䷖(䷁) |

1~11위 : 복復, 구姤 : 진퇴지정進退之政 12위~ : 종간시간終艮始艮 굴신지도屈伸之道

129600은 천지天地가 한번 일어났다 한번 꺼지는 일생일멸一生一滅의 주기周期다.

천지天地가 12위位에 이르러 모두 완성되므로 곧 절대성의 1과 0의 상象이라 쓸 수가 없어서 이에 존공尊空의 위位에 두는 것이다.

그러므로 천지天地의 운행은 다만 6자子의 용用에 있음이라 이러한 연고로 산지박山地剝에 이르러 극極하고 반反하여 굴신屈伸해서 다시 간艮에서 시작함이 있는 것이니, 이로써 10800이 존공尊空되어 천지天地의 운행은 118800년에 마치고 다시 시작되는 것이다.

무술戊戌로부터 임인壬寅이 5도度라 5도度의 위位에 천지인天地人과 5원元이 서게 되고 이에 상象과 도수度數가 비로소 정해진다. 이것이 "班固五化元年壬寅반고오화원년임인"의 뜻이다.

천지일원天地一圓의 주기週期인 129600년을 12절節에 분分하면 1절節은 10800년이다.

인묘진寅卯辰은 춘절春節이며, 사오미巳午未는 하절夏節이며, 신유술申酉戌은 추절秋節이며, 해자축亥子丑은 동절冬節이다. 지금의 시기가 11절節에 이르러 자子와 축丑이 굴신屈伸해 자子는 존공尊空의 축軸에 귀歸하고 제6위의 축丑은 제1위가 되어서 다시 시작되는 시절時節이라, 이로써 드디어 축궁丑宮이 사령使令하는 시절時節이 도래到來함이다. 11절節까지가 118800년이니 선천 천지天地의 미숙未熟된 경위傾危의 시절時節이며, 이에 자궁子宮이 천지天地의 축軸에 귀歸하여 존공尊空되고 축궁丑宮에 다시 시작하므로 곧 후천의 시작되는 시절時節이다.

"大靑光緖대청광서 10년 甲申갑신"은 118643년이니 서기 1884년이다.

천지天地는 건도乾道의 6위位와 곤덕坤德의 6위位인 12절節에 절대성의 도道와 덕德을 다 이루어 무위無位의 존공위尊空位에 거居하고, 이에 11과 12절節에 굴신屈伸하여 이윽고 만물을 다 이루는지라 지금의 시時가 이러하여 절대성의 도덕道德을 체體로 하여 다시 시작되므로, 천지天地가 정명正明하고 일월日月이 바르며 만물이 안태安泰하니 가히 유리세계琉璃世界라 할 수 있다.

118643년으로부터 118800년까지는 157년의 차差가 있어서 서기로써 하면 2041년 신유년辛酉年이니 고로 "辛酉신유 辛卯신묘 癸未계미 辛亥신해는 后天후천의 始元시원이며 辛酉신유 辛卯신묘 乙酉을유 乙酉을유는 后天후천의 始節시절"이다.

반고班固의 뜻은 전에 이미 상세히 하였다.

"班固반고"는 무술戊戌이니 5원元 중에 토성土性이라 곧 천간天干의 5와 지지地支의 5다. 10이 양분兩分한 상相이므로 본래 하나인 10이로되 또한 이미 양의兩儀를 동시에 함께 갖춘 상相이다.

오화五化라는 것은 극체極體가 제5위에 화化하여 5원元을 성하며 이로써 만물이 제5위에 이르러 극極하고 반反하여 화化하니 이것을 "五化오화"라 한다.

이미 극極하여 반反하고 화化하였다면 곧 세시世時와 방위의 대칭적 상相이 나타난다.

이에 임인壬寅과 병인丙寅은 서로 대칭적 상相을 이룬다.

고로 태양일극체위도수太陽日極體位度數의 생궁生宮인 병인丙寅과 임인壬寅은 서로 반영反影해 대칭적 상相의 개념에서 같음이 된다.

대칭적 상相이란 것은 거꾸로 비춰진 도상倒相을 말한다.

반고班固는 무술戊戌이다.

임인壬寅은 무술戊戌로부터 1,5도이며 병인丙寅은 임술壬戌로부터 1,5도이다.

고로 온전히 무술戊戌로부터 세어 가면 제5도度의 위位인 임인壬寅에 극極하여 반反하고, 이렇듯 계속해 병인丙寅 정묘丁卯 무진戊辰... 에 나아가 세어 가면 대청광서大靑光緖 10년 갑신甲申에 118643년이다.

임인壬寅과 병인丙寅은 태양太陽의 생궁生宮인데 서로 1,7도의 36과 24의 대칭적 위位를 이룬다. 원래의 계산상으로는 임인壬寅으로부터 신축辛丑이 118620년(60×

1977)이라면 갑신甲申은 118663년이다. 다시 대칭적 위位인 병인丙寅으로부터 을축乙丑을 118620년으로 보면 갑신甲申에 118639가 되는데, 원도수原度數 무술戊戌로부터 4도度를 가加하면 118643년인 것이다. 이것을 정리하면 아래의 도표와 같다.

〈盤古五化元年壬寅 至大淸光緖十年甲申〉

| | |
|---|---|
| 118,643年 = | 4年(戊戌－辛丑) + 118,620年(丙寅*－乙丑, 60×1,977) + 19年(丙寅－甲申)<br>*辛丑－壬寅 ⋯→ 丙寅(극반極反한 도상倒相) |
| 118,663年 = | 118,620年(壬寅－辛丑, 60×1,977) + 43年(壬寅－甲申) |

> 余年三十六여년삼십육에 始從蓮潭李先生시종연담이선생하니 先生선생이 賜號二字曰觀碧사호이자왈관벽이라 하시고 賜時一絶사시일절하시니 曰왈 觀潭莫如水관담막여수오 好德宜行仁호덕의행인이라 影動天心月영동천심월하니 勸君尋此眞권군심차진하소
>
> 내 나이 36에 비로소 연담蓮潭 이선생李先生을 좇으니 선생이 호號 두 자를 주시며 이르되 관벽觀碧이라 하시고 호號를 주실 때 한마디 이르시니 담潭을 관觀함은 수水같음만 없고 호덕好德에는 마땅히 인仁을 행行할지라 영影이 천심天心에 동動하니 군君은 부지런히 이 진리眞理를 찾아보소.

일부一夫 선생의 36세는 신유辛酉년이니 서기 1861년이다. 연담蓮潭 이선생은 연담蓮潭 이운규李雲圭 선생先生이니 본명은 수증守曾이다.

"潭담"은 담야淡也이니 무욕無欲이며 "水수"는 정靜이다. 수水가 정靜하면 담潭이 맑아지니 곧 선정禪定이며 만물이 귀일歸一하니 곧 도道의 체體다.

중궁中宮의 5는 인人이니 인人이 도道의 체體인 1과 10을 체달함에 "天心천심"이라 하고, 이에 그 영影이 6에 동動하여 나타나므로 이르되 "影動天心月영동천심월"이라 한다.

"仁인"은 인人과 이二의 합자상合字相인데 도道가 능히 분이分二하여 만물을 자양慈養하며 숭덕광업崇德廣業 즉 덕德을 높이고 그 업業을 넓힌다는 것이니, 이러한 인仁을 행함을 이르되 "好德호덕"이라 한다.

수數의 1 2 3은 삼재三才의 체體를 세운 것이다. 1 2 3 4 5는 삼재三才의 체體와 용用을 동시에 갖춘 완성된 수數이다. 선천에 제5위 황중皇中의 효爻에 삼재三才를 다 갖추니 이러한 황중皇中을 체體로 하여 제6위의 효爻로써 시초를 삼아 후천이 시작되는 것이다. 이

것은 5,6의 위位가 서로 굴신屈伸하여 월月을 황중皇中에서 일으킨 것이므로 연담蓮潭선생이 일부一夫선생께 이 이치를 부지런히 잘 찾아보라 하신 것이다. 황중皇中 5의 상相이 비유컨대 거울의 상相과 같다 함은, 모든 만물이 나에게 와서 그치며 다시 반사해 모든 만물의 영상을 냄이 마치 거울의 상相과 같으므로 이로써 같다고 한 것이다.

**立道詩입도시**

**靜觀萬變一蒼空정관만변일창공하니 六九之年始見工육구지년시견공하도다 妙妙玄玄묘묘현현 玄妙理현묘리는 无无有有무무유유 有无中유무중이로다.**

만변萬變하는 일창공一蒼空을 고요히 바라보니 육구지년六九之年에 비로소 공工을 견見하도다. 묘묘妙妙하고 현현玄玄한 현묘玄妙의 이치는 무무无无하고 유유有有한 유무중有无中이로다.

"靜정"은 지止의 극極이요 "觀관"은 조照이다. 일체一切의 사事와 물物을 정관靜觀하여야 비로소 일체사물一切事物의 실체實體를 직시直視한다.

"一蒼空일창공"은 공空에 불락不落한 진유眞有의 진공眞空이다. 진공眞空인 고로 만변萬變하며 진유眞有인 고로 곧 일진공一眞空이다.

"見견"은 성成하여 나타남이요 "工공"은 공功이라 하지 않음은 무위無爲의 공功을 자유자재自由自在히 쓰는 고로 공工이라 한 것이다. "見工견공"은 무위無爲의 공功을 모두 이루어 자유자재自由自在함이다.

"妙妙묘묘"는 진현眞玄이요 "玄玄현현"은 진묘眞妙다. 이미 진현眞玄과 진묘眞妙라면 동정動靜에 불락不落한 지묘처至妙處다. "无无무무"는 진유眞有요 "有有유유"는 진무眞无다. 이미 진유眞有와 진무眞无라면 유무有无에 불락不落한 지현처至玄處이다.

**无位詩무위시**

**道乃分三도내분삼이 理自然리자연이니 斯儒斯佛斯仙사유사불사선이라 誰識一夫眞踏此수식일부진답차오 无人卽守무인즉수요 有人傳유인전이니라.**

**歲甲申**세갑신 **月丙子**월병자 **日戊辰二十八**일무진이십팔**에 書正**서정**하노라.**

도道가 이에 삼三으로 분分함이 리理의 자연이니 곧 유불선儒佛仙이라 일부一夫가 진실로 이것을 답踏한 줄 누가 알리요. 사람이 없으면 지킬 것이요 사람이 있으면 전할 것이니라. 갑신년甲申年 병자월丙子月 무진戊辰 28일에 서정書正하노라.

무위無位는 건乾과 곤坤이다. 비록 3위位의 3효爻에 천지인天地人을 모두 이루었으나 그 상象이 무변無變 무위無爲이므로 이르되 "無位무위"라 한 것이다. 우주 만물의 이치가 천지인天地人 셋 중에 하나만 빠져 있어도 그 도道를 세울 수 없으므로 "道도가 또한 3에 分분하여 出출"함은 이치의 자연이다.

**正易詩**정역시

**天地之數**천지지수 **數日月**수일월**이니 日月不正**일월부정**이면 易非易**역비역**이니라. 易爲正易**역위정역**이라야 易爲易**역위역**이니 原易**원역**이 何常用閏易**하상용윤역**이리오.**

천지天地의 수數는 일월이 수數함이니 일월이 정正하지 못하면 역易이 역易이 아니니라. 역易이 정正한 역易이라야 역易이 역易됨이니 원역原易이 어찌 항상 윤역閏易을 쓰리요.

**歲甲申**세갑신 **月丙子**월병자 **日戊辰二十八**일무진이십팔**에 書正**서정**하노라.**

도道가 이에 삼三으로 분分함이 리理의 자연이니 곧 유불선儒佛仙이라 일부一夫가 진실로 이것을 답踏한 줄 누가 알리요. 사람이 없으면 지킬 것이요 사람이 있으면 전할 것이니라.
갑신년甲申年 병자월丙子月 무진戊辰 28일에 서정書正하노라.

정부좌정正不坐正에 편偏이요 편부좌편偏不坐偏에 정正이니 역易이 편偏에 좌坐한 것이라면 또한 정正에 돌아옴이 있다. 그러나 본래 원천原天의 기氣는 정편正偏을 벗어난 것이로되 정편正偏을 포함하니 이 곧 쌍망雙忘 쌍조雙照의 묘처妙處인 것이다.

행주좌와行住坐臥 어묵동정語默動靜에 종일건건終日乾乾(立道)하며 종일무위終日無爲(无位)이니 우주만물의 역易도 또한 정正하는 것이다. 이것을 "正易정역"이라 하고 이에 극도極圖

가 이를 법法한다(布圖).

**布圖詩**포도시

**萬古文章**만고문장**에 日月明**일월명**하니 一張圖書**일장도서**에 雷風生**뇌풍생**하도다. 静觀宇宙无中碧**정관우주무중벽**하니 誰識天工待人成**수식천공대인성**이리오**

만고문장萬古文章에 일日과 월月이 밝으니 일장一張 도圖와 서書에 뇌雷와 풍風이 생生하도다. 우주 무중벽无中碧을 고요히 바라보니 천공天工은 사람을 기다려 이룸을 누가 알리요.

만고문장萬古文章은 용도龍圖와 귀서龜書다.

역설逆說을 할 수 없는 불변불역不變不易의 이치인 고로 "萬古文章만고문장"이라 하고 용도龍圖와 귀서龜書에 일월日月 운행의 이치를 밝힌 고로 "日月明일월명"이라 한다.

도圖와 서書에 일월日月의 운행을 밝히니 문득 뇌풍정위용정수雷風正位用政數가 생生하여 비로소 역易이 정正함에 이것을 이르되 "一張圖書雷風生일장도서뇌풍생"이라 한다.

이치는 2리離가 9건乾의 중中을 득得하여 2천天9리離가 되고 7감坎이 4곤坤의 중中을 득得하여 7지地4감坎이 되어서 2천天7지地가 건곤乾坤과 더불어 정위正位하며 9리離4감坎이 2천天7지地와 더불어 함께하니 이로써 리離와 감坎이 건곤천지乾坤天地에 정명正明한지라 이것을 "萬古文章日月明만고문장일월명"이라 한다.

하도河圖가 기위己位 태양太陽을 법하여 10,1진震에 건천乾天을 성成하며 낙서洛書가 무위戊位 태음太陰을 법하여 5,6손巽에 곤지坤地를 성成하니 비로소 천지天地가 정위正位하여 일월日月이 명明함에 이것을 "一張圖書雷風生일장도서뇌풍생"이라 한다.

이렇듯 천지일월天地日月의 운행을 바르게 하여 놓고 보니 건곤乾坤 무무위无无位의 무중벽无中碧을 관觀하여 천지일월天地日月의 정행正行을 운運함은 오직 사람에게 있는지라 천지天地의 도道는 사람을 갖춘 후에야 천지인天地人 3재才가 구비되어 운행되고 비로소 천지天地가 천지天地 노릇을 하게 되므로 이르되 "天工待人成천공대인성"이라 하신 것이다.

십오일언十五一言의 장章은 마치다.

## 5. 十一一言십일일언

| 十五一言십오일언 | | | 十一一言십일일언 | | |
|---|---|---|---|---|---|
| 1線은 | 2方이니 | 二一一言 | 2方의 中은 | 3인一線이니 | 三一一言 |
| 2線은 | 4方이니 | 四二一言 | 4方의 中은 | 5인一点이니 | 五一一言 |
| 3線은 | 6方이니 | 六三一言 | 6方의 中은 | 7인一点이니 | 七一一言 |
| 4線은 | 8方이니 | 八四一言 | 8方의 中은 | 9인一点이니 | 九一一言 |
| 5線은 | 10方이니 | 十五一言 | 10方의 中은 | 11인一点이니 | 十一一言 |

10방方과 5선線이 둘이 아닌 하나임을 이르되 "十五一言십오일언"이라 하고, 5선線에 10방方을 성하여 중궁中宮의 최초 한 점點으로 돌아옴을 이르되 "十一一言십일일언"이라 한다. 중궁中宮의 최초 한 점點은 곧 11이니 곧 11귀체歸體의 상象이다.

관하건대 십오일언十五一言은 선線과 방方으로써 관찰한 것이고 십일일언十一一言은 방方과 점点으로써 관찰한 것임을 알 수 있다. 여기서 2방方의 중中인 3이 1선線이 되는 것은 상하 2방方을 이은 선線이 그 중中이 되므로, 상相은 1선線이며 위位로는 3이 된다는 것이다.

또 이것을 고찰컨대 역易의 체體는 십오일언十五一言이며 역易의 용用은 십일일언十一一言이라 하여도 과언이 아닐 것이다. 11의 한 점點은 최초의 한 점點과 같아서 곧 2방方의 경經을 생하므로 역易의 용用이라 할 수 있다.

**十土六水십토육수는 不易之地불역지지요 一水五土일수오토는 不易之天불역지천이니라.**

10토土와 6수水는 바뀌지 않는 지地요 1수水와 5토土는 바뀌지 않는 천天이니라.

무위戊位 기위己位 태음太陰 태양太陽의 차서로써 관하건대,

만물의 제1위의 1은 순수한 1상이요, 제1위의 1로부터 제5위에 이른 5는 순수한

0상이며, 제6위의 6으로부터 제10위에 이른 10은 순수한 1상이요, 10으로부터 역逆으로 6까지에 이른 제5위의 6은 순수한 0상이다.

순수한 1상과 순수한 0상은 만물의 대대가 끊어진 절대성이므로, 10과 6을 "不易之地불역지지"라 하고 1과 5를 "不易之天불역지천"이라 하신 것이다. 10과 1은 순수한 1상인 건乾의 위位로되 여기엔 이미 불역지지不易之地의 수數와 불역지천不易之天의 수數가 함께 융합되어 있고, 5와 6은 순수한 0상인 곤坤의 위位로되 여기엔 이미 불역지천不易之天의 수數와 불역지지不易之地의 수數가 함께 녹아들어 있는 절대성의 위位인 것이다.

만물이 이러한 절대성인 건乾과 곤坤을 체體로 하여 2 3 4와 7 8 9의 위位에 6자子가 운행하는 것이니, 이러한 6자子가 운행해 건곤乾坤의 체體로 돌아오며 이에 건곤乾坤의 체體는 다시 6자子의 운행을 내는 것이다.

하도河圖의 수數로써 관하건대

1 2 3 4 5는 천天의 구역이며 6 7 8 9 10은 지地의 구역이다.

1과 5는 천天의 구역에 있는 양수陽數라 "不易불역"이며, 10과 6은 지地의 구역에 있는 음수陰數라 이 또한 "不易불역"이다. 수數의 2와 4는 천天의 구역에 있는 음수陰數라 "可易가역" 하며, 수數의 9와 7은 지地의 구역에 있는 양수陽數라 이 또한 "可易가역"한다. 수數의 3은 비록 천天의 구역에 있는 양수陽數라 불역不易이로되 6자子의 용위用位에 있으므로 불역지천不易之天이 되지 못하며, 수數의 8은 비록 지地의 구역에 있는 음수陰數라 이 또한 불역不易이로되 이 또한 6자子의 용위用位에 있으므로 불역지지不易之地가 되지 못한다.

**〈불역지천不易之天과 불역지지不易之地〉**

| 천天 | | | | | 지地 | | | | | |
|---|---|---|---|---|---|---|---|---|---|---|
| 1위 | 2위 | 3위 | 4위 | 5위 | 6위<br>(5위) | 7위<br>(4위) | 8위<br>(3위) | 9위<br>(2위) | 10위<br>(1위) | 1,5 天陽 不易之天<br>10,6 地陰 不易之地<br>2,4 天陰 可易之天<br>7,9 地陽 可易之地 |
| 1 | 2 | 3 | 4 | 5 | 6 | 7 | 8 | 9 | 10 | |
| 陽 | | | | 陽 | 陰 | | | | 陰 | |
| 순수1 | 陰 | | 陰 | 순수0 | 순수0 | 陽 | | 陽 | 순수1 | |

**天政천정은 開子개자하고 地政지정은 闢丑벽축하나니라. 丑運축운은 五六오육이요 子運자운은 一八일팔이니라.**

천天의 정政은 자子에 개開하고 지地의 정政은 축丑에 벽闢하나니라. 축운丑運은 5,6이요 자운子運은 1,8이니라.

"天政천정"은 기氣의 동動함이며 만물을 합일合一하여 근본의 도체道體로 돌아오게 하는 운행의 묘妙다.

"地政지정"은 이러한 기氣가 동動할 수 있게 하는 공간의 장場이며 그 기氣를 분分하여 만물을 양육하는 덕德의 운행상運行相이다.

천정天政은 0상을 체體로 한 1의 상象인 자子1이니 문득 9의 영影을 발현한다. 이에 1,9 2,8 3,7 4,6의 1,8의 위位에 진퇴進退하여 중궁中宮의 중위中位인 5와 10의 근본에 합일合一한다.

지정地政은 1상을 체體로 한 0의 상象인 축丑10이니 10을 수數함에 곧 1이라, 9,2 8,3 7,4 6,5에 굴신屈伸하여 가서 5,6의 위位에 덕德의 극과極果를 성하여 다시 굴신屈伸한다.

0을 체體로 한 1이라면 1은 곧 0이니 1의 극과極果인 9는 곧 0이다.

1을 체體로 한 0이라면 0은 곧 1이니 0의 극과極果인 10은 곧 1이다.

**一八일팔은 復上月복상월 影生數영생수요 五六오육은 皇中月황중월 體成數체성수이니라.**

1,8은 복상월復上月 영생수影生數요 5,6은 황중월皇中月 체성수體成數이니라.

만물의 수數가 무량이나 단수화單數化하면 모든 이치는 10수數의 내에 다 녹아들어 있다. 이로써 10을 체體로 해 1 2 3 4를 세면 그 상대적 대칭의 위位에 9 8 7 6이 나타나는지라 이것을 영생수影生數라 한다. 이로부터 그 수數가 1,8의 위位에 진퇴進退하여 다시 돌아와 시작하니 이것을 "一八일팔 復上月복상월 影生數영생수"라 한다.

중궁中宮의 5와 중위中位의 10은 대칭의 상相이 끊어진 절대성이라 상대적 대칭의 위位가 없는 존공尊空의 위位가 된다. 이에 1,8은 중中5를 허虛한 상대적 대칭의 위位가 되는 것이니, 1,9는 1,8의 위位요, 2,8은 1,6의 위位요, 3,7은 1,4의 위位요, 4,6은 1,2의 위位요, 5,5는 스스로 5인지라 대칭이 없는 무위無位이며, 다시 6,4 7,3 8,2 9,1하여 10을 성함에 10은 또한 대칭이 없는 무위無位인 것이니, 무위無位는 존공尊空의 위位라 이로써 5와 10의 2도가 항상 허虛하여 1,3도에 월月을 일으키므로 이에 윤도수閏度數가 발생한다.

영생수影生數는 월영月影이니 달의 반사된 달빛을 말함이요 체성수體成數는 월체月體이니 달의 본모습이다.

이에 체성수體成數로써 그 운행의 도수度數를 헤아려 가면 1,8도에 상현上弦달이요, 15도에 보름달인 망望이로되, 달빛의 영생수影生數로써 도수度數를 헤아리면 5와 10의 2도가 허虛하여 이로써 달빛이 겨우 나타나기 시작하는 1,3도에 월月을 기起하여 가므로, 이에 13도에 보름달 망望인지라 고로 윤도수閏度數가 발생하게 된다. 이것은 아직 5와 10의 체體를 보지 못하고 체달하지 못한 달의 그림자인 달빛의 허영虛影에 진퇴進退하는 상相이라 이르되 "一八1,8 復上月복상월 影生數영생수"라 한 것이다.

월체月體란 것은 달의 본모습이니 중궁中宮 중위中位의 정방正方의 위位에서 그 도度를 수數하여 감에 이것은 5와 10의 절대성 체體에서 바로 월月을 기起하는 상相이라, 이로부터 5,6과 10,1의 위位에 굴신屈伸하여 각위가 11의 체體로 돌아오므로 이르되 "五六5,6 皇中月體成數황중월체성수"라 하는 것이다.

**九七五三一구칠오삼일은 奇기요 二四六八十이사육팔십은 偶우이니라. 奇偶之數기우지수가 二五이오이니 先五선오는 天道천도요 後五후오는 地德지덕이니라.**

9 7 5 3 1은 기수奇數요 2 4 6 8 10은 우수偶數이니라. 기수奇數와 우수偶數가 각각 다섯이니 앞의 다섯 수數는 천도天道요 후後의 다섯 수數는 지덕地德이니라.

10무극无極의 체성體性이 1태극太極 1선線에 2경經을 세우니 곧 양의兩儀가 나타나고, 이에 양陽과 음陰이 각각 다섯 개의 수數를 얻으므로 이것을 "奇偶之數기우지수 二五이오"라고 한다. 이에 양陽의 홀수를 "奇기"라 하고 "天道천도"라 하며, 음陰의 짝수를 "偶우"라 하고 "地德지덕"이라 한다.

> **一三五次일삼오차는 度天도천이요 第七九次제칠구차는 數地수지이니 三天兩地삼천양지이니라.**
>
> 1 3 5의 차제는 천天을 도度함이요 7 9의 차제는 지地를 수數함이니 삼천양지三天兩地이니라.

수數의 1 2 3 4 5는 천天의 구역이며 6 7 8 9 10은 지地의 구역이다.

차제란 것은 순서의 위位다.

홀수인 1 3 5의 차제는 천天을 도度한 것이며 7 9의 차제는 지地를 수數한 것이니 이르되 "三天兩地삼천양지"라 한다.

짝수인 10 8 6은 지地의 구역인데 이 또한 1 3 5차제의 위位이니 천天으로써 도度한 것이며, 4 2는 천天의 구역인데 이 또한 7 9차제의 위位이니 지地를 수數한 것이다.

이것은 전적으로 차제의 위位로써 논論한 것이므로 따로 삼지양천三地兩天의 상相을 논論하지 않은 것이다.

최초의 1은 0상을 의해 나타난 1이므로 0과 1을 이은 1선線이라 할 수 있으니 1선線은 곧 2경經이다. 2경經은 상하의 위位인데 상하를 하나로 이으니 곧 3이며 이로써 상하의 위位와 이것을 이은 3은 같은 하나인지라 곧 5다. 그러므로 1선線이 곧 3이며 곧 5인 것이니 1 3 5의 차제는 천天을 도度한 것이라 하여 "度天도천"이라 하는 것이다. 도度는 측량의 개념이다.

7 9는 지地의 구역에 있는 양수陽數라 지地는 곧 방위의 상相이므로, 7은 6방의 중中인 한 점點이라 6을 세어 7을 나타낸 것이며 9는 8방의 중中 한 점點이라 8을 세어 9를 나타낸 것이므로, 이것은 지地를 세어간다 하여 "數地수지"라 한 것이다. 수數는 세어가는 개념이다.

**天地地天천지지천하니 后天先天후천선천이니라.**

천지天地-지천地天하니 후천后天-선천先天이니라.

"天地천지"는 천지天地의 분分이니 무위戊位이며 "地天지천"은 천지天地의 합일合一이니 기위己位다.

지천地天이 합일合一된 기위己位의 과果는 기己이니 무위戊位를 정령政令하고 천지天地의 분分인 무위戊位의 과果는 무戊이니 기위己位를 여율呂律한다. 무위戊位의 운행은 "后天후천"의 행行이며 기위己位의 운행은 "先天선천"의 행行이다.

천지天地는 3원元이니 1원圓에 3각角이므로 곧 180도다. 이것은 1원圓의 360도를 이분二分한 것이니 곧 천지天地의 분分이다.

지천地天은 5원元이니 중궁中宮의 5를 허虛하면 1원圓에 4각角이므로 모두 합하면 1원圓의 360도이니 곧 지천地天의 합合이다.

〈천지지천天地地天 후천선천后天先天〉

| 天地 | 地天 |
|---|---|
| 천지분天地分 무위과戊位果 | 천지합天地合 기위과己位果 |
| 戊丁乙癸辛(10 9 7 5 3) | 己庚壬甲丙(1 2 4 6 8) |
| 기위여율己位呂律 선천행先天行 | 무위정령戊位政令 후천행后天行 |

**先天之易선천지역은 交易之易교역지역이요 后天之易후천지역은 變易之易변역지역이니 易易九宮역역구궁하고 易易八卦역역팔괘하나니라.**

선천의 역易은 교역交易의 역易이요 후천의 역易은 변역變易의 역易이니 역易이 구궁九宮으로 바뀌고 역易이 팔괘八卦로 바뀌나니라.

"交易교역"이란 것은 그 위位를 서로 교交함이니 분시성分時性이며 "變易변역"이란 것은 음陰과 양陽에 그 성질이 변變함이니 동시성同時性이다.

선천의 역易은 하도河圖와 낙서洛書이니 2,7과 4,9가 서로 그 위位를 교交함에 "交易之易

교역지역"이라 하고, 후천의 역易은 건乾이 곤坤으로 변變하여 지덕地德을 성하며 곤坤이 건乾으로 변變하여 천도天道를 성하니 이것을 "變易之易변역지역"이라 한다.

하도河圖의 5원元이 그 중中을 허虛하고 8방에 분열함에 그 대칭의 위位가 1,9 3,7 2,8 4,6이 됨은 역易이 9궁宮으로 바뀐 것이니 자연 금화金火의 교역交易이 있다. 대칭의 위位에 분열한다는 것은 방위의 개념이 서로 대칭의 상相이 있어서 물물物物이 동動함에 반드시 상대적 방향의 상相이 있는 연고다.

만물의 이치가 분分에 극極하면 다시 합하여 근원으로 돌아옴이 있다. 이로써 8방의 상대적 방위는 반드시 중궁中宮의 5와 중위中位의 10에 돌아옴이 있고, 이에 5와 10의 체體는 굴신屈伸하여 건乾의 1상이 곤坤의 0상으로 변變하며 0상의 곤坤이 1상의 건乾으로 변變하므로 이것을 "變易之易변역지역"이라 하며, 그 변하는 과정에 8괘의 행도行道와 변화가 자연하니 이에 "易역이 8괘로 易역한다"고 한다.

순양純陽의 건乾이 비로소 음陰과 교交하여 태리손兌離巽에 행行하며 순음純陰의 곤坤이 비로소 양陽과 교交하여 간감진艮坎震에 행行하니 이것을 "交易之易교역지역"이라 한다.

태리손兌離巽의 행行이 극極하여 건乾이 곤坤으로 전변轉變하며 간감진艮坎震의 행行이 극極하여 곤坤이 건乾으로 전변轉變함을 "變易之易변역지역"이라 한다.

6자子의 9양陽과 9음陰의 행도行道는 선천교역지역先天交易之易이며 12양陽과 12음陰의 성도成道는 후천변역지역后天變易之易이다.

태兌와 손巽의 양음兩陰이 리離에 궐厥하여 궐음厥陰의 중中인 곤坤으로 화化하고 간艮과 진震의 양양兩陽이 감坎에 명明하여 양명陽明의 중中인 건乾으로 전변轉變하니 이르되 "變易之易변역지역"이라 한다.

고로 교역지역交易之易은 분시성分時性이며 상교相交의 상相인 것이며 변역지역變易之易은 동시성同時性이며 극즉반極卽反의 이치인 것이다.

건태리손乾兌離巽의 9양陽3음陰에 술건戌乾을 존공尊空하여 태리손兌離巽의 6양陽3음陰에 나아가고, 곤간감진坤艮坎震의 9음陰3양陽에 묘곤卯坤을 존공尊空하여 간감진艮坎震의 6음陰3양陽에 나아가 9양陽9음陰의 45수數가 됨을 "易易九宮역역9궁"이라 한다. 9양陽은 27이며

9음陰은 18이므로 합하면 45수數의 낙서洛書가 되는 것이다.

묘술卯戌이 존공尊空된 이 45수數가 각각 태리손곤兌離巽坤과 간감진건艮坎震乾의 8괘卦에 지地와 천天을 모두 성하여 12음陰과 12양陽에 60수數를 만성滿成함을 "易易八卦역역8괘"라 한다.

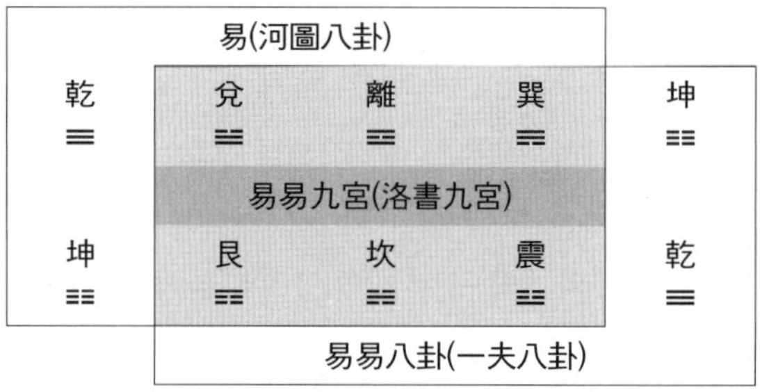


**卦之離乾괘지리건은 數之三一수지삼일이니 東北正位동북정위하고**

**卦之坎坤괘지감곤은 數之六八수지육팔이니 北東維位북동유위하며**

**卦之兌艮괘지태간은 數之二七수지이칠이니 西南互位서남호위하고**

**卦之震巽괘지진손은 數之十五수지십오이니 五行之宗오행지종이요 六宗之長육종지장이라 中位正易중위정역하며**

**干之庚辛간지경신은 數之九四수지구사이니 南西交位남서교위하나니라.**

괘卦의 리離와 건乾은 수數의 3과 1이니 동東과 북北에 정위正位하고

괘卦의 감坎과 곤坤은 수數의 6과 8이니 서북西北과 동북東北에 유위維位하며

괘卦의 태兌와 간艮은 수數의 2와 7이니 서西와 남南에 호위互位하고

괘卦의 진震과 손巽은 수數의 10과 5이니 5행行의 종宗이요 6종宗의 장長이라 중위中位하여 역易을 바르게 하며

천간天干의 경庚과 신辛은 수數의 9와 4이니 남南과 서西에 위位를 교交하나니라.

복희8괘伏羲八卦 차서의 위位는 1건乾 2태兌 3리離 4진震 5손巽 6감坎 7간艮 8곤坤인데 이것을 낙서9궁洛書九宮에 배열하면, 3과 1은 정동正東과 정북正北이며, 6과 8은 서북西北과 동북

東北이며, 2와 7은 서남西南과 정서正西이며, 4와 9는 동남東南과 정남正南이다. 여기까지는 괘卦의 상象을 9궁宮 방위의 수數에 배열한 것이니 하도河圖의 수數와 대조하건대, 화火가 금金의 고향에 들어간 상相이라 "西南互位서남호위"라 하고, 금金이 화火의 고향으로 향하는 상相이라 "南西交位남서교위"라 하는 것이다.

건乾이 차제로 태兌 리離 손巽의 음효陰爻를 얻어서 손巽의 위位에 이르러 곤坤을 성하며, 곤坤이 차제로 간艮 감坎 진震의 양효陽爻를 얻어서 진震의 위位에 이르러 건乾을 성하므로 곧 5손巽 10진震이다.

이것은 그 차제의 위位가 1건乾 2태兌 3리離 4진震 5손巽 6곤坤 7간艮 8감坎 9손巽 10진震 1건乾인 것이니, 손巽과 곤坤이 같으며 진震과 건乾이 같아서 이르되 "包五含六포오함육 十退一進십퇴일진의 位위"라 하는 것이다. 이를 관하건대 5손巽과 6곤坤이 중위中位이며 10진震과 1건乾이 또한 중위中位이므로 이르되 "中位正易중위정역"이라 한다. 또 5손巽의 위位에 5원元을 다 이루니 "五行之宗오행지종"이라 하고, 10진震의 위位에 6자子의 운행을 모두 이루어 관장하니 "六宗之長육종지장"이라 하는 것이다. 제9위의 손巽의 상象은 간艮과 감坎의 양효陽爻만을 취하여 그 위位를 정한 것이며 제4위의 진震은 태兌와 리離의 음효陰爻만을 취하여 그 위位를 정한 것이라, 실제로는 그 운행의 상相이 없는 위位이므로 제9위와 제4위는 다만 그 5원元의 수數만을 취하여 천간天干의 경庚과 신辛에 붙인 것이다.

이것은 순양純陽의 건乾이 차제로 곤坤과 교交하여 분分하며 순음純陰의 곤坤이 차제로 건乾과 교交하여 합合한 것이니, 비로소 음양陰陽이 서로 교交함에 이렇듯 음양교위陰陽交位의 차제로써 그 위位를 정한 것이다.

이로써 5손巽과 10진震은 중궁中宮의 중위中位이므로 존공尊空하면 그 용괘用卦의 변變은 다만 태兌 리離 손巽과 간艮 감坎 진震인 것이니 1건乾 2태兌 3리離 4손巽 5,6곤坤이며 7간艮 8감坎 9진震 10,1건乾이므로, 장차 남방의 2태兌가 서방의 9진震과 함께하며 서방의 4손巽이 남방의 7간艮과 함께하여 남南과 서西에 그 위位를 교交하는 것이다.

이렇듯 상象과 수數를 배열하여 정하고 음陰과 양陽에 상교相交하여 마치니 괘卦의 위位가 5손巽 6곤坤이라 중中에 거居하며, 7간艮 4진震이라 서방에 위位하며, 8감坎 3리離라 동방에 위位하며, 9손巽 2태兌라 남방에 위位하며, 10진震 1건乾이라 북방에 위位하니, 이것은 9손巽 4진震이 2태兌 7간艮과 더불어 남南과 서西에 그 위位를 교交한 것이라 곧 "極圖극도의 位위"인 것이다.

극도極圖의 위位는 각각의 방위가 모두 11, 11인지라 십십행도十十行道에 일일一一의 체體로 돌아오니 이르되 "十一歸體십일귀체"라 하고, 이렇듯 모든 만물이 각각 십일귀체十一歸體함에 비록 각위의 수數는 다름이 되나 항상 그 성性은 같은 11이므로 사사事事가 무애無碍하여 중중重重하니 이로써 만법과 만물의 사事를 다하는 것이다.

하도河圖 5원元의 성性이 9궁宮의 8방에 분열하니 1,9 3,7 2,8 4,6이며 다시 이러한 8방의 대칭이 합合하여 중궁中宮의 중위中位에 합合하니 곧 10이며 곧 5이다. 9궁宮은 0상을 체體로 하여 1상을 용用한 것이니 1상의 기수奇數를 정위正位에 두고 0상의 우수偶數를 유위維位에 두는 것이다.

"震진"을 10진震이라 하고 "巽손"을 5손巽이라 한 것은 또 다른 뜻이 있으니, 괘卦의 택천쾌澤天夬는 5선線에 1음陰이니 반反하여 도倒하면 천풍구天風姤라 5선線을 재載한 1음陰이니 5손巽이며, 괘卦의 산지박山地剝은 10방에 1양陽이니 반反하여 도倒하면 지뢰복地雷復이라 10방을 포包한 1양陽이니 이로써 10진震이라 하는 것이다.

간艮 감坎 손巽 진震의 차체는 4 3 2 1의 차제라 도度에는 역逆한 것이며 7 8 9 10의 수數와 상象에는 순順한 것이니 이르되 "度逆道順도역도순"이라 하여 10진震에 1건乾을 성하니 기위己位가 이를 법하고, 태兌 리離 진震 손巽의 차제는 2 3 4 5의 차제라 도度에는 순順한 것이며 9 8 7 6의 수數와 상象에는 역逆한 것이니 이르되 "度順道逆도순도역"이라 하여 5손巽에 6곤坤을 성하므로 무위戊位가 이를 법하여, 이르되 "十震10진 五巽5손"이라 한 것이다. 이것은 "十退一進십퇴일진 包五含六포오함육의 位위이니 곧 中位正易중위정역"이다.

1건乾 6감坎 3리離 8곤坤이 북北과 동東에 그 위位를 고수固守하는 것은 건乾 곤坤 리離 감坎이 서로 그 중中을 얻은 연고이며, 2태兌 7간艮 4진震 9손巽이 서西와 남南에 그 위位를 호위교위互位交位하는 것은 태兌 손巽 진震 간艮이 서로 극極하고 반反하는 연고이다.

차장此章을 살피건대 9와 4의 괘상卦象은 결缺함이라 이것을 괘卦의 상象이 아닌 천간天干의 경금庚金과 신금辛金에 부촉함은 그 이치와 뜻을 상세히 헤아리지 못하겠거니와 천식淺識으로 헤아리건대, 무위戊位는 1건乾 2태兌 3리離 4진震 5손巽 6곤坤이며 기위己位는 6곤坤 7간艮 8감坎 9손巽 10진震 1건乾이니 4진震과 9손巽의 위位가 있는 것이며, 태음太陰과 태양太陽은 다만 괘변卦變의 차서次序 행상이니 건乾 태兌 리離 손巽 곤坤에 진震이 없음이요 곤坤 간艮 감坎 진震 건乾에 손巽이 결缺함이라, 이러히 그 괘卦의 상象과 위位가 괘변卦變으로는 없되 그 위치의 개념으로는 있는 것이므로 다만 천간天干 5원元의 수數를 취하여 경庚과 신辛의 9와 4를 가차假借한 것이라 생각하니 이에 현자賢者의 선명宣明한 지론至論을 기다린다.

고인古人이 이르되 "聖人성인의 河圖하도를 法법 받은 것은 그 中중을 虛허함이요 洛書낙서를 法법 받은 것은 그 實실을 總括총괄함이라, 河圖하도의 5와 10을 虛허한 것은 太極태극이요, 奇數기수20과 偶數우수20은 兩儀양의요, 1 2 3 4로써 6 7 8 9가 됨은 四象사상이요, 四方4방의 合합을 析석하여 乾坤離坎건곤리감(1,8,3,6)을 하고 四隅4우의 空공을 補보하여써 兌震巽艮태진손간(2,4,9,7)을 한 것은 八卦팔괘라" 하시니,

소양素陽은 이것을 판론判論하되 4방方의 합合은 1,6에 건감乾坎을 하고, 3,8에 리곤離坤을 두며, 4,9에 진손震巽을 하고, 2,7에 태간兌艮을 해서 석析함이라 이것은 1,6,3,8에 건감리곤乾坎離坤이 서로 중中을 득得한 것이므로 4정正에 두고 4,9,2,7에 진손태간震巽兌艮은 서로 극極하여 반反하는 상이므로 4우隅의 공空에 보補한 것이라, 비록 1,6과 3,8의 수數는 합合이나 괘卦의 상象은 합合이 아니니 이것은 차제次第의 위位로써 관觀함에 이러한 것이어니와, 소양素陽은 이것을 사상四象의 위位와 수數로써 관觀함에 1,9는 태양太陽이라 1태兌 9건乾이며, 2,8은 소음少陰이라 2리離 8진震이며, 3,7은 소양少陽이라 3손巽 7감坎이며, 4,6은 태음太陰이라 4곤坤 6간艮이니, 9,4,2,7은 건곤리감乾坤離坎이요 1,6,8,3은 태간진손兌艮震巽이 됨이라, 이것은 사상四象의 위位와 수數로써 관觀함에 이러한 것이니 괘상卦象과 수數가 모두 합合이 되어서 그 이치에 나아가 판론判論함이 더욱 확연한 것이다.

"析四方之合석사방지합"이란 것은 4방은 1,6 2,7 3,8 4,9이니 곧 북남동서北南東西의 방위요, 석析은 분야分也니 1,6의 합合을 분分하면 태兌 간艮이며, 2,7의 합合을 분分하면 리離 감

坎이며, 3,8의 합合을 분分하면 손巽 진震이며, 4,9의 합合을 분分하면 곤坤과 건乾이라, 이것은 일부팔괘생성一夫八卦生成의 원源이니 오히려 9,4,2,7 건곤리감乾坤離坎의 금화문金火門을 4정正에 두고 1,6,8,3 태간진손兌艮震巽의 수목체水木體를 4우隅에 보補한 것이라 이것이 곧 "素陽四象八卦次序소양사상팔괘차서"인 것이다. 이로써 논論하면 1,6과 3,8은 태간兌艮과 손진巽震이니 태손兌巽과 간진艮震이 서로 극이반極而反하여 3태兌1손巽과 8간艮6진震이 되며, 2,7과 4,9는 리감離坎과 곤건坤乾이니 상교중相交中하여 2천天9리離와 4감坎7지地가 되고, 지地10은 건도乾道를 성成하여 10건乾이 되며 천天5는 지덕地德을 성成하여 5곤坤이 되어서 십오지천성도덕十五地天成道德에 10건乾5곤坤을 성成하니 이것이 곧 "一夫八卦일부팔괘의 數수" 인 것이다.

일부팔괘一夫八卦의 수數는 10건乾 2천天이 북北이며, 5곤坤 7지地가 남南이며, 8간艮은 동東이며, 3태兌는 서西이며, 1손巽은 동남東南이며, 6진震은 서북西北이며, 4감坎은 동북東北이며, 9리離는 서남西南이다.

이것은 이노二老를 4정正에 두고 이소二少를 4우隅에 두어서 이노二老가 직접 용사用事함을 나타낸 것이니, 괘卦의 상象과 수數가 모두 합合인지라 이로써 천지天地의 사事를 모두 필畢함이 되는 것이다.

| 區分 | 素陽四象八卦 | | | | 一夫八卦 | | | | |
|---|---|---|---|---|---|---|---|---|---|
| 數合 | 9,4 | 2,7 | 1,6 | 8,3 | 2,7 | 4,9 | 8,3 | 1,6 | 10,5 |
| 象合 | 乾坤 ☰☷ | 離坎 ☲☵ | 兌艮 ☱☶ | 震巽 ☳☴ | 天地 ☰☷ | 坎離 ☵☲ | 艮兌 ☶☱ | 巽震 ☴☳ | 乾坤 ☰☷ |

북北의 곤坤이 감坎이 된 것은 곤坤이 천중天中을 득得하여 감坎이 된 것이며, 남南의 건乾이 리離가 된 것은 건乾이 지중地中을 득得하여 리離가 된 것이며, 동東의 리離가 진震이 된 것은 비로소 음陰이 상上한 것이며, 서西의 감坎이 태兌가 된 것은 비로소 양陽이 하下한 것이며, 서남西南의 손巽이 곤坤이 된 것은 손巽이 3위位에 음陰이 극極하여 곤坤이 된 것이며, 서북西北의 간艮이 건乾이 된 것은 간艮이 6위位에 양陽이 극極하여 건천乾天이 된 것이다. 3위位에 음陰이 극極한다는 것은 용괘用卦의 변위變位로 관觀한 것이니 태兌 리離 손巽에 손巽이 제3위位이며 무위戊位의 행상行狀이므로 제3위位에 음陰이 극極한다 한 것이고, 6위

位에 양陽이 극極한다는 것은 이 또한 용괘用卦의 변위變位로 관觀한 것이니 간艮 감坎 진震 진震 감坎 간艮에 간艮이 제6위位이며 기위己位의 행상行狀이므로 제6위位에 양陽이 극極한다 한 것이다. 무위戊位는 천지天地의 분分이니 내괘內卦의 용변用變의 위位만 취取한 것이며, 기위己位는 지천地天의 합合이니 내괘內卦와 외괘外卦의 용변用變의 위位를 모두 취取한 것이다. 동북東北의 진震이 간艮이 된 것은 극極하여 반反한 것이며 동남東南의 태兌가 손巽이 된 것은 또한 극極하여 반反한 것이니, 이것은 복희팔괘伏羲八卦를 궁리窮理하여 문왕팔괘文王八卦의 변變에 통通한 것이다.

다시 북北의 감坎이 건乾이 된 것은 간진艮震의 양양兩陽이 감坎에 명明한 것이며, 남南의 리離가 곤坤이 된 것은 태손兌巽의 양음兩陰이 리離에 궐厥한 것이니, 이것은 복희팔괘伏羲八卦와 문왕팔괘文王八卦의 상象을 통합通合하여 일부팔괘一夫八卦를 성成함을 밝힌 것이다. 일부팔괘一夫八卦를 성成함에 양陽이 동東에서 시始하여 동북東北을 지나 서북西北에 성成하여 정북正北에 위位하니 곧 간艮 감坎 진震 건乾이며, 음陰이 서西에서 시始하여 서남西南을 지나 동남東南에 성成하여 정남正南에 위位하니 곧 태兌 리離 손巽 곤坤인 것이다.

〈伏羲八卦 窮理 文王八卦 變通〉

乾☰⇒離☲
乾得 地中

兌☱⇒巽☴
極而反

巽☴⇒坤☷
3位陰極

離☲⇒震☳
陰始上

坎☵⇒兌☱
陽始下

震☳⇒艮☶
極而反

艮☶⇒乾☰
6位陽極

坤☷⇒坎☵
坤得天中

이를 고찰考察하건대 일부一夫께서 일부팔괘一夫八卦 생성의 이치와 연유를 밝히시려 함에 아직 소양팔괘차서素陽八卦次序의 상象이 나타나지 않아서 그 논論이 이와 같은 것이니, 혹 그 논論함에 있어서 다른듯하나 그 본질은 같은 것이라 학자는 그 지말支末에 치우치지 말고 오직 그 이치의 본질만을 꿰뚫어 관觀할 것이다.

**洛書九宮生成數**낙서구궁생성수

天一천일이 生壬水생임수에 地一지일은 成子水성자수하고

天三천삼이 生甲木생갑목에 地三지삼은 成寅木성인목하며

天七천칠이 生丙火생병화에 地七지칠은 成午火성오화하고

天五천오가 生戊土생무토에 地五지오는 成辰土성진토하니 戊五술오는 空공이며

天九천구가 生庚金생경금에 地九지구는 成申金성신금하나니라.

낙서구궁생성수洛書九宮生成數니라.

천天1이 임수壬水를 생生함에 지地1은 자수子水를 성成하고

천天3이 갑목甲木을 생生함에 지地3은 인목寅木을 성成하며

천天7이 병화丙火를 생生함에 지地7은 오화午火를 성成하고

천天5가 무토戊土를 생生함에 지地5는 진토辰土를 성成하니 술戌5는 공空이며

천天9가 경금庚金을 생生함에 지地9는 신금申金을 성成하나니라.

**三五錯綜三元數**삼오착종삼원수

甲己夜半갑기야반에 生甲子생갑자하니 丙寅頭병인두하고

乙庚夜半을경야반에 生丙子생병자하니 戊寅頭무인두하며

丙辛夜半병신야반에 生戊子생무자하니 庚寅頭경인두하고

丁壬夜半정임야반에 生庚子생경자하니 壬寅頭임인두하며

戊癸夜半무계야반에 生壬子생임자하니 甲寅頭갑인두하나니라.

삼오착종삼원수三五錯綜三元數니라.

갑기야반甲己夜半에는 갑자甲子가 생生하니 병인丙寅으로 두頭하고

을경야반乙庚夜半에는 병자丙子가 생生하니 무인戊寅으로 두頭하며

병신야반丙辛夜半에는 무자戊子가 생生하니 경인庚寅으로 두頭하고

정임야반丁壬夜半에는 경자庚子가 생生하니 임인壬寅으로 두頭하며

무계야반戊癸夜半에는 임자壬子가 생生하니 갑인甲寅으로 두頭를 하나니라.

### 河圖八卦生成數하도팔괘생성수

**地十지십이 生己土생기토에 天十천십은 成丑土성축토하고**

**地四지사가 生辛金생신금에 天四천사는 成酉金성유금하며**

**地六지육이 生癸水생계수에 天六천육은 成亥水성해수하고**

**地八지팔이 生乙木생을목에 天八천팔은 成未木성미목하니 卯八묘팔은 空공이며**

**地二지이가 生丁火생정화에 天二천이는 成巳火성사화하나니라.**

하도팔괘생성수河圖八卦生成數니라.

지地10이 기토己土를 생生함에 천天10은 축토丑土를 성成하고

지地4가 신금辛金을 생生함에 천天4는 유금酉金을 성成하며

지地6이 계수癸水를 생生함에 천天6은 해수亥水를 성成하고

지地8이 을목乙木을 생生함에 천天8은 미목未木을 성成하니 묘卯8은 공空이며

지地2가 정화丁火를 생生함에 천天2는 사화巳火를 성成하나니라.

### 九二錯綜五元數구이착종오원수

**己甲夜半기갑야반에 生癸亥생계해하니 丁卯頭정묘두하고**

**庚乙夜半경을야반에 生乙亥생을해하니 己卯頭기묘두하며**

**辛丙夜半신병야반에 生丁亥생정해하니 辛卯頭신묘두하고**

**壬丁夜半임정야반에 生己亥생기해하니 癸卯頭계묘두하며**

**癸戊夜半계무야반에 生辛亥생신해하니 乙卯頭을묘두하나니라.**

구이착종오원수九二錯綜五元數니라.

기갑야반己甲夜半에는 계해癸亥가 생生하니 정묘丁卯로 두頭하고

경을야반庚乙夜半에는 을해乙亥가 생生하니 기묘己卯로 두頭하고

신병야반辛丙夜半에는 정해丁亥가 생生하니 신묘辛卯로 두頭하고

임정야반壬丁夜半에는 기해己亥가 생生하니 계묘癸卯로 두頭하고

계무야반癸戊夜半에는 신해辛亥가 생生하니 을묘乙卯로 두頭하나니라.

태초太初의 원元이 허허虛虛하고 막막莫莫하여 그 상相이 없어서 무어라 이름 할 수 없더니 드디어 한 생각을 일으켜 1을 찍음에 0상이 동시에 나타나고, 이에 1도道가 0을 의依함으로 인해 동動하고 분分하여 만물을 내는지라 태초太初의 원元인 0은 무극无極이요, 1은 태극太極이요, 0과 1을 동시에 머금어 갖춤을 황극皇極이라 함이니, 0은 1을 의해 그 상象을 가히 짐작할 수 있고 1은 0을 의해 능히 그 상相을 나타냄이라 이르되 "三才삼재의 道도"라 한다.

성인聖人이 이 3재才의 도道를 법하여 3원元이라 하시고 만물이 3재才를 갖춘 연후에야 능히 상호相互 상견相見할 수 있음을 밝히시니, 이미 3재才의 도道가 입立하였다면 자연히 그 가운데에 5원元의 상象도 함께 나타나는지라 이에 만물이 3원수元數에 삼오착종三五錯綜하여 운행한다.

순수한 1상象인 1,1은 천天이며, 순수한 0상象인 0,0은 지地이며, 음양陰陽이 잡雜한 1,0과 0,1은 인人이며, 이러히 3재才가 섬에 4상象과 4방의 의義가 나타나고, 이에 그 중中을 잡아 5원元이라 하며, 4방의 합을 인하여 10세世의 의義가 서는지라, 이로써 4방의 중궁中宮인 5와 4방의 합合인 10은 그 상象이 유이무有而無인 동시에 무이유無而有의 상相이라 유이무有而無는 1,0의 상相이며 무이유無而有는 0,1의 상相인 것이다.

이런 고로 만물이 "있다"라고 하면 이미 없는 것이고 "없다"라고 하면 이미 있는 것이니, 이러한 유무有無와 무유無有를 동시에 갖추어 쌍조雙照하여 쌍망雙忘함을 "皇極而无極황극이무극"이라 하고 쌍망雙忘하여 쌍조雙照함을 "无極而太極무극이태극"이라 한다.

천天이 아니면 지地와 인人이 존재치 못하고 지地가 아니면 이 또한 인人과 천天이 존재치 못할 것이며 인人이 아니면 천지天地는 공각空殼에 지나지 않을 것이니 이것을 "3才재

의 義의"라 한다. 고로 만물은 천지인天地人 3재才를 모두 갖추고 삼위일체三位一體가 된 연후에야 비로소 운행되는 것이,니 이것을 법하여 제3위에서 1도를 일으킴에 곧 갑甲이며 하나가 된 제1위에서 1도를 일으킴에 곧 자子인지라 이로 인해 "三五錯綜삼오착종의 行法相행법상"이 나타난다.

사상四象의 위位는 1 2 3 4이다. 이것은 곧 4방의 위位이니 4방의 중위中位는 5이며 4방의 합合은 10이다. 4방이 합일合一된 10에서 1도度를 일으켜 제5위의 중위中位로 향해 굴신屈伸하여 감에 9는 2도요, 8은 3도요, 7은 4도요, 6은 5도라, 이렇듯 최초에 10에서 1도를 일으킴을 인하여 9,2가 착종錯綜하고 제5위에 6,5를 성하며 다시 5,6에 굴신屈伸하니, 이로써 구이착종九二錯綜 오원수五元數가 생하여 "九二錯綜구이착종의 行法相행법상"이 나타난다.

선천은 1,3에 착종錯綜이 된 갑甲을 제1위로 삼아 시작을 하고 제5위에 나아가 굴신屈伸해 제6위를 후천의 1도度로 삼으니 곧 기己의 위位다.

기己의 위位가 제1위라면 갑甲은 자연히 제10위가 될 것이니 자子는 묘술卯戌 존공尊空에 또한 제10위인지라, 이로써 선천의 갑자시甲子時가 10수數에 그 도道를 다 이루어 굴신屈伸하니 이에 자연히 후천의 시時는 구이착종九二錯綜의 위位인 계해癸亥에서 그 시時가 벽闢하는 것이다.

선천에 갑甲이 제3도라면 기己는 제8도일 것이며 자子가 제1도라면 사巳는 제6도일 것이니, 이로써 만물이 제8도의 간艮에서 시작하여 기사궁己巳宮과 무술궁戊戌宮을 지나 성위成位에 이르러 만물을 다 성成하여 마침이 되는 것이다.

만물이 제5위에 이르러 극極하고 반反하여 제6위에 양陽은 음陰으로 음陰은 양陽으로 바뀌며 이에 제6위는 후천의 제1위가 되는지라

1 3 5 7 9에 자인진오신子寅辰午申의 양陽이 제5위에 극極하고 술戌의 제6위에 음陰으로 역易하니 곧 10이며 곧 택천쾌澤天夬의 상象이다.

2 4 6 8 10에 축해유미사丑亥酉未巳의 음陰이 제5위에 극極하고 묘卯의 제6위에 양陽으로

역易하니 곧 1이며 곧 산지박山地剝의 상象이다.

고로 만물이 5,6위位에 굴신屈伸함에 술戌은 1상이 0상으로 화化한 음陰이라 굴屈하여 신申에 의依함이 있고, 묘卯는 0상이 1상으로 변變한 양陽이라 신伸하여 축丑에 귀歸함이 있다.

묘卯의 1상이 축丑에 귀歸하니 묘卯는 존공尊空되고 이에 축丑이 묘卯의 1상에 자리하여 제1위가 되며, 술戌의 0상이 신申에 의依하니 술戌은 존공尊空되고 이에 자子가 술戌의 0상에 자리하여 제10위가 되는지라, 자연히 해亥는 제9위가 되며 천간天干의 계癸는 갑甲으로부터 1,2도에 퇴退한 제2위인지라 이로써 계해癸亥는 9,2착종錯綜의 위位가 되어서 "己甲夜半기갑야반에 生癸亥생계해" 하는 것이다.

삼오착종三五錯綜은 5와 10의 체體를 허虛한 월영月影의 1,8진퇴지정進退之政이요, 구이착종九二錯綜은 5와 10을 그대로 쓴 월체月體의 5,6굴신지도屈伸之道이다.

선천은 갑자甲子에 시時가 생生하니 3원元의 1,3도에 나아가 병인丙寅으로 두頭하며, 후천은 계해癸亥에 시時를 생生하니 5원元의 1,5도에 나아가 정묘丁卯로써 두頭한다.

1이 3에 분分함에 3재才의 의義가 서고 3재才의 위位에 8괘의 8방을 성하여 무한히 분分하여 나아가니, 이른바 8방이란 것은 무한한 방方과 각角에 나아가는 가장 기초적 개념이다. 비록 이러히 무한히 분分하여 감이 있으나 다만 수數의 9에 이르러 극極하여 다하는 것이니, 이로써 1.9 2,8 3,7 4,6의 1,8의 위位에 진퇴進退하는 상相이 생하는지라 이르되 "進退之政진퇴지정"이라 한다.

천간天干 최초의 1점點은 임壬이니 제1위이며, 제2위의 선線은 2경經의 의義이니 자연히 계癸가 제2위에 자리하고, 지지地支 최초의 1점點은 자子이니 자子는 묘술존卯戌尊空공에 묘귀축卯歸丑 술의신戌依申으로 인해 제10위에 퇴退하는지라, 자연히 해亥가 제9위에 자리하여 이로 인해 써 지지地支의 방方과 천간天干의 시時에 9,2의 위位가 착종錯綜해 만물이 이곳에 벽闢하여 다시 시작함이 있다.

선천은 임壬으로부터 1,3도의 위位에 1도를 삼으니 갑甲이 이를 법하고 1,5도의 위位에 두頭를 삼으니 병丙이 이를 법한다. 선천에 자子는 제1위이며 인寅은 제3위이니 자연 지지地支와 천간天干의 월두月頭에 3,5의 위位가 착종錯綜한다. 이로부터 선천은 갑자甲子로부터 3원元의 위位에 나아가 병인丙寅으로 두頭를 삼으며 후천은 계해癸亥로부터 5원元의 위位에 나아가 정묘丁卯로 두頭를 삼는 것이다. 3원元은 3세世와 3재才의 의義이며 5원元은 4방의 중中과 4방의 합合의 의義이니 4방의 중中은 5이며 4방의 합合은 10이다.

낙서구궁생성수洛書九宮生成數는 천간天干의 기수奇數가 천간天干의 양陽을 생生하고, 지지地支의 기수奇數는 지지地支의 양陽을 성成하여 천天에 생生하여 지地에 성成하니 곧 천지지분天地之分인 천지비天地否의 상象이다.

천天1이 지地1을 성成함은 시간의 개념인 세시世時의 방향성을 나타냄이니 곧 선線의 의義가 있다. 이미 선線이면 3에 그 의義를 발현하는지라 이로써 1,3도에 나아가 갑甲에서 시작하되 그러나 1점點을 여의지 않은 3인 고로 이에 자子로써 야반夜半의 허명虛明함을 삼으니, 이로써 선천의 시時는 갑자甲子에서 개開하는 것이다. 만물이 3재才를 갖춘 연후에야 상대적 개념이 생生하며 상견相見 상호相互하여 작용하므로, 이로써 갑甲으로부터 병丙이 1,3도요 자子로부터 인寅이 또한 1,3도라 천天5도와 지地3도에 삼오착종三五錯綜함에 이르되 "三五錯綜삼오착종 三元數삼원수"라 한다.

낙서洛書 9궁宮은 하도河圖가 1로부터 10까지의 우주전체의 만물의 수數를 다하여 그 생성차제 순서의 위位를 정함에 자연히 그중에 물물物物이 상견相見하는 상대성 상相이 있음이니, 이에 5와 10은 비상대성이라 존공尊空하고 1로부터 9까지의 대칭적 위位에 방위의 의義와 그 움직임을 9궁宮에 나타낸 상相이다.

10을 체體로 하고 5를 중中으로 하여 대칭의 의義를 밝힘에 곧 8방이면서 9궁宮이라 순서와 대칭의 위位에 용도龍圖와 대조함에 자연 금화교역金火交易의 이치가 있는 것이니, 이것은 극히 자연한 것이라 인지人知를 가하여 억지로 배열함이 아닌 것이다.

낙서구궁생성수洛書九宮生成數는 천天1이 천간天干의 임수壬水를 생하니 지地1은 지지地支의 자수子水를 성하고, 천天3이 천간天干의 갑목甲木을 생하니 지地3은 지지地支의 인목寅木을 성하여, 이렇듯 5원元 상생의 순차적 배열에 나아가 생성함을 밝힌 것이다. 이것을 다시 관하건대 1이 천天에 있으면 임수壬水를 생하고 1이 지地에 있으면 자수子水를 성한다는 것과 같으며, 9가 천天에 있으면 경금庚金을 생하고 9가 지地에 있으면 신금申金을 성한다는 것과 같으므로, 이렇듯 생성하여 제5위에 시간의 개념이 9세世에 돌아와 마침을 나타내는지라 이것은 세시世時의 생성개념을 밝힘이 된다.

5원元의 성품 중에 음陰을 체體로 한 양陽의 생성과정을 밝혀서 시간의 개념이 9세世에 극極함을 나타내어 공간방위의 의義를 세운 것이니. 자연히 시始와 종終인 1과 9의 대칭이 생하여 1원圓이 되고 다시 최초의 1과 합하여 10을 성하며. 이렇듯 시始와 종終이 동시인 10세世와 10방方을 만성滿成한 이곳에서 다시 시작함은 곧 하도팔괘생성수河圖八卦生成數의 근원이 된다. 그 생성수의 흐름이 1북 3동 7서 5중 9남이니 이미 서西와 남南에 금화金火가 교역交易한 것이.며 이것은 경도經度에서 시작하여 위도緯度를 성하고 다시 중궁의 경도經度에 돌아오는 상相이 있다. 이를 관하건대 제1위는 자子이며 제9위는 신申이라 9세世가 최초의 시작점인 자子1에 합하여 종終과 시始가 동시인 제10위를 득得하는지라 자연히 술戌은 공위空位가 된다.

1은 1,1의 중中이니 무용無用이로되 그 의義는 3에 나타나고 3은 1,5의 중中이라 만물만상이 비로소 3원元과 5원元을 갖춘 이곳에 비롯하여 운행한다. 이것은 3재才와 5원元이 갖추어진 연후라야 비로소 만물이 작용하는 연고다.

9궁宮의 수數는 1과 9의 위位에 수水와 화火이니 이것으로 경經의 체體를 삼고 3과 7의 위位에 진震과 태兌이니 이것으로 위緯를 삼아, 비로소 음陰이 상上하고 양陽이 하下함으로 그 용用을 삼는 것이다. 문왕팔괘文王八卦를 9궁宮에 부쳐서 관하건대 북北에 1감수坎水요, 남南에 9리화離火요, 동東에 3진목震木이요, 서西에 7태금兌金이니, 이미 남南과 서西의 수數와 상象에 금화교역金火交易의 상相이 있는 것이다. 본래 자오子午의 경도經度인 지구의 축軸이 북北과 남南에 정위正位하여야 하거늘 자子1은 북北이요, 오午7은 서西에 위位하니, 경도經度가 북北과 서西에 기울고 그 중中인 4방이 동남東南에 기울어 위태하니 곧 선천 9궁宮의 의義다.

반고원년班固元年은 무술戊戌인데 낙서구궁洛書九宮은 물물物物의 상대성을 밝힌 이치이므로 그 대칭의 위位를 원년元年으로 하니 곧 임술壬戌이다. 이로써 갑甲은 임壬으로부터 1,3도이며 자子 또한 술戌로부터 1,3도인 것이니, 이것은 이미 시간개념인 1선線이 공간상에 분절되고 휘어진 1과 0의 대칭의 위位인 것이다. 무술戊戌로부터 임술壬戌은 순順과 역逆으로 24도와 36도이니 곧 도수度數의 대칭적 위位다.

낙서구궁생성수洛書九宮生成數의 용수用數는 1,9와 3,7이니 그 중위中位의 술戌5는 공위空位가 된다. 천天에 생生하여 지地에 성成함에 인人이 작作하니 곧 천지삼원天地三元이다. 천天1임수壬水에 시작하여 천天9경금庚金에 종終함은 그 상相이 1,9의 1원상圓相이니 이 1원圓의 내에 1선線의 의義인 3을 용用하면 27이요 2선線의 의義인 4를 용用하면 36이라, 3은 3재才의 삼각상三角相에 180도이므로 천지天地의 분分이며 4는 4방의 사각상四角相에 360도이므로 지천地天의 합일合一이다. 27은 건책수乾策數 216을 8방에 분分한 수數이며 이에 곤책수坤策數 144를 또한 8방에 분分하면 18이라 합하면 45수數이니, 이것이 곧 낙서구궁洛書九宮의 수數이다. 이것은 사정칠수용중수四正七宿用中數에 상세히 하였다.

1,9와 3,7은 사상四象의 위位와 수數로써 논함에 태양太陽과 소양少陽이니 그 정政함이 한수寒水와 상화相火의 정政이라 이것은 곧 극한極寒과 극서極暑의 정政이 됨을 의미한다.

야반夜半은 탄허呑虛께서 조동오위군신도서요해曹洞五位君臣圖序要解에 이르시되 "半夜반야는 이 正位정위니 一念不生時일념불생시다"라 하시고, 또 단하자순선사오위서丹霞子淳禪師五位序에 이르시되 "夜야는 黑白未分時흑백미분시오 半반은 이 黑白未分時흑백미분시에 明暗명암에 不落불락하는 時節시절이다"라고 하시니, 야夜는 1상에 아직 0이 붙어있지 않은 순수한 1상인 절대성이며 반半은 0상에 아직 1이 붙어있지 않은 순수한 0상의 절대성이라, 이르되 "正位정위이며 一念不生時일념불생시"라 하였다. 흑백미분시黑白未分時는 곧 일념불생시一念不生時이니, 순수한 1상을 인식하여 1상이라는 분별상分別相을 내지 않음이며 순수한 0상을 또한 인식하여 0상이라는 분별상分別相을 내지 않는 인식분별의 전소식前消息이다. 분별의 집착성執着性이 없으므로 1은 그대로 순수한 1상이며 0은 그대로 순수한 0상인 것이니, 1과 0은 절대성이라는 성품에서 불이不二인지라 이것을 명암明暗에 불락不落하는 시절時節이라 하는 것이다. 조동오위군신도서曺洞五位君臣圖序에 반야半夜라 하였으니 야반夜半과 그 의意가 동同하다.

단하자순선사丹霞子淳禪師가 이르시되 "正不坐正정부좌정이여 夜半야반이 虛明허명한 것이요"라고 하시니, 허虛는 0상인 공상空象이며 명明은 1상인 기영氣盈이라 이로써 상象은 공空하되 기氣는 오히려 영盈한 것이다. 야반夜半은 정위正位로되 허명虛明하니 이러한 허명虛明함을 인해 0상과 1상에 분하여 나아감이 있으니 곧 정부좌정正不坐正인 것이다.

야반夜半은 둘이 하나로 접힌 중첩重疊된 불이不二의 시時다.

불이不二라면 곧 절대성이니 순수한 1상임과 동시에 순수한 0상이다.

절대성의 야반夜半은 공상空象이로되 오히려 기氣는 영盈한 시時이다.

선천은 1상을 용用하여 야반夜半을 밝히니 삼오착종三五錯綜하여 가고, 후천은 0상을 용用하여 야반夜半을 밝히니 구이착종九二錯綜하여 돌아온다.

착종錯綜이란 것은 착錯은 서로 위位가 어긋남이요 종綜은 어긋난 위位에 함께 함을 말함이니, 제3위의 갑甲으로부터 병丙이 제5위이며 제1위의 자子로부터 인寅이 제3위인지라 3과 5가 착종錯綜된 병인丙寅으로 두頭를 하므로 삼오착종三五錯綜이라 한다.

임술壬戌은 천황天皇의 위位이니 무위無爲이며, 계해癸亥는 지황地皇의 위位이니 재덕載德이며, 갑자甲子는 인황人皇의 위位이니 비로소 천지天地의 운행과 법도法度와 덕행德行을 지어간다. 이것은 삼재三才의 위位를 세운 것이니 이로써 갑자甲子는 만물을 지어가는 최초의 시時가 된다.

임술壬戌로부터 갑자甲子는 1,3의 위位인지라 다만 1선線의 상相이니 곧 시時의 개념이다.

임술壬戌로부터 병인丙寅은 1,5의 위位인지라 5방方의 상相이니 곧 공간적 방위의 개념이다.

만물은 이러한 시공時空의 개념인 삼원三元과 오원五元을 모두 갖춘 연후에야 비로소 작용한다.

고로 갑기야반甲己夜半에 시時는 갑자甲子에 생하고 월月은 병인丙寅으로써 초두初頭를 삼는 것이다. 이것을 삼오착종삼원수三五錯綜三元數라 하니 삼원三元은 삼재三才이며 그 위位다.

하도팔괘생성수河圖八卦生成數는 지지地支에 음陰이 우수偶數를 생生하고 천간天干에 성成하니 곧 지천교태地天交泰의 상相이다.

천天에 기수奇數와 우수偶數가 있으며 지地에 또한 기수奇數와 우수偶數가 있으니, 낙서구궁생성수洛書九宮生成數는 기수奇數의 생성과정을 밝히며 하도팔괘생성수河圖八卦生成數는 우수偶數의 생성과정을 밝힘이 된다. 기수奇數는 시간개념의 의義이며 우수偶數는 공간개념의 방위와 방각方角의 의義다. 기수奇數를 용用하여 기수奇數가 지地에 운運함은 시時가 공간에 행行함이며, 우수偶數를 용用하여 우수偶數가 천天을 좇음은 공간이 시時에 응應함이다. 시時가 공간에 행行함은 1이 0으로 향하여 분절됨이요 공간이 시時에 응應함은 0이 1로 향하여 1에 합함이다.

만물은 3재才를 갖춘 연후에야 비로소 운행되므로 9궁宮이 이를 법하여 3원수元數에 그 의義를 나타내며 3재才를 갖춤에 4방方과 5원元도 자연히 나타나는지라, 8괘卦가 이를 법하여 5원수元數에 그 의義를 나타낸다. 고로 3원수元數는 제3위의 갑甲에서 시작하고 5원수元數는 제8위의 기己에서 시작함이니, 만물의 운행은 이렇듯 항상 3,8의 위位에서 비롯됨이 있다. 3과 8은 3세世와 8방方의 의義이니 곧 시공時空의 의義이며, 이에 시時의 개념은 원圓이라 그 수數가 무한에 나아가 항상 윤도수閏度數가 발생하고, 공간의 개념은 각角이라 능히 유한적 계량計量을 할 수 있으므로 항상 정도수正度數가 된다. 3을 1위로 하면 3과 5의 위位가 착종錯綜하니 3원수元數가 이를 법하고, 10을 1위로 하면 9와 2의 위位가 착종錯綜하니 5원수元數가 이를 법한다.

하도河圖의 상象은 최초에 1점點을 찍고 그음에 문득 점點과 선線의 상相이 나타나 이에 상하좌우의 개념과 1 2 3 4의 4방의 도수度數개념이 동시에 나타나서 자연히 4방의 중위中位는 제5위가 되는지라, 이것은 4방의 중궁中宮에 제5위의 공상空相도 함께 나타난 것이므로 이러한 중中5의 공상空相은 이미 4방을 머금은 상相이라 문득 6 7 8 9의 수數를 성하니 이러한 도수度數를 상하좌우에 같은 성질끼리 배치하여 다시 중궁中宮에 합함에 곧 10의 위位이며 수數인지라, 이것은 1로부터 10까지에 순차적 우주만물의 도度와 수數를 나타낸 것이다.

중궁중위中宮中位에서의 궁宮은 그 중中이 공空함을 법하고 위位는 중1점點의 선線을 법한다.

8괘卦는 중궁중위中宮中位의 수數인 5와 10을 존공尊空하고 상하좌우에 건곤리감乾坤離坎

을 해서 천지일월天地日月의 의義를 밝히며 4방의 우隅를 태손진간兌巽震艮에 보補하여 천지天地의 교交와 변變을 밝힘이니, 이것은 9궁宮으로 역易하기 이전의 초초지역初初之易인 최초 복희씨伏羲氏 하도팔괘역河圖八卦易을 말한 것이며 우주만물의 있는 그대로의 모습을 나타낸 것이다.

일부一夫께서 "易易九宮역역구궁하고 易易八卦역역팔괘"라 하시니, 이것은 하도팔괘河圖八卦를 이끌어 이미 역역팔괘易易八卦한 역易의 생성수生成數를 밝히신 것이다.

하도팔괘생성수河圖八卦生成數는,

지地10이 기토己土를 생生함에 천天10은 축토丑土를 성成하고,

지地4가 신금辛金을 생生함에 천天4는 유금酉金을 성成하며,

지地6이 계수癸水를 생生함에 천天6은 해수亥水를 성成하고,

지地8이 을목乙木을 생生함에 천天8은 미목未木을 성成하니 묘卯8은 공空이며,

지地2가 정화丁火를 생生함에 천天2는 사화巳火를 성成함이라,

이렇듯 방각方角의 개념을 생성해 상하의 1선線인 2경經에 돌아와 마치니, 이것은 지地가 천天에 합하여 2경經의 1선線에 천지天地가 하나가 되어서 둘이 아님을 법한 것이라 곧 지천태地天泰의 상象이다.

5원元의 위位에 방각개념方角槪念의 생성과정을 밝혀서 방위의 각角이 상하의 2방에 극極함을 나타낸 것이니, 자연히 종終과 시始인 10과 2의 대칭이 합하여 12지지地支를 성하고 이렇듯 10방을 만성滿成하여 2경經에 다시 시작되므로 이에 10과 2가 낙서구궁洛書九宮의 1과 9에 굴신屈伸하여 극도極圖를 성成한다.

그 생성수生成數의 흐름이 10북北 4서西 6중中 8동東 2남南이니 중위中位의 경經인 10북北에서 시작하여 서西 중中 동東의 위도緯度를 성하고 다시 남南의 2경經에 돌아오는 것이다.

하도팔괘河圖八卦의 수數는 이미 역역구궁易易九宮하고 역역팔괘易易八卦한 위位이니 최초의 하도河圖와 같되 다른 것이다. 이것은 일부一夫께서 아직 그 시時가 아님을 관하시고 극도極圖의 출현을 후세에 미루신 것이니, 이에 하도河圖를 가차假借하여 그 수數를 밝히심이라 비록 그 가차假借함이 다르나 이치는 극도極圖와 더불어 같은 것이다.

하도팔괘河圖八卦의 수數는 최초에 기위己位의 과果인 10에서 시작된 것이니 "十終有終十십종유종십이요 十始有始十십시유시십"이라, 비록 상象은 0상이나 그 기氣는 영盈한 1상이 되는 것은 10은 곧 만물의 일합상一合相인 1상인 연고다.

10은 십세十世와 시방十方이니 그 중中은 11이라 다시 1선線의 1차원으로 귀歸한다. 중中이란 것은 쾌夬와 박剝괘의 제6위를 지칭한 것이니, 시방十方의 중中은 박剝괘의 제6위인 1선線임과 동시에 쾌夬괘의 제6위인 2분상二分相이라 이것이 곧 1선線과 2경經이 동시인 1차원의 의義다. 그러므로 만물의 시작은 최초 1선線인 상하 2분상二分相에서 다시 시작되는 것이다.

2는 1,3의 중中이며 토이생화土而生火한 위位이니 이에 상하의 2경經이 9세世와 더불어 동반함에 곧 9,2가 착종錯綜한다.

극도極圖의 수數는 10,1과 9,2의 경經으로써 체體를 삼고 8,3과 7,4의 위緯로써 용사用事한다.

술戌은 5토土인데 괘卦의 5,6위에 굴신屈伸해 존공尊空되어 신申에 의依하고, 묘卯는 8목木인데 이 또한 괘卦의 5,6위에 굴신屈伸해 존공尊空되어 축丑에 귀歸하니, 축丑으로부터 해亥는 묘술존공卯戌尊空에 1,9도度요 임壬으로부터 계癸는 1,2도度인지라, 이로써 후천后天의 시時는 9,2가 착종錯綜된 계해癸亥에서 시작되는 것이다.

묘卯의 5,6위는 곧 10,1의 위位다. 계해癸亥를 5행五行의 성性으로써 보면 6수水이니 6은 극도極圖 중궁中宮의 위位다.

괘卦가 각각 제6위에 건체乾體와 곤체坤體를 성하니 곧 술戌과 묘卯의 5와 8이다.

건곤乾坤의 체體는 절대성이며 무위無位이며 무위無爲의 공용功用인지라, 능히 일체 만물을 내되 일체一切에 즉卽하여 함도 없고 짓는 바도 없음이니 이로써 존공尊空의 상相이 있다. 기위己位의 과체果體는 건乾이며 무위戊位의 과체果體는 곤坤이다. 이것은 지地10 기토己土가 천天이 된 것이며 천天5 무토戊土가 지地가 된 것이다.

3원수元數가 천지인天地人 3재才를 법한 것이라면 5원수元數는 5원元을 법한 것이다. 5원元이란 것은 천지天地의 체體가 1과 4이니 합하여 인人5가 되며 천지天地의 용用은 3과 2이니 합하면 이 또한 인人5인지라 모두 합하면 10수數에 5원元을 성한 것이요, 후천은 이러한 천지天地의 체體와 용用을 다 성한 5와 10의 중궁中宮 중위中位에 굴신屈伸하여 6과 1에서 다시 시작한 것이니 이로써 만물의 사事를 다 마침이 되는 것이다.

하도팔괘생성수河圖八卦生成數는 5원元 가운데에 음수陰數의 생성과정이며 최초 10에서 시작한다.

기축己丑 신유辛酉 계해癸亥 을미乙未 정사丁巳에 묘卯는 공위空位다. 10과 2로써 경經을 삼고 4방과 8방으로써 위緯를 삼은 것이니 낙서구궁洛書九宮과 대조함에 2와 4의 금화교역火金交易의 상相이 있다.

소자邵子가 이르시되 "河圖하도에 5와 10을 虛허한 것은 太極태극이요 奇數기수 20과 偶數우수 20은 兩儀양의요 1 2 3 4로써 6 7 8 9가 됨은 4象상이요 4方방의 合합을 析석하여 乾坤離坎건곤리감을 하고 4隅우의 空공을 補보하여 써 兌震巽艮태진손간을 한 것은 8卦괘라" 하시니, 이것은 2(兩儀) 4(四隅) 8(八卦)에 분分하고 석析한 것이라 하도팔괘생성수河圖八卦生成數는 이것을 법한다.

초초지역初初之易의 하도팔괘河圖八卦는 1건乾 2태兌 3리離 4진震 5손巽 6감坎 7간艮 8곤坤이다.

역역팔괘易易八卦한 하도팔괘河圖八卦는 1건乾 2태兌 3리離 4진震 6곤坤 7간艮 8감坎 9손巽이다.

역역구궁易易九宮한 낙서팔괘洛書八卦는 1감坎 2곤坤 3진震 4손巽 6건乾 7태兌 8간艮 9리離다.

소양사상팔괘素陽四象八卦는 1태兌 2리離 3손巽 4곤坤 6간艮 7감坎 8진震 9건乾이다.

일부팔괘一夫八卦는 1손巽 2천天 3태兌 4감坎 6진震 7지地 8간艮 9리離다.

이것은 우주의 생성과 변통變通이 3재才와 5원元에 모두 성하고 필畢하므로 괘卦의 생성과 변통變通도 또한 3변變하여 5원元에 성함을 법하여 괘卦와 수數와 위位에 석析한 것이다.

삼원수三元數는 삼재三才의 도수度數이니 3재才의 위位인 3에서 시작하여 천3갑목天三甲木을 제1위로 삼고 제1위의 자子로써 야반夜半의 허명虛明함을 삼는다.

월月의 시작점도 또한 삼재三才의 도수度數인 1,3도를 법하여 갑자甲子로부터 병인丙寅의 위位에 시작한다. 이것은 병丙의 위位는 갑甲으로부터는 제3위이나 임壬으로부터는 제5위인 것이니 3과 5의 위位가 착종錯綜된 것이다.

|  | 1 | 2 | 3 | 4 | 5 | 6 | 7 | 8 |
|---|---|---|---|---|---|---|---|---|
| 初初之易 河圖八卦 | ☰ | ☱ | ☲ | ☳ | ☴ | ☵ | ☶ | ☷ |
|  | 1 | 2 | 3 | 4 | 6 | 7 | 8 | 9 |
| 易易八卦 河圖八卦 | ☰ | ☱ | ☲ | ☳ | ☷ | ☶ | ☵ | ☴ |
| 易易九宮 洛書八卦 | ☵ | ☷ | ☳ | ☴ | ☰ | ☱ | ☶ | ☲ |
| 素陽四象八卦 | ☱ | ☲ | ☴ | ☷ | ☶ | ☵ | ☳ | ☰ |
| 一夫八卦 | ☴ | ☰ | ☱ | ☵ | ☳ | ☷ | ☶ | ☲ |

오원수五元數는 오원五元의 행行이니 4방의 합인 10에서 시작하여 지10기토地十己土를 제1위로 삼고, 1,5도의 계癸에 그 시時를 생하며 제9위의 해亥로써 야반夜半의 허명虛明함을 삼는다. 이것은 기己로부터 계癸가 1,5도이니 5원元의 도수度數를 법한 것이다. 월月의 시작점도 또한 5원元의 도수度數인 1,5도를 법하여 계해癸亥로부터 1,5도인 정묘丁卯의 위位에 시작한다.

이미 기수奇數와 우수偶數가 생성되어 천지天地의 수數를 필畢함에 술戌과 묘卯를 존공尊空하므로 이로써 천지지수天地之數는 10에 지止하는 것이다. 술의신戌依申에 자子가 10위位에 자리하며 묘귀축卯歸丑에 축丑이 1위位에 자리하므로, 10위位의 자子로부터 해亥는 역逆으로 1,2도의 위位이며 1위位의 축丑으로부터 해亥는 순順으로 1,9도의 위位인지라 이 또한 9와 2의 위位가 착종錯綜된 것이다.

하도팔괘河圖八卦의 수數는 오원수五元數이므로 최초에 4방이 합일合一된 10에서 비롯된다. 고로 "十終有終十십종유종십이요 十始有始十십시유시십"이다.

10에 만물이 합일合一되어 종終하고 굴신屈伸함에 곧 1이라 다시 1에서 시작해 무한에 분分하여 가서 제5위의 순수한 0상에 종終하고 또한 굴신屈伸하니, 곧 6이라 다시 6에 시작해 합合하여 오므로 10과 1이 하나이며 5와 6이 하나인지라 종終과 시始가 동시요 각위가 10,1 9,2 8,3 7,4 6,5 5,6에 11의 체體로 귀歸하니 이르되 "十一歸體십일귀체"라 한다.

10,2와 8,4가 그 용用이 되는 것은 1,9 3,7의 원圓을 체體로 하여 방方을 용用함을 법한 것이요, 이것은 각위各位가 11의 체體를 득得한 것이니 그 행行이 곧 무위공용無爲功用인 것이다. 이에 건乾이 10에 2천天의 경經을 생生하며 곤坤이 5에 7지地의 위緯를 성成하니 곧

십자성十字性의 원천화原天火다. 이에 2경經은 선線의 상相이며 7위緯는 파장波長의 상相이다.

十一歸體십일귀체

火入金鄕화입금향하니 金入火금입화하고 金入火鄕금입화향하니 火入金화입금하도다. 火金金火화금금화 原天道원천도라 誰遣龍華歲月今수견용화세월금인고.

십일귀체十一歸體니라.

화火가 금향金鄕에 들어가니 금金은 화火에 들어가고 금金이 화향火鄕에 들어가니 화火는 금金에 들어가도다. 화금火金-금화金火의 원천도原天道라 누가 용화세월龍華歲月을 이제야 보냈는고.

하도河圖는 오원五元의 정합正合이요 낙서洛書는 오원五元의 대칭적 분열分列의 위位요 극도極圖는 오원五元의 정위正位다. 합하여 있던 오원五元의 수數가 분열해 다시 정위正位함에 자연 금화교역金火交易의 리理가 그중에 있는 것이다.

소양사상팔괘차서素陽四象八卦次序에 9,4 2,7은 괘卦의 건곤리감乾坤離坎이니 2,7의 화성火性인 리감離坎이 9,4의 금성金性인 건곤乾坤에 입入하여 9離4坎이 되며 9,4의 금성金性인 건곤乾坤이 2,7의 화성火性인 리감離坎에 입入하여 2천天7지地가 됨을 이르되, "火入金鄕화입금향 金入火금입화 金入火鄕금입화향 火入金화입금"이라 하고 이러한 화금금화火金金火의 이치는 소양사상팔괘素陽四象八卦로부터 일부정역팔괘一夫正易八卦를 성成한 것이므로 이것을 이르되 "原天道원천도"라 한다.

부연敷衍하건대,

하도河圖의 2화火와 7화火는 정남正南이로되 남서南西와 정서正西의 금향金鄕에 입入하고 4금金과 9금金은 정서正西로되 동남東南과 정남正南의 화향火鄕에 입入하니, 이것은 하도河圖의 생성위生成位가 낙서구궁洛書九宮 대칭의 위位로 교역交易한 것이라 이르되 "火入金鄕화입금향 金入火금입화 金入火鄕금입화향 火入金화입금"이라 한다. 소양사상팔괘素陽四象八卦에 2화火는 2리離요 7화火는 7감坎이며 4금金은 4곤坤이요 9금金은 9건乾이니, 2리離와 9건乾이 서로 중中을 득得하여 2천天과 9리離가 되며 7감坎과 4곤坤이 서로 중中을 득得하여 7지地와

4감坎이 됨은, 낙서구궁洛書九宮이 소양사상팔괘素陽四象八卦를 빌어 일부팔괘一夫八卦의 괘卦로 변역變易됨을 밝힌 것이라 이르되 "火金-金火화금-금화의 原天道원천도"라 한다.

이것은 하도河圖의 수數가 8방의 상대적 대칭위에 분열함에 자연히 남南과 서西의 수數가 서로 교역交易된 상相이 있는 것이니 곧 낙서구궁洛書九宮의 위位와 수數다.

7과 9는 수數의 양陽이니 서西와 남南에 정위正位해 그 위位에 부동不動하고 4와 2는 수數의 음陰이니 동남東南과 남서南西에 유위維位하며, 이에 다시 음陰의 4는 양陽의 7을 좇아 서西로 돌아오고 음陰의 2는 양陽의 9를 좇아 남南으로 돌아옴이 있으니 이것은 낙서洛書와 극도極圖의 금화교역金火交易이 된다. 이로써 7,4가 동반하여 7위緯가 4방에 정위正位하며 9,2가 함께하여 9세世가 2경經에 정립正立한다.

이렇듯 하도河圖에 5원元이 생하며 낙서洛書에 사상四象의 대칭상이 생하여 팔괘八卦를 사상四象의 위位와 수數에 부치니 곧 소양사상팔괘차서素陽四象八卦次序라, 이로부터 4,9와 2,7이 서로 그 중中을 교交하여 천지수화天地水火를 성하며 1,6과 3,8은 서로 극極하고 반反하여 택산뢰풍澤山雷風을 성하여 만물의 사事를 다하는지라, 이것이 곧 일부정역팔괘一夫正易八卦의 나온 연유다.

지금에 이르러 비로소 금화교역金火交易에 경도經度와 위도緯度가 정립正立하고 천지天地가 정위正位하니 이르되 "龍華歲月용화세월"이라 하고, 또한 이르되 "彌勒佛미륵불 세계인 龍華世界용화세계"라 한다. 연然이나 이곳에서의 일부一夫선생의 뜻은 기후가 고르고 사시四時가 조화로우며 땅이 평平하고 유리琉璃와 같이 비옥해짐을 나타내고자 하여 "龍華歲月용화세월"이라 하신 것이다.

**政令정령은 己庚壬甲丙기경임갑병이요 呂律여율은 戊丁乙癸辛무정을계신이니 地十爲天지십위천 天五地천오지라 卯兮묘혜여 歸丑귀축하니 戌依申술의신이로다.**

정령政令은 기己-경임갑병庚壬甲丙이요 여율呂律은 무戊-정을계신丁乙癸辛이니 지십地十이 천天이 되고 천오天五는 지地가 됨이라 묘卯여 축丑에 귀歸하니 술戌이여 신申에 의依함이로다.

삼극해인도三極海印圖를 의依하건대,

최초의 양선陽線과 음선陰線은 그 상象이 대大하여 이미 전체를 포包하고 함含한 양陽과 음陰이며, 양陽과 음陰이 하나가 된 그 극점極点은 음陰과 양陽을 포包하고 함含한 포함성包含性의 극체極體이다.

극체極體로부터 양역陽域과 음역陰域이 나뉘어 양의兩儀가 생하고 각각 6위位에 시時를 성하며, 5위에 공空을 성하니 6위位의 시時는 5공空을 인하여 분절된 6이며 5공空의 상은 6위位를 말미암아 나타난 5공간이라, 서로 굴신屈伸해 우주의 체體와 용用의 의義를 다한다.

만물이 제5위에 이르러 극極하고 반反하여 제6위에 음陰은 양陽으로 양陽은 음陰으로 역易하여 반상反相의 영影을 생한다.

제5위는 이미 천지天地의 체體와 용用을 모두 갖춘 인人의 궁宮이다.

객관적 우주의 모든 상相은 인人이라 하는 주관적 관찰자에 비추어 다시 생하고 나타나는지라, 마치 거울의 상相과 같아서 이에 객관적 상相은 항상 전도顚倒된 상相으로 나타나는 것이다.

고로 괘卦의 산지박山地剝과 택천쾌澤天夬는 이러한 만물의 전도顚倒된 상相이 최초로 시작됨을 나타내는 괘卦이다.

양역陽域은 전체를 포包한 순수한 1상인 1양陽의 구우區宇이므로 허虛하여 비워가는 상相으로써 그 용用을 삼는다.

전체가 차있는 순수한 1상을 체體로 하여 최초의 일점공상一點空相을 축丑에 나타내고 소消하고 허虛하여가서 제5위의 사巳에 인人의 궁宮을 이루니 이로써 제6위의 묘궁卯宮에 1양陽의 반상反相이 나타나는지라, 이에 제6위의 전체가 공상空相인 순수한 0상을 이룬 묘卯는 순수한 음陰이라 존공尊空되고 이에 1양陽의 반상反相이 나타난 묘궁卯宮에 축丑이 자리하여 다시 후천의 제1위가 되므로, 이것을 이르되 "卯兮歸丑묘혜귀축"이라 하시니 곧 산지박山地剝의 상象이다. 이러한 산지박山地剝 제6위의 1양陽은 이미 5위位의 음陰을 다 포包한 1양陽인 것이니 이로부터 제6위의 기축己丑이 제1위가 되어서 다시 만물의 시점始點이 되므로, 자연히 경인庚寅2 임진壬辰4 갑오甲午6 병신丙申8 술戌0 무자戊子에 10위位가 되는지라 이것이 곧 후천의 도수度數와 위位가 되는 연고다.

음역陰域은 전체를 함含한 순수한 0상인 1음陰의 구우區宇이므로 실實하여 채워가는 상相으로써 그 용用을 삼는다.

전체가 비어있는 순수한 0상을 체體로 하여 최초의 일점유상一點有象을 자子에 나타내고 실實하여가서 제5위의 신申에 인人의 궁宮을 이루니 이로써 제6위의 술궁戌宮에 1음陰의 반상反相이 나타나는지라, 이에 제6위의 전체가 실상實相인 순수한 1상을 이룬 술戌은 순수한 양陽이라 존공尊空되어 신궁申宮에 의依함에 이에 1음陰의 반상反相이 나타난 술궁戌宮에 자子가 자리하여 후천의 제10위가 되므로, 이것을 이르되 "戌依申술의신"이라 하시니 곧 택천쾌澤天夬의 상象이다. 이러한 택천쾌澤天夬 제6위의 1음陰은 이미 5위位의 양陽을 다 함含한 1음陰인 것이니 이로부터 제6위의 무자戊子가 제10위가 되어서 다시 만물의 시점始點이 되므로, 자연히 무자戊子10 정해丁亥9 을유乙酉7 계미癸未5 신사辛巳3 묘卯0 기축己丑에 1위位가 되는지라 이것 또한 후천의 도수度數와 위位가 되는 연고다.

〈음양陰陽 극즉반極卽反〉

| 區分 | 陰陽 | 后天 | | | | | | | | 先天 | | | | | |
|---|---|---|---|---|---|---|---|---|---|---|---|---|---|---|---|
| | | 1陰 | 2陰 | 3陰 | 4陰 | 5陰 | 6陰 | | | 6陽 | 5陽 | 4陽 | 3陽 | 2陽 | 1陽 |
| 先天 | 位 | 10 | 8 | 6 | 4 | 2 | 10 | | | 11 | 9 | 7 | 5 | 3 | 1 |
| | 天干 | 己 | 丁 | 乙 | 癸 | 辛 | | | | | 丙 | 甲 | 壬 | 庚 | 戊 |
| | 地支 | 丑 | 亥 | 酉 | 未 | 巳 | 卯 | 卯歸丑 | 戌衣申 | 戌 | 申 | 午 | 辰 | 寅 | 子 |
| | 卦 | 姤 | 遯 | 否 | 觀 | 剝 | 坤 | 0→1 | 0←1 | 乾 | 夬 | 大壯 | 泰 | 臨 | 復 |
| | | ䷫ | ䷠ | ䷋ | ䷓ | ䷖ | ䷁ | 剝 | 夬 | ䷀ | ䷪ | ䷡ | ䷊ | ䷒ | ䷗ |
| 后天 | 卦倒 | ䷪ | ䷡ | ䷊ | ䷒ | ䷗ | ䷁ | 姤 | 復 | ䷫ | ䷠ | ䷋ | ䷓ | ䷖ | ䷖ |
| | | 姤 | 遯 | 否 | 觀 | 剝 | 坤 | | | 乾 | 夬 | 大壯 | 泰 | 臨 | 復 |
| | 天干 | 戊 | 丁 | 乙 | 癸 | 辛 | (己丑) | 戊子 | 己丑 | (戊子) | 丙 | 甲 | 壬 | 庚 | 己 |
| | 地支 | 子 | 亥 | 酉 | 未 | 巳 | 卯空 | 己位 | 戊位 | 戌空 | 申 | 午 | 辰 | 寅 | 丑 |
| | 位 | 10 | 9 | 7 | 5 | 3 | 1 | 呂律 | 政令 | 10 | 8 | 6 | 4 | 2 | 1 |

괘卦의 산지박山地剝에 제6효의 위位인 1양陽은 음陰이 극極하여 전변轉變한 전체를 포包한 1양陽이며, 괘卦의 택천쾌澤天夬에 제6효의 위位인 1음陰은 양陽이 극極하여 화化한 전체를 함含한 1음陰이다. 이것은 제5위의 효爻에 물物이 극極하고 반反하여 제6효의 위位에 64괘를 모두 성하고 만물을 모두 성하여 필畢함이 된 연고이니, 이로써 제6효의 1양陽

과 1음陰의 위位는 전체를 포包하고 함含한 1양陽과 1음陰의 위位가 되는 것이다.

이를 관하건대 일체 만물이 절대성 존공尊空의 위位에 이르러 극極하면 곧 반反하여, 비우면 채워지고 채워지면 비워지며 음陰은 양陽으로 양陽은 음陰으로 역易함을 알 수가 있는 것이다.

이렇듯 음陰은 양陽의 위位에 자리하고 양陽은 음陰의 위位에 자리하여 1상과 0상이 서로 여의지 않아서 홀연히 쌍행雙行하여 가니 이르되 "物之雙照물지쌍조"라 한다.

이로써 정령政令은 기축己丑 경인庚寅 임진壬辰 갑오甲午 병신丙申에 1 2 4 6 8의 위位이며, 여율呂律은 무자戊子 정해丁亥 을유乙酉 계미癸未 신사辛巳에 10 9 7 5 3의 위位가 되는 것이다.

정령政令은 양陽이 음陰의 위位에 자리하여 그 도체道體를 분分하여 가서 숭덕광업崇德廣業하되 양陽의 율律로써 음陰을 잘 다스려 감이요, 여율呂律은 음陰이 양陽의 위位에 자리하여 그 음덕陰德을 만물과 같이하여 합심해 율법律法을 잘 지켜 근본에 돌아오게 함이다.

기己는 지地10인데 1상의 천天이 되고 무戊는 천天5인데 0상의 지地가 됨이니 이것을 이르되 "地十爲天지십위천 天五地천오지"라 한다.

1상은 무위戊位의 체體이니 0을 용用하여 가서 순수한 0상의 과果를 이루며, 0상은 기위己位의 체體이니 1을 용用하여 가서 순수한 1상의 과果를 이룬다.

무위戊位는 1이 0이 된 것이니 천天이 지地가 된 것이며 기위己位는 0이 1이 된 것이니 지地가 천天이 된 것이라, 이로써 천지天地의 위位와 음양陰陽의 위位가 역易하므로 후천의 도덕행道德行은 이미 모두 천지天地가 교태交泰하여 성도成道한 과후果後의 행상行狀이다.

이곳에 이르러 소양素陽은 이르기를,

"戊位무위는 從體起用종체기용이요, 己位기위는 攝用歸體섭용귀체요, 政令정령은 君視臣位군시신위요, 呂律여율은 臣向君位신향군위이며, 이에 皇中황중은 君臣合道군신합도이다".

천지天地가 도道에 합合하되 그 덕德을 잃지 않고 그 덕德을 행行하되 그 근본根本의 도道로써 하는지라, 천지天地도 이러하거늘 어찌 인人이 그 법상法相을 본받지 않으랴.

정政은 정야正也라 행정行正의 요要는 권력權力과 분배分配의 균형均衡이니 어찌 하여야 권력權力과 분배分配에 태과太過와 불급不及이 없게 할 수 있을고? 먼저 중中5의 나라는 상相

과 사심私心을 비워야 할지니, 수數의 10과 5를 존공尊空하면 자연히 1,9 3,7과 8,2 6,4에 양陽과 음陰이 20과 20에 평등平等하여 그 위位와 수數는 다르되 음陰과 양陽에 힘의 균형均衡은 같은지라, 결국 정치政治의 요점要點은 정치政治하는 정부요인政府要人들이 스스로 낮추어 사심私心과 분별分別을 다 비운 건곤乾坤에 부합하고 존공尊空된 연후然後에 잘 분배分配하는 법法을 배워 다스려야 할 것이요, 연然이나 사심私心과 분별分別을 비우려면 먼저 아공我空을 깨우쳐야 할지니 지금의 정치인政治人들을 관觀하건대 모두 삼독三毒의 광기狂氣에 침몰沈沒하여 단 한사람도 아공我空을 깨우친 자者를 찾아볼 수가 없도다.

이세간법離世間法의 도道를 닦되 속세俗世를 등짐이 아니니 그 분分의 덕德을 잃지 않음이요 속세俗世에 머물러 홍익인간弘益人間하되 그 근본根本의 도道를 잃지 않음이라, 덕德을 행行함에 도道가 더욱 명明하며 도道를 닦되 덕德은 오히려 더욱 후厚함이 있는 것이니 학자學者는 마땅히 이러히 관觀하고 행行할지어다.

상론上論을 다시 관觀하건대

최초에 1점點을 찍어 그음에 홀연히 동시에 상하좌우의 방위와 상相이 나타나고 이에 1 2 3 4의 수數가 생하는지라, 이에 1과 4는 천지天地의 체體요 2와 3은 음양陰陽이 서로 교交한 상相이라 지천地天의 용用이 되며, 이에 천지天地의 체體를 합하여 인人의 체體를 삼고 지천地天의 용用을 합하여 인人의 용用을 삼으니 곧 5황극皇極이며 곧 10무극无極이다. 이로써 3재才의 의義가 나타나고 5원元이 생하여 만물이 이것을 근본으로 하여 운행하고 그 법칙을 따른다.

5황극皇極이 4방의 중中에 거居하여 4방을 머금어 반연反緣해 비춤에 그 수數와 상相이 음陰은 양陽으로 양陽은 음陰으로 역易하고 변變하여 나타난다. 이것은 만물이 제5위에 이르러 극極하고 반反하여 제6위에 음양陰陽이 전변轉變하여 나타남이니, 우주의 있는바 모든 유위有爲의 형상은 이렇듯 전도顚倒되어 나타난 그림자와 같은 영상影像이므로 불가佛家의 반야심경般若心經에 이르시되 "顚倒夢想전도몽상"이라 하였다.

초효初爻의 위位는 음양陰陽이요, 제2효의 위位는 사상四象이요, 제3효의 위位는 8괘卦요, 제4효의 위位는 16상象이요, 제5효의 위位는 32상象이며 황중皇中의 위位이니 만물이 이곳에 이르러 극極하고 제6효의 위位에 반상反相으로 나타난다. 이에 제6효의 위位는 곧 64괘卦인지라 전우주의 기氣와 형形을 이미 모두 갖춘 전도顚倒된 위位가 되므로, 64괘는 하나의 모범의 개념일 뿐 실은 그 상象과 수數가 계속해 승乘하여 무량에 나아가는 의義인 것이다. 고로 제6효의 위位에서 전변轉變한 일음一陰과 일양一陽은 단순한 최초의 시작된 일음一陰과 일양一陽이 아닌, 이미 전 과정을 지나 만물을 만성滿成한 64괘의 전체를 함含한 일음一陰이며 전체를 포包한 일양一陽인 것이다.

다시 해解하건대 최초의 1을 찍으면 동시에 전체인 0상도 함께 나타나나니, 이 최초의 1은 이미 전체인 0상을 포包한 1이라 전체인 1인 것이며 최초의 0상은 이미 전체인 1상을 머금은 0이라 전체인 0인 것이니, 이로써 1은 곧 전체를 포包한 1이며 0은 곧 전체를 함含한 0인 것이다.

제6위의 상象이 이러하여 제6위에 극이반極而反하여 나타난 일양一陽과 일음一陰은 전체를 포包한 일양一陽이며 전체를 머금은 일음一陰인 것이니, 이것은 화엄사상華嚴思想에 11지地의 경지로되 그 원래의 성품은 다만 초지初地의 위位와 같은 1점點 1선線일 뿐인 것이다. 11지地는 지금의 11차원을 의미하며 초지初地는 1차원을 의미하는 것이라 할 수 있다.

또 만물이 1진進하면 반드시 1퇴退함이 있고, 2진進하면 2퇴退함이 있으며, 이에 무량에 진進하면 무량에 퇴退함이 있어서, 종일토록 진進하여 동動하였으나 종일토록 퇴退하여 동動한 바가 없는 것이니, 이르되 "雙照無爲功用쌍조무위공용"이라 한다. 진進하면 곧 퇴退하는지라 그 진進의 도달점인 진進의 극極은 진進하여 온 만큼의 퇴退한 상相일 것이니 곧 전체인 퇴退의 상相을 이미 갖춘 위位인 것이다. 이로써 제6효의 위位에서 전변轉變한 일음一陰과 일양一陽은 우리의 인식이 최초라고 고집하는 단순한 최초의 시작된 일음一陰과 일양一陽이 아닌, 이미 만물을 만성滿成한 제6위의 64괘 내內의 전체인 일음一陰이며 전체인 일양一陽인 것이다.

묘卯는 제6효의 위位에 순음純陰을 성하고 극極하여 양陽으로 변變한 위位이니 곧 산지박山地剝의 상象이다.

묘卯의 위位는 극대極大의 음陰이면서 이미 극대極大의 음陰을 포包한 일양一陽의 위位인 것이니, 이미 극대極大의 음陰을 포包한 일양一陽이라면 비록 상相은 극미極微한 일양一陽이로되, 그러나 그 일양一陽은 이미 전체를 포包한 일양一陽인지라 곧 극대極大의 의義가 있다. 고로 제6위의 극미極微인 일양一陽은 이미 음효陰爻의 제5위를 지난 10방方을 포包한 10진震의 위位가 된다.

술戌은 제6효의 위位에 순양純陽을 성하고 극極하여 음陰으로 화化한 위位이니 곧 택천쾌澤天夬의 상象이다.

〈10진震 5손巽〉

| 묘卯 | 술戌 |
|---|---|
| 산지박山地剝 ䷖<br>극대음極大陰 일양위一陽位<br>포10방包十方 10진十震 | 택천쾌澤天夬 ䷪<br>극대양極大陽 일음위一陰位<br>함5선含五線 5손五巽 |

술戌의 위位는 극대極大의 양陽이면서 이미 극대極大의 양陽을 함含한 일음一陰의 위位인 것이니, 이미 극대極大의 양陽을 함含한 일음一陰이라면 비록 상相은 극미極微한 일음一陰이로되, 그러나 그 일음一陰은 이미 전체를 함含한 일음一陰인지라 곧 이 또한 극대極大의 의義가 있다. 고로 제6위의 극미極微인 일음一陰은 이미 양효陽爻의 제5위를 지난 5선線을 함含한 5손巽의 위位가 된다.

정령政令은 양강陽剛한 양陽의 정政으로써 령令하여 음유陰柔의 음陰을 다스림이니 경임갑병庚壬甲丙의 원圓한 천도天道로써 2 4 6 8의 방方한 위位에 지덕地德을 행함이며, 여율呂律은 유순柔順한 음陰의 덕德으로써 더불어 합合하여 양陽의 율체律體를 세움이니 정을계신丁乙癸辛의 방方한 지수地數로써 9 7 5 3의 원圓한 위位에 천도天度를 계計하여 율체律體에 합合함이다.

이것을 다시 말하면 경임갑병庚壬甲丙은 정을계신丁乙癸辛에 행하니 9 7 5 3을 체體로 하여 2 4 6 8에 행함이요 정을계신丁乙癸辛은 경임갑병庚壬甲丙을 계計하니 2 4 6 8의 방각方角으로써 9 7 5 3의 원상圓相을 계計하는 것이라, 서로 체體와 용用이 되어서 운행하되 그 위位에 항상 십일귀체十一歸體가 됨을 여의지 않는 것이다.

고로 천天의 도道는 원圓하여 능히 측량치 못함이로되 지地의 덕德으로써 능히 짐작할 수 있고, 천天의 도수度數는 원圓하여 이 또한 계측計測치 못함이로되 지地의 각角과 수數로써 능히 계량計量할 수 있는 것이다.

이것을 소양素陽은 이르기를,

"圓원의 개념은 微分미분한 角각과 數수의 假象가상의 境界線경계선이라 비록 計계하여 數수함이 있으나 능히 도달치 못함이니 이제 어찌하여야 능히 圓相원상에 도달할 수 있을고? 이르되 雙忘쌍망하면 圓원과 角각이 스스로 目前목전에 昭昭소소한 것이다."

기위己位의 과果는 10과 1이며 무극이태극无極而太極이다.

무위戊位의 과果는 5와 10이며 황극이무극皇極而无極이다.

일부一夫께서 1과 10을 도道와 덕德이라 하심은 곧 성리性理의 근본인 연고이며, 5와 10을 도度와 수數라고 하심은 5로부터 10까지의 1,6궁宮의 위位에 일日과 월月이 운행하여 도역지리倒逆之理에 도수度數가 생하는 연고로 이를 법하여 도수度數라 하신 것이다.

十십은 十九之中십구지중이요 九구는 十七之中십칠지중이요

八팔은 十五之中십오지중이요 七칠은 十三之中십삼지중이요

六육은 十一之中십일지중이며 五오는 一九之中일구지중이요

四사는 一七之中일칠지중이요 三삼은 一五之中일오지중이요

二이는 一三之中일삼지중이요 一일은 一一之中일일지중이니

中중은 十十一一之空십십일일지공이니라.

堯舜之厥中之中요순지궐중지중이요 孔子之時中之中공자지시중지중이며

一夫所謂包五含六일부소위포오함육과 十退一進之位십퇴일진지위이니

小子소자아 明聽吾一言명청오일언하라 小子소자아.

10은 19의 중中이요 9는 17의 중中이요 8은 15의 중中이요 7은 13의 중中이요 6은 11의 중中이며 5는 1,9의 중中이요 4는 1,7의 중中이요 3은 1,5의 중中이요 2는 1,3의 중中이요 1은 1,1의 중中이니 중中은 십십일일十十一一의 공空이니라.

요순堯舜의 궐중厥中의 중中이요 공자孔子의 시중時中의 중中이며 일부一夫의 이른바 포오함육包五含六과 십퇴일진十退一進의 위位이니 소자小子아 나의 일언一言을 명청明聽하라 소자小子아.

이 장章은 일부一夫께서 주관과 객관인 나와 우주가 모두 묘무妙無와 묘유妙有의 진공眞空임을 숫자로써 표현하신 것이다.

10은 19의 중中부터 내지 중中은 십십일일十十一一의 공空에 이르기까지 개개의 수數가 모두 중中이 된 것은 물물物物이 십십일일지공十十一一之空이며 물물物物이 각각 무극이태극無極而太極임을 나타내신 것이니, 우주만물의 극미極微한 티끌 하나까지라도 이 본성本性의 실체實體가 아님이 없는 것이다.

이 본성本性의 실체實體인 진공眞空은 묘무妙無와 묘유妙有의 극진極盡한 것이니 비록 물물物物이 본성本性의 실체實體가 아님이 없으나, 주관과 객관의 상象과 수數의 조건에 따라 응하여 물물物物의 수數와 상象도 변화됨을 나타내는 것이다.

개개의 수數와 상象은 다만 1점點 1선線일뿐이로되, 19의 중中인 1점點은 10으로 변變하고, 17의 중中인 1점點은 9로 변變하고, 나아가 1,1의 중中인 1점點에 이르니, 각 위位의 한 점點 한 점點은 그 자체만으로는 대대의 상相이 붙어있지 않은 절대성絶對性인 무변無變의 한 점點 한 점點인 것이다.

그 중中이란 것은 0과 1을 함께 갖추었으되 함께 잊은 소식경계消息境界의 공空을 말함이라, 공空이란 것은 쌍雙으로 비추고 쌍雙으로 잊은 쌍조쌍망雙照雙忘의 소식처消息處에 최초의 하나를 찍기 이전의 일인 것이니, 그 상相이 없으며 그 상相이 없으나 오히려 기氣는 영盈한 것이요 종終과 시始를 동시에 갖춘 진공眞空인지라 곧 "黑白未分흑백미분이로되 오히려 夜半야반이 虛明허명한 時節시절"인 것이다.

본성本性의 수數와 상象이 이러히 본래 자연하여 더 이상 가加할게 없거늘 이것을 억지로 수數와 상象으로써 표현함에 1은 1,1의 중中이니 곧 1선線의 개념이며 곧 이분지상二分之相의 중中인 것이니, 이것을 괘卦로써 하면 리離의 중효中爻는 1음陰이며 감坎의 중효中爻는 1양陽인지라 곧 이분지상二分之相의 중中인 1이라 할 수 있는 것이다.

중中은 십십일일十十一一의 공空이란 것은 십십十十은 0,0이며 일일一一은 1,1이니 0은 음陰이요 1은 양陽이라 이에 0과 1을 동시에 잊은 쌍망雙忘의 경境을 공空이라 함이니 이것을 억지로 이끌어 괘로써 논하건대, 0,0은 태兌의 상효上爻와 손巽의 초효初爻가 되고 1,1은 간艮의 상효上爻와 진震의 초효初爻가 되어서, 0,0이 리화離火에 궐厥하여 곤坤을 성成하니 이르되 "厥中之中궐중지중"이라 하고 1,1이 감수坎水에 명明하여 건乾을 성成하니 이르되 "時中之中시중지중"이라 하는 것이다. 고로 건곤乾坤은 곧 중中이요 곧 공空이며, 궐중지중厥中之

中은 제5위의 곤坤이니 포오함육包五含六의 위位요, 시중지중時中之中은 제10위의 건乾이니 십퇴일진十退一進의 위位인 것이다.

이것을 사상음양四象陰陽의 용수用數로써 논論하건대,

태양太陽은 전前이요, 태음太陰은 후後요, 소음少陰은 좌左요, 소양少陽은 우右요, 인황人皇은 중中이며, 태양太陽은 수數의 6이요, 태음太陰은 4요, 소음少陰은 5요, 소양少陽은 또한 5이니, 전후前後가 10이면서 1이며 좌우左右가 또한 10이면서 1이니 그 중中은 10,10,1,1의 공성空性인 것이다.

소자小子라고 하신 것은 그 뜻이 둘이 있으니, 첫째는 소자小子는 간괘艮卦의 소남少男을 일컬음이라 공자孔子께서 이르시되 "終萬物始萬物莫盛乎艮종만물시만물막성호간이라" 하시니, 즉 만물이 종終하고 시始함이 간방艮方보다 더 성盛함이 없다고 하시니 우주의 법리가 반드시 간방艮方에 종결하고 간방艮方에서 다시 출出함이 되는 연고요, 둘째는 일부一夫선생의 시절에 능히 이 법을 감당해 낼 적자適者가 없어서 후세에 미루어 그 시時에 순順하고 그 시時에 당當하여 리理를 밝히고자 하심이니, 후학 중에 능히 이 법을 감당해 낼 적자適者가 반드시 출현함이 있으므로 곧 부촉咐囑하여 이르시되 "小子소자아 明聽吾一言명청오일언하라 小子소자아"라 하신 것이다.

雷風正位用政數뇌풍정위용정수

己位기위는 四金一水八木七火之中사금일수팔목칠화지중이니 无極무극이니라.

无極而太極무극이태극이니 十십이면서 一일이요 十십과 一일은 地德而天道지덕이천도이니라.

天道천도는 圓원하니 庚壬甲丙경임갑병이요 地德지덕은 方방하니 二四六八이사육팔이니라.

戊位무위는 二火三木六水九金之中이화삼목육수구금지중이니 皇極황극이니라.

皇極而无極황극이무극이니 五오이면서 十십이요 五오와 十십은 天度而地數천도이지수이니라.

**地數지수는 方방하니 丁乙癸辛정을계신이요 天度천도는 圓원하니 九七五三구칠오삼이니라.**

뇌풍정위용정수雷風正位用政數니라.

기위己位는 4금金 1수水 8목木 7화火의 중中이니 무극无極이니라.

무극无極이면서 태극太極이니 10이면서 1이요 10과 1은 지덕地德이면서 천도天道이니라. 천도天道는 원圓하니 경임갑병庚壬甲丙이요 지덕地德은 방方하니 2 4 6 8이니라.

무위戊位는 2화火 3목木 6수水 9금金의 중中이니 황극皇極이니라.

황극皇極이면서 무극无極이니 5이면서 10이요 5와 10은 천도天度이면서 지수地數이니라. 지수地數는 방方하니 정을계신丁乙癸辛이요 천도天度는 원圓하니 9 7 5 3이니라.

기위己位는 6곤坤 7간艮 8감坎 9손巽 10진震 1건乾이라 이에 10진震과 1건乾이 하나이니 굴신屈伸함에 10건乾 1진震이라 뇌雷의 정위正位요, 이에 기己10은 곧 1이니 1 2 4 6 8에 기己 경庚 임壬 갑甲 병丙이라 무위戊位를 정령政令하니 곧 뇌雷의 용정수用政數이며, 이에 10진震 1건乾은 십퇴일진十退一進의 위位가 된다.

무위戊位는 1건乾 2태兌 3리離 4진震 5손巽 6곤坤이라 이에 5손巽과 6곤坤이 하나이니 굴신屈伸함에 5곤坤 6손巽이라 풍風의 정위正位요, 이에 무戊5는 곧 10이니 10 9 7 5 3에 무戊 정丁 을乙 계癸 신辛이라 기위己位에 여율呂律하니 곧 풍風의 용정수用政數이며, 이에 5손巽 6곤坤은 포오함육包五含六의 위位가 된다.

〈雷風正位用政數뇌풍정위용정수〉

| 기위己位 | 무위戊位 |
|---|---|
| 뇌정위雷正位 10건乾 1진震<br>6곤坤 7간艮 8감坎 9손巽 10진震 1건乾<br>뇌용정수雷用政數<br>기1己一 무위戊位 정령政令<br>1 2 4 6 8 己庚壬甲丙<br>십퇴일진지위十退一進之位 | 풍정위風正位 5곤坤 6손巽<br>1건乾 2태兌 3리離 4진震 5손巽 6곤坤<br>풍용정수風用政數<br>무10戊十 기위己位 여율呂律<br>10 9 7 5 3 戊丁乙癸辛<br>포오함육지위包五含六之位 |

1 2 4 6 8 10

10 9 7 5 3 1

1 2 4 6 8 10은 천사지육天四地六이다.

10 9 7 5 3 1은 천육지사天六地四이다.

이것은 1 2 3 4 5 6 7 8 9 10의 위位에 기경신임계갑을병정무己庚辛壬癸甲乙丙丁戊의 차제次第이니 선천의 제6위를 후천의 제1위로 삼은 것이다.

경임갑병庚壬甲丙은 원圓한 천도天道요 2 4 6 8은 방方한 지덕地德이니 천도天道를 체體로 하여 지덕地德을 행한다.

정을계신丁乙癸辛은 방方한 지수地數요 9 7 5 3은 원圓한 천도天度이니 지수地數를 체體로 하여 천도天度를 계計한다. 고로 천天의 도道는 원圓하여 능히 계측하지 못함이로되 지地의 덕德으로써 능히 계량할 수 있고, 천天의 도수度數는 원圓하여 이 또한 계측하지 못함이로되 지地의 각角과 수數로써 능히 계산할 수 있는 것이다.

뇌풍정위용정수雷風正位用政數는 뇌雷와 풍風의 올바른 위치와 그 행하여 나아가는 방향성의 길을 제시하고 그것을 법하여 수數한 것이다.

뇌雷와 풍風의 올바른 위치는 10진震과 5손巽의 위位이니 곧 괘卦의 산지박山地剝과 택천쾌澤天夬에 그 의義가 나타난다.

괘卦의 산지박山地剝에 제6효의 위位인 1양陽은 음陰이 극極하여 전변轉變한 전체인 1양陽이며, 택천쾌澤天夬에 제6효의 위位인 1음陰은 양陽이 극極하여 화化한 전체인 1음陰이다. 이것은 제5위의 효爻에 물物이 극極하고 반反하여 제6효의 위位에 64괘를 모두 성하고 만물을 모두 성하여 필畢함이 된 연고이니, 이로써 제6효의 일양一陽과 일음一陰의 위位는 전체인 일양一陽과 전체인 일음一陰의 위位가 되는 것이다.

복희씨伏羲氏 64괘 방위도方位圖에 원도圓圖는 남방에 건천乾天과 북방에 곤지坤地가 자리하며 방도方圖는 북방에 건천乾天과 남방에 곤지坤地가 자리하니, 차후의 해설은 방도方圖의 방위를 모방한다.

상하上下의 천지天地는 무위戊位와 기위己位이며 좌우左右의 태泰와 비否는 태음太陰과 태양太陽의 운행하는 길이다. 이에 상하上下의 1선線으로 좌우左右의 의義를 나타내며 좌우左右의 1선線으로 상하上下의 의義를 나타낸다. 이것은 다시 말해 무위戊位와 기위己位의 동動으로써 태음太陰과 태양太陽의 의義를 나타내며 태음太陰과 태양太陽의 행도로써 무위戊位와 기위己位의 의義를 세움을 말한다.

기위己位는 순음純陰인 곤坤의 체體가 간艮의 상효上爻를 취取하여 1양陽을 득得하니 간艮이며, 감坎의 중효中爻를 취取하여 2양陽을 득得하니 손巽이며, 진震의 초효初爻를 취取하여 3양陽을 득得하니 곧 건乾의 체體다.

고로 도度는 역逆하고 도道는 순順하여 제4위에 간艮이며 제3위에 감坎이며 제2위에 손巽이며 제1위에 진震이며 곧 건乾이니 각각 7 8 9 10의 수數를 득得한다.

도度는 역逆하고 도道는 순順함에 후천이선천后天而先天이라 하고 5,6곤坤 4,7간艮 3,8감坎 2,9손巽 1,10진震이니 제1위의 10진震에 건乾의 체體를 성成함이라 곧 뇌雷의 정위正位라 하며, 이에 건乾은 일부一夫의 이른바 "四金一水八木七火之中사금일수팔목칠화지중"인 것이다. 사금四金은 4감坎이며 일수一水는 1손巽이며 팔목八木은 8간艮이며 칠화七火는 7지地다.

이것은 무술궁戊戌宮의 생위生位를 법한 것이니 4 1 8 7에 경임갑병庚壬甲丙이며 이렇듯 기위己位가 10진震1건乾의 과果를 성成함에 이러한 10진震1건乾의 과위果位를 뇌雷의 정위正位라 하고, 이로부터 무위戊位에 정령政令하여 가니 정령政令은 기경임갑병己庚壬甲丙에 1 2 4 6 8의 위位라 곧 이르되 "雷뇌의 用政數용정수"라 한다.

4 1 8 7의 차제는 음양陰陽의 5원성五元性이 상생하여가는 차제와 괘卦의 변화하는 위位이며 1 2 4 6 8의 차제는 천지天地가 서로 쌍조雙照하여가는 위位다.

무위戊位는 순양純陽인 건乾의 체體가 태兌의 상효上爻를 취取하여 1음陰에 소消하니 태兌이며, 리離의 중효中爻를 취取하여 2음陰에 소消하니 진震이며, 손巽의 초효初爻를 취取하여 3음陰에 소消하니 곧 곤坤의 체體다.

고로 도度는 순順하고 도道는 역逆하여 제2위에 태兌이며 제3위에 리離이며 제4위에 진震이며 제5위에 손巽이며 곧 곤坤이니 각각 9 8 7 6의 수數를 득得한다.

도度는 순順하고 도道는 역逆함에 선천이후천先天而后天이라 하고 1건乾 2태兌 3리離 4진震 5손巽이니 제5위의 손巽에 곤坤의 체體를 성成함이라 곧 손巽의 정위正位라 하며, 이에 곤坤은 일부一夫의 이른바 "二火三木六水九金之中이화삼목육수구금지중"인 것이다. 이화二火는

2천天이며 삼목三木은 3태兌며 육수六水는 6진震이며 구금九金은 9리離다.

이것은 기사궁己巳宮의 생위生位를 법한 것이니 2 3 6 9에 정을계신丁乙癸辛이며 이렇듯 무위戊位가 5손巽6곤坤의 과果를 성成함에 이러한 5손巽6곤坤의 과위果位를 풍風의 정위正位라 하고, 이로부터 기위己位에 여율呂律하여 가니 여율呂律은 무정을계신戊丁乙癸辛에 10 9 7 5 3의 위位라 곧 이르되 "風풍의 用政數용정수"라 한다.

2 3 6 9의 차제는 음양陰陽의 5원성五元性이 역逆으로 상생하여가는 차제와 괘卦의 변화하는 위位이며 10 9 7 5 3의 차제는 천지天地가 서로 쌍망雙忘하여가는 위位다.

이것을 요약하건대,

기위己位가 제1위에 10진震의 건乾을 성함에 곧 뇌雷의 정위正位이니 무극이태극无極而太極이며 이로부터 기己는 제1위가 되고, 분分하여 가서 경庚은 제2위가 되며, 임壬은 제4위가 되고, 갑甲은 제6위가 되며, 병丙은 제8위가 되며, 이에 무戊는 제10위에 순수한 음陰의 곤지坤地를 성하니, 이것이 곧 "雷뇌의 正位정위이며 用政數용정수"인 것이다.

이에 천天5의 무戊가 제10위에 곤지坤地를 성함에 곧 풍風의 정위正位이니 황극이무극皇極而无極이며 이로부터 무戊는 제10위가 되고, 합合하여 가서 정丁은 제9위가 되며, 을乙은 제7위가 되며, 계癸는 제5위가 되며, 신辛은 제3위가 되며, 이에 기己는 제1위에 순수한 양陽의 건천乾天을 성하니, 이것이 곧 "風풍의 正位정위이며 用政數용정수"인 것이다.

일부一夫께서 1과 10을 도道와 덕德에 붙이신 것은 10과 1이 곧 성리性理의 근본인 연고이며, 5와 10을 도度와 수數에 붙이심은 5로부터 10까지의 위位가 제6위를 지난 위位가 되며 이러한 1,6궁의 위位에 일日과 월月이 운행하여 도역지리倒逆之理에 그 도수度數가 생하므로 이를 법하여 도度와 수數에 붙이신 것이다.

기위己位의 운행이 곧 태양太陽이니 이것을 괘卦의 차제의 위位로써 관하건대, 순음純陰 5,6위位의 곤坤을 체體로 하여 간감진건艮坎震乾에 도倒하여 내괘內卦를 생生하니 지천태地天泰이며 진감간건震坎艮乾에 역逆하여 외괘外卦를 성成하니 곧 건위천乾爲天이다.

도생倒生은 간감진艮坎震에 7 8 9의 위位이며 역성逆成은 진감간震坎艮에 4 3 2의 위位이니,

뇌산소과雷山小過 감위수坎爲水 산뢰이山雷頤에 건천乾天을 성하므로 이것을 "先天太極之一선천태극지일"이라 한다.

괘卦의 산뢰이山雷頤는 중中이 허虛하고 내內와 외外가 실實한 상相이니 곧 리화離火의 상象이라 할 수 있다.

이것은 지산겸地山謙 지풍승地風升 지천태地天泰에 뇌천대장雷天大將 택천쾌澤天夬 건위천乾爲天이니 모두 중궁中宮의 중위中位에서 시작한 것이다.

무위戊位의 운행이 곧 태음太陰이니 이것을 괘卦의 차제의 위位로써 논하건대, 순양純陽 10,1위位의 건乾을 체體로 하여 태리손곤兌離巽坤에 역逆하여 내괘內卦를 생生함에 천지비天地否이며 손리태곤巽離兌坤에 도倒하여 외괘外卦를 성成함에 곧 곤위지坤爲地이다.

역생逆生은 태리손兌離巽에 9 8 7의 위位이며 도성倒成은 손리태巽離兌에 2 3 4의 위位이니, 풍택중부風澤中孚 리위화離爲火 택풍대과澤風大過에 곤지坤地를 성하므로 이것을 "后天无極之空후천무극지공"이라 한다.

괘卦의 택풍태과澤風大過는 중中이 실實하고 내內와 외外가 허虛한 상相이니 곧 감수坎水의 상象이라 할 수 있다.

이것은 천택리天澤履 천뢰무망天雷无妄 천지비天地否에 풍지관風地觀 산지박山地剝 곤위지坤爲地이니 이 또한 모두 중궁中宮의 중위中位에서 시작한 것이다.

무위戊位와 기위己位의 논論은 전前에 이미 상세히 하였다.

**〈태음太陰 태양太陽 운행行道〉**

| 太陰(后天无極之空) | | | | | | 太陽(先天太極之一) | | | | | |
|---|---|---|---|---|---|---|---|---|---|---|---|
| | | 風地觀 ䷓ | 山地剝 ䷖ | 坤爲地 ䷁ | | | | 雷天大將 ䷡ | 澤天夬 ䷪ | 乾爲天 ䷀ | |
| | 1 | 2 | 3 | 4 | 5 | | 5 | 4 | 3 | 2 | 1 |
| 倒成 | ☰ | 巽 ☴ | 離 ☲ | 兌 ☱ | ☷ | 逆成 | ☷ | 震 ☳ | 坎 ☵ | 艮 ☶ | ☰ |
| 逆生 | | ☱ 兌 | ☲ 離 | ☴ 巽 | | 倒生 | | ☶ 艮 | ☵ 坎 | ☳ 震 | |
| | 10 | 9 | 8 | 7 | 6 | | 6 | 7 | 8 | 9 | 10 |
| | | 天澤履 ䷉ | 天雷无妄 ䷘ | 天地否 ䷋ | | | | 地山謙 ䷎ | 地風升 ䷭ | 地天泰 ䷊ | |

**四正七宿用中數사정칠수용중수**

**先天선천은 五九오구이니 逆而用八역이용팔이라 錯閏中착윤중이니라.**

**后天후천은 十五십오이니 順而用六순이용육이라 合正中합정중이니라.**

**五九오구는 太陰之政태음지정이니 一八七일팔칠이니라.**

**十五십오는 太陽之政태양지정이니 一七四일칠사이니라.**

사정칠수용중수四正七宿用中數니라.

선천先天은 5와 9이니 역逆하여 8을 쓰는지라 착錯이니 윤중閏中이니라.

후천后天은 10과 5이니 순順하여 6을 쓰는지라 합合이니 정중正中이니라.

5와 9는 태음太陰의 정政이니 1 8 7이니라.

10과 5는 태양太陽의 정政이니 1 7 4이니라.

뇌풍정위용정수雷風正位用政數가 기위己位와 무위戊位의 상하上下 경도經度의 위位에 뇌雷와 풍風이 정위正位하여 경도經度가 정립正立함에 그 용정用政을 나타내어 경도經度의 도수度數가 바르게 운행함을 밝힌 것이라면, 사정칠수용중수四正七宿用中數는 경도經度가 이미 정립正立함에 좌우左右 위도緯度인 사정四正의 위位에 태음太陰과 태양太陽이 28수宿에 운행하되 그 도수度數의 중中이 각각 다름이 됨을 밝힘이 된다.

방위方位의 개념은 상하사방사유上下四方四維이니 곧 10방方이며 4정正이란 것은 동서남북 4방의 정正이니 그 각角을 합하면 36에 10이므로 4정正이라 한다. 또 10方은 그 각角을 모두 합함에 1,440도이니 360에 분分하면 곧 4이므로 또한 이르되 "四正4정"이라 한다.

10은 곧 1이니 1선線을 세로로 그으면 상하의 위位인 2경經이 되고 이것을 인하여 좌우의 의義가 생하며 이에 상하와 좌우의 중中을 취하여 5황극皇極의 위位라 하는 것이니, 이러한 이분二分의 의義가 5황극皇極의 위位와 합하여 7위緯의 의義를 생함이 된다.

"七宿7수"라는 것은 7위緯이며 4방에 각각 7위緯의 수數를 도度함에 곧 28수宿가 되어서 이곳에 일日과 월月이 운행하여 그 도수度數를 생한다. 28수宿의 자리에 일日과 월月이 운행하여 천지天地를 도度하고 수數한 것이니, 곧 태양太陽과 태음太陰의 도수度數라 선천과 후천의 분分이 있으며 상대적 대칭의 의義가 있어서 각각 운행하는 도수度數에 따라 그 중中이 다름이 되므로 이르되 "閏中윤중이며 正中정중"이라 하는 것이다.

이렇듯 1을 찍어 그음에 1 2 3 4의 사상四象과 4방이 동시에 나타나고 이에 그 중中의 위位는 제5위가 되어서 5는 곧 4방方을 머금은 주관적 일념一念의 수數가 된다.

5는 이미 4방方을 머금은 상相이니 1 2 3 4가 5에 응應하고 인因해 반영反影하여 6 7 8 9의 영생수影生數를 내며 이에 9세世와 8방方의 의義가 나타나니, 이것은 아직 세世와 방方이 10세世와 10방方에 사무치지 못하여 그 수數가 1에서 9까지에 머문 것이라 합함에 45수數에 그침이 된다.

4방方을 대칭으로 이으면 그 중中은 교차된 한 점點이며 4방方의 상相으로써 보면 그 중中은 공상空相이라 대칭의 상相이 없으니 곧 물용勿用이다. 이에 그 머금은 공간은 8개의 수數인 대칭적 각角의 개념이니 곧 가용可用이다. 이로부터 8개의 수數와 각角인 1,9와 2,8과 3,7과 4,6에 각위各位가 1,8에 서로 진進하고 퇴退하니 이르되 "進退之政진퇴지정"이라 하고, 이렇듯 5를 응應하여 9수數가 나타남에 "影生數영생수라 하며 또한 先天五九선천오구"라 한다.

4방方의 중中은 위位와 수數의 5이니 1,9의 중中이며 5를 허虛한 1로부터 9까지의 8방方은 1 2 3 4에 6 7 8 9이니, 이것은 1에 시작하여 8위位에 분分한 도역道逆의 상相이며 1,8의 위位에 진퇴進退하는 상相인지라, 1,8의 위位는 합合의 위位가 아니므로 도道에 역逆하여 8방方의 분상分相을 쓴다 하여 이르되 "逆而用八역이용팔"이라 하는 것이다.

천지天地의 정중正中은 10과 5이므로 8은 정중正中이 아니며 15의 편偏에 재在하여 15정중正中의 중中인 8로써 중中을 삼으니 중中은 중中이되 곧 편중偏中이 되어서, 이것은 정중正中으로부터 착錯한 것이라 이것을 이르되 "錯閏中착윤중"이라 하는 것이다.

역逆이라 한 것은 1건乾에서 5곤坤으로 향함이 도道에 역逆한 것이며 9건乾에서 5곤坤으로 향함이 또한 도道에 역逆한 것이므로 이르되 "逆역"이라 한 것이다.

선천오구先天五九를 태음太陰의 정政에 부치신 것은 태음太陰은 복지지리復之之理가 1 8 7이므로 8 7의 합수는 다만 15인지라 15의 중中인 8을 취하여 그 중中을 삼은 연고이니, 이것은 합合의 극極인 양陽을 분分하여 음陰을 성成한 상相을 취한 것이다.

사상四象이 중中5에 반영反影하여 6 7 8 9의 영影을 생하니 곧 9세世의 의義다.

4방의 중中은 5이니 곧 주관적 일념一念의 5이다.

4방의 위位를 합함에 10이며 다만 한 점點일 뿐이니 9세世를 포包한 객관적 일념一念의 10이다.

고로 일념一念이란 것은 이미 주主와 객客을 다 포包하고 합合한 하나의 일념一念인 것이니 비록 주主와 객客은 다름이 되나 이것을 포함한 일념一念은 같음이 된다. 이미 주主와 객客이 분分하였다면 내가 만물을 관찰함과 동시에 만물도 나를 관찰하는 상相이 있음이니, 내가 만물을 관찰함은 주관적 일념一念이요 만물이 나를 관찰함은 객관적 일념一念이다.

객관은 주관으로 인해 나타나고 주관은 객관으로 인해 존재하는지라 이러히 주主와 객客이 본래 둘이 아니라 결국 주主와 객客이란 것은 다만 나의 일념一念 중에 있을 뿐이다.

이러한 일념一念이 이미 주主와 객客을 모두 갖춘 상相이라면 천지天地는 객관상客觀相이며 나라는 것은 주관상主觀相일 것이니 이에 천지天地의 체體와 용用은 1,4와 3,2이므로 모두 합하면 10이라 객관적 일념一念이 될 것이고, 나라는 것은 천지天地의 체體인 1,4와 천지天地의 용用인 3,2를 각각 합한 중中5의 상相이라 주관적 일념一念이 될 것이다.

이렇듯 나의 일념一念 중에 10과 5가 이미 다 갖추어져 있어서 중궁中宮의 중위中位가 되며, 이러한 중궁中宮의 중위中位에서 도수度數를 일으킴에 "后天十五후천십오"라 하는 것이다.

법성法性의 리理가 이러하여 10에서 도수度數를 일으킴에 10이면서 1인 것이니, 이로부터 9,2가 착종錯綜하여 8,3 7,4 6,5에 각 위位가 11의 수數를 얻으며 그 운행에 체體와 용用을 함께 쌍조雙照하여 가니 곧 굴신屈伸의 상象인 것이다. 이렇듯 천지天地의 체體와 용用의 수數를 모두 쓰므로 그 합수가 55이며 이에 11의 중中은 6이라 가히 천지天地의 정중正中이며 5와 더불어 굴신屈伸하는지라 또한 가용可用인 것이다.

이렇듯 10을 수數하여 5에 이르러 순수한 0상을 이루며 5를 수數하여 10에 이르러 순수한 1상을 이루니, 10으로부터 5까지가 1,6도의 위位이며 5로부터 10까지 또한 1,6도의 위位가 되어서 이러한 1,6도의 위位는 합合의 위位이며 10이 5에 합合하며 5가 10에 합合하는지라 이것을 "合正中합정중"이라 하는 것이다.

태양太陽의 정政은 5,6곤坤에서 10,1건乾으로 향함이니 도道에 순順한 것이며 정중正中의 5를 체體로 하여 6에서 시작한 것이며, 또한 6위位에 서로 합合하므로 이르되 "順而用六순이용육"이라 한 것이다.

후천십오后天十五를 태양太陽의 정政에 부치신 것은 태양太陽은 복지지리復之之理가 1 7 4이므로 다만 7 4의 합수合數 11의 중中인 6을 취한 것이며, 음陰이 양陽을 잉태孕胎하여가서 순양純陽을 이룬 상相을 취한 것이다.

요약하건대,

선천오구先天五九란 것은 1,4 3,2의 천지체용天地體用이 중中5에 반영해 9에 극極함에 중中5로 인해 9극極을 성한지라 이로써 "先天五九선천오구"라 한 것이다.

역이용팔逆而用八이란 것은 중中5를 허虛한 1로부터 9까지의 위位가 8이라 1로부터 9까지 제8위에 분分하여 가서 물물物物의 상대적 상相을 보인 것이니, 이것은 도道에 역逆한 것이라 이르되 "逆而用八역이용팔"이라 한 것이다.

착윤중錯閏中이란 것은 선천은 월月의 영影을 주하여 그 도수度數를 헤아려 감으로 인해 월영도수月影度數의 6도가 월체도수月體度數의 8도가 되므로 그 도수度數에 항상 1,3도의 착錯이 있어서 윤閏이 발생하니 이르되 "錯閏中착윤중"이라 한 것이다. 8도는 월月의 상현上弦이며 해궁亥宮이니 15망월望月 오午의 중中이다.

태음지정일팔칠太陰之政一八七이란 것은 태음지정太陰之政은 분分의 정政이니 1,8의 위位에 체體와 영影이 분分하며 월영도수月影度數의 제6도를 제8위로써 하여 중中을 삼음은 월체도수月體度數를 주하여 수數하여 감에 그 도수度數가 이러함이다. 이에 제8위는 월月의 상현上弦이며 해궁亥宮이니 8은 곧 15도에 망望인 오궁午宮의 중中인지라 이로써 "太陰之政一八七태음지정일팔칠"이라 한 것이다. 15도는 8도와 7도의 합合이다.

후천십오后天十五란 것은 건곤乾坤의 체體를 그대로 용用함이니, 10을 제1위로 삼아 제

5위에 건乾이 곤坤으로 화化하며 제5위로부터 제10위에 곤坤이 건乾으로 변變함에 모두 1,6궁宮의 위位에 서로 덕德과 도道를 다 이룸이니 이로써 "后天十五후천십오"라 하였다.

순이용육順而用六이란 것은 10으로부터 5가 1,6의 위位이며 5로부터 10이 또한 1,6의 위位인 것이니, 만물이 1로부터 6까지 제6위에 합合하여 가서 물물物物이 하나가 되어 능히 그 도道를 다 이루는지라 이것은 도道에 순順한 것이니 이르되 "順而用六순이용육"이라 하였다.

합정중合正中이란 것은 1,6의 위位에 건乾이 곤坤의 덕德을 이루며 곤坤이 건乾의 도道를 이루니, 이렇듯 건乾과 곤坤의 정중正中에 합合함이 된다 하여 이르되 "合正中합정중"이라 한 것이다.

"太陽之政一七四태양지정일칠사"라는 것은 태양太陽은 1일 12시에 36도이니, 1은 해亥의 위位요, 7은 묘卯 존공尊空에 오午의 위位요, 4는 술戌 존공尊空에 해亥의 위位이니, 이것은 11위位가 다시 제1위가 된 것이라 고로 다시 해亥에 복지復之하여 시時가 다시 시작된다는 것이다.

11위位는 7과 4의 합合이며 그 중中은 6이다. 또 해亥로부터 사巳는 순順과 역逆으로 1,6도의 위位이다.

이상은 후천后天의 선천先天과 후천后天을 논論한 것이다.

10 8 6의 수數에 8은 10과 6의 중中이니 3원元이며 영생수影生數인 성수成數의 중中이므로 다만 성수成數에 편재偏在한 중中이다. 10 8 6 4 2의 수數에 6은 10,8과 4,2의 중中이니 5원元이며 성수成數와 생수生數를 모두 포함한 중中에 거居하므로 곧 정중正中이다.

성수成數인 6 7 8 9의 영생수影生數는 생수生數인 1 2 3 4가 중中5의 공상空相에 분절되어 나타난 수數이니 1로부터 9까지의 1,9는 곧 중中5에 분절된 1원圓의 상相이며 생수生數가 중中5를 인하여 휘어져 9극極을 이룬 상相이니 이르되 "先天五九선천오구"라 하고, 중中5로부터 9극極까지가 5위位이므로 또한 이르되 "先天五九선천오구"라 한다. 중中5의 상相이 본래 한 점點인 동시에 공상空相인지라 만물이 이곳에 와 닿으면 곧 꺾여서 반사하므로 이에 공상空相을 법하여 중中5를 놓아 허虛하면 그 수數의 배열이 1,9 2,8 3,7 4,6이 되어서 8수數가 반반斑斑하여 음陰과 양陽의 힘이 균등해진다.

이러히 반반斑斑한 수數의 8은 15의 중中이니 중中은 중中이되 건곤乾坤의 편偏에 있는 중中이다. 이것은 주관적 개념을 허虛한 아공我空의 위位이니 비록 나라는 주관이 공空하여 모든 사물의 음陰과 양陽에 평형함을 얻었으나, 아직 이러한 공성空性이 객관적 사물과 더불어 법공法空이 되지 못하고 공성空性을 인해 아직 그 일양一陽의 용用을 발發하지 못한 것이라, 아직 10의 성품에 합하여 1의 용用을 내어서 만물과 더불어 하나가 되지 못함이 될 새 이러한 연고로 "偏中편중"이라 하는 것이다.

1,9는 일원一圓이니 일원추연수一元推衍數 216이라 이것을 중中8로 분分하면 27이니 항성월恒星月의 공전도수公轉度數이며, 이것은 중中은 중中이되 태음성도수太陰成度數 30에 3도가 착錯한 것이니 곧 윤중閏中이다.

10으로부터 8은 1,3도에 역逆하여 착錯한 수數이며 또한 10건乾이 태리손兌離巽의 음陰에 소消하여 가는 길이므로 도道에 역逆함이라 이르되 "逆而用八역이용팔"이라 하는 것이다.

216을 중中6으로 분分하면 36이니 태양太陽의 온전한 성도수成度數다. 6은 11의 중中이니 곧 순음純陰인 5곤坤의 굴신지중屈伸之中이다. 이것은 5로부터 10까지 1,6도의 위位이니 합合의 위位이며 십퇴일진十退一進 포오함육包五含六의 위位이니 이것으로 중中을 삼은지라 곧 정중正中이다. 5로부터 10은 1,6도이며 도道에 순順한 수數다. 이것은 5곤坤이 간감진艮坎震의 양陽을 잉태하여 가는 길이므로 도道에 순順함이라 이르되 "順而用六순이용육"이라 하는 것이다.

중中5를 체體로 하여 1을 세어 가면 1에 6이며, 2에 7이며, 나아가 5에 10이며, 중中10을 체體로 하여 1을 세어 가면 1에 9이며, 2에 8이며, 나아가 5는 중中이니, 이것은 하도河圖와 낙서洛書의 수數다.

| | | | | | | | | | | |
|---|---|---|---|---|---|---|---|---|---|---|
| 5 | 1 | 2 | 3 | 4 | 5 | | | | | |
| | 6 | 7 | 8 | 9 | 10 | 1 | 2 | 3 | 4 | 5 |
| | | | | | | 9 | 8 | 7 | 6 | |

중中5를 그대로 써서 세어 가면 5에 6이니, 이에 5는 황중皇中의 체體이며, 6은 그 용用이다. 이로부터 4에 7이며, 3에 8이며, 2에 9이며, 1에 10이며, 중中10을 그대로 써서 세어 가면 10에 1이니, 10은 무극无極의 체體이며 1은 그 용用이다. 이로부터 9에 2이며, 나아가 6에 5이니, 이것은 지천地天의 합도合道이므로 "后天十五후천십오"라 하는 것이다.

5와 6이 중中이라면 1과 10은 외外의 1원圓이므로 1북北에 자리한다.

각위各位가 십일귀체十一歸體하여 그 체體와 용用을 동시에 갖추며 동시에 비추는지라 각위各位가 무극이태극无極而太極이며 십일일언十一一言의 의義이니, 이것은 곧 극도極圖의 수數다.

| | | | | | | | | |
|---|---|---|---|---|---|---|---|---|
| 5 | 4 | 3 | 2 | 1 | | | | |
| 6 | 7 | 8 | 9 | 10 | 9 | 8 | 7 | 6 |
| | | | | 1 | 2 | 3 | 4 | 5 |

총론總論하건대,

| | | | | | |
|---|---|---|---|---|---|
| 5 | 1 | 2 | 3 | 4 | 5 |
| | 6 | 7 | 8 | 9 | 10 |

상위上位의 수數 배열排列은 하도河圖의 수數이니 모두 합하면 60수數다.

여기에 단單5를 귀공歸空하면 55점點이 소소昭昭하다.

| | | | | | |
|---|---|---|---|---|---|
| 10 | 1 | 2 | 3 | 4 | 5 |
| | 9 | 8 | 7 | 6 | |

상위上位의 수數 배열排列은 낙서洛書의 수數이니 모두 합하면 55수數다.

여기에 10을 귀공歸空하면 45점點이 반반斑斑하다.

5 4 3 2 1

6 7 8 9 10 9 8 7 6

1 2 3 4 5

상위上位의 수數 배열排列은 극도極圖의 수數이니 모두 합하면 100수數다.

여기에 55를 귀공歸空하면 45점點에 각위各位가 10을 이루고 5에 중中하며 45를 귀공歸空하면 55점點에 각위各位가 십일귀체十一歸體하여 다시 시작한다.

하도河圖와 낙서洛書의 수數는 1,6궁宮에 분장分張된 상相이며 극도極圖의 수數는 제5위에 굴신屈伸하는 상相이다.

**易三역삼이니 乾坤건곤이요 卦八괘팔이니 否泰損益咸恒旣濟未濟비태손익함항기제미제이니라.**

**嗚呼오호라 旣順旣逆기순기역하여 極終極始극종극시하니 十易萬曆십역만력이로다.**

역易은 삼三이니 건乾과 곤坤이요 괘卦는 팔八이니 비否 태泰 손損 익益 함咸 항恒 기제旣濟 미제未濟이니라.

오호嗚呼라 이미 순順하고 이미 역逆하여 종終에 극極하고 시始에 극極하니 십역十易-만력萬曆이로다.

역易은 효爻이며 삼三은 삼효三爻의 위位다.

건乾3효三爻를 체體로 하여 소消하여 가니 곧 3녀괘三女卦의 상象이요 곤坤3효三爻를 체體로 하여 장長하여 가니 곧 3남괘三男卦의 상象이라, 이르되 "易三역삼 乾坤건곤"이라 한다. 3남三男 3녀三女에 건乾과 곤坤을 가加하면 4남四男 4녀四女이니 8괘가 되고 서로 교交하여 상착相錯함이 있으니, 비否 태泰 손損 익益 함咸 항恒 기제旣濟 미제未濟다.

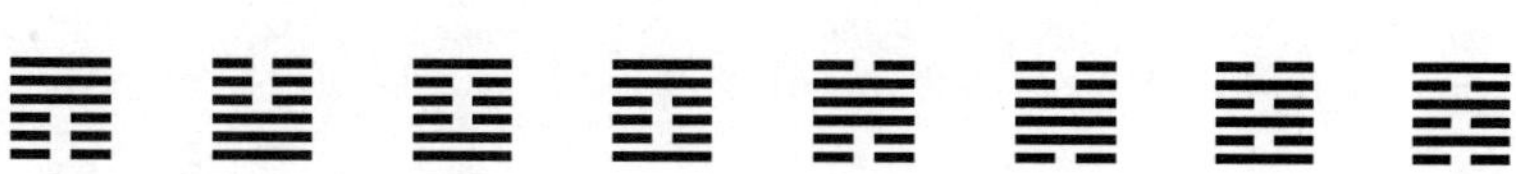

否 泰 損 益 咸 恒 旣濟 未濟

도度라는 것은 위位를 측량하여 세는 것이며 도道라는 것은 괘卦의 변화하여 가는 길이다.

도度에 순順한다는 것은 1 2 3 4 5의 차제이며 역逆한다는 것은 5 4 3 2 1의 차제로 하여 간다는 뜻이다.

도道에 순順한다는 것은 곤坤부터 건乾으로 변變하여 가는 길이며 역逆한다는 것은 건乾으로부터 곤坤으로 화化하여 가는 길을 말한다.

순順하고 역逆하는 이치는 무위戊位와 기위己位가 운행되는 상하의 법도法度와 방향성이며, 도倒하고 역逆하는 이치는 태음太陰과 태양太陽이 운행하는 좌우의 법도法度와 방향성이다.

도倒라는 것은 괘卦와 도수度數의 순順이며 역逆은 괘卦와 도수度數의 역逆이다.

제5위에 순음純陰을 다 성成하여 음陰이 종終에 극極하면 다시 1양陽을 생生하여 시始에 극極하니 곧 5와 6이다. 고로 5는 분分의 극종極終이요 6은 합合의 극시極始다.

제10위에 순양純陽을 다 성成하여 양陽이 종終에 극極하면 다시 1음陰에 소消하여 시始에 극極하니 곧 10과 1이다. 고로 10은 합合의 극종極終이요 1은 분分의 극시極始다.

무위戊位와 태음太陰이 10,1을 인因으로 하여 5,6의 과果를 이루며 기위己位와 태양太陽이 5,6을 인因으로 하여 10,1의 과果를 이루는지라, 서로 인과因果가 되고 과인果因이 되어서 서로 사무쳐 원융圓融하여 끊임이 없으니, 이르되 "既順既逆기순기역하여 極終極始극종극시하니 十易萬曆십역만력이라" 하는 것이다.

十一吟십일음

十一歸體兮십일귀체혜여 五八尊空오팔존공이로다.

五八尊空兮오팔존공혜여 九二錯綜구이착종하도다.

九二錯綜兮구이착종혜여 火明金清화명금청하도다.

火明金清兮화명금청혜여 天地清明천지청명하도다.

天地清明兮천지청명혜여 日月光華일월광화로다.

日月光華兮일월광화혜여 琉璃世界유리세계로다.

世界世界兮세계세계혜여 上帝照臨상제조림하도다.

上帝照臨兮상제조림혜여 于于而而우우이이로다.

于于而而兮우우이이혜여 正正方方정정방방하도다.

正正方方兮정정방방혜여 好好無量호호무량이로다.

乙酉歲을유세 癸未月계미월 乙未日二十八을미일이십팔에 不肖子불초자 金恒김항은 謹奉書근봉서하노라.

십일十一을 읊노라

10十과 1一이 체體에 돌아옴이여 5五와 8八이 존공尊空됨이로다. 5五와 8八이 존공尊空됨이여 9九와 2二가 착종錯綜되도다. 9九와 2二가 착종錯綜됨이여 화火가 명明하고 금金이 청淸하도다. 화火가 명明하고 금金이 청淸함이여 천지天地가 청명淸明함이로다. 천지天地가 청명淸明함이여 일월日月이 빛나도다. 일월日月이 빛남이여 유리세계琉璃世界로다. 세계世界와 세계世界여 상제上帝가 비추어 임臨하도다. 상제上帝가 비추어 임臨함이여 우우--이이于于-而而로다. 우우--이이于于-而而여 정正하고 정正하며 방方하고 방方하도다. 정정방방正正方方함이여 호호무량好好無量이로다.

을유년乙酉年 계미월癸未月 을미일乙未日 28二十八에 불초자不肖子 김항金恒은 삼가 서書를 받드노라.

5와 8은 술戌과 묘卯이니 각각 제6위에 순수한 1상인 순양純陽의 건체乾體와 순수한 0상인 순음純陰의 곤체坤體를 이룬다.

건곤乾坤의 체體는 위位가 없는 무위無位이며 함도 없는 무위無爲의 공용功用이니 능히 일체 만물을 내되 일체 하는 바가 없으며, 일체 지어가는 바도 없는 무소위無所爲 무소작無所作이라 곧 존공尊空의 상相이 있다. 묘卯의 위位는 제6위에 순음純陰의 곤지坤地이니 존공尊空의 상相이 있으며, 술戌의 위位는 제6위에 순양純陽의 건천乾天이니 이 또한 존공尊空의 상相이 있다.

묘卯는 축해유미사묘丑亥酉未巳卯에 2 4 6 8 10의 5음陰의 위位를 지난 제6위의 순수한 0상의 위位이니 곧 순음純陰인 곤지坤地의 위位이며, 술戌은 자인진오신술子寅辰午申戌에 1 3 5 7 9의 5양陽의 위位를 지난 제6위의 순수한 1상의 위位이니 곧 순양純陽인 건천乾天의 위位다.

제6위의 묘卯는 음위陰位의 극極이니 만물이 극極에 극極하면 반反하는지라 곧 음陰의 전체를 포包한 양陽으로 변變한다.

제6위의 술戌은 양위陽位의 극極이니 만물이 극極에 극極하면 반反하는지라 곧 양陽의 전체를 함含한 음陰으로 화化한다.

묘卯의 위位는 순수한 0상이 1상으로 변變한 위位이니 순수한 0상은 존공尊空되고 1상은 진進하여 축丑에 귀歸하여 제1위가 되므로 이르되 "卯歸丑묘귀축"이라 한다. 술戌의 위位는 순수한 1상이 0상으로 화化한 위位이니 순수한 1상은 존공尊空되고 0상은 신申에 퇴退함에 술戌의 위位에 자궁子宮이 퇴退하여 제10위가 되므로 이르되 "戌依申술의신"이라 한다.

이로부터 기경임갑병무己庚壬甲丙戊와 축인진오신술丑寅辰午申戌에 1 2 4 6 8 10의 위位이며 무정을계신기戊丁乙癸辛己와 자해유미사묘子亥酉未巳卯에 10 9 7 5 3 1의 위位가 되는 것이니, 이것은 "卯戌尊空묘술존공에 十一歸體십일귀체하여 9,2의 位위가 錯綜착종"된 것이다.

상문上文의 설說은 이미 십일귀체장十一歸體章에 상세히 하였다.

각위各位가 10,1의 체體로 돌아오니 이에 9,2가 착종錯綜하며 금화金火가 교역交易하여 화금火金이 명청明淸하고, 이로써 천지天地가 정립正立하여 청명淸明하며 일월日月이 바르게 운행하니 이르되 "琉璃世界유리세계"라 한다.

금화金火가 교역交易하여 화금火金이 명청明淸하다는 것은, 2리離와 9건乾이 상교중相交中하여 2천天과 9리離가 되고 7감坎과 4곤坤이 상교중相交中하여 7지地와 4감坎이 되어서 일日과 월月이 2천天 7지地와 더불어 바르게 운행함에 천지天地가 정립正立하므로, 이것을 "火화가 明명하고 金금이 淸청하여 天地천지가 淸明청명하다."라고 한 것이다.

유리세계琉璃世界란 것은 유리는 투명한 물건이니 세계세계世界世界가 중중重重히 서로 비추되 물물物物의 사사事事가 서로 걸림이 없어서, 한 티끌 1진塵 내에 10방을 머금으며 10방이 1진塵 내에 입入하되 서로 장애됨이 없음이니 곧 "一卽一切일즉일체이며 多卽一다즉일"이라 함과 같은 것이다. 이를 비유컨대 제석천帝釋天의 인다라망因陀羅網과 같음이니 이것은 세계世界와 세계世界의 각각의 위位가 11을 얻음으로 써 인함이라, 비록 우주가 만상이나 물물物物이 모두 평등한 세계를 얻음이 된 연고이니 이로써 "琉璃世界유리세계"라 하는 것이다.

세世와 방方은 시時와 공空의 개념이다.

9세世와 4방方을 인식認識하여 동시에 쌍조雙照하고 동시에 쌍망雙忘하는 나의 당금 일념一念을 가加한 것이 10세世와 5방方이니 곧 10무극无極과 5황극皇極이다. 이미 쌍조雙照하고 쌍망雙忘한 것이라면 그 상대적 대칭도 없음이니 곧 절대적絶對的 성품이다.

고로 당금 일념一念은 그 자체로써 순수한 1상임과 동시에 순수한 0상이다.

순수한 1상과 순수한 0상의 절대성絶對性을 상제上帝라 하고 이러한 절대성絶對性이 스스로 허명虛明하여 무위無爲의 공용功用을 발현하니 이것을 "上帝照臨상제조림"이라 한다.

무위無爲의 일념일념一念一念이 무량하여 끊임이 없는 성聲을 "于于而而우우이이"라 하나니 곧 10,10,1,1의 성품이요, 이러히 10,10,1,1 우우이이于于而而의 용用을 발發하되 5,5,10,10 "正正方方정정방방"의 체體를 잃지 않으니 백만억百萬億 무량수겁無量數劫에 나아가도 이 또한 모두 호호好好한지라 이르되 "好好無量호호무량"이라 하신 것이다.

이상으로 십일일언十一一言을 마치다.

十二月二十四節氣候度數

卯月初三日乙酉酉正一刻十一分 元和
　　十八日庚子子正一刻十一分 中化
辰月初三日乙卯卯正一刻十一分 大和
　　十八日庚午午正一刻十一分 布化
巳月初三日乙酉酉正一刻十一分 雷和
　　十八日庚子子正一刻十一分 風化
午月初三日乙卯卯正一刻十一分 立和
　　十八日庚午午正一刻十一分 行化
未月初三日乙酉酉正一刻十一分 建和
　　十八日庚子子正一刻十一分 普化
申月初三日乙卯卯正一刻十一分 清和
　　十八日庚午午正一刻十一分 平化

酉月初三日乙酉酉正一刻十一分 成和

　　十八日庚子子正一刻十一分 入化

戌月初三日乙卯卯正一刻十一分 咸和

　　十八日庚午午正一刻十一分 亨化

亥月初三日乙酉酉正一刻十一分 正和

　　十八日庚子子正一刻十一分 明化

子月初三日乙卯卯正一刻十一分 至和

　　十八日庚午午正一刻十一分 貞化

丑月初三日乙酉酉正一刻十一分 太和

　　十八日庚子子正一刻十一分 體化

寅月初三日乙卯卯正一刻十一分 仁和

　　十八日庚午午正一刻十一分 性化

신유辛酉 신묘辛卯 계미癸未 신해辛亥는 후천后天의 시원始元이다.

신유辛酉 신묘辛卯 을유乙酉 을유乙酉는 후천后天의 시절始節이다.

차장此章은 후천后天의 24절節 기후도수氣候度數를 밝힌 것이니 묘술존공卯戌尊空에 자오묘유子午卯酉가 사정四正에 위치하며, 경도經度와 위도緯度가 정正함에 천지天地의 축軸이 정립正立하여 절기節氣가 항상 3도와 18도의 사정四正에 바르게 들어옴을 나타낸 것이니 이른바,

임오壬午30도 정남正南이며,

계미癸未1도이며,

을유乙酉3도 정서正西이며,

임자壬子30도 정북正北이며,

계축癸丑1도이며,

을묘乙卯3도 정동正東이며,

정유丁酉15도 정서正西이며,

무술戊戌16도이며,

경자庚子18도 정북正北이며,

정묘丁卯15도 정동正東이며,

무진戊辰16도이며,

경오庚午18도 정남正南이니,

모두 사정四正의 위位에 절기節氣가 바르게 입入하는지라 이로써 기후가 순조롭고 땅이 비옥하여 유리세계琉璃世界라 하여 이르되 "龍華歲月용화세월"이라 하는 것이다. 절기節氣의 시時가 항상 1각角 11분分에 들어오는 것은, 1각角은 15분分이니 천지天地의 분分을 법法함이며 11분分은 천지天地가 11의 용정用政에 나아감이 있으나 항상 십일귀체十一歸體의 위位를 여의지 않으므로 이러히 그 상象을 도수度數에 배配하여 법法한 것이다.

화和는 화합和合이요 화化는 분화分化이니, 만물萬物이 분화分化의 극極인 묘유卯酉를 체體로 해 화和하여 합合하여 오고 만물萬物이 화합和合의 극極인 자오子午를 체體로 해 다시 화化하여 분分하여 가므로, 그 절기節氣의 이름 또한 이와 같이 명名한 것이다. 24절기節氣의 명名은 시절時節에 따라 연然하여 적절히 명名한 것이니 학자學者는 깊이 연구하여 그 맛을 보기를 바란다.

이상으로 정역진경주해正易眞經註解를 마치다.

제5장

# 民族經典민족경전 註解주해

# 1. 天符經천부경 註解주해

내가 외국에 있어 한국의 학계소식을 접할 기회가 없다가 우연한 기회에 한국의 여러 학자들과 지식인들의 천부경天符經 해설과 강의를 보고 들음에 그 학설이 분분紛紛하고 잡雜하여 혹 미진한 점이 있는 것 같아 이로써 해설을 하게 되었다.

우주만물의 이치가 역경易經의 괘卦와 효爻와 수數와 상象에 지나지 않으니 경經을 해설함에 있어 철저히 이에 의依하여 논論하였다.

천부경天符經의 나온 연유와 내력은 역사학자들께 맡기기로 하고 여기서는 그 이치만을 풀어 나가기로 하겠다.

천부경天符經은 물리物理의 가장 기초적인 수리數理를 밝힌 논論이다. 비록 그 이치가 시始함도 없고 종終함도 없어서 일체 우주 삼라만상이 공상空相이며 환영幻影이로되, 그러나 그 환영幻影이 아니면 진眞을 밝힐 수도 없을 것이므로 가假를 의依해 진眞을 밝혀서 범생凡生으로 하여금 그 근본을 알아 일체가 진眞에 돌아오게 하시니 가可히 그 덕화德化가 크다 할 수 있다.

一始無始一 析三極無盡本

天一一 地一二 人一三 一積十鉅 無匱化

三天二 三地二 三人二 三大三合 六生

七八九 運三 四成 環五

七一妙衍 萬往萬來

用變 不動本 本 心 本 太陽昂明

人中天地一 一終無終一

**一일에 始시하되 無始무시의 一일이니 析三極석삼극한 無盡本무진본이니라.**

일一에서 비롯하되 비롯함이 없는 일一이니 삼극三極에 나뉜 다함없는 근본이니라.

1은 0을 여의지 않은 1이라 "一始無始一일시무시일이요 一終無終一일종무종일"이다.

우주만물 최초의 시작인 1을 점點하고 선線할 수 있다는 것은 본래 그 이면에 이미 백지白紙와 같은 공空의 의義가 있기 때문이다.

고로 0이 아니면 1도 점點하고 선線할 수 없고 1이 아니면 0인 공간의 의義도 나타내지 못한다.

고로 1을 찍음에 0상도 동시에 함께 나타나나니 이로써 1과 0은 동시에 존재한다 할 수 있고, 이것은 하나이면서 둘이요 둘이면서 하나라 이르되 "兩儀一太極양의일태극"이라 한다.

최초의 1을 점點했다는 것은 최초의 일으킨 한 생각이다.

백지白紙만이 존재 할 때는 이것이 백지白紙인지 무언지 아무 의미가 없다가 드디어 백지白紙라는 인식을 일으킴에 비로소 백지白紙인 것이요, 드디어 최초 인식의 1점點이 찍힘에 백지白紙라는 0상도 동시에 함께 나타나는 것이니, 고로 하나이면서 둘이요 둘이면서 하나인 것이다. 이로써 1이 곧 0이요 0이 곧 1이라 비록 1을 찍음으로 인해 우주가 시작됨이 있으나 그 뿌리는 다만 0상의 공空일뿐이니 이로써 "一始無始一일시무시일"인 것이다.

1점點은 본래 그대로인 1이요 1선線은 1과 0의 상대성 개념의 가상假相의 선線이다.

이러한 가상假相의 선線을 동動이라 하고 이에 동動이라는 것은 한번 일어났다 꺼지고 다시 그 꺼짐을 의해 일어나는 그 위치의 변위變位이다.

이러히 최초에 일어난 1점點을 천양天陽이라 하고, 최초의 1점點으로 인해 나타난 0상을 지음地陰이라 하며, 이러한 1상과 0상을 동시에 갖추어 관찰하는 상相의 개념을 인人

이라 하니 인人은 1점點의 천양天陽과 분2分二의 0상인 지음地陰을 동시에 갖춤이 된지라 이것을 인3人三이라 하여, 3재三才 또는 3극三極이라 한다.

1에서 비롯한 1이 비롯됨이 없는 무시無始의 1이라면 이미 이러한 1점點의 1은 무시無始라는 0상의 공간상을 포包한 1인 것이니, 곧 1과 0이 동시라는 것이고 1과 0의 이러함을 인식해 관하여 비로소 1과 0의 의義를 세워서 1과 0을 하나로 이음이 곧 선線의 개념인 것이다.

1점點은 1의 상象이니 천天이요, 분2分二는 0의 상象이니 지地요, 이러한 1과 0을 동시에 인식해 관찰함은 천지天地의 합合이니 곧 1선線의 상象인 인人이다.

이것은 3극三極에 나뉘었으되 오직 1선線인 것이니 최초의 1선線으로 인하여 시공時空의 상相이 나타나고 만물이 생성해 다함이 없는지라 이르되 "無盡本무진본"이라 한다.

다시 관하건대 1선線의 상象인 인人은 천지만물天地萬物의 중中이며 이로써 삼위일체三位一體라 하는 것이니, 이것은 3원元이요 구조적構造的 관점에서 관찰한 것이다.

**天一천일은 一일이요 地一지일은 二이요 人一인일은 三삼이라 一積일적하야 十鉅십거하니 無匱化무궤화이니라.**

천일天一은 일一이요 지일地一은 이二요 인일人一은 삼三이라 일一을 적積하여 십十에 넓히니 다함없는 화化이니라.

천일天一의 일점一點은 순수한 1상이니 1이요, 지일地一의 일점一點은 1을 찍음으로 인하여 나타난 분이分二의 상象이니 0이요, 인일人一의 일점一點은 이러한 순수한 1상象과 분이分二의 0상象을 동시에 갖춘 일점一點이니 곧 삼三이다. 이것은 천지인天地人 하나하나의 상象이 이러함을 나타낸 것이니 이것 또한 구조적構造的 관점에서 관찰한 것이다.

1을 찍음으로 인해 0상이 나타나고 이에 1과 0을 이은 선線의 의義가 생하며 이에 상하를 이은 선線의 좌우에 좌우의 의義도 동시에 나타나나니, 이로써 4방의 의義를 동시에 갖춤이 된지라 사방四方의 위位를 적積하고 합하여 10에 존尊하고 넓혀서 우주의 수數를 만성함에 그 화화化化가 무진無盡해 다함이 없는지라, 이르되 "一積十鉅일적십거 無匱化무궤화"라 한다.

10에 존尊한다는 것은 사방이 합일合一함에 오직 하나인지라 그 체성體性이 존귀尊貴한 것이요, 넓힌다는 것은 사방四方의 합인 10을 체體로 해 다시 1 2 3 4에 분分하여 9 8 7 6의 무한한 장場을 만들어 낸다는 것이다.

사방四方의 합인 10에 분分하여 9 8 7 6이 된다는 것은 10의 장場 내에 1을 일으킴에 동시에 9가 나타나고, 2를 일으킴에 동시에 8이 나타나며, 3을 일으킴에 동시에 7이 나타나고, 4를 일으킴에 동시에 6이 나타남을 말함이니, 이것은 상대적相對的인 대칭적對稱的 관점에서 관찰한 것이다.

**三天삼천은 二이요 三地삼지도 二이요 三人삼인도 二이이니 三大삼대가 三合삼합에 六육이라 生七八九생칠팔구에 運三운삼이니 四成사성하고 環五환오하나니 七一칠일에 妙衍묘연하야 萬往萬來만왕만래하나니라.**

3천三天은 2요 3지三地도 2요 3인三人도 2이니 3대三大가 3합三合함에 6이라 7 8 9를 생生함에 3에 운運한 것이니 4를 성成하고 5에 환環하나니 7과 1에 묘妙하게 연衍하여 만왕만래萬往萬來하나니라.

천天의 존재는 지地와 인人을 갖추어야 비로소 천天이라 할 수 있고, 지地의 존재는 천天과 인人을 갖추어야 비로소 지地라 할 수 있으며, 인人의 존재는 천天과 지地를 갖추어야 비로소 인人이라 할 수 있다. 이것은 천天1 지地1 인人1이 이미 각각 둘을 포함한 상象이라 이르되 "三天3천은 2요 三地3지도 2요 三人3인도 2"라고 한 것이다.

어떤 학자가 있어 이것을 달리 관하여 각각의 천지인天地人에 음양陰陽이 들어있다 하여 6위를 성한다고 하여도 이치의 추론推論에 어긋남이 없으나, 그러나 삼천三天 삼지三地 삼인三人이라는 곳에 나아가서는 그 논論함에 있어 다하지 못함이니 그 추론推論이 충분치 못한 것이다.

이러한 천지인天地人을 3대三大라 하고 천天1 지地2 인人3의 3대三大의 위位를 합함에 곧

6이니 이로써 본래 천지인天地人이 하나인 삼위일체三位一體의 수數는 곧 6인 것이다.

이러한 6의 위수位數는 이미 천지인天地人의 상象인 1 2 3을 머금은 전체적 하나의 수數인지라 이에 다시 극極하여 동動함에 천天1을 함含한 상象을 취하여 7을 생하며, 지地2를 함含한 상象을 취하여 8을 생하며, 인人3을 함含한 상象을 취하여 9를 생한다.

이것은 하나가 된 6이 다시 천지인天地人 3대三大에 운運한 것이라 고로 운삼運三이라 하고, 이러한 운삼運三에 자연히 1로부터 9까지의 수數가 나타나 사상四象의 4방과 8방을 성成하니, 이에 1과 9의 중中은 자연히 5가 되어 만물이 이러한 중5中五를 중심으로 환環하므로 이르되 "運三운삼 四成사성 環五환오"라 한 것이다.

이것을 괘卦의 상象과 효爻의 수數로써 관하건대,

1양陽의 효爻는 수數의 3이며 1음陰의 효爻는 수數의 2이다.

3재才는 건곤乾坤 삼효三爻의 위位다.

초효初爻의 위位에 1양陽1음陰이니 3과 2이며, 중효中爻의 위位에 1양陽1음陰이니 또한 3과 2이며, 상효上爻의 위位에 1양陽1음陰이니 이 또한 3과 2다. 이것은 만물이 1양陽이 생함과 동시에 상대적으로 1음陰도 함께 나타남을 의미한다.

3재才를 순양건괘純陽乾卦의 위位로써 보면 천天도 3이요, 지地도 3이요, 인人도 3이며, 3재才를 순음곤괘純陰坤卦의 위位로써 보면 천天도 2요, 지地도 2요, 인人도 2인지라, 이것을 "三天二삼천이 三地二삼지이 三人二삼인이"라고 하는 것이다.

이렇듯 이미 건乾과 곤坤의 상대적 개념이 나타남에 1상의 양陽이 0상의 음陰을 포包하며 0상의 음陰이 1상의 양陽을 함含하는 상相이 있어서, 서로 교交하여 3위位의 효爻에 8괘卦를 성成하며 다시 중重하여 6위位의 효爻에 64괘卦를 성成하여 만물을 다 성成함이 된다.

건乾과 곤坤은 각각 제6위에 순양純陽의 천天과 순음純陰의 지地를 성成한다.

순양純陽은 양陽의 극極이며 순음純陰은 음陰의 극極이다.

만물이 극極하면 굴신屈伸하여 반反하므로 이에 택천쾌澤天夬와 산지박山地剝이 이를 상象한다.

택천쾌澤天夬의 제6위인 1음陰은 5양陽을 함含하며 산지박山地剝의 제6위인 1양陽은 5음陰을 포包한다.

제6위에 건도乾道와 곤덕坤德을 다 이루고 이를 체體로 하여, 건도乾道가 비로소 곤덕坤德을 행하여 분分함에 택천쾌澤天夬요 곤덕坤德이 비로소 건도乾道를 행하여 합合함에 산지박山地剝이다.

고로 제6위의 1음陰과 1양陽의 효爻는 만물의 다시 시작하는 위位이니 곧 7위位이면서 제1위位인 것이다. 이렇듯 제6위位의 12효爻의 위位에 다 성成하고 또 다시 돌아와 시작해 순환하여 끊임이 없으니, 이로써 "7과 1에 妙묘하게 衍연하여 萬往萬來만왕만래" 하는 것이다.

칠일묘연七一妙衍의 위位는 만물이 극極하면 굴신屈伸해 반反하여 다시 시작되는 위位다.

양陽이 제6위에 극極하면 굴신屈伸해 반反하여 음陰으로 화化하며 음陰이 제6위에 극極하면 굴신屈伸해 반反하여 양陽으로 변變하는지라, 화化하고 변變한 제6위를 다시 초효初爻의 제1위로 삼으니 이것은 곧 초효初爻가 제7위로되 초효初爻의 제1위가 된 것이니, 양陽이 음陰으로 화化하며 음陰이 양陽으로 변變한 제1위인지라 이로써 7,1묘연七一妙衍인 것이다.

**用變용변은 不動부동이 本본이니 本본은 心심이 本본이라 太陽昻明태양앙명이니 人中인중에 天地천지는 一일인지라 一일에 終종하되 無終무종의 一일이니라.**

용변用變은 부동不動이 본本이니 본本은 심心이 본本이라 태양太陽이 앙명昻明한 것이니 인중人中에 천지天地는 일一인지라 일一에 종終하되 종終함이 없는 일一이니라.

"用變용변"이라는 것은 순수한 1상에 0이라는 인식이 붙어 이로 인해 동動하고 변變하며, 순수한 0상에 1이라는 인식이 붙어 이로 인해 동動하고 변變함을 말한다.

"用變용변은 不動부동이 本본"이라는 것은 일체 분별인식이 본래의 순수한 1상과 순수한 0상의 절대성絶對性이 아니면 분별인식의 용변用變도 일어나지 않을 것이니, 비록 용변用變하여 만상萬象을 지어감이 있으나 그 근본은 부동不動이 본本이라는 것이다.

순수한 1상을 1상이라고 인식하는 순간 그 대상인 인식의 상相은 곧 0상이요 순수한 0상을 0상이라고 인식하는 순간 그 대상인 인식의 상相은 곧 1상인 것이다. 이것은 1과 0이 잡雜한 것이라 이로써 동動하고 변화하는 상相이 일어나는 것이다.

이에 순수한 1상과 순수한 0상에 1과 0이라는 분별인식을 멸滅하면 곧 동動하고 변變하는 상相도 없을 것이니, 곧 순수한 1상의 건乾과 순수한 0상의 곤坤이라 이것을 "不動本부동본"이라 한다.

이것은 우주 천지 만물에 자연하여 능히 생각과 말과 분별로 도달치 못하는 경계라 이것을 근본의 심心 즉 "本心本본심본"이라 한다.

복희씨伏羲氏 64괘 중에 용변用變의 괘卦는 6자子의 괘卦이니 모두 36괘卦가 있고 건곤乾坤 우주의 체體가 되는 괘卦는 천지天地 부모父母의 괘卦이니 모두 28괘卦가 있다.

6자子의 괘卦가 36궁宮에 변화하여 천지天地 부모父母인 건곤乾坤을 이루니 곧 부동不動이 그 본本이요, 이것은 정定의 상象인 감괘坎卦☵와 혜慧의 상象인 리괘離卦☲가 합하여 정혜定慧를 쌍雙으로 닦아가 순수한 1상인 건괘乾卦를 성成하거나 순수한 0상인 곤괘坤卦를 성成한 것이니, 천부天符에 말씀하신 의義는 특히 양명陽明의 상相을 취하여 건괘乾卦의 순수한 1상인 천부天符를 이루는 것을 말씀하심이다.

양명陽明이란 것은 감괘坎卦가 리괘離卦의 상효上爻와 초효初爻인 양陽을 취하여 합함에 양陽이 명明한 것이요, 이러히 양陽이 밝음으로 인해 건괘乾卦의 순수한 1상의 절대성을 성成함을 말한다. 또한 이것은 감괘坎卦의 상효上爻에 간괘艮卦의 양효陽爻가 명明하며 초효初爻에 진괘震卦의 양효陽爻가 명明한 상相도 되는지라, 이것을 이르되 "太陽昻明태양앙명"이라 하는 것이니 곧 양명금陽明金의 시중지중時中之中인 것이다.

여기서 감리坎離의 합合은 상대성의 합合으로 관觀한 것이므로 문득 동시에 이루는 상相이며, 감坎에 간진艮震의 합合은 생성차제의 상相으로써 관觀한 것이므로 차제로 닦아가 이루는 상相이다.

이렇듯 리괘離卦의 상相인 태양太陽의 양陽을 앙昻하여 건괘乾卦를 성成함이 되어서 만물의 근본인 절대성의 부동경지不動境地를 달達함이니, 이것을 심心이라 하여 "本본은 心심이 本본"이라고 한 것이다.

인중人中은 5황극皇極을 가리킴이니 5황극皇極은 1천天의 체體와 4지地의 체體가 합合하여 이 둘을 동시에 갖춘 성품이요, 또한 2지地의 용用과 3천天의 용用도 함께 갖춘 성품이라 이미 천지天地와 더불어 하나가 된 상象이므로 "人中인중에 天地천지는 하나"라 한 것이다.

이렇듯 천지인天地人이 합도合道하여 하나인 1로 돌아오니 이러한 1의 근본은 곧 0상이 본本인지라 비록 1에 돌아와 종終함이 있으나 그 종終함도 가히 찾아볼 수 없음이니, 이르되 "一終無終一일종무종일"이라 하는 것이다.

천부경天符經 해설을 마치다.

## 2. 地符經지부경 註解주해

지부경地符經은 물리物理의 완성完成과 이로부터 다시 시작始作됨을 수리數理로써 밝힌 논論이다.

**十終有終十 靜九抱一**

**一九百宏 動十生一**

**析化三三 天一 貫五七 地一 貫四八 人一 貫六九**

**神龜負九五 極圖本 七八化象 行三八政**

**乾坤配合 通約九六 六六大化**

**十十理機 三十六宮 十三月國 神人百八 十十行道大神機**

**漏盡一九 宏同化十 十始有始十**

**十終십종하되 有終十유종십이니 靜九抱一정구포일인지라**

**一九百宏일구백굉하야 動十生一동십생일이니라.**

십十에 종終하되 종終함이 있는 십十이니 구九를 정靜하여 일一을 포抱하며 일구백굉一九百宏이라 십十이 동動함에 일一을 생生하나니라.

0은 1을 여의지 않은 0이라 "十終有終十십종유종십이요 十始有始十십시유시십"이다.

10은 아직 분절分節되지 않은 순수純粹한 1선線의 체體가 2에 분分하고, 3에 합合하며, 4에 분分하고, 5에 합合하며, 6에 분分하고, 7에 합合하며, 8에 분分하고, 9에 합合함에, 9는 최초의 1과 합合하여 10을 성成한 것이니 10은 곧 종終과 시始가 하나인 무극无極의 체體이다.

이것은 "9를 靜정하여 1을 抱포"한 것이니 곧 전체가 하나인 10인 것이다.

〈정구포일靜九抱一〉

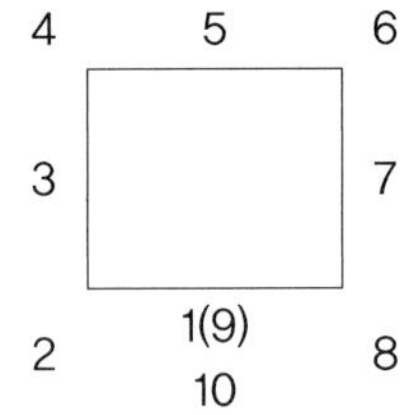


9를 정靜함은 9는 곧 허수虛數인 연고다.

9가 허수虛數라는 것은 9에 모든 수數를 더하여도 단수화單數化함에 모든 수數가 같은 수數를 얻는지라 이에 9는 없는 수數라 하여 허수虛數라 한 것이니 9는 곧 0이라는 것이다.

9가 곧 0이라는 것은 9+1=10=1 9+2=11=2 9+3=12=3………하여 8에 이르러도 9+8=17=8이 되어서 무량수에 나아가 아무리 더하여도 같은 수數를 얻으므로 9=0인 것이니, 이로써 9가 정靜함이 자연한 것이다.

만물의 수數가 9에 극極하고 정구靜九함에 1이 홀로 소소昭昭하여 9를 포包하니 "一九百宏일구백굉"이라 하고, 이에 10은 이미 일구백굉一九百宏의 상象을 갖춤이라 자연히 동動함이 있어 1을 생生하는 것이다.

9가 최초의 1을 포抱하여 종終과 시始가 이어진 원상圓相을 이루니 곧 10이라 10은 곧 1이므로 유종십有終十이며 유시십有始十이다.

10이 곧 1이라는 것은 10에 모든 수數를 더하여 단수화單數化하면 모든 수數가 항상 1이 더해진 수數를 얻는지라 이로써 10은 곧 1이라 하는 것이다.

9가 0이라면 10은 1이다.

10이 1이라는 것은 유종有終 유시有始라는 것이니 이른바 10+1=11=1+1=2 10+2=12=1+2=3 하여 나아가 10+8=18=1+8=9 10+9=19=1+9=10=1+0=1이라 모든 수數가 10과 합함에 1을 가加한 수數를 얻음이 되어서 수數의 1상은 있는 상相이라 이로써 끝남도 있고 시작함도 있는 것이니, 이것을 이르되 "十終有終十십종유종십이요 十始有始十십시유시십"이라 하는 것이다.

단수화單數化의 온 바는 정역진경주해正易眞經註解에 이미 밝혔다.

정구포일靜九抱一에 십무극十无極의 경지를 체달하며 일구백굉一九百宏에 동십생일動十生一하여 만물을 홍익弘益하니 그 화화化化가 가히 대大한 것이다.

9는 구세九世이니 만물이 구세九世의 내에서 벗어나지 못함은 구세九世 내에 있는 모든 식해識海와 분별分別과 상수象數와 언사言詞의 상相등에 집착執着된 연고이니, 이제 구세九世 내의 모든 분별分別과 집착執着들을 정靜하여 놓으면 즉시 십무극十无極의 경지를 체달한다.

**析化三석화삼에 三삼이니 天一천일은 貫五七관오칠하고 地一지일은 貫四八관사팔하고 人一인일은 貫六九관육구하나니라.**

삼三에 석析하여 화化함에 삼재三才이니 천일天一은 오칠五七에 관貫하고 지일地一은 사팔四八에 관貫하며 인일人一은 육구六九에 관貫하나니라.

삼三은 삼효三爻의 위位인 천지인天地人이니 곧 3재三才다.

석화析化는 분화分化한다는 것이니 일도一道가 삼재三才에 분화分化함에 천天은 1이며 지地는 2이며 인人은 3이다.

천天이 1이 되는 것은 합일合一의 의義인 일원一圓의 상相인 연고요, 지地가 2가 되는 것은 분이分二의 의義인 방각方角의 상相인 연고요, 인人이 3이 되는 것은 이러한 천天1과 지地2의 원방圓方과 분합分合의 상相을 동시에 관찰하는 의義인 연고다.

천天1은 합일合一의 상相이며, 지地1은 분이分二의 상相이며, 인人1은 천지天地를 동시에 갖추어 머금은 상相이라, 천天1은 합일合一의 상相이니 4방과 6방의 중中1점點인 5와 7에 합하여 오고, 지地1은 분이分二의 상相이니 4방과 8방에 분리되어 가며, 인人1은 천지天地를 동시에 갖추어 머금은 상相이므로 이르되 "天一貫五七천일관오칠 地一貫四八지일관사팔 人一貫六九인일관육구"라고 하는 것이다.

"人一貫六九인일관육구"한다는 것은 곤坤의 3효爻는 순음純陰이니 수數의 6이며 건乾의

3효爻는 순양純陽이니 수數의 9인지라, 인人은 천지天地의 건곤乾坤을 동시에 갖춘 위位이며 상象이므로 이에 인일人一은 관육구貫六九하여 용육用六 용구用九한다는 것이다.

이러한 "天一貫五七천일관오칠"과 "地一貫四八지일관사팔"은 천지天地의 합일合一과 분화分化되어 가는 가장 근본적 기초적인 운행의 묘妙를 밝힌 것이니, 다만 5,7과 4,8에만 국한하여 그침이 아니다. 8방의 중中은 9이며, 10방의 중中은 11이며, 이렇듯 무량에 나아가는 모든 방각方角의 상相은 곧 지地1의 상相에 관貫함이 되며, 그 중中은 천天1의 합일合一의 상相에 관貫한 것이 되어서 천지天地는 이렇듯 분分과 합合을 동시에 겸하여 무한에 생성해 나아감을 나타낸 것이다.

**神龜신구에 負九五부구오하니 極圖극도가 本본이요 七八칠팔에 化象화상하니 行三八政행삼팔정이니라.**

신구神龜에 구九와 오五가 부負하니 극도極圖가 본本이요 칠팔七八에 상象을 화化하니 삼팔정三八政이 행行하나니라.

"神龜신구"는 약 4200년전 하夏나라 우禹임금인 대우大禹의 구궁九宮의 수數다.

9궁宮의 수數에 5가 중中이니 이로써 "負九五부구오"라 하였다.

9를 놓아 정靜하여 포抱1하며 10에 동動하여 1을 생生하며 5를 동動하여 6에 신伸하니 진실로 극도極圖가 그 근본이다.

소양素陽의 극도極圖는 정역진경正易眞經 내에 이미 나타나 있다.

삼남괘三男卦는 각각 1양陽과 2음陰이니 수數의 7이다.

삼녀괘三女卦는 각각 1음陰과 2양陽이니 수數의 8이다.

곤坤이 삼남괘三男卦에 상象을 화化하며 건乾이 삼녀괘三女卦에 상象을 화化하니 이것을 "七八칠팔에 象상을 化화한다"고 한다.

순음純陰의 상相인 곤坤의 체體가 내괘內卦에 간艮 감坎 진震의 양효陽爻를 취하여 건乾을 생生하며 외괘外卦에 진震 감坎 간艮의 양효陽爻를 취하여 건乾을 성成하니 곧 건위천乾爲天이다.

이것은 7 8 9와 4 3 2의 위位에 삼남괘三男卦가 운運하여 10건乾의 도道를 성成한 것이다.

순양純陽의 상相인 건乾의 체體가 내괘內卦에 태兌 리離 손巽의 음효陰爻를 취하여 곤坤을 생生하며 외괘外卦에 손巽 리離 태兌의 음효陰爻를 취하여 곤坤을 성成하니 곧 곤위지坤爲地이다.

이것은 9 8 7과 2 3 4의 위位에 삼녀괘三女卦의 상相에 화化하여 5곤坤의 덕德을 성成한 것이다.

칠팔화상七八化象에 생위生位와 성위成位의 각 위位가 11의 수數를 얻으니 곧 극도極圖가 본本이다.

간艮에서 시始하여 간艮에 종終하여 천天을 성成하며 태兌에서 시始하여 태兌에 종終하여 지地를 성成하니, 곧 3태兌 8간艮의 정政이라 곧 "行三八政행삼팔정"이다.

행삼팔정行三八政에 10건乾과 5곤坤이 북北과 남南에 정립正立하고 8간艮 3태兌가 동東과 서西에 서로 교交하니 곧 정역팔괘正易八卦다.

이상은 정역진경주해正易眞經註解에 이미 상세히 하였다.

**乾坤配合건곤배합에 通約九六통약구육하야 六六육육에 大化대화하나니**

**十十理機십십리기에 三十六宮삼십육궁이라 十三月國십삼월국에 神人百八신인백팔이니**

**十十行道십십행도에 大神機대신기로다.**

건곤배합乾坤配合에 구九와 육六이 통약通約하여 육육六六에 크게 화化하나니 십십리기十十理機에 삼십육궁三十六宮이라 십삼월국十三月國에 신인백팔神人百八이니 십십행도十十行道에 대신기大神機로다.

건乾이 곤坤의 초初 중中 상효上爻를 득得하여 3녀女의 괘卦가 되며 곤坤이 건乾의 초初 중中 상효上爻를 득得하여 3남男의 괘卦가 되니, 이 모두가 용육用六과 용구用九의 용用이라 이르되 "乾坤配合건곤배합 通約九六통약구육"이라 한다.

3남男과 3녀女의 괘卦를 6자子라 한다.

건乾6효爻를 체體로 하여 태兌리離손巽 손巽리離태兌가 운運하니 곧 3녀女의 행行이요, 곤坤6효爻를 체體로 하여 간艮감坎진震 진震감坎간艮이 운運하니 곧 3남男의 행行이라 이것을 "六六大化육육대화"라 한다.

이러한 6자子의 운행에 각위各位가 십일귀체十一歸體하니 십십리기十十理機요 6자子의 괘卦가 모두 36궁宮내의 괘卦이니 이르되 "十十理機십십리기 三十六宮삼십육궁"이라 한다.

이렇듯 6자子의 운행에 건乾6위位와 곤坤6위位의 12위位를 만성滿成하여 천지天地의 도道와 덕德을 다하니, 이 도道와 덕德을 체體로 한 13위位에서 다시 시작함에 "十三月國십삼월국"이라 한다.

우주의 운행은 3재才를 갖춘 연후에야 비로소 운행한다.
고로 인人3이 6자子의 36궁宮에 행行함에 "神人百八신인백팔"인 것이다.

이러한 6자子의 운행에 각위各位가 십일귀체十一歸體하니 이르되 "十十行道십십행도"라 하고, 십십행도十十行道에 일일一一의 체體를 잃지 않는지라 이르되 "大神機대신기"라 한다.

국國은 나라를 말함이니 만백성과 그 행위가 모두 들어있는 상相이다.
고로 천지天地의 체용體用이 모두 들어있음을 국國이라 한 것이니 곧 10이요 이에 3은 인人이다. 고로 또한 "十三月國십삼월국"이라 한다.

"神人百八신인백팔"은 36괘卦의 상象이 모두 인人의 용괘用卦이며 용괘用卦의 각 위位가 11의 체體를 잃지 않아서 그 십십十十의 행行과 행行이 신묘神妙한지라 이르되 "神人신인"이라 하고, 그 행行과 행行이 6자子의 운행하는 36궁宮에 벗어나지 않아서 인人3이 36궁宮에 행行함에 108인 것이니 이것이 곧 십십十十에 일일一一의 도道를 행行하는 큰 신神의 기틀이므로 이르되 "大神機대신기"라 하는 것이다.

신묘神妙는 양陽과 음陰의 1상과 0상을 쌍雙으로 비추며 쌍雙으로 잊은 쌍조雙照 쌍망雙忘의 경지다.

유有를 행行하되 항상 공空을 잊지 않으며 공空을 행行하되 항상 유有를 잊지 않아서 쌍雙으로 동시에 비추며 쌍雙으로 동시에 둘을 다 잊어서 0은 그대로 순수한 0이요 1은 그대로 순수한 1임을 신묘神妙라 하는 것이니, 이러한 경지를 체달한 인人을 이르되 "神人신인"이라 한다.

**漏盡누진한 一九일구에 宏同굉동하야 化十화십하니 十始십시하되 有始十유시십이니라.**

누漏가 다한 일구一九에 두루 같이해 십十에 화化하니 십十에 시始하되 시始함이 있는 십十이니라.

"漏盡루진한 一九일구"는 정구포일靜九抱一하여 이미 루漏가 다한 10무극无極의 성품인 것이니 곧 생멸生滅이 멸滅한 무루無漏의 경지다.

법성法性의 체體가 머무름이 없어서 항상 만물과 더불어 같이함을 "宏同굉동"이라 한다.

10무극无極의 성품이 비록 무루無漏의 경지이나 9로부터 온 1인지라 이에 굉동宏同해 10을 화化하여 1을 생生하니, 이것은 0이 1을 여의지 않은 0상이라 이르되 "十始有始十십시유시십"이라 한다.

지부경地符經 해설을 마치다.

# 부록

# 1. 編者편자의 辯변

1) 저술 의도

편자編者의 변辯은 우리 한반도에서 유래한 정역진경正易眞經을 전혀 새로운 관점으로 풀어낸 정역진경주해正易眞經註解(이하 "주해註解"라 한다)를 독서함에 있어 보다 손쉽게 접근할 수 있도록 지은 편자編者의 글이다. 주해註解는 기존의 선천先天의 진퇴지정進退之政에 입각한 윤역閏曆적 사고방식에서 벗어나, 후천后天의 굴신지도屈伸之道와 성리지도性理之道에 입각한 정역正曆적 사고방식에 기초하고 있기 때문에, 이에 대한 사전 이해가 없을 경우 문맥을 파악하기가 매우 어려울 것으로 우려되어 저자의 본뜻을 혹시라도 해할 수 있는 오류의 가능성에도 불구하고 이 글을 쓰게 되었다.

이 글은 주해註解의 본문에 대한 이해를 높이는 길잡이 역할을 위해 저술하였으나, 이 글이 주해註解의 본뜻과 일치하지 않거나 본뜻을 왜곡하는 부분에 대한 책임은 오로지 편자編者의 책임임을 밝힌다.

2) 편자 소개

편자編者는 이번 주해註解의 출판에 있어서 책의 개괄적인 편집과 도표와 도해의 삽입 등을 담당하였다. 편자編者는 공공기관에서 근무하고 있는 회사원으로 90년대에 대학을 다녔으며 법학을 전공하였다. 편자編者는 동구권의 몰락과 신자유주의의 등장이라는 역사적 전환기를 헤쳐 나갈 철학적 돌파구를 갈구했던 시대를 살았고, 이러한 대안적 패러다임에 대한 갈증과 애착은 현재 진행형이라고 생각한다.

다행히 소양素陽 이규일 선생을 뵙게 되어 고금古今을 통틀어 불세출의 역작力作인 정역진경正易眞經을 공부하고 출판에 이르게 되었다. 편자는 이번 출판을 계기로 정역진경의 보급과 확산을 일생의 사명으로 생각하게 되었다. 정역진경은 우주의 생성변화가 선천에서 후천으로 이행되는 점 외에도, 인류의 세계관과 인식의 패러다임을 획기적으로 변화시킬 것이다.

젊은 시절부터 동양철학에 관심이 많았고, 지금은 대학원에서 동양철학 박사과정을 전공하고 있다. 이러한 동양철학에의 관심은 정역진경과 소양 선생을 조우하는 계기가 되었으리라 생각한다. 편자와 정역진경과 소양 선생과의 인연, 주해의 핵심사상과 주요내용, 배경지식 등에 대해서는 이하에서 서술하겠다.

3) 편자와 소양 선생의 인연

소양素陽 이규일 선생은 한국에서 한ㅍ의학을 전공하고 남미 볼리비아로 이주한 후 서양의학을 전공하여 동서양 의학과 의술에 밝고, 동양철학의 정수精髓인 유불선儒佛仙에 정통한 재야在野의 숨은 학자學者이다. 현재는 멕시코에서 건강기능식품회사인 아로솜컴퍼니(AROSOMCOMPANY)를 설립하여 운영 중이며, 주력상품인 소아로(SOARO)를 통해 인류의 건강 증진에 이바지하고자 노력하고 있다.

소양 선생은 주해註解의 연법緣法에서 밝혔듯이 탄허 스님 친견 후 스님의 저술들을 탐독하다가 주역선해(김탄허, 교림출판, 1982) 3권 부록에 있는 정역에 관한 논설의 보완이 필요함을 느끼고, 이에 대한 연구를 거듭하여 극도極圖를 그림과 함께 정역진경正易眞經의 이론적 체계를 정립하여 이번 출판에 이르고 있다.

편자編者와는 소양 선생의 인연은 정역진경에 관한 이론이 실린 인터넷 카페를 통해 교류를 시작한 99년 이후 현재에 이른다.

4) 정역진경

한국민족문화대백과사전은 정역진경正易眞經에 관하여 다음과 같이 서술하고 있다.

> 정역正易은 조선후기 일부一夫 김항金恒이 주역周易의 원리를 독자적으로 이해하여 주창한 역학사상易學思想으로, 선천先天 후천后天 사상과 자연변화를 이루는 일월개벽사상日月開闢思想, 그리고 인간변화와 문화세계를 이루는 신명개벽사상神明開闢思想을 주요내용으로 한다.
>
> - 한국민족문화대백과사전 "정역 요약" -

정역진경은 조선말 일부一夫 김항金恒 선생이 저술한 역학서易學書로 약 6천여자의 한자로 구성되었다. 정역진경은 크게 대역서大易序, 십오일언十五一言, 십일일언十一一言으로 구성되어 있으며, 기존의 역학괘도에 일부팔괘一夫八卦가 추가되었다.

정역진경正易眞經에 대한 기존의 연구 학자로는 남상화, 이정호, 유승국, 한장경 등이 있으나, 기존의 주역周易의 패러다임에 갇혀 정역진경이 제시하는 후천后天의 새로운 우주적·인식적·가치적 패러다임을 제대로 정립하지 못한 한계가 있다고 편자編者는 판단한다. 이러한 점은 정역진경 원문 텍스트(text)의 고도의 추상성, 상수象數 기반 이론 전개의 난해성 등에서 기인한 것으로, 정역진경의 이론적 체계를 정립한 연구는 미비한 실정이라 할 것이다.

5) 소양素陽 선생의 정역진경주해正易眞經註解

소양素陽 선생은 2003년도에 이미 "素陽正易註解소양정역주해"라는 이름으로 약 100여권 정도의 한정판을 출간한 적이 있다. 당시 출간된 주해서는 극도極圖와 소양사상팔괘차서素陽四象八卦次序 제시, 건곤乾坤을 중심으로 한 역철학易哲學 체계 정립 등을 주요내용으로 하였다. 당시 출판은 정역진경正易眞經을 알리는데 1차적 목적을 두었기 때문에 소량의 출간을 하였고, 대중화에는 이르지 못하였다.

이번 주해註解는 2003년 출판 이후 거듭된 연구를 통해 이론 체계가 보다 정비되었고 내용의 깊이는 보다 심화되었다. 아울러 아라비아 숫자 위주의 상수역학象數易學 체계 정립, 한글 위주 편집, 삼극해인도三極海印圖 및 원상장해도圓象場海圖와 같은 정역진경의 이해를 돕는 각종 도해가 추가되어 정역진경의 대중화를 도모할 수 있게 되었다. 세부내용으로는 음陰과 양陽을 0과 1로 표현, 숫자 표기를 한자에서 아라비아 숫자로 대체, 극즉반極卽反 개념의 체계화, 단수화單數化(10=1, 9=0) 개념의 도입, 삼극해인도三極海印圖와 원상장해도圓象場海圖, 십오모형도十五模型圖 창안 등이 추가되었다.

소양 선생이 정역진경을 저술한 기조는 절대성絶對性에 기반한 무위법無爲法에 입각해 있기 때문에, 일반인들이 대부분 접하는 상대성相對性에 기반한 유위법有爲法에 입각한 저술들과는 차이가 있어 매우 낯설게 느껴질 우려가 있는 것이 사실이다. 선천先天은 상대성相對性의 테두리에 갇혀 극極에 도달하지 못하는 편조적偏照的 인식방법에 기반 한 유위법有爲法에 근거를 두지만, 후천后天은 절대성絶對性에 입각하여 상대성을 관조하는 쌍조적雙照的 인식방법에 기반 한 무위법에 근거를 둔다. 따라서 소양 선생이 주해를 무위법에 입각하여 서술을 한 것은 당연한 것으로 본다. 다만, 소양 선생도 일반인에게 낯설고 난해하게 다가올 것을 우려하여 1과 0으로 수리기호화數理記號化 한다든지, 아라비아 숫자 채용, 국한문國漢文 혼용混用 등의 노력도 기울였다.

정역진경의 대중화는 2041년 신유년辛酉年을 기점으로 도래할 후천后天에 대비하고 미래세계를 주도적으로 이끌어갈 한민족의 소임을 다하는데 불가피하다는 것이 소양 선생의 지론持論이다.

6) 주해註解의 주요내용

① 1과 0

우주의 최소 구성요소인 양陽과 음陰을 1과 0의 수리 기호로 표현하였는데, 이는 역학사상易學思想 최초의 일이며 음양사상陰陽思想을 수학의 이진법二進法에도 적용할 수 있는 길이 열렸다고 할 수 있다. 1과 0은 수학의 이진법에만 적용되는 것이 아니라, 하도河圖의 상징적 의미인 합合과 낙서落書의 상징적 의미인 분分에도 적용된다. 뿐만 아니라 우주의 생生과 멸滅, 동動과 정靜, 원圓과 방方 등 제반의 상대적 개념에는 1과 0이 적용될 수 있다.

〈1상象과 0상象의 개념적 확장〉

| 1상相 | 양陽 | 합合 | 생生 | 진進 | 신伸 | 색色 | 생生 | 천天 | 시時 | 동動 | 유有 |
|---|---|---|---|---|---|---|---|---|---|---|---|
| 0상相 | 음陰 | 분分 | 멸滅 | 퇴退 | 굴屈 | 공空 | 사死 | 지地 | 공空 | 정靜 | 무無 |

주해註解에는 1과 0에 관한 다음의 논설論說이 다수 발견된다.

> 1은 1이요 0은 0이로되,
> 0이 아니면 1도 點점할 수 없고 1이 아니면 0도 나타낼 수 없을 것이니,
> 1은 0을 여의지 않은 1이라 1이면서 1이 아니요 0은 1을 여의지 않은 0이라 0이면서 0이 아니로다.
> 이로써 1은 0과 다르지 않고 0은 1과 다르지 않아서 1이 곧 0이요 0이 곧 1이로되,
> 0은 0이요 1은 1이다.
>
> - 正易序 1章 -

상기 1과 0에 관한 논설을 요약하면 다음과 같은 사구四句를 도출할 수 있다.

ⅰ. 1 = 1, 0 = 0 (제1구)

ⅱ. 1≠1, 0≠0 (제2구)

ⅲ. 1 = 0, 0 = 1 (제3구)

ⅳ. 0 = 0, 1 = 1 (제4구)

이것은 1과 0의 존재론적 의의, 상호관계와 질적 변화를 나타내는 것으로, 존재론적 의의(제1구)는 불가분적이며 의존적 상호관계(제2구)에 의하여만 인정될 수 있기 때문에 상호 다르지만(시이是二, 是異) 다르지 않은(불이不二, 不異)(제3구) 시이이불이是二而不二, 是異而不異의 관계에 있음을 알 수 있고, 이를 통해 제1구의 1은 0으로 화化하고, 0은 1로 변變하여 0 = 0, 1 = 1의 질적 변화(제4구)의 결과를 가져 온다[1].

소양素陽 선생의 1과 0에 관한 논설은 불교佛教의 사구논리학四句論理學[2]을 계승 발전시킨 논리학적 이론체계라고 할 수 있다. 불교의 사구논리四句論理가 제1구(유有)와 제2구(공空)가 상대적 개념의 한 면만을 다룬 반면에 소양素陽 선생의 사구논리四句論理는 상대적 개념 전체를 다루고 있고, 1과 0이라는 수리기호를 통해 추상화함으로써 제반의 상대적 개념에 대해 적용이 가능하다.

불교佛教 화엄학華嚴學에 의하면 사구논리四句論理는 네 가지 불교적 세계관世界觀과 연결되는데, 제1구는 사법계事法界, 제2구는 이법계理法界, 제3구는 이사무애법계理事無礙法界, 제4구는 사사무애법계事事無礙法界가 그것이다.

소양 선생은 정역진경正易眞經 원문의 "天地之度數천지지도수 止乎十지호십"에 착안하여

---

1 서양의 형식논리학과 불교 사구논리학이 다른 점은 서양의 형식논리학은 개체적 동일성(不一)을 전제로 동일율(p=p), 모순율~(p∧~ p), 배중률(p∨~p)이 성립하나, 불교 사구논리학은 개체적 동일성(不一)을 전제로 할 경우 사구四句가 모두 불성립하나, 개체적 상호의존성 내지는 불가분성(不二 또는 不異)을 전제로 할 경우 사구四句가 모두 성립된다. 용수보살의 중론이 세속의 동일성에 희론戱論, 즉 제반의 주의주장主義主張이 모두 부정되는 것은 이에 따름이고, 원효스님이 공유화쟁론에서 공과 다른 유(異空之有)에 의할 경우 사구四句가 부정되지만 공과 다르지 않은 유(不異空之有)에 의할 경우는 사구四句가 모두 성립된다고 한 것이 그 예이다. 따라서 소양 선생의 사구논리는 철저히 시이이불이是二而不二, 是異而不異에 기초하고 있다고 하여야 할 것이다.

2 불교의 사구논리학四句論理學의 대표적인 예로는 유와 무에 관한 사구로 유有(제1구), 무無(제2구), 유역무有亦無(제3구), 비유비무非有非無(제4구)를 예로 들 수 있다.

10=1, 9=0이라는 단수화單數化를 고안하였는데, 우주만물의 복잡해 보이는 수적 개념들을 10수數의 내內로 단수화單數化함으로써 복잡계에 대한 이해를 높이는 방법을 제시하였다. 이 부분의 활용도는 향후 좀 더 연구가 필요하나, 특히 인공지능에 의한 데이터 분석 기법으로의 확장의 가능성을 제시할 것으로 보인다.

정역진경에서는 선후관계를 논하는 선천先天과 후천后天의 개념이 반복적으로 언급이 되고 있는데, 대체로 양陽(⚊)의 1을 선천으로 보고 음陰(⚋)의 0을 후천으로 보고 있다. 이는 존재론存在論적 접근이며, 만약 인식론認識論적 접근을 한다면 존재의 이유이자 배경인 음陰(⚋)의 0을 선천으로 보고 존재인 양陽(⚊)의 1을 후천으로 볼 것이다.

② 절대와 상대

주해註解에는 유독 절대絶對와 상대相對에 관한 언급이 빈번하게 나타나는데, 정역진경正易眞經 원문에는 직접적으로 이러한 개념을 적시하지는 않았으나 소양素陽 선생이 정역진경에 대한 이해를 돕기 위하여 도입한 개념이다. 주해註解에서 절대絶對와 상대相對는 의義와 리理, 상象과 수數, 도度와 위位 등 다방면의 영역에서 적용될 수 있으며, 다수의 정역진경의 이치가 이로부터 파생된다고 할 수 있다.

사전적 의미로 절대絶對는 '비교하거나 상대될 만한 것이 없는', 상대相對는 '서로 맞서거나 비교되는 관계에 있는'을 의미한다. 양자兩者의 가장 큰 차이는 인식認識 내지는 분별分別의 가능 여부에 있다. 즉 절대絶對는 비교 대상이 없기 때문에 인식의 경계 밖에 있는, 달리 말하면 인식認識을 초월한 개념인 반면, 상대相對는 비교 대상을 전제로 하므로 인식認識의 영역 내에 있는 개념을 의미한다. 정역진경의 이론체계에서 절대絶對와 상대相對는 다음과 같이 유형화할 수 있다.

| 절대絶對 | 상대相對 |
|---|---|
| 순수純粹한 1과 순수純粹한 0 | 1에 부附한 0과 0에 부附한 1 |
| 건乾과 곤坤 | 육자六子(태리손兌離巽, 간감진艮坎震) |
| 10,1과 5,6 | 육자六子(234와 789) |
| 묘卯와 술戌 | 자인진오신子寅辰午申과 축해유미사丑亥酉未巳 |

절대絶對와 상대相對에 관한 동서양 철학의 극명한 입장 내지는 태도의 차이를 확인할 수 있는데, 동양東洋은 대체로 인식의 영역인 상대相對에 대하여는 회의적懷疑的 입장을 보인 반면 절대絶對로 돌아가야 한다는 당위성을 강조하는 전통을 보인다. 유가儒家의 극기복례克己復禮, 천인합일天人合一, 도가道家의 도가도비상도道可道非常道, 무위자연無爲自然, 불가佛家의 제법무아諸法無我, 제행무상諸行無常 등이 그것이다.

반면 서양西洋은 지행합일知行合一을 주장한 성인聖人 소크라테스가 참나(眞我)에 대한 끊임없는 추구를 요청하며 "너 자신을 알라."는 절대絶對와 상대相對의 통합의 가르침은, 플라톤의 이데아론과 아리스토텔레스의 현실론으로 분화되면서 종교宗敎와 철학哲學의 철저한 이원화二元化의 길을 걸어 왔다. 이러한 교학분리敎學分離에 입각한 서양철학西洋哲學의 전통은 비트겐슈타인이 "말할 수 없는 것에 대하여는 침묵하여야 한다."(논리철학논고, 비트겐슈타인, 1922년)고 단언斷言한 것에서 명확히 나타난다. 즉 서양철학은 절대絶對를 형이상학形而上學인 종교의 영역으로, 상대相對를 형이하학形而下學인 철학哲學과 과학科學의 영역으로 귀속시킴으로써, 초인식超認識과 인식認識의 이원화二元化로 인한 종교宗敎와 철학哲學의 분리分離, 과학科學과 도덕윤리道德倫理의 괴리乖離 등의 문제가 초래되었다.

정역진경正易眞經의 위대성과 독창성은 동양철학에 면면히 흐르던 절대성絶對性과 상대성相對性을 상수화象數化하고 이를 도위화度位化함으로써 진정한 교학일치敎學一致와 절대성의 상용화常用化를 추구한데 있다고 할 것이다. 종교와 철학이 통합을 이룰 뿐 아니라, 철학을 위시한 일반 학문뿐만 아니라 일상생활에서도 절대성에 기반 할 수 있게 된 것이다. 주해註解는 이러한 정역진경正易眞經의 역철학적易哲學的 · 상수학적象數學的 · 도위학적度位學的 체계를 수립하고 일반화시켰다고 할 것이므로, 소양素陽 선생으로 인해 정역진경正易眞經의 오의奧義가 밝혀지고 체계體系가 바로 서게 됨으로써 이를 학문적學問的 · 실용적實用的으로 활용할 수 있는 기반이 마련되었다고 할 것이다.

절대絶對는 인식認識 밖의 영역이므로 인식認識의 영역인 상대相對의 관점으로 논할 수가 없는 난점難點이 있다. 논論할 수가 없다면 인식認識 영역에서 이루어지는 논의에서 제외하여야 하므로 이로부터 존공尊空의 개념이 도출되는 것이다. 건곤존공乾坤尊空, 십오존공十五尊空, 묘술존공卯戌尊空 등의 개념을 예로 들 수 있다. 상대相對의 영역 내에서 머물던 선천先天에서는 존재하지 않던 존공尊空 개념이 절대絶對의 영역을 포함시키는 후천后天에서는 새롭게 등장하게 된 것이다. 이것은 상대세계의 한계를 넘어설 뿐만 아니라 절대와 상대의 공존과 융합이 가능하게 되어, 드디어 교학일치教學一致를 통한 인류의 구원으로 제시되던 유리세계琉璃世界가 도래할 수 있는 것이다.

일부 선생이 독창적으로 개념을 제시하고 이론을 전개한 것이 "영影"개념인데, 이는 플라톤의 이데아론에 따른 동굴 속의 그림자 비유와 같이 우리가 현실세계라고 받아들이는 것이 실은 이데아의 그림자에 불과하다는 것처럼, 일부 선생의 영影 개념은 상대성相對性인 10과 01, 육자六子, 자인진오신子寅辰午申과 축해유미사丑亥酉未巳는 절대성絶對性인 순수 1과 0, 건乾과 곤坤, 10과 5, 묘卯와 술戌을 반사하여 비춘 반영反影한 그림자(影)에 불과하다는 뜻이다. 동양철학에서 체體는 통상적으로 몸체(body), 본체(entity) 등의 다의적인 의미로 사용되는데, 이러한 체의 상대적 개념은 용用으로 쓰이는데 일부 선생이 용用이라 하지 않고 영影이라 한 것은 본체인 절대의 헛 그림자에 불과하다는 인식 또는 분별의 대상인 상대적인 것에 대해 회의적懷疑的인 태도를 보이는 동양철학 전통을 분명하게 드러낸 것이라 하겠다.

상대성은 편偏이나, 절대성은 정正의 상태를 의미하는데, 편偏은 치우쳐 편중된 상태를, 정正은 치우침이 없는 올바른 상태를 의미한다. 이로부터 선천先天의 역曆은 1,8진퇴지정一八進退之政에 의한 윤역閏曆이 되며, 후천后天의 역曆은 10,5성리지도十五性理之道에 의한 정역正曆이 된다. 정正과 편偏 중 어떤 위치에 있는가에 따라 인식론 내지는 가치론의 차이를 가져 오는데, 정正의 위치에 있으면 상대성을 포함하는 절대성의 상태이므로 상대相對되는 것들을 고르게 비춘다는 의미에서 쌍조雙照의 관점을 취한다. 반면에 편偏의 위치에 있으면 상대성의 한계 내에서 겉돌기만 할뿐 궁극의 절대성에는 도달치 못하므로 상대相對되는 것들의 일면만을 비춘다는 의미에서 편조偏照의 관점을 취한다. 쌍조雙照와 편조偏照는 후천后天과 선천先天의 인식론 내지는 가치론의 측면에서 극명한 대조對照를 보인다.

천天과 지地가 상대성相對性에서 절대성으로 변화하는 데는 차이가 있는데, 천天은 육위六位에 시간時間를 성하는 육위시성六位時成의, 지地는 오위五位에 공간空間을 다하는 오위공진五位空盡의 개념이 있다. 전자는 주역周易 건괘乾卦 단전彖傳에서 유래한 개념이나 후자는 소양 선생이 창안한 독창적인 개념이다. 하늘과 땅이 6과 5에서 서로 엇갈려 운행해 감에 10천간十天干과 12지지十二地支의 상대적 도수와 운행의 차이가 나오는 것이다.

절대와 상대라는 일반적 개념을 염두에 두고 정역진경을 고찰한다면 그 본의本義에서 크게 벗어나지 않을 것이다. 한편 절대성 개념의 존공尊空에 따라 필연적으로 파생되는 원리가 바로 굴신지도屈伸之道와 극즉반極卽反, 금화교역金火交易 등이다. 이것은 상대세계로부터 절대세계로 변화함에 따라 존공 개념이 등장하면 그 존공된 자리는 그 자리에서 굴절되어 굽혀지고(屈) 다시 펴지는(伸) 작용이 나타나고(屈伸之道), 상대성이 절대성의 극極에 도달한 후에는 상대성의 체體의 성질이 반하여 나타나며(極卽反), 극極을 매개로한 상대세계의 변화과정에는 금金과 화火가 상호 교류하는 과정이 나타난다(金火交易). 이러한 파생된 원리들은 이하에서 후술한다.

③ 극즉반極卽反

극즉반極卽反은 정역진경正易眞經 십오일언十五一言의 앞부분에서 "역易은 역야逆也하니 극즉반極卽反이니라."고 하였는데, 역易이란 것은 거스르는 것(逆)이니, 거슬러 극極에 이르면 곧 반反한다고 해설할 수 있다. 여기서 극極이란 것은 앞서 살펴본바와 같이 분分의 극極인 5곤五坤과 합合의 극極인 10건十乾이라고 할 수 있다. 따라서 1,2,3,4의 사상四象이 분分의 극極인 중5곤中五坤과 합合하여가서 6 7 8 9를 성成하고, 합合의 극極인 중10건中十乾은 분分하여가서 1 2 3 4가 상대적相對的 위치位置에 9 8 7 6을 성成한다. 전자前者는 생성차제生成次第의 서序로서 하도河圖를 법法하고, 후자後者는 상대성相對性 대칭對稱의 위位로서 낙서洛書를 법法함이 된다. 다시 말해 극즉반極卽反은 절대성의 극인 10과 5의 반사작용을 말하는 것으로 그 방향성이 합合이냐 분分이냐의 차이에 따라 하도河圖와 낙서洛書의 이치의 각기 별도로 나타나게 되는 것이다.

④ 삼극설三極說

역학易學에서 가장 어려운 개념을 든다면 삼극三極 즉 태극太極, 무극無極, 황극皇極의 개념일 것이다. 이 세 극極 개념은 유교와 도교 경전에서 정확한 설명 없이 부분적으로 기술되어 있거나, 시대를 달리하여 대두되기도 하여 그 개념과 관련해서는 항상 논쟁이 끊이지 않았다.

그러나 일부 선생은 정역진경正易眞經 십오일언十五一言의 앞부분에서 "擧便无極거변무극이니 十십이니라. 十便是太極십변시태극이니 一일이니라. 一일이 无十무십이면 无體무체요 十십이 无一무일이면 无用무용이니, 合합하면 土토라 居中五거중오니 皇極황극이니라."라고 하면서 삼극三極의 개념을 분명히 하였다. 삼극三極은 역설적이게도 절대성絶對性인 극極에 관한 개념이다. 다시 말해 절대성인 극極은 보는 관점에 따라 세 개의 극개념極槪念으로 분화된 것이다.

분별 혹은 인식(便)을 없애면(擧) 10무극十無極이며 체體가 되고, 전체인 십十에 분별 혹은 인식(便)을 일으키면(是) 1태극一太極이며 용用이 되고, 1一과 10十을 합하면 토土이며 중中에 거居하여 5황극五皇極의 개념이 성립되는 것이다. 따라서 태극太極은 인식의 분별을 일으킨 상태이며, 무극無極은 인식의 분별이 멸한 상태이며, 황극皇極은 이러한 태극太極과 무극無極을 관찰하는 상태로, 이것은 각각 천지인天地人에 배당할 수 있다. 참고로 소양素陽 선생은 주해註解 전반에 걸쳐서 일념一念이란 용어를 빈번하게 활용하였는데, 이것은 유불선儒佛仙 삼교三敎 중에서 특히 불교佛敎의 영향을 많이 받은 것으로 추측할 수 있다. 원효 스님의 "一切唯心造일체유심조"처럼 말이다.

이러한 삼극三極의 이론은 주해 본문에서 삼위일체三位一體로까지 확장되는데, 불가佛家의 법신法身, 보신報身, 화신化身, 기독교의 성부聖父, 성신聖神, 성자聖子, 유가儒家의 천황天皇, 지황地皇, 인황人皇이 그 이름은 다르지만 근본이치는 같다는 것이다. 소양 선생은 하늘의 달, 달이 비추는 광명, 물가에 비추어진 달빛의 영상影像을 각각 삼극三極 이론에 대입하여 삼위일체三位一體를 논하였다.

⑤ 기강경위紀綱經緯

소양 선생은 정역진경正易眞經 십오일언十五一言의 앞부분의 "十십은 紀기요 二이는 經경이요 五오는 綱강이요 七칠은 緯위니라."에 대하여 약 50여 쪽에 이르는 방대한 분량을 할애하여 설명을 주해를 하였다. 정역진경에서 기강경위紀綱經緯가 차지하는 비중 크고 심대하다는 반증反證일 것이다.

기강경위紀綱經緯는 물리적 형상과 차원으로 구분할 수 있는데, 10기紀는 일체 포함상의 절대성 1과 0으로 차원의 적용을 받지 않는 무차원無次元이다. 2경經은 1선이 상하로 동한 것으로 1과 0의 상대성 상하의上下義가 발현한 것으로 1차원次元이다. 5강綱은 사방대칭의 중中인 평면으로 2차원次元이다. 7위緯는 5강綱의 회전으로 인한 6방의 기氣로 4차원次元이다.

63, 72, 81의 일호일부一乎一夫의 한 점으로 돌아와 216의 일원추연수一元推衍數를 이루고, 이로부터 4상四象에 체體를 분分하여 사상분체도수四象分體度數 159를 이루어 가니 무위戊位 32도, 기위己位 61도, 태음太陰 30도, 태양太陽 36도이다. 무위戊位와 기위己位는 상하上下의 운행을 법하고 태양太陽과 태음太陰은 좌우左右의 운행을 법하는데, 이중 무위戊位와 태음太陰은 10,1의 건乾을 체體로하여 5,6의 곤坤을 성하고, 기위己位와 태양太陽은 5,6의 곤坤을 체體로하여 10,1의 건乾을 성한다. 상하의 운동은 만물의 분열생성分列生成(무위戊位)과

〈기강경위紀綱經緯〉

| 구분區分 | 형상形象 | 특징特徵 | 차원次元 |
|---|---|---|---|
| 10기紀 | 일체一切 포함상包含相 | 절대성絕對性(純粹0,1) | 無次元 |
| 2경經 | 선線 상하의上下義 | 1,0 이분二分 | 1次元 |
| 5강綱 | 4방方 대칭對稱의 중中 | 평면平面 | 2次元 |
| 7위緯 | 5강綱 회전(1⇄0) | 6방方의 기氣 | 4次元 |

〈順逆 · 倒逆之理〉

| 順逆之位 | | | | | | |
|---|---|---|---|---|---|---|
| 上下, 戊位己位<br>度：數位, 道：天地屈伸之道(卦變) | | | | | | |
| 戊位 | 度順 | 1 | 2 | 3 | 4 | 5,6 |
| | 道逆 | 乾 | 兌 | 離 | 震 | 巽,坤 |
| 己位 | 度逆 | 5 | 4 | 3 | 2 | 1,10 |
| | 道順 | 坤 | 艮 | 坎 | 巽 | 震,乾 |

| 倒逆之理 | | | | | |
|---|---|---|---|---|---|
| 左右, 太陰太陽<br>倒 坤→乾(1→10,右旋), 逆 乾→坤(10→1,左旋) | | | | | |
| 太陰 | 2巽 | 3離 | 4兌 | 倒成外卦 | 乾易坤(右旋) |
| | 9兌 | 8離 | 7巽 | 逆生內卦 | |
| 太陽 | 4震 | 3坎 | 2艮 | 逆成外卦 | 坤易乾(左旋) |
| | 7艮 | 8坎 | 9震 | 倒生內卦 | |

| | | 戊位 | | | |
|---|---|---|---|---|---|
| 度順道逆 ↓ | 1 | 乾☰ | 乾☰ | 10, 1 | ↑ 度逆道順 |
| | 2 | 兌☱ | 震☳ | 1, 10 | |
| | 3 | 離☲ | 巽☴ | 2, 9 | |
| | 4 | 震☳ | 坎☵ | 3, 8 | |
| | 5 | 巽☴ | 艮☶ | 4, 7 | |
| | 6 | 坤☷ | 坤☷ | 5, 6 | |
| | | | 己位 | | |

| | 1 | 2 | 3 | 4 | 5 | 4 | 3 | 2 | 1 |
|---|---|---|---|---|---|---|---|---|---|
| 外卦 | ☰ 乾 | ☴ 巽倒成 | ☲ 離 | ☱ 兌右旋 | ☷ 坤 | ☳ 震逆成 | ☵ 坎 | ☶ 艮左旋 | ☰ 乾 |
| | 10 | 9 | 8 | 7 | 6 | 7 | 8 | 9 | 10 |
| 內卦 | ☰ 乾 | ☱ 兌逆生 | ☲ 離 | ☴ 巽左旋 | ☷ 坤 | ☶ 艮倒生 | ☵ 坎 | ☳ 震右旋 | ☰ 乾 |
| | | 太陰 | | | | 太陽 | | | |

합일合一(기위己位)하는 법칙을 주관하고 좌우의 회전운동은 만물의 상대성 위의 운동법칙인 공전公轉(태음太陰)과 자전自轉(태양太陽)을 나타낸다고 한다.

⑥ 금화교역金火交易

각종 변화의 과정에서 자리를 바꾸는 것은 2, 4와 7, 9이니, 하도河圖에서 낙서洛書로, 낙서洛書에서 극도極圖로 변하여 가는 과정에서 27화火와 49금金이 각각 자리를 바꾸고, 하도河圖와 낙서洛書의 후천后天의 십일귀체十一歸體의 변화과정인 10,1 9,2 8,3 7,4 6,5에서도 9,2와 7,4의 금화金火가 교역交易하는 것이다. 뿐만 아니라 소양사상팔괘차서도素陽四象八卦次序圖에서도 9427이 각각 건곤리감乾坤離坎으로 복희팔괘伏羲八卦의 사정괘四正卦로 자리하여, 장차 일부팔괘一夫八卦의 2천天7지地와 4감坎9리離로 변화하는 데에도 금화교역金火交易의 의미가 있다.

⑦ 소양사상팔괘차서素陽四象八卦次序와 일부팔괘一夫八卦

소양素陽 선생은 사상四象의 생성으로부터 차서를 밝힌 소양사상팔괘차서素陽四象八卦次序로부터 일부팔괘一夫八卦가 연유함을 밝혔다.

태양太陽 태음太陰의 2노老가 양陽을 얻으면 성수成數(9,6)가 되고 음陰을 얻으면 생수生數(1,4)가 되어 9건乾6간艮과 1태兌4곤坤이 되고, 소음少陰 소양少陽의 2소少가 음陰을 얻으면 성수成數(8,7)가 되고 양陽을 얻으면 생수生數(2,3)이 되어 8진震7감坎과 2리離3손巽이 된다. 여기에 5는 천天이고 10은 지地가 된다. 괘卦의 배열이 4녀四女의 태리손곤兌離巽坤은 분리分離해 가는 상으로 1234의 리체理體의 위位에 두어 사방四方에 넓히고, 4남四男의 간감진건艮坎震乾은 합合하여 가는 상이니 6789의 기영氣影의 위位에 두어서 10에 하나가 됨을 나타낸다.

이러한 소양사상팔괘차서素陽四象八卦次序는 금화변용金火變用의 문門을 통해 일부팔괘一夫八卦로 변하는데, 변화의 이치는 49와 27은 서로 그 중中을 교交하고, 16과 38은 극極하여 반反하는데 있다. 이에 9건乾과 2리離가 서로 그 중中을 취하여 9리離와 2천天이 된 것이며, 4곤坤과 7감坎이 서로 중中을 취하여 4감坎과 7지地가 된 것이니, 이것이 곧 금화교역金火交易이다. 1태兌와 3손巽 그리고 6간艮과 8진震은 서로 극極하여 반反하여 3태兌와 1손巽

그리고 8간艮과 6진震이 된다.

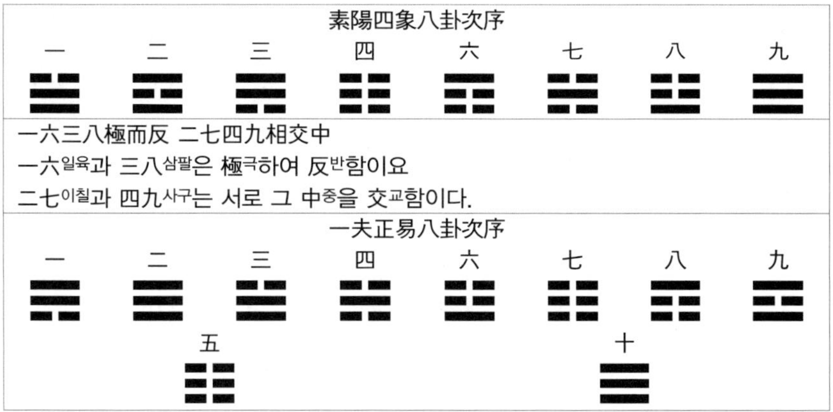


한편 소양 선생은 일부팔괘의 유래를 주역 설괘전에서도 구하는데, 주역周易 계사繫辭 설괘전說卦傳 제3장第三章의 "天地定位천지정위하며 山澤通氣산택통기하며 雷風相薄迫뇌풍상박하며 水火不相射수화불상사하여 八卦相錯팔괘상착하니 數往者順수왕자순이요 知來者逆지래자역이라 是故시고로 易역은 逆數也역수야니라."를 복희팔괘伏羲八卦의 위位로 보고 선천지학先天之學이며 교역지역交易之易이라고 하였다.

천天 택澤 풍風 화火

지地 산山 뇌雷 수水

순양純陽의 천天이 최초에 1음陰을 득得하여 교交하니 택澤이며 극이반極而反하니 풍風이며 그 중中을 득得함에 화火를 생生한다.

순음純陰의 지地가 최초에 1양陽을 득得하여 교交하니 산山이며 극이반極而反하니 뇌雷이며 그 중中을 득得함에 수水를 생生한다.

주역周易 계사繫辭 설괘전說卦傳 제6장第六章에 공부자孔夫子께서 이르시길

"水火相逮수화상체하며 雷風不相悖뇌풍불상패하며 山澤通氣산택통기 然後연후에야 能變化능변화하여 旣成萬物也기성만물야니라."를 일부팔괘一夫八卦의 위位로 보고 후천지도后天之道이며 변역지역變易之易이라고 하였다.

화火 풍風 택澤 지地

수水 뇌雷 산山 천天

천天이 지地의 중中을 득得하니 화火이며 화火는 풍風과 택澤의 양음兩陰에 궐厥하여 지地의 과果를 성한다.

지地가 천天의 중中을 득得하니 수水이며 수水는 뇌雷와 산山의 양양兩陽에 명明하여 천天의 과果를 성한다.

⑧ 후천역后天曆

정역진경正易眞經은 선천先天에서 후천后天으로 변화함에 따른 역법曆法의 변화를 명확하게 제시하는데, 소양素陽 선생은 주해註解에서 이를 매우 자세히 설명하였다. 선천先天의 체방용원體方用圓과 후천后天의 체원용방體圓用方에 따라 어떻게 달라지는지, 선후천先后天 교체기에 발생할 지구상의 변화에 대하여도 상세히 설명하였다.

후천后天 정역시대正易時代가 되면 건乾과 곤坤의 자리가 완전히 뒤바뀌는데, 복희팔괘伏羲八卦의 건남곤북乾南坤北, 문왕팔괘文王八卦의 건서북곤서남乾西北坤西南, 일부팔괘一夫八卦의 건북곤남乾北坤南이 이를 타나낸다. 현재 우리가 살고 있는 시대는 문왕팔괘文王八卦의 건乾과 곤坤이 정방위正方位가 아닌 유방위維方位에 위치함으로 인하여 윤역閏曆에 의한 역법曆法을 쓰다가, 후천后天이 되면 일부팔괘一夫八卦의 건乾과 곤坤이 북北과 남南의 정방위正方位에 위치함으로써 360일 정역正曆이 된다는 것이다.

소양 선생은 선천先天의 윤역閏曆에 의한 천지경위天地傾危를 문왕팔괘文王八卦 중 건곤乾坤을 제외한 육자괘六子卦(태리손兌離巽 간감진艮坎震)를 통해 역법曆法 계산의 예시를 상세히 밝혀 놓았고, 후천后天의 정역正曆에 의한 천지정위天地正位는 4녀四女(태리손곤兌離巽坤)와 4남四男(간감진건艮坎震乾)을 완전하게 사용함으로써 역曆이 정正하게 됨을 밝혀 놓았다.

한편 후천后天의 시작을 2041년 신유년辛酉年으로 명확히 함으로써 향후 도래할 천지변화에 현명하게 대처할 것을 현대인들에게 요청하고 있다. 태양太陽 태음太陰의 성위成位를 후천后天이 시작되는 것으로 보아, 진감간震坎艮에 역성逆成하여 천도天道를 성하며 손리태巽離兌에 도성倒成하여 지덕地德을 성하는 것에서 그 변화 양상을 추론하였다. 따라서 그 시작에 당하여는 진震의 뇌성雷聲과 지진地震이며 손巽의 풍질風疾과 풍동風動이며, 그 종終에 당하여는 지止하고 열悅하여 대도大道와 대덕大德을 이룸에 천지天地의 축軸이 바로 서게 된다는 것이다. 아울러 리감離坎이 서로 그 중中을 득得하여 화火가 표表에 토출吐出하고 수水가 이裏에 입入하니 그 변천變天의 난亂이 가히 크고 심각(太甚)할 것이라고 하였다.

이러한 추론에 의한다면 현재의 코로나로 인한 괴질과 역병은 손괘巽卦로 볼 수 있으며, 향후 지구적 차원에서 진괘震卦로 대변되는 뇌성과 지진이 필히 수반될 것이다. 아울러 북극과 남극의 빙하가 녹는 것은 선천에서 후천으로 가는 필연적인 과정의 일환이며, 이러한 결과로 화산과 지진에 의한 지구 내부의 불덩이가 밖으로 튀어나오고, 지표면의 물은 땅속으로 들어가 새로운 육지가 나타날 것으로 예측하고 있다. 진손괘震巽卦와 리감괘離坎卦에 의한 선후천先后天 교체에 의한 격심한 변화는 간괘艮卦에 이르러 마침내 그치고 태괘兌卦에 의하여 후천后天이 도래하는 기쁨을 맞이한다는 것이다.

선후천先后天 교체기를 거친 후 2041년 이후 맞이할 역법曆法에서 천간지지天干地支의 시작은 갑자甲子에서 기축己丑으로 변화한다. 음간陰干이며 음지陰支인 기축己丑이 제1위가 됨에 따라 무戊와 자子는 제10위가 될 수밖에 없다. 일부 선생은 후천后天의 절기節氣에 따른 월月과 일日의 시작을 구체적으로 밝혀 놓았다.

⑨ 후천용정后天用政

선천先天에서 후천后天으로 가면 어떻게 달라질 것인가? 이에 대하여 일부 선생은 십일일언十一一言의 뇌풍정위용정수雷風正位用政數에서 이를 밝혀 놓았다. 십오일언十五一言에서 무위戊位가 건乾으로부터 곤坤을 성하고, 기위己位가 곤坤으로부터 건을 성하였다면, 십일일언十一一言의 뇌풍정위용정수雷風正位用政數에서는 이러한 이미 곤坤과 건의 체를 이룬 무위戊位와 기위己位가 어떻게 쓰이는지 밝혀 놓았다.

건체乾體인 기위己位는 일부팔괘一夫八卦의 4감坎1손巽8간艮7지地의 중中이니 10건乾이며 무극이태극無極而太極이 되어, 그 체體는 양간陽干 경임갑병庚壬甲丙의 합合의 속성을 띄나 그 위位는 2468의 분화分化해 나가는데 있다. 분화分化해 가므로 기위己位는 무위戊位의 쓰임(용정用政)을 따르는 것이다.

곤체坤體인 무위戊位는 일부팔괘一夫八卦의 9리離6진震3태兌2천天의 중中이니 5곤坤이며 황극이무극皇極而無極이 되어, 그 체體는 음간陰干 정을계신丁乙癸辛의 분分의 속성을 띄나 그 위는 9753의 합合해 나가는데 있다. 합合해 가므로 무위戊位는 기위己位의 쓰임(용정用政)을 따르는 것이다.

선천先天이 양간陽干이 양陽의 자리에 위치(갑자甲子1 기축己丑10)하였다면, 후천后天은 음간陰干은 양陽의 자리에 위치하고 양간陽干은 음陰의 자리에 위치(기축己丑1 무자戊子10)함으로써, 음양陰陽을 쌍조雙照할 수 있는 길이 열리게 되는 것이다.

〈雷風正位用政數뇌풍정위용정수〉

| 기위己位 | 무위戊位 |
|---|---|
| 뇌정위雷正位 10건乾 1진震<br>6곤坤 7간艮 8감坎 9손巽 10진震 1건乾<br>뇌용정수雷用政數<br>기1己一 무위戊位 정령政令<br>1 2 4 6 8 己庚壬甲丙<br>십퇴일진지위十退一進之位 | 풍정위風正位 5곤坤 6손巽<br>1건乾 2태兌 3리離 4진震 5손巽 6곤坤<br>풍용정수風用政數<br>무10戊十 기위己位 여율呂律<br>10 9 7 5 3 戊丁乙癸辛<br>포오함육지위包五含六之位 |

5) 배경지식

주해註解를 이해하기 위한 필수 배경지식은 그리 어렵거나 복잡하지 않다. 이하에서는 이를 간단히 설명한다.

ㅁ오행五行

수화목금토水火木金土를 오행五行이라고 하는데, 이를 수리화數理化하여 나타내면 16수一六水 27화二七火 38목三八木 49금四九金 510토五十土가 된다. 오행 간에는 상생相生과 상극相克의 관계가 형성되는데, 하도河圖의 근간을 이루는 상생相生은 수생목水生木 목생화木生火 화생토火生土 토생금土生金 금생수金生水가 되고, 낙서洛書의 근간을 이루는 상극相克은 토극수土克水 수극화水克火 화극금火克金 금극목金克木 목극토木克土이 된다.

ㅁ간지干支

우주의 기본 구조인 하늘과 땅을 구성하는 요소로 10천간十天干과 12지지十二地支가 있는데, 10천간十天干은 갑甲부터 계癸까지가 있고 12지지十二地支는 자子부터 해亥까지 있다. 간지干支 별로 음양陰陽, 오행五行과 수數, 선후천先后天의 위位가 아래 표와 같이 배당된다.

〈10천간十天干〉

| 천간天干 | | 갑甲 | 을乙 | 병丙 | 정丁 | 무戊 | 기己 | 경庚 | 신辛 | 임壬 | 계癸 |
|---|---|---|---|---|---|---|---|---|---|---|---|
| 음양陰陽 | | 양陽 | 음陰 | 양陽 | 음陰 | 양陽 | 음陰 | 양陽 | 음陰 | 양陽 | 음陰 |
| 오행五行 | | 목木 | 목木 | 화火 | 화火 | 토土 | 토土 | 금金 | 금金 | 수水 | 수水 |
| 수數 | | 3 | 8 | 7 | 2 | 5 | 10 | 9 | 4 | 1 | 6 |
| 위位 | 선천先天 | 1 | 2 | 3 | 4 | 5 | 6 | 7 | 8 | 9 | 10 |
| | 후천后天 | 6 | 7 | 8 | 9 | 10 | 1 | 2 | 3 | 4 | 5 |

〈12지지十二地支〉

| 지지地支 | | 자子 | 축丑 | 인寅 | 묘卯 | 진辰 | 사巳 | 오午 | 미未 | 신申 | 유酉 | 술戌 | 해亥 |
|---|---|---|---|---|---|---|---|---|---|---|---|---|---|
| 음양陰陽 | | 양陽 | 음陰 | 양陽 | 음陰 | 양陽 | 음陰 | 양陽 | 음陰 | 양陽 | 음陰 | 양陽 | 음陰 |
| 오행五行 | | 수水 | 토土 | 목木 | 목木 | 토土 | 화火 | 화火 | 토土 | 금金 | 금金 | 토土 | 수水 |
| 수數 | | 1 | 10 | 3 | 8 | 5 | 2 | 7 | 10 | 9 | 4 | 5 | 6 |
| 위位 | 선천先天 | 1 | 2 | 3 | 4 | 5 | 6 | 7 | 8 | 9 | 10 | 11 | 12 |
| | 후천后天 | 12 | 1 | 2 | 3 | 4 | 5 | 6 | 7 | 8 | 9 | 10 | 11 |

정역진경正易眞經에는 천간天干의 합合, 지지地支의 합合(삼합三合)과 충冲의 이치가 포함되어 있는데, 천간天干의 합合은 갑기합화토甲己合化土, 을경합화금乙庚合化金, 병신합화수丙辛合化水, 정임합화목丁壬合化木, 무계합화화戊癸合化火가 있다. 지지地支의 합은 자축합子丑合, 인해합寅海合, 묘술합卯戌合, 진유합辰酉合, 사신합巳申合, 오미합午未合이 있고, 지지의 삼합은 신자진申子辰 수국水局, 인오술寅午戌 화국火局, 해묘미亥卯未 목국木局, 사유축巳酉丑 금국金局이 있다. 지지의 충은 진술충辰戌冲, 축미충丑未冲, 사해충巳亥冲, 묘유충卯酉冲, 자오충子午冲, 인신충寅申冲이 있다.

천간지지天干地支의 배열에 있어 선천先天은 갑자甲子로부터 시작하고, 후천后天은 기축己丑으로부터 시작한다.

〈선천先天 육십갑자六十甲子〉

| 甲子 | 乙丑 | 丙寅 | 丁卯 | 戊辰 | 己巳 | 庚午 | 辛未 | 壬申 | 癸酉 |
|---|---|---|---|---|---|---|---|---|---|
| 甲戌 | 乙亥 | 丙子 | 丁丑 | 戊寅 | 己卯 | 庚辰 | 辛巳 | 壬午 | 癸未 |
| 甲申 | 乙酉 | 丙戌 | 丁亥 | 戊子 | 己丑 | 庚寅 | 辛卯 | 壬辰 | 癸巳 |
| 甲午 | 乙未 | 丙申 | 丁酉 | 戊戌 | 己亥 | 庚子 | 辛丑 | 壬寅 | 癸卯 |
| 甲辰 | 乙巳 | 丙午 | 丁未 | 戊申 | 己酉 | 庚戌 | 辛亥 | 壬子 | 癸丑 |
| 甲寅 | 乙卯 | 丙辰 | 丁巳 | 戊午 | 己未 | 庚申 | 辛酉 | 壬戌 | 癸亥 |

〈후천后天 육십기축六十己丑〉

| 己丑 | 庚寅 | 辛卯 | 壬辰 | 癸巳 | 甲申 | 乙酉 | 丙戌 | 丁亥 | 戊子 |
|---|---|---|---|---|---|---|---|---|---|
| 己亥 | 庚子 | 辛丑 | 壬寅 | 癸卯 | 甲午 | 乙未 | 丙申 | 丁酉 | 戊戌 |
| 己酉 | 庚戌 | 辛亥 | 壬子 | 癸丑 | 甲辰 | 乙巳 | 丙午 | 丁未 | 戊申 |
| 己未 | 庚申 | 辛酉 | 壬戌 | 癸亥 | 甲寅 | 乙卯 | 丙辰 | 丁巳 | 戊午 |
| 己巳 | 庚午 | 辛未 | 壬申 | 癸酉 | 甲子 | 乙丑 | 丙寅 | 丁卯 | 戊辰 |
| 己卯 | 庚辰 | 辛巳 | 壬午 | 癸未 | 甲戌 | 乙亥 | 丙子 | 丁丑 | 戊寅 |

十八日庚午午正一刻十一分亨化
亥月初三日乙酉酉正一刻十一分正和
十八日庚子子正一刻十一分明化
子月初三日乙卯卯正一刻十一分至和
十八日庚午午正一刻十一分貞化
丑月初三日乙酉酉正一刻十一分太和
十八日庚子子正一刻十一分體化
寅月初三日乙卯卯正一刻十一分仁和



十八日庚午午正一刻十一分性化

## 正易八卦圖

## 十干原度數

十二月二十四節氣候度數

卯月初三日乙酉酉正一刻十一分元和

十八日庚子子正一刻十一分中化

辰月初三日乙卯卯正一刻十一分大和

十八日庚午午正一刻十一分布化

巳月初三日乙酉酉正一刻十一分雷和

十八日庚子子正一刻十一分風化

午月初三日乙卯卯正一刻十一分立和

十八日庚午午正一刻十一分行化

未月初三日乙酉酉正一刻十一分建和

十八日庚子子正一刻十一分普化

申月初三日乙卯卯正一刻十一分淸和

十八日庚午午正一刻十一分平化

酉月初三日乙酉酉正一刻十一分成和

十八日庚子子正一刻十一分入化

戌月初三日乙卯卯正一刻十一分咸和

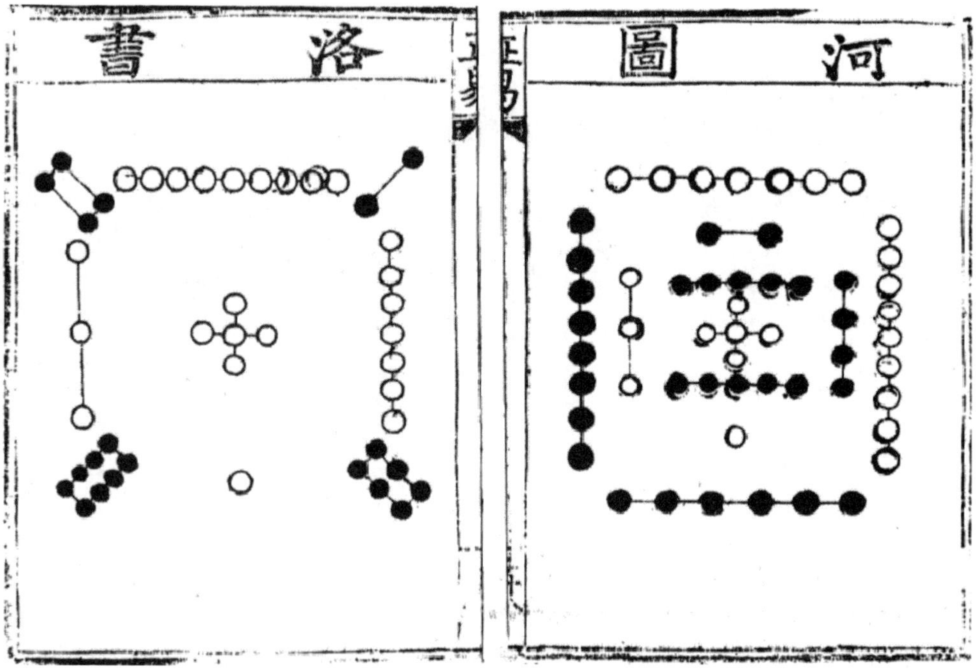
河圖
洛書
正易

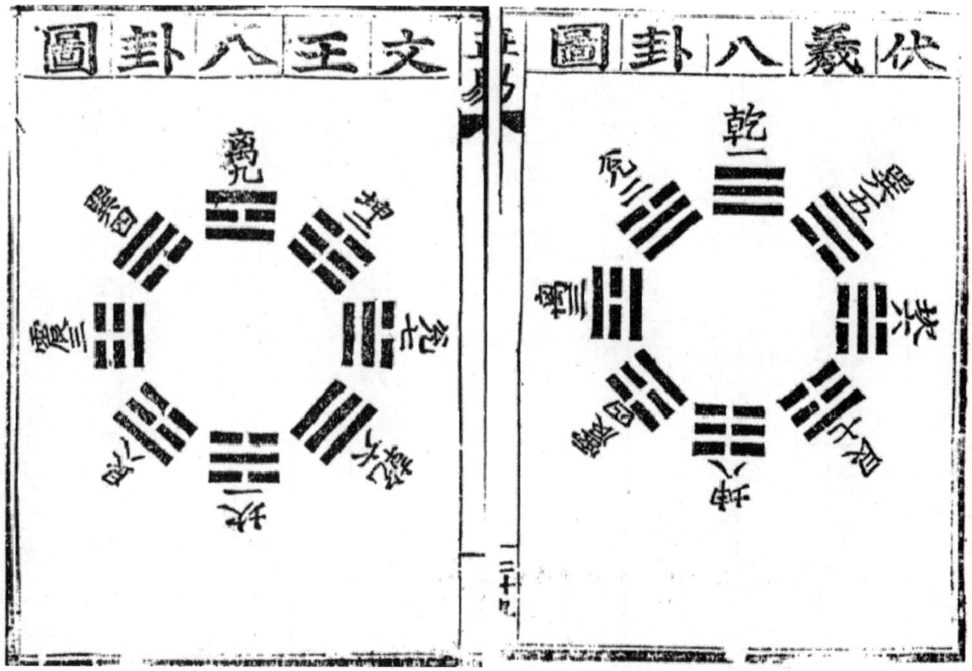
伏羲八卦圖
乾一
兌二
離三
震四
巽五
坎六
艮七
坤八
文王八卦圖
離九
坤二
兌七
乾六
坎一
艮八
震三
巽四
正易

雷風正位用政數

己位四金一水八木七火之中无極

无極而太極十一

十一地德而天道

天道圓庚壬甲丙

地德方二四六八

戊位二火三木六水九金之中皇極

皇極而无極五十



五十天度而地數

地數方丁乙癸辛

天度圓九七五三

四正七宿用中數

先天五九逆而用八錯閏中

后天十五順而用六合正中

五九太陰之政一八七

十五太陽之政一七四

易三乾中卦八否泰損益咸恒既濟未濟

嗚呼既順既逆克終克始十易萬曆

十一吟

十一歸體兮五八尊空

五八尊空兮九二錯綜

九二錯綜兮火明金清

火明金清兮天地清明

天地清明兮日月光華



日月光華兮琉璃世界

世界世界兮上帝照臨

上帝照臨兮于于而而

于于而而兮正正方方

正正方方兮好好无量

乙酉歲癸未月乙未日二十八 不肖子

金恒 謹奉書

河圖八卦生成數
地十生己土天十成丑土
地四生辛金天四成酉金
地六生癸水天六成亥水
地八生乙木天八成未木卯八空
地二生丁火天二成巳火

九二錯綜五元數
己甲夜半生癸亥丁卯頭



庚乙夜半生乙亥己卯頭
辛丙夜半生丁亥辛卯頭
壬丁夜半生己亥癸卯頭
癸戊夜半生辛亥乙卯頭

十一歸體詩
火入金鄕金入火金入火鄕火入金火金
金火原天道誰遣龍華歲月今
政令己庚壬甲丙呂律戊丁乙癸辛地十

爲天天五地卯方歸丑戌依申
十十九之中
九十七之中
八十五之中
七十三之中
六十一之中
五一九之中
四一七之中



三一五之中
二一三之中
一一一之中
中十十一一之空
堯舜之厥中之中
孔子之時中之中
一夫所謂包五含六十退一進之位
小子明聽吾一言小子

## 十一一言

十土六水不易之地

一水五土不易之天

天政開子地政闢丑

丑運五六子運一八

一八復上月影生數五六皇中月體成數

九七五三一奇

二四六八十偶



奇偶之數二五先五天道后五地德

一三五次度天第七九次數地三天兩地

天地地天后天先天

先天之易交易之易

后天之易變易之易

易易九宮易易八卦

卦之離乾數之三一東北正位

卦之坎坤數之六八北東維位

卦之兌艮數之二七西南互位

卦之震巽數之十五五行之宗六宗之長

中位正易

干之庚辛數之九四南西交位

洛書九宮生成數

天一生壬水地一成子水

天三生甲木地三成寅木

天七生丙火地七成午火



天五生戊土地五成辰土戌五空

天九生庚金地九成申金

三五錯綜三元數

甲己夜半生甲子丙寅頭

乙庚夜半生丙子戊寅頭

丙辛夜半生戊子庚寅頭

丁壬夜半生庚子壬寅頭

戊癸夜半生壬子甲寅頭

金火而易兮萬曆而圖
萬曆而圖兮咸兮恒兮
咸兮恒兮兮十兮五兮

先后天正閏度數
先天體方用圓二十七朔而閏
后天體圓用方三百六旬而正
原天无量

先后天周回度數

正易 十九

先天二百一十六萬里
后天三百二十四萬里
先后天合計數五百四十萬里
盤古五化元年壬寅至大淸光緒十年甲
申十一萬八千六百四十三年
余年三十六始從蓮潭李先生先生賜
號二字曰觀碧賜詩一絕曰
觀淡莫如水好德宜行仁影動天心月勸

君尋此眞

立道詩
靜觀萬變一蒼空六九之年始見工妙妙
玄玄玄妙理无无有有有无中

无位詩
道乃分三理自然斯儒斯仸又斯仙誰識
一夫眞蹈此无人則守有人傳

歲甲申月丙子日戊辰二十八書正

正易 二十

正易詩
天地之數數日月日月不正易匪易易爲
正易易爲易原易何常用閏易

布圖詩
萬古文章日月明一張圖畫雷風生靜觀
宇宙无中碧誰識天工待人成

丙午 心 丙子
丁未 房 丁丑
戊申 氐 戊寅
己酉 己卯
庚戌 庚辰
辛亥 亢 辛巳
壬子 角 壬午

亢角二宿尊空詩



何物能聽角神明氐不亢室張三十六莫
莫莫无量
武功平胃散文德養心湯正明金火理律
呂調陰陽

九九吟

凡百滔滔儒雅士聽我一曲放浪吟讀書
學易先天事窮理修身后人誰三絕韋編
吾夫子不言无極有意存六十平生狂一

夫自笑人笑恒多笑笑中有笑笑何笑能
笑其笑笑而歌
三百六十當朞日大一元三百數九九中
排列无无位六十數一六宮分張單五歸
空五十五點昭昭十五歸空四十五點斑
斑我摩道正理玄玄眞經只在此宮中誠
意正心終始无怠丁寧我化化翁必親施
教是非是好吾好



十五歌

水火旣濟兮火水未濟
旣濟未濟兮天地三元
未濟旣濟兮地天五元
天地地天兮三元五元
三元五元兮上元元元
上元元元兮十五一言
十五一言兮金火而易

己酉宮庚戌辛亥壬子癸丑甲寅乙卯丙
辰丁巳戊午
己未宮庚申辛酉壬戌癸亥甲子乙丑丙
寅丁卯戊辰
己巳宮庚午辛未壬申癸酉甲戌乙亥丙
子丁丑戊寅
己卯宮庚辰辛巳壬午癸未甲申乙酉丙
戌丁亥戊子





二十八宿運氣圖

| | | |
|---|---|---|
| 癸未 | 軫 | 癸丑 |
| 甲申 | 翼 | 甲寅 |
| 乙酉 | 張 | 乙卯 |
| 丙戌 | 星 | 丙辰 |
| 丁亥 | 柳 | 丁巳 |
| 戊子 | 鬼 | 戊午 |
| 己丑 | 井 | 己未 |



| | | |
|---|---|---|
| 庚寅 | 參 | 庚申 |
| 辛卯 | 觜 | 辛酉 |
| 壬辰 | 畢 | 壬戌 |
| 癸巳 | 昴 | 癸亥 |
| 甲午 | 胃 | 甲子 |
| 乙未 | 婁 | 乙丑 |
| 丙申 | 奎 | 丙寅 |
| 丁酉 | 壁 | 丁卯 |



| | | |
|---|---|---|
| 戊戌 | 室 | 戊辰 |
| 己亥 | 危 | 己巳 |
| 庚子 | 虛 | 庚午 |
| 辛丑 | 女 | 辛未 |
| 壬寅 | 牛 | 壬申 |
| 癸卯 | 斗 | 癸酉 |
| 甲辰 | 箕 | 甲戌 |
| 乙巳 | 尾 | 乙亥 |

天七丙火生地十己土
地十己土生天九庚金
天九庚金生地六癸水
地六癸水生天三甲木
天三甲木生地二丙火
地二丙火生天五戊土
天五戊土生地四辛金
地四辛金生天一壬水



天一壬水生地八乙木
地八乙木生天七丁火
天七丁火生地十己土
地十己土成天一壬水
天一壬水成地二丁火
地二丁火成天九辛金
天九辛金成地八乙木
地八乙木成天五戊土

天五戊土成地六癸水
地六癸水成天七丙火
天七丙火成地四庚金
地四庚金成天三甲木
天三甲木成地十己土
丙甲庚三宮先天之天地
丁乙辛三宮后天之地天
先天三天兩地



后天三地兩天
子寅午申先天之先后天
丑卯未酉后天之先后天

上元丑會干支圖

己丑宮庚寅辛卯壬辰癸巳甲午乙未丙
申丁酉戊戌
己亥宮庚子辛丑壬寅癸卯甲辰乙巳丙
午丁未戊申

正易 十一

嗚呼五運運六氣氣十一歸體功德无量
无極體位度數
己巳 戊辰 己亥 戊戌
度逆道順
而數六十一
皇極體位度數
戊戌 己亥 戊辰 己巳
度順道逆

而數三十二
月極體位度數
庚子 戊申 壬子 庚申 己巳
初初一度有而无
五日而候
而數三十
日極體位度數
丙午 甲寅 戊午 丙寅 壬寅 辛

正易 十二

亥
初初一度无而有
七日而復
而數三十六
化翁无位原天火生地十己土
己巳宮先天而后天
地十己土生天九辛金
天九辛金生地六癸水

地六癸水生天三乙木
天三乙木生地二丁火
地二丁火生天五戊土
戊戌宮后天而先天
天五戊土生地四庚金
地四庚金生天一壬水
天一壬水生地八甲木
地八甲木生天七丙火

嗚呼天何言哉地何言哉一夫能言
一夫能言兮水潮南天水汐北地
水汐北地兮早暮難辨
水火旣濟兮火水未濟
大道從天兮天不言
大德從地兮地從言
天一壬水兮萬折必東
地一子水兮萬折于歸
歲甲申流火六月七日大聖七元君書
嗚呼天地无言一夫何言天地有言一夫
敢言
天地言一夫言一夫言天地言
大哉金火門天地出入一夫出入三才門
日月星辰氣影一夫氣影五元門
八風風一夫風十无門
日月大明乾坤宅天地壯觀雷風宮誰

識先天復上月正明金火日生宮
化无上帝言
復上起月當天心皇中起月當皇心敢將
多辭古人月幾度復上當天心
月起復上天心月月起皇中皇心月普
化一天化翁心丁寧分付皇中月
化无上帝重言
推衍无或違正倫倒喪天理父母危
不肖敢焉推理數只願安泰父母心
歲甲申七月十七日己未 不肖子 金恒
感泣奉書
化翁親視監化事
嗚呼金火正易否往泰來
嗚呼己位親政戊位尊空
嗚呼丑宮得旺子宮退位
嗚呼卯宮用事寅宮謝位

一夫之朞三百七十五度十五尊空正吾
夫子之朞當朞三百六十日
五度而月魂生申初三日月弦上亥初八
日月魄成午十五日望先天
月分于戌十六日月弦下巳二十三日月
窟于辰二十八日月復于子三十日晦后
天
月合中宮之中位一日朔



六水九金會而潤而律
二火三木分而影而呂
　一歲周天律呂度數
分一萬二千九百六十
刻八百六十四
時一百八
日一九
　理會本原原是性乾坤天地雷風中

歲甲申六月二十六日戊戌校正書頌
水土之成道天地天地之合德日月
太陽恒常性全理直
太陰消長數盈氣虛
盈虛氣也先天
消長理也后天
后天之道屈伸先天之政進退
進退之政月盈而月虛



屈伸之道月消而月長
抑陰尊陽先天心法之學
調陽律陰后天性理之道
天地匪日月空殼日月匪至人虛影
潮汐之理一六壬癸水位北二七丙丁火
宮南火氣炎上水性就下互相衝激互相
進退而隨時候氣節日月之政
嗚呼日月之政至神至明書不盡言

不能名喜好一曲瑞鳳鳴瑞鳳鳴兮律呂
聲

金火二頌

吾皇大道當天心氣東北而固守理西南
而交通庚金九而氣盈丁火七而數虛理
金火之互位經天地之化權風雲動於數
象歌樂章於武文喜黃河之一清好一夫
之壯觀風三山而一鶴化三碧而一觀觀



於此而大壯禮三千而義一

金火三頌

北窓清風暢和淵明无絃琴東山第一三
八峯次第登臨洞得吾孔夫子小魯意脫
巾掛石壁南望靑松架短壑西塞山前白
鷺飛懶搖白羽扇俯瞰赤壁江赤赤白白
互互中中有學仙侶吹簫弄明月

金火四頌

四九二七金火門古人意思不到處我爲
主人次第開一六三八左右分列古今天
地一大壯觀今古日月第一奇觀歌頌七
月章一篇景慕周公聖德於好夫子之不
言是今日

金火五頌

嗚呼金火互易不易正易晦朔弦望進退
屈伸律呂度數造化功用立聖人所不言



豈一夫敢言時命

嗚呼日月之德天地之分分積十五刻刻
積八時時積十二日日積三十月月積十
二朞

朞生月月生日日生時時生刻刻生分分
生空空无位

帝堯之朞三百有六旬有六日

帝舜之朞三百六十五度四分度之一

十紀二經五綱七緯
戊位度順而道逆度成道於三十二度后
天水金太陰之母
己位度逆而道順度成道於六十一度先
天火木太陽之父
太陰逆生倒成先天而后天旣濟而未濟
一水之魂四金之魄胞於戊位成度之月
初一度胎於一九度養於十三度生於二



十一度度成道於三十
終于己位成度之年初一度復於戊位成
度之年十一度
復之之理一八七
五日一候十日一氣十五日一節三十日
一月十二月一朞
太陽倒生逆成后天而先天未濟而旣濟
七火之氣八木之體胞於己位成度之日

一七度胎於十五度養於十九度生於二
十七度度成道於三十六
終于戊位成度之年十四度復於己位成
度之年初一度
復之之理一七四
十五分一刻八刻一時十二時一日
天地合德三十二地天合道六十一
月同宮有无地月日同度先后天三十



六宮先天月大明后天三十日
四象分體度一百五十九
一元推衍數二百一十六
后天政於先天水火
先天政於后天火水

金火一頌

聖人垂道金火明將軍運籌水土平農夫
洗鋤歲功成畵工却筆雷風生德符天皇

十五一言

嗚呼盤古化天皇无爲地皇載德人皇作
有巢旣巢燧人乃燧神哉伏羲劃結聖哉
神農耕市黃帝甲子星斗神堯日月甲辰
帝舜七政玉衡大禹九疇玄龜殷廟可以
觀德箕聖乃聖周德在茲二南七月麟兮
我聖乾坤中立上律下襲襲于今日
嗚呼今日今日六十三七十二八十一一

正易 二

乎一夫
擧便无極十
十便是太極一
一无十无體十无一无用合土居中五皇
極
地載天而方正體
天包地而圓環影
大哉體影之道理氣囿焉神明萃焉

天地之理三元
元降聖人示之神物乃圖乃書
圖書之理后天先天天地之道旣濟未濟
龍圖未濟之象而倒生逆成先天太極
龜書旣濟之數而逆生倒成后天无極
五居中位皇極
易逆也極則反
土極生水水極生火火極生金金極生木

正易 三

木極生土土而生火
金火互宅倒逆之理
嗚呼至矣哉无極之无極夫子之不言
不言而信夫子之道
晩而喜之十而翼之一而貫之儘我萬世
師
天四地六天五地五天六地四
天地之度數止乎十

皮封 一夫親書(副本) 敬受此書(正本)

縱 23.7cm 縱 23.4cm

橫 5.5cm 橫 5.5cm

**大易序正本**

縱 23.2cm
橫 74.0cm

## 2. 正易原文정역원문 影印本영인본(逆順역순)

# 正易

# 正易眞經註解

정역진경주해

**1판 1쇄 발행** 2022년 10월 21일

**지 은 이** | 素陽 이규일
**펴 낸 이** | 김정희
**펴 낸 곳** | 맵씨터
**등 록** | 제 2002-000026호
**주 소** | 서울시 성동구 아차산로49, 404호(성수동1가, 서울숲코오롱디지털타워3차)
**전 화** | 02-464-7708
**팩 스** | 02-499-0846
**이 메 일** | hkm7708@daum.net
**홈페이지** | http://hph.co.kr

**ISBN** 979-11-85923-33-8 03150



오류를 발견하셨다면 이메일이나 홈페이지를 통해 제보해주세요.
소중한 의견을 모아 더 좋은 책을 만들겠습니다.